本书承蒙教育部人文社科规划项目"福建历代私家藏书研究"（项目编号：13YJA870006）资助，谨致衷心之谢忱！

福建历代私家藏书

方宝川 方挺 等著

国家图书馆出版社

图书在版编目（CIP）数据

福建历代私家藏书 / 方宝川、方挺等著 . –– 北京：国家图书馆出版社，
2018.9

ISBN 978-7-5013-6573-9

Ⅰ . ①福…　Ⅱ . ①方…②方…　Ⅲ . ①藏书—图书史—福建

Ⅳ . ① G259.29

中国版本图书馆 CIP 数据核字（2018）第 208778 号

书　　名　福建历代私家藏书
著　　者　方宝川　方　挺　等著
责任编辑　南江涛
封面设计　翁　涌

出　　版　国家图书馆出版社（100034　北京市西城区文津街 7 号）
　　　　　（原书目文献出版社　北京图书馆出版社）
发　　行　010-66114536　66126153　66151313　66175620
　　　　　66121706（传真）　66126156（门市部）
E－mail　nlcpress@nlc.cn（邮购）
Website　www.nlcpress.com→投稿中心
经　　销　新华书店
印　　装　河北三河弘翰印务有限公司
版　　次　2018 年 9 月第 1 版　　2018 年 9 月第 1 次印刷

开　　本　710×1000（毫米）　1/16
字　　数　700 千字
印　　张　48.75

书　　号　ISBN 978-7-5013-6573-9
定　　价　198.00 元

　　方宝川，原福建师范大学图书馆馆长，现任福建师范大学闽台区域研究中心研究员，社会历史学院教授、博士生导师。中国图书馆学会理事、福建省图书馆学会副理事长兼学术委员会主任，享受国务院政府特殊津贴专家，福建省文化名家。

　　方宝川长期从事古典文献学、闽台文化史的教学与研究工作。2016 年度国家社会科学基金重大项目"日本藏涉闽涉台历史档案的收集、整理与研究"首席专家。出版学术专著及古籍整理著作 31 部，代表作有《太谷学派遗书》《福建师范大学图书馆藏稀见方志丛刊》《台湾文献汇刊续编》《琉球文献史料汇编》《闽台文化志》等；在《文史》《文献》《文学遗产》《台湾研究》等学术刊物发表论文百余篇。荣获福建省社会科学优秀成果一等奖 3 项、二等奖 6 项、三等奖 1 项。

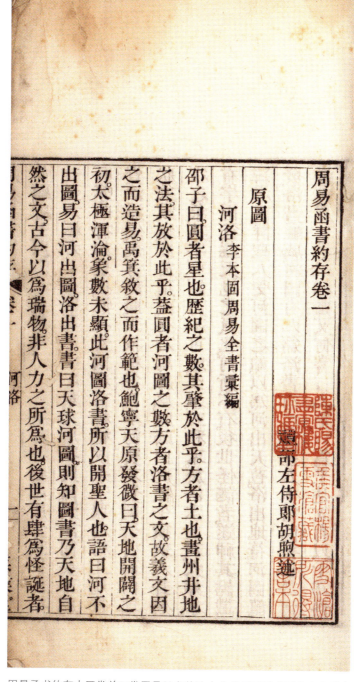

周易函書約存卷一

原圖

河洛 李本固周易全書彙編

邵子曰圓者星也歷紀之數其肇於此乎方者土也畫州井地之法其放於此乎蓋圓者河圖之數方者洛書之文故羲文因之而造易禹箕敘之而作範也鮑寧天原發微曰天地開闢之初太極渾淪象數未顯此河圖洛書所以開聖人也語曰河不出圖易曰河出圖洛出書書曰天球河圖則知圖書乃天地自然之文古今以爲瑞物非人力之所爲也後世有肆爲怪誕者

周易函書約存十五卷首三卷周易函書約注十八卷周易函書別集十六卷卜法詳考四卷 （清）胡煦撰 清乾隆胡氏葆璞堂刻本

1

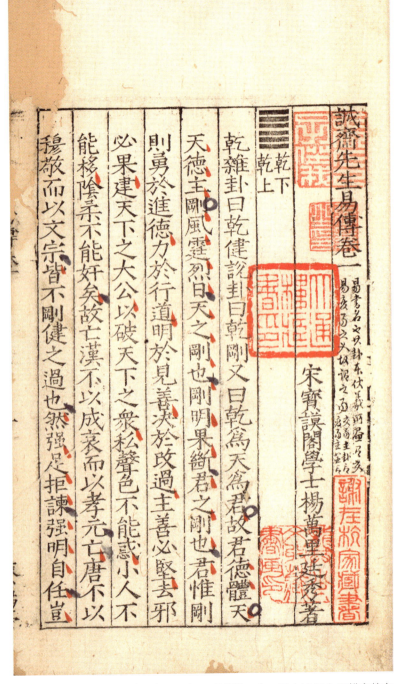

誠齋先生易傳卷一

易書名之義卦本伏羲載兩畫易爲易之文文者爻繫辭之文易發明之爲交易主卦名

乾下

乾上

宋寶謨閣學士楊萬里廷秀著

乾雜卦曰乾健說卦曰乾剛又曰乾爲天故君德體天

天德主剛風霆烈日天之剛也剛明果斷君之剛也君惟剛

則勇於進德力於行道明於見善決於改過主善必堅去邪

必果建天下之大公以破天下之衆私聲色不能惑小人不

能移陰柔不能奸矣故亡漢不以成衰而以孝元亡唐不以

穆敬而以文宗皆不剛健之過也然强是拒諫强明自任豈

诚斋先生易传二十卷 （宋）杨万里撰　明嘉靖二十一年（1542）尹耕疗鹤亭刻本

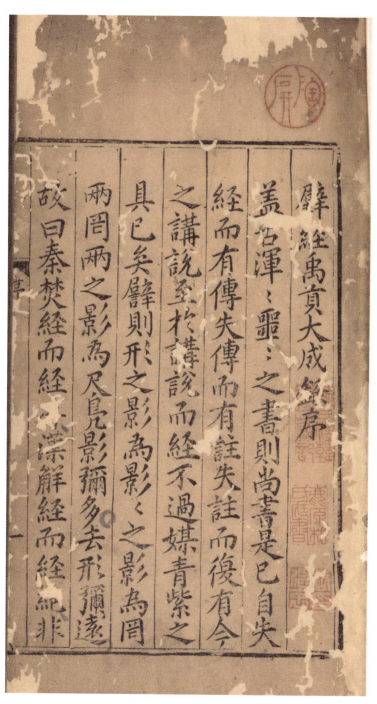

毛詩正義序

唐國子祭酒上護軍曲阜縣開國子臣孔穎達等

奉 勅撰

夫詩者論功頌德之歌止僻防邪之訓雖無為而目

發乃有益於生靈六情靜於中百物溫於外情緣物

動物感情遷若政遇醇和則歡娛被於朝野時當慘

黷亦怨刺形於詠歌作之者所以暢懷舒憤聞之者

足以塞違從正發諸情性諧於律呂故曰感天地動

鬼神莫近於詩此乃詩之為用其利大矣若夫哀樂

毛诗注疏二十卷 （汉）郑玄笺 （唐）孔颖达疏 明崇祯毛氏汲古阁刻本

漢鄭 氏箋

唐孔穎達註

毛詩國風

凱風美孝子也衛之淫風流行雖有七子之母猶不

能安其室故美七子能盡其孝道以慰其母心而

成其志爾○凱不安其室欲去嫁也成其志者成言

孝子自責之意○凱開凱風四章章四句至志

者美孝子也當時衛之淫風流行雖有七子之母

猶不能安其夫室而欲去嫁故美孝子能自盡其

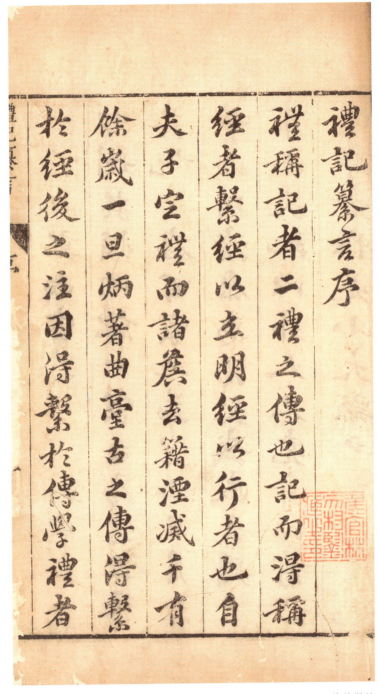

礼記纂言序

礼稱記者二礼之傳也記而淂稱
經者繫經以立明經以行者也自
夫子定礼而諸震去籍湮減于有
徐崴一旦炳著曲臺古之傳淂繋
於經後之注因淂繋於傳學礼者

新刊京本礼记纂言三十六卷　（元）吴澄纂　（明）张养订　（明）徐伯徵等
校　明崇祯二年（1629）张养刻本

6

詩韻輯略卷之一

一東

東　德紅切動也從日在木中春方也　又徒紅切合也一曰爵名

凍　水出發鳩山又夏暴雨又瀧一沾漬貌

蝀　虹也　○

同　徒紅切合也又齊也共也亦作仝

銅　金之一品

桐　木名赭一夏花紅如火又花紅如百合又刺一又紫一花如胡一出西域淚可汗金銀

峒　崆一山名亦作峂

僮　男有罪曰奴曰一未冠者又草木曰一又婉一草木日一又獨也又山無

童　未冠者又獨也又草木日一又山無

筒　簫名簡通用斷竹也與斗下山空同當比竹也

侗　倥一無知也

瞳　欲出一曨日知也

朣　欲出一曨月欲出

瞳　子目童知也

峒　崆一山無

艟　艨一戰船

種　禾先種後熟

潼　水出廣漢梓一北界一

衕　街一通

橦　通作童無角牛

罿　布一名

網　魚網

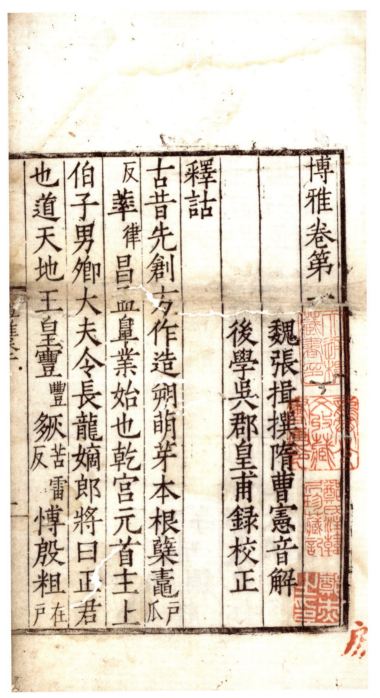

博雅卷第一

魏張揖撰隋曹憲音解

後學吳郡皇甫録校正

釋詁

古昔先劑方作造朔萌芽本根蘖𧄸戸瓜反始也乾宮元首主上伯子男卿大夫令長龍嫡郎將曰君道天地王皇靈豐𣴎苦雷反愽殷粗戸在華律昌血皇業始也反

博雅十卷　（三国魏）张揖撰　（隋）曹宪音解　明正德十五年（1520）皇
甫录世业堂刻本

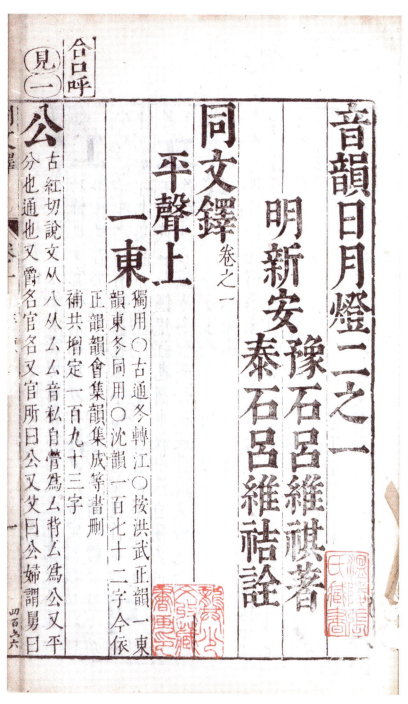

音韻日月燈二之一

同文鐸 卷之一

明新安 豫石呂維祺著

泰石呂維祮詮

平聲上

一東

獨用〇古通冬轉江〇按洪武正韻一東韻東冬同用〇沈韻一百七十二字今依正韻韻會集韻集成等書刪補共增定一百九十三字

公

古紅切說文从八从厶八厶背私爲公又平分也通也又爵名官名又官所日公又父日公婦謂舅曰公

四百六

音韵日月灯六十四卷 （明）吕维祺撰 （明）吕维祮诠 明崇祯七年（1634）至
清堂刻本

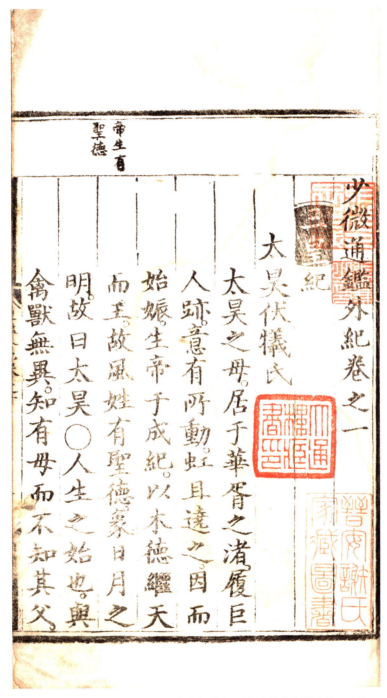

外紀

太昊伏犧氏

太昊之母。居于華胥之渚履巨
人跡。意有所動虹且遶之。因而
始娠。生帝于成紀。以木德繼天
而王。故風姓有聖德。象日月之
明。故曰太昊〇人生之始也。與
禽獸無異。知有母而不知其父。

帝生有
聖德

少微通鉴节要五十卷外纪四卷 （宋）江贽撰 资治通鉴节要续编三十卷
（明）张光启撰 明正德九年（1514）司礼监刻本

10

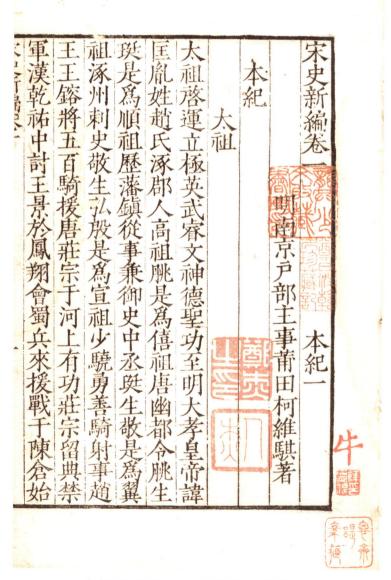

宋史新編卷一

明南京戸部主事莆田柯維騏著

本紀一

本紀

太祖

太祖啓運立極英武睿文神德聖功至明大孝皇帝諱匡胤姓趙氏涿郡人高祖朓是爲僖祖唐幽都令朓生珽是爲順祖歷藩鎮從事兼御史中丞珽生敬是爲翼祖涿州刺史敬生弘殷是爲宣祖少驍勇善騎射事趙王王鎔援唐莊宗于河上有功莊宗留典禁軍王鎔將五百騎援唐莊宗于河上有功莊宗留典禁軍漢乾祐中討王景於鳳翔會蜀兵來援戰于陳倉始

宋史新編二百卷　（明）柯維騏撰　明嘉靖刻本

11

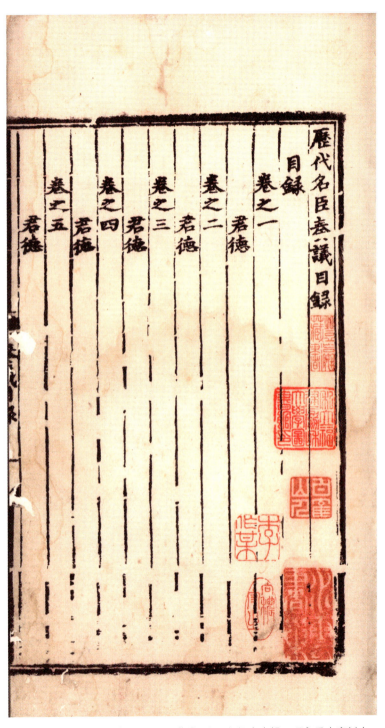

历代名臣奏议三百五十卷　（明）黄淮　（明）杨士奇辑　明永乐内府刻本

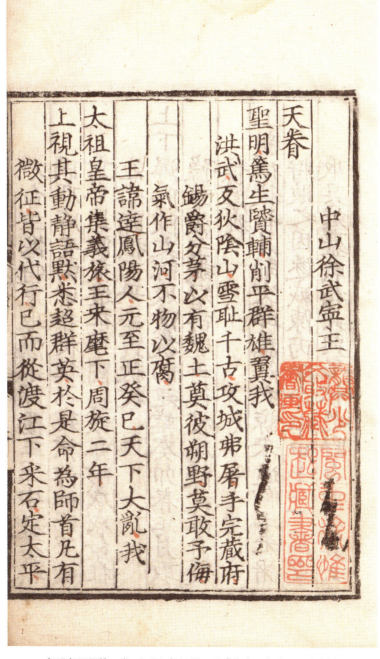

天眷

中山徐武寧王

聖明篤生賢輔削平群雄翼我

洪武叉狄陰山雪耻千古攻城弗屠手完藏府

錫爵分茅以有魏土莫彼朔野莫取予侮

氣作山河不物必隳

王諱達鳳陽人元至正癸巳天下大亂我

太祖皇帝集義旅王來麾下周旋二年

上視其動靜語黙悉超群英於是命為師首凡有

微征皆以代行已而從渡江下采石定太平

皇明名臣录赞一卷 （明）彭韶撰　明成化十四年（1478）刻本

明堂記序

左傳載晉狼瞫之語其友
曰周志有之勇則害上不
登於明堂杜預注明堂祖
廟也所以策功序德故不

序一

古今明堂記卷之一

閩東崖黃景昉君　　撰

周召穆公虎

諗之亂宣王在召公之宮國人圍之召公曰昔吾驟
諫王王不從以及此難今殺王子王其以我爲懟而
怒乎夫事君者險而不懟怨而不怒況事王乎乃以
其子代宣王宣王長而立之

厲王之虐衆至欲殺其子信怨毒之於人深也召
公初意匿王子既絲不可匿以其子代視程嬰杵

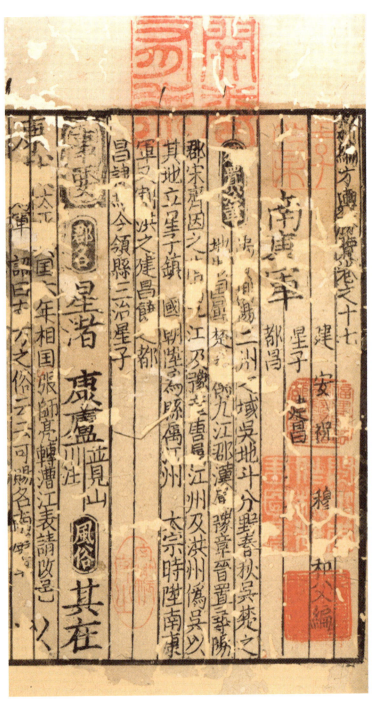

新编方舆胜览七十卷　（宋）祝穆辑　元刻本（有抄配）　存八卷（五至十、十七至十八）

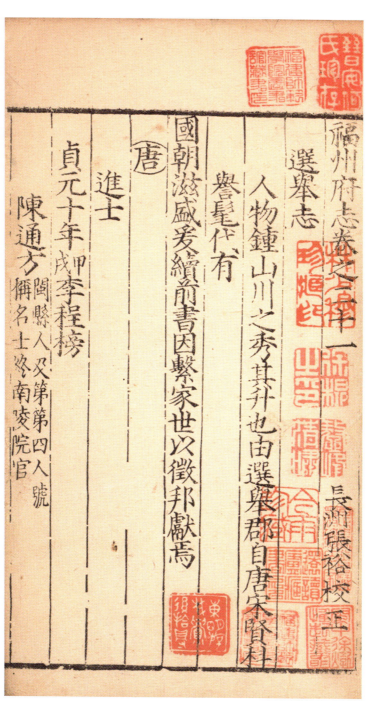

福州府志卷之二十　　　　　　　　　　　　　　　　　長洲張裕校正

選舉志

人物鍾山川之秀其升也由選舉郡自唐宋賢科

譽毫代有

國朝滋盛爰續前書因繫家世以徵邦獻焉

唐

進士

貞元十年戌甲李程榜

陳通方　閩縣人及第第四人號南陵院官
俙名士終

[正德] 福州府志四十卷　（明）叶溥、张孟敬纂修　明正德刻本（卷一至十五、三十一至三十四抄配）　徐㸅、林佶批校

17

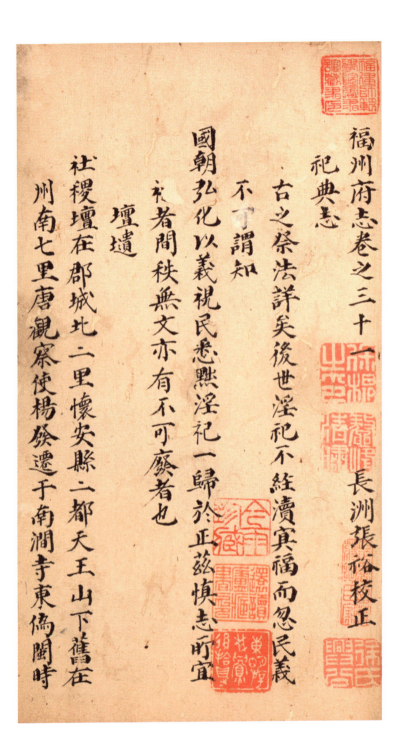

福州府志卷之三十一　　長洲張裕校正

祀典志

古之祭法詳矣後世淫祀不經瀆寅福而忽民義

不可謂知

國朝弘化以義視民悉黜淫祀一歸於正茲慎志祀宜

先者間秩無文亦有不可廢者也

壇壝

社稷壇在郡城北二里懷安縣二都天王山下舊在

州南七里唐觀察使楊發遷于南澗寺東偽閩時

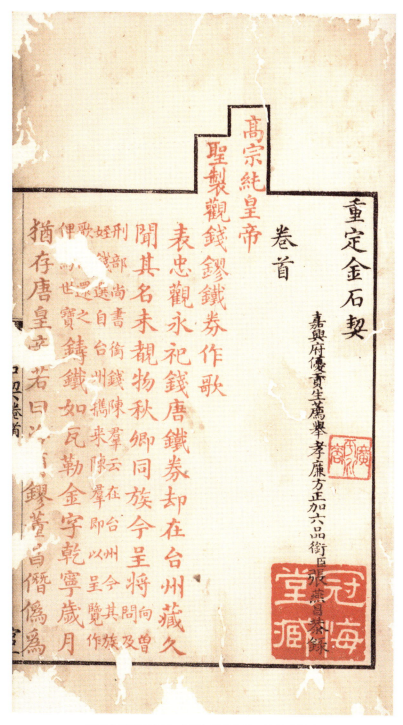

重定金石契

嘉興府優貢生薦舉孝廉方正加六品銜臣張燕昌恭錄

高宗純皇帝

聖製觀錢鏐鐵券作歌

卷首

表忠觀永祀錢唐鐵券卻在台州藏久
聞其名未覩物秋卿同族今呈將向曾及
刑部尚書衡錢陳羣即以州呈今覽其作族
歌姪錢還自台州攜來陳羣云在台以作
俾世之寶之鑄鐵如瓦勒金字乾寧歲月
猶存唐皇帝若曰汝鏐莹莹僭僞爲

重定金石契不分卷　（清）张燕昌编　清乾隆刻本

海鹽張燕昌過眼

區一
乾壽

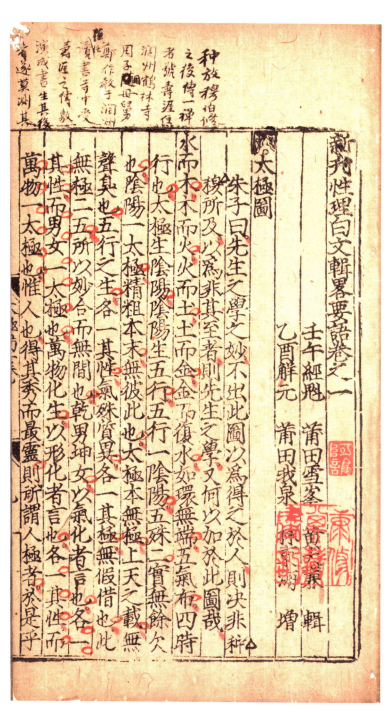

新刊性理白文辑略要语四卷 （明）黄大廉辑 （明）林东海增 明嘉靖十年
（1531）三槐堂刻本

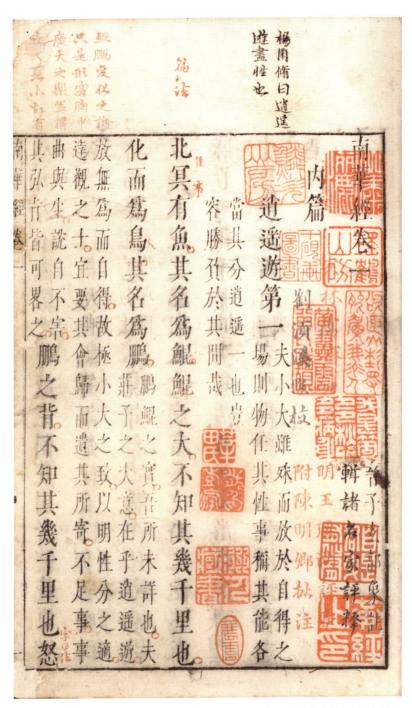

南华经十六卷 （晋）郭象注 （宋）林希逸口义 （宋）刘辰翁点校 （明）王世贞评点 （明）陈仁锡注 明万历刻四色套印本

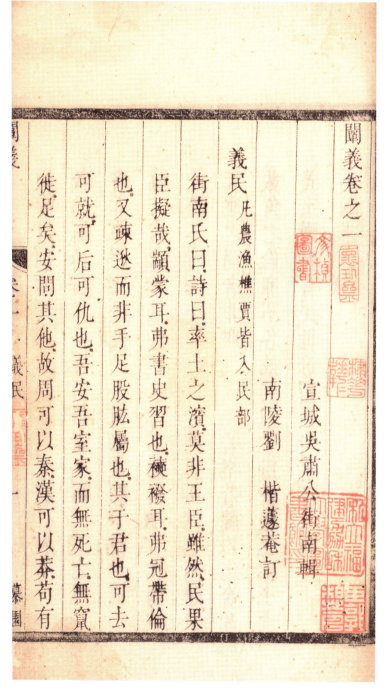

宣城吳肅公街南輯

南陵劉楷蓬菴訂

義民　凡農漁樵賈皆入民部

街南氏曰詩曰率土之濱莫非王臣雖然民果

臣擬哉顓蒙耳弗書史習也襪襪耳弗冠帶倫

也又疎迩而非手足股肱屬也其于君也可去

可就可后可仇也吾安吾室家而無死亡無竄

徙足矣安問其他故周可以秦漢可以莽苟有

阐义二十二卷　（清）吴肃公辑　（清）刘楷订　清康熙四十六年（1707）刘氏慕园刻本

山帶閣註楚辭卷次

卷首

序

後序

採摭書目

屈原列傳

屈原外傳

楚世家節畧

考正地圖　楚辭地理總圖　抽思思美人路圖　哀郢路圖

涉江路圖

漁父懷沙路圖

山带阁注楚辞六卷首一卷楚辞余论二卷附楚辞说韵一卷　（清）蒋骥注　（清）蒋棠等校　清抄本

楚辭卷一

蔣驥註

離騷

離別騷愁也篇中有余旣不難離別語蓋懷王時
初見斥疏憂愁幽思而作也

帝高陽之苗裔兮朕皇考曰伯庸攝提貞於孟陬則謳
惟庚寅吾以降皇覽揆余於初度兮肇錫余以嘉名名
余曰正則兮字余曰靈均
高陽顓頊有天下之號顓頊之後有熊繹者事周成

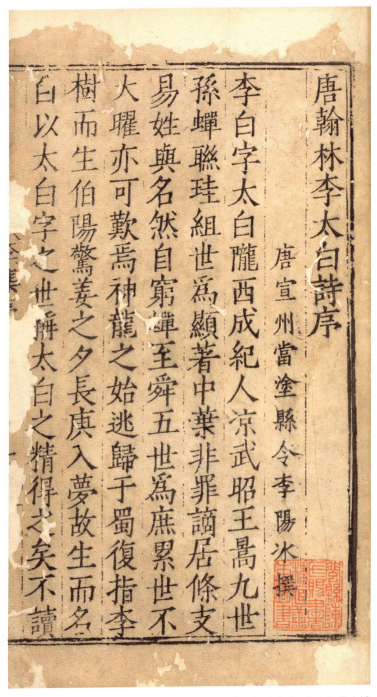

唐翰林李太白詩序

唐宣州當塗縣令李陽冰撰

李白字太白隴西成紀人涼武昭王暠九世
孫蟬聯珪組世為顯著中葉非罪謫居條支
易姓與名然自窮蟬至舜五世為庶累世不
大曜亦可歎焉神龍之始逃歸于蜀復指李
樹而生伯陽驚姜之夕長庚入夢故生而名
白以太白字之世稱太白之精得之矣不讀

分类补注李太白诗二十五卷　（唐）李白撰　（宋）杨齐贤注　（元）萧士赟
补注　年谱一卷　（宋）薛仲邕撰　明嘉靖二十五年（1546）玉几山人刻本

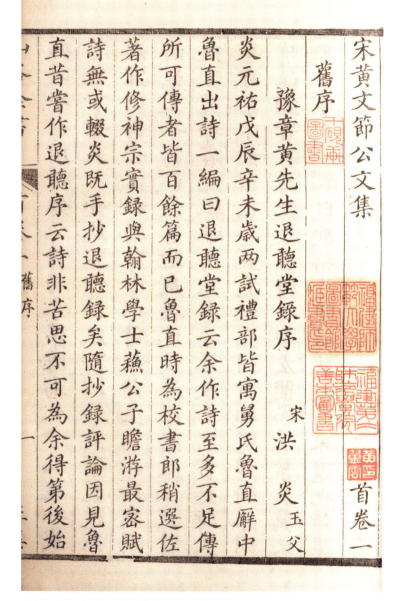

宋黄文节公文集三十二卷首四卷外集二十四卷首一卷别集十九卷首一卷　（宋）黄庭坚撰　黄青社先生伐檀集二卷　（宋）黄庶撰　清乾隆三十年（1765）宁州缉香堂刻本

宋黄文節公文集

首卷一

豫章黄先生退聽堂録序

宋　洪　炎　玉　父

炎元祐戊辰辛未歲兩試禮部皆寓舅氏魯直廨中魯直出詩一編曰退聽堂録云余作詩至多不足傳所可傳者皆百餘篇而已魯直時為校書郎稍選佐著作修神宗實録與翰林學士蘇公子瞻游最密賦詩無或輟炎既手抄退聽録矣隨抄録評論因見魯直首嘗作退聽序云詩非苦思不可為余得第後始

27

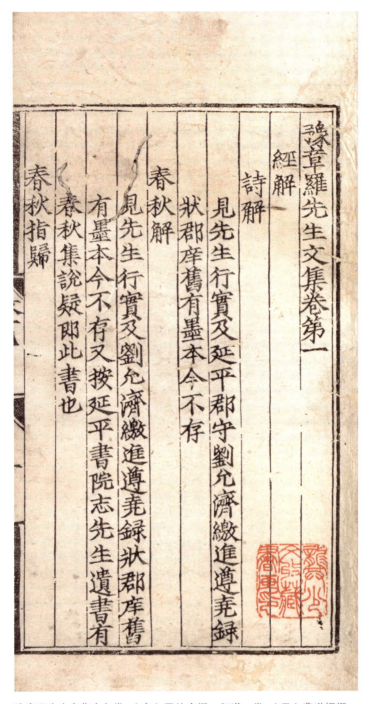

豫章羅先生文集卷第一

經解

　詩解

見先生行實又延平郡守劉允濟繳進遵堯錄
狀郡庠舊有墨本今不存

　春秋解

見先生行實又劉允濟繳進遵堯錄狀郡庠舊
有墨本今不存又撥延平書院志先生遺書有

　春秋集說疑即此書也

春秋指歸

豫章罗先生文集十七卷　（宋）罗从彦撰　年谱一卷　（元）曹道振撰
明正德十二年（1517）姜文魁刻隆庆五年（1571）罗文明重修本

28

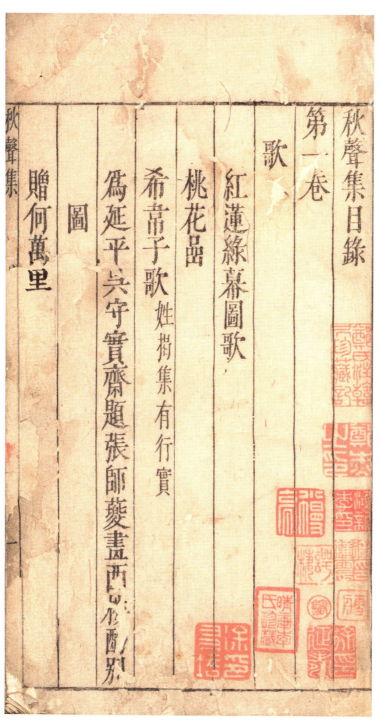

秋声集四卷 （元）黄镇成撰 （元）何望海校 （明）吴伯麟等编 明末刻本

29

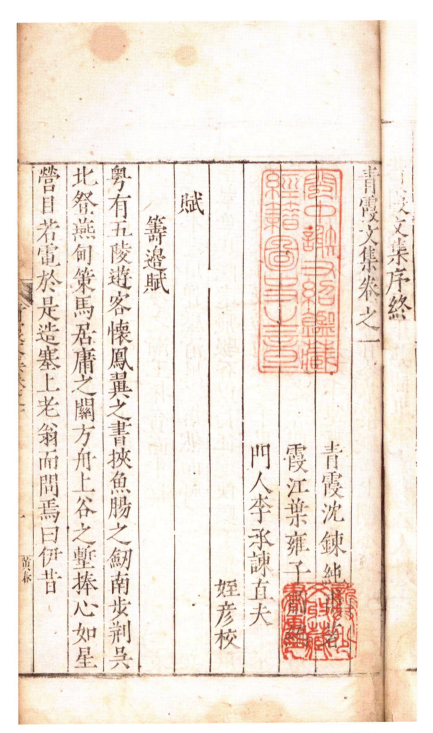

賦

籌邊賦

粵有五陵遊客懷鳳翼之書挾魚腸之劍南炎荆吳
北鑿燕旬策馬居庸之關方舟上谷之壟捧心如星
營目若雷於是造塞上老翁而問焉曰伊昔

青霞沈鍊純甫

霞江業雍子

門人李承諫直夫

姪彥校

數馬集序

古有數馬而對漢帝者非石

丞相所以得醇謹之稱乎然

而武英主也莫嬂於定曆數

興禮樂表章六經不能場其

古有數馬而對漢帝者非石

丞相所以得醇謹之稱乎然

而武英主也莫嬂於定曆數

興禮樂表章六經不能場其

数马集五十一卷 （明）黄克纘撰 （明）黄道敬编 明天启刻本

31

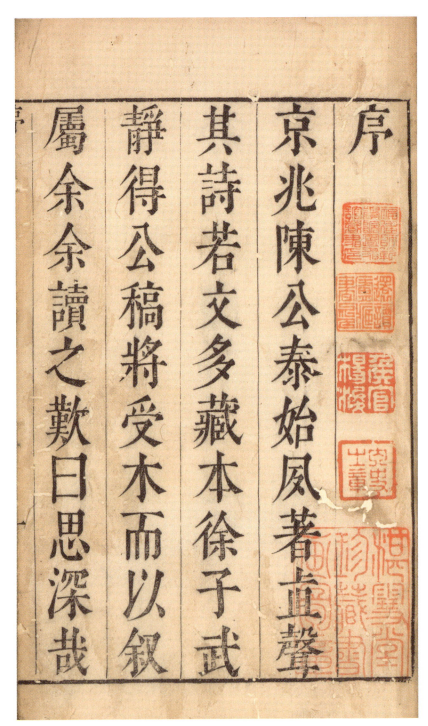

序

京兆陳公泰始凤著古聲
其詩若文多藏本徐子武
靜得公稿將受木而以叙
屬余余讀之歎曰思深哉

漱石山房集十六卷　（明）陈一元撰　明崇祯刻本

32

三山陳一元泰始著

男　鼎

孫男亨全輯

雲間門下晚學徐致遠較

詩五言

上巳

始招集西湖修禊分得獻字

迤四眺遠平湖漾縠紋突峯護

丹綵蘿縈修堰晷運迤何駛衆

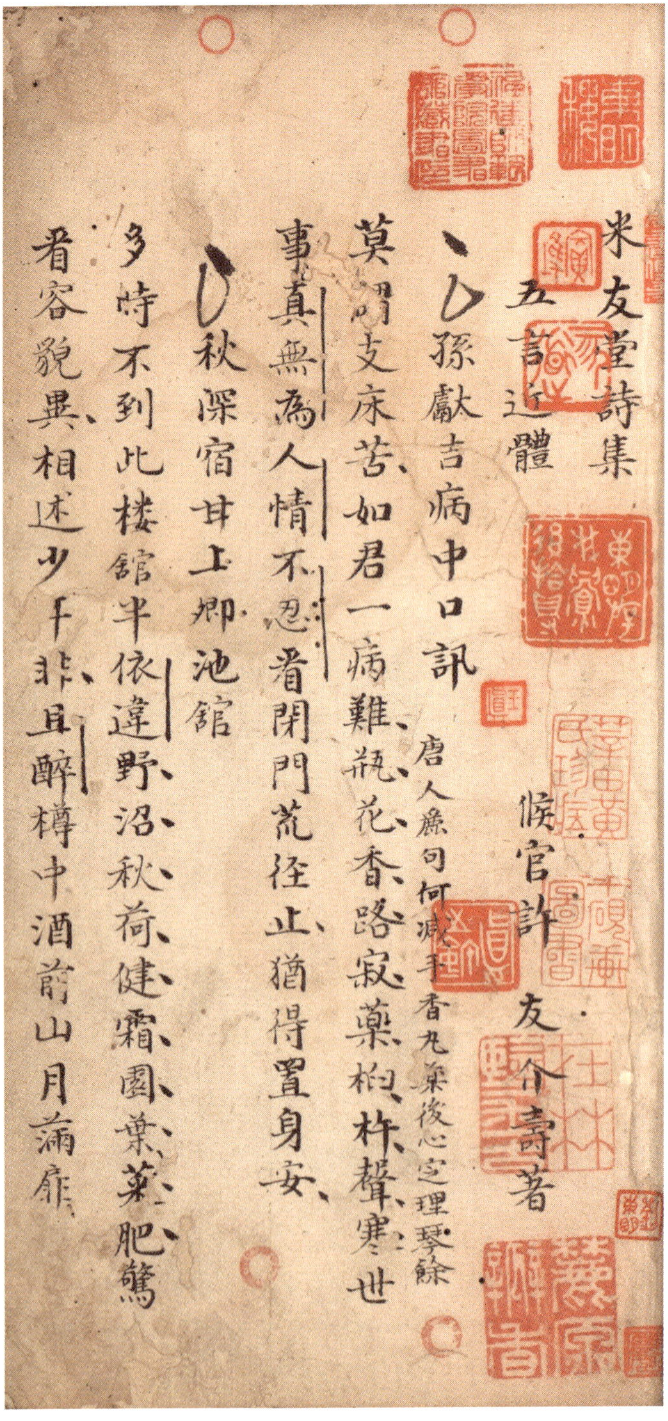

米友堂詩集

五言近體

候官許友介壽著

孫獻吉病中口訊

莫謂支床苦　如君一病難　瓶花香路寂　藥椀杵聲寒
事真無為人情不忍　着閉門荒徑止　猶得置身安

唐人藥司何減寸香九藥後心之理琴緒世

秋深宿廿上卿池館

多時不到此　樓館半依違　野沼秋荷健　霜園菓菜肥驚
看容貌異相述　少千非且醉樽中酒前山月滿扉

米友堂诗集不分卷　（清）许友撰　清初稿本

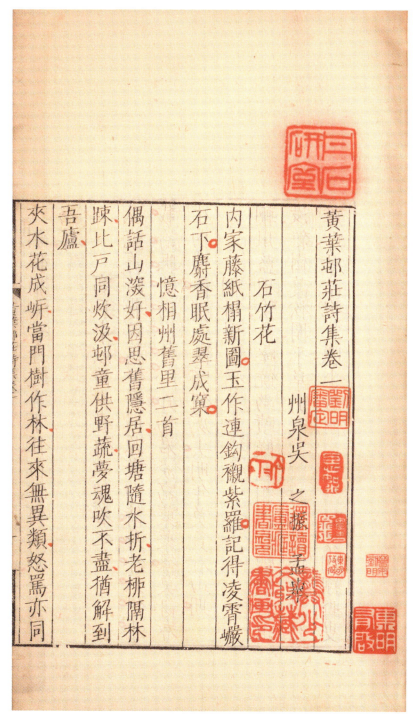

黃葉邨莊詩集卷一

州泉吳　之振撰

石竹花

內家藤紙榻新圖玉作連鈎襯紫羅記得凌霄巘
石下麝香眠處翠成窠

憶相州舊里二首

偶話山谿好因思舊隱居回塘隨水折老柳隔林
疎比尸同炊汲邨童供野蔬夢魂吹不盡猶解到
吾廬
夾水花成岍當門樹作林往來無異類怒罵亦同

黄叶邨庄诗集八卷后集一卷续集一卷 （清）吴之振撰　清康熙刻本

居業堂詩稿 武夷遊草

鐵蘭品茶

好事憐僧侶招邀過錬蘭風爐鳴蚓竅活
火煮龍團味逐峰巒別山深烟雨寒清風
生兩腋暮色倚樓看

一覽臺
扶筇直上此孤臺到眼睛嵐面面開洞窒
靈奇當檻列溪流澄澈遠亭洞靈芽穀雨
封青蓇岩磴春風染綠苔隙地留將娛

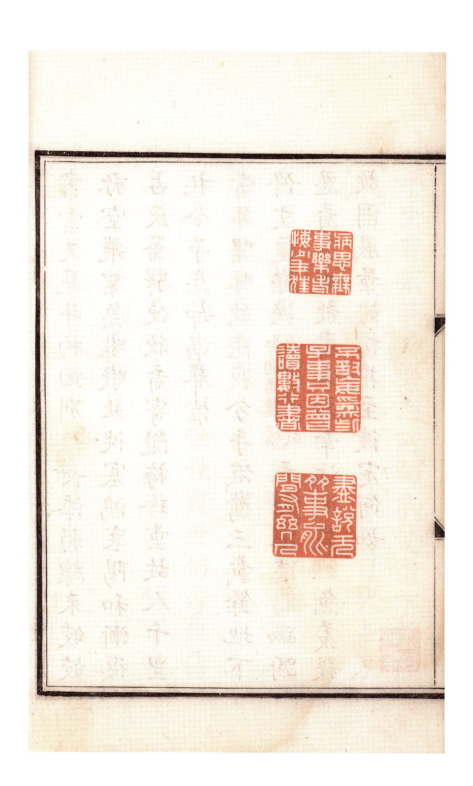

藥石規窮通隨氣數政事慎敷施齒髮渾
非昔心情終若斯悲歡原倚伏日月有盈
虧皆醉任人世嫌醒且歡醻

居業堂詩稿　　　　　　　　庚子

渡江

擊汰中流發浩歌日暄風暖更時和樓船
遠近揚帆下鍾阜微茫背櫂過花柳裏春
能鬪巧忠誠涉險不知他遙看鷗鳥江心
狎悔逐浮名負釣簑

夜坐

剪燭獨閒室塵心靜掃除宵深僮僕倦月
過尸連虛骨震謦如鶴書淫蠹是魚吟哦

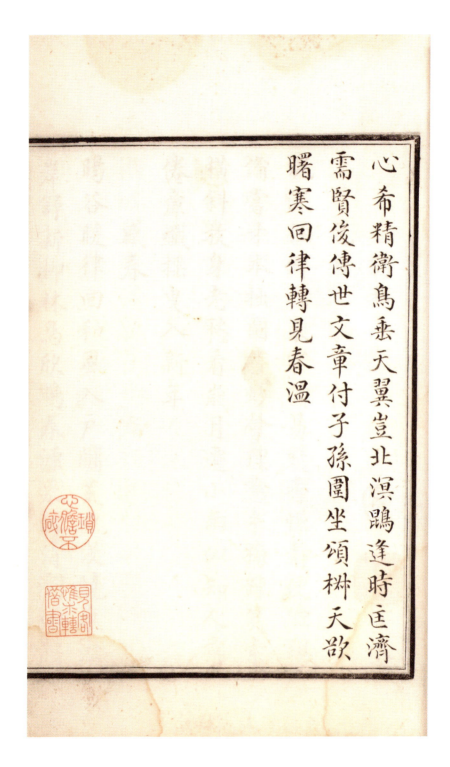

心希精衛鳥垂天翼豈北溟鷗逢時匡濟
需賢俊傳世文章付子孫圍坐頌椿天欲
曙寒回律轉見春溫

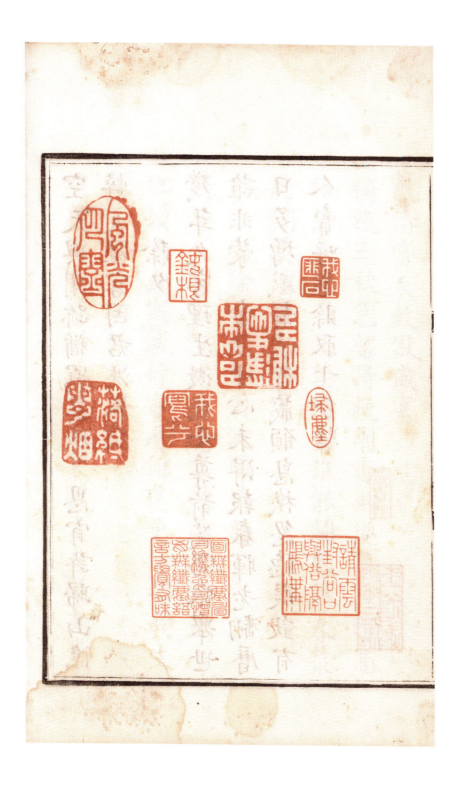

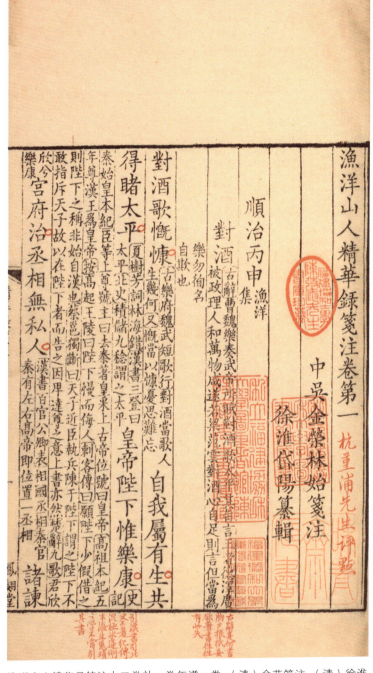

渔洋山人精华录笺注十二卷补一卷年谱一卷 （清）金荣笺注 （清）徐淮
纂辑 清雍正凤翔堂刻本

中吳金榮林始箋注

徐淮岱陽纂輯

丁未
漁洋
集

荅梅淵公贈畫兼寄唐祖命二首

鳥哢屏風明鏡開青溪水色碧瀠洄琴高三月登春
網　黃庭堅生送舅氏野夫之宣城詩霜林収鴨腳春網蕍琴高注瀠高鯉魚也　一日溪頭醉一回

年來八詠憶休文　祖命沈方鄴按休文謂方鄴也不知何故刪去方注見卷五河上寄山史詩漁洋集原題作兼寄唐好是謝家團扇上相思

耕塢先生袂又分　命也耕塢祖

宣城人耕塢先生袂又分

鄴名泌

為畫敬亭雲　徐虁注唐潘佐詩謝安團扇上為畫敬亭雲南幾志敬亭在敬亭山

送陶季之潞州　先生池北偶談寶應布衣陶澂字季一字昭鶉有著舟車集丁為刪定其客湖南闓

鳳翺堂

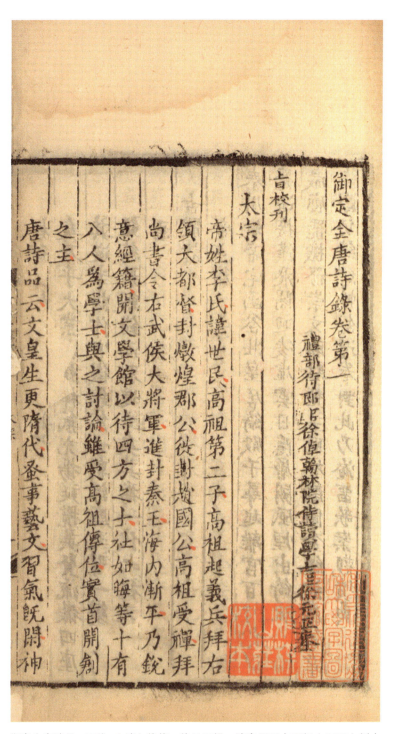

御定全唐詩錄卷第一

禮部侍郎臣徐倬翰林院侍讀學士臣徐元正恭

旨校列

太宗

帝姓李氏諱世民高祖第二子高祖起義兵拜右
領大都督封燉煌郡公從封趙國公高祖受禪拜
尚書令右武侯大將軍進封秦王海內漸平乃銳
意經籍開文學館以待四方之士社如脢等十有
八人為學士與之討論雖受高祖傳位實首開剏
之主

唐詩品云文皇生更隋代盤事藝文智氣既閒神

御定全唐诗录一百卷 （清）徐倬、徐元正辑 清康熙四十五年（1706）刻本

44

高齋漫錄　四庫全書原本

宋　曾慥　撰

今人秘色磁器世言錢氏有國日越州燒進為供奉之物不得
臣庶用之故云秘色嘗見陸龜蒙詩集越器云九秋風露越窯
開奪得千峯翠色來好向中宵盛沆瀣共汲中散翻遺杯乃知
唐已有秘色矣

仁宗時虔州金郎中君卿年十九時與其兄君祐郊居挾策野
外遇田家有醉鬭而傷者仇人尤而執之告曰是金秀才呼
僮歐之也縣大夫繫械君卿欲正其罪君卿不能力爭吏具交
案上忽有大風來擺捲文書乘空去衆訝焉明日復具上大風
復掣去如前又明日復然大夫驚怪曰豈非此儒生當貴達乎
解而遣之後四年第六人及第熙甯中君卿以席西轉迎使致

高斋漫录一卷诗话一卷 （宋）曾慥撰　清同治十三年（1874）晋江龚氏木
活字印本

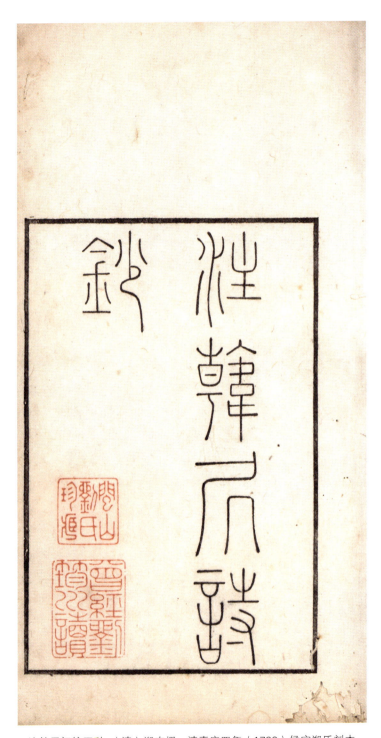

注韩居初编五种　〔清〕郑杰撰　清嘉庆四年（1799）侯官郑氏刻本

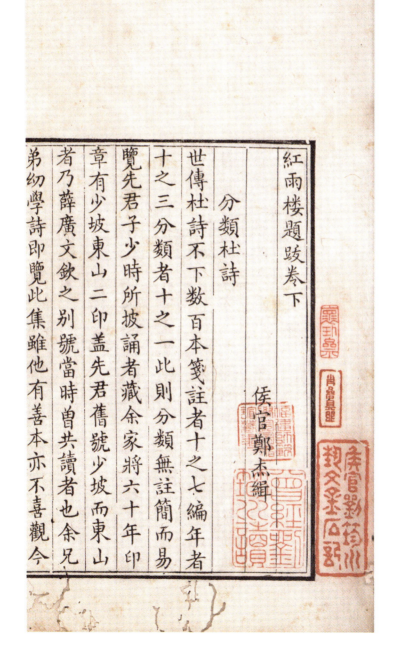

紅雨樓題跋卷下

分類杜詩

侯官鄭杰緝

世傳杜詩不下數百本箋註者十之七編年者
十之三分類者十之一此則分類無註簡而易
覽先君子少時所披誦者藏余家將六十年印
章有少坡東山二印蓋先君舊號少坡而東山
者乃薛廣文欽之別號當時曾共讀者也余兄
弟幼學詩即覽此集雖他有善本亦不喜觀今

晋安谢氏家藏图书

谢在杭家藏书

鳌峰清啸

晋安徐兴公家藏书

闽中徐熥惟起藏书

徐椢之印

徐熥之印

徐氏兴公（1）

徐氏兴公（2）

徐兴公（1）

徐兴公（2）

蒋玠之印

闽中蒋氏藏书

鹿原林氏藏书

鹿原林氏所藏

曾在李鹿山处

鹿山李馥

不贪珍宝

晋安何氏珍存

述善珍藏

述善珍赏

人杰

一名人杰字昌英

郑杰之印

郑氏注韩居珍藏记

注韩真赏

昌英珍秘

侯官郑氏藏书

书带草堂

珍藏宝玩

注韩居士

注韩居

钝邨

林印一桂

鞠园藏书

温陵张氏藏书

臣郭柏苍

棣华堂珍藏

棣华铧

红雨斋

怀璞斋

闽中郭兼秋金石书画记

侯官杨浚

侯官杨雪沧藏

內史之章

雪沧（1）

雪沧（2）

雪沧所罗

雪沧所得善本

雪沧杨氏所藏

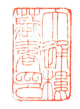

大通楼藏书印（1）

大通楼藏书印（2）

龚少文收藏书画印（1）

龚少文收藏书画印（2）

龚易图

闽县龚易图收藏书画金石文字

乌石山房（1）

乌石山房（2）

乌石山房收藏金石文字印

乌石山房收藏书画印

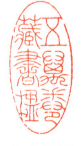

五万卷藏书楹

臣棨仁印

陈戟门鉴赏

读我书斋

读我书斋藏书

读我书斋所藏善本

戟门氏

戟门眼学（1）

戟门眼学（2）

棨仁小印

铁香藏书

铁香获观

绾绰堂藏书

三山陈氏居敬堂图书

陈氏赐书楼珍藏印

闽县陈氏赐书楼藏善本图书

南安陈氏家藏

天白阁藏

味青斋藏书

侯官林如玉鉴藏

龚樵生藏书印

亦楼藏书之章

亦楼所藏金石书画
碑铭之印

红兰馆藏书

张石匏读书记

张治如藏书印

张治如印

治如秘笈

还读庐藏书记

还读庐藏

还读庐藏书印

今雨

今雨鉴赏

今雨珍藏

廖氏还读庐珍藏

廖元善

擎宇

郭氏白阳藏书

求诸迩斋

丹石生

丹石研室

东明（1）

东明（2）

东明楼

东明游峨眉后拾得

晋安刘明

晋安镏明丹石研室记

晋安镏氏东明楼印记

刘东明

刘氏东明

坡研室

真意双砚斋

序　言

陈支平

  在现今的福建学界，当然也可以说在中国学界，对于福建古籍的了解和研究之深，莫过于我的老友方宝川先生。方宝川先生长期担任福建师范大学图书馆馆长，数十年来一直潜心搜集、整理、保护福建现存的各种古籍，并且在此基础上，开展研究福建古籍发展演变历史的工作，取得了一系列重要的研究成果。我虽然也从事中国古代史的研究工作，但是毕竟学有侧重，对于古籍的了解，往往畸重畸轻，各有偏依。一遇到跨界的问题以及珍稀的古籍，就不得不请教于此道的方家。福建师范大学图书馆沿承原福建协和大学的血脉，图书馆之设及其收藏之富，至今仍执福建省内各高校图书馆之牛耳。这样一来，每当我遇到难题的时候，就不能不经常到福建师范大学图书馆去寻求解决之道，而作为福建省内最著名的古籍专家和福建师范大学图书馆馆长的方宝川先生，自然是我所要征询请教的首选人物。久而久之，方宝川先生便理所当然地成了我的老友。现在，老友方宝川先生的大著《福建历代私家藏书》即将出版，老友顾念同道之情，希望我为他的大著写篇序言，我实在找不到推却的理由，干脆满口答应了下来。

  这百余年来，大概是受到"西风东渐"的影响吧，中国人把受过一定文化教育的人称呼为"知识分子"。然而这一百年来中国知识分子所走过的道路十分坎坷。每当知识分子走大运的时候，官员、富商们，纷纷声称自己是知识分子；而当知识分子倒霉的时候，官员和富商则对此避之唯恐不及，知识分子只剩下那班靠教书和做学问为生的所谓"臭老九"了。因此之故，害得时至今日，我们还是弄不明白知识分子到底属于哪些人！但是在中国古代，这个问题就简单得多了。举凡从下层秀才生员直至公卿大学士，统称为"读书人"。大家都以自己是读书人为荣，从来没有听说有什么人为了当不当得成读书人而争得面红耳赤的。可见在中国古代，"读书人"这一名号是很吃香的。即使是有一些读书人因犯了政治上的大忌而惨遭横祸，但是读书人行不改名、坐不改姓，依然是响当当的读书人。

中国古代的读书人名号之所以吃香，关键就在于"书"之上。没有了书，读书人是断断做不成的。而中国古代之所以以读书人为荣，是因为书承载了我们历代祖先的文化精髓和道德规范，书承载了化成天下的自然使命。用现在一句时髦的话语来讲，就是承载了继承和弘扬中华民族优秀传统文化的历史使命。正因为如此，有了书，才有了文明的开拓，才有了社会与文化的生生不息。

福建是华夏文明开发较晚的一个边陲区域。汉唐时期，这里的土著居民散居于闽中各地，虽然已经陆续有少量北方汉民迁移至此，但是数量有限。尽管如此，这些少量的北方汉民入居闽中之后，带来了中原良好的读书风气。中唐之后，福建的读书人开始在中原的核心读书群体中崭露头角。五代、宋代以来，福建的社会经济得到迅猛的发展，福建的读书人更是奋起直追，在短短的两百年时间里，福建的文化教育水平和读书科举成就，就已经进入全国的先进行列。南宋之后，随着"闽学"的兴起和科举的繁盛，福建的读书著述之学，逐渐向国内其他省区扩展，并且影响到海外各地。正因为如此，福建人往往把自己的家乡称之为"海滨邹鲁"，意为以福建的读书人之多和在学问方面的贡献，可以与儒学的发源地山东邹鲁一带相为媲美。

然而可惜的是，可能是"海滨邹鲁"这一美名太过于吸引人，致使现在中国沿海一带的名士们，出于热爱家乡的情怀，几乎都把自己的家乡称为"海滨邹鲁"，"海滨邹鲁"由此遍布中国东南各地。"海滨邹鲁"一词既然已经不稀奇了，怎么办？好在还有一词，目前的流传尚为不广，这就是"文献名邦"。福建兴化府一带被古人誉为"文献名邦"，至少可以追溯到明代中期。据载，明朝嘉靖四十四年（1565），莆田知县徐执策在县府门口大街两端各建造一座木坊，匾曰："莆阳文献""海滨邹鲁"。万历十六年（1588），知县孙继有改题为"壶兰雄邑""文献名邦"。这大概是中国境内誉称地方人文为"文献名邦"

最早的记录了。到了清代，在浙江余姚，才有文人为余姚题写了"文献名邦"的横匾。时至今日，把自己家乡誉为"文献名邦"的地方也不过寥寥数个县市吧？除了福建莆田和浙江余姚是源于明和清两代，其余的地方，基本上是现当代才冒出来的名词。

所谓"文献名邦"，用一句通俗的话来说，就是这里的书特别多。书特别多，读书人自然也就特别多。读书人越多，所需的书随之越多。因此自宋代以迄明清时期，福建地方从官学到民间私家，收藏书籍的风气十分盛行，连带着刻书、印书、贩书的行当也相当发达。南宋至明时，著名的建阳麻沙印书也风靡全国，成为全国三大刻书中心之一。清代中后期，汀州的四堡又成为国内四大印书业中心之一。可以说，从宋代至明清时期，福建是中国收藏和印刷书籍最为繁盛的区域之一。

我不是从事古代藏书、印书学术研究的专业人士，以上所述，只不过是拾人牙慧而已。老友方宝川先生的《福建历代私家藏书》一书，才是这一专业的扛鼎之作。这部大著，洋洋70余万字，介绍了自唐至民国时期福建著名的藏书家483位。全书深入探究了福建历代私家藏书兴衰的社会历史背景与原因，系统阐论福建历代藏书家的生平事迹与群体特征，全面总结福建私家藏书的社会功能及其历史贡献等等。有了这部书，我们对福建历史上的"书"与"读书人"的演化历程，以及书与人之间的复杂交织情怀，可以了然矣！

21世纪以来，有不少善于开风气之先的高明人士，曾经欣然高呼新时代已经进入到数字网络时代，书籍和读书的地位将日益削弱，甚至沦落消亡。我和老友方宝川先生，自然是属于落后时代的老朽性人物。但是在我们的内心深处，总是对有型的书籍，带有淡淡墨香的书籍，眷念沉迷不已。总是相信书籍的作用是永恒的，是跨越时空的。不论对与错，有了我这种固执的想法，中国的读书种子还是不会中断的。老友方宝川先生的这部大著，在其间所发挥的作用，就当无可限量了！

2018年8月30日
于厦门大学国学研究院

目　录

绪　论

一、福建私家藏书的历史进程及其区域特色

书籍是人类文明传承的主要载体之一。随着书籍的不断增多，人们对书籍的收集、保存、管理、流通与研究利用的历史进程，既传播了浩如烟海的历代典籍，又承载了博大精深的人类文明。

中国古代的藏书事业，源远流长，赓续不断，由官藏而私藏而寺观藏书而书院藏书，形成了历代藏书史上的四大体系。所谓官藏，又称公藏，可分为国家藏书、皇室藏书、地方政府藏书等部分；私藏，即私家之藏书；寺观藏书，即佛寺与道观之藏书；书院藏书，即书院学宫之藏书。这四大藏书体系形成了一种内涵极其丰富而深厚的文化现象，对我国历代典籍的积累、典藏、整理、再造、承传及其研究，发挥了重大的作用。从文化形态的角度来看，它既有汗牛充栋的藏书、岿然屹立的书楼等物态文化，又有在长期藏书活动中形成的风尚、习俗等行为文化及心态文化。因此，研究历代藏书必然成了中国文化史研究的一个重要课题。

我国的私家藏书，滥觞于春秋时期，明确见于文献记载的最早私人藏书家当为孔子与墨子。例如：《庄子·天道》称："孔子西藏书于周室。子路谋曰：'由闻周之征藏史，有老聃者，免而归居。夫子欲藏书，则试往因焉。'孔子曰：'善。'"唐刘知幾《史通·六家》也载：孔子曾使子夏等"求周史记"，"得百二十国宝书"。《墨子·贵义》又曰："子墨子南游使卫，关中载书甚多。"所谓"关中"即扃中，说的是墨子南游出使卫国，在他关闭的车厢中载了很多的书。其后，战国时期的惠施，《庄子·天下》谓："惠施有方，其书五车。"《战国策·秦策一》也记载了苏秦"陈箧数十"。诸此，均为当时私家藏书之代表

人物。

秦一统天下，始皇暴政，焚书坑儒，春秋战国方兴私家之藏书活动，遭受了致命的打击。汉初，改秦之敝，除挟书之律，开献书之路，建藏书之策，置写书之官，私家藏书又逐步兴起，随后出现了家富藏书的淮南王刘安及刘向、刘歆父子等。魏晋南北朝时期，书籍载体普遍用纸，私家藏书由之骤增，在社会上形成了一些藏书家群体。尤其是东晋南朝，北方士族为避战乱，纷纷南迁，南方政治与经济，在一定的时期内相对稳定，南方的私家藏书得到了前所未有的发展，出现了部分万卷以上的大藏书家。隋统一中国后，隋文帝下诏求书，暴君隋炀帝，则喜聚逸书，私家藏书开始了迅速地发展。唐朝建立，社会安定，经济发展，国强民富，文化繁荣，再加上雕版印刷术的开始应用，典籍积聚超过了以往任何时代，私家藏书真正进入了一个迅猛发展的时期。

福建，古之七闽，偏居东南一隅，《周礼·夏官》所谓"四夷、八蛮、七闽、九貉、五戎、六狄"之一也。战国末年，闽越融合。闽越族在其首领无诸的领导下，建立了强大的闽越国，活跃于东南沿海的广大区域，闽越文化一直波及了当时之"岛夷"，即现在的台湾。秦初，一统天下，始皇废闽越王无诸为君长，以其地为闽中郡。汉兴，高祖五年（前202），汉廷复封无诸为闽越王，在闽中故地立国。汉武帝元封元年（前110），汉王朝剪灭闽越国，设冶县。此后，中原汉族逐步开始移民福建。由于福建远离当时全国的政治、经济、文化的中心，所以在隋唐以前，经济与文化均不甚发达。直至唐末五代，王潮、王审知昆仲开发福建，创立闽国地方政权，始兴学重教。宋代以降，随全国政治、经济、文化重心的南移，福建文化异军突起。昔日闽越蛮荒偏远之地，已被时人誉为"东南全盛之邦"，且有"海滨邹鲁"之称。元朝建立，为了巩固蒙古族的统治地位，把全国人分成蒙古人、色目人、汉人、南人四等，其社会的政治、经济、文化等地位均依次高低不同。福建作为"汉人"与"南人"的主要居住区，其文化之发展与水平，亦相对沉寂。明清时期，承宋代之盛，闽籍学者更是层出不穷，文风日盛，典籍骤增。

福建私家藏书的形成与发展与福建的历史文化发展基本同步。私家藏书，滥觞于隋唐，当时大量的中原移民为福建的开发与文化的发展做出了很大贡献。尤其是唐末五代的王审知治闽期间，在福建广纳贤才，选任良吏，提倡廉洁节俭；兴办学校，培育人才；发展农业生产，兴修水利；轻徭薄赋，与民休息；使福建经济文化达到了前所未有的水平。而唐末文人，如韩偓、秦系、詹敦仁、崔道融等，避乱入闽，以诗启沃闽中后辈。诗人徐夤《自咏十韵》曾吟云："拙赋偏闻镂印卖，恶诗亲见画图呈。"①这说明了作者在闽王王审知幕中时，王曾为之刊印过诗文集。福建开始有了刻书，也势必为福建的藏书提供了更为有利的条件。有文献记载的隋唐五代福建藏书家就有：郑露、林披、陈峤、徐夤、郑良士、林鼎、陈郧、陈郊等8人。其藏书多者，已达万卷。

宋代以降，人文昌盛，福建私家藏书之风，勃然兴起。诚如袁同礼《宋代私家藏书概略》所云："印书之地，以蜀、赣、越、闽为最盛，而宋代私家藏书，亦不出此四中心点之外。"②据不完全统计，有资料可考的宋代福建藏书家达107人，其中藏书万卷以上者就有：吴与、郑樵、郑寅、林霆、傅楫、章甫、章综、朱倬、余崇龟、陈嘉言、杨纮、余良弼、余日华、余深、赵谊、方万、方崧卿、方渐、方于宝等20余人。例如：陆心源《宋史翼》卷十九《吴与》称其："生平历官凡七任，悉以俸余市书，所藏至三万余卷。郑樵称海内藏书者四家，以与所藏本为最善。"《[民国]福建通志》载：陈嘉言"筑'书隐堂'于斗门山，聚书数万卷，诵习之"③。《[民国]顺昌县志》曰：余良弼"聚书几万卷，自为序以教子孙"④。《鸿庆居士集》记：章综"舍旁营一堂，号'美荫'，聚书万卷"⑤。《泉州府志》载：赵谊"好学能文聚书万卷"⑥云云。

宋代福建私家藏书的地域分布相对集中，以莆田和建阳为主，而莆田尤盛，人称"文献之邦"。宋人周密《齐东野语》卷十二《书籍之厄》载："近年惟直

---

① 《全唐诗》卷七百一十一《徐夤四》，清光绪十三年（1887）上海同文书局石印本，第82页。

② 《图书馆季刊》第2卷第1期。

③ 李厚基修，陈衍等纂；郑贞文续修，魏应麒续纂：《[民国]福建通志》总卷三十四分卷五，民国二十七年（1938）刻本。

④ 潘先龙，高登艇修；刘敬等纂：《[民国]顺昌县志》卷十九《循吏》，《中国地方志集成·福建府县志辑》（11），上海书店2000年据民国二十五年（1936）铅印本影印。

⑤ （宋）孙觌：《鸿庆居士集》卷三十三《宋故左朝奉大夫提点杭州洞霄宫章公墓志铭》，清光绪二十一年（1895）刻本，第3页上。

⑥ （清）郭赓武、黄任纂；怀荫布修：《[乾隆]泉州府志》卷四十六，《中国地方志集成·福建府县志辑》（23），上海书店2000年据清光绪八年（1882）补刻本影印。

斋陈氏书最多，盖尝仕于莆，传录夹漈郑氏（郑樵）、方氏（方略）、林氏（林霆）、吴氏（吴与）旧书至五万一千一百八十余卷。"宋代莆田私家藏书则以金紫方氏为最，其聚族而居，好学成风，家多庋藏，人皆有书。北宋皇祐至南宋淳祐（1049—1252）的两百余年间，见于文献记载的方氏藏书家就有：方万、方崧卿、方信孺、方渐、方于宝、方阜鸣、方秉白、方其义、方峻、方子容、方略、方绩、方审权、方淙、方楷、方翥等 10 余人。闻名于世的方氏藏书楼则有：方略"万卷楼"、方渐"富文阁"、方万"一经堂"、方崧卿"聚书堂"、方于宝"三余斋"等等。

宋代福建私家藏书，往往是通过跋涉千里、登门借读、辗转请托、迻录副本、节衣缩食、恣意置书而蔚为藏书之大家的。据《宋史》卷四百三十六《郑樵传》记载，著名史学家、目录学家与藏书家郑樵就曾自云："搜奇访古，遇藏书家必借读尽乃去。"郑樵还在其所著的《通志·校雠略》中总结出："即类以求、旁类以求、因地以求、因家以求、求之公、求之私、因人而求、因代而求"等 8 种求书之道。宋代雕版印刷虽已普及，然传抄典籍依然是藏书家搜集与保存图书的重要途径之一。由于传抄之易误，而需要校勘之精勤。因此，宋代福建藏书家为了保证其藏书的质量，均十分讲求精抄精校。例如：章甫"藏书万卷，雠校精密"[①]；朱倬"家藏数万卷，皆手自校雠"[②]；杨纮"聚数万卷，手抄事实，名《窥豹篇》"[③]；方崧卿"筑丛书堂，聚书四万卷，手自校雠"[④]。正是由于这些藏书家努力校雠众本、勘订舛误，使中华传统优秀珍稀典籍得以代代相传，承载学史，嘉惠后世。

宋代福建私家藏书事业的兴盛，又大大促进了私家目录的发展。宋代福建藏书家，编有书目者亦颇多，至今仍知见的尚有：莆田李氏《藏书六堂书目》一卷、吴秘《家藏书目》二卷、吴与《漳浦吴氏藏书目》四卷、郑樵《群书会记》

① （宋）范成大撰，陆振岳校点：《吴郡志》卷二十六，江苏古籍出版社，1986 年，第 384 页。

② （宋）魏了翁：《鹤山集》卷七十四《观文殿学士左通奉大夫赠特进谥文靖朱文公神道碑》，影印《文渊阁四库全书》本，台湾商务印书馆，1983 年，第 156 页。

③ （清）吕渭英、翁天祐修；（清）翁昭泰纂：《[光绪]续修浦城县志》卷二十一《政绩》，《中国地方志集成·福建府县志辑》(7)，上海书店 2000 年据清光绪二十六年（1900）南浦书院刻本影印，第 376 页。

④ （宋）周必大：《平园续稿》卷三十一《京西判官方君墓志铭》；《丛书集成三编》，台湾新文丰出版公司，1996 年。

二十六卷、郑樵《夹漈书目》一卷、郑寅《郑氏书目》七卷等 6 种。尤值得一提的是，在隋唐以后，典籍以经、史、子、集四部分类法为主流之时，莆人郑樵的《通志·艺文略》则独辟蹊径，将图书分为："经、礼、乐、小学、史、诸子、天文、五行、艺术、医方、类书、文"等 12 大类，其下再分 155 小类；小类之下，更分 284 目，类目共计 439，至为纤细。真可谓目光如炬，影响甚大。

唐及唐以前，由于图书的传布基本上靠手写抄录，费工费时，私家藏书数量终是有限，无须辟专室庋藏，多随居室放置，所以还没有以特别含义命名的专门藏书楼之称。到了宋代，随着雕版印刷普及，私人藏书无论在人数和收藏数量上均大为增加，为了便于收藏和保管图书，私人藏书楼相继出现。宋代福建藏书家也大抵建有自己的藏书楼，选址多在山岩、水溪之际，既有利于保护书籍，又可营造一个静心读书的氛围，非唯远避市人尘嚣，抑且启发灵思雅兴。如胡安国筑书室茔山旁，郑耕老筑书堂于木兰坡上，吴叔告筑书楼于文光岭，陈嘉言筑书隐堂于斗门山，傅诚筑月山书院于月峰山仙岩下，林知筑书室吴山之巅，余深建藏书楼于水中央等。此后的传统私家藏书楼的命名，成就了中国藏书史上一种独特的文化内涵。私家藏书楼的命名大都先以楼地景象命名，尔后或以藏书特色命名，或以字号命名，或以纪念先贤命名，或引经据典命名，或自治学态度命名，或自藏书心态命名。藏书家们追求的是典雅蕴藉的志趣，表达的是自身的文化情怀。因此，解读这些藏书楼的命名意象，势必会进一步加深对私家藏书文化的理解与认识。

总而言之，宋代福建私家藏书，具有地域相对集中、藏书家多、藏书丰富、校雠精湛、书目完备、藏书楼涌现等特点，在中国私家藏书史中占有十分重要的地位，尤其对福建明清时期私家藏书的兴旺与鼎盛起到了承前启后的作用，并对福建古代优秀文化典籍的承传做出了不朽的贡献。

宋末元初，全国战乱不已，福建也受到较大的波及。元初重兵进驻福建，烧杀掳掠，不少人流离失所，背井离乡，或隐藏于本邑的海噬山陬，或远徙于潮阳、东莞、新会、琼州等地。还有不少人死于刀兵、饥饿，或被掠卖为奴。因此，元初的福建人口大大减少。元初为了巩固蒙古族的统治地位，又把全国人分成蒙古人、色目人、汉人、南人四等，福建作为"汉人"与"南人"的主要居住区，由于受到民族政策的歧视，文化有了一定程度的倒退，其私家藏书亦随之相应沉寂。见于文献明确记载的元代福建藏书家仅有 9 位，其与有宋一代福建有明确文献记载的藏书家达到百人左右对比，数量相差，可谓悬殊。当然，元代统治时间自公元 1271 年至 1368 年，短短不过百年，与宋代近三百年的统治时间不可同日而语。但是，在很长一段时间里，政治、经济及社会的动荡不安，无疑是其最主要的因素。

明兴之际，明太祖即"命有司博求古今书籍，藏之秘府，以资览阅"①。明初朝廷对典籍收藏的重视，对藏书事业的发展起着极大的促进作用。明代福建私家藏书，承宋元之后，日臻兴旺，概而言之，其特色如下：

其一，藏家辈出，内容广泛。

清末叶昌炽的《藏书纪事诗》②，记录了明代藏书家 427 人，其中按地区排列的前四位是江苏 203 人，浙江 121 人，福建 36 人，江西 26 人。王河主编的《中国历代藏书家辞典》③，记录了明代知名藏书家 358 人，其中按地区排列的前四位是江苏 142 人，浙江 114 人，福建 22 人，江西 20 人。虽然不同作者因所依据资料与收录标准的不同，所收录的具体人数有所差异，但福建均列于江浙之后，可见在全国范围内，除了江浙两个藏书中心外，在其他次中心地区，福建在明代的藏书家人数还是比较多的，均位居全国第三，仅次江、浙地区。而笔者知见的有文献记载其藏书活动的明代福建藏书家则多达 104 人。其中藏书的数量与种类亦大为增多，超过万卷的藏书家就有：林懋和、林洪、马森、李懋桧、曹学佺、林铭几、林梅、陈暹、邓原岳等；藏书五万卷以上的则有谢兆申、黄居中、谢肇淛、徐㷆等。尤值一提的是，明中后期出现一部分在全国有重大影响的藏书家。如：武将名儒陈第，平生唯书是癖，积四十余年至万余卷；版本目录学家黄居中，衣食所余，未尝不以市书，得异本，必亲手抄之，藏书六万余卷；著名文学家谢肇淛，藏书数万卷，其抄本闻名于世，世称"小草斋抄本"。大学者徐㷆，世代藏书，以博洽闻，插架甚富，丹铅历录，至今流传为世宝。就藏书的种类来说，宋代福建藏书家多以经史为主，而明代福建藏书家除传统

---

① （明）余继登撰，顾思点校：《典故纪闻》卷一，中华书局，1981 年，第 10 页。
② 清光绪二十三年（1897）刻本。
③ 上海同济大学出版社，1991 年。

的经、史之外，子、集等典籍，更为所重。个别藏书家对乡邦文献、小说戏曲均产生了兴趣，甚至连过去被传统儒家文化视为"奇技淫巧"的实用科技文献、西方科技资料等，也进入其收藏的视野。如：陈第凡书必收；徐𤊹重藏乡邦文献与闽人著述，不弃戏曲小说；熊宗立收集医书，显示了当时特定历史时期的藏书风气。

其二，多类藏家，集于一身。

清人洪亮吉在所著的《北江诗话》中，曾把藏书家分为："考订家、校雠家、收藏家、鉴赏家、掠贩家"等五种类型。明代福建的藏书家们往往多是集收藏、校勘、编撰、著述于一身。例如：徐𤊹、何乔远、郭良翰、陈第、杨荣、黄居中、谢兆申、王应钟、曹学佺、林古度等，均为闽海大儒，著述等身。尤其是徐𤊹、曹学佺等人所藏，更是眉批夹注，丹铅满卷。他们除了自校藏书外，还自编书目，如徐𤊹的《红雨楼藏书目》、黄居中的《千顷斋书目》、陈第的《世善堂藏书目录》、林春元的《述古堂书目》等，都是历史上著名的目录学著作。此外，明代福建还出现了一群刻书家型藏书家，如建阳书坊的余象斗、熊大木等出于刻书的需求而藏书、编书的藏书家，则为明代福建私家藏书的又一个鲜明特色。

其三，藏家地域，不断扩大。

宋元福建私家藏书大都集中于莆田、建阳、福州等地，其区域间的发展呈不平衡性。明代福建私家藏书的地域分布，则出现了明显的变化，福州府属的闽县、侯官、福清、连江、长乐等地藏家涌现，其中闽县最多。例如：陈暹、马森、林懋和、王应钟、陈亮、林鸿、高棅、陈登、林志、周玄、洪英、高瀔、陈第、叶向高、徐㭷、徐熥、徐𤊹、曹学佺、谢肇淛、陈衎、林古度、邵捷春、邓缵皇、高南霍、高均、徐延寿、林泉等等，均为福州府属的著名藏书家，其藏书大大丰富了福州地区的私家藏书。再则是建安、泉州、晋江、莆田、漳浦、海澄、松溪等地。从这一系列藏书地域的变化情况来看，反映了明代福建私家藏书区域间的兴旺原因、文化内涵、学术取向与时代特征。

其四，书楼林立，藏章纷呈。

私人藏书楼与藏书章渐渐风行，大约都出现在宋代。到了明代，筑楼藏书，为室取名，藏章言志，取典寓意，已蔚为风气，成了私家藏书文化的重要组成部分，充分体现了藏书人的丰富思想感情与深厚文化内涵。明代的福建藏书家，对藏书楼与藏书章重视与讲求，尤为突出与雅致。如高棅的"玩宇楼"、马森的"钟邱园"、陈第的"世善堂"、黄居中的"千顷斋"、谢肇淛的"小草斋"、徐𤊻的"绿玉斋""红雨楼"、张燮的"万石山房""群玉楼""霏云居""藏真馆"、曹学佺的"石仓园"、熊宗立的"种德堂""中和堂"、郭良翰的"万卷书堂"、邓原岳的"西楼"、李重烨的"半航楼"、吴霞的"颜巷"、陈亮的"储玉"、丘有岩的"木末亭"、吴琯的"西爽堂"、吴惟英的"墨响斋"、林志政的"贻远"等等，无不浸透出藏者的深邃蕴涵与志向意趣，令人浮想联翩，心旷神怡。

总而言之，藏书既是文化的积淀，又是文化的推力。百年沧桑，承载学史，嘉惠士林，泽被后代。正是由于明代福建众多藏书家的不懈努力，承前启后、多方搜罗、钩稽遗逸、校勘典藏、刊布传流等多元的藏书活动，才使今天我们得以看到一些欲绝如缕的明代珍善本典籍。明代福建藏书家及其藏书楼与所藏图书的递藏演绎，共同见证了明代福建地方历史与文化变迁的踪迹，其重要的文化贡献与深远的社会发意义，不言而喻矣！

清初福建是抗清势力的主要据点，为切断沿海一带的抗清势力与内地的联系，清初政府实行了十分惨烈的"迁界"等坚壁清野的策略。即强迫沿海居民内迁 30 至 50 里，在界外不许居住，不许渔船、商船下海等，造成了大量田地荒芜，沿海人民流离失所，福建的社会经济与文化均遭到了严重的破坏。明后期的许多福建私家藏书大都毁于战火与动乱，如叶向高、陈第、曹学佺等人的藏书，散佚殆尽。直到康熙统一台湾之后，福建动荡不安的局势开始稳定下来，经济得到发展，人口增加，稳定的政治局面为私家藏书事业提供了自由发展的空间，使得福建私家藏书事业迅速发展起来，无论在藏书的规模、数量、种类、区域分布等方面，均超过了以往的任何一个朝代，达到了古代福建私家藏书的鼎盛时期。其中，有文献记载其藏书活动的清代福建藏书家多达 200 人，藏书楼（室、斋）有 100 余座。

清代福建私家藏书，大致可分为以下三个阶段：

1. 顺治、康熙、雍正时期。清初福建是重要的反清复明之地。清军入闽，沿海迁界，私家藏书，抄毁焚掠，惨遭厄运，损失殆尽。康熙统一台湾之后，福建恢复元气，尤其是雍正以降，随着政治与社会的日趋稳定，经济发达，文化繁荣，福建私家藏书又迅猛发展起来。这一时期的藏书家主要集中在福州、莆田及泉州等地。例如：晋江黄虞稷在其父兄的遗藏基础上，不遗余力地广搜古今秘本珍籍，遂使藏书之数，很快增至 8 万余卷，且易其父黄居中的"千顷斋"为闻名全国的"千顷堂"藏书楼。安溪的李光地、晋江的蔡仕舢与徐居敬等人的藏书，亦负有盛名。福州的藏书家群体则更为庞大，尤为著名的有：林佶的"朴学斋"藏书 7 万余卷、萧梦松的"名山草堂"藏书 8 万余卷；还有陈梦雷与"松鹤山房"、李馥的"居业堂"等藏书，均名重一时，成就了福建私家藏书新的辉煌。

2. 乾隆、嘉庆、道光时期。福建更是藏书家辈出、藏书楼林立。福州和闽南地区仍然是私家藏书云集之地，福州地区著名的藏书家与藏书楼主要有：黄任的"十砚轩"、谢道承的"春草堂"、何蔚然的"西郊草堂"、叶观国的"绿筠书屋"、孟超然的"亦园亭"、郑杰的"注韩居"、梁章钜的"黄楼"、陈若霖的"居敬堂"、陈寿祺的"小琅嬛馆"、陈征芝的"带经堂"、何则贤的"静学书屋"、林则徐的"云左山房"与"七十二峰楼"、李彦彬的"榕亭"、李彦章的"榕园"、林鸿年的"松风仙馆"、何则贤的"静学书屋"、郭柏苍的"沁泉山馆"等等；闽南地区的有如：张祥云的"鞠园"、陈庆镛的"籀经堂"黄宗汉的"一六渊海"等等。此外，闽北，甚至闽西也出现了个别大藏书家，如著名的伊秉绶"留春草堂"等。这一时期，福建的私家藏书日臻顶峰。

3. 咸丰、同治、光绪、宣统时期。福建私家藏书在保持了一段鼎盛后，开始了逐步式微。其间，福州地区著名的藏书家与藏书楼主要有：谢章铤的"赌棋山庄"、林寿图的"欧斋"、杨浚的"冠悔堂"、叶大庄的"玉屏山庄"、郑孝胥的"海藏楼"等。尤值一提的是，清末福州还有两大藏书家格外耀眼，即福州北后街龚易图的"大通楼"和福州南郊螺州镇陈宝琛的"赐书楼、还读楼、沧趣楼、北望楼、晞楼"等"藏书五楼"，这两座著名藏书楼交相辉映，时有"南陈北龚"之称。龚、陈二氏，世代藏书，不仅数量多，且不乏珍本秘籍。陈氏的 10 余万卷藏书，更有"清末甲于全闽"之誉，其"赐书楼"所藏，多为清帝所赐，弥足珍贵。民国以后，陈宝琛有感于善藏书者，不藏于私而藏于公，遂首开福州私家藏书大量捐赠图书馆之风气，得了福州其他藏书家的积极响应与社会的普遍赞赏。此外，闽南地区陈棨仁的"绾绰堂"与"读我书斋"、龚显曾的"薇花吟馆"与"亦园"、闽北地区李枝青的"读骚山房"、吴寿坤的"读我书室"等等，亦是颇具声名的藏书家与藏书楼。

清代福建私家藏书事业的鼎盛,大大促进了福建私家藏书目的发展。据文献记载,清代福建私家藏书编有目录的就多过二三十家,比较著名的有黄虞稷《千顷堂书目》、郑杰《注韩居书目》、陈征芝《带经堂书目》、林则徐《云左山房藏书目》、陈乔枞《陈朴园藏书目录》、谢章铤《赌棋山庄藏书目录》、杨浚《冠悔堂书目》、陈棨仁《读我书斋藏书书目》、龚易图《乌石山房藏书简明目录》《大通楼藏书目录》、陈宝琛《闽县陈氏赐书楼书目》等。他们将自己收藏的典籍一一著录,目录多按经、史、子、集四部分类,著录了所藏书名、卷数、作者、版本、卷数等,有的还叙及书的内容,品评鉴赏。从这些藏书目录中,我们不仅可以窥见当时福建藏书家的藏书规模、特色,而且还可以进一步了解藏书家的藏书心态与藏书文化等。然而,遗憾的是不少清代福建私家藏书目现已散佚,例如:何蔚然《饮和楼藏书目》《宝唐楼藏书目》,龚显曾《薇花吟馆书目》等,令人叹惜!

清代福建藏书家大都不是为了藏书而藏书,他们主张藏以致用,把藏书同自己的学术研究结合起来,在校勘、辑佚以及经学、史学、文学等领域的研究,成就斐然,为清代学术的繁荣与发展做出了重要的贡献。如:黄虞稷、李光地、陈梦雷、郑杰、梁章钜、陈寿祺、林则徐、林鸿年、谢章铤、杨浚、郭柏苍、何秋涛、陈宝琛等等,既都是藏书大家,又是著述等身的大学问家,他们的藏书活动,大大促进了福建传统学术文化的发展,营造了深厚博雅的人文氛围,致使近代以来,与全国其他地区相比,福建人才尤为辈出,其间的内在关联值得我们继续探讨。

总而言之,虽然目前福建的清代私家藏书楼历经百年风雨沧桑,大都荡然无存,有的连故址遗迹都难以探寻,但是由清代福建藏书家不遗余力、网罗丛残、精心保管、世代递藏的珍本秘籍,则颇多流传至今。

民国时期的福建私家藏书事业,承清代鼎盛至式微之余绪。在短短的三十八年间,有文献记载其藏书活动的民国福建藏书家(包括其主要藏书活动在民国时期,1949年后去世的藏书家)亦有55人。在国内战乱频仍、社会动荡、各种思潮风起云涌的背景下,民国福建藏书家无论是藏书理念、还是藏书的时代特色,都经历了曲折复杂的创变和发展,无疑成了福建私家藏书事业的转型期。各种私家藏书又以各种方式归入公共图书馆或学校图书馆,成为现在福建各大图书馆的珍贵馆藏的核心部分，既承传了福建传统文化，又服务于当今的社会各界，其学术文化功绩和社会历史贡献，业已铭刻于八闽史册。

二、福建私家藏书研究的学术史回顾

如上所述，我国古代私家藏书绵延两千余年，在其传承发展中，为保存中华历史文化典籍，促进学术研究等方面做出了重要贡献，从而形成了古代文化史上引人注目的私家藏书文化。福建私家藏书亦经历了千余年的发展，宋、元、明闽人私藏之风渐盛，到清代则达到私藏之巅峰，在中国的私家藏书史上占有举足轻重的地位，闽人藏书家为保存珍秘古籍做出了杰出的贡献，并对福建的教育与文化产生过重大的影响。由于私家藏书事业的历史之悠久、文化积淀之丰厚及其在中国传统文化中的重要地位与极大贡献，长期以来一直受到学术界的广泛关注与普遍重视。然而，颇为遗憾的是，迄今为止，相比之下学术界对福建历代私家藏书的研究成果则略少于其他地区。

早在清代就有人对私人藏书家做出专门的研究。如：清道光年间郑元庆撰、范锴补辑的《吴兴藏书录》，即为我国第一部的藏书家传记，该书记录了南朝至明代吴兴一地 16 位藏书家生平及其藏书故实。随后，清光绪年间藏书家丁申的《武林藏书录》，记录了杭州地区历代公、私藏书概况，其中叙及文澜阁《四库全书》收藏始末，书院学馆藏书史、私家藏书、佛道藏书的情况以及 74 位藏家故实。清末叶昌炽编撰的《藏书纪事诗》，在广泛收集和研究私家藏书史料的基础上，以纪事诗体裁来写藏书家传记，是中国以纪事诗形式为历代藏书家立传的开山之作。该书上起五代，下迄清末，总括 739 位藏书家的藏书史实，每人或每家咏七言绝句一首，诗下附注，注中包含藏书、刻书、古籍版本、目录等多种内容。史料收集广泛，论述内容精辟，编著体例得当，在学术界享有崇高的声誉。作为一种汇藏书家于一编的专门体裁，《藏书纪事诗》被后来续补仿作者奉为圭臬，有"书林之掌故，藏书之诗史"之誉，成为中国藏书史上的一部名著。

20 世纪 20 年代初开始，私家藏书研究更引起不少学者的研究兴趣，其主要成果有：

在清末叶昌炽编撰的《藏书纪事诗》刊行之后，以"藏书纪事诗"形式记述私家藏书史的主要有：近代广东藏书家伦明撰的《辛亥以来藏书纪事诗》①，收集了民国辛亥以来藏书家 156 人；江苏藏书家王謇的《续补藏书纪事诗》②，收罗藏书家 100 余人，撰写 126 首纪事诗；安徽学者吴则虞的《续藏书纪事诗》③，分地域分别补续了藏书家 423 人，涵盖明清、民国，以及日本、欧洲各地学者及藏书家；徐信符著，徐汤殷增补的《广东藏书纪事诗》④，则收录了明代以来的广东藏书家 54 人。

以一批相关研究文章及专著形式问世的主要有：聂光甫的《山西藏书家考》⑤，从官家藏书与刻书、私家藏书与目录等角度，分别叙述了山西一地的藏书家史实，计得历代藏书家 75 人。戴振辉的《五代的刻书与藏书》⑥，概述五代藏书家情况。袁同礼的《宋代私家藏书概略》⑦《明代私家藏书概略》⑧《清代私家藏书概略》⑨等系列论文，比较全面地概述了宋、明、清知名私家藏书的概况。潘承厚的《明清藏书家尺牍》⑩，则叙及明清 148 位藏书家的掌故、交际和学术等生活。汪闿《明清螮林辑传》⑪收录了明代藏书家 247 人、清代 574 人。洪有丰《清代藏书家考》⑫，则侧重在藏书家传略、藏书、著书、刻书等史实的考述。蒋镜寰所辑《吴中先哲藏书考略》⑬于 1930 年编著而成，记录了苏州地区宋代藏书家 14 人、明代 68 人、清代 80 人，其中包括客寓苏州的藏书家莫友芝、汪

① 上海古籍出版社，1990 年。
② 李希泌点校本，书目文献出版社，1987 年。
③ 国家图书馆出版社，2016 年。
④ 商务印书馆，1965 年。
⑤ 《中华图书馆协会会报》，3 卷 6 期，1927 年。
⑥ 上海《大公报》，1936 年 6 月 4 日。
⑦ 《图书馆学季刊》，2 卷 2 期，1927 年。
⑧ 《图书馆学季刊》，2 卷 1 期，1927 年。
⑨ 《图书馆学季刊》，1 卷 1 期，1926 年。
⑩ 民国年间潘氏宝山楼珂罗版印行。
⑪ 中华图书馆协会，1932 年刊行。
⑫ 《图书馆学季刊》，1 卷 1 期，1926 年。
⑬ 参见徐雁、王雁均主编：《中国历史藏书论著读本》，四川大学出版社，1990 年。

鸣銮等 15 人。瞿冕良的《常熟先哲藏书考略》①，收录了常熟一地自北宋至民国时期八百余年历代藏书家 255 人的藏书事迹，特别对藏书家所著书、抄校善本书、刻印图书均一一详细著录。杨立诚、金步瀛合编的《中国藏书家考略》②，主要收录了自秦汉至清末的藏书家共计 741 人，也是研究我国藏书文化的重要著作。尤值得一提的是，吴晗于 1930 年前后，从地方史志、诗文别集、行述碑帖中辑录了大量藏书家史料，先后编成《两浙藏书家史略》③和《江苏藏书家小史》④，前者辑录了 399 位浙江藏书家，后者辑录了 490 位江苏藏书家；1981年中华书局将其合刊为《江浙藏书家史略》一书。该书对区域性的私家藏书研究，起了十分重要的促进作用。此外，项士元的《浙江藏书家考略》⑤，也考述了浙江省自六朝至近代之大小藏书家凡 219 人，且以清代为详。此与吴晗所编《两浙藏书家史略》，同为浙江藏书家整理研究之汇集。项氏所作，逐代略加分析评论，并以时为经，以地为纬，循序叙述，比之吴氏专列资料录以姓氏成编，似更能清楚地看出浙江各地区藏书家发展兴衰之脉络，亦多直录原始资料，弥足珍贵，唯所论述藏家较少，数量与规模则逊于吴编。上述之外，还有蒋吟秋的《吴中藏书家考略》⑥、何多源的《广东藏书家考》⑦、陈乃乾《上海书林梦忆录》⑧等等，大都记载了各地区的藏书风气、书林掌故、藏书家事迹。

20 世纪 80 年代以后，区域性的私家藏书研究再次逐步趋热，大批研究资料被发掘整理陆续问世。如周子美的《近百年来江南著名藏书家概述》⑨，叙及几十个江南著名藏书家，再补叶昌炽《藏书纪事诗》之所阙。许碃生《古代藏

---

① 四川大学出版社，1990 年。
② 上海古籍出版社，1987 年。
③ 《清华周刊》，1932 年。
④ 《图书馆学季刊》，1933 年。
⑤ 《文澜学报》，3 卷 1 期，1937 年。
⑥ 1930 年刊行。
⑦ 《广州大学图书馆季刊》，1 卷 2—4 期，2 卷 1—3 期，1933 年—1934 年。
⑧ 《古今》，20—30 期，1943 年。
⑨ 《图书馆杂志》，1981 年第 1、2 期。

书史话》①、李希泌、张椒华《中国古代藏书与近代图书馆史料》②，两书由中华书局出版后，断代的和区域的藏书家研究成果不断问世。尤其是长期从事藏书史研究的范凤书则编纂了一批地域性私家藏书史料，如：《陕西藏书家资料录辑》③《江西历代藏书资料汇辑》④《四川藏书家资料汇辑》⑤《河南藏书家资料录辑》⑥等等。另外如：郑伟章、李万健的《中国著名藏书家传略》⑦，顾志新的《浙江藏书家藏书楼》⑧，王韶曾、沙嘉孙的《山东藏书家史略》⑨，刘渝生的《中国藏书起源史》⑩，薛俞的《山西藏书家传略》⑪等也相继出版。1996 年，在宁波举办的"天一阁及中国藏书文化研讨会"，不仅进一步确立了天一阁在中国私家藏书史上的地位，而且也极大地促进和推动了中国藏书文化的研究。其后，任继愈主编的《中国藏书楼》⑫，分为上、中、下三编。上篇"藏书论"，概述了公藏、私藏、书院、寺观等四大系统藏书楼的产生、兴衰、特点及其贡献；中编"中国藏书楼发展史"，以朝代分期，先概述不同历史背景下的藏书活动，再系统介绍重点藏书楼（家）；下编"附录"，包括"藏书大事年表""藏书楼索引"和"藏书家索引"。全书体系完整，立论有据，深入浅出，引人入胜，观点鲜明，颇多创获。而傅璇琮、谢灼华主编的《中国藏书通史》⑬，又是一部规模宏大、史料丰富、架构科学、内容完整的弘扬藏书文化的学术大著；上起夏商，下迄 20 世纪 90 年代，贯通古今，对中国藏书史的公藏、私藏、书院、寺观等四大藏书系统进行了跨学科、多方位、多层面的研究，从而填补了中国藏书通史研究的

① 中华书局，1982 年。

② 中华书局，1982 年。

③ 《陕西图书馆》，1986 年第 1 期。

④ 《赣图通讯》，1986 年第 2 期。

⑤ 《四川图书馆学报》，1985 年第 6 期。

⑥ 刊于《河南出版志资料选编》，1986 年油印本。

⑦ 书目文献出版社，1986 年。

⑧ 浙江人民出版社，1987 年。

⑨ 山东大学出版社，1990 年。

⑩ 江西人民出版社，1994 年。

⑪ 山西古籍出版社，1996 年。

⑫ 辽宁人民出版社，2000 年。

⑬ 宁波出版社，2001 年。

一个空白。此外，范凤书的《中国私家藏书史》①，主要基于书籍制作的演变和发展，重点论述了中国历代著名藏书家、藏书世家的藏书活动、藏书思想及其学术成就，同时又以专论的形式论列了与私家藏书密切相关的藏书楼、藏书章、藏书家的功绩、藏书家的区域分布、私家藏书文献等等。

上述这些研究成果，全面发掘整理了有关私家藏书的丰富史料，记载了古代藏书家矢志藏书、保存祖国文化遗产的大量史实，揭示了藏书家保藏典籍的经验，确立了私家藏书在中国文化史上应有的地位，从文化视角发掘古代私家藏书深层的文化内涵，取得了丰硕的成果。

有关福建古代私家藏书的史料，主要散见于福建地方文献及闽人著述之中，鲜有专门之著述。然而，近代以来基于全国范围研究私家藏书文化的大背景，相关研究者对福建的历代私家藏书，也就表现出一定的关注与兴趣。特别是在涉及福建藏书名家研究方面，也取得了颇多的成果。例如：

叶昌炽、伦明、王謇等学者从全国范围来研究藏书史的，所记述的藏书多以江、浙一带居多，仅少量涉及福建藏书家。如：叶昌炽的《藏书纪事诗》七卷，总录藏书家 739 人，收录清代藏书家 329 人，福建藏书家很少，仅有 24 人；杨立诚、金步瀛合编的《中国藏书家考略》，所收福建藏书家也仅有 32 人；郑伟章、李万健《中国著名藏书家传略》，收录的福建藏书家仅有 5 人；伦明的《辛亥以来藏书纪事诗》，所录福建籍藏书家仅有 2 人；而王謇的《续补藏书纪事诗》、吴则虞的《续藏书纪事诗》，所收录的福建藏书家也是非常的少。只有范凤书的《中国私家藏书史》②，涉及的福建籍藏书家则达到 287 人，位居全国第五位。

而专门研究福建私人藏书家的始于民国时期。自 20 世纪 30 年代开始，原福建省图书馆馆长萨兆寅（字士武）就开始收集福建藏书家的史料，所撰成《福建藏书家考略》③一书，所录福建藏书家 52 人。该文《自序》称："余辑《福建藏书家考略》一书，将及十载。初稿之后，有再稿、三稿，屡易未定，弃之榕寓。今春邵生芝归里，为余取书，无意中携书稿来。旋福州一度弃守，再稿、

---

① 大象出版社，2001 年。
② 大象出版社，2001 年。
③ 《福建文化季刊》，1941 年第 1 卷第 3 期。

三稿不知存失。适《福建文化》季刊来函征文，因将初稿付寄，恐并此而亡也。将来再稿、三稿检得时，当再行补正，以成完篇。民国三十年九月识于永安。"文后跋又记："《福建藏书家考略》初稿付协和大学《福建文化》季刊后，闻福州克复，故园重光，喜慰无似，亟遣内子回家整理图籍，遍索此篇之再稿、三稿，已为沦陷焚毁矣。今唯有假以时日，重新集录增订成幅也。"由此可见，该书的撰辑，前后历经10年，再、三增补之稿，惜毁于抗日战争期间福州沦陷之时。而后萨兆寅又撰《福建藏书史话》①，分为"莆田藏书述概""泉州藏书述概""福州藏书述概""闽南闽西藏书述概""闽东闽北藏书述概""外省人流寓福建藏书述概""福建人流寓省外藏书述概"等7大部分，系统全面地叙述了福建的私家藏书。而郭可光的《闽藏书家考略》二卷②，则收录了近200位的福建藏书家。萨、郭二氏之所作，开启了专门搜集福建藏书家史料整理与研究之先河，筚路蓝缕之功，实不可没。

20世纪80年代开始，福建藏书家专题研究逐步引起了学术界的普遍关注，并陆续取得了长足进展。1980—1981年间，廖天敏连续发表了《曹学佺的生平及其著作书目简介》③与《福建藏书家徐𤊹及其著作目录》④；1981年，方品光发表了《明代福建著名抄书家——谢肇淛》⑤；1983年—1984年间，《福建省图书馆学会通讯》连续刊载了《福建藏书家资料选编》⑥。而后，侯真平的《七位福建古代著述家藏书家生卒年考》⑦，林栻的《名垂书林的张祥云》⑧，黄兆郸的《郑杰与"注韩居"》⑨，尤小平的《福建藏书家资料选编补遗》⑩，高熔的《承上启下

---

① 原为福建省图书馆藏抄本，后编入《萨兆寅文存》，鹭江出版社，2012年。
② 郭氏白阳书室旧抄本。
③ 《福建省图书馆学会通讯》，1980年第3期。
④ 《福建省图书馆学会通讯》，1981年第4期。
⑤ 《福建省图书馆学会通讯》，1981年第4期。
⑥ 《福建省图书馆学会通讯》，1983年第2、3期，1984年第1、2、4期。
⑦ 《福建省图书馆学会通讯》，1985年第1期。
⑧ 《福建省图书馆学会通讯》，1987年第1期。
⑨ 《福建图书馆理论与实践》，1990年第1期。
⑩ 《福建图书馆理论与实践》，1990年第4期。

的藏书家、出版家郑杰》①，郑锋的《福建藏书家资料选编再拾遗》②，王命燹、黄兆郳的《陈宝琛与"沧趣楼"藏书》③，黄兆郳的《叶大庄与"玉屏山庄"藏书》④，林仁贞的《陈寿祺与"小琅嬛馆"藏书》⑤，高熔、张善珠的《清朝收集徐㷍遗书第一人——林佶》⑥，高熔、张美珍的《李馥及其藏书》⑦，丁宏宣的《清初著名目录学家黄虞稷》⑧，王长英的《笔著千秋文，橱藏万卷典——清代著名著述家藏书家梁章钜》⑨，黄兆郳、王长英的《萧梦松与名山草堂》⑩，刘德城的《福建私人藏书述略》⑪，辛群的《我国清代刻书家郭柏苍》⑫，郑衡泌的《福建历代藏书家籍贯地的地理分布》⑬，牛红亮的《黄居中父子与〈千顷堂书目〉》⑭ 等等，都是对福建藏书家的个案研究，主要涉及了藏书家的史料搜集、生平概况及其藏书活动等。

尤值一提的是，2004 年，方宝川指导的李晓花、张美莺、方挺等 3 位硕士生，分别以《宋代福建私家藏书考论》⑮《明代福建私家藏书研究》⑯《清代福建私家藏书》⑰ 等 3 篇硕士论文，通过毕业答辩，均以优秀的成绩获得硕士学位。其中李晓花的《宋代福建私家藏书考论》，以宋代的福建私家藏书为主要研究对象，在大量查阅搜索福建地方史志、闽人别集、藏书传记文献、书目序跋、笔

① 《福建图书馆理论与实践》，1992 年第 4 期。
② 《福建图书馆理论与实践》，1992 年第 4 期。
③ 《福建图书馆理论与实践》，1993 年第 2 期。
④ 《福建图书馆理论与实践》，1993 年第 3 期。
⑤ 《福建图书馆理论与实践》，1993 年第 4 期。
⑥ 《福建图书馆理论与实践》，1994 年第 1 期。
⑦ 《福建图书馆理论与实践》，1994 年第 3 期。
⑧ 《福建图书馆理论与实践》，1994 年第 3 期。
⑨ 《福建师范大学学报》(哲学社会科学版)，1996 年第 1 期。
⑩ 《福建图书馆理论与实践》，1996 年第 2 期。
⑪ 《福建图书馆理论与实践》，2002 年第 1 期。
⑫ 《文献信息论坛》，2002 年第 1 期。
⑬ 《福建地理》，2003 年第 2 期。
⑭ 《图书与情报》，2003 年第 6 期。
⑮ 福建师范大学硕士学位论文，2004 年。
⑯ 福建师范大学硕士学位论文，2004 年。
⑰ 福建师范大学硕士学位论文，2004 年。

记杂著等有关宋代福建私家藏书文献资料的基础上，吸收借鉴了当时学术界对宋代福建主要藏书家的研究成果，全方位、多层面地考论了宋代福建私家藏书的兴盛原因、主要藏书家的藏书概况及其特点、以及对中国古代传统藏书文化的重要贡献；张美莺的《明代福建私家藏书研究》，则在前人研究的基础上，广泛搜集历代闽人别集、明清笔记、方志、碑传等各种文献资料，考论了明代福建私家藏书的兴盛原因，钩稽了明代福建藏书家的生平事迹、政治活动、学术研究、藏书事迹、藏书思想、藏书特点等，从中分析明代福建私家藏书的区域特色，总结其藏书的历史贡献；方挺的《清代福建私家藏书》，也在网罗福建地方史志、闽人别集、藏书传记文献、书目序跋、笔记杂著等等大量原始文献资料的基础上，阐述了清代福建私家藏书的崛起、发展和衰落，以及清代福建私家藏书文化意蕴，分析其私家藏书特色，并探究福建私人藏书家在保存文献、刊刻流布、学术研究等诸多方面的巨大贡献，以及对福建文化教育事业、图书事业的积极影响。

2007 年，王长英、黄兆郸《福建藏书家传略》①一书，所录的福建藏书家达到了 418 人之多，虽然现代部分的藏书家，尚有个别仍待商榷之外，但其所收录的福建藏书家人数则达到了当时已正式刊行的有关福建藏书家论著之最多。该书分为上、下两卷，上卷"福建知名藏书家传略"、下卷"福建藏书四百家"，涉及了从古到现代的福建藏书家生平概况、藏书活动及其历史文化贡献等。

此外，尤小平的《福建藏书楼》②一书，则侧重于福建藏书家的藏书楼研究。该书分为"福建藏书概述""宋代的福建私家藏书""明代的福建私家藏书""清代的福建私家藏书""从藏书楼走向图书馆"等 5 个部分，阐述了福建古代藏书楼的时代印记及其历史贡献。而陈枚香的《莆阳书话》③一书，分上下两编：上编以朝代为顺序，分别介绍唐、五代、宋、元、明、清的著书、刻书、藏书概况；下篇收录《四库全书总目提要》之《莆人著作提要》。是莆田第一部关于著书、刻书、藏书的著述，其藏书部分，比较详细地叙述了莆田地区的藏书概况。

---

① 福建教育出版社，2007 年。
② 海峡文艺出版社，2008 年。
③ 鹭江出版社，2015 年。

三、本书的研究思路与总体架构

由于上述这些研究福建历代私家藏书的主要研究成果，虽然在发掘整理其藏书家史料，并从福建著名藏书家的生平事迹与藏书概况等一些基本史实的阐述上取得了可喜的进展，但是总体上依然只停留在个案研究的层面，尚缺乏系统与整体的研究，尤其是对有关福建私家藏书的群体特征、区域特性、藏书特色，文化内涵及其历史贡献等全方位的研究，为本书的研究提供了较大的空间与必要性。

1. 研究思路

本书致力于把历代福建古代私家藏书作为一个系统与整体，进行全方位与多层面的研究。拟在方宝川指导的《宋代福建私家藏书考论》《明代福建私家藏书研究》《清代福建私家藏书研究》《民国福州私家藏书研究》等系列硕博士学位论文的基础上，基于辩证唯物主义与历史唯物主义的观点，采用历史文献学与田野调查相结合，并辅以统计史学等研究方法，尽最大的可能，进一步钩稽遗逸，网罗丛残，将福建古代地方史志、闽人别集、书目序跋、笔记杂著等中有关福建历代私家藏书的第一手文献资料竭泽而渔，并通过对福建著名藏书楼遗址的田野调查，以调查结果与文献记载相印证。以福建历代私家藏书的发展历史为经，藏书家的藏书活动为纬，经纬交织，在中华传统文化与福建历代的政治、经济、文化发展的这一历史大背景下，深入探究福建历代私家藏书兴衰的社会历史背景与原因，悉心考辑福建历代藏书家名录，系统阐论福建历代藏书家的生平事迹与群体特征，重点剖析福建私家藏书的区域分布、藏书类型、基本模式、收藏情趣、文化心态，全面总结福建私家藏书的社会功能及其历史贡献等等。同时，充分吸收借鉴学术界有关福建历代主要藏书家的研究成果，坚守学术规范与学者伦理，实事求是，言必有据，无征不信，孤证不立。从考订辨析具体史料入手，来归纳抽绎结论，力求从文化的视角，传出新的路径探究，旨在取得该研究领域目前还存在的相关不足或遗憾问题的研究突破。

2. 总体架构

本书共分为："绪论、福建私家藏书之滥觞、宋代福建私家藏书的勃兴、元代福建私家藏书的沉寂、明代福建私家藏书的复兴与繁荣、清代福建私家藏书的鼎盛与式微、民国时期福建私家藏书的余波、余论（福建近现代图书馆事业的崛起）"等八大部分；末附福建历代藏书家、藏书章、藏书楼、藏书目一览表，主要参考文献。除了"绪论"与"余论"之外，每章之下，均以私家藏书的政治经济与文化背景、私家藏书的发展与区域特征、藏书家的藏书活动与藏书聚散、私家藏书的文化特色及其历史贡献等内容设立节目。全书共考辑汇录了笔者所知见的有明确文献史料记载其藏书活动的隋唐五代至民国时期（包括主要藏书活动在民国时期，1949 年后去世的藏书家）的藏书家共 483 人。其中隋唐五代 8 人、宋代 107 人、元代 9 人、明代 104 人、清代 200 人、民国 55 人。

总而言之，由于历史久远、自然灾害与人为因素，福建历代私家藏书千百年的承传，历经坎坷，有关原始文献史料散佚十分严重，且绝大部分的藏书楼已不复存在，遗址难觅。因此，要真实还原这一历史概况，研究其发展规律，承传其文化精华，启示当今中华优秀传统文化的创造性转化与创新性发展，无疑是一项艰巨而浩大的文化工程。能否完全达到本书的研究初衷，只能是尽其心力而为之了。抛砖为了引玉，真诚期望本书的面世，能引起学术界的共鸣或争鸣，补阙拾遗。因为任何的学术，只有在不断的共鸣和争鸣中，才能得到更广泛的开拓和更高层次的发展。

第一章　福建私家藏书之滥觞

第一节　隋唐五代以前的福建政治、经济与文化

福建地居东南一隅，古称南蛮之地，文化不甚发达。《周礼·夏官》云："四夷、八蛮、七闽、九貉、五戎、六狄之民。"汉郑玄援引《国语·郑语》注"七闽"曰："闽为蛮之别种，而七乃周所服之国数也。"《周礼·秋官》又云："象胥掌蛮、夷、闽、貉、戎、狄之国。"《说文解字》说："蛮，南方蛇种也。"之所以称是蛇种，是因"蛮"字下面有"虫"字。《说文解字·虫部》析"闽"字亦曰："闽，东南越，蛇种。"至于闽族与中原周王朝的关系，《周礼·秋官》曾提到"闽隶"，并说周王室"有闽隶百二十人"。

关于闽越族的由来，学术界有不同看法，一些学者把西汉以前的福建古代民族统称为闽越族，并认为先秦文献记载的"闽"与"七闽"都是指闽越族，闽是地望，越是族称。还有的学者则认为，闽越族是由福建境内的土著民族——闽族与外来的越族融合而成，故称闽越族。

战国末年，楚威王灭越，一部分越人南逃到福建，并与居住那里的闽族融合，形成了闽越族。以后，闽越族在越国贵族无诸的领导下，建立了强大的军事国家，活跃于东南沿海，其文化波及台湾。

"闽越"的族称，始见于司马迁的《史记》卷一百一十四《东越列传》："闽越王无诸及越东海王摇者，其先皆越王勾践之后也，姓驺氏。秦已并天下，皆废为君长，以其地为闽中郡。"又说："汉五年（前202），复立无诸为闽越王，王闽中故地，都东冶。"这说明了闽越族的形成在西汉之前，而闽越文化的时间范围应包括两个历史时期：一是秦统一之前的相当一段时期，秦"废（无诸）

为君长，以其地为闽中郡"，说明秦统一之前闽越已经存在。否则，不会"以其地为闽中郡"。二是从西汉高祖五年（前202）"复立无诸为闽越王"，至汉武帝元封元年（前110）汉兵围攻闽越，闽越国亡，前后历时92年的闽越国时期。所以闽越族的活动时间应包括战国末期至西汉武帝时期。

在汉武帝征灭了闽越国后，福建进入以中原移民为主的历史。先是汉代冶县的设立，中原汉族逐步开始移民福建。冶县（今福州），是福建最早设立的一个县名，当时属会稽郡。据唐《元和郡县图志》记载，冶县的辖地范围包括唐以前的闽县、温麻、南安、建安、邵武诸县和江西铅山县。

三国东吴经营闽中，在闽设建安郡（今建瓯）。管辖建安、南平、将乐、建平、东平、邵武、吴兴、绥安、侯官、东安等10县。

西晋统一后，分闽中为建安、晋安两郡。建安郡（今建瓯）管辖建安、吴兴、东平、建阳、邵武、将乐、延平、绥城等8县；晋安郡（今福州）管辖侯官、原丰、温麻、晋安、同安、新罗、宛平、罗江等8县。自晋历宋、齐、梁，闽中初属于扬州，继属于江州，最后一度属于东扬州。梁曾立南安郡（今莆田、漳州、泉州）。陈朝永定年间（557—559），别置闽州，不久又改称丰州，州治设在晋安郡，这是闽中自成一州的开始。

隋平定陈朝，统一中国，开始裁并郡县。大业三年（607），废闽州级建置，并建安、晋安、南安（梁天监年间〔502—519〕增设）三郡为一，名曰建安郡，辖闽县（今福州）、建安、南安（今泉州）、龙溪（今漳州）四县，郡治设在闽县。

唐朝福建设五州，初有泉州、丰州、建州三州。唐武后垂拱二年（686），先添漳州，玄宗开元二十四年（736），又增汀州。福建初隶岭南道，开元二十一年（733），改隶江南东道，最后自成一道。由于中原入闽人口大量增加，福建设县也大为增加。南朝的福建分为17县，隋省减为4县，唐代增至25县。据《新唐书·地理五》记载：唐天宝年间（742—755）福州所属有闽县、侯官、长乐、福唐、连江、长溪、古田、梅溪、永泰、尤溪，建州所属有建安、邵武、浦城、建阳、将乐，泉州所属有晋江、南安、莆田、仙游，汀州所属的长汀、宁化、沙县，漳州所属的龙溪、龙岩、漳浦。

唐代末年，河南光州出现一支由王绪领导的农民起义军。他们在寿州刺史秦宗权的进攻下，与光州固始人王潮、王审知兄弟率数万之众入闽。其后，他们在福建各地落籍。明人黄仲昭《八闽通志·风俗》引《建安志》亦云："自五代乱离，江北士大夫、豪商巨贾多逃难于此。"[①] 由此可见，唐末五代王氏兄弟入闽和避乱入闽的中原移民人数是此前历史上最多的一次。到了闽王王审知统治福建时期，福建地方行政区划除了继承唐制外，还添设了六县两州，即：闽清县、永贞县（宋代改名罗源县）、桃林县（王昶时改名永春县）、宁德县、顺昌县、同安县和镛州、潭州。南唐灭闽后，将潭州改名剑州。

福建的地理位置，西北横亘着武夷山脉，西南有博平岭山脉，东北是太姥山脉，山脉将福建与邻省的江西、浙江、广东隔绝开来，其东南又是茫茫大海。在相当长的历史时期内，福建处于与外部相对隔绝的状态。由于福建长期远离中原这一中国传统文化的发源地，所以也远离了当时全国的政治、经济、文化中心，这种自然地理条件决定了福建经济与文化的发展，在隋唐以前严重滞后于中原地区。诚如宋梁克家的《三山志》所载："始州户籍衰少，耘锄所至，甫迩城邑，穷林巨涧，茂林深翳，少离人迹，皆虎豹猿猱之墟。"[②]

当然，隋唐五代是福建历史发展的转折时期。中原地区进入战乱，战乱频仍导致土地荒芜，百姓流离，社会生产力遭到破坏。而福建远离战火，社会安定，具有开发经济的良好政治与社会环境。伴随着战乱，出现数次大规模的移民潮，大批中原人南徙入闽，南迁移民带来了丰富的劳动力，也带来了中原地区先进的生产工具、生产技术、生产管理经验和文化知识，推动了福建地区生产方式的变革，从根本上改变了生产力水平低下的状态，福建的社会经济与文化开始进入了全面发展阶段。随着中国封建经济重心的逐渐南移，南方对于中原王朝来说，地位日益重要。唐王朝注意选派一批精于吏治、文化素养高的大臣出镇南方。据统计，唐中叶以后，福建观察使总共 51 人，科举出身的就有13 人。他们往往重视文化教育事业，兴办官学，以经书儒学训民，促进了文化的发展。

---

① 福建人民出版社，2006 年，第 58 页。

② （宋）梁克家：《[淳熙] 三山志》卷三十三《寺观类·僧寺》，明崇祯十一年（1638）刻本，第 1 页下。

　　官学是由历代官府创办或倡办并实行一定管理的各类学校，有以学习儒学经典为主课设于府（州）县两级的儒学，设于城镇乡村的社学和设于城乡的义学三种形式。唐代福建各地开始建立孔庙，设立州、县学。唐代宗大历七年（772），李椅任福州刺史，兼都督福、建、泉、漳、汀五州军事。到任之后，率领官吏节约开支，筹集资金，在福州城南兴贤坊建新州学（含孔庙、讲堂、书室和教授署、舍），"以五经训民，考校必精，弦诵必时。于是一年人知敬学，二年学者功倍，三午而生徒祁祁，贤不肖竞劝，家有洙泗，户有邹鲁，儒风济济，被于庶政"①。李椅在任三年，福州"比屋业儒，俊造如林"②，人们"以不学为耻"。唐德宗建中年间（780—783），常衮任福建观察使，"为设乡校，使作为文章，亲加讲导，与为客主钧礼，观游燕飨与焉，由是俗一变，岁贡士与内州等"③。唐昭宗乾宁年间（894—897），王潮任福建观察使，"乃作四门义学"④。

　　唐代福建官学已初具规模，大部分县都创办了学校，增拨学田，扩招生员。当时最著名的是莆田官学，林藻、林蕴、林攒、欧阳詹、黄滔、徐寅、陈峤等名士文人都是该县学校中培养出来的。据统计，唐代闽人登进士者有70多人，著作有30多部。其中晋江欧阳詹与中原的韩愈、李观等一代名人同年及第，成为"龙虎榜"中的一员，声名鹊起，轰动京师。唐文宗开成三年（838），闽中有萧鹰等4人登第，"朝士诗云：'几人天上争仙桂，一岁江南折四枝。'闽中自是号为'文儒之乡'。"⑤仅唐昭宗一朝，福建就有黄滔等约17名进士，出现了进士及第的高潮。直至唐末五代，王审知为闽王，保境安民，创立闽国地方政权。王审知采纳翁承赞的建议，"又建学四门，以教闽士之秀者"⑥。并在福建广纳贤才，选任良吏，提倡节俭，发展生产，兴修水利，轻徭薄赋，与民休息，使福建经济文化达到了前所未有的水平。诗人徐寅《自咏十韵》曾吟云："拙赋

---

　　① （唐）独孤及：《毗陵集》卷九《福州都督府新学碑铭》，民国年间上海涵芬楼影印亦有生斋刻本，第4页下。

　　② （清）廖必琦等纂：《兴化府莆田县志》卷二《舆地》，民国十五年（1926）重印清光绪五年（1879）补刊本，第81页下。

　　③ （宋）欧阳修、宋祁等：《新唐书》卷一百五十《常衮传》，中华书局，1975年，第4810页。

　　④ 同上，卷一百九十《王潮传》，中华书局，1975年，第5491页。

　　⑤ （明）黄仲昭：《八闽通志》卷六十二《文苑·萧鹰》，福建人民出版社，2006年，第463页。

　　⑥ （宋）欧阳修：《新五代史》卷六十八《王审知传》，中华书局，1999年，第558页。

偏闻镌印卖，恶诗亲见画图呈。"① 这说明了作者在闽王王审知幕中时，王审知曾为之刊印过诗文集。

古代书院是介于官学与私学之间的一种教学与学术研究相结合的特殊教育机构，是古代名儒贤士讲学授徒之所，学术研究风气较浓。我国的古代书院最早出现于唐代，福建则是全国最早建立书院的地区之一。早在唐中宗景龙二年（708），首任福建漳州刺史陈元光之子陈珦建书院于松州村（距今漳州市16公里，属浦南镇），曰"松州书院"。《[乾隆]龙溪县志》卷四《学校》称："松州书院"为"唐陈珦与士民讲学处"②。

上述这些隋唐五代以前的福建政治、经济与社会文化背景，的确为福建私家藏书的出现提供了有利的条件，产生了重要的影响。

第二节　隋唐五代十国时期的福建藏书家

在隋唐五代十国时期的福建，有文献记载的私家藏书就有：郑露、林披、陈峤、徐寅、郑良士、林鼎、陈贶、陈郯等8人。其藏书多者，已达万卷。

1. 郑露

郑露，生卒年不详。初名褒，又名灌，字恩曳，号南湖，福建莆田人。其先世从河南荥阳入闽。郑露究竟生活于何时？文献所载，众说纷纭，莫衷一是。已知最早记载郑露等南湖三先生开莆来学事迹的文献是唐御史黄滔的《南山灵岩寺碑铭》，其碑铭曰：

> 粤灵岩寺，乃莆山之灵秀焉，神授焉。懿！夫岳立大山，堆下数峰。面乙臂坤，石嵌松瘦。昔梁、陈间，邑儒荥阳郑生家之，生严乎一堂，架以诗书。既而秋，一夕风月清朗，俄有神人，鹤发麻衣，丈余其状。见于堂曰："诚易兹为佛宇，善莫之大。"生拜而诺，瞬而失。旋以堂居僧像佛，

---

① 《全唐诗》卷七百一十一《徐寅四》，清光绪十三年（1887）上海同文书局石印本，第82页。
② 清乾隆二十七年（1762）刻本，第9页下。

献其居为金仙院，即陈永定二年（558）庚申也。[1]

从该碑铭得知，南朝陈永定二年（558），源出河南荥阳的莆邑郑氏儒生，梦见异僧求地，遂献其居为金仙院故事。而郑氏在莆田"架以诗书"，则成了南湖郑氏开莆来学、收藏诗书的最早文献记载。

成书于南宋嘉定年间的莆田李俊甫《莆阳比事》"干戈不动弦歌相闻"条曰："莆为文物之地旧矣。梁、陈间已有南湖先生郑露书堂（原注：露，一名褒。今广化寺讲堂是也），唐林藻、弟蕴肄业其地。欧阳詹自泉山焉。原其所倡，非在常衮入闽之后也。国家涵养日久，迄今有'三家两书堂'之谚云（原注：以郡志、郑家谱参出）。"[2] 其"罗汉化院，神人请地"条又云："广化寺，梁、陈间邑儒郑露之居。俄有神人，鹤发麻衣，夕见于堂，请易为佛宇。露诺而献之，为金仙院。时永定二年也（原注：详见《寺碑记》）。"[3]

明莆田黄仲昭《八闽通志》卷七十一《人物·儒林》也说郑露于"梁、陈时卜居南山，与群从庄、淑构书堂于其间，号'南湖三先生'。郡人业儒自露始"[4]。明周瑛的《兴化府志》卷三十四《儒林传》对郑露兄弟开莆来学事迹记载则颇为详尽。曰：

> 郑露，字恩叟。其先出荥阳，过江入闽。远祖昭尝过泉之莆口，爱其风土，因迁祖坟于南山葬焉。至陈时，莆犹未为县，人不知儒学。露与其弟庄、淑，自福之永泰徙莆，庐护墓侧，卜居南山之胜，构书堂以修儒业。后因梦舍书堂为永丰庵（原注：即今广化寺讲堂地），又舍所居为金仙庵（原注：即今广化寺大殿地），别架小书堂以居（原注：即今广化寺崇信庵地）。自露倡学后，莆人始兴学，号为南湖三先生。按《郑氏家谱》称：露为隋太府卿；庄，中郎将；淑，别驾（下注"出《事述》"）。[5]

---

① （唐）黄滔：《唐黄御史集》卷五，明万历三十四年（1606）刻本，第24页上。

② 旧抄本。

③ 同上。

④ 福建人民出版社，1991年，第704页。

⑤ 明弘治十六年（1503）建阳刊本，第3页下。

明莆田郑岳《莆阳文献·郑露传》，曾援引明太祖辅国重臣吴源评语说："露，豪杰士也。业儒于比屋未为儒之时，事诗书于举国不事诗书之日。而后之'十室九书堂，龙门半天下'，皆以湖山之绝响振之。莆之衣冠文物，实自露兄弟开先之也，后人因称为'南湖三先生'云。"[①] 明何乔远《闽书》卷一百零五《英旧志》的"梁、陈"下记载："郑露，字恩曳。其先出荥阳，过江入闽，居于永泰。远祖昭，过莆口，爱其风土，因迁葬其祖于莆口南山。莆至陈时，犹未为县，人未知学。露与其弟庄、淑来庐坟侧，据南山之胜，构书堂湖上，勤修儒业，莆人化之。"[②]

民国初年，陈衍主持修纂《福建通志》时，在考究各家之说的基础上，于卷三十四《郑露传》注曰："盖其祖昭自梁时入莆，已尚《诗》《书》，至露而始著，故推本言梁时，实陈、隋间人也。"[③]

以上文献所载，均认为郑露来莆时代与主要活动在南朝的梁、陈或陈、隋之间。

然而，莆田《南湖郑氏族谱》则认为郑露是唐朝人。曰：

郑露生于唐开元八年庚申（720）三月十五日。辛丑（761）擢进士第。德宗建中元年庚申（780）为太府卿。兴元元年（784），李希烈僭号，乞归许之。德宗贞元元年（785）三月，诰敕下。四月，布常州受封太傅及恩赐后到家。至八月初一日，三公由侯官入永泰，由永泰至莆田。贞元十三年（797）五月，加封太傅左丞相、英国公。卒于宪宗十三年（818）十月初九，享年七十九。夫人蔡氏卒于十五年（820），合葬壶山宝胜院麓中眠埔之后，牌镌"唐太府卿郑三先生墓"。[④]

该谱明确记载了郑露"生于唐开元八年庚申（720）"，"卒于宪宗十三年

① 明万历三十四年（1616）黄起龙校刊本，第70页。
② 明崇祯二年（1629）刊本，第1页上。
③ 民国十一年（1922）至二十七年（1938）刊本，第2页上。
④ 清道光二十八年（1848）序刊本。

（818）"，"享年七十九"。且于唐德宗贞元元年（785）八月，自侯官（今福州）徙永泰、又迁莆田，谱传列为入莆第一世。清莆田郑王臣的《兰陔诗话》据《南湖郑氏族谱》之所载，曰："太原卿露，生观察使珙、吏部侍郎瑜。瑜生屯卫将军敳、太子中允敖。敖生吏部尚书巩、大理平事皋、兵曹郎阜、司门郎准。准乾宁四年（897）登杨赞图榜进士第。则准为露曾孙，然诸书皆列露于陈、隋，《莆风清籁集》亦列郑露于唐初，准仅为其曾孙，必有一误。"① 《全唐诗》将郑露的诗作，列为唐人收录。其卷八百八十七收录了郑露《彻云涧》诗一首，曰："延绵不可穷，寒光彻云际。落石早雷鸣，溅空春雨细。"② 朱维幹的《莆田县简志》亦据《南湖郑氏家谱》推论："唐乾宁四年（897）进士郑准，为露之曾孙，推测露必非唐初以上人。"③

尽管郑露究竟是南朝的梁、陈，或陈、隋之间？或唐朝人，学术界至今未有定论，但郑氏兄弟在莆田"架以诗书"，筑湖山书堂，授弟子以儒业，"而后之'十室九书堂、龙门半天下'"，则是南湖郑氏开莆来学、收藏诗书的最早文献记载。

2. 林披

林披（733—802），字茂则，号师道，福建莆田人。祖父林玄泰官瀛州刺史，父林万宠官饶州刺史，迁高平太守。他出生于世代官宦人家，书香门第，自幼受到良好的教育，"年十五，手录书史约千余卷"④。年二十，以明经擢第，授临汀郡曹掾御史。其子林蕴在《林邵州遗集》载其："聪明特达，不受师教，目所一览，必记于心。年有十五，自写六经、百家子史千余卷，工钟隶草，迥得其迹。"⑤ 林披重视教育，对子女教育严格，其儿子多为官，家有九人刺史，因而有"一家九刺史"之称，还有"九牧林"之誉。因林披勤政爱民，颇有政绩，得到廉访使李永昭的器重，遂奏迁临汀别驾，知州事。主持州郡政事十年，卓

---

① 清乾隆三十七年（1772）刊本。

② （清）彭定求等编校：《全唐诗》，清康熙四十五年（1706）扬州诗局刻本。

③ 方志出版社，2005 年。

④ （清）陈寿祺纂、程祖洛等续修：《［道光］重纂福建通志》卷一百二十，清同治七年至十年（1868—1871）刻本。

⑤ （唐）林蕴：《唐林邵州遗集》，清嘉庆十八年（1813）福鼎王遐春麟后山房刻本。

有善政，百姓拥戴，声名闻于京都。著有《无鬼论》等。

3. 陈峤

陈峤（825—899），字延封，号景山。先祖迈，唐初官福建莆田，于是定居在莆田。陈峤弱冠能文，与高阳许龟图、江夏黄彦修居莆田北岩精舍。未几，复居北平山读书。唐光启三年（887），登进士第，摄京兆府参军司空，为莆田陈氏登进士第一人。王审知入闽后，辟为大从事，授大理评事兼监察御史，奏大理司直兼殿中侍御史。陈峤藏书颇富，著有《陈御史文集》二十卷，表记、奏牍凡三百篇。

4. 徐寅

徐寅，生卒年不详，有约869—约930①、约849—约941②二说。字昭梦，福建莆田人。少时家境贫寒，但勤奋好学，广览群书，博通经史。年轻时，到长安的应试，宦游生涯，多次科考不第。唐乾宁元年（894）进士及第，授官秘书省正字。在翁承赞、黄滔的举荐下，被王审知任命为书记、秘书正字等职。天祐四年（907），梁王废唐自立，下令前科进士须重新考试。徐寅复试后，考中状元。后因其忤梁王，被削去状元名籍，于是他拂袖归里，王审知再次收留了他。十年后，徐寅回到莆田老家，开始了藏书及授徒讲学的生涯。他在府城东北尊贤里延寿溪南徐潭西建设一座"万卷书楼"。书楼建成，后又亲题"延寿万卷书楼"匾额，藏书达万余卷。徐寅晚年在万卷书楼办家塾，书楼不仅借书给学子阅读，还定期举行讲学，"书楼"遂成书院前身，可谓惠泽一方。莆田徐寅家塾万卷书楼，当是已知有文献记载的福建最早的一座藏书楼。

五代后周殿中丞刘山甫曾撰《延寿万卷书楼记》，曰：

> 延寿之域，正字徐家塾，有万卷书楼焉。曷超乎一溪岩僧也，曷异乎景福之唐也。正字初读书于一溪岩。岩僧识之，卜密迩正字宅者，即墨潭西，角井东，长寿丹荔北，出香灯租创岑楼五厦，为正字藏修所也。正字登之览胜寓怀，有"不识云梯高几许，分明人在月中游"之句。凡所为文

---

① 周腊生：《五代莆田状元徐寅考略》，《莆田学院学报》2002年第2期。

② 林毓莎：《徐寅研究》，福建师范大学硕士学位论文，2008年。

立成，尤长于赋……作文赋诗于是楼上，适兴钓墨潭之矶缘，别号谓钓矶，随编归田稿谓之《钓矶文集》。年家苏大魁钦其文，寻旧隐访之，匾曰"万卷楼"。是楼也，僧识正字尚志时，乃正字答僧得志日。捐资詹近胜者创以寺，寺名景祥，舍香灯田七顷酬德僧。僧德之举，祠寺中祀为檀樾主，非识永乎！徐塾之楼大都止是已，志其佳城，兹复书楼记之，冀正字嗣也，世读其书，以益斯楼之高。①

徐夤《钓矶文集》补遗《轶事·藏书富称万卷》云：

> 族谱载万卷楼在溪南山麓，近墨潭西，角井东，长寿红北，一溪岩僧涅槃出义资创岑楼五厦，为正字公读书处。洎公通籍后，藏书甚富，所称万卷楼者，乃纪其盛，而非限于万卷之谓也。②

北宋年间，徐氏居延寿十一世祖徐玞等人把延寿溪南旧居卖于刘姓人家。十三世祖徐柚兴复故宇辟新室，重盖书楼。徐柚在《复徐潭故宇》诗序云：

> 徐潭之西，正字公故居塾也。忽易于刘，世宦所共愤已。而十三世孙上舍柚复之，辟新室盖书楼，以故时有"后村华栋改，先辈钓矶存"之谣，识者谓天道好还尔。上舍与兄暨弟及侄，因作诗以自慰云："樗庵属我可安居，记忆先公缔构初。有志青毡还旧物，无心草栋结新庐。重携矶上一竿钓，更读溪头万卷书。枉费争墩成话靶，炎炎未及百年余。"③

由此可见，徐夤的延寿万卷书楼存续至宋，惠泽学子无数，培养贤哲如云，孕育科第联登，造就簪缨不绝，在福建的私家藏书与教育史上留下了深

---

① （清）徐临修：《重修延寿徐氏族谱》卷二十四《建置文》附录，清乾隆二十七年（1762）仙溪徐氏祠堂刊本。

② 载道楼重刊本，第5页下。

③ （清）徐临修：《重修延寿徐氏族谱》卷二十四《建置文》附录，清乾隆二十七年（1762）仙溪徐氏祠堂刊本。

远的影响。

南宋孝宗淳熙十一年（1184）状元翰学卫泾，就曾千里迢迢来莆田延寿村拜谒万卷书楼，并《题万卷书楼》诗云："潭西徐塾肇何年，景福龙初结岑橡。架上遗编犹绝蠹，楼房乔荔连天国。辞柯宝赋流芳远，入彀锦文行世延。绥水书香应不断，弓裘种种名邦传。"①

南宋理学家朱熹在莆田讲学之时，也曾仰望巍峨壮观的壶公山，俯视清澈绿水的延寿溪，探访徐寅当年的钓矶遗址，专为徐氏书楼遗址题诗曰："延寿溪徐东陇徐，一徐分作两徐居。壶公山下千钟粟，延寿桥头万卷书。"②

5. 郑良士

郑良士（856—930），初名昌士，字君梦，福建仙游县人。自幼博学，善属诗文，尤擅长五言、七言诗。唐昭宗景福二年（893），献诗五百篇，受昭宗李晔赏识，授国子四门博士。历补阙，累迁康、恩二州刺史，兼御史中丞。天复元年（901）弃官归隐。后梁贞明元年（915），应王审知辟命。他沉厚寡言，太祖称其长者，知他才华出众，聘为八闽署、馆、驿巡官，后迁建州判官。不久，授威武军节度书记，终左散骑常侍兼御史大夫。《新唐书·艺文志》著录其《白岩集》十卷、《中垒集》五卷、《诗集》十卷，皆佚。《全唐诗》卷七百二十六录其诗 3 首。《全唐诗补编·续拾》卷三十四补其诗 2 首。其诗多寄情山水，表现超脱凡尘的思想。郑良士多藏书，子八人皆能文笃学，时号"郑家八虎"。

6. 陈郯

陈郯（883—960），字号不详，兴化军仙游县人。据清人吴任臣《十国春秋》卷九十八《陈郯传》记载："家贫，颇力学，通《五经》，惠宗从子仁达辟掌书记。惠宗以事诛仁达，并收郯属吏。寻籍没仁达家，惟得郯歌诗一卷，释不诛。擢为宣徽使，充内学士。郯素便佞，善迎人主意。通文中迁检校太傅。时术者言宫中当有灾，康宗徙南宫避火。已而宫中火，康宗疑控鹤都将连重遇之兵所纵，因以语郯，郯反泄于重遇，重遇遂夜率卫士爇南宫，康宗走死，

---

① （清）徐临修：《重修延寿徐氏族谱》卷二十四《建置文》附录，清乾隆二十七年（1762）仙溪徐氏祠堂刊本。

② 同上。

郯漏言之罪居多。"① 后唐长兴元年（930），自四门博士授水部员外郎，直翰林。次年（931），加内学士，司封郎中，内掌文词，傍参机密。闽王王延昶通文二年（937），加兵部侍郎，判庄宅院。寻擢太常卿，又充仪礼副使。南唐保大元年（943）六月，自节度使推官转节度掌书记。后再拜光禄大夫、栓校司徒、上柱国，食邑五百户。

陈郯曾在莆田延寿溪畔与泉州刺史王延彬，名士徐夤、郑良士、陈乘等辈赋诗酬酒为乐。尝邀集诸多文人学士，查访搜集古籍图书，抄写装订成册，精心收藏。

7. 林鼎

林鼎（891—944），字涣文，福建侯官（今福州）人。父无隐，有诗名。林鼎性正直而强记，工书，得欧、虞笔法。仕吴越王钱镠时，为观察押衙。后入钱镠子钱元瓘幕府，署镇海军掌书记、节度判官。后晋天福二年（937），后晋高祖石敬瑭进封钱元瓘为吴越国国王，林鼎为掌教令。天福三年（938）任丞相。开运元年（944）卒，谥"贞献"。《[道光]重纂福建通志》载其藏书事迹："鼎性谠正，而强记能书，中年诵读必达曙。所聚书籍，悉由手抄，虽残编蠹简，亦躬缀之，无所厌倦。"② 林鼎善文，所著有《吴江应用集》《拾遗集》等。

8. 陈贶

陈贶，生卒年不详，福建闽县（今福州）人。孤贫力学，性格淡漠，志操澹朴，不苟仕进。生平嗜书，积书数千卷，隐居于庐山近四十年。为诗苦思，每得句，未成章，已播远近，一时学者如刘洞、江为等多师事之。南唐中主闻其名，以币帛往征。陈贶献《景阳台怀古》诗云："景阳六朝地，运极自依依。一会皆同是，到头谁论非。酒浓沈远虑，花好失前机。见此尤宜戒，正当家国肥。"③ 中主称善，诏授江州士曹掾。然陈贶固辞不就，中主乃赐其粟帛还山。

---

① 中华书局，1983年，第1402—1403页。
② （清）陈寿祺纂，程祖洛等续修：《[道光]重纂福建通志》卷一百七十一，清同治七年至十年（1868—1871）刻本。
③ （清）彭定求等编校：《全唐诗》卷七百四十一，清康熙四十五年（1706）扬州诗局刻本。

陈贶自金陵归来，常隐居于邃谷，从此终身不授徒，不外交，唯与建阳的名士江为等交往，共同以谈诗、作诗为乐事。卒年七十五。著有《庆云集》一卷，今已佚。

第二章　宋代福建私家藏书的勃兴

第一节　私家藏书勃兴的政治、经济与文化背景

一、政治背景

宋朝的建立，虽然结束了五代十国的分裂割据的局面，但是仍是一个长时期处于战争中的朝代。从宋代初年与辽国、西夏的战争，到中期与金国的战争，迄至晚期抗击蒙元的战争，宋朝在北方边境的战争几乎没有停止过。不过，从建隆元年至咸淳十年（960—1274），福建僻处东南，经过三百一十四年之久，社会环境相对稳定。尤其是南宋初期，福建成为后方疏散地，南宋政府对福建尤为重视。

宋代福建设置建宁府、福州、泉州、汀州、漳州、南剑州、兴化军和邵武军，共有属县47。其中福州领：闽县、侯官、福清、古田、永福、长溪、长乐、罗源、闽清、宁德、怀安、连江等12县；建宁府领：建安、浦城、嘉禾、松溪、崇安、政和、瓯宁等7县；泉州领：晋江、南安、同安、惠安、永春、安溪、德化等7县；南剑州领：剑浦、将乐、顺昌、沙县、尤溪等5县；漳州领：龙溪、漳浦、龙岩、长泰等4县；汀州领：长汀、宁化、上杭、武平、清流等5县；邵武军领：邵武、光泽、泰宁、建宁等4县；兴化军领：莆田、仙游、兴化等3县①。

唐代政治中心在西北长安，北方人视福建为蛮荒之地，闽人也难以入京宦游。北宋建都开封，政治中心东移，南宋偏安杭州，闽浙反居天下之中。这为

---

① （元）脱脱：《宋史》卷八十九《地理五》，中华书局，1977年。

福建与各地文化交流以及自身文化的飞速发展创造了有利的条件。如南宋福建成为理学中心以及泉州海外贸易的兴盛，与政治中心向东南方的转移密切相关。

宋代福建政治地位的提高，使不少历史名人在福建任地方官。如张浚、辛弃疾任安抚使；蔡襄知福州、泉州，任福建转运使；朱熹知漳州；王十朋、叶适、真德秀知泉州；陈傅良为福州通判。他们之中不少人勤于吏治，造福一方，兴学重教，推动了福建文化的繁荣兴旺。

宋代北方宋辽、宋金对峙，中原涂炭，战乱不已，衣冠人物、平民百姓无家可归者，大批涌人福建。加上闽中长期安定和社会经济的发展，使户口大幅度增加。例如：唐元和年间（806—820），福建仅有 74467 户[①]，到北宋太平兴国五年至端拱二年（980—989），增至 467815 户[②]，增长了 528%；元丰初年福建户数增至 1043839 户[③]，比太平兴国年间又增长了 123%。南宋初年，福建人口增长又出现了一个新的高峰。南宋绍兴三十二年（1162），福建户数为1390566，口数为 2808851[④]，分别比元丰初午增加了 33% 和 37%；至嘉定十六年（1223），福建户数和口数分别达到了 1599214 和 3230578[⑤]，又比绍兴三十二年（1162）增长了 15%。总之，从唐元和年间至南宋嘉定年间的 300 余年内，福建的户口数增长了大约 22 倍。这种增长速度是冠盖江南各路的。福建人口在宋代增长如此迅速，显然仅依靠人口的自然繁衍是不可能达到的，其大多数应是北人的移入。在这样相对安定的政治背景与社会环境下，势必为福建的私家藏书活动提供自由发展的空间。

二、经济繁荣

宋王朝的建立，结束了唐末五代分裂割据的局面，统治者采取了奖励垦荒、兴修水利、改革农具、推广耕作技术等一系列措施，使农业生产很快得到恢复和发展。宋代，福建的经济呈现出空前的繁荣。人口迅速增长，山地梯田大面

---

① （唐）李吉甫：《元和郡县志》卷二十九《江南道五》，中华书局，1983 年。
② 梁方仲：《中国历代户口、田地、田赋统计》甲表三五，上海人民出版社，1980 年。
③ （宋）王存：《元丰九域志》卷九《福建路》，中华书局，1984 年。
④ 梁方仲：《中国历代户口、田地、田赋统计》甲表三五，上海人民出版社，1980 年。
⑤ 同上。

积地得到开发。史载："土地迫陿，生籍繁夥，虽硗确之地，耕耨殆尽。"① 据冀朝鼎研究统计，唐代福建兴修的水利只有 29 处，其成就仅居全国第四位；至宋代达 402 处，跃居全国第一②。

福建在唐初就有了双季稻，但以闽南为限。到了宋代，耕地的不足使人们致力于在有限的耕地上增加单位面积产量，福建农业上的精耕细作在全国仅次于江浙地区了。双季稻的种植范围也开始遍及沿海各县，"湖田收稻重收谷"③，就是宋代诗人们称赞福建双季稻的诗句。水稻一年两熟，等于增加耕地的面积。在大面积推广双季稻之后，稻麦复种技术在北宋中期也南传入闽，这些对提高农作物单位面积的收获总量具有重大意义。而粮食产量的提高，福建农民又精耕细作并开山造田、围海滩种植，使官田民田面积迅速扩大，促进了经济作物的种植，也增加了种类。

宋代福建经济作物十分丰富，其中棉花、甘蔗、茶叶、水果都是闻名全国的重要产品。这些经济作物为文化的发展提供了直接有利的物质条件，甚至为文化活动提供了新的题材。如：茶叶的种植、加工和销售，促进了对茶的研究，《四库全书总目》中著录茶书 7 部，宋代闽人撰著的就占了 4 部。蔡襄、宋子安、黄儒、熊蕃和熊克父子先后写了《茶录》《东溪试茶录》《品茶要录》《宣和北苑贡茶录》等几部茶书，介绍与研究了建溪茶的种植、采制、售鬻、品尝等情况。还有外籍人丁谓的《茶图》、赵汝砺的《北苑别录》，也是以建茶为研究对象的。又如：荔枝是福建最有特色的水果之一，品种达 30 多种，就其质量而论，则"闽中第一，蜀川次之，岭南为下"④。蔡襄的《荔枝谱》就是在福建荔枝名品繁多优良的触发下应运而生的。所以，司马光送元绛赴任福唐时，才会赠诗云："欧越东南美，田肥果稼饶。"⑤

---

① （元）脱脱：《宋史》卷八十九《地理五》，中华书局，1977 年。

② 冀朝鼎：《中国历史上的基本经济区与水利事业的发展》，中国社会科学出版社，1981 年，第 36 页。

③ （宋）王象之撰，赵一生点校：《舆地纪胜》卷一百二十八《福州诗》引谢泌《长乐集总序》，浙江古籍出版社，2012 年，第 2897 页。

④ 《重修政和经史证类备用本草》卷二十三《果部》，人民卫生出版社，1957 年。

⑤ （宋）王象之撰，赵一生点校：《舆地纪胜》卷一百二十八《福州诗》引温公《送元绛牧福唐》，浙江古籍出版社，2012 年，第 2897 页。

随着农业的发展，福建的各种手工业、矿冶业及商业等也相应得到了恢复、发展并逐渐繁荣起来。

在唐代福建只有蕉布、葛布，至宋代又有丝布和棉布。《舆地纪胜》载漳州风俗云："民有田以耕，纺苎以为布。"[①] 宋人乐史的《太平寰宇记》卷一百五十《江南东道·十二》亦曰："福州有苎布，将乐有白苎布"，"福州有轻绢"[②]。宋人梁克家《[淳熙]三山志》卷四十一《物产》中也提到兴化有丝苎合织的布，两郡皆有人种蚕，而吐丝多额；亦有人向苏杭采购生丝，以织精致的绸缎。而木棉（即今棉花）这时候也由海外传入。宋人方勺《泊宅编》写道："闽广多种木棉……纺织为布，名曰吉贝。今所获木绵，特其细紧者尔。当以花多为胜，横竖之得一百二十花，此最上品。"[③]

福建制瓷业自古以来即很发达，宋代福建生产的瓷器主要有青瓷、黑瓷、青白瓷三种：

青瓷的产品，是福建瓷器中"烧制规模最大、产量最高、分布最广、持续时间最长"[④] 的一种瓷器，以外销的生活实用品为主，产量一直居全国前列。当然，质量和外观则相对不及浙江和江西精致。器型和烧造技术主要是仿浙江龙泉的，俗称"土龙泉"，也有受江西景德镇窑的影响。比较能代表福建本土特色和颇有影响的是同安窑的青瓷。由于在日本镰仓时代的遗址中，曾陆续大量出土同安窑系青瓷，且被日本"茶汤之祖"珠光所厚爱，故亦称之为"珠光青瓷"。同安窑系的青瓷出口，宋人周去非的《岭外代答》和元人周达观的《真腊风土记》也多有记载。

黑瓷的烧造，独领风骚者是建阳的水吉窑产品。建窑黑瓷创烧于北宋，繁荣于南宋，入元犹盛，元末以后才逐渐停烧。器型以中小型的弇口碗和敞口碗为主。造型偏小，器身较浅。釉色组黑如漆或黑釉地而带褐色。最精美和最有代表性的是"免毫盏"，属世界上最早的"结晶釉"制品。器壁内外多呈免毫纹，

---

① （宋）王象之撰，赵一生点校：《舆地纪胜》卷一百三十一《漳州风俗形胜》引《元丰五年郭祥正记》，第 4153 页。

② 清光绪年间金陵书局刊本。

③ （宋）方勺撰：《泊宅编》卷三，中华书局，1983 年，第 16 页。

④ 陈鹏：《福建青瓷考察》，《海交史研究》1986 年第 1 期。

闪银光色，变化无穷，美妙绝伦，曾被誉为宋元时代福建瓷器的一颗明珠而驰名中外。根据现代科学分析，"兔毫盏"花纹的形成，与釉中氧化铁的熔融和结晶、窑内的高温及冷却速度等部有关系，这种结晶又与釉中的其他元素经过理化反应而变化。由此看来，宋元时期的建窑窑匠已掌握了这项复杂的工艺技术，并能将"窑变"的技巧运用自如。清代朱琰《陶说》卷二《说古》谈到建窑黑瓷的兔毫盏时说："宋代茶尚擎碗，以建安兔毫盏为上品"[①]，传到后代，和龙泉、均州诸窑，一样名贵。宋代建窑黑瓷的外销量也很大，日本古文化遗址中出土的，以及民间、寺院的藏品均较多。据说南宋时，日僧渡海到浙江天目山学道后带回了许多建盏，遂以"天目"命名。

青白瓷也是颇具特色的一种瓷器，俗称"影青"。创烧于五代，宋代形成风尚，以德化窑为中心，颇受江西景德镇的影响。德化青白瓷的产品，在日本、东南亚和新西兰等国均有大量出土，而在我国甚至福建本土内的墓葬中则颇为少见，尤其是精美的粉盒，在国内的宋元墓葬中尚无发现。因此，考古界多认为德化青白瓷产品，可能主要是为外销而生产的，这与宋代泉州港海外贸易的鼎盛有很大的关系。除了德化以外，闽南的泉州、永春、安溪、同安、南安及闽北一带，烧造青白瓷的窑址还有不少。

福建多山，竹林茂盛，拥有丰富的毛竹、楮皮、厚薄藤等造纸原料。福建造纸业在宋代相当发达。据《[淳熙]三山志》卷四十一《土俗类·物产》载："纸，竹穰、楮皮、薄藤，凡柔软者，皆可以造纸。竹纸出古田、宁德、罗源村落间，楮纸（桑皮纸）出连江西乡，薄藤纸出侯官赤岸，厚藤纸出永福莘岭。"可知仅福州之属县几乎都产纸。《[淳熙]三山志》亦载："建宁（纸）出建阳、浦城、崇安三县；又有稻稿纸出松溪、汀州府连城；出延平府（纸）各县俱有，出顺昌县者尤佳；漳州府、邵武府俱有。"足见福建产纸之普遍性。当然，宋代福建的造纸业，闽北地区最为发达。清人郭柏苍《闽产录异》记载了建阳所产专用于印书的竹纸，名"建阳扣"，当地人称为"书纸"，"宋元'麻沙板书'，皆用此纸二百年"[②]。《[嘉靖]建阳县志》也说："嫩竹为料，几有数品，曰简纸、

---

① 清乾隆三十九年（1774）刊本。

② （清）郭柏苍著，胡枫泽校点：《闽产录异》卷一《货属》，岳麓书社，1986年，第21页。

曰行移纸、曰书籍纸，出北洛里；曰黄白纸，出崇政里。"①且宋代闽北瓯宁、建阳、松溪、崇安等地，还生产以楮树皮为原料制作的纸帐和纸被②。宋人胡寅《斐然集》卷一《纸帐》，曾这样形容纸帐："细绡卷寒波，轻明笼白雾。"③刘克庄《后村先生大全集》卷五《和方孚若瀑上种梅》亦云："雪屋恋香开纸帐。"④

宋代福建除了造纸工业发达外，笔墨也是境内自产。宋人真德秀在《西山先生真文忠公文集》卷二十八《送造墨杨柏起序》中说："学者以纸为田，笔为耜，而墨其膏液也，三者其重均尔。然制作之法，墨为最难。予友杨伯起，挟此技游四方，得者宝之。予尝叩其法，历历为予言，烟欲浮而轻，胶欲老而征，均调揉治，不失其剂量，然后吾墨以成。"⑤"烟欲浮而轻，胶欲老而澂"是杨伯起造墨的经验之谈。而建安县，则又以产笔知名于世。南宋时，该县有名蔡藻者，朱熹称其"以笔名家"⑥，善制羊毫笔。《八闽通志》也载："墨出瓯宁、建阳。"⑦

在印刷术发明之前，书籍全靠手写。印刷术发明之后，才大量刊印书籍，而且印刷成本低廉，生产速度也加快，数量增大，流通更加便捷，这使各种门类的书籍和资料能够赢得更多的读者，对于知识的传播和古籍流传，都起着重要的作用。它丰富了人们的生活，并促进了社会的发展。福建造纸业和笔墨自产的优势，促进了福建刻书业繁荣。

关于宋代福建的刻书，最闻名于世的是建阳的麻沙和崇化，书坊林立。时人祝穆的《方舆胜览》把印本书籍列为当时建宁府的"土产"，"号为图书之

---

① （明）冯继科修，朱凌纂：《［嘉靖］建阳县志》卷四《户赋志·货产》，上海古籍书店影印本，1962年，第33页上。

② （明）黄仲昭修纂：《八闽通志》卷二十五《食货·土产·建宁府·货之属》，福建人民出版社，1990年，第534页。

③ 岳麓书社，2009年，第19页。

④ 四川大学出版社，2008年，第135页。

⑤ 明崇祯十一年（1638）浦城刊本。

⑥ 朱杰人、严佐之、刘永翔主编：《朱子全书（四十二）：晦庵先生朱文公文集（五）》卷七十八《赠笔工蔡藻》，上海古籍出版社，2002年，第3688页。

⑦ （明）黄仲昭修纂：《八闽通志》卷二十五《食货·土产·建宁府·货之属》，福建人民出版社，1990年，第534页。

府"①。所刻之书，世称"建本"。也有以"建本"统称"闽本"之说，表明建阳刻书即代表了福建的刻书。宋代建阳坊刻，多集编、刻、校、销为一体。据有关资料统计，宋代麻沙一带有牌号可考的书坊就有 36 家。书林望族，以余、刘二氏为最。子承父业，世代刻书，连绵相沿数百年，规模之大，传世刻本之多，皆世所罕见。从《书林余氏宗谱》和《麻沙刘氏族谱》等资料考知：余、刘二氏的刻书，均始于北宋。叶德辉的《书林清话》也说过："夫宋刻书之盛，首推闽中。而闽中尤以建安为最，建安尤以余氏为最。"②目前知见的宋、元余氏刻本有 50 多种，刘氏刻本 66 种③。其中宋余仁仲的"万卷堂"、刘日新的"三桂堂"，元余志安的"勤有堂"、刘君佐的"翠岩精舍"、刘锦文的"日新堂"等，影响最大，刻书最多。闽中建安书林，古今书版在焉，历朝文章萃聚之所。建本虽有雕印粗滥、校对草率，甚至有意作伪等弊病，但也多有善本佳作。特别是因其速成速售，价格低廉，故倾销全国，几遍天下，成为全国三大雕版印刷中心之一，对文化的传播做出了不可磨灭的贡献。朱熹就曾说："建阳版本书籍行四方者，无远不至。"④宋末元初建阳学者熊禾也说过："眷兹东阳，视古阙里，四方文籍之所自出，万世道义之所必宗。文公之文，如日丽天；书坊之书，犹水行地。"⑤可见建本产量之多，行销之广远。除了建阳刻本之外，宋代福建的福州、泉州、漳州、德化等地也都有刻书。尤其是北宋元丰三年（1080），福州东禅寺等觉院住持冲真等人，在福州参知政事元绛的支持下，开始募刻《大藏经》。至崇宁二、三年间（1103—1104）竣工。此藏原名《东禅大藏经》，后得宋徽宗赐名为《崇宁万寿大藏》。政和二年（1112），福州开元寺住持本明（一作本悟）、宗鉴大师元忠等在州人蔡俊臣等支持下，又募刻了一部《大

① （宋）祝穆：《宋本方舆胜览》卷十一《建宁府·土产·书籍行四方》，上海古籍出版社，1991 年，第 127 页。

② 叶德辉：《书林清话》卷二《宋建安余氏刻书》，上海古籍出版社，2012 年，第 38 页。

③ 参见肖东发：《建阳余氏刻书考略》，《文献》总第 21、22、23 期；方彦寿：《建阳刘氏刻书考略》，《文献》1985 年第 2、3 期。

④ 朱杰人、严佐之、刘永翔主编：《朱子全书（四十二）晦庵先生朱文公文集（五）》卷七十八《建宁府建阳县学藏书记》，上海古籍出版社，2002 年，第 3745 页。

⑤ （明）冯继科修，朱凌纂：《[嘉靖]建阳县志》卷五《同文书院》，明嘉靖年间刻本，第 17 页下。

藏经》，至乾道八年（1172）刻成，题为《毗卢大藏》（又曰《福州开元寺大藏经》）。众所周知，两宋三百余年间，全国官私刻藏仅五部，而福州一地则在不到一百年间，就有了两部由寺院主持刊刻的《大藏经》，总计1162函12551卷。如果当时没有雄厚的宗教实力和寺院经济基础，这种巨大的文化工程肯定是无法完成的。由上可见，宋代福建刻书业的繁荣，使福建各地拥有了丰富的图书文籍，极大地方便了藏书家的收集和选择，有力地促进了宋代福建私家藏书事业的发展。

宋代，福建的海外交通和造船技术的发展，也达到了一个前所未有的高峰，即所谓："海舟以福建为上。"[①] 当时的泉州，"州南有海浩无穷，每岁造舟通异域"[②]。《太平寰宇记》更将"海舶"列为泉州与漳州的土产。宋代福建造船业分官营和民营。官营船业以造战船为主。如绍兴年间（1131—1162），黄彦辉知晋江县时，"会朝命滨海诸县造船……县帑有所谓本钱者，尽刷出以充其用。县例造九船"[③]。此后的傅伫、林湜等知县，也都亲自督造大批战舰。民营船业以造运输商船为主，较官营更为发达。据《［淳熙］三山志》《宋会要辑稿》等宋代文献记载，当时封建政府因各种需要，曾大量向福州和泉州民间募征或雇用、甚至购买舟船。宋代福建的造船技术已居全国领先水平，所造的海船，在船型、技术与用料上具有：船身大，设备齐全；船头船尾尖高，上平如衡，下侧如刃，便于破浪而行；水密舱设计，构造坚固，隔舱防水，载重量大；重板建造，工艺精密，用料讲究，就地取材等明显的特点。1973年，泉州后渚港考古发现的南宋沉船正是这种海船。造船业的发达促进了福建海上交通的繁荣。

福建境内山峦叠嶂，江河纵横，古代各地区之间的交通往来极不方便，在很大程度上曾制约了地区经济的交流和发展。宋代以前，福建几乎没有兴建过什么大型的桥梁。入宋以后，为了适应福建经济的发展，尤其是泉州海外贸易

---

① （宋）徐梦莘：《三朝北盟会编》卷一百七十六，上海古籍出版社，1987年，第1278页。

② （宋）谢履：《泉南歌》，载《舆地纪胜》卷一百三十《福建路泉州·诗》，浙江古籍出版社，2012年，第2960页。

③ （清）怀荫布修，黄任纂：《［乾隆］泉州府志》卷二十九《名宦》，清乾隆二十八年（1763）刻光绪八年（1882）补刻本，第31页上。

兴盛的需要，闽南各地以当地丰富坚固的花岗石为材料的大型石桥建筑，异军突起，出现了一个持续近一百年的造桥热潮，并且在建桥速度、施工技术、桥型设计等方面，均达到了空前的水平。所以，明人王世懋的《闽部疏》中有"闽中桥梁甲天下"①之誉。其中最为著名的是宋代泉州洛阳桥、安平桥、虎渡桥等。尤其是泉州洛阳桥，不仅开创了在江水入海口上造桥的先例，而且其 360 丈的长度以及重量、建造速度、桥型等方面，在我国建桥史上都达到了空前的水平。其首创的"筏形基础""浮运架梁"等施工技术，在现代桥梁工程中仍在使用。现存的晋江安平桥（又名五里桥）长 810 丈，直到 1905 年郑州黄河大铁桥建成之前，一直是我国最长的桥梁，被誉为"天下无桥长此桥"。

宋代的福建，草莽初辟，资源丰富，矿产种类甚多，是东南主要矿冶基地之一，出产金、银、铜、铁等各种矿产。采冶范围，比唐代扩大了，不限于闽北六县。采冶技术也提高了，对矿石能有初步的辨别，能炼出生铁、熟铁、钢铁三种铁，能从银铜混合的矿石，把两种金属分开，而且还能利用胆水浸铁成铜。由于技术进步，福建采冶事业，在全国范围内占有相当地位。宋梁克家的《［淳熙］三山志》卷十四《版籍》记载：

> 坑冶自国初至祥符（960—1016），闽惟建、剑、汀、邵有之。天禧中（1017—1021），州始兴发，至皇祐，银才两场尔，铁独古田菖溪仅有也。嘉祐（1056—1063）之后，银冶益增。熙宁间（1068—1077），铜铅乃盛。崇宁，用事者仰地宝为国计，检踏开采，所至散漫。政和（1111—1118）以来，铁坑特多……至于今，矿脉不绝，抽收拘买，立数之外，民得烹炼，于是诸县炉户籍于官者始众云。②

农业、手工业、矿冶业的发展带来了城市的繁荣。泉州在宋代已成为远东数一数二的国际性港口，海舶云集，内外商人络绎不绝，进出口货物堆积如山。宋代的泉州是全国最大的贸易商港，其造船业之发达也居全国之冠。出口商品

---

① 中华书局，1985 年，第 13 页。
② 海风出版社，2000 年，第 165 页。

则以丝帛和瓷器为主，历史上，有"海上丝绸之路""海上陶瓷之路"的称誉。泉州发展为国际贸易港，因而有市舶司的设立。宋商人的足迹遍及日本、朝鲜、东南亚和阿拉伯一带。所以泉州在南宋时代，就有很多富商。刘克庄的《泉州南郭二首》其一："闽人务本亦知书，若不耕樵必业儒。惟有桐城南郭外，朝为原宪暮陶朱。"① 足以为证。

总而言之，在统治者采取的一系列积极措施后，宋代福建的社会经济快速恢复，文化也得到空前的发展。《舆地纪胜》卷一百二十八载：福建"昔瓯粤险远之地，为今东南全盛之邦"②。说出了当时对宋代福建发展变化之快的震惊。而经济的繁荣，不仅大大有利于社会环境的稳定，还为文化的发展提供了坚实的物质基础，开阔了人们的眼界，刺激了书籍的大量产生，提供了更为广泛的流通渠道，极大地方便了藏书家的收藏，无疑是造成并推助藏书风气之兴盛的原因，成为私家藏书发展的强大动力，促进了宋代福建藏书事业的繁荣，形成私家藏书兴盛的经济背景。

三、文化昌盛

从宋太祖开始，赵宋统治者一直奉行重文轻武的基本国策，对武将夺权收兵，百般防范；而对文臣则高官厚禄，笼络利用。重文抑武这一基本国策使得宋代成为一个以成熟的文官制度为基础、君主专制和中央集权空前强化的王朝。基于宋代文化政策鼓励与优势，宋朝的教育普及、科技发达、文化昌盛、学术水平较之前代，均有了重大的发展，取得了前所未有的成绩。

首先，科举改革。科举制度在隋唐早已实行。但唐代的科举多被门阀规则所操纵，寒门出身的人考中并为官者依然较少。到了北宋，自太祖朝起，即对科举考试进行了改革。科举制度，渐趋完备，分为乡试、省试、殿试三级，并严格规范了科举考试的程序，举人经礼部考试后须经殿试才算合格，录取权由皇帝直接掌握，殿试遂为定制。且考试内容多以"经义"试士，学子任治一经，考试时发挥"经义"文字，已不同于唐代专重记忆注疏原文。要言之，

① （宋）刘克庄：《后村先生大全集》卷十二，四川大学出版社，2008年，第124页。
② 浙江古籍出版社，2012年，第2901页。

宋代的科举制度改革，建立了殿试、弥封、誊录、锁院、别试等一套严格的考试制度；取消门第限制，放宽士子参加考试的条件，并自太宗朝起，扩大了科举取士的人数；改变和增加考试内容，进士科由以诗赋为主；提高考中科举特别是考中进士后士人的待遇，一旦考中进士，立即授官；形成"特奏名"定制，从宋太祖时候起，对多次科考而久不中试者表示莫大的关心，认为他们困顿风尘，潦倒场屋，学固不讲，业亦难专，因而可以宽恩特赐本科出身；以后这种特赐还形成了定制，凡考试多次不中者，都可特赐，叫作"特奏名"。宋代科举制度的诸此改革，尤其是考试内容以诗赋取士的形式，对擅长诗赋的福建人士尤为有利。福建文化发展较迟，与北方相对而言，经学的根基不厚，而诗赋的传统则较好。宋代闽人继承发扬了当地的文学传统，以诗赋竞技文坛而渐有优势。宋元之际马端临的《文献通考》卷三十一引苏轼的话说："臣本蜀人，闻蜀中进士习诗赋者十人而九。及出守东南，亲历十郡，及多见江、湖、福建士人，皆争作诗赋。其间工者，已自追继前人。"[1]《宋史》亦云："宋以词赋取士，季年，惟闽、浙赋擅四方。"[2] 由此可知，两宋时期福建科名之盛甲天下，并非偶然。据王应山《闽大记》记载统计，宋代闽人进士有 5985 人，其中北宋时期有 2503 人，南宋时期有 3482 人[3]。较之唐代的闽人仅 70 多人登第，可谓天壤之别。

其次，教育发展。福建古代的教育，在唐代处于初萌状态，至两宋时期始蓬勃发展起来了。宋代的官学与私学并兴，特别是宋仁宗庆历四年（1044），朝廷下诏州郡立学；于是州设州学校、县设县学校，遂成定制。宋神宗熙宁年间（1068—1077），又发起的大规模兴学运动，推动了福建官学与私学的兴办与发展。至南宋几乎各县都创办或复兴了官学，增拨学田，生员的数量不断增加。而福建私学到了南宋也已发展到繁盛的阶段，聘师办学已成为当时社会风气。当时福州私学遍布全城，弦诵之声，往往相闻，数量之多，规模之大，组

---

① 影印《文渊阁四库全书》本，第 34 页上。

② （元）脱脱等：《宋史》卷四百五十《忠义五·尹谷传》，中华书局，1977 年，第 13256 页。

③ （明）王应山：《闽大记》卷六《宋进士年表》，中国社会科学出版社，2005 年，第 48—87 页。

织之严密，制度之完备，是此前所不能比拟的。另外，唐代开创的书院教育制度，到宋代，在福建更是有了进一步的发展。尤其到南宋之时，已出现了书院林立、讲帷相望的盛况。

官学是指在州、县设立的学校，每一个州设立州学，每一个县，也可设立县学。这一制度起源于唐代。宋代为了培养封建官僚的后备力量，相当注意兴办官学，逐步推广。宋代福建所有府、州、军、县都建立了官学，共有各级官学 58 所。福建官学兴盛，生徒众多。就全国言，一般州县学生 50 人左右，百人以上的有三分之一。而福建有些州县则大大超过此数。据史书记载：宋徽宗崇宁五年（1106），"建州浦城县学生，隶籍者至千余人，为一路最，县丞徐秉哲特迁一官"①。而且据福建各地方志记载，福建的官学系统在南宋中叶渐趋完备，几乎各县都增拨学田，扩招生员。朱熹的《福州州学经史阁记》曾记载了："福州之学，在东南为最盛，弟子员常数百人。"②福建路级学官始设于宋崇宁四年（1105），称福建提举学司事。宣和三年（1121）罢，改由地方官兼理。建炎元年（1127），复设。皇祐年间（1049—1053），福建开始置专职学官——教授。宋代开始重视福建学官的设置，规格要求很高。元丰（1078—1085）时全国仅设 50 多员学官，福建建州即设 2 员，以后则没 3 员。这在全国是少见的。宋代福建出现许多著名的教授和热心兴学的地方官，如：陈襄、周希孟、胡宪、方大琼、蔡襄、刘克庄、朱熹、真德秀、陈淳等等。

私学名目较为繁多，或精舍，或书社、乡校、家塾、书堂、义斋、义田学等等，不一而足，且日趋繁盛。《［淳熙］三山志》卷四十《土俗类·岁时》"入学"条载：

> 每岁节既五日，各遣子弟入学……凡乡里各有书社。岁前一、二月，父兄相与议，求众所誉，学识高，行谊全，可以师表后进者某人，即一、

---

① （元）脱脱等：《宋史》卷一百五十七《选举志·学校试》，中华书局，1977 年，第 3666 页。

② 朱杰人、严佐之、刘永翔主编：《朱子全书（四十二）晦庵先生朱文公文集（五）》卷七十八，上海古籍出版社，2002 年，第 3812 页。

二有力者，自号为鸠首，以学生姓名若干人，具关子，敬从谒请。曰："敢屈某人先生来岁为子弟矜式，幸甚。"既肯可，乃以是日备礼延致，诸子弟迎谒再拜，惟恐后。远近闻之，挈篚就舍，多至数百人，少亦数十人，间有年四、五十，不以老为耻，……风俗如是，盖旧矣。龙昌期咏福州诗云："是处人家爱诗书。"程守师孟诗云："城里人家半读书。"又云："学校未尝虚里巷。"自周希孟、陈烈先生以来，以德行、经术憬悟后学，自是乡邑有所推择，莫不尊敬畏服。近三十年以前尚然也……三十年之后，生以趋试上庠，率游学四方，而先生亦各开门以待来者，事师之礼浸衰，教非旧俗也。①

由此可见，宋代福州民间私学已经普及，"凡乡里各有书社"；尊师好学之习俗，已蔚然成风，"年四五十，不以老为耻"，"城里人家半读书"，"学校未尝虚里巷"，福州俨然成了一座读书城。

北宋时期，随着儒学的发展，书院在全国各地兴起，官府也支持奖励，各项制度日趋健全，促进了教育的普及和兴旺。据《福建省志·教育志》②统计，宋代福建书院有近百家。书院往往择址胜地，以陶冶师生的情操。如朱熹于建阳庐峰建"云谷书院"，目的是"馆宇益当完美，耕山、钓水、养性、读书、弹琴、鼓缶，以咏先王之风，亦足以乐而死矣"③。

宋代福建是理学中心之一，其中最早开办书院、最具特色的书院是理学家创办的书院，自成体系。而最值得一提的是朱熹及其师友门人，仅在建阳一地，就兴建了寒泉、云谷、考亭、西山、庐峰、云庄、溪山、环峰、潭溪等十几所书院。尤其是朱熹以其自身渊博的学识、宏富的著述、诲人不倦的精神，赢得了当时士人的师崇膜拜。他亲自主持的"考亭书院"与"武夷书院"的影响远超出福建，在全国有着举足轻重的地位，不仅成为教育中心，而且成了全国学

① 海风出版社，2000 年，第 640 页。
② 方志出版社，1998 年。
③ （明）冯继科修，朱凌纂：《［嘉靖］建阳县志》卷六《书院类》，明嘉靖年间刻本，第 28 页下。

术研究中心。朱熹本人还在福建成功地开展了三、四十年的私人讲学活动，培养了一大批学养深湛的文化人才，且多为福建人。当初，许多著名学者不远万里入闽，相会于书院，切磋经义，互相问难，取长补短，存异求同。淳熙二年（1175）春，吕祖谦自浙江东阳来寒泉精舍拜访朱熹，相聚 40 余日，彼此相与读周敦颐、程颢、程颐、张载之书，选其切要，编成《近思录》。朱熹在建阳和武夷山讲学期间，还曾与著名学者文人辛弃疾、袁枢、项安世、刘洪等相会。趋庭朱门求学者中，较著名的有蔡元定、黄榦、真德秀、陈淳、刘炳、祝穆、祝癸、潘植、潘炳、叶味道、廖德明、范念德等数十人。

朱熹及其师友门人所创办的书院，在组织与教学上，都具有创造性的特点。当时书院学习的主要内容，"首以《大学》《语》《孟》《中庸》四书，次而《六经》，又次而史传。至于秦汉以后词章，特余论及之耳"①。书院实行教学相长和教学与学术研究相结合的原则。朱熹本人在武夷山武夷精舍讲学的同时，在弟子的帮助下完成了《大学章句》《中庸章句》《楚辞集注》一批著作的撰写，形成道在武夷的盛况。朱熹晚年在考亭书院讲学 8 年，直到去世。在考亭书院学习过的学生共 169 人，闽人占了大半数。朱熹和他的众多弟子就是在长期的教学和著述中创立了理学"考亭学派"。

朱熹平时教人循循善诱，诲人不倦。门人高足也都效仿其师，纷纷在各地讲学。如黄榦辞官归田后，"弟子日盛，巴蜀、江、湖之士皆来，编礼著书，日不暇给，夜与之讲论经理，亹亹不倦，借邻寺以处之，朝夕往来，质疑请益如熹时"②。龙溪的陈淳，名扬远近，"漳泉人士争师之。淳讲解率至夜分，无倦色"③。

由上可见，经由朱熹等理学家的倡导、后学门人发展的宋代福建的书院机构，于官私学之外另辟了一个重要的教育阵地，成为宋代福建教育事业的一大特色，大大推动了宋代福建教育文化的发展。此外，宋代的福建很多书院既讲

---

① （明）戴铣：《朱子实纪》卷四，明正德八年（1513）鲍雄刻本，第 15 页下。

② （元）脱脱等：《宋史》卷四百三十《黄榦传》，中华书局，1977 年，第 12782 页。

③ 李厚基修，陈衍等纂；郑贞文续修，魏应麒续纂：《[民国]福建通志》卷四十《陈淳传》，民国二十七年（1938）刻本。

学，又刻书、又藏书，尤其是到了南宋，福建的各种书院更加重视藏书。书院的藏书数量的增加，成为公私藏书来源的一条重要渠道。

总而言之，宋代福建官学、私学以及书院的蓬勃发展，有力地促进了教育发达。闽人读书风气的浓厚，读书人的增多，与教育有密切关系的刻书、藏书事业也随之勃兴。

第三，图书事业。由于五代十国长期动乱，图书散佚较为严重。宋朝建国之初，昭文馆、史馆、集贤院三馆的国家藏书仅有"数柜，计万三千余卷"①。在削平诸国的军事征战中，宋统治者很注意收集各割据政权的藏书。宋太祖乾德元年（963）平荆南，"诏有司尽收高氏图籍，以实三馆"②。乾德三年（965）九月，命孙逢吉"往西川取伪蜀法物、图书经籍……图书付史馆"③。开宝九年（976）平江南，命太子洗马吕龟祥收江南图籍，"其图书得二万余卷，送史馆"④。太宗太平兴国四年（979），平太原，命雷德源"入城点检书籍图画"⑤。与此同时，宋廷还多次下诏民间求书，对捐藏者给予绢匹、钱帛或官职的奖励，以此来广开献书之路。如宋乾德四年（966）闰月，下诏求亡书："凡吏民有以书籍来献者，令史馆视其篇目，馆中所无则收之。献书人送学士院试问吏理，堪任职官者以名。"⑥太平兴国九年（984）正月，又诏求遗书，曰："令三馆以《开元四部书目》阅馆中所缺者，具列其名，于待漏院出榜告示中外。若臣寮之家有三馆缺者，许诣官进纳。及三百卷以上者，其进书人送学士院引验人材书札，试问公理，如堪任职官者，与一子出身，亲儒墨者即与量才安排。如不及三百卷者，据卷秩多少，优给金帛。如不愿纳官者，借本缮写毕，却以付之"⑦。宋真宗咸平至乾兴年间（998—1022），多次向民间征集遗书，充实官府

---

① （清）徐松：《宋会要辑稿》卷一千七百四十二《崇儒》四之一五《求书、藏书》，中华书局，1957年，第2237页。

② 同上。

③ 同上。

④ 同上。

⑤ 同上。

⑥ （清）毕沅：《续资治通鉴》卷四，中华书局，1957年，第99页。

⑦ （宋）程俱撰，张富祥校正：《麟台故事校证》卷二《书籍》，中华书局，2000年，第254页。

所藏。宋真宗曾对大臣言："国家搜访图书，其数渐广。臣庶家有聚书者，朕皆令借其录目，参校内府及馆阁所有，其缺少者，借本抄填之。迩来所得甚多，非时平无事，安能及此也。"①宋仁宗嘉祐五年（1060）八月，也诏求遗书，曰："国家承五代之后，简编散落。建隆之初，三馆聚书仅才万卷。祖、宗平定列国，先收图籍，亦尝分遣使人，屡下诏书，令访募异本，补辑渐至。景祐中，尝召儒臣校定篇目，讹谬重复，并从删去。朕听政之暇，无废览观。然以今秘府所藏，比唐开元旧录，遗逸尚多。宜开购赏之科，以广献书之路。一应中外士庶之家，并许上馆阁所阙书，每卷支绢一匹，及五百卷，特与文资安排。"②淳熙十三年（1186），宋孝宗下诏，曰："诸路监司、诸郡守臣，各以本路、本郡书目解发至秘书省，听本省以《中兴馆阁书目》点对。如见得有未收之书，即复移文本处取索印本，庶广秘府之储，以增文治之盛。"③由此可见，而宋代统治者奉行重文轻武的国策，以及对图书事业发展所实行的一系列鼓励措施，不仅大大充实了国家所藏，上行下效，无形中带动民间的收藏热潮。也为民间的私家藏书活动提供自由发展的空间，同时又为烘起宋代整个社会倾心学术，精心文章，崇尚文化的浓重气氛，推进文化学术事业繁荣，客观上刺激了文化的普及与发展。在当时整个社会文化深厚积淀的背景下，福建地处东南，相对稳定，南宋政府尤为重视，从而为福建的藏书事业发展提供了一个前所未有的大好机遇。

第四，学术成就。宋代福建社会经济的繁荣，科举教育的发达，图书事业的进步，使得两宋福建的学术成就达到了空前的水平，与前代唐朝、后代元朝形成了鲜明对照。例如：《宋史·文苑传》记录宋代著名文人90人，其中福建人有8个，名列全国第6位；《宋史·道学传》和《宋史·儒林传》共传载人物89人，其中福建人有17人，居全国之首位。《全宋词》辑录了一千多个作家，其中北宋的福建词人有14人，占全国第6位，到南宋则有63人，跃居全国第

---

① （宋）程俱撰，张富祥校正：《麟台故事校证》卷二《书籍》，中华书局，2000年，第259页。

② 同上，第271页。

③ （宋）陈骙撰，张富祥点校：《南宋馆阁录》《南宋馆阁续录》卷三《储藏》，中华书局，1998年，第174页。

3 位，仅次于浙江、江西。另据陈衍《福建通志·艺文志》的不完全统计，从唐朝至清代，闽人的著作数量分别约为如下：唐代 53 部，248 卷；五代 21 部，115 卷；宋代 2268 部，21385 卷；元代 112 部，570 卷；明代 4018 部，18727 卷；清代 3253 部，12103 卷①。上列数据显示，横向上宋代福建人才的确居于全国前列，而且人数多，在历史上的作用与成就以及产生的影响都相当大。纵向上宋代福建人的著作数量，在唐、五代与元代之间也呈现一个突兀的高峰，即使比之于明、清两代，也毫不逊色。概而言之，宋代福建学术的成就，主要表现在以下几个方面：

1. 理学。宋代理学是支配元明清的官方哲学，理学的集大成者则为福建的朱熹。当时，将乐的杨时与崇安的游酢受学于二程，史有"程门立雪"之故事。学成回闽时，程颢目送之，曰："吾道南矣！"②现在崇安武夷山五曲的高山上还遗存有摩崖石刻"道南理窟"四个大字。据说杨时的弟子有一千多人，其弟子中刘勉之是朱熹的启蒙老师和岳父。而沙县的罗从彦传杨时之学至剑浦（今南平）的李侗，然后再由李侗传给建阳的朱熹。因此，杨、罗、李为二程的一、二、三传弟子。由于他们同是南剑州人，故称"南剑三先生"。《四库全书总目》评杨时《龟山集》曰："（杨）时没于建炎四年（1130），入南宋日浅，然南宋一百四十余载，其士风朝论，悉操之于道学。道学之派，则开之于时。故次余宗泽之后，著一代风气之始焉。"肯定了杨时对"闽学"的开创之功。

朱熹则通过"南剑三先生"传承了周敦颐、程颐、程颢等人的理学思想，又与其门人黄榦、蔡元定、蔡沈、真德秀、陈淳等二、三百人创立了朱子学（又称闽学）。朱熹博极群书，著述宏富，深研精思，综罗百代，其重要著作有《四书章句集注》《传习录》《诗集传》《太极图说解》《通书解》《西铭解》《资治通鉴纲目》《楚辞集注》等，以及后人编纂的《朱文公文集》《朱子语类》等。所阐发的本体论、人性论、认识论、道统论、体用观、诗学、美学、道德伦理、

---

① 参见陈明光：《试论两宋八闽文化的发展》，《中国文化研究集刊》第五辑，复旦大学出版社，1987 年。

② （宋）朱熹辑：《二程语录》卷十七，清康熙雍正年间《正谊堂全书》本，第 11 页上。

治国济世、教育思想等等，集宋代理学之大成，建立起庞大完整严密的思想体系，把中国古代传统文化推到了一个新的高度，对后世影响极其广泛而深远。

2. 史学。宋代福建的史学也很突出。莆田郑樵是中国文化史上著名的博学多能者。他从小立志欲读古人之书，欲通百家之学，欲讨六艺之文而为羽翼。所以绝意仕进，闭门苦读，外出游历，探访山川，搜奇访古，开阔眼界。在长达 30 年的岁月里，尽管"困穷之极，而寸阴未尝虚度，风晨雪夜，执笔不休，厨无烟火，而诵声不绝"①，最终以惊人的毅力著书 80 余种，上千卷。其中凭借一己之力所著的《通志》二百卷，是继司马迁《史记》之后我国历史上现存的第二部纪传体通史。该书是郑樵毕生学术研究的集大成之作，反映了他在经学、历史学、语言学、文字学、文献学、博物学等方面的突出成就，体现了他"会通"的学术思想，是其独出心裁的专门绝学。全书计分帝纪十八卷、后妃列传二卷、诸臣列传一百二十五卷、年谱四卷、略五十一卷。记事上起三皇，下迄隋朝，其"二十略"中，部分载及唐宋的内容。

清代史学大家章学诚在《文史通义·释通篇》中阐明郑樵学术精神时说："通史之修，其便有六：一曰免重复，二曰均类例，三曰便铨配，四曰平是非，五曰去抵牾，六曰详邻事。其长有二：一曰具剪裁，二曰立家法。"又曰："郑氏《通志》，卓识名理，独见别裁，古人不能任其先声，后代不能出其规范；虽事实无殊旧录，而辨名正物，诸子之意寓于史裁，终为不朽之业矣。"②

《四库全书总目》虽对郑樵多有批评，但对《二十略》仍加以赞扬，曰："全帙之精华，惟在《二十略》而已。一曰《氏族》，二曰《六书》，三曰《七音》，四曰《天文》，五曰《地理》，六曰《都邑》，七曰《礼》，八曰《谥》，九曰《器服》，十曰《乐》，十一曰《职官》，十二曰《选举》，十三曰《刑法》，十四曰《食货》，十五曰《艺文》，十六曰《校雠》，十七曰《图谱》，十八曰《金石》，十九曰《灾祥》，二十曰《草木昆虫》。其《氏族》《六书》《七音》《都邑》《草木昆虫》五略，为旧史之所无。"并认为它"特其采摭，既已浩博，议论亦多警辟。虽纯驳互见，而瑕不掩瑜，究非游谈无根者可及。至今资为考镜，与杜佑、马端临书并

---

① （宋）郑樵：《郑樵文集》卷二《献皇帝书》，书目文献出版社，1992 年，第 23 页。
② 上海古籍出版社，2015 年，第 124—125 页。

称"三通"，亦有以焉"。《通志》尽管有些不足之处，但采前人之书，成一家之言，实属不易，与《通典》《文献通考》合称"三通"，对后世影响深远。

建安袁枢，是一位历史学大家。他素爱《资治通鉴》，百读不厌。不仅为《资治通鉴》对历代兴亡作现实借鉴的编辑宗旨及其严谨的编辑体例、流畅的文笔所折服，且将上下千余年之理乱兴衰、人物故事，烂熟于心。他在研读中鉴于《资治通鉴》内容的繁复、篇章的庞大、编年体纪事体裁的缺点，以及因年隔事造成的翻后忘前的情况，辛勤探索，自出新意，用"错综"的编辑手法，摘举《通鉴》中的重要史实，精心裁化，分类编排，使每事标题独立，首尾完备，自为篇章，合体构成《通鉴纪事本末》一书，从而开创了"纪事本末"这一史书编纂的新体裁。

《通鉴纪事本末》甫一面世，便得到众多学者、名流的赏识，杨万里、吕祖谦、朱熹等相继为此书作《序》作《跋》，称赞其成就。参知政事龚茂良阅后，把此书呈荐给宋孝宗。孝宗读后，称誉有加。《四库全书总目》评曰："包括数千年事迹，经纬明晰，节目详具。前后始末，一览了然。遂使纪传、编年贯通为一，实前古之所未有也。"当然，《通鉴纪事本末》对史料的剪裁也有不尽妥善之处，有的题目包括的内容太多，过于庞杂，有的标题分得太细，嫌其琐碎。但自袁枢之后，历代都有仿效之作。明清时期产生了13种纪事本末体史籍，使之贯穿古今而自成一个系统，从而与"纪传""编年"两体，在史学史上形成三足鼎立的局面。

此外，吕夏卿是个"喜聚书，博览强记，而于历代史尤该洽"[①]的史学家，他参与了欧阳修主持的《新唐书》编纂工作，其"世系诸表"皆出其手。熊克的《中兴小纪》《九朝通略》，陈均的《宋九朝编年备要》，郑思肖的《心史》等，均属当时各具特色的当代史。

尤值一提的是，梁克家知福州府时，有感于乡邦文献之缺乏，乃率领属州县官吏及同邑乡贤共同纂辑搜讨，访求资料，并亲自制定纲目体例，积数载之劳，终于宋淳熙九年（1182）修成《［淳熙］三山志》。该书是福建现存最早、保存比较完整的方志，也是我国现存的三十余种宋元方志中的名志，它记载了古代福州地区从秦汉至南宋淳熙年间的历史变迁及两宋时期福州经济、政治、

---

① （宋）王称：《东都事略》卷六十五《吕夏卿传》，影印《文渊阁四库全书》本，第13页上。

人文等诸方面内容，具有较高的文献史料价值。《四库全书总目》评曰："其所纪十国之事，多有史籍所遗者，亦足资考证。"[1]

3.文学。在文学领域里，宋代福建诞生的人才更多。如：杨亿、柳永、张元幹、刘克庄、谢翱、严羽、魏庆之、吴淓、黄公绍等人，都是在诗、词、诗歌评论、音韵学等不同艺坛占尽风流的一代名家。杨亿等人编《西昆酬唱集》，首创"西昆体"诗派，其诗风笼罩宋初诗坛数十年，在文学史上取得了较高的艺术成就，具有自有较高的地位。柳永是北宋第一个专力作词的人，始创慢曲长调，名气与词曲一齐播扬，使慢词与小令并驾齐驱。作为词家"正体"之一，《全宋词》收其词212首，有《乐章集》传世。时人叶梦得仕丹徒，尝见一西夏归明官云："凡有井水饮处，即能歌柳词"[2]，足见其流传之广也，柳词在词史上具有极其重要的地位与影响。张元幹的《芦川归来集》，为其诗词文合集，作为北宋末年和南宋初年的一位承前启后的重要词人，长于抒发悲愤之气，并洋溢着慷慨激昂的爱国热情。他继承了苏轼开创的豪放派的词风，富有时代感，既开拓了词的境界，又赋予词以新的生命，开启了南宋词人的创作道路，对后来的辛弃疾词派产生了重要影响。《四库全书总目》评曰："其词慷慨悲凉，数百年后，尚想其抑塞磊落之气。"刘克庄是南宋后期堪与陆游匹竞的多产作家，南宋后期文坛的领袖。其笔力豪宕，于诗词、散文、诗话等均有创获，理论上也自成一家。现存的诗、文、词以及诗话，大都收录在总共一百九十六卷的《后村先生大全集》中，可谓洋洋大观，是福建地方文学史乃至中国文学史中颇具分量的珍贵遗产。严羽的《沧浪诗话》是中国古代诗歌理论和诗歌美学重要著作，是宋代最负盛名、对后世影响最大的一部诗话。其精辟独到之见解，名重当代，直至明清仍享有很高的权威，对后世的诗歌评论影响很大。

4.艺术。宋代福建的艺术方面，亦成就甚大。章友直的篆书、蔡襄的草书、蔡京的行书，都是一代翰墨的大手笔。此外，邵武的黄伯思善画，工诗文，篆

---

[1] （清）纪昀总纂：《四库全书总目》卷六十八《史部·地理类》，中华书局，1965年，第598页上。

[2] （宋）叶梦得：《宋元笔记小说大观·避暑录话》卷三，上海古籍出版社，2001年，第2628页。

隶正行草飞白各体书法皆绝妙，片纸只字，万人所宝。黄齐、惠崇的绘画，是时人所重的艺术珍品。蔡京、蔡卞的《宣和书谱》与《宣和画谱》，分别记载了宋徽宗时期内府所藏历代名家书帖墨宝与内府所藏绘画作品。前者阐述了各种书体产生的渊源、流传演变的脉络，以及各类书家生平事迹，北宋书法的主流倾向，并且提出了书法创作、品赏等理论。后者则记录了魏晋以来绘画艺术的兴衰、典籍流传与各个时期的绘画潮流以及宋人主流绘画倾向，同时也评论了画家生平事迹、遗文逸事等等，具有很大的史料参考价值。陈旸的《乐书》是一部音乐学的类书，其卷帙浩繁，收录音乐条目 1300 余个，记载了上自三代，下至宋朝的历代乐制、乐论、八音、歌曲、百戏、五礼之乐等。每一类目皆条贯古今，溯源明流，通其原委，详加论证，保存了丰富的音乐史料，具有重要的文献价值。其中还有许多关于乐器的绘图及释文，更属于研究古代乐器的珍贵资料。近现代的音乐学研究者，也都对陈旸《乐书》的学术价值给予充分的肯定，称之为"中国第一部音乐百科全书"。

总而言之，宋代在武功上虽还比不得汉唐的称雄，但在文治上却有相当的成就。《宋史·艺文志一》云："宋有天下，先后三百余年。考其治化之污隆，风气之离合，虽不足以拟伦三代，然其时君汲汲于道艺，辅治之臣莫不以经术为先务，学士搢绅先生，谈道德性命之学，不绝于口，岂不彬彬乎进于周之文哉！"[①] 在这种社会政治环境下发展起来的宋代藏书事业，既对汉唐以来的藏书事业有所继承，同时又有诸多创新和建树。可以说，在源远流长的中国藏书史中，宋代既是流，也是源。其藏书家人数之多、分布之广、藏书数量之大，在此前是绝无仅有的。范凤书的《中国私家藏书史》说："宋代三百年中，有明确文献记载的藏书家就达七百人，是此前周至唐五代千年左右藏书家总和的近三倍。"[②] 从这个意义上说，中国私家藏书发展的大起步，实从宋代起，从而与宫廷官府、书院寺观的藏书鼎足而三，构筑成中国藏书文化活动的新局面。在我国私家藏书史中，宋代占有辉煌的一页，是具有里程碑式的重要阶段。因此，

---

① （元）脱脱：《宋史》卷二百零二《艺文志一》，中华书局，1977 年，第 5031 页。

② 范凤书：《中国私家藏书史》第二编第一章《宋代的私家藏书》，大象出版社，2001 年，第 60 页。

历来谈私家藏书者，皆从两宋开始。

宋代私家藏书始盛的原因是雕版流行、得书较易的缘故。但宋人藏书，绝大部分仍为手抄传录。因此，印刷术之发展，只能说是刺激藏书风气而已。直接原因，乃得力于宋代政治制度与社会经济的推助与保障，学术文化的繁荣昌盛。宋代福建的私家藏书，从唐末开始到五代十国，经历了开始和沉积，在士大夫中已形成了一定的藏书风气，而福建的社会安定、经济繁荣与文化昌盛，对于福建私家藏书的勃兴而言，的确是提供了一个良好的发展契机与深厚的人文基础。

第二节　私家藏书的兴盛与区域分布

从全国的范围来看，宋代私家藏书的兴盛原因，约有以下四个：一是藏书之好蔚然成风，藏书活动从北到南延续不断，藏书家、藏书世家大量涌现，并由贵族官僚向平民阶层发展；二是藏书规模扩大，宋代五百余名藏书家中，藏书量在万卷以上的就近四百人，占百分之八十左右；三是随着中国古代经济重心在南方的确立，南方的文化有了很大的发展，已逐步超过了北方文化，自然而然南方的私家藏书事业有了飞速的发展，超过了北方，并由此奠定了其后近千年南方藏书发达的局面；四是私家藏书目录的编制，取得一系列突破性进展。"宋代藏书事业的蓬勃发展，使得诸多文献学科如目录学、校勘学、版本学、图书编纂学等，在宋代大放异彩，其丰富多彩的藏书，及其总结提供的藏书经验和藏书理论，又为元、明、清三代藏书事业的发展奠定了可靠的基础"[①]。

在上述全国私家藏书兴盛的历史背景下，宋代福建私家藏书的兴盛及其区域分布，概而言之，有以下主要几点：

一、宋代福建私家藏书的历史地位及其影响

据潘月美《宋代藏书家考》[②]统计，宋代全国藏书家的地区分布情况如表：

---

① 任继愈主编：《中国藏书楼》第五章第一节《宋辽金元藏书概述》，辽宁人民出版社，2001年，第697页。

② 潘月美：《宋代藏书家考·绪论》，台海出版社，1980年，第26页。

宋代藏书家之地区分布

浙江	江苏	江西	河南	福建	四川	安徽	河北	山东	湖北	湖南	山西	陕西
31	18	15	13	12	7	7	6	5	3	2	2	1

如上表所示：从宋代上列 13 个地区的藏书家分布情况来看，当是浙江最多，达 31 个；其次是江苏 18，第三是江西 15，第四是河南 13，第五是福建。

据范凤书的《中国私家藏书史》所录宋代 13 个地区收藏万卷以上藏书家地区分布情况统计如表[①]：

宋代藏书万卷以上藏书家的地区分布

江西	浙江	福建	江苏	河南	四川	安徽	河北	山东	山西	湖南	湖北	陕西
54	32	21	20	19	13	11	10	8	5	2	2	1

如上表所示：从宋代上列 13 个地区藏书万卷以上的藏书家分布情况来看，则福建的 21 人，仅次于江西的 54 人，浙江 32 人。福建私家藏书万卷以上的在全国已跃居第三。

从以上两个表的统计结果可以看出，在宋代浙江、江苏、江西、福建等地藏书家及其藏书多的原因，主要在于这些地区经济比较发达，且浙江、江苏是当时雕版印刷兴盛之地，所以私家藏书比较繁荣。而福建经济繁荣，教育发达，文化昌盛，达官名儒，代不乏人，有着悠久的藏书传统和好学风气。福建在宋代又成了全国三大刻书中心之一，为私家藏书提供了更为有利的条件，故藏书家人数位于全国第五，而收藏万卷以上藏书家的人数仅次于江西和浙江。可见，全国各省区经济发展不平衡，文化基础不同，藏书家的多少也不同。私家藏书的发达与地域的经济、文化发展水平及出版业发达程度密切相关，带有明显的地域性。

---

① 范凤书：《中国私家藏书史》第二编第一章第二节《宋代收藏万卷以上藏书家简表》，大象出版社，2001 年，第 62 页。

二、宋代福建主要藏书家的地区分布及其特征

根据笔者所知见的有文献史料记载其藏其活动的宋代福建 107 位藏书家，在福建各地区分布情况如下表：

宋代福建主要藏书家的地区分布

兴化军①42		建宁路 26				
莆田县	仙游县	浦城县	建安县	建阳县	崇安县	瓯宁县
32	10	7	6	6	5	2
福州路 10						
闽县	侯官县	怀安县	福清县	长乐县	古田县	连江县	罗源县
3	1	1	1	1	1	1	1
泉州路 10			邵武路 8		延平路 4		
晋江县	同安县	南安县	邵武县	建宁县	沙县	尤溪县	顺昌县
4	5	1	7	1	2	1	1
漳州路 4		福宁路 1	不详地县 2				
龙溪县	漳浦县	长溪	合计：107				
3	1	1					

从上表可知：

1. 见于文献史料记载有藏书活动的宋代福建藏书家共 107 人，分布于兴化路、建宁路、福州路、泉州路、邵武路、延平路、漳州路、福宁路等地。可见，宋代福建藏书家地区分布较普遍。若从各地区的藏书家数量上来看，兴化军（含莆田与仙游）最多，达 42 人；建宁路次之，达 26 人；福州路、泉州路、邵武路、延平路、漳州路较少，在 10 人及以下。而兴化路和建宁路共有 69 人，占了一半以上。特别是兴化军的莆田县，有 32 人，单单一个县就达到了全福建的 30%。这说明宋代福建藏书家主要集中在东部及北部，尤其是莆田县，具有地域性相对集中的特点。

---

① 宋代莆田建置称兴化军，设莆田、仙游两县。

2.宋代福建莆田，从地域范围上看的确只是蕞尔之地，然而不但军学、县学、卫学、书院藏书多，寺庙也收藏了大量书籍，私家藏书更是成了一种地方时尚，书楼林立，堪称鼎盛。莆田私家藏书千卷、万卷以上者，亦灿若繁星，后人称之为"文献名邦"。尤值一提的是，宋代莆田的方氏藏书，当为闽中第一。其中有：白杜方氏、墨林方氏、寿峰方氏、金紫方氏、富文方氏等等，均为藏书之大家族，所藏不仅数量多，且多善本，弥足珍贵。宋李心传《建炎以来系年要录》卷一百五十三"绍兴十五年（1145）二月丁亥"条记载了兵部郎中叶廷珪轮对云："芸省书籍未富。窃见闽中不经残破之郡，士大夫藏书之家，宛如平时，如兴化之方，临漳之吴，所藏尤富，悉是善本。望下逐州搜访抄录。"①叶廷珪所谓"兴化之方"，分居白杜、莆城等处。莆田方氏藏书的鼎盛，历时至少自北宋天圣（1023—1031）至南宋景定间（1260—1264），两百余年，方氏家族出现了10余位的著名藏书家，是真正称得上是诗书传家、翰墨为业的藏书世家。

宋代莆田私家藏书之所以如此兴盛的原因：

一是莆田文人之家的世代相传与不断积累，例如：莆田白杜万卷楼藏书由宋天圣八年（1031）进士、秘书郎方峻在祖传藏书的基础上发展起来的，到了宋皇祐年间，经过方峻兄弟和子孙几代人的努力，特别是方峻四子、进士方子容的不懈搜集和整理，藏书达到了相当大的规模，以藏书之多，精品之富，名列莆田藏书家之最；蔡宅的蔡氏，系北宋名臣、书法四大家之一的仙游人蔡襄后裔，他家藏书万卷，无疑其中相当部分传自祖上；方崧卿藏书4万多卷继"一经堂"而兴。又如："富文书室""三余斋"、墨林方氏、寿峰藏书、李氏藏六堂藏书、郑侨郑寅父子、余崇龟余日华祖孙藏书等等，都是几经数代人的积累所至。

二是视书如命的儒雅气质已蔚然成风。从宋代莆田的人文环境可以看出，人们已经普遍把培养子弟读书，视为修身、齐家第一要务。自唐末五代，北方战争不断，不少中州文人为避兵火相继入莆，他们带来了先进的生产技术和科学文化，对莆田文化产生较深远的影响。莆田文人素有勤奋励学、著书立说的

---

① 中华书局，1988年影印本。

良好社会风尚，出现了许多的文人名士，留下了丰富的文化遗产。到了宋代，兴化军更是人才辈出，文人儒士，蔚然成风，从而有力地促进了藏书事业的蓬勃发展。《（弘治）兴化府志》卷十五《风俗志》载有："传及有宋，遂有'十室九书堂，龙门半天下'之语。"①何乔远的《闽书》卷二十五曾记载了宋仆射陈俊卿与黄公度廷对时，说莆田人："地瘦栽松柏，家贫子读书"的故事。可见，当时兴化士人已把书籍看作人生的真正财富。许多人捐帛购书唯恐不及。宋人李俊甫的《莆阳比事》卷六也记载了著名的"万卷楼"主人方略，平生居官廉平，唯喜贮书，"宦达后，所至专访文籍，民间有奇书，必捐金帛求之。"②莆田的藏书大家朱元飞、林霆、林伸、傅诚等，均莫不如此。藏书家纷纷筑楼藏书以传后代，藏书楼（室）名亦无不浸透出藏书者的志向意趣与深邃蕴涵，成了私家藏书文化的重要组成部分，充分体现了藏书人的丰富思想感情与深厚文化内涵。藏书家往往家无寸金之产，却藏书千卷万卷，耕读传家，翰墨为藏，也已成为文献世家的精神追求。

总而言之，诚如《江苏藏书家史略·序》云："大抵一地人文之消长盛衰，盈虚机绪，必以其地经济情形之隆诎为升沉枢纽。而以前辈道絜，流风辉映，后生争鸣，蔚成大观，为之点缀曼衍焉。"③以宋代福建省的藏书家而论，则兴化路和建宁路为重心，这与宋代福建各地学术文化之兴盛变迁息息相关。鱼米之乡，人杰地灵，英才辈出，读书和藏书风气特盛，所以莆田是福建藏书家最集中的地区。而宋代建阳是三大刻书中心之一，所以在宋代建阳及周边的县也多有藏书之家，这是符合历史发展的客观规律与实际的。

第三节　藏书家及其藏书活动

据笔者知见的不完全统计，有文献史料记载其藏书活动的宋代福建藏书家凡107人：杨徽之、杨亿、徐奭、陈旭、黄晞、杨纮、陆廞、蔡襄、苏颂、冯玠、

---

①　清同治十年（1871）重刻本，第 5 页下。
②　清嘉庆年间《宛委别藏》本，第 15 页下。
③　吴晗：《江浙藏书家史略·江苏藏书家史略·序言》，中华书局，1981 年，第 117 页。

傅楫、陈次升、章甫、张谔、李夔、章综、胡安国、黄伯思、朱倬、魏颖、魏大名、刘允恭、陈汝揖、郑樵、谢洪、陈长方、郑耕老、罗博文、方万、薛元鼎、孙禂、朱熹、郑侨、郑寅、方崧卿、刘瑾、余崇龟、方渐、方秉白、方于宝、方其义、方阜鸣、刘弥邵、刘克庄、宋慈、方峻、方峤、方子容、方略、方审权、方淙、方楷、方翥、吴叔告、李丑父、方采、郑起、刘克永、陈嘉言、陈元善、傅诚、黄绩、李纲、李东、廖莹中、林霆、林光世、林伸、林知、刘僎、刘麟、刘学箕、刘仲吉、吕夏卿、南安翁者、莆田李氏、莆田刘氏、邵清、石起宗、詹体仁、宋咸、苏象先、苏竦、魏齐贤、吴秘、吴与、谢颖实、徐明叔、徐诩、徐喆甫、叶棻、叶廷珪、余良弼、余仁仲、余日华、余深、赵谊、詹胜甫、张汉杰、张式、郑可复、郑文英、朱钦则、朱元飞、祝穆、曾旼、曾昷夫。兹考其生卒年代、籍贯仕履、藏书故实、学问著述等，叙录如下。生卒年可考者，或可考知其大致生活年代者，按年代先后顺序排列；生卒年不可考者，或暂无法知其大致生活年代者，按藏书家姓名的拼音顺序排列于后。

1. 杨徽之

杨徽之（921—1000），字仲猷，浦城人。自幼刻苦为学，邑人江文蔚善赋，江为能诗，与之游从，遂与齐名。后周显德二年（955）进士甲科，授秘书省校书郎，至集贤校理，累官左拾遗。入宋，仕太祖、太宗、真宗三帝，历官秘书监、左拾遗、枢密院直学士、兵部侍郎兼秘书监丞、翰林侍讲学士等职。后以足疾告归。真宗时，官至翰林侍读学士。因文才出众，曾奉诏参与编辑《文苑英华》，负责诗歌部分。宋咸平三年（1000），杨徽之去世，年八十，追赠兵部尚书。景祐二年（1035），宋仁宗追崇先帝旧臣，累赠杨徽之太子少师，谥文庄。

杨徽之纯厚清介，守规矩，尚名教，尤疾非道以干进者。善谈论，多识典故，唐室以来士族人物，悉能详记。酷好吟咏，每对客论诗，终日忘倦。既殁，有集二十卷留于家，上令夏侯峤取之以进。

宋晁公武《郡斋读书志·序》记载："逮国朝宋宣献（宋绶）公，亦得毕文简、杨文庄（杨徽之）家书，故所藏之富与秘阁等。"[①]

《研北杂志》卷上云：宋次道"家书数万卷多，多文庄（徽之）、宣献（宋绶）

---

① （宋）晁公武撰，孙猛校证：《郡斋读书志校证》，上海古籍出版社，1990年。

手泽与四朝赐札"①。《研北杂志》卷下曰："宋宣献公绶，杨徽之外孙。徽之无子，尽付以家所藏书。"②《容斋随笔》也载："宋宣献家兼有毕文简、杨文庄（杨徽之）二家书，其富盖有王府不及者。元符中（1098—1100），一夕灾为灰烬。"③

可见，杨徽之家中藏书甚富，精于图书的校雠，质量佳，多留有手泽。可惜不知其藏书具体情形，只知其无子，家藏书悉与其外孙宋绶。宋绶乃至宋绶之子宋敏求，因此成为著名的藏书家。元符间，宋绶家藏书一夕灾为灰烬。

2. 杨亿

杨亿（974—1020），字大年，浦城人。《宋史》卷三百零五《杨亿传》说：

> 七岁，能属文，对客谈论，有老成风。雍熙初，年十一，太宗闻其名，诏江南转运使张去华就试词艺，送阙下。连三日得对，试诗赋五篇，下笔立成。太宗深加赏异，命内侍都知王仁睿送至中书。又赋诗一章，宰相惊其俊异，削章为贺……即授秘书省正字，特赐袍笏……淳化中，诣阙献文，改太常寺奉礼郎，仍令读书秘阁。④

淳化三年（992），赐进士及第。宋真宗时为翰林学士、户部郎中，知制诰。杨亿博览强记，尤长于典章制度。曾参与修《宋太宗实录》。景德二年（1005），与王钦若一起主持编修宋代"四大部书"之一《册府元龟》。景德三年（1006），又为翰林学士，后加兵部员外郎、户部郎中。后曾遇谗属疾。又以所修《册府元龟》，进秩秘书监。病愈，起知汝州。会加上玉皇圣号，表求陪预，即代还，以为参详仪制副使，知礼仪院，判秘阁、太常寺。天禧二年（1018）冬，拜工部侍郎。明年（1019），权同知贡举，坐考较差谬，降授秘书监。四年（1020），复为翰林学士，受诏注释御集，又兼史馆修撰、判馆事，权景灵宫副使。卒后，追赠礼部尚书，赐谥"文"。

---

① （元）陆友：《研北杂志》卷上，《丛书集成初编》本，中华书局，1991 年，第 33 页。

② 同上，卷下，第 182 页。

③ （宋）洪迈：《容斋随笔·容斋续笔》卷十五《书籍之厄》，上海古籍出版社，2015 年，第 269 页。

④ 中华书局，1977 年，第 10079—10080 页。

杨亿天性颖悟，自幼及终，不离翰墨。文格雄健，才思敏捷，善细字起草，一幅数千言，不加点窜，当时学者，翕然宗之。他的《西昆酬唱集》开创"雄文博学""雕章丽句"的"西昆体"，从而成就了北宋的第一个诗歌流派。由于"西昆体"的主要作者是当时宫廷侍臣、翰林学士，加上朝廷对这种诗风的提倡，使之在宋初风靡了数十年。福建作为杨亿的故乡，更是后进学者争效之。

杨亿既是北宋官员、著名文学家，又是当时著名的藏书家，其藏书嗜好源自家庭的影响，曾在家乡浦城修建了"兴逸书院"。书院分为东西两厢，兼备藏书与讲学两种功能，珍藏着历代经典古籍与诗、词、赋作品，还有地方史料、天文医学等各类图书。据《浦城遗书》载：杨亿在开封任"秘阁"总监时，曾抄录宋代以前所有皇朝秘府档案运回浦城"兴逸书院"珍藏。可见杨亿的藏书极为珍贵，多为民间少有之书。惜杨亿英年早逝，因无子，以从子杨纮为后，藏书多由其家族后人继承。宋人王称《东都事略》卷四十七又载："亿晚年颇留意释典，有《文集》一百九十四卷，别有《西昆酬倡》等集。又手录时人所作，为《儒苑时文录》数十篇。"①

3. 徐奭

徐奭（985—1030），字武卿，晚年号芝山，建安（今建瓯）人。宋大中祥符五年（1012），中进士第一，是宋朝福建第一个考中状元者，官翰林学士。天圣元年（1023），官苏州通判，后又在无锡、杭州等地任职，曾历任两浙传运使，升礼部郎中、知制诰等职，晚年致仕回乡，专力读书、藏书与教授生徒。

建瓯徐氏家族，世代书香。徐奭之父徐仁荣曾以族长身份接管徐氏家族的藏书楼"芝书堂"。该书堂原分为藏书与教室两部分，是徐氏家族的藏书与子孙读书之处。徐奭自幼即在"芝书堂"读书，耳濡目染，养成了嗜书、藏书的癖好。致仕回乡后，重整徐氏"芝书堂"，又将其在苏州、无锡、杭州任职期间购置的图书整理并入，大大丰富了"芝书堂"的藏书，同时还编辑了"芝书堂藏书目录"。②

4. 陈旭

陈旭，生卒年不详，又名升之，字旸叔，建阳人。据《陈氏族谱》记载，

---

① 影印《文渊阁四库全书》本，第4页。
② 参见黄建国：《闽北文化》，海峡文艺出版社，1999年。

陈氏家族于宋太平兴国八年（983）建有一座相当规模的书斋，初名"陈门藏书祠"，后改名"双阳书斋"，内有藏书库九间，教书房四室，另设有阅览书厅和刻书坊。书斋历代由族长担任主办，薪俸由陈氏祭祖公佃租支付，后来改为出仕的官员任主持大员。陈旭晚年回乡接替了"双阳书斋"的主管，并将自己的薪俸都用在书斋的扩建重修上。①

5. 黄晞

黄晞（996—1057），字景微，号聱隅子，人称聱隅先生，建安人。少虽家贫，却好读书，博通经史，及长积聚的图书达数万卷，以道学闻名。泉州太守陈靖、福唐太守陈绛均曾争相以礼聘请他讲学，并躬率诸生听其讲道。景祐（1034—1037）中，淡泊名利的黄晞，寓居京城偏僻处，士子们依然竞相登门拜访，其同乡章得象任宰相，欲招之，他力辞不就。后被苏颂之父苏绅聘为家教。他曾仿效《论语》《法言》的笔法，撰《聱隅子歔欷琐微论》，阐发古人道义之隐微、古今治理之得失。去世后，其学生苏颂为其办理后事。其子将其数万卷藏书及自著书均运回建安，后皆散失不存。

6. 杨纮

杨纮，生卒年不详，字望之，浦城人，杨亿从子。以荫历官知鄞县。又献杨亿文，赐进士出身。通判越州、知筠州，提点江东刑狱，除转运按察使。《宋史》卷三百五《杨纮传》载："纮御下急，常曰：'不法之人不可贷。去之，止不利一家尔，岂可使郡邑千万家，俱受害邪？'闻者望风解去，或过期不敢之官。与王鼎、王绰号'江东三虎'。坐降知衡州，徙越州，为荆南转运使。徙福建，不赴，知湖州，复为江东转运使。官至太常少卿……聚书数万卷，手抄事实，名《窥豹篇》。"②据此可知，杨纮是一个好藏书者，一名抄书家，藏书数万卷。

7. 陆靥

陆靥（1000—1052），字彦恭，福建侯官（今福州）人。累举进士，官至饶州铸钱监。陆靥姿性沉厚，而色严毅，若不可犯，久与之处温温然，若不能言，居官小心而谨畏，与人恭而有礼。陆靥自幼聪颖好学，"就学置书数千卷，

---

① 参见黄建国：《闽北文化》，海峡文艺出版社，1999年。
② 中华书局，1977年，第10085页。

闭门诵之不休"①。据此可知，陆廙家有藏书数千卷。

8. 蔡襄

蔡襄（1012—1067），字君谟，福建仙游人。蔡襄自幼即好读书，宋天圣八年（1030），以进士甲科第十名及第。次年，授漳州军事判官。景祐三年（1036），任西京留守推官，因作长篇组诗《四贤一不肖》，名动京师。康定元年（1040），迁调入京，任秘书省著作佐郎，充馆阁校勘。庆历三年（1043），擢任秘书丞集贤校理，知谏院兼修起居注，与欧阳修、余靖、王素并称为"四谏"。庆历五年（1045）四月，以右正言直史馆出知福州。庆历七年（1047），改授福建路转运使。次年，丁父忧去官。皇祐三年（1051），授右正言判三司盐铁勾院，复修起居注。次年（1052），迁朝奉郎起居舍人，知制诰权同判吏部流内铨。至和元年（1054）七月，以礼部郎中知制诰，迁龙图阁直学士，权知开封府。次年（1055），以枢密直学士起居舍人知泉州军州事，再知福州。嘉祐三年（1058）七月，复知泉州。嘉祐五年（1060），召拜翰林学士、尚书吏部郎中、知制诰权三司使。英宗治平二年（1065），以端明殿学士、尚书礼部侍郎知杭州。治平四年（1067）八月，病卒于莆田新居家中，诏赠吏部侍郎。南宋孝宗淳熙三年（1176），赐谥"忠惠"。

蔡襄不仅是北宋杰出的政治家，还是著名的书法家、文学家、科学家，堪称德才兼备的名儒贤臣。他以书法名世，并称"宋代四大书法家"，在书法史上占有十分重要的地位。他工诗善文，所著《蔡忠惠公集》内容丰富，众体皆备，清遒粹美，简洁深厚，在北宋文学史上占有重要的一席之地。同时又是一位著名科学家，于自然科学各学科广为涉猎，两知泉州的任上，主持过泉州洛阳桥的建造，对福建的特产茶叶与荔枝，仔细观察，悉心研究，积累了许多科学资料和丰富经验，先后撰成的《茶录》和《荔枝谱》两部科技专著，在中外植物学史上占有十分重要的地位。关于其藏书，同邑刘克庄云："又一帖借六典，刘茂才何人？藏书乃富于蔡公耶？"②据此推知，蔡襄家富藏书，时人难匹。

① （宋）陈襄：《古灵集》卷二十《左侍禁陆君墓志铭》，影印《文渊阁四库全书》本，第5页下。

② （宋）刘克庄：《后村先生大全集》卷一百零二《蔡端明帖》，四川大学出版社，2008年，第2626页。

9. 苏颂

苏颂（1020—1101），字子容，福建泉州（今同安）人。生于官宦世家，父苏绅为官四方，早年随父亲徙居丹徒（今江苏镇江）。自幼勤学，聪慧灵敏。宋庆历二年（1042），与王安石中同榜进士，从此进入仕途。历宿州观察推官。皇祐元年（1049），出任南京留守推官。时任留守欧阳修对他非常器重，政事方面常请他出谋划策。五年（1053），任馆阁校勘，后又兼任同知太常院，再调集贤院校理。此后，历时九年，他尽览宫室藏书，学问大增，组织审定了《神农本草》《灵枢》等古医典。嘉祐六年（1061），被任命为颍州知州（今阜阳）。治平元年（1064）召回，在京城任三司度支判官。熙宁元年（1068），任淮南转运使，当年五月被召回，为皇帝修《起居注》，并升知制诰。熙宁五年（1072），出知婺州（今金华）。六年（1073），徙亳州（今亳县）。七年（1074），回京，任集贤院学士。八年（1075），出知应天府兼南京留守司事。九年（1076），出知杭州。时苏杭饥疫，补败救荒，恩意户至，尽释欠市易款而被囚之百余商民，许其缓纳。十年（1077），召修国史，擢右谏议大夫。元祐元年（1086），皇帝下诏命苏颂建造新的浑仪。二年（1087），改任苏颂为吏部尚书兼侍读学士。同年（1087）八月，皇帝下诏开始水运仪象台的研制工作。三年（1088），水运仪象台"小样"制作完成。同年（1088）十一月，完成水运仪象台"大木样"。七年（1092），水运仪象台正式竣工。同年，拜右仆射兼中书侍郎。绍圣四年（1097），以太子少师致仕。元符三年（1100），徽宗即位，进苏颂太子太保，爵累赵郡公。建中靖国元年（1101），逝世，赐赠司空、上柱国，晋封魏国公。南宋理宗赐谥"正简"。

苏颂平生嗜学，博学多才，精通天文、医药、机械、政治、文史，谙于诗文，擅于发明，著述宏富。传世有《新仪象法要》三卷、《本草图经》二十卷目录一卷、《苏魏公文集》七十二卷等。《苏魏公文集》全书约 70 万字，收录了苏颂诗十四卷、册文及奏议六卷、内外制十六卷、表启十四卷、碑志行状十三卷、记序书札及杂著九卷。涉及苏颂的政治思想、教育思想、科学思想、文学艺术风格等诸多领域，是研究宋代历史和苏颂的资料宝库。《新仪象法要》是一部详细记载北宋元祐年间由苏颂主持设计制造的大型天文仪器——水运仪象台的机械构造、部件尺寸及形制的著作，凝聚了中国古代科学技术、天文历算、冶金铸造等多方面的科技成果。该书既是我国现存第一部最为详细的古代天文仪器专著，也具有世界性影响的科技文献。《宋史·苏颂传》称赞他："自书契以来，经史、九流、百家之说，至于图纬、律吕、星官、算法、山经、本草，无所不通。尤明典故，喜为人言，亹亹不绝。朝廷有所制作，必就而正焉。"①

苏颂不仅是北宋著名的政治家、科学家和文学家，而且还是一个著名藏书家。其孙苏象先《丞相魏公谭训》记云：

> 祖父（苏颂）在馆阁九年，家贫俸薄，不暇慕佣书，传写秘阁书籍。每日记二千言，归即书于方册，家中藏书数万卷，秘阁所传者居多。祖父自维扬拜太一宫使归乡里，是时叶公梦得为丹徒县尉，颇许其假借传写，叶公每对士大夫言亲炙之幸。其所传写，遂为叶氏藏书之祖云。②

《丞相魏公谭训》又记："祖父取平日抄，节分门类，令子孙辈传写，几二百册。古今类书莫及焉，常云门类最难撰名。"③同时，还记录了苏颂与宋神宗之间的一段谈话：

> 神宗问祖父："卿家必有异书，何故父子皆以博学知名？"祖父对曰："臣家传朴学，惟知记诵而已。"上曰："此尤难也。"祖父云："吾收书数万卷，自小官时得之甚艰。又皆亲校手题，使门阅不坠，则此文当益广，不然耗散可待，可不戒哉。"④

苏颂书室情况，苏象先在《丞相魏公谭训·序》中亦略言及："象先自少不离祖父之侧。元祐丙寅（1086），祖父为天官尚书，居西冈杨崇训之故第。

---

① （元）脱脱：《宋史》卷三百四十《苏颂传》，中华书局，1977年，第10867页。
② （宋）苏象先：《丞相魏公谭训》卷三，《四部丛刊三编》子部，第8页上。
③ 同上。
④ 同上，第3页下。

祖父以南轩为书室，设大案，列书史于前。又置小案于椅间，俾象先侍坐，每至夜分退而记平日教诲之言，作《谭训》百余事。"① 苏颂自己曾作《书帙铭》以诫子孙曰："惟苏氏世，官学以儒。何以遗后，其在此书。""非学何立？非书何习？终以不倦，圣贤可及。"②

据上可知，苏颂藏书数万卷，秘阁所传者居多；藏书主要为儒家经典，也涉及四部群书，藏书多来自手抄，又皆亲校手题；有藏书室。苏颂藏书不仅亲自校勘，供子弟研习，而且广为士子假借传录。叶梦得后成为南宋著名的学者、藏书家，得益于苏颂的藏书。

10. 冯玠

冯玠（1035—1070），字君贶，长乐人，后迁蜀。不治生产，亦无意仕进。"喜储书，自为儿时，已喜宾客，他日筑馆，治花木，客至饮以醇酒。"③可知冯玠家有藏书。

11. 傅楫

傅楫（1042—1102），字符通，一作符通，仙游人。傅氏家族，从中原南迁，先是落脚泉州平州，以后分支到仙游县等地。在莆仙傅氏先贤中，傅楫是第一个于宋英宗治平四年（1067）高中进士的。他少时刻苦力学，跟从孙觉、陈襄学。未冠，试广文馆得第一。蔡襄赞其为"金石人"，且以爱女许配。为官清正廉明，刚正不阿。哲宗皇帝时，为太常博士，参加定北郊之议。徽宗立，升监察御史，论内侍刘瑗不报，后任起居郎，中书舍人。博学多识，徽宗曾以旧学多次咨访，而他则每次以遵祖宗法度，安静自然言说。其后任起居郎，中书舍人。建中靖国初（1101），以龙图阁待制出任亳州知府。卒于职，享年 61 岁。朝廷赠少师，命在仙游建少师祀纪念。

傅楫嗜书好学，家中积聚图书达万卷之多。为官之暇，常以经史自娱，四方名士多有留宿他家借读。"公（傅楫）于孔孟之学，精思而力探之，不臻其

① （宋）苏象先：《丞相魏公谭训》卷一，《四部丛刊三编》子部，第 1 页上。
② （宋）苏颂撰，王同策等点校：《苏魏公文集》卷七十二《书帙铭》，中华书局，1988 年，第 204 页。
③ （宋）李新：《跨鳌集》卷二十九《冯君贶墓表铭》，商务印书馆影印《四库珍本初集》，第 5 页上。

极不止。又天资简谈，于世事无一可关心者，专用经史自娱，聚书至万卷。"①
著有《傅少师文集》三十卷。

12. 陈次升

陈次升（1044—1119），字当时，兴化军仙游县人。父云从，赠正议大夫。
熙宁六年（1073），擢进士，知安丘县。元祐元年（1086），提点淮南、河东刑
狱。绍圣（1096—1097）中，复为御史，转殿中，更进左司谏。徽宗建中靖国
元年（1101），召为侍御史，擢左谏议。入元祐党籍。大观三年（1109），官集
贤殿修撰。政和八年（1118），官宝文阁待制，累官朝散大夫。宣和元年（1119）
卒。追赠太中大夫，祀乡贤祠。

次升平生喜积书，家中藏书甚富，藏书室名"当时"。有《谠论集》二十
卷行世，收入《四库全书》。《福建通志·林象传》载："林象幼孤，随母鞠于外
祖陈次升家。次升好藏书，以故得尽读六经百氏之书，多闻元祐名臣出处大节
与宋累朝典故。"②据此可知，陈次升好藏书，有《六经》、百氏之书等。

13. 章甫

章甫（1045—1106），字端叔，又字冠之，自号转庵、易足居士。其先浦
城人，先徙饶州鄱阳（今江西鄱阳），又徙江苏真州（今江苏仪征）。宋熙宁三
年（1070）进士，调临州尉，累官至朝奉大夫。有《后轩集》《自鸣集》《孟子
解义》等。《吴郡志》卷二十六云："大臣以《孟子解义》进，诏付秘书省，除
太府寺丞，召对称旨，除府界提举常平事。崇宁初，除都官郎中……挂冠归吴。
藏书万卷，雠校精密。"③知章甫藏书万卷，雠校精致。

14. 张劢

张劢（1046—1128），初名驾，字安时。南剑州沙县人。宋熙宁九年（1076）
进士，调兴化司马参军。徽宗朝，累官除监察御史，迁工部员外郎。官终朝议大夫。

---

① （宋）汪藻：《浮溪集》卷二十六《朝请郎龙图阁待制知亳州赠少师傅公墓志铭》，《四部
丛刊》本，第 10 页上。

② 李厚基修，陈衍等纂；郑贞文续修，魏应麒续纂：《［民国］福建通志》卷四十三，民国
二十七年（1938）刻本，第 7 页上。

③ （宋）范成大撰，陆振岳校点：《吴郡志》卷二十六，江苏古籍出版社，1986 年，第
384 页。

张旹历仕五十余年，以清约自将归无余资。宋著名理学家杨时称其："平居卷不释手，自《六经》、诸子百氏书，一经目辄成诵不忘。下至科举之文，亦无所不记。每春宫较艺举天下士，公多与焉。晚学无根类，以剽截袭前为工，公一烛之，皆莫能掩也，人服其明。其后门生登膴仕居要津者，不可胜计，而公不一至其门，其外势利，恬于进取。"①宋湖湘学派奠基人之一胡寅《祭外舅张兵部》亦称其："平生嗜书，白首益励。藏之万签，不以足意。抄之龟手，不以为勋。掇其英华，拨其根柢。发之文章，奥雅精丽。"②可知张旹喜读书，嗜藏书，过目成诵，家有万签。

15. 李藆

李藆（1047—1121），字斯和，邵武人。元丰三年（1081），举进士，历官朝奉郎、两官转朝请郎动云骑尉、礼部员外郎、左朝议大夫兼学制局恭详官移太常少卿等职。著有《文集》二十卷、《礼记义》十卷。

李藆成童犹未知书而颖悟绝人，凡耳濡目染过，即成诵，至日数千言，自是于《六经》、诸子百氏之书，下至毛郑笺传，期年之间，无所不窥，学日进，文日益有名，所交皆一时知名士。宋代著名理学家杨时《龟山先生全集》称其："平生惟嗜书，无他好，幼学尝苦无书，既仕节衣贬食，而积书之富，至与巨室名家埒。"③

16. 章综

章综（1061—1125），字子上，章粲子。浦城人。自幼通亮英敏，有大志，读书不治章句，属文辞典丽有古风。诣太学，受业食淡，攻苦穷日夜不息。宋元祐二年（1087），试国子监第一。学者尊其文，传诵以为法，调河南府洛阳县主簿。时范仲淹次子范纯仁，尹洛一见，待以国士宾礼。荐于朝，就除京兆府府学教授。历陕西转运判官，入为户部员外郎。累迁起居舍人，官至提点两浙刑狱，知越州。金人破蔚川，落职送吏部。上书告老，复龙图阁直学士致仕。

---

① （宋）杨时：《龟山先生全集》卷三十七《张安时墓志铭》，清康熙四十六年（1707）刻本，第2页。

② （宋）胡寅：《裴然集》卷二十七《祭外舅张兵部》，商务印书馆影印《四库珍本初集》，第1页下。

③ （宋）杨时：《龟山先生全集》卷三十二《李修撰墓志铭》，清康熙四十六年（1707）刻本，第7页上。

章综自幼通亮英敏有大志，读书不治章句，属文辞典丽有古风。宋人孙觌记其：

> 以政和四年（1114），守本官，致仕。逾年病间，即舍旁营一堂号美荫，聚书万卷，凡国子中祕所有皆具。集《古今石刻》千卷，手编《秦公遗文》四十卷、《奏议》三十卷。《奏议》者，泾原山川要害、行师制胜、营陈出入之法。公以类分卷，每一事为序文，识篇首可备乙览而不果上。有所感遇则为歌诗，音节平缓，无戚嗟留落不偶之叹。八年（1118），落致仕……未尝一日去书不读，尤尊王氏学。著书三十卷，醇深雅奥，发明经术居多。[①]

可见知章综聚书万卷，藏书室曰"美荫"；"凡国子中祕所有皆具"，所藏当非常丰富；手不释卷，笔耕不辍，编著有《古今石刻》《秦公遗文》《奏议》等。

17. 胡安国

胡安国（1074—1138），又名胡迪，字康候，号青山，学者称武夷先生。建宁崇安（今福建武夷山）人。幼能背诵《训童蒙韵语》，拜杨时为师，研究性命之学。北宋绍圣四年（1097），中进士，擢太学博士。旋提举湖南学事，后迁居衡阳南岳。宋徽宗政和二年（1112），因蔡京当政，屡次辞官隐居。钦宗时，除中书舍人。不数月，因得罪权臣被贬为右文殿修撰、知通州，后复原官。南宋绍兴元年（1131），为中书舍人兼侍讲，累官至给事中。卒，谥文定。

胡安国一生以圣人为目标，修身为学，主张经世致用，重教化，讲名节，潜心研究《春秋》二十余年，开创"湖湘学派"。其所著《春秋传》成为后世科举士人必读的教科书。又著《资治通鉴举要补遗》一百卷，《文集》十五卷。明正统年间从祀孔庙。

《宋史·胡安国传》云："（胡安国）子寅，安国弟之子……少桀黠难制，父闭之空阁，其上有杂木，寅尽刻为人形。安国曰：'当有以移其心'，别置书数

---

① （宋）孙觌：《鸿庆居士集》卷三十三《宋故左朝奉大夫提点杭州洞霄宫章公墓志铭》，清光绪二十一年（1895）刻本，第 3 页上。

千卷于其上。年余，寅悉成诵，不遗一卷。"① 胡寅《斐然集》亦云：胡安国"筑室莘山旁，分置图籍，瞻省丘坟，翻阅古今。慕陶靖节为人，诵《心远之章望》云：'依杖临水，观鱼淡然无外，营将终身焉！'，"② 可知胡安国家有置书数千卷，并筑室莘山旁，分置图籍。

18. 黄伯思

黄伯思（1079—1118），字长睿，别字霄宾，自号云林子。祖籍河南光州，迁福建邵武。北宋晚期重要的文字学家、书法家、书学理论家。宋元符三年（1100）进士，授职磁州（今河北磁县）司户参军。不久，改任通州（今江苏南通）司户、河南府户曹参军。崇宁元年（1102），调任祥定九域图志编修官，兼六典检阅文字。后又擢为秘书省校书郎，累迁秘书郎。政和八年（1118），病故。历官通州司户、河南府户曹参军、校书郎、秘书郎等职。

黄伯思天资警敏，自幼学至强仕，日诵书千余言，复述无遗误。性好古文奇字，彝鼎款识，悉能辨正，善书画，工诗文，篆隶正行草章飞白，皆妙绝。黄伯思为秘书郎，得以纵观内府藏书，至忘寝食，自《六经》及历代史书、诸子百家、天官地理、律历卜筮之说，无不精通。亦好道家言。所著有《法帖刊误》《东观余论》《翼骚》《文集》等。尝校定《杜子美诗》《楚辞》《汲冢师春书》，由其次子黄乃刊刻行世。

叶昌炽《藏书纪事诗》诗云：黄伯思"静几明窗善校雠，古书曾见太清楼。赫蹄留得鸡林纸，两面文从牒背求。"楼钥跋《黄长睿东观余论》："欧阳公《集古录》、赵德甫《金石录》，考订甚工，然犹未免差误，惟云林之书为尽善。"又云："以云林之美才，又仕于洛，多见故家名帖，及居馆阁，尽见'大清楼'所藏异书，尝自言曰：'考校往古事迹，先须熟读强记，遇事加之精审，决无疏略。'"③《东观余论》卷下跋《章草鸡林纸》云："政和丁酉岁（1117）五月二十一日，于丹阳城南第曝旧书，得此鸡林小纸一卷，已为人以郑卫辞书盈轴矣。窃矜其远物，而所书未称，顾纸背尚可作字，因以索靖体书章草急就一

---

① （元）脱脱等撰：《宋史》卷四百三十五《胡安国传》，中华书局，1977 年，第 12916 页。
② （宋）胡寅：《斐然集》卷二十五《先公行状》，商务印书馆影印《四库珍本初集》，第 6 页下。
③ （宋）楼钥：《攻媿集》卷七十六《黄长睿东观余论》，《四部丛刊》本，第 14 页上。

卷藏于家。运笔结字颇合作，庶几颜文忠牒背书稿旧事云。纸凡十二枚，共二千一百五十字。"① 张萱《疑耀》记："长睿得鸡林小纸一卷，书章草急就，余尝疑之。幸获校秘阁书籍，每见宋版书，多以官府文牒翻其背以印行，如《治平类篇》一部四十卷，皆元符二年（1099）及崇宁五年（1106）。公私文牒笺启之故纸也，其纸及坚厚，背面光泽如一，故可两用，若今之纸不能也。"②《藏书纪事诗》等也载及黄伯思曾于政和丁酉岁（1117）五月，于丹阳城南宅第书曝旧书之事。可见黄伯思藏书甚富，室名"大清楼"，多"故家名帖"等艺术类之珍善异本，且有"官府文牒翻其背以印行"的旧本。

19. 朱倬

朱倬（1086—1164），字汉章，闽县（今福州）人。北宋宣和五年（1123），登进士，授常州宜兴县主簿。赈灾有力，荐任广东茶盐司干办官。不久，改任检察福建、广东、广西财用所属官。绍兴七年（1137）召对，高宗嘉纳，特授左议郎。后召入任王宫教授，终因忤逆秦桧，被诬陷免官。家居福州10余年，亲自点校家藏书籍数万卷。绍兴二十五年（1155），出任南剑州（今南平）通判，后改任右正言。绍兴二十九年（1159），升任侍御史。绍兴三十一年（1161），拜尚书右仆射。绍兴三十二年（1162）六月，改任观文殿大学士，提举江州（今江西南昌）太平兴国宫。孝宗即位，知其反对禅位事，降为资政殿学士。朱倬回到福州，住太平公辅坊（今三牧坊）。后隐居福州琅岐龙台。卒，赐谥"忠靖"，后又改谥"文靖"。葬于福州祭酒岭五里梅亭。

大儒魏了翁作《观文殿学士左通奉大夫赠特进谥文靖朱文公神道碑》文曰："（朱倬）秦过食祠官之禄十余年，家藏数万卷，皆手自校雠……最嗜书，搜访古今图史不遗，博见而强志，天文历数之学尤所究心。"③ 可见其家藏甚富，搜集面广，且多手校本。

---

① （宋）黄伯思：《东观余论》（附录）卷下《跋章草鸡林纸卷后》，中华书局，1991年，第87页。

② 叶昌炽：《藏书纪事诗》卷一，古典文学出版社，1958年，第32页。

③ （宋）魏了翁：《鹤山集》卷七十四《观文殿学士左通奉大夫赠特进谥文靖朱文公神道碑》，影印《文渊阁四库全书》本，第156页。

20. 魏颖

魏颖，生卒年、字号均不详，建阳人。曾受业于胡宪之门。胡寅《斐然集》载："颖，累预计偕，词赋有能称，藏书甚富，湛浸简帙。"[①]

21. 魏大名

魏大名（1092—1148），字国宾，建阳人。魏颖之孙。魏大名"少读书博通，而不事科举……君独益务，收书、教子……故庐有书楼，水阁竹木，蔽亏十亩，荷池映带左右"[②]。当在其祖父藏书的基础上，继续搜罗典籍，并建有藏书楼。其子即魏掞之（1116—1173），本名挺之，字子实，后改名拨之，字元履。试礼部不第，遂于其父书楼读书，不复出。乾道四年（1168），赐同进士出身，为太学录。

22. 刘允恭

刘允恭（1092—1175），字邦礼，八世祖从光州徙居福清新丰里。宋绍兴中，捐官知惠州。应林仲堪请，为河源令，已而谢去。刘允恭少知学问而精毛氏诗，凡注疏与本义诵之如流，终身不忘。赋性方直，气象深厚，见后生为不义必厉斥之。闽地行经界，修复陂塘，县宰属允恭督治之，皆有成。朱熹《朝散郎致仕陈公行状》说到刘允恭："君筑室塘东，大治其塘，广袤数百尺……旁莳花木，刻石表横塘，因自号'横塘翁'。植桂百株，以为'桂堂'，储书数千卷，招致名士，俾其子弟学……平生长于心计，而尤好阴阳历算之书、山川面势之说，占时日，候丰凶，悉造其妙。"[③]可见刘允恭藏书数千卷，藏书室曰"桂堂"，且多"阴阳历算之书"。

23. 陈汝揖

陈汝揖（1093—1153），字济夫，同安人。据朱熹《朝散郎致仕陈公行状》记载：陈汝揖"政和八年（1118），上舍出身，补官迪功郎、建州工曹掾。属官省不行，调南剑州顺昌主簿。秩满，正权漳州司户参军，行长泰事，代为

---

① （宋）胡寅：《斐然集》卷二十六《处士魏君墓志铭》，商务印书馆影印《四库珍本初集》，第61页下。

② 同上。

③ （宋）韩元吉：《南涧甲乙稿》卷二十《刘令君墓志铭》，影印《文渊阁四库全书》本，第328页。

漳严主簿。丁内外忧，终制，陞从政郎，为汀州司法参军。未行，改宣教郎，转奉议郎，知汀州宁化县丞。追荣其考妣，以承事郎、孺人告第，四加至今官封。而公自宁化罢归，历承议、朝奉、朝散郎，凡十年不调，晏如也。年六十一，以绍兴二十三年（1153）三月二十六日终于家。公自始属疾，即使其弟为奏上，请得致仕郎。未报，疾革。召亲戚、常所往来者告语，属其子而逝。既尚书下公请事如章，而公不起矣。公在事以廉勤自约敕，所至有能声。"[1] 且"在宁化兴学校，治复屋，聚经子史氏群书以教其人。始，宁化以武为俗，民不见义，至是学者彬彬焉"[2]。由此可见，陈汝揖在宁化的藏书与教育活动，化民成俗，开风气之先。

24. 郑樵

郑樵（1104—1162），字渔仲，学者称之夹漈先生，自号溪西逸民。莆田人。郑樵青年时，不应科举，立志多读古人书，尽通百家学问，研究六经。《宋史》卷四百三十六《郑樵传》说郑樵："好著书，不为文章，自负不下刘向、杨雄。居夹漈山，谢绝人事。久之，乃游名山大川，搜奇访古，遇藏书家必借留读尽乃去。"[3] 苦读三十年，尽理篇编，夜观星象，寒暑俱忘。初为经旨、礼乐、文字、天文、地理、虫鱼、草木、方书之学，皆有论辩。绍兴十九年（1150）上之，诏藏秘府。樵归益历所学，从者二百余人。绍兴二十七年（1158），以侍讲王纶、贺允中荐，应召，授右迪功郎、礼兵部架阁。以御史叶义问劾之，改监潭州南岳庙，给札归抄所著《通志》。书成，入为枢密院编修官，寻兼摄检详诸房文字。绍兴三十一年（1162），高宗幸建康，命以《通志》进，会病卒，年五十九。

郑樵一生著述宏富，累计达 80 余种，可惜许多著作现已不存。其《通志》二百卷，是其凭借一己之力所著而成的，是继司马迁《史记》之后，我国历史上现存的第二部纪传体通史。该书是郑樵毕生学术研究的集大成之作，反映了他在经学、历史学、语言学、文字学、文献学、博物学等方面的突出成就，体

---

[1] （宋）朱熹撰，朱杰人、严佐之、刘永翔主编：《朱子全书（五十二）晦庵先生朱文公文集（六）》卷九十七《朝散郎致仕陈公行状》，上海古籍出版社，2002 年，第 4521 页。

[2] 同上。

[3] 中华书局，1977 年，第 12944 页。

现了他“会通”的学术思想，是其独出心裁的专门绝学。清代史学大家章学诚在《文史通义·释通篇》中阐明郑樵学术精神时说：“通史之修，其便有六：一曰免重复，二曰均类例，三曰便铨配，四曰平是非，五曰去牴牾，六曰详邻事。其长有二：一曰具剪裁，二曰立家法。”又曰：“郑氏《通志》，卓识名理，独见别裁，古人不能任其先声，后代不能出其规范；虽事实无殊旧录，而辨名正物，诸子之意，寓于史裁，终为不朽之业矣”[①]。《四库全书总目》虽对郑樵虽多有批评，但对《二十略》仍加以赞扬，曰：“全帙之精华，惟在《二十略》而已。”并认为它“特其采摭既已浩博，议论亦多警辟。虽纯驳互见，而瑕不掩瑜，究非游谈无根者可及。至今资为考镜，与杜佑、马端临书并称“三通”，亦有以焉”。《通志》尽管有些不足之处，但采前人之书，成一家之言，实属不易，与《通典》《文献通考》合称“三通”，对后世影响深远。

郑樵既究心图籍，乃将天下古今书籍，分类著录，为《群书会要》二十六卷。《直斋书录解题》卷八《群书会记》条下云：“大略记世间所有之书。”[②]又“《夹漈书目》一卷《图书志》一卷”条下云：“郑樵记其平生所自著之书。《志》者，盖述其著作之意也。”又按秘省所颁阙书目录，集为《求书阙记》七卷《外纪》十卷[③]。今诸目均佚，未得其详。

《通志》之《艺文略》与《校雠略》尤为精心之作。其《艺文略》载古今目录所收之书，记载浩繁。分：“经类、礼类、乐类、小学类、史类、诸子类、天文类、五行类、艺术类、医方类、类书类、文类”等 12 类；类之下再分为 155 小类；小类之下，更分 284 目，至为纤细。我国自有目录以来，俱属部类二级，类下部再细分，始创于郑樵《艺文略》，这是古代图书分类史上的一大突破。其《校雠略》论类例、论亡书、论求书，提出：“编次必谨类例”，“人守其学，学守其书，书守其类”，“编书必求本末”，“不类书而类人”，“人则于书下注姓名”，“一类之书，当集以书名为标目的书名目录”等，颇多卓见。郑樵

---

① 上海古籍出版社，2015 年，第 124—125 页。

② （宋）陈振孙撰；徐小蛮，顾美华点校：《直斋书录解题》卷八，上海古籍出版社，1987 年，第 234 页。

③ （宋）王应麟：《玉海》卷五十二《艺文部》，上海书店，1987 年，第 998 页。

主张书、图兼收，通录古今，不应遗漏亡佚之作；还总结访求图书的具体"八法"等等。《校雠略》这是古典目录学发展的第一次阶段性总结，可供后世研究目录学者之参考，对后世目录著作有着深远的影响。此外，郑樵尚有《尔雅注》《夹漈遗稿》《诗辨妄》《六经奥论》等行世。

郑樵不仅是史学家，也是著名的藏书家、图书馆学家。在藏书方面，郑樵好书成癖，广收天下书籍，遇藏书家必借留，读尽乃去。一生访书所得，家藏日丰，达万余卷。郑樵藏书虽然多，但也经常借阅他人藏书，并且刻苦攻读。他在《与景韦兄投宇文枢密书》中写道："家贫无文籍，闻人家有书，直造其门求读，不问其容否？读已则罢，去住曾不吝情。"[①] 明人周华纂修的《兴化县志·儒林传》也称：郑樵在"莆田故家多书者，披览殆遍，犹以为未足。周游所至，遇有藏书之家，必留，读尽乃去"[②]。绍兴十八（1148）年，郑樵曾徒步赴临安献所著书。郑樵在《上宰相书》称自己："十年搜访图书，竹头木屑之积，亦云多矣。"[③] 郑樵在《献皇帝书》中又说："其余卷帙稍多，恐烦圣览，万一臣之书有可采，望赐睿旨，许臣料理余书，续当上进。"[④] 所以，宋高宗曾下诏把郑樵的献书藏进秘府。郑樵书藏夹漈草堂或称修史堂，除了文献典籍之外，还特别重视图谱、金石、鼎彝的搜寻和研究。宋代著名藏书家、目录学家陈振孙仕于莆田时，曾传录夹漈郑氏之书颇多。其《直斋书录解题》卷七《夹漈家传》所著书目附记："莆田郑翁归述其父樵渔仲事迹。樵死时，翁归年八岁，安贫不竞，顷佐莆郡时犹识之。"[⑤] 宋人周密在《齐东野语》卷十二《书籍之厄》也说："近年惟直斋陈氏书最多，盖尝仕于莆，传录夹漈郑氏、方氏、林氏、吴氏旧书至五万一千一百八十余卷，且仿《读书志》作解题，极其精详。"[⑥] 由此可见，郑樵一生聚书万卷，著述千卷，不愧为我国历史上一位伟大的史学家与藏书家。

---

① （宋）郑樵：《夹漈遗稿》卷三，商务印书馆，1941 年，第 19 页。

② 民国二十五年（1936）张国枢重校排印本。

③ （宋）郑樵：《夹漈遗稿》卷三，商务印书馆，1941 年，第 19 页。

④ 同上，第 12 页。

⑤ 上海古籍出版社，2015 年，第 218 页。

⑥ 中华书局，1983 年，第 217 页。

25. 谢洪

谢洪，生卒年不详，字范卿，仙游人。绍兴三十年（1160）进士，主海丰县簿，调信州永丰。明郑岳《莆阳文献》载："（谢）洪聪悟绝人，自其童卯时，已有文名。"① 又说谢洪："倜傥有大志，尝市书瓯越，建'经史阁'藏之……力学教子，人目之为书笥。"②《重刊兴化府志·人物传》也载："谢洪，字范卿，来苏里人也（属兴化）。父穆，倜傥有大志。尝市书瓯越，建经史阁藏之……力学教子，人目之为书笥。洪聪悟绝人……后擢绍兴三十年（1160）进士第，主海丰县簿。"③ 可见谢洪藏书颇多，且建有"经史阁"以藏之。郑樵与谢洪同里又同时，据说因此关系，看过谢洪"经史阁"的藏书。

26. 陈长方

陈长方（1108—1148），字齐之，闽县（今福州）人。陈长方少孤，奉母客于吴。杜门安贫，刻意学问，榜所居曰"唯室"，学者称唯室先生。宋绍兴八年（1138），擢进士第，调太平州芜湖尉，升左从政郎，授江阴军学教授。寻归居吴中步里，从王信伯游，终日闭户研究经史，以教学者。能诗文，著有《唯室集》《春秋私记》《尚书讲义》《两汉论》《步里谈录》《辩道论》等。

清人陆心源《宋史翼》载："朱子称同时学者，多举其字，惟于长方必曰：'唯室先生'，盖颇引以为重。"④ 陈长方"家贫不能置书，假借手抄，几数千卷"⑤。可知陈长方家有藏书数千卷。

27. 郑耕老

郑耕老（1108—1172），字谷叔，号友堂，莆田人。少负才学，笃志训诸子。宋绍兴十五年（1445）进士，主怀安县簿。母丧除服，调温州法曹，改明州教授。官至国子监主簿，添差福建安抚司机宜文字。秩满归，在木兰溪边筑郑氏书堂，

---

① （明）郑岳辑：《莆阳文献》卷二十二，明万历三十四年（1616）黄起龙校刊本，第 4 页上。

② 同上。

③ （明）周瑛、黄仲昭纂：《重刊兴化府志》卷四十四《人物传》，清同治十年（1871）重刊本，第 18 页下。

④ （清）陆心源：《宋史翼》卷二十三，中华书局，1991 年，第 250 页。

⑤ （宋）陈长方：《唯室集》卷五附录《陈唯室先生行状》，商务印书馆影印《四库珍本初集》，第 1 页。

率乡里子讲学，一时名士多从之游。以诗书传家读《诗》《周易》《洪范》《中庸》《论语》《孟子》皆有训释，著有《诗易》《庸范》《语孟训释》《中庸解》《周易解》以及《仁义》《礼乐》《扶中》《截流》等论。

清人郑王臣《兰陔诗话》云："公（郑耕老）经术湛深，筑书堂于木兰坡上，讲学其中，一时名士多从之游。"并录有郑耕老《木兰书堂》诗一首："郑子藏书处，柴门碧树湾。开怀溪一曲，养拙屋三间。月色斜侵竹，鸟声迥隔山。辋川多胜趣，何以此潺湲。"① 宋人叶适《水心文集》亦云："（郑耕老）常抚书语其子曰：'时不我知。我死，若藏此书南陂上而已。'南陂木兰溪有草堂。堂南有沂春亭、舞云台，君所常往来也。铭曰：'南陂之书，今故存分。'"②

28. 罗博文

罗博文（1116—1168），字宗礼，一字宗约。沙县人。早年从李侗游学，研讨理学，终身不倦。以祖荫授右迪功郎、福州司户参军。孝宗继位，转为通直郎，赏赐五品官服。张浚当丞相，推荐罗博文任和州知州。但未上任，原吏部侍郎汪应辰调任蜀安抚司，上书征召罗博文任参议官，又转为承议郎。任满后，主管台州崇道观，但又被汪应辰召回。罗博文与俱行，至嘉州卒。朱熹十分敬重罗博文。罗逝世后，朱熹为其撰写行状，哀悼曰："熹既痛公之不幸，不及大为时用，又伤吾道之不幸而失此人也！"③ 又曰："解其装以理丧事，则囊中独有书数十帙，余金足以归其丧而已。"④ 编有《延平语录》，黄震云此书本名《钦佩录》。

29. 方万

方万（1121—1162），字盈之，莆田人。绍兴三十年（1161）进士，监和剂局。方万有"斗车楼"和"一经楼"用以藏书、讲学。夫人贤淑，日常生俗事一应担当，使他专事讲学。有《斗居文集》十卷。

---

① （清）郑王臣：《莆风清籁集》卷五，《四库全书存目丛书》本，齐鲁书社，1995年，第345页。

② （宋）叶适：《叶适集》第二册《水心文集》卷十五《奉议郎郑公墓志铭》，中华书局，1961年，第279页。

③ 朱杰人、严佐之、刘永翔主编：《朱子全书（五十二）晦庵先生朱文公文集（六）》卷九十七《承议郎主管台州崇道观赐绯鱼袋罗公行状》，上海古籍出版社，2002年，第4523页。

④ 同上。

其孙方大琮《铁庵集》云："（方万）辟全凤斋以教子，架斗车楼以藏书，创一经堂以垂训……诸公怜才，荐于庙堂。改授行在太平惠民和剂局，命下而卒。"① 又云："和剂公以一经名堂，实藏书万卷。"② 邑人郑裕为之诗曰："留意经术，笃于教子，朱子扁其堂曰'一经'。莆之甲姓，实为大方……博究六艺，并包五常，东家尼父，北窗羲皇，日相讨论，兼收并藏。《五经》在笥，'一经'名堂，谦以自牧，虽晦而光……以经名家，菲子谁当。"③ 可见方万的"一经堂"，系朱熹为其书匾。据说郑樵曾仔细研读过方万"一经堂"的万卷藏书。

30. 薛元鼎

薛元鼎（？—1178），字叔云，兴化军仙游县人。南宋孝宗时名臣，是莆田少有七尚书之一。自幼聪颖好学，以善文闻名乡里。绍兴三十年（1160），中式进士，授惠州教授。乾道六年（1170），除太学正，改承事郎，调宗正寺簿，迁国子监丞，兼权户部左曹郎官。再迁秘书丞，任军器少监，兼太子侍讲。淳熙二年（1175），擢提举浙西路，加直秘阁，奉旨相视太湖之役。役成，转朝奉郎。四年（1177），除户部左曹郎官。

薛元鼎博学多才，德政恤民，勤研经史，关心民生，奉公治政，政绩突出。平生嗜书，仕宦之暇，探访秘籍，不惜重价，撷其菁华，缮为荟萃，积书成屋，达4万多卷。著有《诗文讲义》二十卷行世。

31. 孙裪

孙裪（1126—1204），字和卿，号义门先生、龙坡先生，长溪（今霞浦）人。君少有异质，长通经子百家之书。宋人魏了翁《鹤山集·孙和卿墓志》载："有司率不合堂之东隅曰'寄隐堂'，聚书千卷，藏修息游其间，举世之所谓可悦者，一无以动其心。"④ 孙裪有遗文《易解》《书解》《诗口义》各五十卷、《左氏春秋

---

① （宋）方大琮：《铁庵集》卷三十五《判院方公孺人郑氏志》，影印《文渊阁四库全书》本，第1页。

② 同上，卷三十二《方氏仕谱志》，第9页。

③ （清）庄仲芳：《南宋文范》卷三《一经堂诗》，清光绪十四年（1888）江苏书局刻本，第10页下。

④ （宋）魏了翁：《鹤山集》卷八十《孙和卿墓志》，影印《文渊阁四库全书》本，第14页。

事类》二十卷、《册府》一百卷、《龙坡文集》十六卷，另有《卷浩斋稿》三卷。可见孙裯有藏书楼曰"寄隐堂"，聚书千卷，且"举世之所谓可悦者，一无以动其心"，亦一大嗜书博学者。

32. 朱熹

朱熹（1130—1200），字元晦，一字仲晦，号晦庵、晦翁，别称紫阳，世称朱文公。祖籍江西婺源，生于尤溪，入籍建阳。朱熹自小聪颖，家境穷困，弱冠及第。宋绍兴十八年（1148），进士。于南宋高宗、孝宗、光宗、宁宗四朝，历任泉州同安主簿、南康知军、左迪功郎、转运副使、焕章阁待制、秘阁修撰、宝文阁待制等职。庆元二年（1196），致仕。庆元六年（1200），病逝于建阳考亭。理宗时，被追赠太师，追封信国公，改徽国公。

朱熹虽然在科举上少年得志，但仕途颇为坎坷。一生从政，历高、孝、光、宁四朝近 50 年，但其志莫伸，惟重于精研儒家经典，阐发理学思想，讲学授徒，开办书院，发愤著述，弘扬道统，也因此成就了他的历史地位。作为中国历史上著名的哲学家、思想家、教育家、闽学派的代表人物、宋代理学的集大成者，朱熹堪称是孔子、孟子以来最杰出的儒学大师。清代学者全祖望在编撰《宋元学案》时，曾称朱熹是一位"致广大，尽精微，综罗百代"的大学者。闽北是朱熹一生求学、著书、立说以至集思想之大成的地方，也是以他为首的考亭学派萌芽、聚集、壮大和形成的大本营。闽北的山山水水留下了他的足迹，而他的许许多多阐扬理学思想的著作，也大部分在闽北刻印。

朱熹著有《易本义启蒙》《诗集传》《四书章句集注》《太极图通书西铭解》《楚辞集注辨证》《韩文考异》《晦庵集》；另编有《论孟集议》《孟子指要》《中庸辑略》《孝经刊误》《小学书》《通鉴纲目》《宋名臣言行录》《家礼》《近思录》《河南程氏遗书》《伊洛渊源录》等 120 多种。2002 年，上海古籍出版社出版的朱杰人等主编《朱子全书》，是朱熹著述集大成之巨编。

朱熹的哲学体系以程颢、程颐兄弟的理本论为基础，并吸取周敦颐太极说、张载的气本论以及借鉴佛教、道教的思想而形成。这一体系的核心范畴是"理"，或称"道""太极"。其《四书章句集注》十九卷，分为《大学章句》一卷、《中庸章句》一卷、《论语集注》十卷、《孟子集注》七卷。在朱熹极为丰富的著述中，《四书章句集注》虽然篇幅不算太大，但就其作用、地位、影响而论，却堪称朱熹最有代表性的著作之一。《四书章句集注》将《大学》《中庸》《论语》《孟子》合为一帙，加以注疏、阐释、发挥，既是一部宋代理学的名著，又是封建社会最重要的经典著作。宋以后的元、明、清三朝，都以《四书章句集注》作为学官教科书和科举考试的标准答案，因而成为历代士子最重要的必读书。《四书章句集注》一书，上承经典，下启群学，金科玉律，代代传授，对中国封建社会后期思想产生了广泛而深刻的影响，被后世尊奉为官学。

朱熹本人极力倡导藏书，曾为此撰写《建阳县学藏书记》《徽州婺源县学藏书阁记》《福州州学经史阁记》等文。《[嘉靖]建阳县志》云："同文书院在崇化里，宋乾道间朱文公（朱熹）建以贮图书，后遭兵燹。"[1] 宋淳熙年间（1174—1189），朱熹重建白鹿洞书院时，向各官府求援，为白鹿洞书院征集图书。朱熹在《与黄商伯书》中，曾颇为详细地言及此事：

> 白鹿成，未有藏书，欲于两漕求江西诸郡文字，已有札子恳之。此前亦求之陆仓矣，度诸公必见许。然见已有数册，恐至重复。若已呈二丈，托并报陆仓，三司合力为之。已有者不别致，则易为力也。书办乞以公牒发来，当与收附，或刻之金石，以示久远计。二公必乐为之也。旦夕遣人至金陵，亦当遍干本路诸使者也。[2]

据此可知，朱熹求书若渴之心态，以及办法考虑之周详妥当。

朱熹在《答吴伯丰》中又云：

> 俸禄之余，宦学增胜。沙随诸书及茶已领，便遽，未有物可奉报者也。此间寓居近市，人事应接，倍于山间。今不复成归五天，见就此谋卜居。

---

[1] （明）冯继科修，朱凌纂：《[嘉靖]建阳县志》卷五《书院》，上海古籍书店影印本，1962年，第77页上。

[2] 李梦阳等编撰：《白鹿洞书院古志五种·白鹿书院志》卷二《与黄商伯书五首》，中华书局，1995年，第1068页。

已买得人旧屋，明年可移。目今且架一书楼，更旬月可毕工也。其处山水清遽可喜。①

据此可知，朱熹于绍熙二年（1191）离漳州任后，曾在建阳童游桥所购置的旧屋建"小书楼"。此后，在考亭沧州精舍又建藏书斋庋藏书籍。

朱熹门人吴振亦曾记曰：

登先生藏书阁，南轩（张栻）题壁上题云："于穆元圣，继天测灵；开此谟训，惠我光明。靖言保之，匪金厥籯；含英咀实，百世其承。"意其为藏书阁铭也，请先生书之，刻置社仓书楼之上。先生曰："只是以此记书橱名，待为别做。"②

此铭共32字，以一字记一橱计，则朱熹的藏书阁至少有32橱书。

综上可知，朱熹倡导藏书，不仅撰写了许多有关藏书的文章，而且还身体力行，在所建的书院里求书与藏书，建有自己的书楼，其藏书当甚丰富。

33. 郑侨

郑侨（1132—1202），字惠叔，号回溪，莆田人。郑樵从子。南宋孝宗乾道五年（1169），进士第一，授著作郎兼国子实录院属官。以《春秋》侍讲东宫，累官吏部尚书，后拜参知政事，进知枢密院事，体恤民情，多次奏请朝廷赈灾减赋。事光宗、宁宗两代国师，以观文学殿学士致仕。卒，赠太师，封郇国公。著有《历官表奏议》《书衡》《西垣词稿》《锦机诗话》《郑鲁公词草》《郑忠惠遗文》《书史会要》等。

郑侨少有大志，勤奋好学。郑樵卒后，因儿子尚年幼，故将藏书都传给他。此后，郑侨又多方搜访，使藏书更富。端重简淡，无他嗜，生平不市恩，不干誉，不立党，以故三朝见称公正。善书法，行、草书尤佳。郑侨卒后，藏书由儿子

---

① 朱杰人、严佐之、刘永翔主编：《朱子全书（五十二）晦庵先生朱文公文集（三）》卷五十二《答吴伯丰》，上海古籍出版社，2002年，第2432页。

② 《朱子全书（七十）朱子语类（四）》卷一百零七《杂记言行》，第3507页。

郑寅继承。

34. 郑寅

郑寅（？—1234），字子敬，一作承敬，号肯亭，莆田人，郑侨之子。初居游洋的浔阳，晚居莆城东，其地因郑寅藏书的缘故而称"书仓"。以父任补官，历知吉州（今江西吉安）。宋端平初（1234），召为左司郎中兼权枢密院副都丞旨，出知漳州。嘉熙元年（1237），卒于任上。其人静重博洽，平日嗜书成性，藏书数万卷，其后人命名为"衍极堂"。

《［民国］莆田县志·文苑传二》载："寅博闻强记，多识典故。藏书数万卷，编为《七录》，曰经、曰史、曰子、曰艺、曰方技、曰文、曰类，不沿四部之旧。著有《中兴纪言集》二十八卷、《色蒙》七卷，又有《通志考误》，惜流传已少，不可得见。"① 宋刘克庄《后村先生大全集》云："公（寅）方精专聚书如山，手自校研……事物本原，治乱消长，典章革沿，钩索抄纂，网罗贯穿，胸有五车，手无寸椎卷而怀之北陌东阡。"② 《莆阳文献·郑寅传》也载："寅静重博洽，藏书数万卷，名贤真德秀、李燔、陈宓皆与为友。燔尝荐海内名士十二人于朝，寅其一云。"③ 明祁承㸁《澹生堂藏书约》云："邯郸李献臣所藏图籍五十六类、一千八百三十六部、二万三千三百八十六卷，而艺术道书及书画之目不存焉。"④ "莆田郑子敬所藏书仍用《七录》，而卷帙不减于李。"⑤ 宋陈振孙《直斋书录解题》"《中兴纪言集》二十八卷"条下云："左司郎中莆田郑寅子敬编。寅，知枢密院侨之子，靖重博洽，藏书数万卷，于本朝典故尤熟。"⑥ 又"《梁溪易传》九卷、《外篇》十卷"条下云："丞相邵武李纲（伯纪）撰……其书未行于世，

---

① 石有纪修，张琴纂：《［民国］莆田县志》卷二十九《文苑传二》，福建省图书馆藏抄本。

② （宋）刘克庄：《后村先生大全集》卷一百三十七《郑子敬左司》，《四部丛刊初编》本，第 3 页下。

③ （明）郑岳辑：《莆阳文献传》卷二十六《郑寅传》，明万历三十四年（1616）黄起龙校刊本，第 5 页上。

④ （明）祁承㸁等撰：《澹生堂藏书约》（外八种）之《聚书购书训》，上海古籍出版社，2005 年，第 15 页。

⑤ 同上。

⑥ （宋）陈振孙撰，徐小蛮、顾美华点校：《直斋书录解题》卷五，上海古籍出版社，1987 年，第 134 页。

馆阁亦无之。莆田郑寅子敬从忠定之曾孙得其家藏本,顷倅莆田日,借郑本传录。今考《梁溪集》,绍兴十三年所编,其《训辞》二序已云有录无书,则虽其家亦亡逸久矣。"① 又《郑氏书目》七卷条下云:"莆田郑寅子敬以所藏书为《七录》,曰经、曰史、曰子、曰艺、曰方技、曰文、曰类。寅,知枢密院侨之子,博闻强记,多识典故。端平初召为都司,执法守正,出为漳州以没。"② 又《音乐类》云:"而前志相承,乃取乐府、教坊、琵琶、羯鼓之类,以充乐类,与圣经并列,不亦悖乎!晚得郑子敬氏《书目》独不然,其为说曰:'仪注、编年,各自为类,不得附于《礼》《春秋》,则后之乐书,固不得列于六艺。'"③ 从陈振孙所言,亦可略知郑寅分类之梗概,郑寅不将后之乐书列于六艺,乃中国图书分类学上之一大贡献也。

据上可知,郑寅藏书数万卷,有《郑氏书目》七卷,列所藏书为《七录》,曰经、曰史、曰子、曰艺、曰方技、曰文、曰类。唐以后不分四部而仍《七录》之名者,惟郑寅一家。盖亦祖述郑樵之例,而改"集"为"文",并礼乐小学入"经录",并天文、五行、医方入"方技录",故合十二类为七类也。就此分类学之观点,颇有新意。惜其目不传,不详其类例。

郑寅不仅藏书,还著书。著有《包蒙》《通志考误》《通志大旨》《中兴纶言集》《文集》等。此外,他还自刻书籍。陈振孙《直斋书录解题》卷十八载:郑寅刻有《周益公集》二百卷,《年谱》《附录》各一卷:"其间有《奉诏录》《亲征录》《龙飞录》《思陵录》凡十一卷,以其多及时事,托言未刊,人莫之见。郑子敬守吉,募工人印得之,余在莆田借录为全书,然犹漫其数十处。"④

35. 方崧卿

方崧卿(1134—1194),字季申,莆田人。登宋隆兴元年(1163)进士,历知上饶县、明州通判、南安知军、吉州知府和京西转运判官等职,累官至朝请大夫。娶丞相叶颙女。宋淳熙十六年(1189),方崧卿在南安军(治所在今

① (宋)陈振孙撰,徐小蛮、顾美华点校:《直斋书录解题》卷五,上海古籍出版社,1987年,第16页。
② 同上,卷八,第237页。
③ 同上,卷十四,第399页。
④ 同上,卷十八,第541页。

江西大余），刻印唐韩愈撰《昌黎集》四十卷，以及后人所编的《外集》一卷、《附录》五卷、《年谱》一卷、《举正》十卷、《外抄》八卷。其中《年谱》一卷，洪兴祖撰；《举正》十卷，方崧卿撰。宋人陈振孙《直斋书录解题》卷十六著录云："莆田方崧卿增考，且撰《举正》以校其同异，而刻之南安军。《外集》但据嘉祐蜀本刘煜所录二十五篇，而附以石刻。"① 后朱熹作《韩文考异》，对"方本"评价为："此集今世本多不同，惟近岁南安军所刊方氏校定本，号为精善。别有《举正》十卷，论其所以去取之意，又他本之所无也。"②

《莆田县志》载："方崧卿字季中，隆兴进士，官至京西转运判官，所得禄赐，半为抄书之费，家藏书四万卷，皆手自校雠"。③ 宋人周必大为方崧卿所撰《京西判官方君墓志铭》曰："筑丛书堂，聚书四万卷，手自校雠。尤喜韩昌黎文，奥篇隐帙，搜求殆遍，时时发明。为《举正》十卷、《附录》五卷，别成《笺校》十卷。另有《续横浦集》《补襄阳志》《诗文家集》二十卷等。"④ 可见方崧卿当是当时的藏书大家与著名学者。

36. 刘玶

刘玶（1138—1185），字平父，自号七者翁，崇安人。屏山先生刘子翚之子。刘玶仕为从事郎、修职郎，历邵武军司户参军，力辞未赴。少有逸才，而不肯事举子业，赋诗甚敏而工，然亦未尝深留意也。为人简易跌宕，衣冠食饮取具无所择。朱熹《从事郎潭州南岳庙刘君墓志铭》载："庐屏山之下，自名其室曰'七者之寮'……搜辑先世遗文轶事，纤悉无遗，聚书教子，校雠课督，皆有程品。"⑤ 与朱熹诸名贤唱和，有诗文集十卷。《直斋书录解题》载："《屏山七者翁》十卷，从事郎崇安刘玶平父撰。"⑥

---

① 上海古籍出版社，1987 年，第 475 页。

② （清）李光地编：《朱子全书》卷六十六《道统五》，清康熙五十二年武英殿刻本，第 36 页上。

③ （清）林扬祖纂：《莆田县志》卷二十二，据原稿本抄本，1962 年。

④ （宋）周必大：《平园续稿》卷三十一《京西判官方君墓志铭》；《丛书集成三编》，台湾新文丰出版公司，1996 年。

⑤ 朱杰人、严佐之、刘永翔主编：《朱子全书（五十二）晦庵先生朱文公文集（六）》卷九十二《从事郎潭州南岳庙刘君墓志铭》，上海古籍出版社，2002 年，第 4521 页。

⑥ （宋）陈振孙撰，徐小蛮、顾美华点校：《直斋书录解题》卷二十，上海古籍出版社，1987 年，第 604 页。

37. 余崇龟

余崇龟（1150—1210），字景望，仙游人。宋淳熙五年（1178），与兄同科进士，授司农丞，除秘书丞，兼权工部郎。时韩侂胄当政，因政见不合，被贬出知江州。侂胄败，除为监察御史。与金兵议和，金有此印者，多为他的遗书。金人索要侂胄首级相胁，朝中欲予之。他认为这是辱国之举，遂不附议。官至兵部侍郎，兼权给事中。卒，赠通议大夫。崇龟喜积书，"家藏书万卷，出入经史，贯串古今，扁其堂曰'静胜'，徜徉其中，视升沉淡如也"①。著有《诗经讲义》《州郡风土记》《静胜文集》等。

38. 方渐

方渐，生卒年及字号均不详，莆田人。据方氏族谱记载，方氏自歙州迁兴化县游洋之叱石，后支迁莆城轮井，是为方渐之五世祖。《重刊兴化府志》载："渐，政和八年（1118）进士。绍兴中，通判韶州，知梅、潮、南恩三州，官至朝散郎……所至以书自随，积至数千卷，皆手自审定……郑樵尝就读其书，以诗美之。"②方渐为官清白，富于藏书，官游所至，均以书籍自随，均多亲自纂定雠校，建有藏书阁三间，名曰"富文阁"。《舆地纪胜》曰："方渐，知梅州，尝谓梅人无殖产，恃以为生者，读书一事耳。所至以书自随，积之至千卷，皆手自审定。就寝，多不解衣，林艾轩质之。公曰：'解衣拥衾，会有所检讨，则怀安熟寐矣。'增四壁为阁，以藏其书，榜曰'富文'。"③因以为号，子孙相传，人称"富文方氏"。叶昌炽《藏书纪事诗》卷一为其诗云："书簏随身度岭遥，万梅花送一封轺。寒灯不照重衾卧，依旧鸡鸣警早朝。"④刘克庄跋《桐乡艾轩所作行状志铭》亦云："林光朝（艾轩）受学于富文翁，状公行时，方三十余，犹未脱白，自称门人，敬之如此。"⑤

---

① （明）凌迪知：《万姓统谱》卷八，上海古籍出版社，1994年，第187页。

② （明）周瑛、黄仲昭纂：《重刊兴化府志》卷四十七《人物传》，清同治十年（1871）重刻本，第2页上。

③ （宋）王象之撰；李勇先校点：《舆地纪胜》卷一百零二《梅州·官吏》，四川大学出版社，2005年，第3440页。

④ 古典文学出版社，1958年。

⑤ （宋）刘克庄：《后村先生大全集》卷一百十一，《四部丛刊初编》本，第15页上。。

39. 方秉白

方秉白，生卒年不详，字直甫，号草堂。方阜鸣之父。莆田人。与从弟秉俟隐居教授。孝宗朝监司以孝廉荐，不起。郡守赵彦厉尝辟修莆阳志，后以子阜鸣恩赠朝散大夫。《莆阳文献》载：方秉白"传家惟书数橱而已"[①]。著有《草堂文集》。知方秉白家有藏书，有数橱传后。

40. 方于宝

方于宝，生卒年不详，富文方氏方渐之侄，字正子。莆田人。幼奇逸，极嗜书，好藏书。《莆阳比事》卷六载："家有'三余斋'，聚书数万卷。宋绍兴十六年（1146），应诏进《风骚大全集》一百卷，补迪功郎。"[②]后授漳浦县尉。据说史学大师、藏书大家郑樵尝入此"三余斋"借读，可见其藏书之富。

41. 方其义

方其义（1157—1230），富文方氏方渐之孙，方阜鸣族叔，字同甫，莆田人。工诗文，好藏书，与其族子方阜鸣齐名。二君均生于宋绍兴二十七年（1157）丁丑，叔侄皆由乡赋入太学，与刘克庄的父亲同年，都为刘克庄所敬事。年五十八始由特科调英德府贡阳县尉，后改梧琼二州户录。刘克庄《琼州户录方君》："公私试必联，案炉亭客舍，夜语常达晓。凡故家遗俗逸事，诸老先生旧闻，听之沁入肝脾，长人知识。"[③]又云："终身诵之不忘。"[④]又曰："莆青白吏，曰南恩牧。小阁三间，以遗嗣续。夹漈诗之，流传乡国。无产十金，有书千轴。至今脍炙，谓之宝录。君少而孤，昼抄夜读。"[⑤]知方其义家有书千轴，且多抄本。

42. 方阜鸣

方阜鸣（1157—1228），字子默，方秉白子，莆田人。宋嘉定元年（1208）进士，积阶朝散郎，赐绯鱼袋。刘克庄《方子默》载："父秉白……以孝廉荐。

---

① （明）郑岳：《莆阳文献》卷三十九，明万历三十四年（1616）黄起龙校刊本，第 1 页上。

② （宋）李俊甫：《莆阳比事》卷六，清嘉庆年间《宛委别藏》本，第 16 页上。

③ （宋）刘克庄：《后村先生大全集》卷一百六十一《琼州户录方君》，《四部丛刊初编》本，第 18 页下。

④ 同上，第 19 页上。

⑤ 同上，第 20 页下。

传家惟书数橱……余先君子与君同研席，君于众儿中顾余独异。余为建阳令，废学久矣。君自江右归，方留钱千万布坊书。"① 可知方阜鸣家有父书数橱，尝留钱千万布坊书，惟藏书具体情形不详。

43. 刘弥邵

刘弥邵（1165—1246），字寿翁，号习静，学者称习静先生，莆田人。为宋著名文学家刘克庄叔父。父刘夙，宋绍兴二十一年（1151）进士，累官吏部侍郎。刘弥邵"早孤，苦贫，有手泽书数橱。先生（刘弥邵）与诸兄卧起其间。饥以充馈，倦以为枕，后皆知名。先生尤精专，一事一物未通，求之，弗指某字讹、某简脱、某义疑，必反复研寻，归之是而后已。载籍以来，莫不抄纂，而原本粹然一出于经。其考论古今，断制义理，一以洙泗、关洛之语为准……惟先生真知实践，自童至耄，坚确不变"②。刘弥邵慨念先泽，唯以学古为心，整天研读经书，不为科举名碌，自六经以下，莫不抄纂。喜聚书，广搜古刻本。尝质经于龙图阁学士陈宓，评史于宝章阁直学士郑寅，问《易》于建阳隐士蔡渊。临终前，还为儿孙们讲解《集解孟子》。郡守杨栋创尊德堂于学宫以处之，弥邵仅一至。及杨栋提点福建刑狱，复论荐于朝，未报，卒。有《易稿》《汉考》《读书日记》《小记深衣问辩》《杜诗补注》各若干卷。

44. 刘克庄

刘克庄（1187—1269），初名灼，字潜夫，号后村居士，莆田人。宋嘉定二年（1209），以荫补将仕郎，为真州录事参军、湖州通判。嘉定三年（1210），任靖安县（今属江西）主簿，更名刘克庄。十年（1217），调真州录事及江淮制置使李珏幕僚，在李幕为同僚所忌。十七年（1224），改宣郎，任建阳县知县。任职三年间，庭无留讼，颇有政绩。真德秀罢官归里，克庄师事之，从此学问益新。后因所作《落梅》诗有"东风谬掌花权柄，却忌孤高不主张"之句和《黄巢战场》诗"未必朱三能跋扈，都缘郑五欠经纶"等句，被言官李知孝劾为"讪谤当国"。宝庆三年（1227）被罢官。由于郑清之极力为其辩白，得以

---

① （宋）刘克庄：《后村先生大全集》卷一百四十八《方子默》，《四部丛刊初编》本，第13页上。

② 同上卷一百五十一《习静叔父》，第6页下。

无罪，后转任潮州（今属广东）、吉州（今属江西吉安）通判。端平元年（1234），真德秀任福建安抚使，除将作监簿兼参议官。同年九月，随真德秀入朝任宗正寺主簿。端平二年（1235）六月，除枢密院编修兼权侍右郎官。三年（1236），被吴昌裔疏罢，主管玉局观。旋知漳州，未赴任。嘉熙元年（1237），改知袁州府（今属江西），政绩突出。因被御史蒋岘劾，八月罢归故里，主管云台观。三年（1239）九月，李宗勉为相，提任江西提举。十月，旋改广东提举。四年（1240）八月，升转运使，兼提举市舶使。李宗勉卒，被免职主管崇禧观。淳祐三年（1243），除侍右郎官，又以濮斗南疏罢，仍主管崇禧观。四年（1244）秋，杜范、范钟并相，除江东提刑，人称良吏。同年十一月，除将作监。十二月，改直华文阁。六年（1246），除太府少卿。同年八月，理宗召对，赐同进士出身。七年（1247），历除宗正少卿，直龙图阁知漳州。未赴任，又除秘阁修撰福建提刑。十二年（1252）正月，除右文殿修机，知建宁府兼福建转运副使。后又被罢职，提举明道宫。景定元年（1260），贾似道再度为相，举荐克庄入朝，任兵部侍郎兼中书舍人、直学士院、史馆同修撰等职。三年（1262）三月，除权工部尚书，又兼侍读，特除宝章图学士知建宁府。同年九月，以宝章阁学士致仕。卒，谥文定。

刘克庄著述等身，有《后村先生大全集》等，其中有诗共5000多首，词200多首，《诗话》4集及许多散文。其作品体裁多样，题材广泛，思想内容也是多方面的。总的说来，刘克庄诗学晚唐，为江湖派最大诗人，性情豪放，在国难当头之际，怀抱恢复中原的凌云壮志。词虽然也有一些纤细婉丽之作，但他更受辛弃疾影响，雄迈犷放，多感慨时事之作，主张坚决抗金，抒发个人抱负无法施展的愤懑，关心民族命运以及同情民生疾苦的作品，最为人传涌，成就也最高。

刘克庄的藏书情况，虽少有记载，但其叔刘弥邵、弟刘克永均为文献所载的藏书家，可见刘氏家藏甚为丰富。

45. 宋慈

宋慈（1188—1251，一作1186—1249），字惠父，建阳童游里人。南宋开禧元年（1205），赴临安，入太学肄业，深得太学博士、著名理学家真德秀的赏识，遂拜其为师。嘉定十年（1217），举进士。授浙江鄞县尉官，因父丧而未赴任。宝庆二年（1226），出任江西信丰县主簿，从此正式踏上了仕宦生涯。任满，江西提点刑狱使叶宰聘宋慈为幕僚。绍定四年（1232），举为福建长汀知县。端平三年（1236年），同知枢密使魏了翁聘宋慈为幕僚。嘉熙元年（1237），调福建邵武军通判，代理太守职务。二年（1238），再调南剑州通判。三年（1239），提点广东刑狱。刚上任就发现所属官员多不履行职责，有拘押数年的案犯，都未理清曲直。于是制订办案规约，责令所属官员限期执行，仅8个月内，审理积案二百余起。四年（1240），移任江西提点刑狱兼赣州知县。淳祐元年（1241），知常州军事。淳祐五年（1245），转任常州知州。任满，转任广西提点刑狱，巡行各部，雪冤禁暴，虽偏僻恶溺处所，亦必亲往视察。七年（1247），升直秘阁、提点湖南刑狱并兼大使行府参议官。八年（1248），进直宝谟阁奉使四路，皆司皋事。九年（1249），再升焕章阁直学士，出知广州，官至广东经略安抚使。卒于广州，归葬于建阳县崇雒里（今崇雒乡）建阳宋氏祖居地昌茂村。宋理宗为了表彰宋慈的丰功伟绩，特赠其为"朝议大夫"，并亲自为其书写墓门，凭吊宋慈功绩卓著的一生。其挚友宋代著名文学家刘克庄则题写《墓志铭》称赞："听讼清明，决事刚果，抚善良甚恩，临豪猾甚威。属部官吏，以至穷间委巷，深山幽谷之民，咸若有一宋提刑之临其前。"[①]

宋慈在二十余年的官宦生涯中，先后四次担任高级刑法官，自始至终，清正廉明，勤政奉公，洗冤明断，决事刚果。在任湖南提刑期间，著《洗冤集录》一书，内容丰富，科学缜密，汇集了我国宋代以前的法医学知识，凝聚了作者一生的断案经验与刑法思想，不仅是中国，而且是世界上第一部法医学专著。该书颁行以后，成了我国元、明、清三代刑法官员检验尸体、判断案情、论罪科刑的必备办案指南，后世许多法医学著作，也大多以此为蓝本，奉为圭臬。又陆续被译成法、英、荷兰、德、朝、日、俄等国文字，对世界法医学的发展具有奠基开拓之功与重大贡献。因此，宋慈被誉为世界法医学之父。

关于宋慈的藏书，刘克庄《宋经略墓志铭》曾提及："公（宋慈）博记览，善辞令……性无他嗜，惟善收异书名帖……萧然终身。晚尤谦挹，扁其室曰'自

---

① （宋）刘克庄：《后村先生大全集》卷一百五十九《宋经略》，《四部丛刊初编》本，第8页上。

牧'。"① 据此知宋慈家藏异书名帖，室名"自牧"。

46. 方峻

方峻，生卒年不详，字景通，莆田人。"金紫六桂方氏"方廷范后裔。始居陈岩山，后迁白杜，即今天的历史文化名城镇荔城区西天尾镇溪白村白杜自然村。传三世至金紫公，白杜之方开始昌盛。方峻自小读书识字，嗜书成癖。宋天圣八年（1030），王拱辰榜进士。初官润州（今属江苏）。天圣末（1031），为建安（今福建建瓯）主簿。景祐初（1034），试秘书郎，福州左司理参军。皇祐中，以太常博士知句容县。嘉祐中，请老，分司南京。晚以讲学为业，门徒甚众。居于家，榜其家曰"植德堂"，堂之南曰"小隐"。书堂名显一时，吸引众多名家前来授课，如蔡襄、程颐等。"植德堂"培养了方峤、方士宁、方子容等一大批历史文化名人。方峻曾凿有六角四门井，今井尚存。当年井水清澈，方峻教育子孙，愿子孙居官清如此水。方峻卒后，理学家程颐状其行，翰林学士范祖禹撰《神道碑》，苏轼为其书写《神道碑》额。与弟方峤同赠金紫光禄大夫，世称"白杜二金紫"。

方峻是宋代著名的藏书家，家富藏书，史称"白杜方氏万卷楼"，为宋代著名藏书楼之一。据说"白杜方氏万卷楼"总计藏书约在五万卷以上，郑樵也曾往"白杜方氏万卷楼"阅读所藏之典籍。此外，方峻及其后人还在祖传的基础上，极力搜罗历代古器物以及唐宋著名字画。方峻特别重视教育，一家父子四进士。莆田民间流传的"白杜方氏七对兄弟登第、祖孙八代科甲"和"父子兄弟同朝为官"等佳话，即真实反映了当年白杜"植德堂"及"万卷楼"在历史上创造的辉煌。

47. 方峤

方峤，生卒年不详，字次山。莆田人。方廷范后裔，方衡子，方峻弟。宋景祐元年（1034）进士。初授平阳（今属浙江）县尉，改福州司理参军。有政绩，迁秘书省著作郎，知山阴（今属山西）县。移知循州（今属广东），改秘书丞，迁太常博士。嘉祐三年至四年（1058—1059），知潮州。潮州与循州相邻，民知峤治行，称之为"循州方君也"，不教而服，两州皆为立祠，潮州配以韩

---

① （宋）刘克庄：《后村先生大全集》卷一百六十一《琼州户录方君》，《四部丛刊初编》本，第8页下、9页上。

愈祠之。改屯田员外郎，通判淄（今山东淄博）、潍（今山东潍坊）二州，迁都官员外郎。权知密州（今山东诸城）。英宗即位，改职方员外郎。元丰元年至三年（1078—1080），知汀州（今属龙岩）。迁屯田都官郎中，提点江浙、荆湖，移江西提点刑狱。迁司封郎中，改太常少卿。因疾求散职，得分司南京。不久致仕，作"浩然堂"以藏书。与兄方峻同赠金紫光禄大夫，世称"白杜二金紫""大小金紫方氏"。

48. 方子容

方子容，生卒年不详，方峻第四子，字南圭。莆田人。生有异质，素行清慎，嗜书如命，处事识大体，慷慨有志。擢皇祐五年（1054）甲科，历守惠州、福州节度推官，终朝请大夫，赠通奉大夫。知惠州时，与被贬惠州的苏轼相处甚好，捐俸助苏轼筑白鹤新居。还邀请知循州周彦质一起前往祝贺。苏轼喜撰《次韵二守许过新居》《又次韵二守同访新居》二诗。刘克庄《后村先生大全集》云："坡公（苏东坡）贬惠州，南圭为守，相处甚欢。方氏书画多经坡公题品。或为书佛经，或为书史传，往还简帖尤多。其家旧有'万卷楼'，所收坡公遗墨至四百余纸，后羽化略尽。墨林仅有写《心经》及《左传》三数手简十四幅而已……坡帖虽散，其族人往往有珍藏者，墨林亦族也。又，坡公手点《汉书》，见在方南圭族孙长溪宰之泰处。"[①] 著有《南圭诗集》。

49. 方略

方略，生卒年不详，字作谋，方子容孙。莆田人。崇宁五年（1106）进士，提举广东常平。宣和初（1119），以不附燕云之议忤王黼，贬知琼州。后累迁修书局，官至广东转运副使。宋人李俊甫《莆阳比事》于"楼名万卷"条下注："方略宦达后，所至专访文籍，民间有奇书，必捐金帛求之，家藏书至一千百筒，作万卷楼储之。尝语从弟正字耆曰：'次云才性不出户，十年可移吾书入肝膈矣。'耆自登第后，不涉仕途，读之十六年而后毕。"[②] 可见方略家富藏书，为当时藏书大家，还自编《万卷楼书目》一卷，著录了白杜方氏之所藏。

---

① （宋）刘克庄：《后村先生大全集》卷一百零四《苏文忠公》，《四部丛刊初编》本，第5页下、6页下。

② （宋）李俊甫：《莆阳比事》卷六，清嘉庆年间《宛委别藏》本，第15页下。

50. 方审权

方审权（1180—1264），字立之，号听蛙。莆田人。白杜金紫光禄大夫方峤玄孙。峤乃藏书家方峻胞弟，亦多藏书。其父，以诗闻名，有《真窨翁集》。莆田方氏代有藏书好学之风，族祖方峻、方子容、方略、方渐、方崧卿等，均以藏书知名。方审权博古通今，父子皆能诗，与王迈、方蒙仲、刘克庄友善。性好吟咏，平生志业，率于诗发之。及宦游归，慨然罢举，环所居有田若干亩，以藏书、读书自娱。刘克庄《方隐君墓志铭》云："数百年文献故家……家有善和之书，东岗之陂汾曲田。君（方审权）曰：'吾读此、耕此，足了一生矣'……君超遥事外，有以自乐。"①《兴化府莆田县志》亦云："其（方审权）先世积书甚富，环所居有田若干亩。"②有《真窨》《听蛙》二集。方审权喜收藏，富法书、古帖，有苏轼、张齐贤、黄庭坚、米芾、魏了翁等人墨宝，其中有不少刘克庄写的题跋。如刘克庄《跋听蛙方氏藏赵清献公帖》云："清献公世号铁面，观其于小金紫公四帖，情词缜密如此……帖中如榷废酤一节，宜清献之心服也。"③又《跋余襄公帖》云："小金紫公仕于仁皇朝，所交游皆天下第一流人，余襄公亦其一也。予从公之四世孙审权借观诸帖，仅见十数公真迹。闻韩魏公、庞颖公诸老尺牍，尚多散在族中，法当裒聚入石，名曰《方氏帖》。"④

51. 方淙

方淙，生卒年不详，字伯宗，一字伯淙。兴化军莆田县人。颖敏好学，性喜聚书，家中建有藏书阁，藏书甚富。宋嘉泰二年（1202），擢壬戌科进士，授鄱阳县尉，试秘书省校书。历知漳州，转广东经略使，官朝奉大夫，焕章阁直学士。绍定五年（1232），知泉州，丐祠归。卒，赠太中大夫。

52. 方楷

方楷，生卒年不详，字敬则，号一轩。莆田县人。方淙子。家藏法书真迹

---

① （宋）刘克庄：《后村先生大全集》卷一百六十一《方隐君墓志铭》，《四部丛刊初编》本，第16页。

② （清）林扬祖纂：《兴化府莆田县志》卷二十二，据原稿本抄本，1962年，第5页上。

③ （宋）刘克庄：《后村先生大全集》卷一百零二，《四部丛刊初编》本，第6页上。

④ 同上，第6页下、7页上。

六百余卷，刘克庄曾为之作跋，凡四十。刘克庄《跋好一集录》云：

> 方君敬则妙年被服儒雅，凡世间贵介公子裘马剑射、椠棋声色之事，率皆不好。惟酷嗜古文奇字，间有一善碑、一真迹，必高价访求，不得不止。所收为吾里故家之冠，而北碑尤多。自《石鼓》《峄山》《诅楚》，至隋唐残碣断刻，一一装饰而笈藏之，积至六百余卷，日增而未已也。①

方楷著有《好一集录》《好一纪闻》。

53. 方翥

方翥，生卒年不详，字次云，方略从弟。"自登第后，不涉仕途。读之十六年而后毕。"② 后官至秘书省正字。翥承家风，喜积书，遇书贾有奇书秘籍，必先造其庐求之。与邑人林光朝、黄公度、陈俊卿、郑厚、郑厚友善，常切磋学问，诗书互答不绝。朱文公过莆，谒见方翥，惊叹其论说，竟不能寐。刘克庄《跋竹溪所藏方次云与夹漈帖》云：

> 麟台方公给札时，院吏先送策题。却之曰："何待我之浅也"？发策者遂以三国六朝形势战守为问。廋辞僻事，若傲以所不知者，公一挥六千字，条例缕析，如响答声。凡陈寿、王隐、孙盛、习凿齿、沈约、魏收诸书所载，无毫粟漏失，学士大夫读之失惊。入馆未几而去。性高亢，惟友夹漈，善艾轩……以公精博，眼空四海，而犹约艾轩相聚，尽借夹漈新书读之。前辈尚友服善如此！③

方翥儿子景严继承了父亲的学识秉性，"公子景严有父风……景严死，其

---

① （宋）刘克庄：《后村先生大全集》卷一百零五，《四部丛刊初编》本，第16页下、17页上。

② （宋）李俊甫：《莆阳比事》卷六《方略传》，清嘉庆年间《宛委别藏》本，第15页下。

③ （宋）刘克庄：《后村先生大全集》卷一百十《题跋》，《四部丛刊初编》本，第19页下、20页上。

后遂衰"[①]。刘克庄《跋方一轩所藏苏、黄、小米帖》云：

> 吾里收书画家有数，昔惟城南蔡氏、万卷楼方氏，后有藏六堂李氏、云庄方氏。然尤物在天地间聚散，来去不常，藏六、云庄之所收者，往城南万卷旧物也。俯仰未三十年，眼中所见书画，凡几易主。昔藏百千轴者，今或无片纸，而锦囊牙签，萃见于墨林方氏、上塘郑氏、寿峰方氏，则又皆藏六、云庄之散逸流落者也。墨林、寿峰皆万卷楼之族，书画入族人手，犹子孙也。[②]

由此可见，因景严之后，家道逐渐衰败，金紫方氏数十代倾心相守的万卷藏书数也屡遭劫难，其藏书及名画古董，也大多散落藏六堂、云庄方氏、墨林方氏、寿峰方氏等族人手里。

54. 吴叔告

吴叔告（1193—1265），字君谋，莆田县人。宋端平二年（1235），乙未科一甲第一名进士。初授五经考官，学博才优，深受理宗器重。未及一年，特命为校书郎，兼国史院编修官、实录院检讨官。嘉熙二年（1238），封礼部郎官。三年（1239），授秘书郎。四年（1240）五月，差考公试，迁著作佐郎兼权都官郎官。四年（1240）十月，以双亲年老为由，请求到地方任官，任抚州（今属江西）知州。任间，政绩卓著。为官清正，独善其身，世人皆知。不久，被召回京师，授刑部侍郎。因不善迎合朝中权贵，且直言不讳，遭受中外权奸攻击，被贬一秩。淳祐三年（1243），官复原职。六年（1247），差任袁州（今属江西萍乡）知州。后再拜刑部侍郎。又先后被调任为漳、衡、常三州知州，改任严州（今属浙江建德）。景定二年（1261），复召回京师，授礼部右郎官，继而任左郎官。三年（1262），升为宝漠阁待制，提举浙西平章事。四年（1263），拜为大理寺少卿、尚书左郎官。晚年乞请引退，祈免得请，归装萧然，欣然回归故里。居官极重兴教，收徒讲学，弟子多有成就。

---

① （宋）刘克庄：《后村先生大全集》卷一百十《题跋》，《四部丛刊初编》本，第19页下、20页上。

② 同上，卷一百零五，第7页下、8页上。

卒谥文忠。

吴叔告归田后，在家乡筑书楼于文光岭，名曰"叔告书楼"，收藏天文、历算等书籍数千册。其著述颇多，有《秋畦集》等，已佚。《全宋诗》卷三千一百一十七录其诗 1 首，《全宋文》卷七千七百二十五收有其文，《莆风清籁集》卷六亦存其诗 1 首。刘克庄《后村先生大全集》卷一百六十四《吴君谋少卿墓志铭》，记载了吴叔告的生平事迹。

《兰陔诗话》云：吴叔告"文忠性狷介，落落寡合，为真西山、王瞿轩二公所器重。归田后，筑书楼文光岭。著述颇多，遗集元时已散失，其裔孙亦轩缀拾重锓，今亦不传"[①]。可知吴叔告有书楼于文光岭，且著述颇多，惜今已散佚不传。

55. 李丑父

李丑父（1194—1267），初名钢，字汝励，又字艮翁，号亭山。莆田县人。幼颖悟，读书迎刃而解。善属文，出语辄惊人。刘克庄、王迈、方大琮见大奇之。宋端平二年（1235），擢乙未科进士，调邵武司户参军。后历浙西节制司准遣。淳祐九年（1249），除刑工架阁。十年（1250），充省试检点官，迁太学正博士兼沂王府教授。其时，始改名丑父，字艮翁。以台疏罢。后添差通判福州，摄福州府教授，受到士民欢迎，兼任领学事。移建宁府通判，就摄建宁府事。宝祐五年（1257），迁诸王宫教授，又以论罢归。居亭山，因以自号。景定元年（1260），予崇禧祠。二年（1261），以太府寺丞召，除秘书郎，添差淮东致使参议官。三年（1262），擢著作佐郎兼景献府教授。四年（1263），迁著作郎兼权礼部郎官。南宫对札，皆切中时弊，理宗悉嘉纳之，提为湖南提举。居官处事，不以聪明为先，而以尽心为急，故论对、奏疏俱切时弊。既有才而又谦逊，实至名归，故犹受别人尊重。如明代王应山撰《闽大记》，论及李丑父诸名贤时云："予自有知识，每羡汲长儒魏郑公之为人也。士大夫释褐登朝，所务砥砺名检，匡济时艰，希世取容，妇寺奚殊哉？宋室中微，权倖用事，布列中外，能为有无，亦不乏贤。予故表著之。"[②]著有《亭山集》。

---

① （清）郑王臣：《莆风清籁集》卷六，《四库全书存目丛书》本，齐鲁书社，1997 年，第 357 页。

② 卷三十一，明万历十年（1582）修抄本，第 8 页下。

李丑父性喜读书，家中藏书甚富，著有《亭山集》等。刘克庄曾撰《朝中措》词贺《艮翁生日云》："受持鼻祖五千言，留得谷神存。伴我赋诗茅屋，饶渠待诏金门。此翁岁晚，有书充栋，有酒盈樽。君看多花早落，孰如仙李蟠根。"① 据此可知，李丑父晚年，家中"有书充栋"，当在万卷以上。

56. 方采

方采（1197—1256），字采伯。莆田县人。幼已早惠，侍伯父所得龚、陈二家之文献，耳目濡染，历历记忆。及长，娶吏部侍郎刘弥正之女为妻，为刘克庄妹夫。刘克庄《妹夫方采伯》他："倜傥好事，精博罕伦。异书抄毕，旧事广询。画苑之秘，文房之珍。端岩歙溪，汉洗古镎。金石所刻，诅楚颂秦。下逮晋广，本朝名臣。寸纸单字，收拾补纫。孰拙孰工？孰赝孰真？募以金帛，阗以袭巾。"②

刘克庄《方采伯墓志铭》又曰：

> 君事尊老孝谨，处朋侪谦悊，与伉俪相宾敬，终其身不改度。常以书卷自熏沐，翰墨自陶写。有园数亩，亭榭草木，蓬窗棐几，而坟籍备焉。拳石勺水，而仁智寓焉……君萧散而博雅，于器自先秦至历代古物，于书自南北金石至竹帛奇迹，于画自顾陆至唐宋诸名手，皆究极端绪，监定品目，不差毫发。他人藏者，率真赝妍丑参半，君所蓄匜洗镎罍，章草行楷，丹青绢素，物物精妙，皆可宝惜。手自记录，付怀曰"世守之"，其笃好如此。尝汇累朝宸翰及名臣遗墨十卷，号《墨林帖》。未刊者，末二卷。③

57. 郑起

郑起（1199—1262），初名震，字叔起，号菊山，学者称"菊山先生"。连江人。为郑思肖生父。郑起少试礼部，不第，遂弃举子业，潜心穷理尽性之学。

---

① （宋）刘克庄：《后村长短句》卷五，民国年间朱祖谋辑刻《彊村丛书》本，第14页上。
② （宋）刘克庄：《后村先生大全集》卷一百三十九《祭文》，《四部丛刊初编》本，第6页下、7页上。
③ 同上，卷一百五十七《墓志铭》，第1—2页。

宋嘉定十三年（1220），出游临安，朝中辅政大臣慕其名，荐其为官，婉辞不就。淳祐七年（1247 年），郑起闻奸臣郑清之再任宰相，愤然登门，历数其罪，被执入狱。次日，京兆尹赵与筹暗中释放。中年迁居杭州西湖长桥，题"水南半隐"于庐额。后又迁吴门，学行日著。曾经在诸暨、萧山主持教学，又主"和静""安定"两个书院。

郑起一生，为人方直严毅，束躬修行言动，皆有法度。《[民国]福建通志》卷三十四《郑起传》说他："家不蓄银器及图画玩好，惟聚古今书数千卷，披读不倦。"① 著有《易注》《菊山清隽集》《倦游稿》《易六十卦》等。

58. 刘克永

刘克永（1207—1262），字子修，莆田县人。刘克庄弟，布衣。刘克永自幼聪颖，既入小学，诵诗能了其义。长益勤奋自励，发其毫芒于文字皆有光怪，视荣利如恶臭。然郡试辄不利，挫于场屋，因慨然废举，退而求志。于是在所居之西辟一小斋，斋中藏书如山，日夕卧起枕籍于斋中。除书之外，别无长物。著有诗集《刻楮集》。刘克庄《刻楮集序》："吾家季子《刻楮集》，仅二百首，然皆超诣，短句稀章，贤于他人巨篇累韵。其尤高者，如岐山凤，旷代一鸣，不常闻也；优钵昙花，浩劫一开，不数见也。可谓有雅人之高致，极诗家之能事矣。"② 刘克庄悼《六二弟》又曰："长益勤苦，即所居西偏辟小斋，空无他物，拥书如山，卧起枕籍之间……君读书会意趣，辄笔于简，又集录古今文章，凡十数巨帙，藏于家。"③

59. 陈嘉言

陈嘉言（1229—1299），字帝俞。怀安（今福州）人。宋咸淳七年（1271），辛未科乙榜进士。授建州司户，以五经教授建州弟子，从学者甚众，达数百人。当蒙古铁骑不断入侵之际，朝廷下诏，召有学识之士入京献计献策。陈嘉言应召，所献十策中有"乞援襄阳"一条。景炎元年（1276），元兵入建州，他归

---

① 李厚基修，陈衍等纂；郑贞文续修，魏应麒续纂：《[民国]福建通志》卷三十四《郑起传》，民国二十七年（1938）刻本，第 56 页上。

② （宋）刘克庄：《后村先生大全集》卷九十六，《四部丛刊初编》本，第 12 页下。

③ 同上，卷一百六十，第 2—3 页。

隐福州，在家乡台屿村，建"钟丘园"，辟"书隐堂"，研读典籍，勤于著述，人称"书隐先生"。《福建通志》载：陈嘉言"性喜读书……归福州，筑'书隐堂'于斗门山，聚书数万卷，诵习之。"[①] 著有《书隐子》三卷、《其言本于大雄氏钦天考》二十卷、《六朝史通》六十卷。

60. 陈元善

陈元善，生卒年、字号均不详。建安人。宋开庆元年（1259）进士。清陆心源《仪顾堂跋·续跋》卷十一载："《宋椠启札截江纲跋》，前有岁在乙未正月元旦前进士陈元善序，下有颖川二字鼎印，建阳陈氏方印……"[②] 可知，陈元善有一枚"建阳陈氏"藏书印。

61. 傅诚

傅诚，生卒年不详，字至叔，自号雪涧闲翁。仙游人。龙图阁待制傅楫之裔孙。幼知读书有隽声，聪慧警敏，颖悟过人。宋淳熙八年（1181），登进士第，初调永春尉。力辩陈介理之冤，与上官忤。因纳告勒于宪台，求去。介理卒，其冤得直。庆元元年（1195），邑人工部侍郎兼侍讲黄艾，旨使北，充金国正使，状诚有守，奏请宁宗辟以行，凡表奏之类，悉以委傅诚。出使还，任广东监干，改知青阳县（今属安徽），寻除提辖文思院。开禧三年（1207），参政张岩开督府于京口，奏辟戴溪与傅诚同幕，凡有著述，皆出其手。嘉定初（1208），迁太常博士。真德秀时为正字，每数日辄相过，谈论古今事，移晷方去。官至司封郎中。

傅诚"生平自读书外，无他嗜好，所与语者，悉皆好学清介之士。性甘守淡，俸入悉以置书"[③]。因此，所藏甚富。尝在邑之月峰山下筑月山书院，竟日读书其院。《全闽诗话》卷五载：

> 月峰山上有仙岩，岁旱祷之，宋傅诚筑月山书院其下。王迈诗："山下

---

① 李厚基修，陈衍等纂，郑贞文续修，魏应麒续纂：《福建通志》卷三十四《陈嘉言传》，民国二十七年（1938）刻本，第21页下。

② （清）陆心源：《仪顾堂跋·续跋》卷十一，中华书局，1990年，第325页。

③ （清）叶和侃等纂：《[乾隆]仙游县志》卷三十八《儒林传》，清同治十二年（1873）吴森重刻本，第3页上。

闻书声，胜似听丝竹。山中嚼书味，胜似饱梁肉。丝竹无趣空有音，梁肉悦口不悦心。月山主人真好事，积书连屋床横琴。直面青天垂阔野，满怀月色娱良夜。群儿诵书鸾鹤鸣，卧而听之神思清。人间乐事天所惜，月山之乐为第一。我看群儿个个奇，腰斤行斫月中枝。伊渠来作月山客，未肯轻和月山诗。"[1]

据此得知，傅诚曾筑月山书院于月峰山上的仙岩下，颇多藏书。有《云泉霜林遗稿》存世。

62. 黄绩

黄绩，生卒年不详，字德远。莆田县人。少凝重，稍长力学，弃举子业，慨然有求道之志。喜读书，嗜聚书，穷经究史。始游淮、浙，偏参当世名儒。中年还里，闻陈宓、潘柄从黄榦得朱子之学，遂师事之。与同志十余人集陈氏仰止堂，旬日一讲。宓、柄卒，黄绩"遂率同门友，筑东湖书堂于郡之望仙门外东畔，而请田于官，春秋祀焉。读约聚讲，如二师在时。及绩卒，绩之子仲元推广先志，崇奉尤谨"[2]。黄绩以布衣为乡先生者，垂三十年，郡之名儒，门人著录以数百计，后为涵江书院山长。有"独不惧"斋，刘克庄为之记。著有《四书遗说》等。《福建通志》云：黄仲元"少刻志读濂洛、关闽及父绩所传潘陈二家书……绩撰《近思录义类》未脱稿，仲元日夕删补"[3]。知黄绩有潘、陈二家书传后。

63. 李纲

李纲（1083—1140），字伯纪，号梁溪，邵武人，李夔子。宋政和二年（1113），登进士第。宋钦宗时，授兵部侍郎、尚书右丞。靖康元年（1126），金兵入侵汴京时，任京城四壁守御使，团结军民，击退金兵。但不久即被投降派所排斥。宋高宗即位初，一度起用为相，曾力图革新内政。建炎元年（1127）

---

① （清）郑方坤编：《全闽诗话》卷五《王迈》，影印《文渊阁四库全书》本，第189页。

② （明）黄仲昭：《八闽通志》卷四十五《学校篇》，明弘治三年（1490）刻本，第26页上。

③ 李厚基修，陈衍等纂；郑贞文续修，魏应麒续纂：《福建通志》总卷三十八《黄仲元传》，民国二十七年（1938）刻本，第18页下。

十月八日，受殿中侍御史张浚弹劾，罢观文殿大学士，仍留提举洞霄宫之职，居住鄂州，仅七十七天即遭罢相。二年（1128）十月间，朝廷命其移往澧州（今湖南澧县）。又被贬谪万安军（今海南万宁）。三年（1129）十一月二十五日，李纲与子李宗之南渡琼州，二十九日被赦放还。四年（1130），李纲隐居泰宁丹霞岩。绍兴二年（1132），李纲出任观文殿学士、湖广宣抚使兼知潭州。绍兴九年（1139）正月，宋金议和，高宗欲再起李纲为知潭州、荆湖南路安抚大使，他力辞不受。仅带观文殿大学士、提举临安府洞霄宫之衔归居福州。逝后，追赠少师。淳熙十六年（1189），特赠陇西郡开国公，谥"忠定"。

李纲能诗文，写有不少爱国篇章。亦能词，其咏史之作，形象鲜明生动，风格沉雄劲健。著有《梁溪先生文集》《靖康传信录》《梁溪词》等。《四库全书总目》评其诗文："雄深雅健，磊落光明，非寻常文士所及"。李纲还是北宋时代第一个最突出用词来反映爱国题材的词人，他的爱国词篇最为出色、最为后人所传诵，并为后来的张元幹、辛弃疾等人起了开先河的作用。

李纲《梁溪集》自云："架青松以障日，植翠竹以来风，饰曲栏以为花卉之囿，埋小盆以为芰荷之池。地之坳垤者与之破阙者，墙壁楯槛之漫漶者，皆以人绩加之。不数日焕然一新，于是易其旧而名之曰'寓轩'……尝试晨起而坐于轩上，取佛菩萨语而观之，否则取经史百家而参订之。"[1] 又曰："梁溪寝室之侧有小轩焉，以为燕居食息之所。竹书葱茏鸣禽，上下窗明几净，清风徐来，梁溪欣然悦之，因名之曰'拙轩'……独拙参订群书务贪奇，祗可自娱古今之变。"[2] 可见，李纲藏有经史百家书，亦是一位藏书大家。

64. 李东

李东，生卒年不详，字子贤，号精敏，邵武人。李夔之曾孙，李纲之族孙。宋绍熙年间（1190—1194），登进士第，先为庐陵簿，后迁知万安县。性喜聚书，又承祖传，搜罗颇丰，皮藏珍稀。"宣和五年（1123），三馆参校，李东进书一百六十二卷，补迪功郎。"[3] 可知李东曾于宣和五年（1123），响应朝庭号召，

---

① （宋）李纲：《梁溪集》卷一百三十二《寓轩记》，影印《文渊阁四库全书》本，第529页。
② 同上，卷一百三十二《拙轩记》，第530页。
③ （宋）袁氏：《枫窗小牍》卷下，影印《文渊阁四库全书》本，第224页。

进呈所藏图书一百六十二卷，与三馆参校，被赐召为补迪功郎。

65. 廖莹中

廖莹中，生卒年不详，字群玉，号药洲，邵武人。少有隽才，文章古雅。登进士，授太府丞、知州，皆不赴。只愿为贾似道门客。似道赐第葛岭，吏抱文书第就署，大小朝政一切决于莹中。贾似道专权误国，廖亦遭国人唾骂，遂醉心于刻书、藏书之业。家有"悦生堂"为藏书之所，"尝于西湖滨建世绛堂、在勤堂"①，专以刻书。咸淳（1265—1274）间，雇工翻刻《淳化阁帖》《绛帖》，皆逼真。又与贾似道选十三朝国史、会要、诸子杂说等，例为百卷，名《悦生堂随抄》。所刻之书，以油墨和杂泥并用金香麝调和后，纸宝墨光，赏心悦目，世为善本。与赵淇、韩醇、陈起、岳珂、余仁仲、汪纲并称宋代著名的七大刻书家之一。似道还越待罪，莹中相从不舍，一夕与似道相对痛饮，悲歌雨泣，归舍不复寝，命爱姬煎茶以进，自于笈中取冰脑服之而毙。

清叶昌炽《藏书纪事诗》卷一为其诗云："狎客平津惯呓痈，九经新造墨光浓。冰山一样销天水，留得人间曲脚封。"②《研北杂志》载："韩侂胄阅古堂图书皆出，向若水鉴定，此亦贾似道之廖莹中也。"③《癸辛杂识·后集》又曰："贾师宪自选十三朝国史要会。诸杂说之会者，如曾慥类说，例为百卷，名《悦生堂随抄》，板成未及印，其书遂不传。其所援引，多奇书。廖群玉诸书，则始开景福华编，备载江上之功，事虽夸而文可采，江子远、李祥父诸公皆有跋。《九经》本最佳，凡以数十种比较，百余人校正而后成。以抚州萆抄纸、油烟墨印造，其装褫至以泥金为签。然或者惜其删落诸经注为可惜耳，反不若韩、柳文为精妙。又有《三礼》节、《左传》节、诸史要略及建宁所开文选诸书，其后又欲开手节《十三经注疏》，姚氏注《战国策》、注坡诗，皆未及入梓，而国事异矣。"④廖莹中世绛堂所刻《九经》及《韩柳文》，仍可见于后世之公私家藏书志。《钦定天禄琳琅书目》卷一《春秋经传集解》条云："此书每卷末有木记，曰'世绛堂廖氏

---

① （清）陆心源：《宋史翼》卷四十，中华书局，1991 年，第 432 页。

② 上海古籍出版社，1989 年，第 69 页。

③ （元）陆友：《研北杂志》卷下，《丛书集成初编》本，中华书局，1991 年，第 31 页。

④ （宋）周密撰，吴企明点校：《癸辛杂识后集·贾廖刊书》，中华书局，1988 年，第 84 页。

刻梓家塾',为长方、椭圆、亚字诸式,具篆文,八分。"①其《后编》续卷八《论语》条又云:"每卷末有盱郡重刊廖氏善本方印,或亚字形,廖氏即廖莹中,世所传世綵堂最为佳刻也。"②《后编》续卷八《孟子》条云:"每卷末亦有盱郡重刊廖氏善本各种印"。③清人莫友芝《宋元旧本书经眼录》卷一"宋世綵堂本韩昌黎集五十一卷"条云:"相传明'东雅堂'翻刻廖氏'世彩堂'韩文,一仍旧式,而不著其所从来。今观此本,信然。每叶中缝下截,悉有'世綵堂'字,徐氏悉以'东雅堂'易之。传目后有'世綵堂廖氏刻梓家塾'篆字木印,徐氏各卷尾亦仿之。此初印本,纸墨精好,字体在欧、褚间,徐氏犹未能毕肖也。"④清人丁日昌《持静斋书目》卷四《韩昌黎集》四十卷《外集》十卷条下云:"宋廖莹中'世綵堂'精刊本,世所传东雅堂即据此覆刊者,亦属善本。对此便奄奄无生气,每卷尾皆有世綵堂廖氏刊梓,家塾篆书木记徐氏翻板时始改为东雅堂。盖鄙廖莹中之为人也,然廖虽贾似道门客,而嗜好书籍,广刊经史,亦微可节取。相传其刊书时,用墨皆杂泥金香麝为之,此本为当时初印,字一律皆虞、欧体,纸宝墨光,醉心悦目。况藏经六、七百年而展卷如新手,若未触。真大壤间第一秘宝也。"⑤民国十二年(1923)上海蟫隐庐曾据世彩堂本韩柳二集影印流传。廖莹中刻书事迹,久闻大名,而藏书情形,虽大都语焉不详,但从所刻之书,"其所援引,多奇书"与"凡以数十种比较,百余人校正而后成"等,足见其藏书之富。

66. 林霆

林霆,生卒年不详,字时隐。莆田县人。与郑樵为金石交,林光朝尝师之。北宋政和五年(1115),进士及第。调任乌江(今属江苏)丞。乌江有河,年久荒芜,权贵开垦为自家田地。林霆将田收公,并疏浚河道,灌溉田地数十顷,使得庄稼大丰收,百姓建祠感激。靖康初,从父林冲之被命与陈过庭出使金国,林霆三次上奏请求代父使金。不报,于是辞官归故里。绍兴中,秦桧因与林霆有庠序(太学)之旧,召为详定司敕令所删定官。林霆反对绍兴和议,拒不

---

① 上海古籍出版社,2007 年,第 7 页。
② 清光绪十年(1884)长沙王氏刻本,第 1 页下。
③ 同上,第 2 页上。
④ 清同治年间刻本,第 29—30 页。
⑤ 商务印书馆,2005 年,第 194 页。

受官。秦桧大怒，要将其流放边疆。未成，桧死。转承议郎，通判衢州（今属浙江），迁湖州（今属浙江）。末几，以二寡姊年垂八十，不欲远宦，告老而归，为时论所尊。卒年69岁，尊称为忠义林氏。林霆躬行仁义，清正廉明，博学多才，精通象数，得邵雍真传。喜网罗图籍，聚书数千卷，皆手自校雠。《宋史·郑樵传》附云："同郡林霆……博学深象数，与樵为金石交。林光朝尝师事之。聚书数千卷，皆自校雠，谓子孙曰：'吾为汝曹获良产矣'。"[1] 可见其藏书之富。

67. 林光世

林光世，生卒年不详，字逢圣，号水村。莆田县人，林霆曾孙。宋淳祐十一年（1251），以《易》学召赴朝廷，充秘书省检校文字。十二年（1252），教授常州（今属江苏）。宝祐二年（1254），拜迪功郎，添差江西提举司干办公事。官至直秘阁。六年（1258），任潮州（今属广东）知州，有政绩。开庆元年（1259），主持修建潮州广济桥。同年，召为都官郎官。景定二年（1261），特赐同进士出身。以朝请大夫直秘阁，任隆兴府（今属江西）知府。未上，言者劾，寝新命。归莆后，即家作忠爱堂，建水村堂，与刘克庄诗酒以娱。著有《水村易镜》《景定嘉言》等。

林光世通经尤好《易》，因测观天文，领悟到天、泽、火、雷、风、水、山、地八官之星，即是自然有六十四卦，遂以星配卦，用星图诠释经义。《水村易镜序》云："家学渊源，编览藏书，因《易》十三卦，取法乾象者，著为图说，名曰《易镜》。淮东漕黄汉章上其书于朝，理宗览而惊异，以为先儒所未发。命有司以礼津遣赴阙，由布衣授史馆检阅，迁校勘，历将作丞，知潮州，数迁得提举浙东常平茶盐。景定初，进《嘉言》三十篇，赐进士出身，官至朝请大夫、直秘阁。"[2] 知林光世家有藏书，并因此由布衣授官。

68. 林伸

林伸，生卒年不详，字伸之，林披之从孙。莆田县人。宋嘉祐二年（1057）进士，官至朝奉郎。熙宁八年（1075），任永静幕官，后为都水使，官终朝奉郎。著有《春秋三传正经》《东轩文集》等。

---

[1]　中华书局，1977年，第12944页。

[2]　（宋）林光世：《水村易镜序》，清同治十二年（1873）粤东书局刻本。

林伸为人大度，若亲朋好友不济，总能慷慨解囊。居官手不释卷，尤好聚书，闻朋旧得异书，必转借抄录。遇有善本，不惜重金购买，官俸所入，多用于买书，蓄书千卷。《莆阳比事》载："（伸）兄弟七人，其贫不能自给者三，犹子女不啻三十余。伸捐俸入，为三房毕婚嫁。族党窭乏者，悉周之。或曰：'盍为子孙计？'伸曰：'吾蓄书千卷，苟有贤子孙足矣；不贤多财，适为累耳。'"①

69. 林知

林知，生卒年不详，字子默，晋江人。出身官宦世家，年轻时倜傥不羁。曾在晋江灵源庵苦读，腹有万卷诗书，以期求取功名。因对王安石变法心存抵牾之情，屡次应试，皆因针砭讥弹时弊的犀利文才，被主考官视为悖论，均名落孙山。宋熙宁间（1068—1079），尝诣阙，上书论时政，久不报。心灰意冷，在灵源山隐居，笃学志尚。林知"筑室灵源山之巅，人鲜见之……在京时，惠安簿林迥访其书室，题壁间曰：'先生平昔命何非，万卷诗书一布衣。回首长安成底事，吴山苍翠几时归'"②。可见其博通经史，庋藏万卷诗书。

70. 刘僎

刘僎，生卒年字号均不详，建安人。是一位以刻书为业的藏书家。宋宣和甲辰（1124），其子刘麟刊行的《元氏长庆集》云："元微之尤盛名于元和长庆间，观其所论奏，莫不切当时务，诏诰、歌词自成一家，非大手笔，曷臻是哉……仆之先子（刘僎）尤爱其文，常手自抄写，晓夕玩味，称欢不已。盖惜其文之工而传之不久且远也，乃者因阅手泽，悲不自胜。谨募工刊行，庶几元氏之文。"③据此可知，刘僎有手泽传其子刘麟。刘麟就是据其手泽刊行而成《元氏长庆集》。

71. 刘麟

刘麟，生卒年字号均不详，建安人，刘僎子。北宋宣和甲辰（1124），刘麟刊刻《元氏长庆集》，是中唐诗人元稹的文集，乃据其父刘僎的手泽编辑而成。《元

---

① （宋）李俊甫：《莆阳比事》卷六《林伸传》，《续修四库全书》本，上海古籍出版社，2002年，第246页。

② （清）怀荫布修，郭赓武、黄任纂：《[乾隆]泉州府志（三）》卷六十二《宋隐逸》，清光绪八年（1882）补刻本，第4页下。

③ （宋）刘麟：《元氏长庆集·序》，上海古籍出版社，1994年。

氏长庆集序》云："《新唐书艺文志》载其当时君臣所撰著文集篇目甚多……唐人之文亡逸者多矣。元微之尤盛名于元和长庆间，观其所论奏，莫不切当时务，诏诰、歌词自成一家，非大手笔，曷臻是哉！其文虽盛传一时，厥后浸亦不显，唯嗜书者，时时传录，不亦甚可惜乎！仆之先子（刘僎），尤爱其文，常手自抄写，晓夕玩味，称欢不已。盖惜其文之工而传之不久且远也，乃者（刘麟）因阅手泽，悲不自胜，谨募工刊行，庶几元氏之文。"① 其父子二人，均为藏书家矣。

72. 刘学箕

刘学箕，生卒年不详，字习之，自号种春子，家饶池馆，有堂曰"方是闲"，又号方是闲居士。崇安人。七者翁刘珙三子，南宋末武夷山颇负盛名的诗人。生平未仕，但游历颇广。宋嘉泰四年（1204）始返乡。嘉定八年（1215），又游安康（今陕西汉阴）。为文高爽闲雅，得其家传。为诗为词，笔力豪放。刘淮称其"诗麕香山（白居易）之垒，词拍稼轩（辛弃疾）之肩，至若《松江哨遍》，直欲与苏仙争衡真奇作也"②。直伯益称其"文章高爽，词意闲雅，真可追配前作"③。有《方是闲居士小稿》等传世。

刘学箕《菖蒲记》载："余畴昔无所嗜好，少日有书画之癖，中年酷爱书籍，迩日乃玩意于菖蒲。此皆幽人逸士之常态，较之留意他物，岂不万万相辽远哉。昔人之爱石者、爱琴者、爱山水者、爱菊爱莲者、爱竹爱梅者，其标致品格如何？则余之爱书画、爱典籍、爱菖蒲，亦犹是耳，是未可以为冗长。今竹窗松几，朝吟暮坐，列数百轴画，对数千卷书，罗数十斛菖蒲，时开一轴，时读一卷，意倦则徙倚伸欠于菖蒲之间，亦足以乐此生矣。"④ 从所谓的"列数百轴画，对数千卷书，罗数十斛菖蒲，时开一轴，时读一卷"来看，其藏书及各种字画甚多，且生活十分悠闲，不愧为民间一大藏家。

73. 刘仲吉

刘仲吉，生卒年不详，字祖容，建阳人。也是一位以刻书为业的藏书家。

① （宋）刘麟：《元氏长庆集·序》，上海古籍出版社，1994 年。
② （宋）刘学箕：《方是闲居士小稿·序》，影印《文渊阁四库全书》本，第 567 页。
③ 同上，《方是闲居士小稿·跋》，第 620 页。
④ 同上，卷下《菖蒲记》，第 600 页。

宋人周必大《文忠集》卷十五《朝请郎致仕刘君墓志铭》称其："性嗜书，手不释卷。前辈文集，昼夜编纂，或质疑应答。"[①]朱熹在《麻沙刘氏谱谱》卷七《刘祖容像》对其也有"性嗜书史，应答如流"[②]的赞美。

74. 吕夏卿

吕夏卿（1015—1068），字缙叔，晋江人。宋庆历二年（1042），和他的哥哥吕乔卿同榜登进士。调高安簿，又为江宁尉。时朝廷倡修《唐书》，欧阳修推荐吕夏卿参加。皇祐元年（1049），夏卿被任命为编修，参加《新唐书》的编纂工作。《新唐书》告成后，迁直秘阁，同知礼院。嘉祐八年（1063），充史馆检讨。熙宁初（1068），迁兵部员外郎、知制诰，出知颍州。《宋史》卷三百三十一《吕夏卿传》称："夏卿学长于史，贯穿唐事，博采传记杂说数百家，折衷整比。又通谱学，创为世系诸表，于《新唐书》最有功云。"[③]《东都事略》云："（夏卿）闭户读书，亲朋罕见其面……喜聚书，博览强记，而于历代史尤诙洽。"[④]《郡斋读书志》之《吕夏卿兵志》三卷条下云："右皇朝吕夏卿撰"。[⑤]另著有《唐书直笔》四卷、文集五十卷。

75. 南安翁者

南安翁者，生卒年、名、字号均不详。宣和间（1118—1125）累典州郡。《[民国]福建通志》载："漳州陈元忠赴省试，过南安，日暮投宿野人家。茅茨数椽，竹树茂密，主翁麻衣草履，而举止谈对，宛若士人。几案间，文籍散乱。视之，皆经史子也。陈叩之曰：'翁训子读书？'曰：'种田为生耳。''亦入城市乎？'曰：'十五年不出矣。'问：'藏书何用？'曰：'偶有之耳。'"[⑥]据此可知，南安翁者家富藏书。

① 影印《文渊阁四库全书》本，第 788 页。
② 民国三年（1914）麻沙刘氏刻本。
③ 中华书局，1977 年，第 10658 页。
④ （宋）王称：《东都事略》卷六十五《吕夏卿传》，清光绪九年（1883）淮南书局刻本，第 7 页下。
⑤ （宋）晁公武撰，孙猛校证：《郡斋读书志校证》卷六，上海古籍出版社，1990 年，第 261 页。
⑥ 李厚基修，陈衍等纂；郑贞文续修，魏应麒续纂：《[民国]福建通志》总卷四十三《南安翁者传》，民国二十七年（1938）刻本，第 6 页上。

76. 莆田李氏

莆田李氏，生卒年、名、字号均不详。据范凤书《藏书家莆田李氏小考》[①]一文考证，当是李慧、李明父子。李慧，"陇西白塘二世伯玉次子，字智川，号宁江居士，姚林氏，寿六十四。有楼六所，收藏制敕诰命与经史文书。舍田租五十亩，坐兴教、望江等处，与囊山寺递年办祭，为子孙谒墓。寿六十，配林氏，合葬兴教里四洲庙前。子一，明（明公孙建炎初为韩世忠麾下干办立功）。"[②]《陇西李氏宗谱·忠部》亦载："公讳慧。伯玉次子，号宁江居士，行四十，字失稽。以寓轩公徙洋尾，基业浩大，善继父志，散财以给邻居，称贷不能者，悉焚其券。善闻远达，有欲闻有司举旌者，公笑曰：'此庸行何可称述，且吾乐于隐遁以施有政足矣。官守徒为劳形。'力辞而止。赋诗徜徉，足不闯城府，时人目为散仙云。慧子明，号石芹居士，性敏静有容，敦尚孝友，结交名士，设义学延名师以训子及里之秀颖者，弃金购书，与众共之。尝闻人贫穷则济，时称积德君子。友蔡君谟君山。治平四年（1067）闰三月朔（卒），享年六十五。"[③]

郑樵《通志·校雠略·求书之道有八论》云："乡人李氏曾守和州，其家或有沈氏之书，前年所进褚方回《清慎帖》，蒙赐百匹两。此则沈家旧物也。"[④]可见李氏或有沈立之书。

陈振孙《直斋书录解题》著录《藏六堂书目》一卷条下云："莆田李氏云：'唐江王之后，有家藏诰命。'其藏书自承平时，今浸以散逸矣。"[⑤]而在其《藏六堂书目》一卷中所著录的有：《独断》二卷，注曰："舒、台二郡皆有刻本。向在莆田尝录李氏本，大略与二本同，而上、下卷前后错互，因并存之。"[⑥]《番禺杂记》一卷，注曰："莆田借李氏本录之。盖承平时旧书，末有'河南少尹

---

①　范凤书：《藏书家莆田李氏小考》，《文献》2006 年第 2 期。

②　李瑞廉等编：《陇西新浦李氏宗谱》李氏世系第 17，莆田市李富祠新浦李氏海内外修谱理事会，1996 年，第 108 页。

③　转引自范凤书：《藏书家莆田李氏小考》，《文献》2006 年第 2 期。

④　（宋）郑樵：《通志略·校雠略》第一《求书之道有八论九篇》，上海古籍出版社，1990 年，第 725 页。

⑤　（宋）陈振孙撰，徐小蛮，顾美华点校：《直斋书录解题》卷八，上海古籍出版社 1987 年版，第 235 页。

⑥　同上，卷六，第 182 页。

家藏'六字，不知何人也？"①《集选目录》二卷，《通考·经籍考》作《文选目录》。丞相晏殊所集。大体欲续《文选》，卷帙多至百，而莆田有之。注曰："莆田李氏有此书，凡一百卷。力不暇传，姑存其目。"②《武元衡集》一卷，注曰："初用莆田李氏本传录，后以石林叶氏本校，益以六首，及李吉甫唱酬六首。川本作二卷。"③诸此等等，可知陈振孙仕于莆田，尝传录许多的李氏藏书，李氏当为莆田有名之藏书家。

77. 莆田刘氏

莆田刘氏，生卒年、名、字号均不详。陈振孙《直斋书录解题》著录《后魏国典》三十卷云："唐太常少卿元行冲撰，此本从莆田刘氏借录。"④据此可知，莆田刘氏家有藏书，陈振孙仕于莆田，尝借录其藏书。

78. 邵清

邵清，生卒年不详，字彦明，古田人。《［民国］古田县志》"元祐间太学生……尝从张横渠学《易》。归筑室先茔侧，聚书千卷，角巾鹤氅，徜徉其间……乡党敬之，不敢以名字称，因其尝应八行，举呼为八行先生。"⑤可见也是一位藏书千卷的民间藏书家。

79. 石起宗

石起宗（1140—1200），字似之，同安人，后徙居晋江。少年读书于晋江灵秀山海潮庵。宋乾道五年（1169），进士及第榜眼。淳熙二年（1175），召试馆职，授予秘书省正字。不久，迁权仓部郎官。五年（1178），兼国史院编修。后又历任徽州知州，提举浙西常平，迁尚书吏部员外郎。

石起宗不但善书画，还工于诗赋。平时好学不倦，所有的俸钱，大部分都用于买书。《［民国］同安县志》载：石起宗"善字画……尤工诗赋，好学不倦，

---

① （宋）陈振孙撰，徐小蛮，顾美华点校：《直斋书录解题》卷八，上海古籍出版社1987年版，第259页。

② 同上，卷十五，第444页。

③ 同上，卷十九，第567页。

④ 同上，卷八，第143页。

⑤ 余钟英等纂：《［民国］古田县志》卷二十七《儒林传》，民国三十一年（1942）古田修志委员会铅印本，第3页下。

俸余悉市书。尝言'藏书数千卷，胜良田万顷'云"①。著作有《经史管窥》等多种。

80. 詹体仁

詹体仁（1143—1206），字元善，浦城人。南宋大臣、理学家。隆兴元年（1163）进士，调饶州浮梁尉，擢泉州晋江丞。时宰相梁克家，泉人也，荐于朝。入为太学录，升太学博士、太常博士，迁太常丞，摄金部郎官。约在乾道初，詹体仁就到崇安五夫里问学朱熹。乾道六年（1170），朱熹在建阳建寒泉精舍，詹体仁也从学建阳。朱熹成书于乾道八年的《资治通鉴纲目》一书，其中有部分即出自詹体仁之手。淳熙二年（1175），朱熹、吕祖谦由寒泉精舍赴江西鹅湖之会，詹体仁也是随从之一。光宗即位，绍熙元年（1190），提举浙西常平。后除户部员外郎、湖广总领，升司农少卿，除太常少卿。复直龙图阁，知静江府，移守鄂州，除司农卿，复总湖广饷事。逝世后，其表侄真德秀为其作行状，称其居官临民，能"尽心平心""尽心则无愧，平心则不偏"，"生平好学，聚书至数千卷"②。詹体仁其学以存诚慎独为主，"日以经史自娱"③。著有《象数总义》《历学启蒙》等。

81. 宋咸

宋咸，生卒年不详，字贯之，建阳人。宋天圣二年（1025），登进士第。历广西漕运使、员外郎、尚书都官郎中等职。景祐元年（1034）春，托病离任，在建阳崇雒建霄峰精舍。"前有讲堂坐席，后有静几明窗。宫墙巍焉，森列百官之富；轮奂美焉，壮观百世之基。揭其扁于楣曰'霄峰精舍'。盖欲于此，积书充栋，图为讲道开来之计……帷手不释卷，凡若子若孙，经生学士，云集其门……亦不以老倦而来书眠之嘲也。是其心之所存，惟欲讲明圣贤之道学，培植昌运之人才，而为万世开太平者也。"④庆历元年（1041）再出，任福建尤溪

---

① 林学增修，吴锡璜纂：《［民国］同安县志》卷二十九《人物卷》，民国十八年（1925）铅印本，第2页上。

② 转引自方彦寿：《建阳刻书史》第二章第四节《官私藏书的促进》，中国社会科学出版社，2003年，第42页。

③ （明）钱士升撰：《南宋书》卷四十一，清嘉庆二年（1797）苏州席氏扫叶山房刻本，第3页上。

④ （明）冯继科修；朱凌纂：《［嘉靖］建阳县志》卷六《霄峰精舍记》，上海古籍书店影印本，1962年，第32页上。

县知县。在任内，重建县学，亲自讲授经书。终以朝散大夫衔退休，回建阳讲学著述。著有《周易补注》《易训》《易明》《易辨》《毛诗正纪外义》《论语增注》《扬子法言广注》《朝制要览》《剑池编》等等。

82. 苏象先

苏象先，生卒年、字号均不详，同安人，苏颂孙。后徙居丹徒，与许德之、晁咏之、韩韶合称"维扬四俊"。元祐六年（1091），中进士，官奉议郎。继承了祖父苏颂的藏书，所编《丞相魏公谭训》卷四云："祖父谒王原叔，因论政事。仲至侍侧。原叔令检书史，指之曰：'此儿有目录之学'。"可见其通目录之学。

83. 苏竦

苏竦，生卒年不详，字廷仪，龙溪人。宋庆元五年（1199）登进士第，授肇庆府推官，有廉介声。博学通经，研史善文，求教者络绎不绝。《［乾隆］龙溪县志》载："（竦）好古力学，凡所未见书，必借阅，手抄不辍。博通经史，玩心理学……政务之暇，集先儒《诗》《易》二《礼》传，折衷以己见。从游弟子率数百人。"[①]可见其所藏，当多自抄本。

84. 魏齐贤

魏齐贤，生卒年、字号均不详，建阳人。刻书处曰"富学堂"。今建阳书坊魏孝瑞家藏清光绪刊本《钜鹿魏氏宗谱》卷一宋绍熙四年（1193）魏甫《序》称："天祐元年（904），黄巢作乱，有君公与兄弟十余房来闽建、剑、漳、泉……。"宗谱卷七《书坊下历潘公派下世系》载："第四世，潘公，成公之子，行流二，（从麻沙）迁居（崇化）书坊下历。娶杨氏，继娶陈氏，生子一：齐贤。""第五世，齐贤，潘公之子，行远二……"[②]宗谱所记虽然简单，但仅此记载可知，魏齐贤的富学堂就在崇化书坊，魏氏先祖乃于唐末入闽，分居建阳、南平、漳州、泉州等地。

富学堂所刊书以魏齐贤同叶棻自编的《圣名贤五百家播芳大全文粹》有名于书林，今存。《圣宋名贤五百家播芳大全文粹·序》云："家有藏书之富，钜鹿魏君仲贤、南阳叶君子实。徜徉其间，储藏之丰，奚啻插架三万轴……巨篇

---

① （清）吴宜燮修，黄惠、李畴纂：《［乾隆］龙溪县志》卷十五《儒林传》，清乾隆二十七年（1762）刻本，第32页上。

② 转引方彦寿：《闽北刘氏等十四位刻书家生平考略》，《文献》1991年第1期。

奥帙，奇书秘字充衍其中。"①

85. 吴秘

吴秘，生卒年不详，字君谟，瓯宁（今建瓯）人。从刘牧学，举宋景祐元年（1034）进士，历侍御史知谏院。以言事出知濠州，提点京东路刑狱，改守同安。吴秘好学，以钻研经典闻名。所著《扬子笺》和《周易通解》为宋廷重视，经太玄参政孙忭的推荐，上书奏明皇室，曾令收入内库，列为珍贵藏书。研究《春秋》，把公羊、穀梁、左氏三家的著述作纵横对比，发掘其异同，著成《春秋三传集解》，流行世间。

晁公武《郡斋读书志》著录《刘长民易》十五卷条下云："右皇朝刘牧长民撰。仁宗时，言数者皆宗之。庆历初，吴秘献其书于朝。优诏奖之，田况为序。"②《宋史·艺文志》载："吴秘，有《家藏书目》二卷"③，此书目今佚。据此，知吴秘藏有《刘长民易》十五卷一书，庆历初，献于朝。且有《家藏书目》二卷。

86. 吴与

吴与，生卒年不详，字可权，漳浦人。宋元丰五年（1082），登科进士。初为四会县令，后改任余干县令，累官奉议郎、潮州通判、广南东路体点刑狱等。勤于政事，决讼明察，受时人称赞。为文求实，凡其所书记史皆为可信，著有《荔枝总录》《新记录》《漳州图经序》等。其中《漳州图经序》言简意赅，记载始置古漳州的方位、境域的变化，以及陈元光等历史人物，是研究闽南历史的珍贵资料。

清人陆心源《宋史翼》载："（吴与）生平历官凡七任，悉以俸余市书，所藏至三万余卷。郑樵称海内藏书者四家，以与所藏本为最善。"④郑樵《通志·校雠略》云："书不存于秘府，而出于民间者甚多。如漳州吴氏（吴与），其家甚微，其官甚卑，然一身文字间，至老不休，故所得之书，多蓬山所无者。兼藏书之家例有两目录，所以示人者，未尝载异书。若非与人尽诚无礼，彼肯出其

---

① （清）张金吾：《爱日精庐藏书志》卷三十五《圣名贤五百家播芳大全文粹》，《续修四库全书》本，上海古籍出版社，2002年，第605页。

② （宋）晁公武撰，孙猛校证：《郡斋读书志校证》卷一，上海古籍出版社，1990年，第33页。

③ （元）脱脱等撰：《宋史·艺文志三》卷二百零四，中华书局，1977年，第5147页。

④ （清）陆心源：《宋史翼》卷十九，中华书局，1991年，第203页。

所秘乎？此谓求之私。"① 又云："古之书籍，有上代所无而出于今民间者。《古文尚书音》，唐世与宋朝并无，今出于漳州之吴氏（吴与）……按：漳州《吴氏书目》，算术一家，有数件古书，皆三馆四库所无者。又《师春》二卷、《甘氏星经》二卷、《汉官典义》十卷、《京房易钞》一卷，今世之所传者，皆出吴氏。"② 有家藏书目《吴氏书目》（或谓一卷，或谓四卷）③，今佚。

据此可知，吴与虽为官七任，廉洁勤俭，一生到老，耕耘于文字间，薪俸悉数用于收集典籍，并选以山峦为屏障，在古道近处偏僻幽静，尤为少有兵火之灾殃处建藏书楼。所得之书，先后积至 3 万余卷，颇多三馆四库所无者，且编有《吴氏书目》。吴与可谓宋代福建一大藏书家也。

87. 谢颖实

谢颖实，生卒年不详，字平轩，建宁人。据《[民国]建宁县志》载：谢颖实"少时随父华发宰沅陵邑，西北五十里，山名小酉，相传藏书千卷。颖实每游玩其他，竟日忘归。后见时事日非，惟寄兴山水诗酒间以自韬晦"④。可见亦是一位藏书家。

88. 徐明叔

徐明叔，生卒年不详，字仲晦，号择斋，晋江人。绍定五年（1233）进士，辟江淮制幕，秩满干办广漕。历太学录、通判漳州。为官多年，以廉闻。知英德府，徭寇不敢犯。召为国子监丞。后潮寇起，知潮州。除直秘阁、江右宪。迁户部侍郎，改兵部侍郎。会元兵南下，忧愤卒。

徐明叔学有源委，与洪天锡齐名，人称"择斋先生"。有《择斋文集》行世。清人李清馥《闽中理学渊源考》卷三十三《侍郎徐择斋先生明叔》曰："公于书无所不读，料饱而思敏，每下笔，娓娓千百语不能休。西山真公（真德秀）之

---

① （宋）郑樵：《通志略·校雠略》第一《求书之道有八论九篇》，上海古籍出版社，1990年，第 725 页。

② 同上，《亡书出于民间论一篇》，第 724 页。

③ （宋）陈振孙撰，徐小蛮、顾美华点校：《直斋书录解题》卷八，上海古籍出版社，1987年，第 235 页。《吴氏书目》一卷条下云："奉议郎吴与可权家藏。闽中不经兵火，故家文籍多完具，然地湿苦蠹损。"郑樵：《通志略·艺文略》第四《右总目》载有吴与《漳浦吴氏藏书目》四卷，上海古籍出版社，1990年，第 622 页。

④ 钱江修，范毓桂纂：《[民国]建宁县志》卷十八《隐逸》，民国八年（1919）铅印本，第 1 页。

守泉也，公以翰墨受知，遂付以斯文之事，渊源所渐有本，固如是夫。"①《研北杂志》曰："徐明叔家书楼榜曰'五经藏'。"②据此可知，徐明叔家有藏书楼"五经藏"，且藏书颇多。

89. 徐谊

徐谊，生卒年不详，字元敏，浦城人。宋绍兴二十一年（1151），登辛未榜进士，任会稽主簿，擢上元县丞，调龙泉（今属浙江）知县。累官至朝议大夫。著有《东野居士集》四十卷。宋人杨万里《诚斋集》载："（徐谊）性嗜学，隆冬冱寒，焚膏申旦。尤邃于经，熟于《左氏春秋》《西汉书》，酷好《资治通鉴》。所居不庇风雨，日哦其间，人不见其喜愠。自蜀货无一物，惟载书百余箧。有诗文、奏议、经解八十九卷，目曰《东野居士集》，藏于家。"③据此可知，徐谊尝从蜀购书百余箧。

90. 徐喆甫

徐喆甫，生卒年不详，字德明。军莆田县人。据《延寿徐氏族谱》记载：徐喆甫为延寿徐对公下开中秘派十五世孙。自幼喜读书，好聚书，以祖荫授朝奉郎。尝构世居整寺祠。时延寿"万卷楼"圮，特建尊经楼于务前上堂顶，俗呼"务前万卷楼"，藏书甚富。

91. 叶棻

叶棻，生卒年不详，字子实，建安人，祖籍南阳。生活在南宋绍熙至庆元（1190—1200）年间，是一位家富藏书的学者与刻书家。编有《圣宋名贤四六丛珠》一百卷，又同魏齐贤合编《圣名五百家播芳大全文粹》一百一十卷，名闻于书林。《圣宋名贤五百家播芳大全文粹·序》云："家有藏书之富，钜鹿魏君仲贤、南阳叶君子实。徜徉其间，储藏之丰，奚啻插架三万轴……巨篇奥帙，奇书秘字，充衍其中。"④可见其藏书之富与珍稀。

---

① 影印《文渊阁四库全书》本，第 10 页下。

② （元）陆友：《研北杂志》卷下，《丛书集成初编》本，中华书局，1991 年，第 151 页。

③ （宋）杨万里撰，杨长孺编：《诚斋集》卷一百二十五《朝议大夫直徽猷阁江东运判徐公墓志铭》，影印《文渊阁四库全书》本，第 619 页。

④ （清）张金吾：《爱日精庐藏书志》卷三十五《圣名贤五百家播芳大全文粹》，《续修四库全书》本，上海古籍出版社，2002 年，第 605 页。

92. 叶廷珪

叶廷珪，一作庭珪，生卒年不详，字嗣忠，号翠岩，瓯宁（今建瓯）人。宋政和五年（1115）进士，除武邑丞，转知德兴县。绍兴中，知福清县，召为太常寺丞，轮对乞搜访遗书，补中秘府，迁兵部郎中。议与秦桧忤，以左朝议大夫出知泉州。后移漳州，奉祠归。著有《海录碎事》二十二卷。其《海录碎事·序》云：

> 始予为儿童时，知嗜书。家本田舍，贫无书可读。曾大父以差法押纲至京师，倾行橐市书数十部以归，因得书读之。其后肄业郡学，升贡上庠，登名桂籍，牵系入仕，盖四十余年。见书益多，未尝一日手释卷秩，食以饴口，怠以为枕，虽老而不衰。每闻士大夫家有异书无不借，借无不读，读无终篇而后止。尝恨无资，不能尽得写，间作数十大册，择其可用者手抄之，名曰《海录》。其文多成片段者，为《海录杂事》；其细碎如竹头木屑者，为《海录碎事》；其未知故事所出者，为《海录未见事》；其事物兴造之原，为《海录事始》；其诗人佳句曾经前辈所称道者，为《海录警句图》；其有事迹，著见诗之由，为《海录本事诗》。独《碎事》文字最多，初谓之《一四录》，言其自一字至四字有可取者皆录之，后改为《碎事》。每读文字，见可录者，信手录之，未尝有伦次。阅岁既久，所编猥繁，检阅非易，尝以为病。绍兴十八年（1148）秋，得郡泉山，公余无事，因取而类之，为门百七十五，为卷二十有二。[①]

由此可见，叶廷珪自其曾祖父开始，就倾行橐以搜书。他从小就喜欢读书，四十年间，即使仕宦在外，亦未尝放下过书本，拿着它吃东西嘴里觉得香甜，疲倦时把它作为枕头。每闻士大夫家有异书，无不借，借无不读，读毕而后止，且选择其可用者以手抄留存。

93. 余良弼

余良弼，生卒年不详，字起岩（一作岩起），号龙山，顺昌人。宋建炎二年（1128）进士，任枢密院计议官，历漳、泉二州通判。后升任静江知府，经

---

① （宋）叶廷珪撰，李之亮校点：《海录碎事》，中华书局，2002年，第1页。

略广西。任内励精图治，后调任直秘阁。致仕卒。余良弼聚书万卷，著有《龙山文集》《子大雅》《大猷》等。

余良弼"博学明经……为政知大体，每以教化为先，聚书万卷，自为《序》教子孙"①。曾作《教子诗》，劝诫其子珍惜年华，认真读书，而且与其藏书事迹也有关系："白发无凭吾老矣，青春不再汝知否？年将弱冠非童子，学不成名岂丈夫！幸有明窗并静几，何劳凿壁与编蒲。功成欲自殊头角，记取韩公训阿符。"②

94. 余仁仲

余仁仲，生卒年不详，建安人。建安余氏是中国古代著名刻书世家，世居福建建安县崇化书坊镇。宋绍熙（1190—1194）前后，以"余仁仲万卷堂""余仁仲家塾"等堂号刻书甚多，传世的以余仁仲万卷堂最有名，历代藏书家均视为珍宝。

《礼记》每卷有"余氏刊于万卷堂或余仁仲刊于家塾"③。黄荛圃《宋本周礼纂图跋》曰："宋刊《周礼》所见有三本，一为余仁仲本，藏于小读书堆。"④余仁仲曾刊《九经》，今存《礼记注》《春秋公羊经传解诂》《春秋谷梁经传》三种。余仁仲刻本《春秋公羊经传解诂》，何休《序》后有题记云："《公羊》《谷梁》二书，书肆苦无善本，谨以家藏监本及江浙诸处官本参校，颇加厘正。"⑤说明余仁仲刻书审慎而严谨，广泛搜集众本和家藏监本参校。故余氏刻本《九经》，才能够在当时就被视为善本。

叶昌炽《藏书纪事诗》云："《四库》著录林之奇《尚书详解》、黄伦《尚书精义》，亦皆建安余氏刊，其他见于各家书目者不知凡几。"肖东发的《建阳余氏刻本知见录》⑥一文统计，现存余仁仲刊本有：《尚书精义》五十卷（宋淳

---

① 潘先龙、高登艇修，刘敬等纂：《［民国］顺昌县志》卷十九《循吏》，民国二十五年（1936）铅印本，第20页下。

② （清）厉鹗：《宋诗纪事》卷六十三，上海古籍出版社，1983年，第1598页。

③ 叶昌炽：《藏书纪事诗》附录《建安余氏》，古典文学出版社，1958年，第398页。

④ 转引自杨立城、金步瀛：《中国藏书家考略》，上海古籍出版社，1987年，第64页。

⑤ 转引自方彦寿：《建阳刻书史》第三章第六节《宋代建本的编辑》，中国社会科学出版社，2003年，第130页。

⑥ 肖东发：《建阳余氏刻本知见录》，《福建省图书馆学会通讯》1983年第2期。

熙庚子 1180)、《春秋公羊经传解诂》十二卷（绍熙二年 1191)、《春秋穀梁传》十二卷（绍熙二年 1191)、《事物纪原》二十六卷（庆元丁巳 1197)、《礼记注》二十卷、《礼记》二十卷、《周礼注》十二卷（南宋中期)、《尚书注疏》二十卷、《纂图互注重言重意周礼》十二卷、《陆氏易解》一卷、《尚书全解》四十卷、《春秋经传集解》三十卷、《王状元集注分类东坡先生诗》二十五卷、《姓氏纪年录》一卷、以及《类编秘府图书画一元龟》（南宋）等。

95. 余日华

余日华，生卒年不详，字君实，仙游人，余崇龟子。宋宁宗嘉泰三年（1203）进士，历官知潮阳县。任上不畏强御，务直民枉，为权门所挤，遭人巫陷。著有《兑斋文集》《凌江唱和集》等。

余日华闲暇研读经史，工于文翰。又喜藏书，解甲归田时，唯有束书一箧。父崇龟，作藏书楼为"静胜堂"，贮典籍甚多。日华又在其父藏书楼"静胜堂"上，"就所居又构'撷英阁'，卷轴益富"①，藏书万卷。《[乾隆]仙游县志》亦载："日华工文翰，构'撷英阁'，藏书万卷，杂以法书名画，日坐其间以自娱。"②据此可知，余日华承其父藏书，藏书益富，并有大量珍贵法书、名画参错其间，藏书室名"撷英阁"。

96. 余深

余深（？—约 1130），字仲原，罗源人。宋元丰五年（1082）进士，崇宁初（1102），为太常博士，改司封员外郎，拜监察御史等职，累官御史中丞兼侍读。大观二年（1108），自试吏部尚书升尚书左丞。三年（1109），加中书侍郎。四年（1110），加门下侍郎（左副丞相）。后累疏请罢，以资政殿学士出知青州。政和二年（1112），复门下侍郎。七年（1117），蔡京当了太上宰相，进余深为少宰兼中书侍郎。宣和元年（1119），拜太宰，加少保，封丰国公，再封卫国公。二年（1120），以《哲宗宝训》成进少傅。后因诌附蔡京，助蔡为虐，不为人取。鉴于朝中弹劾蔡京父子的越来越多，遂乞致仕，落户于福州西门内。

---

① 郭白阳：《闽藏书家考略》，郭氏白阳书室抄本。

② （清）胡启植修，叶和侃纂：《[乾隆]仙游县志》卷三十九《文苑传》，清同治十二年（1873）吴森刻本，第 3 页下。

郭白阳《闽藏书家考略》载：余深"聚书甚多，其藏书处，居水中央，署曰'环玉馆'"[①]。《宋会要辑稿·崇儒》载："绍兴二年（1133）十一月二十三日，秘书少监洪炎言：'福州故相余深，泉州故相赵挺之家藏《国史》《实录》善本……乞令本路转运司差官前去提取，从之。"[②] 又载："绍兴十二年（1143）十二月十二日，诏福州故相余深家有收藏监书，可委万庭实。据所进，取旨推恩。"[③]

97. 赵谊

赵谊，生卒年、字号均不详，赵惊子，晋江人。《[乾隆]泉州府志》载："谊好学能文，聚书万卷，终知富阳县，说守南恩州。"[④]

98. 詹胜甫

詹胜甫，生卒年不详，字缙，崇安人。系朱熹门人，性情恬淡，不慕浮荣，日以研习义理，每每与朱熹、蔡元定、江必大等诸贤游。探讨伊洛之学，勤学苦读，隐居在距武夷精舍附近的山北，修筑"涌翠亭"为读书处。据《建峰詹氏宗谱》记载：詹胜甫"恬淡寡欲，终身不仕，与朱熹、蔡元定诸贤讲学，筑'涌翠亭'，聚书数千卷，日吟咏其间"[⑤]。亭成，朱熹为其题额，并诗《题涌翠亭》曰："绝壑藤萝贮翠烟，水声幽烟乱峰前。行人但说青山好，肠断云间双髻仙。"[⑥]

99. 张汉杰

张汉杰，生卒年不详，字运千，邵武人。宋人杨万里有《寄题邵武张汉杰运千万卷楼》诗云："书生都将命乞书，愿身化作蠹书鱼。蠹鱼生得针来大，日啖银钩三万箇。书生一腹无十围，经炊史酌不曾饥。君家一编本黄石，积书至今与山齐。玉川搜肠才一半，邺侯插架端无羡。如何万卷楼上人，却去黄鹤楼

---

① 郭氏白阳书室抄本。

② （清）徐松：《宋会要辑稿》卷一千七百四十二《崇儒》四之二二《求书、藏书》，中华书局，1957年，第2241页。

③ 同上，《崇儒》四之二五，第2242页。

④ （清）郭赓武、黄任纂，怀荫布修：《[乾隆]泉州府志》卷四十六，清光绪八年（1882）补刻本，第28页上。

⑤ 《建峰詹氏宗谱》卷一，清光绪二十年（1894）刊本。

⑥ 同上，卷二。

前作宾赞。"① 据此可知，张汉杰藏书处名"万卷楼"，嗜书如命，积书甚多。

100. 张式

张式（？—1050），字景则，其先浦城人，后徙建安。宋天禧二年（1018），释进士褐，历秘书省著作佐郎、太常博士、洺州赐绯鱼、尚书祠部郎中等职。王安石《司封郎中张君墓志铭》曰："君廉静好书……既老矣，终不肯治田宅，所得禄以置书。曰：'吾子业此足以自活，不然，虽田宅何足！'"② 可见亦是嗜书如命者。

101. 郑可复

郑可复，生卒年不详，字彦修，仙游人。宋嘉定七年（1214），登进士第，官东阳县尉，授婺州教授，后官至朝奉郎。出生书香门第，自其祖郑升开始，均极为好书。宋人赵与泌、黄岩孙纂修的《[宝祐]仙溪志》卷四载："公性俭朴嗜书，老不释卷，捐金购书，如恐失之，晚年家藏几数千卷，手自编录，以韵类之目曰百八集书，未及竟而卒。"③《莆阳文献·郑可复传》也说："可复性俭朴。他无所嗜好，惟喜古书。尝修《尔雅》，及刊《戴礼》，禄俸余资，悉以市书。手自编录，晚年积至数千卷。"④ 可见郑可复性善俭朴，无别的嗜好，唯喜藏书，将所得俸禄，尽购书籍，皆亲自编校。晚年时，藏书积至数千卷。每日翻阅不缀，手自编录之书以韵类之，取名《百八集》。书未及而卒。曾修《尔雅》，刊有《戴氏礼记》。

102. 郑文英

郑文英（一作元英），生卒年不详，福州人。辛弃疾《稼轩词·归朝欢》（寄题文山郑元英巢经楼。楼之侧有尚友斋，欲借者就斋中取读，书不借出）云：

---

① （宋）杨万里撰，杨长孺编：《诚斋集》卷十四《寄题邵武张汉杰运千万卷楼》，影印《文渊阁四库全书》本，第 148 页。

② （宋）王安石：《临川先生文集》卷九十二《司封郎中张君墓志铭》，《四部丛刊》本，第 10 页上。

③ 清抄本，第 38 页上。

④ （明）郑岳辑：《莆阳文献》卷三十八《郑可复传》，明万历三十四年（1616）黄起龙校刊本，第 1 页。

万里康成西走蜀，药市船归书满屋。有时光彩射星躔，何人汗简雠天禄？好之宁有足，请看良贾藏金玉。记斯文，千年未丧，四壁闻丝竹。试问辛勤携一束，何似牙签三万轴。古来不作借人痴，有朋只就云窗读。忆君清梦熟，觉来笑我便便腹。倚危楼，人间谁舞，扫地八风曲。①

《稼轩词·玉楼春》（寄题文山郑元英巢经楼）又云：

悠悠莫向文山去，要把襟裾牛马汝。遥知书带草边行，正在崔罗门里住。平生插架昌黎句，不似拾柴东野苦。侵天且拟凤凰巢，扫地从他鹛鸹舞。②

邓广铭笺注："郑元英于淳熙十一年（1185）入蜀（原注：见《蝶恋花》（莫向楼头听漏点阕）。其东归事在何年，虽绝无可考，但以宋代士人仕官恒例推之，元英在蜀至多不过三数年。携书而归，建楼以贮，楼成而函索品题，稼轩因赋二词以寄。以其节次推之，二词之作应在稼轩入闽之前，姑编入淳熙之末（黄裳于北宋末守福州，则元英必即郑育之后人也）。"③据此可知，郑文英积聚颇富。藏书处有"巢经楼""尚友斋"。"巢经楼"中所储，多得自蜀中。日常披览所藏图籍。又喜友人及乡人阅读。此举似今日图书馆之开架阅览，确实值得称道。

103. 朱钦则

朱钦则，生卒年不详，字敬文，一字敬之，邵武人。宋乾道八年（1172）进士，历官秘书丞、监察御史等职。

宋人陆游《渭南文集》曰："大卿朱公（朱钦则）以开禧元年（1205）筑第于邵武城东，取陶渊明诗语，名其曰'心远堂'。"④"心远堂"建成之时，陆游

---

① 邓广铭笺注：《稼轩词编年笺注》卷二《带湖之什》，上海古籍出版社，1978 年，第 213 页。

② 同上。

③ 同上。

④ （宋）陆游：《陆游集·渭南文集》卷二十一《心远堂记》，中华书局，1976 年，第 2178 页。

为之撰《万卷楼记》曰：

> 邵武朱公敬之，粹于学而笃于行。早自三馆为御史，为寺卿，出典名藩，尊所闻，行所知，亦无负于为儒矣。然每恒然，自以为歉，益务藏书以栖于架，藏于椟，未足又筑楼于第中，以示尊阁传后之意……朱公齿发尚壮，方为世显用，且澹然无财声色之奉，倘网罗不倦，万卷岂足道哉。予闻是楼南则道人三峰，北则石鼓山，东南则白渚山，烟岚云岫，洲渚林薄，更相映发，朝暮万能。公不以登览之胜名之，而独以藏书见志。[①]

据此可知，朱钦则在家乡邵武城东有其藏书处曰"万卷楼"，藏书万卷以见志。

104. 朱元飞

朱元飞，生卒年不详，字彦实，一字希实，仙游人。朱元飞生在官宦之家，自幼受到良好教育。祖父绶，宋治平四年（1067）擢进士，官宝文阁待制。父宗，官至右朝散大夫，赠中散大夫。朱元飞官至福州通守公丞。《［宝祐］仙溪志》载：朱元飞"仕官三十年，不营一金产，所得奉给，即买书籍。每部各三本，分遗三子，为书藏之。所居之地，有'穹石堂''林萍斋'，诸公留题其上；有'归乐堂'，朱文公为之记……其家藏文公往复墨迹尚存"[②]。可见朱元飞为其三子，各建有藏书之所，分别题为"穹石堂""林萍斋""归乐堂"，而"归乐堂"则为朱熹所题。藏书之富，不言而喻。

105. 祝穆

祝穆（？—1256），初名丙，字伯和，一字和甫，号樟隐。祖籍徽州婺源，父康国，始移家入闽，徙居崇安。祝穆少年丧父，乾道初，与其弟癸一起随朱熹到建阳云谷晦庵就读，受教于黄榦、蔡元定。他嗜书如命，手不释卷。青年时，往来于吴、越、荆、楚之间，所到必登高探幽，临水揽胜，遍访民情风俗。晚年卜居建阳县麻沙水南，名其庐"南溪樟隐"，集朱熹生前手迹，匾于厅堂楣额。

---

① （宋）陆游：《陆游集·渭南文集》卷二十一《心远堂记》，中华书局，1976年，《万卷楼记》。
② （宋）赵与泌修，黄岩孙纂：《［宝祐］仙溪志》卷四，清抄本，第17页下。

在厅右小屋取朱熹生前所书"岁寒"二大字，以表古樟之雅。与隐庐相对，又筑小楼四楹，取张南轩所书"藏书阁"三大字，揭匾楼上。卒。谥"文修"。

祝穆读万卷书，行万里路，博古通今，融汇经史。在麻沙水南隐居期间，编撰了《事文类聚》一百七十卷、《方舆胜览》七十卷等两大巨著。他不仅是个著名学者，同时也是刻书家与藏书家。其《方舆胜览》七十卷即是于宋嘉熙三年（1239）自编自刻而成的。该书主要记载南宋临安府（今浙江杭州）及其辖下的浙西路、浙东路、江东路、江西路等十七路所属的府州等地的郡名、风俗、形胜、土产、山川、学馆、堂院、亭台、楼阁、轩榭、馆驿、桥梁、寺观、祠墓、古迹、名官、人物、题咏等，内容全面，尤详于各地名胜古迹及有关的诗赋序记，对于了解南宋时期江南各地的经济、文化、风俗、民情、山川、土产等具有很高的史料参考价值。祝穆在《方舆胜览·自序》中叙其编撰之缘由曰："始予游诸公间，强予以四六之作，不过依陶公样，初不能工也。其后稍识户牖，则酷好编辑郡志，如耆昌歜。予亦自莫晓其癖。所至辄借图经，积十余年，方舆风物，收拾略尽。出以谂，予友乃见讥曰：'还如食小鱼，所得不偿劳'。予恍然自失，益猎古今，以序、诗文与稗官小说之类，摘其要语以附之。"①《方舆胜览》成书后，宰相程元凤、蔡杭上奏给宋理宗，除任迪功郎。不久，又任兴化军涵江书院山长。

祝穆家境不算富裕，却仍节省开支，购聚书籍，建筑小书楼以为藏书之处。其同乡好友吕午《方舆胜览·序》载祝穆：

> 性温、行淳、学富、文赡雅，有意于是书。尝往来闽浙江淮湖广间，所至必穷登临。与予有旧，每相见，必孜孜访风土事、经史子集、稗官野史、金石刻、列郡志，有可采摭，必昼夜抄录无倦色，盖为记载张本也。且许异日成编，当以相示，如是者累年。近访予钱塘焉城之竹坡，曰："编成矣，敢名以《方舆胜览》。"②

祝穆曾自撰《南溪樟隐记》云：

---

① （宋）祝穆编，祝洙补订：《宋本方舆胜览·自序》，上海古籍出版社，1991年。
② 同上，《宋本方舆胜览·序》。

余爱此古樟，遂名吾庐以"南溪樟隐"。暇日搜阅书簏，得晦庵朱子所书四大字"适契余所"，命名若有天相，亟模勒碣于厅之楣。即其右辟小室，又取朱子所书"岁寒"二大字为匾，以表古樟高致。室仅容膝……虽今而一尘不浸，余盖于此读书以求圣贤焉。己之学，涵养体察，私淑吾身，庶几不负朱子教育之意。且日有余力，则编辑古人嘉言善行，类成巨帙，穷年矻矻，皆手自抄录，乐而忘疲。今一二书行于世者，有扬子云："不以一酱瓿之可为"。坐久神倦，起而欠伸，则信手拈取前辈诗文一二帙，缓诵微吟，战睡魔而却之，此则樟隐之成趣也。其西则筑小楼四楹与厅对峙，又取南轩张子所书'藏书阁'三大字揭匾楼上。虽余无资，聚书不能多，视郿侯插架，特泰山之毫芒。然余性健忘，不可无书。旧所读不获书记必藉检阅，积久抽取简帙散乱，则必次其甲乙，使如旧序。别去蠹鱼，燥以风日。盖兹楼也，检书则登，整书则登，曝书则登……乘兴一登，便觉水晶宫阙、琼楼玉宇，去人不远，此又'樟隐'之胜概也。[1]

据此可知，祝穆也是宋代藏书家，其具体收藏，虽未详载，但曾建"樟隐楼"，自号樟隐老人，其藏书处曰"藏书阁"，穷年苦读其中，一日不可无书，自编自刻，遇有可采撷，必昼夜抄录无倦色等情形，已跃然纸上矣！

106. 曾旼

曾旼，生卒年不详，字彦和，龙溪人。宋熙宁六年（1073）进士，历监润州仓曹。曾编纂《润州类集》。宋张邦基《墨庄漫录》云："吴中曾旼彦和、贺铸方回二家书，其子献之朝廷，各命以官。皆经彦、方回手自雠校，非如田（荆南田氏）、沈（历阳沈氏）家，贪多务得，舛谬讹错也。"[2] 宋陈骙《南宋馆阁录》又云："绍兴二年（1132）四月，诏分经、史、子、集四库，仍分官日校。有曾旼家藏书二千六百七十八卷。"[3] 清初王士禛《香祖笔记》亦载："历数宋代藏书

---

① （宋）陈景沂：《全芳备祖》卷十九《杂著》，影印《文渊阁四库全书》本，第446页。

② （宋）张邦基撰，孔凡礼点校：《墨庄漫录》卷五《藏书之富者》，中华书局，2002年，第142页。

③ （宋）陈骙、佚名撰，张富祥点校：《南宋馆阁录·续录》卷三《储藏》，中华书局，1998年，第21页。

家藏书之富者，亦有曾旼彦和。"①据此可知，曾旼乃宋代藏书大家，收藏四部之书二千六百七十八卷，且多手自雠校。曾氏藏书，后为其子曾晶夫将其家藏书二千卷献之朝廷。

107. 曾晶夫

曾晶夫，生卒年、字号均不详，曾旼子，龙溪人。据李心传《建炎以来系年要录》记载：宋绍兴二年（1132）三月戊午，"进士曾晶夫特补将仕郎。晶夫，旼子也，献其家所藏书二千卷，故有是命"②。曾晶夫继承父亲曾旼藏书，并将二千卷献之朝廷。

第四节　私家藏书的文化特色及其历史贡献

宋代福建私家藏书兴盛，在中国私家藏书史中占有重要的地位。宋代的福建既有发展私家藏书的经济、政治条件，又有深厚的文化背景。其兴盛的原因与区域性经济、文化、科学技术的发展是密切相关。宋代的福建私家藏书具有明显的自身特色，实有承前启后、推波助澜之功。因以传录为主，由传录则易误，故促进了校勘之精勤；校勘之后，进而分类编目，藏读结合，形成学风，相得益彰，盛极一时。宋代福建私家的一系列藏书活动，对于我国古代典籍收集、保存、整理、校勘、著录、提要、传抄、刊布之功，对于传递文化、培养人才、推进学术的作用均是多方面的。藏书家藏书观点的多元化，以及私家藏书文化的成熟和兴盛，对于福建社会历史文化的发展，产生了深远的影响。宋代福建私家藏书的文化特色及其历史贡献，详细如下。

一、藏书采访

1. 访书方法

宋代福建私家藏书活动大都以访书为始。事实上，当时的大部分藏书家，尚缺乏完备缜密之访书方法，几乎以就地取材、朋友传抄为主。尤其在北宋，

---

① （清）王士禛撰，湛之点校：《香祖笔记》卷十一，上海古籍出版社，1982年，第226页。
② （宋）李心传：《建炎以来系年要录》卷五十二，中华书局，1988年，第926页。

贩书尚未普遍，得一书大为不易。但随着藏书的发展，南宋初，著名史学家与藏书家郑樵首次论及求书之道，系统地提出了"求书八法"。其《通志·校雠略》第一《求书之道有八论九篇》曰："求书之道有八：一曰'即类以求'、二曰'旁类以求'、三曰'因地以求'、四曰'因家以求'、五曰'求之公'、六曰'求之私'、七曰'因人以求'、八曰'因代以求'。"① 具体而言之：专门之书，向专业之从事者访求，是为"即类以求"，例如：乐律书，可求于太常乐工；太常乐工若无，然后访民间之知音律者。旁门之书，向旁门之从事者访求，是为"旁类以求"，例如：《周易》属"经部"，而有关《周易》术数方面之书，可向卜筮家访求。地方之书，向当地访求，是为"因地以求"，例如：零陵先贤传，可以求之于零陵。家族之书，向该家族访求，是为"因家以求"，例如：潘佑文集，可以求之于潘氏后代。官府之书，向官府访求，是为"求之公"，例如：官制之书，官府必有收藏。非官之书，往往出于民间，可向私家访求，是为"求之私"，例如：各地藏书之家，时有不寻常之异书。寻索某人仕宦官守之经历，往往可以求得其人所到处之书，是为"因人而求"，例如：莆田陈氏，曾为湖北监司，故有荆州陈氏目录。流行一时，但久远莫迹之书，不可强求，是为"因代以求"，例如：而近代之书，何不可求之有。

郑樵的所谓"求书八法"，与其说是反映当时求书之道，毋宁说是其先知卓见，为官方及私人藏书家提出具体建议，使访书实践经验开始得到理论性的总结，并被后代藏书家奉为圭臬。

2. 藏书来源

宋代福建私家藏书的图书采访，一般而言，抄写及购买是最其主要的来源。除抄写和购买外，或继承、或赐予、或赠送，或交换，乃至捡拾、乞讨、缴获、窃夺等等均为获书之门径。然往往因人因时因地而异，演绎了无数千姿百态的藏书故实。以下谨叙其抄写、购买及继承先世遗存等三种藏书的主要来源。

（1）抄写

抄写本依然是宋代福建藏书家的庋藏主要部分。他们手抄之勤，比比皆是。手抄事实原因颇多，如清人孙从添曾说："书之所以贵抄录者，以其便于诵读也。

① 上海古籍出版社，1990年，第725页。

历代好学之士皆用此法。"① 另外，在某些情况下，藏书家抄书也是出于无奈。一是苦寒之家，无力购书，只好转借传抄，这种情形在福建藏书家事迹中并不少见。如闽县陈长方，少孤，奉母客于吴，杜门安贫，刻意学问。"家贫不能置书，假借手抄，几数千卷。"② 另一种情形是，宋代虽然版刻开始流行，但是典籍非尽雕梓，非传录无以增益所藏。如所见为孤本、稀本，或官府藏书，无缘购买，则只能抄录。孙从添亦云："况书籍中之秘本，为当世所罕见者，非抄录则不可得。"③ 此所手抄者，多属珍本秘籍。这种抄书的来源，大致有公藏、民间两途。

抄自公藏者，如苏颂，其孙苏象先在《丞相魏公谭训》卷三云："祖父（苏颂）在馆阁九年……传录秘阁书籍，每日记二千言，归即书于方册，家中藏书数万卷，秘阁所传者居多。"④

借抄民间者，多为藏书家之间相互借抄，这是抄写最基本、最普遍的形式，其例不胜枚举。如郑樵，尝往方渐"富文阁"、方略"万卷楼"就读之，尝见莆田陈氏有荆州田氏目录。著名藏书家陈振孙，也曾从当时的莆田藏书家处大量地抄录所藏："近年惟直斋陈氏书最多，盖尝仕于莆，传录夹漈郑氏（郑樵）、方氏（方略）、林氏（林霆）、吴氏（吴与）旧书至五万一千一百八十余卷。"⑤ 苏象先《丞相魏公谭训》卷三亦云："祖父（苏颂）自维扬拜太一宫使归乡里，是时叶公梦得为丹徒县尉，颇许其假借传写，叶公每对士大夫言亲炙之幸。其所传写，遂为叶氏藏书之祖云。"⑥

宋人抄书方式大致有三：自抄、雇抄、代抄，因人因书而异。

自抄，这是最为常见的方式，尤其当时广大家境贫寒之士无资雇人抄写，只能依靠自己双手，穷年累月，雪纂露抄，以积聚藏书。自抄在宋代福建藏书

---

① （明）祁承㸁等撰：《澹生堂藏书约（外八种）·藏书纪要》第三则《抄录》，上海古籍出版社，2005 年，第 38 页。

② （宋）陈长方：《唯室集》卷五附录《陈唯室先生行状》，商务印书馆影印《四库珍本初集》，第 1 页。

③ （明）祁承㸁等撰：《澹生堂藏书约（外八种）·藏书纪要》第三则《抄录》，上海古籍出版社，2005 年，第 38 页。

④ （宋）苏象先：《丞相魏公谭训》卷三，《四部丛刊三编》本，第 8 页上。

⑤ （宋）周密：《齐东野语》卷十二《书籍之厄》，上海书店，1990 年，第 4 页。

⑥ （宋）苏象先：《丞相魏公谭训》卷三，《四部丛刊三编》本，第 8 页上。

家中举不胜举，如前面提到的陈长方、苏颂、郑樵，还有苏竦等等，凡所未见之书，必借阅，手抄不辍；杨纮，聚数万卷，手抄事实，名《窥豹篇》；叶廷珪，尝恨无资，不能尽得写，间作数十大册，择其可用者手抄之，名曰《海录》；祝穆，遇有可采撷，必昼夜抄录无倦色，编成《方舆胜览》等等。

雇抄，指雇聘他人为己抄书者。家境富裕、财力雄厚是雇抄的先决条件。如方崧卿，所得禄赐一半为抄书之用等。

代抄。系指由家人或友朋代劳为己抄书。受书香氛围的长期熏染，藏书家中的许多成员均擅抄书读书。如苏颂，苏象先《丞相魏公谭训》卷三记曰："祖父（苏颂）取平日抄，节分门类，令子孙辈传写，几二百册"等[①]。

（2）购买

购书是私家藏书扩增的又一主要方法，尤其是宋代以后随着雕版盛行，全国性的书籍贸易日渐普遍、发达，得书渐趋较易。因此，宋代购书之风气亦盛，购买所获书籍，在绝大多数藏书家库藏中所占比例越来越大。有的随时亲购书肆，零星觅得；有的委托他人代购，尤其是在外地购书。如方阜鸣，刘克庄《方子默墓志铭》载："余为建阳令，废学久矣，君自江右归，方留钱千万布坊书。"[②]在宋代福建藏书家中，不乏有购买书籍的故实，其他如：方略、傅诚、李明、石起宗、吴与、谢洪、张式、郑可复、朱元飞等等。具体故实见下表：

宋代福建藏书家购书故实

藏书家	购书故实	文献出处
方阜鸣	君自江右归，方留钱千万布坊书。	《后村先生大全集》卷一百四十八《方子默墓志铭》
方　略	宦达后，所至专访文籍，民间有奇书，必捐金帛求之。	《莆阳比事》卷六
傅　诚	性甘守淡，俸入悉以购书。	《[乾隆]仙游县志》卷三十八
李　明	弃金购书，与众共之。	《陇西李氏宗谱》忠部
石起宗	好学不倦，俸余悉市书。	《[民国]同安县志》卷二十九

① （宋）苏象先：《丞相魏公谭训》卷三，《四部丛刊三编》本，第8页上。
② （宋）刘克庄：《后村先生大全集》卷一百四十八《方子默》，《四部丛刊初编》本，第13页上。

续表

藏书家	购书故实	文献出处
吴　与	生平历官凡七任，悉以俸余市书。	《宋史翼》卷十九
谢　洪	尝市书瓯越，建"经史阁"藏之。	《莆阳文献》卷二十二
张　式	廉静好书，既老矣，终不肯治田宅，所得禄以置书。	《临川先生文集》卷九十二《司封郎中张君墓志铭》
郑可复	无所嗜好，惟喜古书，禄俸余资，悉以市书。	《莆阳文献传》卷三十八
朱元飞	仕官三十年，不营一金产，所得奉给，即买书籍，每部各三本，分遗三子，为书楼藏之。	《［宝祐］仙溪志》卷四

（3）继承

宋代福建藏书家除抄写及购买以外，继承祖先的世代藏书，亦是收藏的主要来源之一。不少藏书家世代为宦，或者是文人儒士，藏书累积，得以传承，又不断补充新藏，继续发展。如：方阜鸣、方审权、余日华、刘麟等等。其详细故实见下表：

宋代福建藏书家继承先世遗存故实

藏书家	继承遗存故实	文献出处
方阜鸣	父秉白，以孝廉。传家惟书数橱。	《后村先生大全集》卷一百四十八《方子默墓志铭》
方审权	数百年文献故家。家有善和之书，其先世积书甚富。	《后村先生大全集》卷一百六十一《方隐君墓志铭》
余日华	在父崇龟藏书楼"静胜堂"上，他就所居又构"撷英阁"，卷轴益富。	《闽藏书家考略》
刘　麟	据其父刘偯手泽刊行而成了《元氏长庆集》。	《元氏长庆集序》

3. 藏书内容特色

宋代福建藏书家在收藏的内容范围选择方面，深印着藏主的个性特色。由于藏书家的爱好、兴趣、研究、条件等等的不同，形成了不同的藏书特色，有的广博，有的精专。如：傅楫专藏经史；陈汝楫聚经子史氏群书以教其人；余崇龟家藏书万卷，好收古今经史；南安翁者，文籍散乱，皆经史子也；谢洪建"经史阁"；詹体仁收经史以自娱；朱倬最嗜天文历数之书；刘允恭尤好阴阳历算之书；方崧卿尤喜韩昌黎文；宋慈性无他嗜，惟喜收异书名帖；方略专访民间奇书；章综聚书万卷，集古今石刻千卷等等。但总体来说福建藏书家在收藏内容上，存在着很大的个人偏爱，欠缺客观文献的整体性，大都是主人喜好什么，就收藏什么。

二、精心校雠

古谚云："书三写，鲁为鱼，帝为虎。"可见书无论经过刻版或抄写，舛误讹谬，均所难免，非经校勘无以称为善本。私人校书固然不限于藏书家，但藏书家皆欲求所藏者为善本，故校勘所藏，多持精密矜慎之态度，出之以勤勉。宋代福建藏书家，非但能抄，且精于雠校，文献质量较高。缮写之勤与雠校之精，实为宋代福建藏书家之一大特色。

宋代福建藏书家精于校雠者甚众，如杨徽之、苏颂、章甫、黄伯思、朱倬、郑樵、方崧卿、方渐、郑寅、林霆、曾旼等等。其中尤以郑樵为一大家，著有《校雠略》。又方渐校雠之严肃态度，令人不能不服："所至以书自随，积之至数千卷，皆手自雠定。就寝多不解衣，林艾轩质之，公曰：'解衣拥衾，会有所检讨，则怀安熟寐矣。'"① 其详细故实见下表：

宋代福建藏书家校雠故实

藏书家	继承遗存故实	文献出处
方阜鸣	父秉白，以孝廉。传家惟书数橱。	《后村先生大全集》卷一百四十八《方子默墓志铭》
方审权	数百年文献故家。家有善和之书，其先世积书甚富。	《后村先生大全集》卷一百六十一《方隐君墓志铭》
余日华	在父崇龟藏书楼"静胜堂"上，他就所居又构"撷英阁"，卷轴益富。	《闽藏书家考略》
刘 麟	据其父刘僎手泽刊行而成了《元氏长庆集》。	《元氏长庆集序》

---

① （宋）王象之撰，李勇先校点：《舆地纪胜》卷一百零二《梅州·官吏》，四川大学出版社，2005年，第3440页。

三、编目与分类

自唐五代出现雕版印刷，到宋代普及以后，大大促进了藏书事业的发展，而藏书事业的兴盛又促进了目录学的发展。因此，私家藏书之有书目，虽不自宋人始，但至宋始渐普遍，且私家藏书目录的编制，至宋代取得了一系列突破性进展。如晁公武《郡斋读书志》之首开提要之先河，陈振孙《直斋书录解题》之创解题之一体，尤袤《遂初堂书目》则独别版本之异同等。宋代的这些代表性的私家藏书目录，一扫官藏书目一统天下、孤掌难鸣的沉闷，也极大地改变了私家藏书系统长期以来有藏书而无学术、难登大雅之堂的简陋形象。由此发端，后之私家藏书编目遂形成制度，书目成果多若繁星，官、私藏书目录形成了并驾齐驱、各领风骚的格局。

1. 编目

明祁承𤊻等《澹生堂藏书约·第六则编目》云：

> 藏书四库编目最难，非明于典籍者，不能为之。大凡收藏家编目有四则，不致错混颠倒，遗漏草率。检阅清楚，门类分析，有条有理，乃为善于编目者。一编大总目录，分经史子集……二编宋元刻本、抄本目录……三编分类书柜目录一部，以便检查而易取阅……四编书坊架上书籍目录及未订之书、在外装订之书、抄补披阅之书，各另立一目，候有可入藏者，即归入柜，增上前行各款书目内可也。[①]

确实藏书繁富，如不作整理，则杂乱无序，寻检维艰，虽有其书，因无法查检，有亦若无，更谈不上由此辨章学术。故著名史学家、藏书家郑樵说："士卒之亡者，有部伍之法部明也。书籍之亡者，有类例之法部分也。类例分，则九流百家，各有条理，虽亡而不亡也。"[②]

[①]（明）祁承𤊻等撰：《澹生堂藏书约（外八种）·藏书纪要》，上海古籍出版社，2005年，第43—45页。

[②]（宋）郑樵：《通志略》校雠略第一《求书之道有八论九篇》，上海古籍出版社，1990年，第725页。

藏书编目的最初目的，本为藏书家记录自家所藏，便于寻检而设。但藏书目可以窥见藏书家藏书的内容、组织的方法，特别是在时代的更替或世事变故时，藏书往往是聚少散多，只要目录尚在，后人就可据寻见其原貌。因此，藏书目不仅便于藏书家的寻检，还具有重要的作用：一来可供后人查考历朝、各代、各地、官府、私家藏书情况，了解藏书的概貌及每种书的具体状况，可用以查考各代古籍之存亡、古籍之完缺、篇名焚毁、卷帙增减、书名异同、版本源流等等；二来藏书目总序、类序和小序等各种序文，以及解题和附注等处，可供后人了解学术源流，用以指导阅读。

宋代私家藏书大抵编有书目的，多见于《通志》及《宋史·艺文志》，惟世代邈远，失传者居多，无法究其全貌。今存世之目或目虽失而尚可考其分类编目者，据《通志·艺文略》《宋史·艺文志》及《郡斋读书志》《直斋书录解题》《遂初堂书目》等所著录，兼采宋人文集、笔记、小说等，搜集网罗，考得的宋代福建私家藏书书目约有六种：《藏六堂书目》一卷、《家藏书目》二卷、《漳浦吴氏藏书目》四卷、《群书会记》二十六卷、《夹漈书目》一卷、《郑氏书目》七卷。具体见下表：

宋代福建私家藏书目

藏书家	藏书目录	文献出处	备注
莆田李氏	《藏六堂书目》一卷	《直斋书录解题》卷八	佚
吴秘	《家藏书目》二卷	《宋史·艺文志》卷二百〇四	佚
吴与	《漳浦吴氏藏书目》四卷	《通志·艺文略》卷六十六；《直斋书录解题》卷八作《吴氏书目》一卷	佚
郑樵	《群书会记》二十六卷	《直斋书录解题》卷八	佚
郑樵	《夹漈书目》一卷	《直斋书录解题》卷八	佚
郑寅	《郑氏书目》七卷	《直斋书录解题》卷八	佚

综观以上六种福建宋人藏书目名称，有的只是简单的称家藏书目，如吴秘的《家藏书目》；有的称某氏书目，如郑寅的《郑氏书目》；有的并举籍贯居地，如吴与的《漳浦吴氏藏书目》、郑樵的《夹漈书目》。随着藏书室名、楼名渐渐

普及，于是有的就以之为书目之名称，如莆田李氏的《藏六堂书目》等等。

2. 分类

根据藏书家的书目，可略考当时分类之方法。中国古代的图书分类始于西汉刘向与刘歆父子的《别录》与《七略》，这是我国历史上第一次大规模的图书整理编目。刘向在编撰《别录》时，主要作了三件事：（1）备众本，删重复，订脱误，谨编次；（2）系统地培养了一批图书整理编目人才；（3）撰写叙录，开创了提要目录的体例。刘歆承先父遗志，续撰《七略》，集群书为："六艺、诸子、诗赋、兵书、数术、方技"等"六略"，首创图书的"六分法"。班固的《汉书·艺文志》，承袭刘歆《七略》之"六分法"。三国魏郑默著《中经》，以及西晋荀勖更著《中经新簿》，始以"甲、乙、丙、丁"四部来分类图书。东晋李充更直接以《晋元帝四部书目》为题。唐初魏徵等人编《隋书·经籍志》，最终奠定了以"经、史、子、集"四部分类法的体系，成为此后封建社会图书分类法的主流与圭臬。然而，魏晋南北朝之时，尚有王俭的《七志》与阮孝绪的《七录》，则以"七分法"行世。纵观宋代的私家书目，其分类体例，多以"四分法"和"七分法"并行，当然"四分法"是其主流。但唐宋以来，著述日繁，宋人已觉"四部"分类未尽妥善，未能概括一切文献。因此《崇文总目》《直斋书录解题》虽按"四部"分类，但无"经、史、子、集"之名。宋代藏书家甚至于四部外别有部类，例如：《郡斋读书志》著录《邯郸图书志》条下云："载其家所藏图书五十七类。经、史、子、集，其外又有艺术志、道书志、画志、书志，通为八目。"①

宋代福建藏书家对图书分类，也不完全拘泥于传统的"四分法"，而有其独特的思路，其间不乏颇有创获者。最为典型、成就最大的当属著名历史学家、文献学家、藏书家郑樵。郑樵撰《通志》二百卷，中有《艺文略》八卷，尽列古今目录所收之书。郑氏将图书区分为："经、礼、乐、小学、史、诸子、天文、五行、艺术、医方、类书、文"等12大类，其下再分155小类，小类之下，更分284目，类目共计439，至为纤细详尽。例如：其"经部"下分"经、礼、乐、

---

① （宋）晁公武撰；孙猛校证：《郡斋读书志校证》卷九，上海古籍出版社，1990年，第405页。

小学"四大类;"经类"下分《易》《书》《诗》《春秋》《春秋外传国语》《孝经》《论语》《尔雅》《经解》"九小类;"礼类"下分《周官》《仪礼》《丧服》《礼记》《月令》《会礼》《仪法》"七小类;"乐类"下分《乐》一小类;"小学类"下分《小学》一小类。每一小类下又分为若干种著录。其中《易》小类下再细分:"古易、石经、章句、传、注、集注、义疏、论说、类例、谱、考证、数、图、音、谶纬、拟易",凡十六种,二百四十一部,一千八百九十卷;《书》小类下再细分:"古文经、石经、章句、传、注、集注、义疏、问难、义训、小学、逸篇、图、音、续书、谶纬、逸书",凡十六种,八十部,五百九十八卷,七十一篇;《诗》小类下再细分:"石经、故训、传、注、义疏、问辩、统说、谱、名物、图、音、纬学,凡十二种,九十部,九百四十二卷;《春秋》小类下再细分:"经、五家传注、三传义疏、传论、序、条例、图、文辞、地理、世谱、卦繇、音、谶纬",凡十三种,二百四十六部,二千三百三十三卷;《春秋外传国语》小类下再细分:"注解、章句、非驳、音,凡四种,九部,一百三十二卷;《孝经》小类下再细分"古文、注解、义疏、音、广义、谶纬",凡六种,六十一部,一百六十一卷;《论语》小类下再细分"古论语、正经、注解、章句、义疏、论难、辨正、名氏、音释、谶纬、续语",凡十一种,六十一部,一百六十一卷;《尔雅》小类下再细分"注解、图、义、音、广雅、杂尔雅、释言、释名、方言",凡九种,五十二部,二百五十五卷;《经解》小类下再细分"经解、谥法,凡二种,六十一部,八百卷。在每部书的著录中,先注明书的作者时代及官衔,简介书的内容,指出一书记事本末,点明一书写作特点,记述一书传播情由,提供一书取材来源,考订著述真伪,注明所记佚书及其依据,以明学术源流。其与诸史艺文志互为表里,是考据北宋以前历代著述的重要参考依据。自古以来,中国图书之分类,仅只部类二级,类下再析分子目,则创始于郑樵。其后,郑樵之族孙郑寅编有《郑氏书目》七卷,以所藏书分为:"经、史、子、艺、方技、事、类"等七录。大体亦祖述郑樵体例,仅改"集"为"文",特并"礼、乐、小学"于"经"录,合"天文、五行、医方"为"方技录",故合郑樵之十二类目为七类也。

总而言之,郑樵的《六艺略》之图书分类,是以其独特的目录学思想来指导其藏书编目实践活动,其精华和核心是"会通"的观点。正如郑樵自己在《通志·总序》里所提出的："百川异趋，必会于海，然后九州无浸淫之患；万国殊途，必通诸夏，然后八荒无雍滞之忧。"① 郑樵以其"会通"的思想和求实态度，在《艺文略》中设置了与当时学术较为一致的三级分类体系来纲纪百代之书，揭示学术源流，成为通史性的史志目录，显示出在目录学著录、分类上的特色与价值。尤其是采摭浩博，在著录、分类上的别见心裁，把著录图书、类例百家与研究学术有机结合在一起，极大丰富了古典目录学内容。

当然，郑樵的分类难免也存在不少粗疏讹误和分类不当的地方，以致后人多有讥毁。其中《四库全书总目》即认为：郑樵"《艺文略》则分门太繁。又韩愈《论语解》《论语类》前后两出；张弧《素履子》儒家、道家两出；刘安《淮南子》道家、杂家两出；荆浩《笔法记》，乃论画之语，而列于《法书类》；《吴兴人物志》《河西人物志》，乃传记之流，而列于《名家类》；段成式之《玉格》，乃《酉阳杂俎》之一篇，而列于《宝器类》，尤为荒谬；《金石略》则钟鼎碑碣，核以《博古》《考古》二图，《集古》《金石》二录，脱略至十之七八；《灾祥略》则悉抄诸史《五行志》；《草木昆虫略》则并《诗经》《尔雅》之注疏，亦未能详核。盖宋人以义理相高，于考证之学，罕能留意。樵恃其该洽，睥睨一世，谅无人起而难之，故高视阔步，不复详检，遂不能一一精密，致后人多所讥弹也。"② 但无论如何，发凡新例，独创蹊径，初始为者，势难周全。《四库全书总目》终究还是认为："特其采摭既已浩博，议论亦多警辟。虽纯驳互见，而瑕不掩瑜，究非游谈无根者可及。"③

四、藏书利用

书籍作为记录知识、传递知识的载体，它的功用在于让人阅读，倘若束之高阁，甚至当作奇货可居，就失去书籍本身价值和藏书的意义。而宋代福建藏书家就十分重视书籍的利用，有为治学修身之用，有为教育子孙之用，有为著述、刊刻之用，有为讲学、供人借读、传抄之用，有为朝廷藏书补充之用等等，

---

① 上海古籍出版社，1990 年。
② 中华书局，1965 年，第 448—449 页。
③ 同上，第 449 页。

且利用又往往兼而有之。

1. 藏书为治学修身之用

藏书为治学之器、修身之助。这是为读书治学而藏书的一类。大多数藏书家的聚书、藏书的首要目的，是为了满足自己读书的需要，以藏书、读书自娱。如：陆廞、傅楫、张哿、李夔、章综、朱倬、孙裯、余崇龟、方审权、郑起、刘克永、陈嘉言、傅诚、吕夏卿、邵清、石起宗、苏竦、徐诩、余日华、詹体仁、詹胜甫、郑寅、朱钦则等等。其详细故实见下表：

藏书为治学修身之用故实

藏书家	治学修身故实	文献出处
陆 廞	就学置书数千卷，闭门诵之不休。	《古灵集》卷二十《左侍禁陆君墓志铭》
傅 楫	专用经史自娱，聚书至万卷。	《浮溪集》卷二十六《朝请郎龙图阁待制知豪州赠少师傅公墓志铭》
张 哿	平居卷不释手，自《六经》诸子百氏书，一经目辄成诵不忘下。	《龟山集》卷三十七《张安时墓志铭》
李 夔	平生惟嗜书，无他好。幼学尝苦无书，既仕节衣贬食，而积书之富，至与巨室名家埒。	《龟山集》卷三十二《李修撰墓志铭》
朱 倬	最嗜书，搜访古今图史不遗，博见而强志，天文历数之学，尤所究心。	《鹤山集》卷七十四《观文殿学士左通奉大夫赠特进谥文靖朱文公神道碑》
孙 裯	聚书千卷，藏修息游其间。	《鹤山集》卷八十《孙和卿墓志》
余崇龟	家藏书万卷，出入经史，贯串古今，扁其堂曰"静胜"，徜徉其中，视升沉淡如也。	《万姓统谱》卷八
方审权	家有善和之书，东岗之陂汾曲田。君曰："吾读此、耕此，足了一生矣。"	《后村先生大全集》卷一百六十一《方隐君墓志铭》
郑 起	家不蓄银器及图画玩好，惟聚古今书数千卷，披读不倦。	《福建通志》卷三十四《郑起传》
刘克永	长益刻苦，即所居西辟小斋，空无他物，拥书如山，卧起枕籍之间。	《后村先生大全集》卷一百六十《六二弟墓志铭》

藏书家	治学修身故实	文献出处
陈嘉言	性喜读书……归福州，筑"书隐堂"于斗门山，聚书数万卷，诵习之。	《福建通志》卷三十四《陈嘉言传》
傅 诚	生平自读书外，无他嗜好，所与语者，悉皆好学清介之士。性甘守淡，俸入悉以购书。	《[乾隆]仙游县志》卷三十八
吕夏卿	喜聚书，博览强记，而于历代史尤诙洽。	《东都事略》卷六十五
邵 清	筑室于馆崎先茔之侧，聚书千卷，角巾鹤氅，徜徉其间。	《[民国]古田县志》卷二十七
石起宗	善字画，尤工诗赋，好学不倦，俸余悉市书。尝言："藏书数千卷，胜良田万顷。"	《[民国]同安县志》卷二十九
苏 竦	好古力学，凡所未见之书，必借阅，手抄不辍，博通经史，玩心理学。	《[乾隆]龙溪县志》卷十五
徐 诩	性嗜学，隆冬冱寒，焚膏申旦，尤邃于经，熟于《左氏春秋》《西汉书》，酷好《资治通鉴》。所居不庇风雨，日哦其间，人不见其喜愠。	《诚斋集》卷一二五《朝议大夫直徽猷阁江东运判徐公墓志铭》
詹体仁	生平好学，聚书至数千卷。	《建峰詹氏宗谱》卷一
詹胜甫	筑"涌翠亭"，聚书数千卷，日吟咏其间。	《建峰詹氏宗谱》卷一
郑 寅	寅博闻强记，多识典故。藏书数万卷，编为《七录》。	《[民国]莆田县志》卷二十九
朱钦则	邵武朱公敬之，粹于学而笃于行。早自三馆为御史，为寺卿，出典名藩，尊所闻，行所知，亦无负于为儒矣。	《渭南文集》卷二十一《万卷楼记》

2.藏书为教育子孙之用

藏书家藏书的另一比较普遍的利用是以藏书教育子孙，并留给子孙，希冀他们好学上进。如苏颂、胡安国、刘允恭、方万、刘瓃、林霆、林伸、魏大名、谢洪、余良弼、张式、朱元飞等等。其详细故实见下表：

藏书为教子孙之用故实

藏书家	教子孙故实	文献出处
苏 颂	惟苏氏世，官学以儒。何以遗后，其在此书……非学何立，非书何习。	《苏魏公文集》卷七十二《书帙铭》
胡安国	子寅，安国弟之子，少桀黠难制。父闭之空阁，其上有杂木，寅尽刻为人形。安国曰："当有以移其心。"别置书数千卷于其上。年余，寅悉成诵，不遗一卷。	《宋史》卷四百三十五《胡安国传》
刘允恭	储书数千卷，招致名士，俾其子弟学。	《南涧甲乙稿》卷二十《刘令君墓志铭》
方 万	留意经术，笃于教子，朱子扁其堂曰"一经"。	《南宋文范》卷三《一经堂诗》
刘 玾	聚书教子，校雠课督。	《晦庵先生朱文公集》卷九十二《从事郎潭州南岳庙刘君墓志铭》
林 霆	聚书数千卷，皆自校雠，告子孙曰："吾为汝曹获良产矣。"	《宋史》卷四百三十六《郑樵传附》
林 伸	或曰："盍为子孙计？"伸曰："吾蓄书千卷，苟有贤子孙足矣；不贤多财，适为累耳。"	《莆阳比事》卷六
魏大名	君独益务，收书、教子。	《斐然集》卷二十六《处士魏君墓志铭》
谢 洪	建"经史阁"藏之……力学教子，人目之为书笥。	《莆阳文献》卷二十二
余良弼	为政知大体，每以教化为先，聚书几万卷，自为《序》教子孙。	《[民国]顺昌县志》卷十九
张 式	既老矣，终不肯治田宅，所得禄以置书。曰："吾子业此，足以自活，不然，虽田宅何足"。	《临川先生文集》卷九十二《司封郎中张君墓志铭》
朱元飞	仕官三十年，不营一金产，所得奉给，即买书籍，每部各三本，分遗三子。	《[宝祐]仙溪志》卷四

3. 藏书为著述、刊刻之用

有的藏书家的藏书主要目的是为了著述或者刊刻。

藏书为著述者，有可采摭，必昼夜抄录无倦色。确实，我们不难从古贤先哲的不凡业绩中，找到他们为学文著述而藏书的太多典范。如《宋史》卷四百三十六《郑樵传》说郑樵："好著书，不为文章自负不下刘向、杨雄。居夹漈山，谢绝人事。久之，乃游名山大川，搜奇访古，遇藏书家，必借留读尽乃去。"① 祝穆，"尝往来闽浙江淮湖广间，所至必穷登临。与予有旧，每相见，必孜孜访风土事、经史子集、稗官野史、金石刻、列郡志，有可采摭，必昼夜抄录无倦色，盖为记载张本也。且许异日成编，当以相示，如是者累年。近访予钱塘焉城之竹坡，曰：'编成矣，敢名以《方舆胜览》。'"② 刘弥邵，惟以学古为心，闭门著书等等。正是在藏书提供的丰厚知识基础上，又各自为博大精深的中华文化增添了新的内容，创造了新的财富。

为刊刻而藏书者，其目的有多种。或为补充家藏而刻，或为读书治学而刻，或为发表著述而刻，或为个人兴趣而刻，还有的为存亡继绝、嘉惠士林而刻，也有多种因素并存的，其认识深浅不一，其水平高下不等。不过总的来说，藏书家刻书有两大特点：一是选择优秀底本，这是保证刻书质量的先决条件。底本不佳，难免谬误流传。而私刻主人家藏丰富，保存了较多善本。二是精审校勘，也是保证刻书质量的关键，即使底本再好，在刻书时也会出现新的错误。私人藏书家自身文化素质较高，不少人既是著述家，又是鉴赏家，尤喜考订校勘所刻古籍。如廖莹中，嗜好书籍，广刊经史。其世绿堂所刻九经及韩柳文，仍可见于后世之公私家藏书志。廖莹中诸书，九经本最佳，凡以数十种比较，百余人校正而后成，以抚州萆抄纸、油烟墨印造，其装裓至以泥金为签。且相传其刊书时，用墨皆杂泥金香麝为之，纸宝墨光，醉心悦目。所刻《韩昌黎集》，藏经六、七百年而展卷如新，若未触，真大壤间第一秘宝也。余仁仲的刻本，也为历代藏书家视为珍宝，评价甚高。其刻《春秋公羊传》《春秋穀梁传》二书，书肆苦无善本，谨以家藏监本及江浙诸处官本参校，颇加厘正，可见其校书审慎而严谨，因广泛搜集众本参校，故余仁仲刻本《九经》，才能够在当时就被视为善本，为藏书家们所珍视。

① 中华书局，1977 年，第 12944 页。
② （宋）祝穆编，祝洙补订：《宋本方舆胜览·序》，上海古籍出版社，1991 年。

4. 藏书为讲学、为他人借读、传抄之用

古代私人图书外借与否，见仁见智，不能相强。然而藏书家若能择其人而借之，使其书沾溉多方，则亦士林一大快事。

宋代福建藏书家，多有借书予人之器量，乐于把藏书借供别人抄读。如李明，"弃金购书，与众共之"①。有的甚至建书院学堂，以延四方学者，便利好学之士。如宋咸，"前有讲堂坐席，后有静几明窗。宫墙巍焉，森列百官之富；轮奂美焉，壮观百世之基。揭其扁于楣曰'霄峰精舍'。盖欲于此，积书充栋，图为讲道开来之计……帷手不释卷，凡若子若孙，经生学士云集其门……亦不以老倦而来书眠之嘲也，是其心之所存，惟欲讲明圣贤之道学，培植昌运之人才，而为万世开太平者也"②。陈汝楫，"在宁化兴学校，治复屋，聚经子史氏群书以教其人"③。郑耕老，"筑书堂于木兰坡上，讲学其中，一时名士多从之游"④。黄绩，"筑东湖书堂于望仙门外，而请田于官，春秋祀焉。读约聚讲，如二师在时"⑤等等。而且更有专为缺乏读书条件的贫寒学士着想，辟地招揽就读的学者。无疑，这是一种十分崇高的精神境界。如郑文英，其在巢经楼之侧有尚友斋，欲阅览者甚至可以就居斋中取读。至于藏书家相互之间的借书活动则更为频繁普遍，尤其是在藏书事业较为发达、藏书家相对集中的地区，如福建的莆田。陈振孙仕于莆时，尝传录夹漈郑氏（郑樵）、方氏（方略）、林氏（林霆）、吴氏（吴与）旧书至五万一千一百八十余卷。

5. 藏书为朝廷藏书补充之用

私家藏书历来是官府藏书的一个重要来源，每当改朝换代，新朝甫立之时，朝廷总是要向民间征书，这几乎成为历代朝廷藏书建立或恢复的一条历史规律。私家藏书通过对国家藏书的补充，保存传递前代文化典籍，使原有典籍在更高

---

① 《陇西李氏宗谱》忠部，1996年。

② （明）冯继科修，朱凌纂：《[嘉靖]建阳县志》卷六《霄峰精舍记》，上海古籍书店影印本，1962年，第32页上。

③ （宋）朱熹撰，朱杰人、严佐之、刘永翔主编：《朱子全书（五十二）晦庵先生朱文公文集（六）》卷九十七《朝散郎致仕陈公行状》，上海古籍出版社，2002年，第4521页。

④ （清）郑王臣：《莆风清籁集》卷五，《四库全书存目丛书》本，齐鲁书社，1995年，第345页。

⑤ （明）黄仲昭：《八闽通志》卷四十五《学校篇》，明弘治三年（1490）刻本，第26页上。

层次和更大的范围内得到认可、保存或进一步整理和传播。私家藏书对国家藏书的补充，也是一种私家藏书保存、传布文化遗产的重要形式。

藏书为朝廷藏书补充之用，在宋代表现亦比较突出。宋朝的建立，是经过了五代十国混乱局面，书籍荡焚散佚，甚为严重。据《宋史·太祖本纪》记载：宋太祖乾德元年（963），三馆（史馆、昭文馆、集贤院）藏书仅数柜，计一万二千余卷。平定荆南时，收高氏图书，以充实三馆。乾德三年（965），平定后蜀，右拾遗孙逢吉赴成都收图书一万三千卷。开宝九年（976），平南唐，太子洗马吕龟祥到金陵收图书二万余卷，又收吴越图籍万卷。同时，广泛征集民间藏书，规定凡有献书者，视其书籍价值，如果是馆阁中没有的，就送此人到学士院试问吏理，堪任官职，俱委以官职，如三礼涉弼、三传彭干、学究朱载三人献书一千二百余卷，都被赐以科名。通过接收、征集与献书，开宝年间，朝廷藏书增至八万余卷，为北宋官府藏书奠定了基础。宋太宗以后，也屡屡下诏，搜访民间所藏。士庶献书者，或支绢、或给钱、或补官。

宋代福建藏书家响应朝廷藏书的征集与献书要求，多次多人献书。如吴秘、李东、曾晹夫、方于宝、林光世等等。分别列于下表：

宋代福建藏书家应征捐献故实

捐献者	献书故实	文献出处
吴　秘	庆历初（1041），吴秘献其书于朝。优诏奖之，田况为序。	《郡斋读书志》卷一
李　东	宣和五年（1123），三馆参校，李东进书一百六十二卷，补迪功郎。	《枫窗小牍》卷下
曾晹夫	晹夫，旼子也，献其家所藏书二千卷。	《建炎以来系年要录》卷五十二
方于宝	宋绍兴十六年（1146），应诏进《风骚大全集》一百卷，补迪功郎。	《莆阳比事》卷六
林光世	淮东漕黄汉章上其书于朝，理宗览而惊异，以为先儒所未发，命有司以礼津遣赴阙，由布衣授史馆检阅。迁校勘，历将作丞，知潮州，数迁得提举浙东常平茶盐。景定初，进《嘉言》三十篇，赐进士出身，官至朝请大夫、直秘阁。	《水村易镜·序》

五、藏书保管

藏书的保管是藏书的核心，自古以来之藏书，既有政治原因而遭禁毁，又有由于兵燹的原因而致散佚。早在隋文帝开皇三年（583），秘书监牛弘就曾上《请开献书之路》①，总结典籍散佚的历史原因，痛陈历代书籍之"五厄"：一为秦始皇之焚书，二为西汉末赤眉入关，三为董卓移都，四为刘石乱华，五为梁元帝下令焚书。明代胡应麟在其《少室山房笔丛》中，又续提"五厄"：一为隋末混战，二为安史之乱，三为黄巢入长安，四为靖康之变，五为南宋末伯颜军入临安。历代典籍之劫难，共为"十厄"。当然，除了人为的破坏之外，书籍毁于自然因素的情况亦不少。要言之，自然因素的破坏，有水、火、虫三大害，就以古代私家藏书而论，受损失的情况就很严重。宋代福建私家藏书对于书籍的典藏、保护是十分注重的，注意防潮、防火、防蠹，特别反映在选址造楼、用纸考究、防蠹曝书、备有复本等方面，为后代留下宝贵的借鉴经验。

1. 选址造楼

宋代福建私家藏书的处所，多选址在山岩、水溪之际，这是从书籍之防潮、防火考虑的，且又避离尘嚣，防止给书籍带来意外的损失。如胡安国筑室茔山旁；郑耕老筑书堂于木兰坡上；吴叔告筑书楼于文光岭；陈嘉言筑书隐堂于斗门山；傅诚筑月山书院于月峰山仙岩下；林知筑室吴山之巅，人鲜见之；朱钦则的万卷楼甚至三面皆山；刘允恭筑室塘东；魏大名庐有书楼，水阁竹木；余深建藏书楼于水中央，以防火等。

2. 用纸考究

宋代福建私人藏书家对于书用的纸十分考究。一是考虑其耐久，一是考虑其防蠹，无不体现对书籍的珍重保护。如廖莹中的世綵堂印书，用抚州萆抄纸；黄伯思曝旧书时，得鸡林小纸，此纸坚厚，背面光泽如一，故可两用，黄伯思就用此鸡林纸抄书等等。

3. 防蠹曝书

虫齕确为书籍大患，故藏书家未有不注意辟蠹者。曝书，可以有效地驱杀

---

① （唐）魏徵等：《隋书·牛弘传》，中华书局，1973年。

书蠹。曝书，即在每年适当的季节，通常选在伏天或初秋天高气爽的时候，将藏书从室内取出曝晒。这一活动，由来已久，大约始于晋唐时代，但在宋代最为普遍，几成社会的风俗，这与当时社会书籍数量增多是一致的。如黄伯思于政和丁酉岁（1117）五月二十一日，在丹阳城南第曝旧书；祝穆自撰《南溪樟隐记》也云："剔去蠹鱼，燥以风日。盖兹楼也，检书则登，整书则登，曝书则登。"①

4.备有复本

藏书备置复本，一是出于保护，二是出于借阅需要。此大约始于唐代柳公绰，柳氏所藏书必三本，上者贮库，其副常所阅，下者给学童读。到了宋代藏书备复本则较普遍，惜在宋代福建藏书家备有复本的相关史料记载不多，惟有《［宝祐］仙溪志》卷四记载：朱元飞"仕官三十年，不营一金产，所得奉给，即买书籍，每部各三本，分遗三子"②。

六、藏书楼与藏书印

1.藏书楼

中国古代私人藏书活动始于春秋战国时期，但直至汉以前的私人藏书活动受文献载体和文献复制技术的限制，规模有限，多以"箧"或"车"计，私人藏书家基本没有也没必要修筑专门的图书典藏处所。汉代，随着造纸技术的发明与文献载体质的变化，从根本上改变了书的面貌与数量，私人藏书活动也随之得到了一定程度的发展。据晋王嘉《拾遗记》卷六记载：东汉光武之初，山东人曹曾，家财万贯，"及乱世，家家焚庐，曾虑先文湮没，及积石为仓以藏书，故谓曹氏为'书仓'"③。这当是有关私人藏书家构筑专门藏书处所的最早文献记载。所以，后人常以"曹仓"作为藏书处所的比喻。在唐代以前，由于图书的传布全靠手写抄录，费工费时，收藏数量，终是有限，基本上无须辟专室庋藏，多随居室放置，所以很少有以特别含义命名的专门藏书处所之称。

唐代雕版印刷的开始应用，提高了文献复制和传播的能力，大大促进了唐、

---

① （宋）陈景沂：《全芳备祖》卷十九《杂著》，影印《文渊阁四库全书》本，第446页。

② 清抄本，第7页下。

③ （晋）王嘉：《拾遗记》，上海古籍出版社，2012年，第46页。

五代图书的传播与普及，同时出现了以"书楼"来概括私人藏书处所的这一通用名称。如《旧唐书·田弘正传》记载了唐朝节度使田弘正，聚书万余卷，"于府舍起书楼"①。《新唐书·李磎传》也载，李磎家藏图书万卷，建楼贮之，"家有书至万卷，世号李书楼"②。五代十国时期的私人藏书家季溪因"博学多通，文章季绝，家有奇书，时号'季书楼'"③。另据《旧五代史·罗绍威传》记载，后梁罗绍威"好招延文士，聚书万卷，开学馆，置书楼，每歌酒宴会，与宾佐赋诗，颇有情致"④。

宋代以后，随着雕版印刷技术的普及，私人藏书活动开始进入繁荣期，私人藏书家无论在人数和收藏数量上相应也大为增加。为了便于收藏和保管图书，私人专门用于藏书的楼室相继出现。私人藏书家也试图通过对自己藏书处所的独特命名，来体现自己的文化价值观。"书楼"一词显然过于直白，无法体现藏书家们各自不同的文化志趣和收藏特色，所以自宋以后的私人藏书处所，出现了大量的以某某斋、楼、阁、堂、室、居、轩、馆、舍、屋、房、庄、园、庐、庵、亭、仓、院、处、库、崖、廛、囷、巢、墅、庑、庼、龛、簏等等命名的专用名词。这些藏书处所，被后人通称为"藏书楼"。各种"藏书楼"的称谓，反映了丰富的藏书文化意蕴，同时也体现出藏书家的才学和睿智。藏书楼号，尽管只有那么寥寥几字，却是字字匠心，去取有来由，反映出藏书家不同的志向、情趣、修养、操行、收藏等状况。或借典故佳义、引经据典，或表藏书志向、自抒胸臆，或夸收藏之富、承传先世遗泽，或取字号地居、凸显珍本宝物等等。

宋代福建藏书家也大抵建有自己的藏书楼，这从某种程度上他们的藏书规模，可由此窥得一斑。如上所述，宋代福建私人藏书处所的选址多在山岩、水溪之际，这样有利于保护书籍；另外择在山水秀丽之区，且四周或奇石林立，或松竹萧萧，又可营造一个静心读书的氛围，非唯远避市人尘嚣，抑且启发灵

---

① （后晋）刘昫：《旧唐书》卷一百四十一，中华书局，1975 年，第 3850 页。
② （宋）欧阳修、宋祁：《新唐书》卷一百四十六，中华书局，1975 年，第 4748 页。
③ 转引自任继愈主编：《中国藏书楼》，辽宁人民出版社，2001 年，第 553 页。
④ （宋）薛居正：《旧五代史》卷十四《罗绍威传》，中华书局，2003 年，191 页。

思雅兴。如郑耕老，《莆风清籁集》有其咏书堂《木兰书堂》诗一首：

> 郑子藏书处，柴门碧树湾。开怀溪一曲，养拙屋三间。月色斜侵竹，鸟声迥隔山。辋川多胜趣，何以此潺湲。①

傅诚尝在邑之月峰山下筑月山书院，竟日读书其院。《全闽诗话》卷五载：

> 月峰山上有仙岩，岁旱祷之，宋傅诚筑月山书院其下。王迈诗："山下闻书声，胜似听丝竹。山中嚼书味，胜似饱粱肉。丝竹无趣空有音，粱肉悦口不悦心。月山主人真好事，积书连屋床横琴。直面青天垂阔野，满怀月色娱良夜。群儿诵书鸾鹤鸣，卧而听之神思清。人间乐事天所惜，月山之乐为第一。我看群儿个个奇，腰斤行斫月中枝。伊渠来作月山客，未肯轻和月山诗。"②

其他如：朱钦则的万卷楼，南则道人三峰，北则石鼓山，东南则白渚山，烟岚云岫，洲渚林薄，更相映发，朝暮万能。魏大名庐有书楼，水阁竹木，蔽亏十亩，荷池映带左右。胡安国筑室茔山旁，依杖临水观鱼，淡然无外，营将终身焉。刘允恭筑室塘东，大治其塘，广袤数百尺，旁莳花木，刻石表横塘，植桂百株等等。

由此可知，宋代福建藏书家，除以插架相诺之外，更在秀木芳草、鱼池水塘之布置上，互相争胜。

作为专门庋藏图籍的藏书处所，与其他房屋相比，主要特点在于内部结构的不同。如苏颂"以南轩为书室，设大案，列书史于前，又置小案于椅间，俾象先侍坐，每至夜分，退而记平日教诲之言，作《谈训》百余事"③。宋咸在

---

① （清）郑王臣：《莆风清籁集》卷五，《四库全书存目丛书》本，齐鲁书社，1995 年，第 345 页。

② （清）郑方坤编：《全闽诗话》卷五《王迈》，影印《文渊阁四库全书》本，第 189 页。

③ 同上，卷一，第 1 页上。

建阳建霄峰精舍，"前有讲堂坐席，后有静几明窗。宫墙巍焉，森列百官之富；轮奂美焉，壮观百世之基"[1]。郑文英家有巢经楼，楼之侧建有尚友斋；朱钦则的心远堂架藏未足，又筑楼于第中；而祝穆的南溪樟隐，据其自撰的《南溪樟隐记》云：

> 即其右辟小室，又取朱子所书"岁寒"二大字为匾，以表古樟高致，室仅容膝……虽今而一尘不浸，余盖于此读书以求圣贤焉……其西则筑小楼四楹与厅对峙，又取南轩张子所书'藏书阁'三大字揭匾楼上。[2]

由上可知，宋代的福建私家藏书楼还是比较朴实无华，以实用为主。然祝穆的书楼，似乎尤值一提，也许它未必能代表当时的藏书楼普遍结构，但从"即其右辟小室……其西则筑小楼四楹与厅对峙"的境况来看，将阅室设在楼下、书库设于楼上之格局，宋人已开其端。

宋代福建藏书家专门用于庋藏图书的处所名称，如谢洪"经史阁"，示其藏书特色以经史为多；廖莹中有"世彩堂"，谓其家两度有五世同堂之盛；朱熹的"寒泉精舍"，取《诗经·下泉》中"冽彼下泉"之意（"冽"即寒也）；余深的"环玉馆"，充分考虑到藏书保护功能的私家藏书建筑。还有藏书楼命名缘由，以夸示藏书之富、藏书内容，用藏书楼名表明自己的收藏状况，这也是藏书楼命名的一种方式。因此，"万卷楼""万卷堂"之类的书楼名称，屡见不鲜。如白杜方的"万卷楼"、方略的"万卷楼"、余仁仲的"万卷堂"、张汉杰的"万卷楼"、朱钦则的"万卷楼"等等。当然，有些书楼的命名也不一定是有意炫耀自己的藏书数量，只是为了取整数表示而已。这种数量上的不确切性，是古代行文的惯例。而也有些藏书家干脆就以自己居处的特点来为自己藏书楼取名，如刘允恭筑室塘东，大治其塘，旁莳花木，刻石表横塘，植桂百株，就命名自己的藏书室为"桂堂"。

---

① （明）冯继科修，朱凌纂：《[嘉靖]建阳县志》卷六《霄峰精舍记》，上海古籍书店影印本，1962年，第32页上。

② （宋）陈景沂：《全芳备祖》卷十九《杂著》，影印《文渊阁四库全书》本，第446页。

显然，宋代福建私家藏书楼之命名，也突破了以简单之名字、姓氏、方位的含义，走向表示藏书之富、取景抒怀、托物言志、用典寓意，更深层地反映藏书家与书的特殊心理状态。据笔者知见的文献史料记载来看，宋代福建私家藏书楼的命名情况，具体详见下表：

宋代福建私家藏书楼命名情况

命名原由	藏书家与藏书楼
以引经据典而命名者	朱熹："寒泉精舍"。
以藏书而命名者	祝穆："藏书阁"。
以藏书内容而命名者	方万："一经堂"、方崧卿："丛书堂"、谢洪："经史阁"、徐明叔："五经藏"、郑文英："巢经楼"。
以夸示藏书之富而命名者	白杜方："万卷楼"、方略："万卷楼"、余仁仲："万卷堂"、张汉杰："万卷楼"、朱钦则："万卷楼"、方渐："富文阁"。
以居地景致而命名者	章综："美荫"、刘允恭："桂堂"、詹胜甫："涌翠亭"、余深："环玉馆"。
以藏书楼数量而命名者	李慧："藏六堂"、方于宝："三余斋"。
其他特殊含义之命名者	孙禂："寄隐堂"、余崇龟："静胜堂"、宋慈："自牧"、陈嘉言："书隐堂"、余日华："撷英阁"、朱元飞："归乐堂"、宋咸："霄峰精舍"。

以上所举，是宋代福建藏书楼取名的各种方式。统观上表藏书楼名最后一个字的使用，以"堂、楼、阁"最为普遍。

2.藏书印

在藏书上钤盖印章是中国特有的传统藏书习惯之一。中国古代印章的使用，起源甚早。西汉时期，就已出现了私人印章。为了征信于人，常常在相关的函件上盖上自己印章。章上通常刻有姓名、字、号、乡里、祖籍、藏书处所、官职、鉴别、授受、告诫、记事、言志等内容。私家藏书印章至少在唐代已经开始使用了，如叶德辉《书林清话》曰："吾尝忆及古人藏书印记，自唐至近世，各有不同，而亦同为不达而已。"① 喜欢藏书的名人雅士，无不爱在自己的藏书钤上印章。印章上除名号之外，往往还留有别的文字，用以反映藏书者的人品和气质，让读者感到妙趣横生，韵味无穷。

作为古书的一个组成部分，藏书印还具有以下重要的作用：一是版本鉴别的依据；依据藏书印，可以推知一书的版刻年代。二具提供鉴别版本的线索；依据藏书印，可以判断该书是出自哪个收藏系统。三可了解典籍的递藏和授受源流。除此之外，藏书印本身也有其史料价值和艺术价值。

宋代，随着雕版印刷的广泛运用，藏书日盛，又金石篆刻之学兴起，藏书印鉴随之流行，藏书印风，又有了新的发展。藏章亦渐衍渐繁，一般文人、画家，大都有自刻自用的印章。不过因种种原因，至今可见到的宋代藏书家用印的文献记载，仅寥寥数家，而宋代福建藏书家的用印者，见于记载的则仅清陆心源《仪顾堂跋·续跋》卷十一载："《宋椠启札截江网跋》，前有岁在乙未正月元旦前进士陈元善序，下有颍川二字鼎印，建阳陈氏方印。"② 即陈元善，有建阳陈氏方印。这是个地望印，显示印主的籍贯。

七、家族藏书

聚书不易，散书不难，古代私家藏书都具有易散性。宋代不少藏书家的收藏，曾经盛极一时。他们也都呕心沥血，倍加爱护，相对于官府藏书来说，私家的藏书更加难聚易散，许多私家藏书不过三代而亡，有的甚至散佚于当代。究其原因主要有：或为家道中落，经济拮据，只好卖书糊口；或为子孙不肖，视先世藏书，如同弃物而不知保守，以致散佚流失；或为天灾人祸，以致付诸水火，或毁于战乱等等。故宋末藏书家周密深有感慨地说过："世间万物，未有聚而不散者，而书为甚。"③ 因此，藏书家们往往以藏书为传家宝，教育子孙后代珍惜藏书。在这种影响下，家族中爱书、读书蔚为风气，对书籍倍加珍爱，促进了私家藏书的风气迅速弥漫，越聚越浓，以至出现许多嗜书如命的大藏家，

① 参见叶德辉：《叶德辉书话》卷十《藏书家印记之语》，浙江人民出版社，1998年，第274页。

② （清）陆心源：《仪顾堂跋·续跋》卷十一，中华书局，1990年，第325页。

③ （宋）周密：《齐东野语》卷十二《书籍之厄》，上海书店，1990年，第4页。

他们把藏书甚至作为一生的事业来追求，或普遍地成为几代人为之呕心沥血的事业来传承。

所以，父死子继的家族藏书甚多，这也成为私家藏书的一个重要特点。宋代福建藏书家中，莆田方氏、郑氏等等就是突出的例证。

1. 莆田方氏

宋时的兴化（今莆田），是全国藏书最兴盛的地区之一。莆田方氏在宋代是一个十分兴盛的莆田地方大族，他们聚族而居，是数百年的文献故家，向有好学藏书风气，莆田方氏藏书，遂为闽中第一。李心传《建炎以来系年要录》"绍兴十五年二月丁亥"条载：兵部郎中叶廷珪轮对云："芸省书籍未富。窃见闽中不经残破之郡，士大夫藏书之家，宛如平时，如兴化之方、临漳之吴，所藏尤富，悉是善本。望下逐州抄录。"①叶廷珪所谓"兴化之方"，分居白杜、莆城等处，其中有：白杜方氏、墨林方氏、寿峰方氏、金紫方氏、富文方氏等等，均为藏书之大家族，且所藏不仅数量多，且多善本，弥足珍贵。自北宋皇祐至南宋淳祐间（1049—1252），两百余年中出现了方氏藏书大家多达 10 余人，真称得上为诗书传家、翰墨为业的文献世家。例如：

北宋皇祐间（1049—1053）的方子容，知惠州时，与被贬惠州的苏轼相处甚好。刘克庄《后村先生大全集》云："坡公（苏东坡）贬惠州，南圭为守，相处甚欢。方氏书画多经坡公题品。或为书佛经，或为书史传，往还简帖尤多。其家旧有'万卷楼'，所收坡公遗墨至四百余纸，后羽化略尽。"②

北宋大观中（1107—1110），方子容之孙方略的"万卷楼"。李俊甫《莆阳比事》于"楼名万卷"下注："方略宦达后，所至专访文籍，民间有奇书，必捐金帛求之，家藏书至一千百笥，作万卷楼储之。"③

南宋绍兴年间（1131—1162）的方渐"富文阁"。《重刊兴化府志》载："方渐……所至以书自随，积至数千卷，皆手自审定……郑樵尝就读其书，以诗美

---

① 中华书局，1988 年。

② 卷一百零四《苏文忠公》，第 5 页下。

③ （宋）李俊甫：《莆阳比事》卷六，清嘉庆年间《宛委别藏》本，第 15 页下。

之。"①《舆地纪胜》曰:"方渐,知梅州,尝谓梅人无殖产,恃以为生者,读书一事耳。所至以书自随,积之至千卷,皆手自审定。就寝,多不解衣,林艾轩质之。公曰:'解衣拥衾,会有所检讨,则怀安熟寐矣'。增四壁为阁,以藏其书,榜曰'富文'。"②方渐之孙方于宝的"三余斋"。《莆阳比事》卷六载:方于宝"家有'三余斋',聚书数万卷。宋绍兴十六年(1146),应诏进《风骚大全集》一百卷,补迪功郎③。还有方万的"斗车楼"和"一经堂"。其孙方大琮《铁庵集》称:方万"辟全凤斋以教子,架斗车楼以藏书,创一经堂以垂训……诸公怜才,荐于庙堂,改授行在太平惠民和剂局,命下而卒"④。又云:"和剂公以一经名堂,实藏书万卷。"⑤

南宋淳熙间(1174—1189)的方崧卿"丛书堂"。《莆田县志》载:方崧卿"官至京西转运判官,所得禄赐,半为抄书之费,家藏书四万卷,皆手自校雠"⑥。宋人周必大为方崧卿所撰《京西判官方君墓志铭》也曰:"筑丛书堂,聚书四万卷,手自校雠。尤喜韩昌黎文,奥篇隐帙,搜求殆遍,时时发明。"⑦

南宋嘉定间(1208—1224)的方阜鸣,刘克庄《后村先生大全集》卷一百四十八《方子默墓志铭》载:"父秉白,以孝廉。传家惟书数橱……余先君子与君同研席,君于众儿中顾余独异。余为建阳令,废学久矣,君自江右归,方留钱千万布坊书"。⑧

南宋淳祐年间(1241—1252)的方审权,刘克庄《后村先生大全集》卷一百六十一《方隐君墓志铭》云:"数百年文献故家……家有善和之书,东岗之

---

① (明)周瑛、黄仲昭纂:《重刊兴化府志》卷四十七《人物传》,清同治十年(1871)重刻本,第2页上。

② (宋)王象之撰;李勇先校点:《舆地纪胜》卷一百零二《梅州·官吏》,四川大学出版社,2005年,第3440页。

③ 清嘉庆《宛委别藏》本,第16页上。

④ (宋)方大琮:《铁庵集》卷三十五《判院方公孺人郑氏志》,影印《文渊阁四库全书》本,第1页。

⑤ 同上,卷三十二《方氏仕谱志》,第9页。

⑥ (清)林扬祖纂:《莆田县志》卷二十二,据原稿本抄本,1962年。

⑦ (宋)周必大:《平园续稿》卷三十一《京西判官方君墓志铭》,《丛书集成三编》,台湾新文丰出版公司,1996年。

⑧ 《四部丛刊初编》本,第13页上。

陂汾曲田。君（方审权）曰：'吾读此、耕此，足了一生矣'……君超遥事外，有以自乐。"① 《兴化府莆田县志》也记载了："其（方审权）先世积书甚富，环所居有田若干亩。"②

2. 莆田郑氏一族

莆田郑氏虽没有方氏那样的庞然大族，但他们几代人在目录学、校雠学上做出了杰出的贡献，产生了深远的影响。

北宋崇宁间的郑樵，青年时不应科举，立志多读古人书，尽通百家学问，研究六经，好著书，不为文章，自负不下刘向、杨雄。居夹漈山，谢绝人事，苦读三十年，其后乃游名山大川，搜奇访古，遇藏书家必借留读尽乃去。一生著述丰富，现存的除《通志》外，尚有《尔雅注》《夹漈遗稿》《诗辨妄》《六经奥论》。郑樵既究心图籍，乃将天下古今书籍，分类著录，为《群书会要》二十六卷，广记世间所有之书；《夹漈书目》一卷、《图书志》一卷，记其平生所自著之书；又抄秘省所颁阙书目录，集为《求书阙记》七卷《外纪》十卷。只可惜诸目今均佚，未得其详。

郑樵撰《通志》二百卷，以博洽闻于时，其《艺文略》《校雠略》尤为精心之作。《通志》之《艺文略》与《校雠略》尤为精心之作。其《艺文略》载古今目录所收之书，记载浩繁，至为纤细。我国自有目录以来，俱属部类二级，类下部再细分，始创于郑樵《艺文略》，这是古代图书分类史上的一大突破。其《校雠略》论类例、论亡书、论求书，提出："编次必谨类例""人守其学，学守其书，书守其类""编书必求本末""不类书而类人""人则于书下注姓名""一类之书，当集以书名为标目的书名目录"等，颇多卓见。还有郑樵主张书、图兼收，通录古今，不应遗漏亡佚之作；还总结访求图书的具体"八法"等等。《校雠略》这是古典目录学发展的第一次阶段的理性总结，可供后世研究目录学者之参考，对后世目录著作有着深远的影响。

南宋绍兴间的郑樵之从子郑侨，端重简淡，无他嗜，好收书，陈振孙尝传

---

① 《四部丛刊初编》本，第 16 页。

② （清）林扬祖纂：《兴化府莆田县志》卷二十二，据原稿本抄本，1962 年。

录其书。后又有郑侨子郑寅，博闻强记，多识典故。藏书数万卷，手自校研，编为《七录》，曰经、曰史、曰子、曰艺、曰方技、曰文、曰类，不沿四部之旧，唐以后不分四部而仍《七录》之名者，惟郑寅一家。惜该目已佚，现只能据陈振孙《直斋书录解题》所提及时，略知郑寅分类之梗概，知郑寅不将后之"乐书"列于六艺，盖亦祖述郑樵之例，而改"集"为"文"，并"礼乐小学"入"经录"，并"天文、五行、医方"入"方技录"，故合12类为7类也。此就分类学之观点，亦有合理之发，乃中国隋唐以来图书分类学的一个特色。

3. 其他家族藏书

其他家族藏书或沿袭三、四代，或沿袭两代，主要是父子或祖孙相传。例如：

（1）李夔——李纲——李东，祖孙三代。

北宋庆历间邵武李夔，宋代著名理学家杨时《龟山先生全集》称其："平生惟嗜书，无他好，幼学尝苦无书，既仕节衣贬食，而积书之富，至与巨室名家埒。"[①] 其子李纲有《梁溪集》，其中《寓轩记》载："尝试晨起而坐于轩上，取佛菩萨语而观之，否则取经史百家而参订之。"[②] 又曰："梁溪寝室之侧有小轩焉，以为燕居食息之所。竹书葱茏鸣禽，上下窗明几净，清风徐来，梁溪欣然悦之，因名之曰'拙轩'……独拙参订群书务贪奇，祇可自娱古今之变。"[③] 可见，李纲所藏经史百家书甚富。又李纲之族孙李东。《枫窗小牍》卷下记："宣和五年（1123），三馆参校，李东进书一百六十二卷，补迪功郎。"[④] 可知李东曾于宣和五年（1123），响应朝廷号召，进呈所藏图书一百六十二卷，与三馆参校，被赐召为补迪功郎。

（2）李慧——李明，父子两代。

莆田李慧"有楼六所，收藏制敕诰命与经史文书，舍田租五十亩，坐兴教、

① （宋）杨时：《杨龟山先生集》卷三十二《李修撰墓志铭》，清康熙四十六年（1707）刊本，第7页上。

② （宋）李纲：《梁溪集》卷一百三十二《寓轩记》，影印《文渊阁四库全书》本，第529页。

③ 同上，卷一百三十二《拙轩记》，第530页。

④ （宋）袁氏：《枫窗小牍》卷下，影印《文渊阁四库全书》本，第224页。

望江等处，与囊山寺递年办祭，为子孙谒墓"①。慧子明，"号石芹居士，性敏静有容，敦尚孝友，结交名士，设义学延名师以训子及里之秀颖者，弃金购书，与众共之。尝闻人贫穷则济，时称积德君子"②。宋代著名藏书家、目录学家陈振孙仕于莆田时，尝传录李氏父子的藏书。

（3）林霆——林光世（林霆曾孙），祖曾孙四代。

北宋政和年间（1111—1117）的莆田林霆，《宋史·郑樵传》附云："同郡林霆，博学深象数，与樵为金石交。林光朝尝师事之。聚书数千卷，皆自校雠，谓子孙曰：'吾为汝曹获良产矣'。"③可见其藏书之富。其曾孙林光世，通经尤好《易》。《水村易镜·序》云："家学渊源，编览藏书，因《易》十三卦，取法乾象者，著为图说，名曰《易镜》。"④知林光世家学渊源，祖曾孙四代，代代有藏书。

（4）刘偁——刘麟，父子两代。

北宋宣和六年（1124），建安刘麟刊刻中唐诗人元稹的文集《元氏长庆集》，乃据其父刘偁的手泽编辑而成。其《元氏长庆集·序》云：《新唐书·艺文志》载其当时君臣所撰著文集篇目甚多……唐人之文亡逸者多矣。元微之尤盛名于元和长庆间，观其所论奏，莫不切当时务，诏诰、歌词自成一家，非大手笔，曷臻是哉！其文虽盛传一时，厥后浸亦不显，唯嗜书者，时时传录，不亦甚可惜乎！仆之先子（刘偁），尤爱其文，常手自抄写，晓夕玩味，称欢不已。盖惜其文之工而传之不久且远也，乃者（刘麟）因阅手泽，悲不自胜，谨募工刊行，庶几元氏之文。"⑤

（5）刘玶——刘学箕，父子两代。

崇安刘玶，聚书教子，校雠课督，皆有程品。子刘学箕无所嗜好，少日有书画之癖，酷爱书籍，爱书画、爱典籍、爱菖蒲，几朝吟暮，坐列数百轴画，

---

① 李瑞廉等编：《陇西新浦李氏宗谱》李氏世系第17，莆田市李富祠新浦李氏海内外修谱理事会，1996年，第108页。

② 转引自范凤书：《藏书家莆田李氏小考》，《文献》2006年第2期。

③ 中华书局，1977年，第12944页。

④ （宋）林光世：《水村易镜序》，清同治十二年（1873）粤东书局刻本。

⑤ 上海古籍出版社，1994年。

对数千卷书。可见其父子两代，所藏典籍及各种字画甚多。

（6）苏颂——苏象先，祖孙三代。

北宋天禧年间（1017—1021）同安苏颂，其孙苏象先《谭训》记云："祖父（苏颂）在馆阁九年，家贫俸薄，不暇募佣书，传录秘阁书籍。每日二千言，归即书于方册，家中藏书数万卷，秘阁所传者居多。祖父自维扬拜太一宫使归乡里，是时叶公梦得为丹徒县尉，颇许其假借传抄，叶公每对士答复言炙之幸。其所传写，遂为叶氏藏书之祖云。"又记："祖父（苏颂）取平日抄，分门类，令子孙辈传写，几二百册。古今类书莫及焉，常云门类最难撰名。"《谭训》还记录了苏颂与宋神宗的一段谈话："神宗问祖父：'卿家必有异书，何故父子皆以博学知名？'祖父对曰：'臣家传朴学，惟知记诵而已。'上曰：'此尤难也。'祖父云：'吾收书数万卷，自小官时得之甚艰。又皆亲校手题，使门阁不坠，则此文当益广，不然耗散可待，可不戒哉'。"其书室情况，苏象先在《谭训序》中亦略言及："象先自少不离祖父之侧。元祐丙寅（1086），祖父为天官尚书，居西冈杨崇训之故第。祖父以南轩为书室，设大案，列书史于前。又置小案于椅间，俾象先侍坐，每至夜分退而记平日教诲之言，作《谭训》百余事。"

苏颂孙苏象先通目录学，《丞相魏公谭训》卷四云："祖父谒王原叔，因论政事。仲至侍侧。原叔令检书史，指之曰：'此儿（苏象先）有目录之学。'"

（7）魏颖——魏大名，祖孙三代。

北宋元祐间（1086—1093）建阳魏颖，藏书甚富，湛浸简帙。其孙魏大名当在其祖父藏书的基础上，继续搜罗典籍，庐有书楼，水阁竹木，蔽亏十亩，荷池映带左右。

（8）杨亿——杨纮，父子两代。

《东都事略》卷四十七记载："（杨）亿晚年颇留意释典，有文集一百九十四卷，别有《西昆酬倡》等集。又手录时人所作，为《儒苑时文录》数十篇。"[①] 其子杨纮聚数万卷，手抄事实，名《窥豹篇》。

（9）余崇龟——余日华，父子两代。

仙游余崇龟，家藏书万卷，出入经史贯串古今，有"静胜堂"。余崇龟子

---

① 影印《文渊阁四库全书》本，第4页。

余日华嗜读书，在父余崇龟藏书楼"静胜堂"的基础上，就所居又构"撷英阁"以藏书，卷轴益富，藏书万卷，杂以法书名画，日坐其间，以自娱。

（10）曾旼——曾晜夫，父子两代。

宋陈骙《南宋馆阁录》记载尤溪曾旼藏书时说："绍兴二年（1132）四月，诏分经、史、子、集四库，仍分官日校。有曾旼家藏书二千六百七十八卷"。① 清初王士禛《香祖笔记》亦载："历数宋代藏书家藏书之富者，亦有曾旼彦和"。② 据此可知，曾旼乃宋代藏书家，收藏四部之书二千六百七十八卷，且多手自雠校。曾氏藏书，后为其子曾晜夫将其家藏书二千卷献于朝廷。

八、历史贡献

宋代福建的私家藏书活动对于古代典籍收集、保存、整理、校勘、著录、提要、传抄、刊刻、传承文化、培养人才、促进学术等作用是多方面的。概而言之，约有以下五点：

1. 保存图籍，传流后世

明末清初，著名学者、藏书家黄宗羲在《南雷文案》卷二《天一阁藏书记》曾说过："藏书非好之与有力者不能。"即要成为藏书家必须具备两个基本条件：一是须具有一定的文化素养且爱好书籍，即有嗜书之情，好书之心，求书之愿，这是藏书家的内在修养；二是须有相当的家产和收入，即有购书之力，整书之费，藏书之屋，这是藏书家的物质基础；二者缺一不可。因为不同时具备这两个因素，世间多少有钱者并非都是藏书家；反之，又有多少爱书、需书的穷困学者，欲书而无大力，始终也不能成为藏书家，真是莫大憾事。宋代的福建多数藏书家为了搜求典籍，竭资尽力，节衣缩食，甚而弃产典当，百般访求。或选购于市场，或抄录于故家，或收拾于散乱，或抢救于战火。既收而有之，又留心于保存、整理、流传、刊布。世乱转移于僻地，临亡叮嘱于子孙。防水、防霉、防火、防鼠、防蛀、防盗、防散、防佚、修补、曝晒，更是劳心

---

① （宋）陈骙、佚名撰，张富祥点校：《南宋馆阁录·续录》卷三《储藏》，中华书局，1998年，第21页。

② （清）王士禛撰，湛之点校：《香祖笔记》卷十一，上海古籍出版社，1982年，第226页。

劳力。所以，众多古籍经过一代代福建藏书家辗转递藏，才能流传至今，实乃历代藏书家们的一大功德。可以说，凡是在中国书籍史上占有一席之地的珍本书、善本书、抄本书和孤本书，大部分都是经过历代藏书家之手辗转保存下来的。《宋史》卷二百零二《艺文志一》称：宋代文献，"大凡为书九千八百十九部、十一万九千九百七十二卷"。传于今者，虽仅十之三四，然已视前代为多。宋代三馆，履遭焚毁；而文献之得以保存至今者，岂非私家藏书兴盛，有以致之乎！

在购书、抄书的同时，大量的藏书家还喜欢刻书，以便进一步搜集保存文化典籍。刻书家的刻书活动对保存和传播古代文化起到了极大的推动作用。以宋版书为例，至今具有不可磨灭的传统文化价值。

总而言之，今天保留下来的宋版珍稀典籍，每一种每一册都是历经众多的藏书家之手，如接力赛一般层层递传下来的。尽管在递传过程中，因种种天灾人祸可能毁损惨重，但这恰恰又说明了藏书保存的极大不易与艰巨。从上述宋代福建藏书家的种种藏书活动及其历史作用来看，的确是筚路蓝缕、功不可没。

2. 校雠众本，是正舛误

古代典籍在漫长的历史传承过程中，难免会出现或疏于记事的失实，或忽于抄写刊刻之贻误，甚而全书流失。藏书家在其藏书的活动过程中，不乏善校雠而订正，勤辑佚而汇聚。众所周知，校雠工作起始于汉代著名学者、目录学家刘向与刘歆父子。其《别录》云："一人读书，校其上下得谬误，为校；一人持本，一人读书，若怨家相对，为雠。"刘向与刘歆在大规模整理汉朝的国家藏书过程中，主要做了备众本、删重复、订脱误、谨编次的工作。尔后的历代藏书家，在整理所藏的过程中，大都将其奉为圭臬，孜孜以求，循规蹈矩，乐在其中。他们基本以自家藏书为校勘对象，或孤军奋战，或相互切磋，长年累月地进行着无休无止的校书工作。可以说藏书校勘是藏书家普遍、也是最艰巨的日常性工作之一，不知有多少的藏书家默默无闻地于陈编烂简中，乐此不疲，老死无悔，这便是典籍文化的精神力量之所在。历代藏书家辛勤校勘古籍、补阙订讹的事例，实在不胜列举。仅在宋代的福建藏书家中，以藏书校勘闻名于世者，便在少数。例如：杨徽之、苏颂、郑樵、章甫、朱倬、方崧卿、方渐、林霆、郑寅、曾旼、黄伯思等等。其中尤以郑樵为一大家，著有《校雠略》。又方渐校雠之严肃态度，使人不能不钦佩："所至以书自随，积之至数千卷，皆手自审定。就寝多不解衣，林艾轩质之，公曰：'解衣拥衾，会有所检讨，则怀安熟寐矣。'"① 精校出善本，流传至今的历代典籍，其字里行间无不浸透着藏书家的心血汗水。他们一生，重金购藏、广收异本、比勘同异、考定是非、类次归属、撰写书录、编制目录、传流后世、世代相袭、功德无量。

3. 传抄流通，嘉惠士林

历代藏书家本人利用自己的收藏与研究，已是硕果累累，有目共睹。而且不少的藏书家还通过向公众、社会的开放形式，使一家之藏为众人所用，极大地扩大了典籍的受众面，促进了知识的传播，有利于人才的成长和学术研究的深入。宋代福建藏书家，多有借书予人之器量。更有甚者，部分藏家不以庋藏珍稀为秘，无私提供底本以供抄写，使一些欲绝如缕的珍稀典籍，由此而复制出更多的副本。在古代通讯、交通俱不发达的条件下，通过许多人的辗转借抄，一本书不仅可以化作百数十本，还可以跨越时空的阻隔而四处传播。仅从借抄来看，历代几乎所有的藏书家都借抄过书，许多人借抄的书数以千、万卷计。他们或抄自官藏，或源自私家，或源自书院；或亲自动手，或雇人代劳，千方百计，孜孜以求。而借抄的目的，或其初衷仅为丰富和增加自己的藏书，但成百上千的藏书家，经年累月地抄写，积少成多，聚沙成塔的效应何等之大！无数双抄书的手，好似一架永不停歇的印刷机，为我们这个文明古国源源不断地生产出无数的抄本典籍。这种"无意插柳柳成荫"的效应，极大地丰富了民间私藏，增加了我国典籍抵御天灾人祸能力，以致当许多典籍的刻本毁灭绝迹时，惟赖抄本书的存在而得以再续流传。上述宋代福建藏书家的孜孜不倦的大量传抄事迹，业已深深地铭刻在中国古代的藏书史乘之中了。

4. 刊布善本，辑印丛书

五代后蜀毋昭裔由藏书而刻书，开了一个漂亮的先例。宋代开始，全国的刻书业已趋鼎盛，形成了四川、浙江、福建三大刻书中心。其中蜀最早、浙最精、闽最多。宋代福建的刻书，最闻名于世的是建阳的麻沙和崇化，书坊林立。时人祝穆的《方舆胜览》把印本书籍列为当时建宁府的"土产"，"号为图书之

---

① （宋）王象之撰，李勇先校点：《舆地纪胜》卷一百零二《梅州·官吏》，四川大学出版社，2005 年，第 3440 页。

府"①。这期间，福建的藏书家中多有热衷于书籍刻印者，如廖莹中、余仁仲等，既是藏书家，又都是书坊大户。他们各自利用庋藏的典籍、富足的资财、娴熟的技艺、丰富的经验，刻印了品种繁多、质量不一的图书。廖莹中，嗜好书籍，广刊经史。其世綵堂所刻《九经》及韩柳文，仍可见于后世之公私家藏书志；而所刻《韩昌黎集》，藏经六、七百年而展卷如新，若未触，真大壤间第一秘宝也。余仁仲的刻本，也为历代藏书家视为珍宝，评价甚高。其刻《春秋公羊传》《春秋穀梁传》二书，书肆苦无善本，谨以家藏监本及江浙诸处官本参校，颇加厘正，可见其校书审慎而严谨，因广泛搜集众本参校，故余仁仲刻本《九经》，在当时就视为善本，为藏书家们所珍视。藏书家刻书应该说是古代印刷史的一个特色和好传统，对于我国历代典籍的延续与传播，有着不可估量的作用。宋代福建私家刻书的另一大特色，就是以个人撰著的丛书和地方文献的刊刻。他们为保存和传播了古代文献，特别是福建古代地方文献，做出了不可磨灭的贡献。

5. 补益国藏，充实书库

古代藏书事业的各个系统之间有着必然的、或多或少的关联与相互影响，尤其是在两个主要的系统，即官府藏书与私家藏书之间。历史上从汉到清，历朝交替，政权更迭的战乱时期，国家藏书无不遭受严重的毁散，新朝国家藏书的重建，又无一不是从私家藏书得到大批征献而得以恢复。历代建国初向民间屡次征书，即是官府藏书获取私藏支持的例证，这一点在宋代表现尤为突出。宋经过五代混乱局面，书籍荡焚散佚。太宗以后，屡屡下诏搜访民间所藏。士庶献书者，或支绢、或给钱、或补官。宋代福建藏书家响应国家藏书的应征要求，多次多人献书。例如：吴秘在宋庆历初，"献其书于朝，优诏奖之"②。李东，宣和五年（1123），在三馆参校，"进书一百六十二卷，补迪功郎"③。曾晶

---

① （宋）祝穆：《宋本方舆胜览》卷十一《建宁府·土产·书籍行四方》，第127页，上海古籍出版社，1991年。

② （宋）晁公武撰，孙猛校证：《郡斋读书志校证》卷一，上海古籍出版社，1990年，第33页。

③ （宋）袁氏：《枫窗小牍》卷下，影印《文渊阁四库全书》本，第224页。

夫"献其家所藏书二千卷"[①]。方于宝"绍兴十六年（1146），应诏进《风骚大全集》一百卷，补迪功郎"[②]。林光世"淮东漕黄汉章上其书于朝，理宗览而惊异，以为先儒所未发，命有司以礼津遣赴阙，由布衣授史馆检阅。迁校勘，历将作丞，知潮州，数迁得提举浙东常平茶盐。景定初，进嘉言三十篇，赐进士出身，官至朝请大夫、直秘阁"等等[③]。

---

① （宋）李心传:《建炎以来系年要录》卷五十二，中华书局，1988年，第926页。

② （宋）李俊甫:《莆阳比事》卷六，清嘉庆年间《宛委别藏》本，第16页上。

③ （宋）林光世:《水村易镜·序》，清同治十二年（1873）粤东书局刻本。

第三章　元代福建私家藏书的沉寂

第一节　私家藏书沉寂的政治、经济与文化背景

一、政治背景

南宋末年，蒙古兴起于北方草原，在其杰出领袖成吉思汗的领导下，迅速崛起，先是统一了蒙古高原，继而四处扩张，先后消灭了金、西夏、西辽、花刺子模等强国，又以铁骑向西征战俄罗斯，进而深入欧洲，攻抵现今的波兰、匈牙利等地，其武功之强劲、兵势之凌厉，震撼全世界，在很短的时间内就建立起一个横跨欧亚大陆的强大帝国。后帝国分裂为四个汗国，其中立足于中国本土的政权即元朝，其疆域"北逾阴山，西极流沙，东尽辽左，南越海表"[①]，是中国历史上疆域面积最大的朝代。在蒙古军队所征服者中，宋朝无疑是其中坚持时间最长、也给他们造成最大麻烦的对手，在长达四十年的时间里，宋朝军民凭借着长江天险与长期战争中积累下来的丰富的守城经验，抵挡住了蒙古军队的强大攻势。但由于长期战争的消耗以及朝廷政治的败坏，作为长江天险最要关口的重镇襄阳，经过五年的围困终于宋咸淳九年（1273）被元军攻破，自此宋朝已无险可守，完全暴露于元军的铁骑之下。其后元军水陆并进，终于宋景炎元年（1276）攻克临安，宋朝灭亡。但不愿意投降元军的一些民族志士南下闽广，并以之为根据地，继续抵抗蒙古军队。这些民族志士以其坚强的意志，苦撑危局，抵挡住元军一波又一波猛烈的攻击，要誓死守住大宋江山的最

---

① （明）宋濂等：《元史》卷五十八《地理志》，中华书局，1976年，第1345页。

后一片国土。但双方实力差距明显，元军陆续攻占建宁、邵武、福州和泉州等地，景炎二年（1277），最终攻克漳州，自此福建全境皆被元军占领，福建从此成为元朝的领土。

元军入闽之初，屠杀掳掠，无恶不作，对福建的社会和经济造成了巨大的破坏，给福建人民带来了深重的灾难。元以前，福建一直是北方动乱之时逃难人民的"世外桃源"，从晋、唐到南宋，无数的中原人士入闽，促进了福建社会经济与文化的大发展。但这次元兵入境却使得八闽大地无数百姓，或被无辜杀害，或被掳为奴隶，幸存的百姓则大量逃亡，致使土地荒芜，福建户口大大减少。如明何乔远《闽书》卷三十九《版籍志·户口》记载，南宋嘉定十六年（1223），福建有户数 1599214，元代福建户数仅为 700817[①]，仅等于南宋嘉定户数的 43.4%，这些数字虽然不一定准确，但人口锐减的趋势则是可以肯定的。在古代，这是对社会生产力的严重破坏。随着人口的减少，元初福建的耕地面积也有明显地减少。如宋代福建宁德县有耕地 2848 顷 92 亩，元代只剩下 1340 顷 92 亩[②]。宋代福建永福县有田 2828 顷 35 亩，元时减至 1594 顷 20 亩[③]。

元代，福建行中书省，或置于福州，或移于泉州，或并入江西、江浙；又曾改为行尚书省，设官与行中书省同。元代，福建共分为 8 路 2 州 46 县。元代为维护蒙古贵族特权，对各民族进行分化，实行民族歧视和民族压迫政策，把社会民众分为四个等级。第一等为"蒙古人"，包括原来蒙古各部的人；第二等为"色目人"，包括西北地区各少数民族及中亚、东欧来中国的人；第三等为"汉人"，包括原金统治下的各族及契丹、女真、渤海、高丽及早期被蒙古征服的四川、云南两省的人；第四等为"南人"，包括了原南宋统治下的汉族及其他民族。同时规定这四个等级的人，在政治、法律权利和经济负担上的不平等地位。福建属于最后被元朝征服的南人，所处的社会地位最为低下。元朝政府控制福建全境后，鉴于福建是南宋抗元的重要根据地，故而管制极严，为了镇压

---

① 福建人民出版社，1994 年。

② （清）卢建其纂修：《[乾隆]宁德县志》卷四《赋役志·土田》，清乾隆四十六年（1781）刊本。

③ （清）俞荔等纂修：《[乾隆]永福县志》卷三《赋役志·土田》，清乾隆十三年（1748）刊本。

各族人民的反抗，维护其统治，在福建驻扎有重兵。包括闽人在内的"南人"不得集体打猎，不得执有弓箭等武器，不得举行宗教活动，甚至连拳术也不得传学。至元二十一年（1284），福建行省准中书省咨定："如有习学相扑，或弄枪棒，许诸色人等告首是实，教师及习学人，并杖七十七下。"[①]在科举上，蒙古人由科举授官者，一开始就委任六品官，而色目人、汉人、南人则递降一级。在政府机构中，法律规定蒙古人任正职，南人只能充任副职。

二、经济概况

古代中国是一个以农业立国的国家，历代的统治者都将农业视作国家统治的根本，给予最大程度的重视，在这方面蒙古统治者也不例外。元世祖"以农桑为急务"，多次颁布禁令，禁止诸王贵族因田猎践踏田亩以及废耕田为牧场。中统元年（1260）设劝农官。次年（1261），又设劝农司，派劝农使赴各地考察农业发展情况。至元七年（1270），又成立司农司，主管全国农业水利建设。还遍求古今农书，编成颇具使用价值的《农桑辑要》一书，对于元代恢复农业生产发挥了一定的作用。农业能否得到发展，与水利设施的建设息息相关，元代统治者也重视水利建设。在福建，总管郭朵儿、张仲仪和达鲁花赤八的儿相继组织人力，对莆田木兰陂工程进行整治，减少山水入海的流量，引水灌溉田地，使得莆田北部平原成为沃野。南安县尹张夒督工在县南垒成"万石陂"，修成之后，溉田万余顷。

元代福建农业比较突出的发展是棉花的广泛种植。至元二十六年（1289），元政府下令在浙江、江西、福建、湖广等地置木棉提举司。随着棉花的广泛种植，元代福建的棉纺织业兴盛，棉布生产不仅产量高，福建每年可向朝廷输纳棉布十万匹。棉布的质量亦称上乘，元人胡三省就曾说过："自闽广来者，尤为丽密"[②]，故而畅销国内，小有名气。而福建的丝织品也不遑多让，其中又以官办的文绣局最为知名。元代诗人范德机曾作《闽州歌》云："去年居作匠五千，

---

① 《大元圣政国朝典章》卷五十七，《续修四库全书》第 787 册，第 556 页。
② （宋）司马光：《资治通鉴》卷一百五十九《梁纪》胡三省注，中华书局，2012 年，第 5027 页。

耗费府藏犹烟云"①，可见其丝织品规模之大。

元代造船、雕版印刷承宋代之余，续有发展。元代出征日本、爪哇，从福建征用了大量的船舶。据陈衍《[民国]福建通志·通纪》记载，元代至元二十六年（1289），泉州所统的海船竟达15000多艘②。伊本·白图泰游历泉州时，看到的元代泉州海船是："人船有十帆，至少是三帆……每一大船役使千人……建造的方式是，先建造两堵木墙，两墙之间用极大木料衔接。木料用巨钉钉牢，钉长为三腕尺。木墙建造完毕，于墙上制造船的底部，再将两墙推入海内，继续施工。这种船舱桨大如桅杆，一桨旁聚集十至十五人，站着划船。船上造有甲板四层，内有房舱、官舱和商人舱。"③其规模之大，确实令人惊叹。

元代福建建阳的刻书，除宋代旧铺外，又增加一批新书坊，至今可考的有著名的余志安的"勤有堂"、刘君佐的"翠岩精告"、刘锦文的"日新堂"、叶氏"广勤堂"、虞氏"务本堂"等10多家。元代，福建刊刻的一些大型图书在当时的全国也是罕见的。如郑樵的《通志》二百卷，祝穆的《事文类聚》一百七十卷，《朱子语类》一百四十卷等。

元代开始，福建的制糖业日渐发达。元政府曾在福建设立糖局，专司糖业生产。当海外的"蔗糖加树灰凝固法"传入我国之后，福建莆田、仙游等重要蔗糖生产区，随之广泛地采用了这项生产新技术，大大地加速了蔗糖的生产过程。后来，闽南人发明了"黄泥覆盖脱色法"，简化了红糖脱色转白糖。这是中国炼制白糖技术的一次大革新。据说，此为人类发明使用离心机之前的一种最为简单有效的白糖脱色法。

元代福建的陶瓷业也有所发展。独领风骚的建阳水吉窑黑瓷，在宋代繁盛的基础上，入元犹盛，直至元末以后才逐渐停烧。德化的青白瓷也是宋代基础上的继续发展，成为元代福建颇具特色的一种瓷器，俗称"影青"。其中，屈斗宫窑址的大量青白瓷，都是在元代烧造的。尤其是德化屈斗宫窑址所产的"军

---

① （元）范德机：《范德机诗集》卷四，影印《文渊阁四库全书》本，第1208册，第105页。

② 民国十一年（1922）至二十七年（1938）刊本。

③ 〔摩洛哥〕伊本·白图泰：《伊本·白图泰游记》，宁夏人民出版社，1985年，第490—491页。

持"①，大量出口东南亚一带，为研究我国南方古代各类型窑炉的演变与发展，提供了十分有价值的参考实物。

农业和手工业的恢复与发展，逐步促进了元代的福建商品经济。在国内市场，由于元朝的大一统，从福建抵达北方的航道重新得到起用，福建的商品得以进入北方地区，使得福建商品在国内的市场大为扩展。在国际市场上，福建更具有举足轻重的地位。相较于宋代，元代福建的对外贸易，无论在范围上还是在贸易量上都大大增加，所以元代特别重视航海事业与对外贸易活动。

早在至元十四年（1277），即元政府占领泉州的第二年，就在泉州设置市舶司（后改称为市舶提举司），福建成为对外通商的主要口岸。如果把宋人赵汝适的《诸蕃志》与元人汪大渊的《岛夷志略》中有关贸易的记载进行比较，不难看出，较之宋代，元代与福建有贸易关系的国家和地区大为增加，多了今中南半岛、印尼、南亚、西亚等10多个国家的30多个地方。外销商品的数量和种类也更多。如外销的陶瓷有青瓷、青花瓷和陶器，器型有碗、罐、瓶、壶、埕、瓮、罍、坛等。大量销往海外的纺织品，仅从泉州出口的布类就有印花布、青布、花布、五彩布、五色布、丝布、红棉布等；锦类有锦、丹山锦等；缎类有色缎、青缎、五色缎等；绢类有细绢、山红绢、色绢、狗迹绢、红绿绢等。元代进口商品与宋代大致相同，仍以香料、药物为大宗。其次是各种宝货、各色食品。与宋代略为不同的是各国布匹的大量输入，如八丹布、阇婆布、麻逸布、占城布、甘理布、八都刺布、八节那间布、巫仑布、西洋布、竹布、印布等。

元代的泉州港依然以其地理优势和港口条件，成为元代的东方第一大港，保持繁荣，梯航万国，中外商人云集，货物堆积如山，吸引无数的外国客商慕名而来。

元代，福州成为仅次于泉州的福建第二大海外贸易港口。早在宋代以前，福州就开辟了海外航线，如曾任福州太守的蔡襄，在其所著的《荔枝谱》中记道："舟行新罗、日本、琉球、大食之属，莫不爱好。"② 元代，著名旅行家马可

---

① "军持"是梵文"knudika"的音译，意为"水瓶"，原为佛教僧侣用以饮水或洗手的器物。

② 《全宋文》卷一〇一九《蔡襄》，巴蜀书社，1992年，第205页。

波罗经过福州时，看到闽江"停泊着大批的船只，满载着商品"，"许多商船从印度驶达这个港口。印度商人带着各色品种的珍珠宝石，运来这里出售，获得巨大的利润"[①]。

三、文化特色

蒙古贵族在以武力统一全国后，也开始向汉人学习治国之道，实施了一系列尊经崇儒、兴学立教、科贡并举、举贤招隐的文治措施。元仁宗皇庆二年（1313），一度中落的科举考试重新举办，自此以后至元朝灭亡的近60年间，仅举办了七次进士考试，录取的人数也很少。元代科举制度与其民族政策相同，"蒙古人"与"色目人"同榜，"汉人"与"南人"同榜。"汉人"与"南人"同榜，共录取进士300余人。其中闽籍士子76人，占"汉人"与"南人"榜的25.3%，按人口比例计算，福建进士的录取率还是高于其他各省的"汉人"与"南人"。元代开始，科举以"经义""经疑"为题述文，出题范围限制在《大学》《中庸》《论语》《孟子》"四书"之中，并以朱熹章句集注为圭臬。

当然，从元代开始，由于全国的政治文化中心再次北移，福建文化的发展速度亦随之放慢。教育方面，元代福建基本上保持了宋代各地方官学，书院则有所发展。元初，作为抗元的主要基地，福建许多士人崇尚民族气节，不愿就读官学仕元，往往入私办书院学习，使得书院比较兴旺。如熊禾，入元后誓不仕宦，隐居武夷山，筑洪源书堂、武夷书堂，从事讲学著述。面对这个局面，元政府也采取了较为明智的做法，没有进行强力的干预，而是以官办书院、赐田、委派山长等方式对私人书院进行渗透。后来，福建的一些书院开始走向官学化。一方面官府兴办书院，另一方面将原有的一些私人书院"列为学官"，由官府任命山长，待遇与学官同，或报归官府备案。如浦城的西山书院，是元祐初南宋理学家真德秀的裔孙真渊子所建，延祐四年（1317），行省准奏由朝廷命名，列为学官。元代，福建一大批书院仍与理学有关，保持着讲学授徒、自由问难与学术研究的特点。虽然，书院的官学化

---

① 陈开俊等译：《马可波罗游记》，福建科技出版社，1981年，第191页。

对学术的自由产生了一定的不良影响，但它以赐田作为书院的经费来源，在一定程度上保障了书院的经费来源，活跃了社会文化，推动了元代福建教育事业的发展。当时的福建城乡，普遍设立社学，对基础教育的普及，发挥了重要的作用。

从南宋末年至元代，福建朱子学逐渐发展到全国，朱子学的地方色彩开始淡化。元初，福建朱子学者大多数坚持民族气节，隐居山泽不仕，从事教育和学术活动。他们强调躬行，注重实学，从不同方面阐发朱子学说。当时福建朱子学人才济济，知名者有建阳的熊禾，宁德的陈普、韩信同、陈自新，闽县的吴海，同安的丘葵，长乐的欧阳光、郭堂、敖继公，莆田的刘有定、陈旅，邵武的黄镇成、黄清老，建瓯的张复、雷杭、郑仪孙等。其中熊禾、陈普、吴海等学术成就与影响甚大。

众所周知，元代文学以曲最富有特色。但是，元代福建文坛却仍以诗为主，其原因大致有二：一是福建偏于东南一隅，距元曲活动的中心地区甚远；二是福建的文人自宋以来受理学的影响很深，正统观念强，对于大都盛行的北曲，大江南北盛行的南曲，不感兴趣，心理上有抵触。因此，元曲这一新兴的文学形式，对福建的影响甚微。元代民族矛盾尖锐，福建绝大部分文人不满蒙古族的统治，他们采取不合作的态度，寄迹樵渚，隐居乡间，以终身不仕元廷，来作为对元统治者的抗争。这类文人中以黄镇成、洪希文、释大圭为代表，他们创作的文学作品，或抒发亡国的忧愤，或反映民族压迫和民生疾苦，或描述山水风光和田园生活，或宣扬遁世思想和隐逸生活。还有一部分文人，如闽中"四名士"的卢琦、陈旅、林泉生、林以顺等，他们虽然为官仕元，但也不时流露出对元民族歧视政策的不满、宦途的艰险和淡淡的亡国哀思。元代闽籍文人中地位最高的是杨载、虞集、揭傒斯、范梈，他们合称为"元诗四大家"。杨载与黄清老开闽诗复古之端。

元代，福建大部分画家与郑思肖一样，受民族气节的传统观念支配，作画往往以兰梅竹菊、山水等为题材，来表达悲恨和清高。元代建安版画题材丰富，画面生动多样，雕刻精美，不少作品流传至今，具有较高的艺术价值。

随着各国商人的来泉，以及元政府在宗教上实行兼容的政策。元代，天主教兴于福建。泉州设立也里可温掌教官，专门管理教务。天主教方济各会派也有很多传教士来泉州传教。近几十年来，在泉州相继发现了 20 余方元代也里可温石刻。印度教在元代也得到传播。据考古发现，当时泉州的印度教寺至少有两座。摩尼教在泉州也占有一席之地，晋江华表山麓的草庵摩尼教寺，至今保存着元至正年间所刻的摩尼光佛的石座像，这是目前全国仅有的。

由于宋末元初福建是抗元的主要基地之一，惨烈的战乱给福建的私家藏书带来了深重的灾难。不仅没有发展，反而遭受了极大的厄运。宋时先贤的丰富典藏，毁于一旦，世家藏书，承传无门。再加上一些其他原因，许多私家庋藏，散佚殆尽，令人叹息不已。例如：仅莆田一地而言，宋以前莆为避兵之地，至宋末有唆都之屠城，元有亦思法杭的兵乱，则民间藏书之存也鲜矣。景炎二年（1277），元军攻陷兴化，城中的公私图书多毁于战火。元至正二十年（1360），仙游县文庙藏经阁也毁于兵乱，两年后虽重建，但自宋代以来的藏书业已大量散失。而历经数代人的积累的莆田李氏"藏六堂"藏书，则因一场火灾，其几代人的心血顷刻化为乌有。自此之后，在中国古代私家藏书史上有着举足轻重的莆田私家藏书，遭此重创之后，再也不复其盛了。

第二节　私家藏书的低谷与区域特征

如上所述，宋末元初惨烈的战乱给福建的私家藏带来了深重的灾难与极大的厄运。福建各地的藏书世家，数十百年的丰厚积聚，毁于一旦，散佚殆尽，令人叹息不已。与宋代福建私家藏书全盛的局面相比，元代福建私家藏书地进入了逆向发展的低谷时期。

一、元代福建私家藏书的低谷

元代福建私家藏书进入了低谷的具体原因：首先以社会条件而论，私家藏书的发展需要有一个较为稳定的政治环境。因为只有一个稳定的政治环境，才能使人民安居乐业、各司其职，才能促进经济的繁荣发展，稳定有力地支撑社会财富的创造与积累，从而为藏书家的购书与藏书活动，提供必不可少的生活保障与经济基础。元代福建的政治环境，明显并不具备这样的社会条件。众所周知，在福建的历史发展过程中，元代之前福建基本上没有经历过长期大的战乱，偏安东南一隅，社会经济随着时代的发展而稳步提升。到了元代则是福建历史上一个相当动荡不安的年代。元初的福建，在以蒙古人、色目人为主体的官僚统治机构中，贪官污吏遍地，苛捐杂税横行，底层人民生活于水深火热之中，不甘压迫的百姓群起反抗，在福建各地掀起一轮又一轮的起义浪潮。在各地起义和官军镇压的恶性循环中，局势骚动不安，战火纷飞弥漫，人民流离失所，基本的生存需求都难以得到保障，私家藏书事业自然根本就无从谈起。其次，以人文条件而论，私家藏书的发展还需要在全社会形成一种尊重知识、尊重文化的社会氛围。在这样的社会氛围下，人民重视知识与文化的价值，相应地对于承载知识与文化的书籍也给予了特别的珍爱，从而不惜花费重金四处访求。然而，元初统治者起于大漠，轻视文化，入主中原以后，其行事虽有所改变，采取了一些重视文教的措施，但他们在骨子里依旧对于中原的礼乐文明充满了偏见和歧视。因此，有元一代，汉族知识分子的社会地位普遍低下，社会上甚至有"九儒十丐"之说。低下的社会地位，一方面打击了人们从事文化事业的热情，减少了知识分子的数量；另一方面也从根本上动摇了知识分子的经济基础，削弱了知识分子的文化实力，作为私家藏书主体的知识分子数量既少又穷困潦倒。更为重要的是，对于知识分子的贬损，打击了社会对于文化的热情，一个缺少对文化的尊重的社会人文环境，势必对作为文化承传最主要、最直接载体的典籍，视若废物，无足轻重。基于上述的这种元代福建的社会与人文条件，福建的私家藏书遂不可避免地进入了逆向发展的低谷时期。

当然，元代福建尽管面临着以上种种的不利条件，但元代福建还是出现了一些藏书家。据笔者知见的文献史料记载，元代福建具有一定藏书规模的藏书家仅有：蒋易、詹天麟、赵希直、黄仲元、郑构、黄方子、吴海、释大圭、张见独等9位。其中詹天麟、郑构、黄方子从仕，蒋易、赵希直、黄仲元、吴海隐逸未仕，释大圭为僧人，张见独是道士。与宋代福建有明确文献记载的藏书家达到107人相比，其数量相差，可谓悬殊。但是，如果考虑到元代统治时间从1271年至1368年，其短短不过百年，与宋代近三百年的统治时间，的确也是不可同日而语的。何况，在元初的很长一段时间里，福建民间的抗元斗争一直持续不断，社会大都动荡不安，能有9位具有一定藏书规模的藏书家也在情理之中。为了进一步了解见于文献记载的元代福建藏书家的情况，我们先对其当时的社会身份状况进行统计分析：

元代福建藏书家身份状况表

职业情况	官员	隐逸未仕	僧人	道士
人数	3	4	1	1
比例%	33	45	11	11

从上表有文献史料记载的元代福建仅有的9位藏书家身份分析，也可大致推知：

首先，元代福建藏书家中任职官员者较多，在整个元代福建藏书家中所占的比例较大。这一方面与官员社会地位较高，有关他们的生平事迹、藏书著述的资料较多有关，另一方面中国古代奉行"学而优则仕"，故任职为官员这一般有着较高的文化素养，同时官员的收入较高，使他们具备了较强的经济实力，从而有意愿也有能力大量购买价格不菲的书籍。

其次，元代福建藏书家中隐居不仕者占据了最大的比例，这在其他朝代是比较少见的。究其主要原因，南宋灭亡之后，一些不愿意投降元军的民族志士南下闽广，并以之为根据地继续抵抗蒙古军队。这些民族志士以其坚强的意志苦撑危局，抵挡住元军一波又一波猛烈的攻击，要誓死守住大宋江山的最后一片国土。但由于双方实力差距明显，最终福建全境皆被元军占领。元军入闽之初，屠杀掳掠，无恶不作，对福建的社会和经济造成了巨大的破坏，给福建人民带来了深重的灾难，福建各地掀起一轮又一轮的反抗元军的起义浪潮。元初大量的民族志士，耻于入仕而隐居。他们或隐居于山林，或投身于寺观。但隐居生活的寂寞孤独是令人难以忍受的，正如曾隐居于武夷山的杜本所言："然每一俯仰之际，辄思平生所与交者，皆海内名士。或道德之高深，或文章之雄雅，或政事之明达，或翰墨之神奇，或节操之坚峻，或信义之昭白，或谈论之流综，或考核之精审，或出处之慎重，或神情之闲旷，乃皆在于神京大府、湖江之外，不得相观以成志，宁不有所思耶"。① 在这种状况下，只有通过书籍才可以排解这种孤独所带来的忧苦。因为"盖六经载圣人之道，与夫百家子史所录。开极以来，明圣之君，昏暴之主，忠良、孝义、贞信之士，酷虐贪秽之吏，是非善恶之迹，以及天官地志、礼乐制度、律历名数、龟筮医方、营缮种艺、方言野录、仙佛变化之事，附以崖镌野刻、塔寺宫庙、彝鼎柱石、井臼墟墓，诡异之辞，悉次于是。庶开卷而有得，亦可谓益者之友，则虽亲旧之交远，江海之迹疏，然神会于文字之间，犹能友于千古，况同一寰宇而并世者哉"②。于是在孤独的隐居生活中，他们只能醉心于学术，日以藏书、读书自娱。

第三，从表中我们还发现其中僧道亦占有了一定的比例。这与元代佛教与道教的兴盛有关。元朝对于佛教、道教的重视甚于儒学，尤其统治者对佛、道，尊崇有加，王公贵族们还经常施舍钱粮，从而使僧道们具备了较强的经济实力，用以从事藏书活动。与此同时，元代佛教与道教的繁荣也影响到士大夫，许多文人儒士热衷于佛理道学，甚至主动投身于佛寺道观。即使身在寺观，也仍然保有作为儒士时对于书籍的喜好，热衷于收藏图书。

二、地域特征

从已知有文献史料记载的元代福建仅有的 9 位藏书家所分处的地区情况及其特征如下表：

元代福建藏书家地区分布

地区	建宁	福州	莆田	泉州
人数	2	2	3	2
比例%	22	22	34	22

从上表可以看到，已知有文献史料记载的元代福建仅有的 9 位藏书家，集中地分布于建宁、福州、莆田和泉州四地，虽莆田为最多，然四个地区之间差

① 石光明、董光和、杨光辉主编：《中华山水志丛刊·山志卷》（34）《武夷山志》卷十四，线装书局，2004 年，第 231 页。

② 同上。

距很小，分布较为均衡。这从一个侧面也可反映出元代福建各地区经济、文化的发展情况，体现了这四个地区在元代福建经济、文化中的地位。这种状况的形成，既有其历史原因，也有其地域的因素。

首先，虽然元初在福建的统治一直不太稳固，但各地的抗元起义主要还是发生于西南的邵武、汀州和漳州等地。元政府在建宁、福州、莆田和泉州四个地区的统治还是相对比较稳固的，从而为这些地区的私家藏书的发展提供了较为稳定的社会环境。

其次，建宁、福州、莆田和泉州这四个地区，历来就是福建省内经济发达、文教昌盛的地区。以科举为例，宋代无论是进士的数量还是状元的数量，以上四个地区都分居前四位，后虽经宋元易代战争的摧残，但这四个地区在科举上的优势依旧没有削弱。据陈衍的《［民国］福建通志·科举志》所录的元代福建科举名录情况来看，元代福建进士最多的地区是福州路，计有45人；其次建宁路33人，兴化路15人，延平路11人，泉州路3人。当然，科举的中式状况也仅仅是评价地区文化发展的指标之一，加之元代福建科举配额稀少，因此其代表意义并非典型。而学者构成了各个地区文化的根基，也是私家藏书的主要人群。若以各地学者的数量作为比较的另一参数，或亦可再窥见一斑。林拓曾根据《宋元学案》《闽中理学渊源考》《闽中理学源流》等有关闽学学术史文献，并参考了相关的福建方志，统计出元代福建各地学者的数量。其结果表明元代福建学者数量从多到少分别为：福州23人，建宁18人，兴化（莆田、仙游）13人，泉州11人，分居福建各地的前四位，从中可见元代这四个地区在福建的文化地位[①]。

第三，莆田地区为最多，更有其历史的传统。众所周知，两宋时期，莆田人杰地灵，英才辈出，读书和藏书风气特盛，后人以"文献之邦"而称之，并在中国古代私家藏书史上产生了很大的影响，尤其是在福建私家藏书史上有着举足轻重的地位。虽然也遭受了元初兵火的重创之后，再也不复其盛。但其民间读书和藏书之风气，依然承传了下来。

---

① 参见林拓：《文化的地理过程分析》，上海书店出版社，2004年，第104页。

第三节　藏书家及其藏书活动

据笔者知见的有文献史料明确记载其藏书活动的元代福建藏书家仅有：蒋易、詹天麟、赵希直、黄仲元、郑杓、黄方子、吴海、释大圭、张见独等 9 位，兹一一缕述如下：

1. 蒋易

蒋易，生卒年不详，字师文，号橘山真逸，建阳人。曾从隐居于武夷山的杜本游，遍交天下知名士。又与崇安蓝智兄弟，多所唱和，居武夷山数年。天性聪明，笃信好学，工诗善文。著有《鹤田集》《榕阴诗话》等。《建宁府志》称其"肆笔为文，汪洋滂沛，直追古作，左丞阮德柔分省于建，礼致幕府，待以上宾之礼"①。时人黄镇《鹤田集·序》还称其"博萃未见，书藏于家者至数万卷"②。可见蒋易不仅是一名学者，同时也是一个藏书家与刻书家。元至元五年（1339），蒋易刻印的唐诗选《极玄集》上、下卷，行世有宋姜夔评点本，清人何义门曾据此刻本评校。傅增湘的《藏园群书题记》卷五称其"字画颇精致，元板之善者也"③。蒋易刻书之余，又从事编辑活动，"博极群书，篇磨句定，手自删录"④。编有记录宋元以来建阳地方史料的志书《潭阳文献》和元朝诗选《皇元风雅》三十卷。

2. 詹天麟

詹天麟（1281—1348），字景仁，崇安人。武夷月厓书堂圣人詹光祖之三子。延佑中（1314—1320），以文学辟用，历官浙江宪幕府，迁抚州总管。史载其"先世藏书甚富"⑤，"归里筑万卷书楼于九曲之平川"⑥。亦与杜本、董仲达友善，将

---

①　（清）张琦修，蔡登龙纂：《建宁府志》卷三十四《文苑》，清康熙三十二年（1693）刻本，第 32 页下。

②　李修生主编：《全元文》第 36 册，江苏古籍出版社，1999 年，第 510 页。

③　《国家图书馆藏古籍题跋丛刊》第 25 册，北京图书馆出版社，2002 年，第 716 页。

④　（清）张琦修，蔡登龙纂：《建宁府志》卷三十四，清康熙三十二年（1693）刻本，第 32 页下。

⑤　（清）郝玉麟等监修，谢道承等编纂：《福建通志》卷五十一，清乾隆二年（1737）刻本，第 50 页上。

⑥　石光明、董光和、杨光辉主编：《中华山水志丛刊·山志卷》（34）《武夷山志》卷十七，线装书局，2004 年，第 290 页。

"万卷书楼"作为他与杜本（字清碧）、董仲达等隐士联袂读书处，后人曾在其原处兴建儒林祠。"日夕与杜清碧剖析疑义，天下名流，以事过闽者，辄造其庐。"[①] 可见其藏书有万卷之规模，且有先世庋藏之遗存。

3. 赵希直

赵希直，生卒年、字号均不详，晋江人，宋宗室里第。《[乾隆]泉州府志》载其"藏书赢于巷市，悉丹铅点，定遍读之，尤以善诗闻。张以宁称其：'短章清妍妥适，长篇滔滔汩汩，简断而思溢，人不足已独多也'"[②]。有《诗集》传世。

4. 黄仲元

黄仲元（1231—1312），字善甫，号四如。莆田人，黄绩之长子。年少丧母，然已工举子业，乡校屡占魁亚。宋咸淳七年（1271），登辛未科进士第。廷对以直言忤时宰，调监瑞安教务。德祐二年（1276），充益王府撰述官。景炎改元（1276），改刑、工部架阁，转朝奉郎，国子监簿，兼福建路招捕使司都参议官，皆不赴。

宋亡归隐山中，不与世接，更其名曰渊，字天叟，改号四如，以韵乡聱翁彦安为称，人称韵乡老人。自幼穷居稽古，深入理奥，精于学问，承其父志。史载："少刻志，读濂洛关闽及父绩所传潘陈二家书，自取邵雍《善人吟》，以四如为号。绩喜曰难难，但勿过饮斯称耳。绩撰《近思录义类》未脱稿，仲元日夕删补，同邑方澄孙极器赏之。"[③]

黄仲元嗜书如命，广罗典籍，"力自韩柳欧曾文外，手抄二百四十二家"[④]。题于集后，妄意贬剥，文学为时推重。晚年在家乡教授诗书为业，是宋末元初莆田著名文人、藏书家。著有《四如集》《经史辨疑》等。

5. 郑杓

郑杓，生卒年不详，字子经，郑侨之玄孙，郑寅之曾孙，仙游人。元代著

---

① 郭可光编：《闽藏书家考略》卷上，郭氏白阳书室抄本。

② （清）怀荫布修，郭赓武、黄任纂：《[乾隆]泉州府志》卷五十四《文苑传》，清乾隆二十八年（1763）刊本，第 37 页。

③ 陈衍等纂，魏应麒续纂：《[民国]福建通志》卷三十八，民国二十七年（1938）刻本，第 18 页下。

④ （元）黄仲元：《四如集》卷四《寿藏自志》，影印《文渊阁四库全书》本，第 1188 册，第 680 页。

名书法家，善大字，工八分，精小学，著《衍极》，论篆籀以及书法之变。与陈旅为文字友，尝客龙溪。泰定中（1324—1327），任南安县教谕。著有《春秋解义览古》，编有《夹漈余声乐府》，又有《衍极》五篇、《衍极记载》三篇。据明人何乔远《闽书》记载："福建宣抚使齐伯亨采而上之，即城东第宅作衍极堂，以藏其书。"[①]

6. 黄方子

黄方子，生卒年不详，字潜刚，莆田人。南宋黄仲元从子，博学强记。曾掌摄武城学职三载，官训导。好收藏图书，著述甚富，约有数十种，著有《论语通义》《东家书目》，曾为蔡元镇《西园倡和集》作序，另有《文稿》一卷。

7. 吴海

吴海，生卒年不详，字朝宗，号鲁客，闽县（今福州）人。博学广闻，精研理学。元季以学行称，为林泉生、王翰推重，隐居不仕，生平以教书为业。其"先世藏书颇多"[②]，曾"采摭古今孝子、顺孙、节妇、列女与兄弟之相友爱、娣姒之能和睦者，附以感应祸福"[③]，编成一书，以教育乡里。生平"虚怀乐善，有规过者，则欣然立改"[④]，故自名所居为"闻过斋"。明朝初年，福建官吏欲推荐于朝廷，后又打算征召他入史馆编修史书，吴海也坚辞不就。死后祀乡贤祠。著有《闻过斋集》八卷行世。

8. 释大圭

释大圭，俗姓廖，生卒年不详，字恒白，号梦观，泉州人。自幼习儒学，擅诗文，后遵父意入开元寺为僧。博极群书，贯通儒释，藏书颇多，所居之处"插架漫多书"[⑤]。《闽书》卷一百三十七载其尝自云："不读东鲁论，不知西来意。"[⑥]为文简严古雅，诗尤有风致。著有《梦观集》《紫云开士传》。

① （明）何乔远：《闽书》卷七十八，福建人民出版社，1994 年，第 2377 页。

② （元）吴海：《闻过斋集》卷一，影印《文渊阁四库全书》本，第 1217 册，第 153 页。

③ （清）李清馥：《闽中理学源流》卷四十二，影印《文渊阁四库全书》本，第 460 册，第 494 页。

④ 同上。

⑤ （元）释大圭：《梦观集》卷四，影印《文渊阁四库全书》本，第 1215 册，第 250 页。

⑥ 福建人民出版社，1995 年，第 4082 页。

9. 张见独

张见独，生卒年、字号均不详，正一道道士，藏书颇多。元朝名士袁桷在《送陈道士归龙虎山序》中云其："居室靓邃，滋兰艺松，藏善本书盈庋，督教其弟子，恂恂卑让，见之者必知为其徒也。"①

第四节　私家藏书的文化特色及其历史贡献

元代福建藏书家的藏书虽然处于一个低谷的历史时期，但基于一个比较特殊的历史时期，除了上述的藏书家身份多隐逸未仕者及其藏书地区分布的特色之外，也还是有些许自身的文化特色及其历史贡献。

一、私家藏书的文化特色

1. 藏书之来源

元代福建藏书家的藏书主要有以下三个来源：

（1）继承先世家族之旧藏。

宋元易代之际，福建是抗元的主战场，坚持的时间亦最久。战火无情，许多宋代的世家藏书毁于兵燹匪盗，如景炎二年（1277），元军攻陷兴化，城中的公私图书多毁于战火。元至正二十年（1360），仙游县文庙藏经阁也毁于兵乱，两年后虽重建，但自宋代以来的藏书业已大量散失。而历经数代人的积累的莆田李氏"藏六堂"藏书，则因一场火灾，其几代人的心血顷刻化为乌有。但仍有一些藏书家或僻居于战火不曾波及的深山之中，或幸运躲过受战火洗礼，藏书得以保全，从而使藏书得以传于后世子孙。元代福建的一些藏书家就出于这样的家庭，先世遗留的这些书籍就成为他们丰富藏书的基础。如著名学者詹天麟，乃是宋元两代建阳著名刻书书坊武夷月厓书堂圣人詹光祖之三子，故其"先世藏书甚富"②。著名学者吴海亦是如此，其"先世藏书颇

---

① 李修生主编：《全元文》第23册，江苏古籍出版社，1999年，第215页。
② （清）郝玉麟等监修，谢道承等编纂：《福建通志》卷五十一，清乾隆二年（1737）刻本，第50页上。

多"①，其中仅医书就有数十种。他还利用先世留下的这些医书，治好了自己久治难愈的痼疾。

（2）节衣缩食，广泛购求。

自宋代以来，随着雕版印刷术的普及，全国性的图书贸易日益发展，购买书籍成为藏书家获取图书的一个重要手段，在藏书家的库藏中占有越来越重要的地位。与詹天麟、吴海等人不同，元代福建有不少的藏书家并没有像他们那样雄厚的家族藏书，又或者曾经有过但在历次的战火中散失了，他们就只能节衣缩食，向外购求，形成自己的藏书。元代福建著名学者黄仲元，早年旅食在外时，就曾"倾囊买异书归"②。

（3）倾力抄写，孜孜以求。

在雕版印书出现以前，书籍很难获得，读书人要想得到所需要的书籍只能通过借抄来实现。随着印刷术的出现和发展，印本书籍大量流通，一定程度上缓解了书籍短缺的问题。但是印本书籍价格昂贵，某些珍贵书籍稀缺难见，因此还是有许多人利用抄写的方法来获得图书。嗜书如命，广罗典籍的黄仲元，即有"手抄二百四十二家"③的经历。

2. 藏书之校雠

所谓校雠，始于汉代文献学家刘向，他在《别录》中说："一人读书，校其上下得谬误，为校；一人持本，一人读书，若冤家相对为雠"。古语有云："书三写，鲁为鱼，帝为虎"，图书在历经多次辗转抄写或刊刻后，难免由于抄写或刊刻中的贻误而出现错讹，故书非经校勘无以称善本。对于每一个有能力的藏书家来说，出于对书籍的热爱和对文化传承的责任感，他们都会将校书纠误视作一项义不容辞的职责，欣然投身其中。即使校勘书籍是一项相当相当艰巨也相当乏味的工作，需要藏书家付出巨大的时间和精力，也不会阻挡他们努力践行的步伐。可以说对藏书进行校勘是藏书家生活中最为平常但也是最艰巨的

---

① （元）吴海：《闻过斋集》卷一，影印《文渊阁四库全书》本，第1217册，第153页。

② 李修生主编：《全元文》第8册，江苏古籍出版社，1999年，第412页。

③ （元）黄仲元：《四如集》卷四《寿藏自志》，影印《文渊阁四库全书》本，第1188册，第680页。

日常性工作之一，他们或孤军奋战，或与人合作，经年累月地进行着枯燥繁杂的校书工作。但他们本着对典籍负责，对子孙负责的崇高的使命感，毫不言苦，始终乐此不疲地默默埋首于陈编烂简中，从事着这种为人作嫁衣的苦差而毫无怨言，至死方休。当然校书者并不限于藏书家，但藏书家往往追求所藏者为善本，故校书时多能持精密谨慎之态度，而出之以勤勉，故所校之书质量往往较高。元代福建藏书家在这方面也不例外，如：著名学者蒋易，刻书之余，又从事编辑活动，"博极群书，篇磨句定，手自删录"①。诗人赵希直，酷嗜藏书，其"藏书赢于巷市"，对于所看之书则"悉丹铅点，定遍读之"②。

3.藏书之利用

首先，藏书为治学之器，修身之助，古代文人士大夫乐于购书、藏书，其首要目的就在于满足自身读书的需要，以藏书、读书自娱。在有关元代福建藏书家的材料中不乏这样的记载，如元代泉州开元寺著名僧人释大圭，他在《茅屋》一诗中写道："茅屋阴阴水北村，满床书卷一桐孙。雨声长在黄梅树，四月来时不出门。"③描绘了他在梅雨季节杜门读书的情景。再如元代诗人洪希文在诗作《幽居》中，曾这样描写自己的隐居生活："柴门掩断径生苔，坐阅东君几往回。看尽床书无客到，残花风送过墙来。"④著名学者黄清老，不赴任三山书院山长，乃"携书入深山之中"，其所居之处"一室萧然"，他则以"图书自乐"⑤。

其次，元代福建藏书家也乐于利用藏书进行著述与刊刻。著名学者蒋易，有藏书至数万卷，他利用这些藏书编写了记录有宋元以来建阳地方史料的志书《潭阳文献》，还编辑出版了元朝诗选《皇元风雅》三十卷。同时他还是个刻书家，至元五年（1339），他刻印了唐诗选《极玄集》上下二卷，为宋姜夔评点本，清何义门曾据此刻本评校。

---

① （清）张琦修，蔡登龙纂：《建宁府志》卷三十四，清康熙三十二年（1693）刻本，第32页下。

② （清）怀荫布修，郭赓武、黄任纂：《[乾隆]泉州府志》卷五十四《文苑传》，清乾隆二十八年（1763）刻本，第37页。

③ （元）释大圭撰：《梦观集》卷五，影印《文渊阁四库全书》本，第1215册，第259页。

④ （元）洪希文撰：《续渠轩集》卷八，影印《文渊阁四库全书》本，第1205册，第130页。

⑤ 李修生主编：《全元文》，江苏古籍出版社，1999年，第40册，第225页。

二、历史贡献

元代福建私家藏书的发展虽进入了低谷，但藏书家的那股嗜书如命的热情并没因此而减弱。他们在极为不利的生活条件下，依然保有着对书籍的痴迷与热爱，倾尽毕生心血购书、聚书、读书，努力承传着中华民族的珍贵传统典籍文化。尽管他们为之费尽心力的所藏，最终能够流传世的可能寥寥无几，但他们对藏书的热爱以及对中国传统藏书文化的传承，就像黑暗中的一点星火，为明清时期私家藏书的大发展奠定了历史基础，创造了不可或缺的承传条件。因此，其历史贡献，亦有值得一提之处。概而言之，元代福建私家藏书的历史贡献至少有以下两点：

1. 元及元代以前的典籍庚续而递传

中华民族拥有悠久的历史和辉煌灿烂的传统文化，作为传统文化主要载体的中华典籍更是汗牛充栋。由于在中国历史上不断上演的朝代更替以及随之而来的战乱、和平时期专制统治者的文化专制、以及防不胜防的水火虫害等自然灾害，都造成大量古代文献的散佚。在历史的长河中，千百年的沧海桑田，中华典籍经历了多少的书厄，或丧于易代，或毁于战乱，或失于禁毁，或损于虫害，几多火烧雨打风吹去！即便如此，也仍然有大量的典籍历经劫难而流传于世，其中部分珍稀典籍可谓欲绝如缕、寥若晨星，各代藏书家的贡献居功至伟。可以说现在我们能见到的大部分古籍文献，都是经过历代藏书家的手而辗转保存下来的。如果没有他们殚精竭虑的四处搜求，为此不惜节衣缩食、甚而弃产典当；如果没有他们劳心费力的收藏保管，今日将会有多少的珍贵典籍不复可见，中华文明的光辉也将黯淡多少，藏书家对中华民族文化的传承所做的贡献不可估量。仅从这一点上看，元代的福建藏书家在那种特殊的历史时代与社会人文的背景下，依然如故，孜孜以求，历经千辛，执着庋藏，从而为典籍文化的承传贡献了不可磨灭的历史功绩。

2. 促进了元代典籍的再生产

书籍的作用在于它能启发人的思考，从而产生新的思想成果。因此，历代藏书家不仅重视书籍的收藏，还重视对于所收藏书籍的利用。他们在读书治学的探索过程中，常常会利用自身所拥有的藏书，用以著述、选集和汇编等形式创造出新的典籍，为中华传统文化添加新的时代内容与财富。而这些新的典籍又将催生更多的书籍，中华文明也由此得以生生不息。在这一方面，元代福建的藏书家也做出了自己的贡献。例如：著名学者蒋易，作为一个藏书家成绩斐然，一生集聚的书籍达数万卷，同时也热衷于利用藏书刊印书籍。曾利用所藏，编写记录了宋元以来建阳地方史料的志书《潭阳文献》，还编辑出版了元朝诗选《皇元风雅》三十卷等。

第四章　明代福建私家藏书的复兴与繁荣

第一节　私家藏书复兴与繁荣的政治、经济与文化背景

一、政治因素

元明易代，兴废之际，残阙盖多。明初统治者为了尽快稳定对全国的统治，在行政建置上做出了较大的调整。在中央官制不再设相职，实行千余年的封建朝廷的宰相制度被摧毁了。废中书省，设内阁大学士，掌实际上的宰相职权，并以六部直接对皇帝负责。

明初曾沿袭元朝的行省制，但明洪武九年（1376），改行省为承宣布政使司。承宣布政使司下，改元朝的路为府和直隶州，成为地方主要的二级行政结构。府以下有县和属州，各州以下有县，形成了一个省府州县四级制与省州县三级制并存的地方行政机构。其长官以都指挥使司、承宣布政使司、提刑按察使司等"三司"，来三分各地的军政司法权力。后又逐渐被地方巡抚制度所接掌，巡抚常常成为各地的最高长官。明代在全国设 15 个承宣布政使司。福建置承宣布政使司，领福州、兴化、建宁、延平、汀州、邵武、泉州、漳州 8 府和福宁州，分辖属县 57。其中福州领闽县、侯官、长乐、福清、连江、罗源、古田、闽清、永福 9 县；兴化府领莆田、仙游 2 县；建宁府领建安、瓯宁、建阳、崇安、浦城、松溪、政和、寿宁 8 县；延平府领南平、将乐、沙县、尤溪、顺昌、永安、大田 7 县；汀州府领长汀、宁化、上杭、武平、清流、连城、归化、永定 8 县；邵武府领邵武、光泽、泰宁、建宁 4 县；泉州府领晋江、南安、同安、惠安、安溪、永春、德化 7 县；漳州府领龙溪、漳浦、龙岩、长泰、南靖、漳平、

平和、诏安、海澄、宁洋 10 县；福宁州领宁德、福安 2 县。由于明代在福建承宣布政使司下，置有福州、兴化、建宁、延平、汀州、邵武、泉州、漳州 8 府，"八闽"之称，遂由此而起。

明初自推翻了元朝的统治之后，即于洪武四年（1371）开始推行十分严厉的海禁政策。其最初之目的，是为了剿灭仍然盘踞在东南沿海岛屿上的张士诚、方国珍等残部，以及防止国内外力量勾结。永乐定都北京之后，则主要为了防止建文帝的势力可能复辟。明初实行的严厉海禁政策，直到嘉靖年间愈加严重的倭寇与海盗事件频发不断之后，才引起了明廷朝野的有关禁海问题的争论。直到明穆宗继位后，明朝进入了隆庆时代。隆庆元年（1567）二月，明穆宗登基不到一个月，就诏告群臣说："先朝政令不便者，皆以遗诏改之。"① 福建巡抚许孚远遂上奏称："闻诸先民有言：市通则寇转而为商，市禁则商转而为寇。禁商犹易，禁寇实难，此诚不可不亟为之虑。"② 并引其前任福建巡抚都御史涂泽民"用鉴前辙，为因势利导之举，请开市舶，易私贩而为公贩"③ 的具体措施，建议开始调整严禁民间私人海外贸易的政策。明穆宗当即批准了这一奏请，宣布解除海禁，允许民间私人远贩东西二洋，史称"隆庆开关"或"隆庆开禁"。民间私人的海外贸易获得了合法的地位，东南沿海各地的民间海外贸易，尤其是福建沿海的民间海外贸易进入了一个新时期。明朝的对外贸易也因此而出现了一个比较开放繁荣的局面，"于是四方之贾，熙熙水国，剖䑸艅分市东西路，其捆载珍奇，故异物不足述。而所贸金钱，岁无虑数十万，公私并赖，其殆天子之南库也"④。可惜好景不长，万历以后，因种种原因，又开始重申海禁之策了。从洪武之初的海禁直至隆庆年间开禁，明朝的海禁政策共经历了近两百年的时间，明朝遂成了我国历史上推行海禁政策历时最长、也最为严厉的封建王朝。这对福建沿海的政治背景与社会经济发展，产生了许多不良的影响。

---

① （清）张廷玉：《明史》卷十九《穆宗本纪》，中华书局，1974 年，第 253 页。

② （明）许孚远：《敬和堂集·疏通海禁疏》，《明经世文编》卷四，明崇祯平露堂刊本，第 5 页下。

③ 同上，第 4 页上。

④ （明）张燮：《东西洋考·周起元序》，中华书局，1981 年版。

二、经济发展

明初政府，为了稳定统治的经济基础，比较注重与民生息，劝农兴学，发展经济。福建随之而来的有了长期的安定社会环境，经济开始恢复发展，城市日益繁荣，各行各业都较前代有长足的进步。

1. 航海与造船

明朝建国之初，虽然实行海禁政策，严格限制海外诸藩来华通商。福建泉州港又因地理环境变化，淤塞严重，在一定的历史时期内，福建海外交通与造船业的发展受到了极大的影响。但明政府却多次迫使远航，曾有过郑和七次下西洋，渡海册封琉球国王（今日本冲绳）等航海壮举。福建则是扬帆出海的起点。海外交通与其他各地相比，仍显活跃。永乐三年（1405）至宣德六年（1431），郑和所率领的七次下西洋的船队，都曾驻舟于福州长乐太平港，伺风整合船队，维修补充。部分的船舶，甚至连主船都曾在闽江口船场建造。另外，有明一代，琉球王国来华朝贡贸易和明朝册封琉球的使团，都是指定在福州上岸或出发，出使琉球的册封舟也都在福州建造。因而，明代的福州成了中琉交流的中心口岸，福建尤其是福州的造船业，很快又得到了新的刺激，有了新的发展。明代福建造船业分为官营和民营两种形式。船型以"福船"著称于世。"福船"之名，虽始于明代，但其船型则是从唐宋以来发展而定型的。明代"福船"的建造，继承了唐宋以来福建海船的先进经验和技术特点，因其船身坚固庞大，首昂口张，船尾高耸，船底尖厚，吃水量深，使用大龙骨及两舷顶部加设遮浪板等，有着抗沉、快速、稳定的性能，而被公认为中华木帆船中最优秀的三大船型之一。

2. 制瓷业

明代福建德化烧造的白瓷，可追溯到宋代碗坪仑窑址下层所出土的白釉。乳白釉在元代的屈斗官窑址已初步制成。到了明代，德化白瓷的器构造形、烧制工艺、装饰艺术等均达到了前所未有的高峰。特别是明嘉靖、万历以后，德化瓷塑名家何朝宗、张寿山、林朝景等制作的观音、弥勒等佛像瓷塑，独树一帜，神韵感人，被誉为"东方艺术"和"天下共宝之"的珍品。

明代德化白瓷是在阶级窑中用氧化焰气氛烧成的，其瓷胎细密，莹润如玉，光泽明亮，通体透明。欧洲人多称之为"中国白""鹅绒白"，国内则俗称"象牙白"或"猪油白"等。产品种类以盒、盘、碗、杯、瓶、觚、壶、洗、香炉、笔筒、水注等生活用品及文玩为大宗。造型美观，格调高雅。由于德化的白瓷融艺术与实用为一体，深受海内外的欢迎，畅销世界各地。

此外，福建青花瓷的烧造，约始于明初。大批量的生产，则在明中期以后，窑址亦以德化为最多。

3. 造纸与刻书

明代，福建造纸业居全国前列，尤其是竹纸的生产。所以宋应星说："凡造竹纸事出南方，而闽省独专其盛。"[①] 闽北、闽西的竹纸产地最为普遍。"顺昌人作纸，家有水碓。"[②] 水碓动力轮建于河舟之上，简便省力，为其独创。建阳县所出的竹纸，"凡有数品：曰简纸，曰行移纸，曰书籍纸，出北洛里；曰黄白纸，出崇政里。"[③] 上杭县，槽户多至上千家，所用水碓数百处。明代中后期，福建竹纸的质量有很大的提高，"其厚不异于常，而其坚数倍于昔"。[④] 又因"价直既廉，而卷轴轻省，海内利之"[⑤]。到了明清之际，上海一带的日常用纸，主要也是依靠福建供给的。

元末明初，建阳刻书曾一度遭兵火劫难，极盛一时的余氏"勤有堂"，顿时销声匿迹了。明弘治十二年（1499）十二月，"建阳县书坊火，古今书版皆烬"[⑥]。建阳的刻书业，再度遭受了沉重打击。到了弘治十六年（1503），以名进士来知建阳的区玉，"雅重斯文，垂情典籍，书林古典缺板，悉今重刊，嘉惠四方学者"[⑦]。其后任邵幽、项锡等人，亦亲自清稽书版，校订文献，使建阳书

---

① （明）宋应星：《天工开物》卷中《杀青》，明崇祯十一年（1638）刻本，第71页上。
② （明）王世懋：《闽部疏》，明万历四十五年（1617）刻《纪录汇编》本，第14页上。
③ （明）冯继科修，朱凌纂：《[嘉靖]建阳县志》卷四《户赋志·货产》，上海古籍书店影印天一阁藏明嘉靖年间刻本，1962年，第33页。
④ （明）胡应麟：《少室山房笔丛》卷四，明万历年间刻本，第5页下、6页上。
⑤ 同上，第6页上。
⑥ （清）陈寿祺纂，程祖洛等续修：《重纂福建通志》卷二百七十一，清同治七年至十年（1868—1871）刻本，第20页上。
⑦ （明）冯继科修，朱凌纂：《[嘉靖]建阳县志》卷六《续建阳县志·序》，上海古籍书店影印天一阁藏明嘉靖本，1962年。

坊很快得到了复兴。当时，"书市，在崇化里，比屋皆鬻书籍，天下客商贩者
如织。每月以一、六日集"①。仅《［嘉靖］建阳县志》所列的书坊书目即达450
种。至万历年间，建阳坊刻的各种读物，其数量估计已达千种左右。目前可考
的明代余氏书坊有30家，刻本162种，其中余象斗的"三台馆"刻本有43种；
刘氏书坊有23家，刻本193种，刻书最多的是"翠岩精舍""日新堂"及"慎
独斋"等。其他姓氏的新老刻坊、大小书铺，亦有20余家。就明人周宏祖的《古
今书刻》所统计的全国各地区的刻书情况来看，明代福建刻书共469种，其中
坊刻370种，均居全国之首。

4. 制糖与制盐

明代福建的制糖技术又有了重大的发明和改进。首先，把海外传入的"蔗
糖加树灰凝固法"改进为"蔗糖加石灰凝固法"。沿海一带更直接使用砺房壳
灰来代替石灰，就地取材，方便经济，效果更好。其次，在元代南安黄某的"黄
泥覆盖脱色法"的基础上，进一步使用蛋液澄清去除杂质，使白糖成色更为清
纯。第三，明代开始，可以直接从白糖中提炼冰糖。

明代福建的制盐技术亦有很大的革新，"今闽之盐，皆用日晒而成，亦不
复煮矣"②。晒盐之法已完全取代了煮盐。明代中后期，福建盐工在晒制技术上
又进行了一次重大的技术革新。即只需引入海水，经日光曝晒，便可结晶成盐。
盐工可以直接从坎底刮取结晶食盐，有效地降低了制盐的劳动强度和生产成本。
这种"埕坎晒盐法"的使用，完成了福建古代晒制海盐史上划时代的技术变革。

5. 商品经济

明代福建城乡商品经济的发展进入了新的阶段。不仅在广大的乡村形成
由墟、集市、镇等构成的地方小市场的网络，而且福州、泉州、漳州等城市
还各自成为八闽各地货物的集散中心。漳州月港以及厦门的兴起，又为福建
增加了新的对外贸易港口。商业资本的集中，使福建出现了许多富商大贾，
其足迹远及海内外。随着商品经济的高度发展，福建也已逐渐孕育出资本主

---

① （明）冯继科修，朱凌纂：《［嘉靖］建阳县志》卷三《乡市》，上海古籍书店影印天一阁
藏明嘉靖本，1962年，第6页上。

② （明）黄仲昭：《八闽通志》卷二十五《食货》，福建人民出版社，1990年，第512页。

义的生产关系。

三、文化复兴

1. 藏书事业

朱元璋虽非儒生出身，但对中华传统文化定国安邦的作用认识尚为深刻。认为武定祸乱，文致太平。尤其是在元亡之后，明朝建国之初，即"命有司访求古今书籍，藏之秘府，以资览阅"①。于是明初就接收了元大都宫中的大量藏书，"明太祖定元都，大将军收图籍致之南京，复诏求四方遗书，设秘书监丞，寻改翰林典籍以掌之"②。洪武元年（1368），即于宫中修建大本堂，"取古今图籍充其中，延四方名儒教太子诸王"③。其中一项特殊的奖励举措，就是把馈赠书籍作为奖励大臣、分封宗室子弟的礼物。明廷迁都北京后，"永乐四年（1406），帝御便殿阅书史，问文渊阁藏书。解缙对以尚多阙略。帝曰：'士庶家稍有余资，尚欲积书，况朝廷乎？'遂命礼部尚书郑赐遣使访购，惟其所欲与之，勿较值"④。并对书籍进行整理、修复、抄补，编目为《文渊阁书目》。永乐五年（1407），《永乐大典》编成，入藏于文渊阁。"宣宗尝临视文渊阁，亲披阅经史，与少傅杨士奇等讨论，因赐士奇等诗。"⑤"正德十年（1505），大学士梁储等请检内阁并东阁藏书残阙者，令原管主事李继先等次第修补。"⑥在藏书建设方面，于嘉靖十三年（1534）建成的专藏皇家档案和重要典籍的档案馆——皇史宬，建筑全部是石头结构，收藏皇帝事迹、实录、宝训、玉牒于金匮中，取"金匮石室"之意，这也是现今保存最完整的一座典型的"金匮石室"式建筑。明朝政府如此重视藏书事业发展，影响甚为深远，这种安定昌明的政治局面为藏书活动提供自由发展的空间。于是乎，上行下效，州县学亦重书藏书，无形中又带动民间的藏书热潮。

---

① （明）余继登撰，顾思点校：《典故纪闻》卷一，中华书局，1981年，第10页。
② （清）张廷玉等撰：《明史》卷九十六《艺文志序》，中华书局，1974年，第2343页。
③ （明）余继登撰，顾思点校：《典故纪闻》卷二，中华书局，1981年，第27页。
④ （清）张廷玉等撰：《明史》卷九十六《艺文志序》，中华书局，1974年，第2343页。
⑤ 同上。
⑥ 同上。

2. 科举与教育

明代福建的教育与全国一样，学校逐渐沦为科举的预备班和练习八股文的场所，教育成为科举的附庸。这一时期，福建各地方官学随着新府、州、县的建立而不断增加。书院教育也发展迅速，明代福建的书院约有 200 所，除此之外，社学、私塾更是遍布全省城乡。如社学，各县少者数所，多者数十数百所，私塾更不计其数。

终明一代，全国科举中式进士的数量达 2 万余人，其中闽籍进士 2410 人，约占总数的 12%，福建科举鼎盛，在全国名列前茅。福建还继续出现了科第连绵、人才辈出的名门望族。如：福州林瀚之后"三代五尚书，七科八进士"；有"闽中三凤"之称的林津、林清源、林浚渊兄弟三进士；长乐李骐与马铎"联科两状元"；莆田柯氏五世进士、李氏五世进士、黄氏十一个解元。从地域上看，明代福建各地的进士，晋江县 389 人，闽县 237 人，莆田 39 人，建安县 87 人；其中共有 78 个状元[①]。据有关资料统计，福建历代藏书家的主要籍贯地：北宋 22 人，集中在兴化（今莆田和仙游）和建宁（今浦城和建瓯）；南宋时 28 人，为福州和莆田；明代 36 人，为福州、泉州和建瓯；清代 123 人，为福州、莆田和泉州[②]。由此可见，藏书与地域及人才的关系十分密切。科举业的兴旺，大大推动教育的普及；教育发达的地方，读书风气也浓厚；科举昌盛，官宦也增多了，藏书事业也更繁荣了。一个地方的官私教育发达，与教育有密切关系的刻书、藏书事业也随之发达。明人李光缙在万历二十一年（1593）曾把闽粤两省的风土民情做出对比，说："（闽）民足智好讼，君子尚儒，小人务耕，习诗书而娴于礼，有邹鲁风……冠带衣履，粤士一之，闽士十之。"[③]认为福建当时的文风好于广东，所以藏书文化亦盛于广东。

尤值一提的是，郑成功收复台湾之后，郑氏政权在台湾立孔庙，建学院，命各里社，广设学校。例如：南明永历二十年（1666），台湾郑经循咨议参军陈永华之请，建圣庙，设明伦堂于承天府宁南坊，并通令各里社，广设学校，延

① 参见王耀华主编：《福建文化概览》篇十二章《福建科举》，福建教育出版社，1994 年。

② 参见郑衡泌：《福建历代藏书家籍贯地的地理分布》，《福建地理》，2003 年第 6 期。

③ （明）李光缙：《景璧集》卷一《贺方伯慕云管公奏最叙》，江苏广陵出版社影印本，1996 年，第 129 页。

聘中土通儒以教子弟；凡人民子弟年届八岁者，须入小学，课以经史文章。同年，又建学院，由陈永华主持，以礼官叶亨为国子助教副之。当是时，前明太仆寺卿沈光文，正流寓台湾，居罗汉门，以汉文教授"番黎"。而避难缙绅徐孚远、王忠孝、辜朝荐、卢若腾、郭贞一、诸葛倬、李茂春等人，多属鸿儒博学之士，更是怀挟图书，奔集幕府，横经讲学，诵法先王，台湾各地的教育风气随之渐开。

3. 学术思想

宋时福建已经形成以朱熹为首的闽学中心。明代福建继元代的消沉之后，闽学重新进入一个昌盛时期。明初统治者提倡和推崇朱熹，朱熹学说在全国曾极为盛行，虽然嘉靖初年王阳明学说的出现的冲击了朱子学说，朱熹学说在全国开始由盛趋衰。但闽学在福建不但长盛不衰，还有创造性的发展。多数闽学者们不为异端所惑，坚持以朱熹学说为正宗，这无疑极大地鼓舞了福建的士人，掀起重教重书的良好风气。这一切所塑造的重文氛围，无疑会大大地影响私人藏书家的藏书活动。

明代继元之后，仍把程朱理学作为统治思想，特别是朱元璋与朱熹同姓，因而倍加推崇朱子之学。明朝规定科举考试采用朱子的《四书》注解为主。明正德、嘉靖年间（1506—1566），王阳明心学盛行全国，独福建朱子学者不为时论左右，仍恪守朱子学说，"其挂阳明弟子之录者，闽无一焉。此以知吾闽学者守师说，践规矩，而非虚声浮焰之所能夺"①。明代前期福建朱子学者之中，最有代表性的是陈真晟、周瑛、蔡清，后期恪守朱子学最有影响的是陈琛、张岳、林希元、黄道周。其中：陈真晟一生用力于程朱理学的本源，即理、气、心、性等诸范畴的相互关系。周瑛学问渊博，《六经》《四书》以及天文、律历、字画、方外之书无所不穷，辨析精微，以洞见本原为极致。蔡清认为理气合一，无有先后，太极贯穿于阴阳五行之气当中，阴阳一动一静互为其根，即太极之本体。他对朱子学既尊崇又不拘泥，在学术上不仅继承捍卫朱子学说，而且还有所发展，于明代朱子学由独盛到稍衰的转变时刻，具有振落扶衰的作用。陈琛认为理和天是最根本的，或者合之曰天理，是主宰世界万物的本体。天理通过阴阳二气的对立和

---

① （清）李光地：《榕村全集》卷十三《重修蔡虚斋先生祠引》，陈祖武点校《榕村全书》第8册，福建人民出版社，2013年，第335页。

融合，而使世界生生无穷，在心主一的问题上，全面阐明并发展了朱熹和蔡清的思想。张岳针对王阳明学说的唯我论，指出理是客观的，不是主观随意的。坚持朱子学的格物致知学说，认为只有通过格物，启发内心所具有的理，才能致知。林希元主张为学必须以程朱理学为宗祖，然后再折中他说，加以发明。与其他朱子学者一样，仍然是把理和太极作为哲学的最根本范畴，但他对理和太极关系的说明却与其他朱子学者不同。认为太极是通过阴阳五行演化世界万物的，这个生生无穷的过程就叫作理。这就是说，理是事物的道理，太极是事物的本原。黄道周的一生，主要用于治学讲业，潜心天文、历法，精通《易》学、《孝经》，尤以《易》学为著，融《归藏》《连山》和《周易》于一炉，研精覃思，影响深远。对于程朱理学与陆王心学之间的争论，黄道周亦有自己独立的见解。在他看来，朱、陆之学都有各自的优点和独到的见地，同属于儒学的范畴。

除此之外，被视为特立独行、离经叛道的"异端"人物李贽，求道问学数十年，于儒、释、道"三教"融会贯通，又不为"三教"所囿，极其崇尚个体的自然真性与生命之自适，对后世产生了深远影响。其反封建正统的学说惊世骇俗，大无畏精神，有胆有识地向数千年的封建传统权威挑战，揭露和鞭挞了封建社会的黑暗和道学家的虚伪腐朽，起了解放思想的作用。

学术思想的繁荣，对藏书事业起了很大的促进作用。基于学术研究的需求，使得学者更加倾心于典籍的收藏与编纂。而典籍数量质量的提高，既促进了学术研究向广度和深度发展，又直接影响了藏书的内容特色与范围取向。

4. 文学与史学

明初福建诗界复古之风盛行。闽诗复古之风，张以宁及蓝仁、蓝智兄弟开其先，至"闽中十子"盛极一时，成为全国五地域诗派之一，雄踞一方。《明史·文苑二》载："闽中善诗者，称十才子，（林）鸿为之冠。十才子者，闽郑定、侯官王褒、唐泰、长乐高棅、王恭、陈亮、永福王偁及鸿弟子周玄、黄玄，时人目为二玄者也。""闽中十子"或为官僚，或为隐士，故其作品大多描写登临送别咏叹等个人生活，既有表现士大夫清高孤傲的思想感情，也有抒发士大夫消极厌世和闲情逸致的情调。虽然也有少数作品流露出对世态的不满，或对下层人民的悲惨生活表示同情，但在深度和广度上都是有限的。在艺术上，他们推崇唐音、唐调，意句均以盛唐为法。声调圆稳，格律整齐，逐渐形成"闽诗派"，又称"晋安诗派"。

"闽中十子"的这种诗风对于纠正元末纤秾褥丽的诗风起到了一定的作用。

尔后的郑善夫，既推崇杜甫诗歌，兼古今而有之。又善陈时事，多以当时社会现实生活为题材，伤时忧民之心，跃然纸上，激昂慷慨，寄托颇深。至明末，徐𤊹创立了"兴公诗派"，诗风宗唐，典雅清稳，是万历、天启间重振风雅的代表，影响甚大。曹学佺则诗以清丽为宗，得六朝初唐之格，有盛唐之音。徐𤊹与曹学佺同为闽中文坛领袖，在复兴闽中诗坛的过程中，为往日的沉寂特别注入了不少新的活力，大大扩大了诗歌创作的题材和内容。在其倡导之下，一时闽中文风极盛，人才荟萃。

张燮的《东西洋考》，不仅广泛辑录政府邸报、档案文件，参阅许多前人和当代人的著述，还广泛直接采访舟师、船户、水手、海商等，经过详细严密的考订编撰，终成一部当时与东、西洋各国贸易通商的指南。该书自刊行以来，就得到了有识之士的好评，不失为一部划时代的史学著作。

何乔远是明末著名史学家，倾力于史学研究，一生勤于创作，著述等身。《名山藏》是其代表性著作之一。其体例之规整、史料取舍之精审、文字表述之生动，历来为后世史家所称赞。《名山藏》的丰富内容，其中保存了明代大量不见于其他史书记载的珍贵史料，具有极其重要的文献史料价值。

柯维骐的《宋史新编》，汇《宋史》《辽史》《金史》为一书，以宋为正统，补订《宋史》之讹误。清《四库全书总目》评其："纠谬补遗，亦有所考订"。

总而言之，在明代福建政治的稳定、经济的发展、商品经济的兴起、文化教育的发达、学术思想的繁荣等等多种因素的共同促进下，为福建的私家藏书活动创造了良好的环境，取得了可喜的成果。

第二节　私家藏书的发展阶段与区域特征

明代承元余绪，私家藏书之风复兴，藏书规模大大超过前代，其藏书的总量超过了官府藏书。私家藏书多集中于江南地区，形成以江浙为主体的私家藏书中心。这与江浙经济繁荣、财力有余密切相关。王河主编的《中国历代藏书家辞典》①，

---

① 同济大学出版社，1991 年。

收录了明代知名藏书家 358 人，其中名列前四位的是江苏 142 人、浙江 114 人、福建 22 人、江西 20 人。而叶昌炽《藏书纪事诗》^①所记载的明藏书家 427 人，其中江苏 203 人、浙江 121 人、福建 36 人、江西 26 人、安徽 13 人。虽然不同著作所收录的具体人数有所差异，但福建均列、江浙之后，可见在全国范围内，除了江、浙藏书中心之外，福建均仅次于后。

一、明代福建私家藏书发展的两个阶段

宋代之前，福建的私人藏书家寥寥无几。宋代福建的私家藏书事业开始勃兴，在中国古代的私家藏书史上占有了举足轻重的地位。到了元代，福建的私家藏书事业，虽然处于一个历史的低谷，但经过藏书家的倾心努力，艰难地承传，使之未绝如缕。明代福建的私家藏书，在宋元的基础之上，进入了复兴与繁荣的历史时期。

明代福建的私家藏书，可分为复兴与繁荣两个发展阶段。

第一阶段为洪武至嘉靖年间（1368—1572）。这一阶段为福建私家藏书事业的复兴期，其特点是仍然藏书家人数偏少，见于文献记载的仅有：陈亮、林鸿、高棅、陈登、陈谦、王颐、林洪、王存、杨荣、林志、周玄、洪英、陈叔刚、陈盛举、陈泰、徐大鉴、熊宗立、陈真晟、周莹、张茂、陈炜、周瑛、林雍、黄仲昭、杨仕敬、彭甫、沈暹、周宣、高瀔、李默、柯维骐、林梅、陈暹、马森、陈圣镕、王慎中、林兆珂、丁自申、丁日造、王应钟、丘有岩、朱天球等 42 人，而藏书量超过万卷的也只有林洪、彭甫、林梅、陈暹、马森、王应钟等 6 人。

第二阶段是万历至崇祯年间（1573—1644）。这一阶段可以说是福建私家藏书事业的繁荣期。其特点是出现一些在全国范围内都有知名度的大藏书家，藏书数量大大增加。见于文献记载的藏书家有：林懋和、戴一俊、黄凤翔、陈第、李光缙、林春元、吴瑄、李懋桧、邓原岳、何乔远、叶向高、黄居中、蔡献臣、蔡鼎臣、李春熙、郑怀魁、谢肇淛、徐𣂪、徐熥、徐燉、郭良翰、余象斗、张燮、曹学佺、谢浚、谢兆申、林古度、李重熉、林铭几、陈衎、吴惟英、邵捷春、杨瞿崃、陈上陛、郭天中、李瑞和、邓缵皇、刘履丁、郑元麟、高均、高

---

① 上海古籍出版社，1989 年。

南霍、王若、何其渔、许东程、王之麟、黄壶石、林志政、徐延寿、林泉、涂伯案、陈迁、谢天驹、艾逢节、张盘、吴霞、陈铅、萧京、余怀、邱秉文、池浴云、高大捷、高彦生等 62 人。其中藏书达万卷以上的则俯拾皆是，如：林懋和、林洪、马森、李懋桧、李春熙、曹学佺，林铭几、林梅、陈第、陈暹、邓原岳等。藏书五万卷以上的，则有谢兆申、黄居中、谢肇淛、徐燉等等。

二、明代福建私家藏书的区域特征

明代福建私家藏书作为区域性的藏书活动，也有其自身的特征。福建偏于东南一隅，受到政治气候影响较弱，除了海禁及倭寇引起的战火之外，明代福建大规模的书厄不多。从明代福建藏书家所庋藏的典籍内容来看，宋代多以"经""史"为主，而明代的藏书种类渐趋繁多，除传统的"经""史"之外，"子""集"的内容为藏书家所广泛收藏。如陈第，凡书必收，"子"部与"集"部的典籍，明显增多；徐燉更是不弃戏曲小说；熊宗立则广收医书。此外，地方志等地方文献，也更多出现在藏书家收集之列。明代福建藏书家或重版本，或重内容，或重数量，呈现各自的藏书特色。除藏书收藏外，藏书家在整理图书、保护藏书、书目编制方面均呈现独特的时代风貌，在藏书理论方面也重启创新之势。

明代福建藏书家在各区域之间的不平衡性特征，也是颇为明显的。一定的文化活动，总在一定的地域展开。从上列知见有文献记载藏书活动的 104 位藏书家之间的籍贯地域分布来看，差异性还是较大的，地域特征颇为明显。虽然明代福建地区的行政划分和现在有些差异，但八闽的格局还是大致不变的。其籍贯分布如下表：

明代福建藏书家各地县分布表

莆田	18	龙溪	3	松溪	3	连江	1	清流	1
闽县	15	海澄	3	建安	2	长乐	1	建宁	1
晋江	10	惠安	3	古田	2	邵武	1	建阳	1
漳浦	9	同安	3	光泽	2	永定	1	宁德	1
侯官	6	松溪	3	安溪	2	连城	1	宁化	1
福清	4	建瓯	3	怀安	2	漳州	1		
合计：104									

从上表可见：福州府所属的闽县 15 人、侯官 6 人、怀安 2 人，福清 4 人、长乐 4 人、连江 1 人、古田 2 人、宁德 1 人，共 35 人，藏书家为最多；其次是属地较小莆田 18 人；泉州府所属的晋江 10 人、安溪 2 人、惠安 3 人、同安 3 人、共 18 人；漳州府所属的漳州 1 人、海澄 3 人、龙溪 3 人、漳浦 9 人，共 16 人；建宁府所属的建宁 1 人、松溪 3 人、光泽 2 人、永定 1 人、连城 1 人、宁化 1 人、清流 1 人，共 10 人；建阳府所属的建阳 1 人、建瓯 3 人、建安 2 人、邵武 1 人，共 7 人。

从空间的横向上看，福州作为省府所在，是政治、经济、文化的中心，文化的发展相对于其他地区来说是有一定的优越性。文化繁荣，读书人多了，藏书自然也多了，两者相辅相成，互相促进。莆田地区，承袭了两宋时期的私家藏书的繁华气象，依然处于前列的位置。闽南的泉州与漳州藏书家人数大量出现，当缘于区域文化与经济的发达。而闽北的刻书业发达，流通的书籍多了，藏书家自然可以近水楼台先得月。从时间的纵向上看，藏书家多集中于明中晚期。可见私家藏书业的发达与地域的经济、文化发展是密切相关的。

总而言之，明代福建私人藏书家人才辈出，藏书家人数多，藏书数量多，藏书种类多，藏书规模壮大，藏书理论形成，达到藏书活动的繁荣期。

第三节　藏书家的藏书活动及其藏书聚散

如上所述，明代福建私家藏书事业的发展，大致可分为洪武至嘉靖年间（1368—1572）与万历至崇祯年间（1573—1644）两大阶段。前为福建私家藏书事业的复兴期，后为福建私家藏书事业的繁荣期。其藏书活动见于文献记载的主要有：陈亮、林鸿、高棅、陈登、陈谦、王颙、林洪、王存、杨荣、林志、周玄、洪英、陈叔刚、陈盛举、陈泰、徐大鉴、熊宗立、陈真晟、周莹、张茂、陈炜、周瑛、林雍、黄仲昭、杨仕敬、彭甫、沈遑、周宣、高濲、李默、柯维骐、林梅、陈暹、马森、陈圣镕、王慎中、林兆珂、丁自申、丁日造、王应钟、丘有岩、朱天球、林懋和、戴一俊、黄凤翔、陈第、李光缙、林春元、吴琯、李懋桧、邓原岳、何乔远、叶向高、黄居中、蔡献臣、蔡鼎臣、李春熙、郑怀魁、谢肇淛、徐𣹢、徐熥、徐𤊹、郭良翰、余象斗、张燮、曹学佺、谢浚、谢兆申、林古度、李重煃、林铭几、陈衍、吴惟英、邵捷春、杨瞿崃、陈上陛、郭天中、李瑞和、邓缵皇、刘履丁、郑元麟、高均、高南霍、王若、何其渔、许东程、王之麟、黄壶石、林志政、徐延寿、林泉、涂伯案、陈迁、谢天驹、艾逢节、张盘、吴霞、陈铅、萧京、余怀、邱秉文、池浴云、高大捷、高彦生等 104 人。现将其藏书活动与藏书聚散，一一缕述如下。

一、洪武至嘉靖时期的藏书家

1. 陈亮

陈亮（？—约 1375），字景明，号沧洲，又号拙修翁，长乐人。元末儒生，好文工诗，名重一时，不屑仕进。洪武中，郡县累诏征遗逸，屡征不仕。"作《读陈抟传》，诗以见志。山中为小楼，曰'储玉'，购四方名书藏之。又作草屋沧洲中，与名士王恭、高棅为文酒过从"①。为"闽中十才子"中年最长者。在福州，与耆彦结"九老会"，唱和为乐。有《储玉斋集》《沧洲集》行世。

2. 林鸿

林鸿（约 1338—？），字子羽，福清人。自幼颖悟，任侠不羁，喜好读书，博学强记。洪武初，赴京师，殿试时以《龙池春晓》《孤雁》二诗，名动京城。先为将乐县儒学训导，寻擢礼部精膳司员外郎。为人性脱落不善仕，热衷诗酒，年未四十，即萌发辞官隐退之意。他在《放归言志》中写道："君门乞得此身闲，野树烟江一棹还。收拾旧时诗酒伴，远寻僧舍入秋山。"②归隐之后，寻僧访道，饮酒吟诗，但骨子里依然渗出愤愤不平，写出了政治高压下知识分子的心理状态。约在洪武十三年（1380）前后，林鸿自请免官，闭门肆力为诗，从此不再出仕。在家追随并从之游者甚众，常与志同道合的朋友和弟子吟诵唱酬，切磋诗艺。闽中善诗者，称十才子，林鸿为之冠。"闽中十才子"的创作在明代洪武、永乐年间影响很大，形成了当时享誉诗坛的"闽中诗派"。主张诗法盛唐，所作以格调取胜，故闽中言诗者皆本林鸿。先辈如吴海，陈亮，皆极推许。郑孟宣、

---

① （清）徐景熹修，鲁曾煜等纂：《［乾隆］福州府志》卷六十《人物》十二《文苑》，清乾隆十九年（1754）刻本，第 18 页上。

② （明）林鸿：《鸣盛集》，明万历年间刻本，第 19 页上。

高廷礼、周又玄、黄玄之、林伯璟、林汉孟等，皆从之游。其后王皆山、王中美、王孟敳、陈仲完、郑公启、张友谦、赵景哲诸名人，又私淑于鸿者。闽中诗派彻底改变了元代诗坛纤弱无力的风气，为明代诗坛开辟了新境界。

林鸿好藏书，曾藏有元刊本朱文公校的《昌黎文集》。藏书印有"林鸿之印"。著有《鸣盛集》四卷、《鸣盛词》一卷。

3. 高棅

高棅（1350—1423），又名廷礼，字彦恢，别号漫士，长乐人。自幼秉性敦厚，孝敬父母，博览群书，擅长作诗，亦工书画。明洪武年间（1368—1398），与陈亮、王恭等文人学士结为至交，并与郑定、王锡等文士诗酒唱和，与林鸿、王偁、陈亮、王恭、唐泰、郑定、王褒、周玄、黄玄号称"闽中十才子"。永乐二年（1404）以布衣被荐入京城，参与纂修《永乐大典》，任翰林院待诏。永乐六年（1408），《永乐大典》编纂成功，部分编纂人士遣归故里，高棅仍留在翰林院。永乐十年（1412），迁典籍。生性善饮，博学能诗，又善书画，世称"三绝"，其成就最高当为诗歌。

高棅论诗，尊奉盛唐，其诗论著作有《唐诗品汇》《唐诗正声》。其中《唐诗品汇》，收录唐诗完备，首次按唐诗风格将唐诗分为初、盛、中、晚四期，此书对明诗影响甚大。《明史》卷二百八十六《文苑传二》谓高棅之所作，"终明之世，馆阁宗之"，宛然成了明人学习唐诗，尤其是盛唐诗的范本。谢肇淛《小草斋诗话》亦云："明诗所以知宗乎唐者，高廷礼之功也。"[①] 对高棅在诗歌上的贡献给予充分的肯定。其门人林志志其墓曰："闽三山林膳部鸿，独唱鸣唐诗，其徒黄玄、周玄继之，先生与皆山王恭起长乐，颉颃齐名，至今闽中诗人推五人，而残膏剩馥，沾溉者多。"[②] "漫士诗所谓《啸台集》者，其山居拟唐之作，音节可观，神理未足，时出俊语，铮铮自赏。《木天集》应酬冗长，尘垒堆积，不中与宋元人作奴，何况三唐。漫士既以诗遇，出山之后，

① （明）谢肇淛：《小草斋诗话》，张健辑校：《珍本明诗话五种》，北京大学出版社，2008年，第370页。

② （清）钱谦益：《列朝诗集小传》上册，古典文学出版社，1957年，第181页。

遂无片什可传。"①

高棅博览群籍，嗜好藏书。在长乐筑"玩宇楼"，庋藏周玄所送的千卷书。著有《啸台集》《木天清气集》《玩宇楼诗文集》《拾遗》十卷等。

4. 陈登

陈登（1362—1428），字思孝，号石田，陈仲进子，长乐人。洪武间，以善书荐辟。初仕罗田县丞，改兰溪，再改浮梁。永乐二年（1404），诏吏部简能书者储翰林，仍给县丞禄。历十年，始授中书舍人。博涉经史，于六书本原尤精深，考辨详究，用力甚勤。尤工书法，最精小篆，自周秦以来，残碑断碣，必穷搜摩拓，审度而辨定之。所搜集碑碣的数量之富，盖欧阳修、赵明诚之后所仅见。与沈度、滕用亨同被征召，预修《永乐大典》。当时滕用亨工篆籀，素负书名，认为天下无人胜他。陈登与他从容辩难许氏《说文》，"登随问条答，如指诸掌，考古证今，百不失一"②，滕用亨不得不叹服。此后，凡国家稽古制作用篆籀文，多由陈登书写，声名大噪。只是"世之精于字学者，未必工书，惟登兼之。以非世俗所尚，故声誉不布"③。陈登于课余秉承父志，撰修《南阳陈氏族谱》，约于永乐十五年（1417）修完。卒于官。著有《石田吟稿》等。

5. 陈谦

陈谦（1362—1444），字道亨，号遁斋，莆田人。"尝辟一轩，蓄古书千余卷。暇日，书不释手，尤熟于子，谈及先后治乱之事如指掌，听者忘倦。"④

6. 王颙

王颙（1360—1413），字季昂，莆田人。"至于卜筮地理之书，亦皆涉猎"，"萧然一室，左图右书"⑤。

---

① （清）钱谦益：《列朝诗集小传》上册，古典文学出版社，1957年，第181页。

② （明）谢肇淛撰，郭熙途校点：《五杂俎》卷七《人部三》，辽宁教育出版社，2001年，第134页。

③ 同上。

④ （明）陈道潜撰：《淇园编》卷下《附兄遁斋先生墓志铭》，民国二十年（1931）涵江铅印本，第47页上。

⑤ 同上，卷下《冲溪王君墓志铭》，第33页上。

7. 林洪

林洪（1369—1434），字文范，莆田人。时人杨荣《故儋州同知林文范墓志铭》载：

> 　　昆仲五人，文范居三。幼颖敏务学，弱冠选为郡庠生。事父母孝，处兄弟敬。岁丙子，领乡荐，以外艰居制，哀毁踰节，痛父不待养而事母益谨。己卯，将别母去京就试，属妻郑氏善事无违。庚辰，擢进士，授湖广辰溪邑令。是邑辖五溪诸洞，猺獠杂处，性俗顽犷难治。文范躬勤抚字，训迪有方，其人渐化。乃修文庙，辟学宫，选其俊秀读书习礼，俾知为学之贵。由是领乡荐登胄监者，岁不乏人。邑田虽广，而荒芜者多，岁计所收不足以充租额，且以邮传役重有妨农务，民多逃徙。即条陈上诉，诏允之蠲租额四千余石，邮传许借力于旁邑。士庶爱戴，逃徙者皆复。乃聚而相谓曰："生我者父母，活我训我者，林牧也"。九载满秩，民不忍舍，率耆老百余人，诣阙乞留。弗允。遂悬其靴于邑之谯楼，以寓其思。永乐乙未，升沧州同知。时北京建都营缮，方兴郡邑，各委贤能以司其事，而文范实董砖埴之役，洁己奉公，施设得宜，人皆乐于趋事，工不劳而集。三载考绩，例应去职，而总督其事者，以其能且得人心，特奏留之。又一年，闻母讣，号恸几绝。抵家营葬毕，率族人修治先世祠宇坟茔。遇岁时节序及祖妣忌辰，奉祀愈谨，感怆益增。训族姓子侄以礼，待娴党宾朋以诚。宣德戊申，服阕，改儋州，夙夜竭心赞佐，抚字一如辰溪。时州治朽敝，谋诸僚友，撤而新之。几三载，政理民安。邑有巨猾，积岁渔猎，以赂势要。文范欲除之而未发，先为其捏词赴宪司诬构其罪。至京，备述其枉以闻内，台察其冤，即移檄械巨猾以直之，因得寓其外侄户部主事王凯家，遘疾踰月而卒。①

由上可见，林洪从小颖敏务学，建文二年（1400），登进士及第，授湖广辰溪邑令。永乐十三年（1415），升沧州同知。宣德三年（1428），改儋州同知。

---

① （明）杨荣：《杨文敏集》卷二十二，影印《文渊阁四库全书》本，第20—22页。

另据时人林文说：林洪曾在家乡莆田，"又仿刘氏墨庄，别建危楼，拥书万卷"①，子弟读书其中。当为明初少有的"拥书万卷"的大藏书家。

8. 王存

王存（1370—1427），字资守，莆田人，"辟小轩列经史图书于左右，稍暇《朱子纲目》不释手"②。

9. 杨荣

杨荣（1371—1440），初名子荣，字勉仁。建安人。明建文二年（1400）进士，选翰林院编修。成祖即位，进修撰，入内阁，是当时内阁成员中最年轻的一位，人称"杨少师"，更名为荣。以多谋善断为成祖所器重。历侍讲、太子谕德、右庶子。永乐十二年（1414），擢翰林学士，总领纂修《五经四书性理大全》。十六年（1418），掌翰林院事。其间，多次随帝出塞北巡。十八年（1420），任文渊阁大学士。英宗即位，与杨士奇、杨溥同辅朝政，时称"三杨"。曾任总裁官，重修《太祖实录》及太宗、仁宗、宣宗三朝《实录》。正统五年（1440），辞官归里，卒于杭州途中。赠"太师"，谥"文敏"，授世袭都指挥史。宣德朝，被赐银章五颗：曰"方直刚正""忠孝流芳""关西后裔""建安杨荣""杨氏勉仁"。

杨荣性警敏通达，善于察言观色，尤其是在明成祖时最为突出。在文渊阁治事三十八年，谋而能断，老成持重，身居高位，政迹不凡。又工诗能文，所作多为题赠、颂圣、应酬之作，为明"台阁体"诗文派代表人物之一。有《西京类稿》《后北征记》《杨文敏公集》等。《四库全书总目》评论其诗文曰："故发为文章，具有富贵福泽之气。应制诸作，沨沨雅音。其他诗文，亦皆雍容平易。肖其为人，虽无深湛幽渺之思，纵横驰骤之才，足以震耀一世。而透迤有度，醇实无疵，台阁之文，所由与山林枯槁者异也。"

明人谢肇淛《五杂俎》卷十三《事部一》说："杨荣家藏书甚富，藏本装潢精美。历经数十年，仍崭新如故。如郑樵《通志》及《二十一史》之类

---

① （明）林文：《淡轩稿》卷一《补遗》，清重修本，第14页下。
② （明）陈道潜撰：《淇园编》卷下《王君资守墓志铭》，民国二十年（1931）涵江铅印本，第35页下。

大部书，案头环列，连盈数十架。后经战乱及后人保管不力，所藏之书，尽荡于人间。"① 谢肇淛曾购得杨氏藏书一、二种。记曰："有郑樵《通志》及《二十一史》，皆国初时物也。余时居艰，亟令人操舟市得之，价亦甚廉。逾三月，而建宁遭阳侯之变，巨室所藏，尽荡为鱼鳖矣。"② 明天启五年（1625），徐㶿于建州书肆曾购得杨荣之子杨让让售的所藏宋淳熙本《左传》。徐㶿在所著《笔精》中，亦记载了购进建安杨荣藏书颇多，可见明末杨氏藏书已经散出。

10. 林志

林志（1378—1427），字尚默，号蔀斋、见一居士，闽县（今福州）人。年幼，异常聪明。年十四，从王偁学，日记数千言，读书一遍即成诵。永乐九年（1411），应乡试夺魁，得中解元。十年（1412），赴京会试又夺魁，得中会元。殿试高中鼎甲第二，赐进士及第，授翰林院编修。十一年（1413），参与编修《五经四书性理大全》，升文林郎。十四年（1416），又参与修撰《古今名臣奏议》。升侍读。十九年（1421），受召赴京，升修撰，授承务郎。不久，复升右春坊右谕德兼侍读。宣德元年（1426），参与编修太宗、仁宗两朝《实录》。先后两次为京闱考官，去取唯公，人士皆服。

林志天性孝友廉靖，居官十五年，恭勤趋事，廉洁奉公，自奉淡然，与世无争。其学于经史诸子、天经地志、医卜之说皆通晓。为文简奥，不蹈袭旧，诗有唐人风骨。藏书颇丰，著述甚勤，藏书印有"闽缶斋林志尚默家藏"朱文大方印。著有《蔀斋集》《易集说》等。

11. 周玄

周玄（？—约1398），字又玄，一字微之，号居岐子，闽县（今福州）人。"闽中十才子"之一。明永乐中，以文学征，拜祠部郎。其为诗瑰奇，托兴悠远，尝赋《揭天谣》若干篇，论者谓其怪如长吉云。与将乐人黄玄皆出"闽中十才子"之首林鸿之门下，人称"二玄"。家有"宜秋堂"，故其集名《宜秋》。多藏书，好挟书出游。尝携数千卷至长乐好友高棅家。见高棅言：此为吾友也。留其家

---

① 辽宁教育出版社，2001 年，第 274 页。

② 同上。

展读，十年后辞去，尽弃其书，曰："在吾胸中矣"，其颖悟如此。高棅既得玄书，乃创"玩宇楼"藏之，只开一窗，以见天日①。有《周祠部诗》，收入《闽中十子诗》，还有徐燉为之所编的《宜秋集》八卷。

12. 洪英

洪英，生卒年不详，字君实，怀安（今福州）人。明永乐十二年（1414），乡举夺魁。十三年（1415），又会试第一。中式进士后，选翰林庶吉士，同修三礼。擢礼部主事，扈从北征。历吏部文选主事，考功郎中。累迁山东左布政使、都察院左副都御史，巡抚山东。赐玺书曰："白金文绮。"以端谨著称，因治河有功，进右都御史。《[正德]福州府志》载：洪英"姿仪秀耸，性安详，见者知其有德……能文诗，有《澹成集》"②。《闽小纪》云："英以都御史还家有十抬、士绅疑皆辎重也，相戒不与通。公后知之微笑，令取几案，尽开诸笥，乃图籍耳……士绅方往来如初。"③ 可见其藏书甚富。

13. 陈叔刚

陈叔刚（1394—1440），名枅，以字行，闽县（今福州）人。永乐十九年（1421），登进士第，授翰林修撰，著有《绷斋集》。"年仅十三，操笔为文，思若涌泉。观政之暇，治其寓之东偏，搜罗诸子史汉金石纂录之文，殆千余卷，函砚囊笔，娱情覃思其中。"④

14. 陈盛举

陈盛举，生卒年、字号均不详，光泽人。明宣宗时刻书家。陈盛举所在"鼎立轩"，原是邵武曹家"新泰盛"书坊在光泽的分销店，乃当时光泽境内最负盛名的书铺。陈盛举自立门户后改名为"杭川阁"⑤，改曹姓为陈姓，扩建店面，建筑印书坊、造纸坊、藏书屋计九间，生产与销售一体。他高薪雇请闽海刻书、抄书名匠，精印各种新版图书；又派人四处采购图书，不惜重金收购名家手稿、

① 郭可光编：《闽藏书家考略》，郭氏白阳书室抄本，第6页。

② （明）叶溥修，张孟敬纂：《[正德]福州府志》卷二十七《人物志·名宦》，海风出版社2001年，第316页。

③ （清）周亮工撰，来新夏校注：《闽小纪》卷三，福建人民出版社，1985年，第54页。

④ （清）郭柏苍：《全闽明诗传》卷八，清光绪十六年（1890）沁泉山馆刻本，第28页。

⑤ 肇宇：《"杭川阁"育御史》，《光泽文史资料》第十四辑，1994年，第50页。

遗著书法图卷等，达 5000 余卷。

15. 陈泰

陈泰（1403—1470），字吉亨，光泽人。"幼从外家曹姓，既贵，乃复故。举乡试第一，除安庆府学训导。"[①] 正统元年（1436），升为御史，巡按贵州，又按察山东。九年（1444），再升为四川按察使。景泰元年（1450），擢大理寺右少卿，守备白羊口。不久以右金都御史之衔参佐刘安军务。三年（1452），兼任保定六府巡抚，受命督治河道。景泰七年（1456），调任苏松巡抚。天顺改元后（1457），朝廷停罢巡抚官，改任广东副使。天顺八年（1464），晋升右副都御史，总督漕运兼巡抚淮安、扬州等府。陈泰为官一生，三为巡按，督治河道，守备边境，惩治奸吏，除贪去污，威棱甚峻，素励操行，皆有美名，人称"三朝御史"。

陈泰年仅十八岁，就监管杭川阁的藏书屋，组织抄书两千余卷，成就了陈氏子弟藏书读书的良好风气。陈泰读书入仕，被视为"杭川阁育御史"的佳话。陈泰监管杭川阁的藏书屋期间，除了抄书之外，又不断购买书籍，增益藏书。如在九江购买《徽州书馆》的遗稿文存，在四川购买《巴蜀书堂》书画论稿，在烟台购买法典、狱诉文稿，在苏州购买《历代名贤诗文集》等等。致仕之后，教授子弟之余，还刻印书籍，整理藏书，编订了杭川图书目录。将藏书屋分为两个书库，甲库藏伦理、商务、财赋、奏议、舆图等，乙库藏历算、水经、医药、族谱等。著有《拙庵集》二十五卷、《奏议》十卷等。[②]

16. 徐大鉴

徐大鉴，生卒年不详，字克茹，莆田人。性喜藏书，在东陇建有万卷书楼。邑人柯潜《竹岩文集·东陇万卷书楼记》曰：

> 壶公之下有地名东陇，世族徐氏居之，自延寿始分之。时紫阳（朱熹）评云："壶公山下千钟粟，延寿桥头万卷书。"意谓居东陇者富，居延寿者则贵也。余稽延寿之徐，如秘书公寅，尚书公铎，通达入彀，蔚尔光华，

---

① （清）张廷玉等撰：《明史》卷一百五十九《陈泰传》，中华书局，1974 年，第 4334 页。

② 肇宇：《"杭川阁"育御史》第 50—51 页，《光泽文史资料》第十四辑，1994 年。

厥后移务前、庆余等派，固世踵科甲，紫阳评若验矣！又稽东陇之徐，业诗书以取贵仕者，如虞部昌燧公、刑部确公，桥梓棣萼，烨然辉映。于后徙桃园、莲塘诸房，亦多登第。今而后知，紫阳能以地评一时，而不能以人评万世也。延寿旧有书楼，秘书公所建者。楼虽废，而书犹存者，克茹公力购得之，作一楼直于其上。余屡过其门，见其子孙皆秀特可爱，扣其志，皆浩然欲出云霄。紫阳谓"地灵人杰，而知山川风土有变迁也哉"！故余读"学而优则仕"之论，固为迁延寿者欤。又观"诗书勤乃有"之句，实为居东陇者厚也。是以记之。[①]

可见莆田东陇徐氏藏书，从宋代一直沿袭明代，不愧为一大藏书世家。

17. 熊宗立

熊宗立（1409—1482），原名均，字道宗，号道轩，别号勿听子，建阳人。医学家。自幼喜读医书，弱冠即成名。承其祖业从医，又向同乡刻书名家刘剡学习校书、刻书。在临床之余，结合自己的祖传医术，精心研究、编撰、校勘、刊刻医学典籍。著有《名医类证医书大全》《黄帝内经素问灵枢运气音释补遗》《伤寒必用运气全书》等数十种。

熊宗立既是医学家，也是藏书家，又是刻书家。藏书颇多，精于校勘之学。从明正统二年（1437）至成化十年（1474），以鳌峰熊宗立、熊氏种德堂、熊氏中和堂等名号编著、点校、刻印医书二十多种，成为一位专刻医经典籍的刻书家，是福建历史上自编自刻医书最多的人。其中编纂的《名医类证医书大全》，对中医临床有极高的参考价值。该书传入日本，被视为"医家之宝"，对日本汉医的发展产生重大影响。

18. 陈真晟

陈真晟（1411—1474），初字晦德，字剩夫，一作晦夫，其后以"漳南布衣"自号，漳州人。应试至福州，闻防察过严，乃辞归，不复以科举为事，笃志践履之学。学无师承，独得于诸经，推崇"程朱"之学。著有《程朱正学纂要》《正教正考会通》《心学图》等。晚居漳之玉洲，作学校正教文庙配享疏，拟诣阙上，

---

① 《福建莆田延寿徐氏族谱》下册，2005年，第1408—1409页。

未及行而卒。

陈真晟一生以复兴心学为己任，被誉为"布衣理学家"。曾自谓："慨海滨荒不知书，始作书橱一座三层，贮经子史诸书，旁求百家文字毕集，昼夜习读不倦。盖学堂一座三间，训诲严条，约以身先之，来学者，莫不成德有造，而弦诵之声洽焉……平生勤无休息。虽一饭之顷、霜雪之役，未尝释卷。"①

19. 周莹

周莹（1426—1494），字次玉，别号鹤州，莆田人。明正统十年（1445）进士，曾拜南京工部都水清吏主事，升抚州知府，为官数年后，即解官归。喜于聚书，精于校读。《[乾隆]福建通志》和黄虞稷《千顷堂书目》皆记其著有《郡斋新稿》《鹤洲集》，惜均失传。

20. 张茂

张茂（1428—1506），字敏实，惠安人。张岳曾祖父。天顺六年（1462）应贡，入内廷，辞教职不就，卒业太学。成化二十一年（1485），谒选桐庐县丞。初抵任，自为文誓告城隍，述所以居官之意，慷慨激烈，闻者悚然。在官严谨，常以兴学作人、明教化、敦礼让为务。民有讼至庭，先以礼义谕之，俟其不服，然后断之以刑，民俗服从。弘治元年（1488），以年满六十，恳乞致仕归里。晚年，尽敛平生而归诸芳社绿野之间，方且拳拳集古书、立家范，尝以朱熹家礼教家。子孙有过，一毫不贷，闻其风者皆肃然。

张岳世代为藏书大家，据说元时张氏先祖张性祐建龙山书室，为子弟读书之处。至张祖购书万卷，子孙旦夕读书其间，终出三代县令。张岳从小有机会博览百家著作。何乔远《名山藏》记："曾祖茂，仕桐庐县丞。清介绝俗，家藏书数千卷。祖纶，知萍乡县。父慎，知英德县，有声。岳成童，尽读茂所藏书，宗尚程朱。"② 著有《清介叟集》。

21. 陈炜

陈炜（1430—1484），字文耀，叔刚子。闽县（今福州）人。明天顺四年

———————————

① （明）陈真晟：《陈剩夫集》卷四，清同治五年（1866）《正谊堂全书》本，第3页下。

② （明）何乔远撰，张德信等点校：《名山藏》卷七十八《张岳传》，福建人民出版社，2009年，第2332页。

（1460），登进士第，历官浙江左布政使。著有《耻庵集》。"志高行卓，践履不苟。妙翰墨，善吟咏，聚书万卷。非有事，未尝一日舍去。"①

22. 周瑛

周瑛（1430—1518），字梁石，号翠渠，又号蒙中子和贲道人，莆田人。周莹从弟。先世自莆田调戍漳州镇海卫，十四岁才归莆，故又以之为漳浦人。常往返莆、漳，与陈真晟过从，谈程朱之学。成化五年（1469）进士，知广德州九载，后升南京礼部仪制司郎中、抚州知府、四川右布政使。

周瑛一生，为官多年，秉公办事，兴办文教，兴修水利，政通人和，民所爱戴。其《续骚亭记》曰："予初到官，尝节缩，稍入为读书屋。于私第西南偏，既又为小屋以庋书，及因地之洼而池之，以涤笔砚，创画多时，名号未备。至是题书屋为'临汝书院'，池曰'浴云池'，改小屋为'续骚亭'。"②

周瑛也是明代热心抄书者。陈真晟《答门人翠渠周瑛书》中记载："翠渠来书云：孟冬渐寒，恭惟尊侯多福为慰。瑛旅食京师，林蒙庵不以瑛无状，每劝进之。继又会东广陈献章，献章学吴康斋之门，蒙庵归，必能道其事。瑛因献章得抄《朱子语类》。书四十本，凡百四十卷，乃门人退录其师之言。平生朱夫子教人本末，尽在是矣。计工抄写，今冬此书可完。"③

周瑛著作甚多，其《翠渠摘稿》卷八《自撰蒙中子圹志》自称："所著有《经世管钥》《字学纂要》《祠山集录》《周氏家语》《闽川稿》《桐川稿》《临川稿》、《金陵稿》《金台稿》若干种藏于家。"④《四库全书总目》著录有《翠渠摘稿》《翠渠类稿》及《附录》。还曾编修多部地方志，如《广德志》《蜀志》《漳州府志》《兴化府志》等。

23. 林雍

林雍，生卒年不详，字万容，学者称蒙庵先生，龙溪人县。明景泰五年（1454）进士，授行人。因母亲年老多病，请求归家赡养。及母病逝，服丧

---

① （清）郭柏苍：《全闽明诗传》卷九，清光绪十六年（1890）沁泉山馆刻本，第35页上。

② （明）周瑛：《翠渠摘稿》卷三，影印《文渊阁四库全书》本，第19页上。

③ （明）陈真晟：《布衣陈先生遗集》卷四《答门人翠渠周瑛书》，《续修四库全书》本，上海古籍出版社，2002年，第1330册，第373页。

④ 影印《文渊阁四库全书》本，第7页上。

完毕，才就行人职。历兵部郎中，转任驾部郎中。辞不就，获准归里，欣然就道。

林雍回乡后，即与金宪林克贤、漳州知府姜谅，建陈北溪祠于芝山之麓，祭祀陈淳。又结屋于龙山，聚徒讲学，以朱熹著述为主。又编修《蓝田吕氏乡约》，每月举行一次，与乡人相勉为善。朝廷屡次征召复官，均辞却不受。周瑛《送林蒙庵序》载："公退坐一室，左图右书，检点其身心，自虑念之微，以达于事……构屋龙山之阿，聚古人书而诵读之，考其迹以求其心，涉于万以会于一，以此而毕圣贤体用之学。"①

24. 黄仲昭

黄仲昭（1435—1508），本名潜，以字行，号退岩居士，又号未轩，莆田人。生于官宦世家，自幼受到良好的家庭教育，博闻强识。明成化二年（1466），中式进士，选翰林院庶吉士。散馆，授翰林院编修。其为人端方正直，骨鲠敢言。是年（1466）十二月，明宪宗决定于元宵大放花灯，并命翰林院官员献《上元烟火诗》。黄仲昭则乞停元宵烟火。宪宗皇帝览此疏大怒，将其当廷杖责，并贬为湘潭县知县。未赴任，经给事中毛宏奏请，改任南京大理寺评事。在南京大理寺评事任上，清正廉洁，一毫不取，秉公执法，不徇私情，性格耿直，处事公允，深受百姓爱戴，却为权贵所不容。不久即托病辞职，返乡归里。

黄仲昭回到家乡后，遍游福建各地，一路旁搜博考，详细调查了解当地历史沿革、山川、疆域、城池、风俗、古踪等，收集了丰富的一手资料。同时在莆田县城南下皋修筑一室，取名"俱乐亭"，读书其中。从此家居十七年，每早课耕织，夕校书著述，以毕其初志。闲时则与野老村夫谈笑往来，自得其乐，完成了明代福建第一部的省志——《八闽通志》的纂修。

弘治元年（1488），御史姜洪奏请起用黄仲昭。孝宗下旨，令地方官礼请出山。二年（1489），黄仲昭晋京，吏部尚书王恕亲自及门迎之，以宾礼揖让再拜。初授《宪宗实录》纂修官，然为忌者所阻，改任江西提学佥事。任上，整顿学校，端正学风，教人要以操行实践为先务，抑奔竞浮躁之习。八年（1495），黄仲昭以年高连疏乞休。获准后，再次回到莆田家乡。

---

① （明）周瑛：《翠渠摘稿》卷一，影印《文渊阁四库全书》本，第11—12页。

黄仲昭一生著述甚丰,除《八闽通志》以外,还修纂《邵武府志》《延平府志》《南平县志》,著有《未轩集》《读〈尚书〉》《读〈毛诗〉》《读〈春秋〉》《纲目书法》,与四川布政使周瑛合修《兴化府志》等等。

由于黄家世代官宦,家中藏书甚多。其《书室铭》自序曰:"家君子于室西构屋数楹,贮遗书。仲昭于是讲肆,久而有所乐。"[①]

25. 杨仕敬

杨仕敬(1437—1496),字敬甫,号直庵,建瓯人。明天顺三年(1459)举人,授中书舍人。官至湖南桂阳同知。酷嗜藏书,喜搜古今书画家中藏书,每日披读不辍,所藏数千卷,皆手自校雠。闻有异本,即不惜以重金往购。时人称为"书淫画癖"[②]。

26. 彭甫

彭甫(1451—?),字原岳,号忍庵,莆田人。明代书法家。明成化十七年(1481)进士。授南京户部主事,晋员外郎。后以学行。弘治八年(1495),擢广西按察佥事,提调学教,不用糊名识士。内艰制满,补湖广。决狱公平,以洗冤泽物为己任,至法所当按,亦无贷诎。宦官刘瑾擅政,赋《壶南招隐》诗见志,寻上疏乞休。刘瑾恶之,不俟部覆,径允致仕。为人和粹朴厚,自律甚严,博学多才,为文隽永。酷嗜藏书,积数万卷,据案疾读,至忘食寝,性喜著书,士多从学。卒后,人祀莆田乡贤祠。著有《忍庵集》,编纂《仙游县志》。子大治,举进士,嗜书亦如父。

27. 沈暹

沈暹,生卒年、字号均不详,漳浦人。富而好义,约明正统间,"广构书室置书籍,延名士刘宗道辈讲诵其中"[③]。

28. 周宣

周宣(1478—1532),字彦通,号秋斋,莆田人。明弘治十四年(1501),

---

① (明)黄仲昭:《未轩文集》卷五,影印《文渊阁四库全书》本,《四库提要著录丛书》集部第 267 册,第 245 页,北京出版社,2010 年。

② 刘德城、刘煦赞纂:《福建图书馆事业志》,方志出版社,2006 年,第 209 页。

③ (清)陈汝咸修,林登虎等纂;施锡衙再续纂修:《漳浦县志》卷十六《人物志下》,民国二十五年(1936)铅印本,第 1 页下。

福建乡试中式举人。弘治十八年（1505），乙丑科进士。初授常德推官，明慎清简，为楚属冠。中官刘瑾遣卒侦事，独常德免遣。正德五年（1510），升浙江道试监察御史。次年（1511），转实授，历云南道，改巡按山西。将行，会武宗南巡，与台官疏谏。武宗怒，罚跪端门外烈日中三日。及莅山西，去黠吏，固边陲。正德十五年（1520），改提调北直隶学校。十六年（1521），擢山西按察副使，仍督学政。历广东按察使。嘉靖六年（1527），转广东左布政使。后为人所害，落职归莆。

周宣喜宾客，好读书，精染翰，工书法，似米芾。家有藏书，辑有《聚书楼》诗为纪①。黄虞稷《千顷堂书目》记其著有《秋斋集》。

29. 高濲

高濲（1492—1542），字宗吕，号石门子，自号石门山人，又号霞居子、髯仙子、庖羲谷老人。侯官（今福州）人。曾师从郑善夫，绝意仕进。性爱山水，遍历名山大川。闻有名胜，则不远千里，不避寒暑，以畅游为快。凡有所得，发为诗歌，其诗与傅汝舟齐名。工书，隶草俱称逸品。善画，工山水、花卉、人物、翎毛，用墨浓润，运笔古雅，出入于宋、元诸大家之间。"邑子宋生者病虐，濲遇之，酒酣泼墨，写菊数本，复写奇石、修竹，寒香飘拂，凉风飒然。宋跃起视之，病霍然良已。人谓霍仙画真不减少陵诗也。"②落拓嗜酒，醉则狂叫放歌，散发跣足，飘然而舞。性又嗜书，藏书万卷，而贫无以立。福州知府汪文盛亲自造访，因请校《十三经》、两《汉书》三年，始得维持生计。著有《石门集》（一名《霞居集》）、《石门诗集》《隶书论》《敦义篇》。林向哲、林榛、何乔远皆为其文集作序。邓原岳在《郑继之先生传》中称其与傅汝舟为"二山人"。

30. 李默

李默（1494—1556），字时言，建瓯人。正德十六年（1521）进士，选翰林院庶吉士。散馆，授编修。嘉靖初，改为户部主事，进兵部员外郎。调吏部，历

---

① 台湾"中央图书馆"编辑：《明人传记资料索引》，台湾"中央图书馆"，1978 年，第322 页。

② （清）钱谦益：《列朝诗集小传》丙集，上海古籍出版社，1983，第 332 页。

郎中。后被劾，贬为宁国府同知，迁浙江左布政使，入为太常寺卿，掌南京国子监事。博士等官得选科道，自李默发之。历吏部左、右侍郎，进吏部尚书。为赵文华所构，下狱瘐死。李默博雅有才辨，以气自豪，不附严嵩。万历时，追谥文愍。

李默自幼聪明好学，著述颇丰，著有《群玉楼稿》《大明舆地图》《宁国府志》《建宁人物传》《孤树哀谈》。同邑后学林命云："群玉楼者，公所藏书处也"[1]。康大和也记："公自命谓楼中万卷，琼瑶而自信之"[2]。嘉靖三十一年（1552）刻印宋袁仲晦《朱子年谱》五卷。

31. 柯维骐

柯维骐（1497—1574），字奇纯，号希斋，莆田人。生于官宦之家，幼即灵颖，弱冠领乡荐。日与金石图籍相伴，师承竹岩家学，希慕古哲，思路开阔，志气恢宏，见识高超，才思敏捷，尤喜聚书，嗜好读史，谈论古今。明嘉靖二年（1523），癸未科中式进士，授南京户部主事。因鉴于嘉靖皇帝昏庸无能，国家景况每况愈下，纵有志报国，然力不从心，遂无意仕途，托病辞官回乡。以著书、明道为己任。在莆田府城乌石兴办书院，招徒讲学，从学者逾400人。汇《宋史》《辽史》《金史》为一书，著有《宋史新编》二百卷。以宋为正统，补订《宋史》之讹误。黄佐序其书云：

> 宋旧史成于元至正己酉，丞相脱脱为都总裁……是时纂修者大半虏人，以故是非不公，冠屦莫辨。景泰间，翰林学士吉水周公叙尝疏于朝，自任笔削，羁于职务，书竟弗成。今吾友柯子维骐……乃能会通三史，以宋为正……《本纪》则正大纲而存孤危，《志》《表》则略细务而举要领，《列传》则崇勋德而诛乱贼，先道学而后吏治。辽、金与夏，皆列《外国传》，纳诸四裔焉。于是春秋大义，始昭著于万世。[3]

---

① （明）林命：《群玉楼稿·序》，《明别集丛刊》第2辑第38册，黄山书社，2016年，第227页。

② （明）康大和：《群玉楼稿·序》，《明别集丛刊》第2辑第38册，黄山书社，2016年，第222页。

③ （明）柯维骐：《宋史新编·黄佐序》，天津古籍出版社，1998年，第1页。

清《四库全书总目》亦评说《宋史新编》："纠谬补遗，亦有所考订"。另著有《史记考要》《续莆阳文献志》《艺余集》等著作。柯维骐著书立说之地的莆田城内乌石小柯山，建有"修史堂"，藏书甚多。后惜为倭寇焚毁。

32. 林梅

林梅，生卒年不详，字魁春，一字以和，漳浦人。明嘉靖八年（1529）进士。之后在家守丧时，主纂《漳浦县志》，以《八闽通志》《漳州府志》为依据，广泛参考各方资料，完成了收历代之散亡，举旷世之遗典的第一部《漳浦县志》。性嗜学，虽久官不废，求异书不吝重资。卒时，宦囊无长物，惟图书万卷而已。[①]著有诗文集《愚谷稿》。

33. 陈暹

陈暹（1503—1566），字德辉，号闇窗。叔刚侄孙，陈烓之子，闽县（今福州）人。明嘉靖十四年（1535）进士。授大理寺正，擢安庆知府，迁广西参政，摄布政使事。寻又擢江西按察使，仕终广东右布政。历官 30 余年，屡管财政，而不妄取一文。藏书数万卷。嘉靖四十四年（1565），陈暹得旧本《赵临清集》，命工刻之，重订合刻孙蕡、王佐、黄哲、李德、赵介五人之诗为《广中五先生集》。"陈公后昆寝微，则散如云烟。"[②]徐𤉲藏有陈暹旧书。

34. 马森

马森（1506—1580），字孔养，怀安（今福州）人[③]。少师从马驭，后拜从莆田学者林学道读书。明嘉靖十四年（1535）进士。为官公正廉明，驳判冤案，与刑部尚书郑晓、都御史周延同称"三平"。擢南京工部右侍郎，改户部右都御史总督漕运，兼巡抚凤阳。调升南京户部尚书。隆庆初（1567），改北部，奏请皇上应力行节俭，以渡难关，用人则应唯才是举。隆庆五年（1571）

---

①　郭可光编：《闽藏书家考略》卷上，郭氏白阳书室抄本，第 6 页下。

②　（明）徐𤉲撰，沈文倬校注，陈心榕标点：《笔精》，福建人民出版社，1997 年，第 238 页。

③　《明史》卷一百八十六《马森传》载马森为"怀安卫人"。《中国历代藏书家辞典》《历代藏书家辞典》即据以为"河北怀安人"。而福建福州从北宋太平兴国七年（982）至明万历七年（1579）均有置怀安县，万历八年（1580）才撤怀安县并入侯官县。故《［民国］福建通志》卷三十四即收马森入列传。

以母老乞养归。居乡期间，讲解理学，以程朱为宗，又支持巡抚行"一条鞭法"，为乡人所称颂。万历八年（1580），病逝，赠太子少保，谥"恭敏"，葬于福州西禅寺西南怡山。著有《四书口义》《书经敷言》《周易说义》等。

马森曾于钟山筑钟邱园，园内建藏书楼。其《钟邱园记》云："予之居皆先人故址，左钟山，右雅俗桥。雅俗桥者，即杨桥之旧名也，居后为钟邱园……东一径逶迤三曲，有门曰'成趣'，行数步先祠在焉。祠外地颇广，高槐数株，设二石榻。祠西有别圃，尽植橘柚，篱而隔之，沿篱而行，复穿一竹榻，则为藏书楼。楼上广二丈六尺，深如之，楼下四面皆门，花卉木石罗列。"[1] 即当时藏书所也。嘉靖四十一年（1562），马森五十七岁时，存书二万余卷，其藏书均有朱黄批点句读。其季子马歘，虽能读能守，但后来藏书还是不知归处。徐𤊹所撰《笔精》卷六也明确记载了："吾乡前辈藏书富者，马恭敏公森、陈方伯公暹。"[2]

35. 陈圣镕

陈圣镕，生卒年不详，字子中，松溪人。"明嘉靖间布衣，聚经书子史六千卷。建楼藏之，沉酣其中。其于世家族属之源委，地理人物之典故，造化阴阳之象数，考辑研磨，凿凿有据"[3]。

36. 王慎中

王慎中（1509—1559），字道思，初号南江。因早年读书于清源山中峰遵岩，更号遵岩、遵岩居士，又因家庭排行第二，又称王仲子。晋江人。明嘉靖五年（1526）进士，授户部主事，监兑通州。八年（1529），改礼部祠祭司。十年（1531），任广东主考官。十二年（1533），转主客司员外。时朝廷拟选拔各部员外郎入翰林充馆职。因秉性狷介傲慢，不肯拜谒内阁大学士张孚敬，馆职虽然落选，而名声益著。不久，改调吏部验封司，旋晋郎中。因事贬为常州通判，转而署理江阴。江阴任满，又先后迁升南京户部主事和礼部员外郎。十五年（1536），擢山东提学金事。任内致力端正学风，革除陋习，制定新的规章条例。改江西参议，进河南参政。因与大学士夏言曾相忤，被罢落职。时人为

---

① （清）郭柏苍：《乌石山志》卷五，清道光二十二年（1842）刻本，第 4 页。
② 福建人民出版社，1997 年，第 238 页。
③ 郭可光编：《闽藏书家考略》，郭氏白阳书室抄本，第 7 页上。

他盛年被罢官感到惋惜，他自己却毫不介意，飘然遨游于名山大川之间。

王慎中晚年居家专事文学创作，在文坛上地位显赫，为明朝复古文风的代表人物之一，"嘉靖八才子"之首。藏书甚富，多出于读书、著述的需要。不仅自己抄书，还要求亲友帮忙抄写。他在《寄道原弟书（一）》中自言："兵部经火之后，人籍无存。只有李逊庐尚书在部日汇集兵部条例一部甚详，我向日已抄得数本，但未完而有常州之行。今数本亦不复存，可抄得一本寄我。又京中有好书，无印本。及有印本而我所无者，时时收得寄来，此至切务也。李蒲汀家好书甚多，其子若相识，可时与之借录，不必求好，只以有此书为贵。又要抄字不讹，须着吏查考参对。"① 在言及濮阳藏书家李蒲汀藏书时，还认为："宋儒经义及查考、制度、乐律、水利、兵刑等项名数之书为上，文集次之，至于杂家小说，又次之"。对藏书而言，"须着意如饮食然，乃可得，若悠悠泛泛，决不可得也"②。

37. 林兆珂

林兆珂，生卒年不详，字懋忠，又字孟鸣，号榕门，莆田人。林兆恩之堂弟。明万历二年（1574），登进士第。历知廉州、衡州、安庆三府，累官大司寇等。追随林兆恩，撰写过《林子年谱》，其诗蕴藉，著作较多。"归田后，闭户读书，丹铅不辍，所著有《宙合编》《多识编》及《考工》《檀弓》《楚辞》《参同契》《李诗》《杜诗》《选诗》等注，俱行于世。另有《左传注》《明诗选》二书未刻，今已散佚不存。"③ "又尝梓刻林艾轩、杨升庵、陈于庭集句、黄白仲诗集以传。"④ 林兆珂一生著述甚多，大部分为自刻本。其中除了《杜诗钞述说》和《李诗钞述说》分别刻于衡州和安庆任上，此后告假所著，均在莆田刻版。

38. 丁自申

丁自申（1521—？），字明岳，一作朋岳，号槐江，晋江人。晋江陈埭丁氏，先世为回族。明嘉靖二十八年（1549），乡试中式举人。二十九年（1550），中式进士。授南京工部营缮司主事。后出守顺庆府三年，调任梧州府。约在隆庆

---

① （明）王慎中：《王遵岩集》卷六《寄道原弟书一》，民国四年（1915）上海振寰书局铅印本，第8—9页。

② 同上。

③ （清）郭柏苍：《全闽明诗传》卷三十，清光绪十六年（1890）沁泉山馆刻本，第6—7页。

④ 同上。

元年（1567），自梧州任所获准致仕还乡。从此再未出仕，终老家乡。

丁自申的一生，与书籍结下了不解之缘。自幼嗜好读书，他在所撰的《三陵集》中自谓："童年就傅，日授一册，不能多展玩。至潜购他书密观，为家大人所扑，恐妨授课。"① "好观杂书，无由得也，时于笥中窃嬴钱，从故宦家易乱书数种，其可意义通者，夜篝灯密观，睡以束书代枕"②，"忽经书本旨而耽好，若《左传》《国语》《史汉》三书，若《战国策》《韩非》六子，与夫《逊志》《空同》等集，皆手抄汇辑，以资诵识。"③丁自申游宦金陵时，曾购书数万卷，载书自随，听夕翻阅。"金陵故多典籍，公聚而读之，盛寒暑不释卷。"④出守顺庆府期间，宦优事简，颇不为吏事所拘束，仍读书写作不已。为官视事外，即闭户翻阅，迄乎半夜乃罢。藏书处曰"希邺堂"。"盖邺之家藏三万轴，虽未敢几而繁之，能开父券，则有待焉。"⑤

丁自申还博购异书，自云：

予生平遇事无多快意，而独耽玩好于载籍之林。客有持海内书目授予者，暇日以余家藏本及所得访问，辄加比次。自国学书坊而下，即遐方穷域，有刻之书，披阅间而斓然可观，其犹货殖家之物录乎，以此致于万卷楼中，当不啻陶朱百货矣。虽然腹笥尚馁而徒侈书目之多，则何异于执遗契以待富也。人其不以宋人愚我哉，读书以为引，聊发一笑！⑥

丁自申回归故里后，一心读书，杜门著述。其在顺庆时，即编有《三陵稿》。回乡后整理散稿，复成《三陵续稿》。传世的《三陵集》，即为此两部书稿的合集。因书集成于嘉陵、金陵、温陵，故名"三陵"。另编有《古文披玉编》若干卷，

---

① （明）丁自申：《三陵集》卷一《希邺堂记》，民国三十四年（1945）晋江文献委员会抄本，第21页下。

② 同上。

③ 同上。

④ 同上，（明）杨修：《三陵集·序》，

⑤ 同上。

⑥ 同上，卷六《海内书目引》，第1页下。

藏于家。在郡期间，尝刻同乡陈紫峰文集。

39. 丁日造

丁日造，生卒年不详，字肖梧，晋江人。丁自申之子。丁自申守梧州时，日造跟随母亲在家，侍奉老人，操持家务，周恤亲友。缘其父藏书，继之繁富，得以博览，参鉴著述。著有《朝野萃言》《六书考》等。

40. 王应钟

王应钟，生卒年不详，字懋复，侯官（今福州）人，为闽中十才子王褒玄孙。明嘉靖二十年（1541）进士，授监察御史。为官刚直，得罪东厂，几毙杖下。后掌河南道会大计史，又因逆严嵩，出为河南提学副使，转山东参政。终为严嵩所陷，罢官归里。

王应钟归里后，"筑道山精舍于山南麓，讲明正学"①，且"环堵图书，讲学唱道，从游者云集。居官以严见惮，乡党则谦恭乐易，引掖后进若不及。卒年九十"②。藏书甚富，所藏丹黄批点句读俱在。然书尽失。郑杰《红雨楼题跋》序云："林（惟介）、王（懋复）二公，捐馆未几，书尽亡失。虽丹黄批点句读俱在，而全书飘荡四方者不少。吾闽先辈间有得者，珍若拱璧。"③

41. 丘有岩

丘有岩，生卒年不详，字孔观，号兖泉。晋江人。幼承家教，文才出众，人称"天下名士"。明嘉靖二十五年（1546），中式举人。嘉靖三十二年（1553），中式进士，任南京吏部主事。政事之余，总是手不释卷，如饥似渴地读书。寻擢吏部考功郎、南光禄少卿。后为相位相争所累，竟遭弹劾，罢归回乡。

丘有岩一生相当俭朴，布衣蔬食，不娶姬妾，不娱鼓乐，不蓄玩好，唯喜藏书。授南京吏部主事期间，"南中士大夫闲无事，其高者揪徒讲学，藉口于良知虚幻之谭。其下者饮酒游山，托名于沧洲吏隐之趣，公皆谢罢不应。携故所肆书洛诵邸中。南雍多藏书，捐俸以购。有借抄者，上自国朝实录，细至稗官野史，搜猎殆尽。人劝公休。公曰：'古人学政，吾今政学，非效经生括帖为异日者，当事致

---

① （清）郭柏苍：《乌石山志》卷七，清道光二十二年（1842）刻本，第5页上。

② 同上。

③ （明）徐𤊻撰，沈文倬校点：《红雨楼序跋》附录，福建人民出版社，1993年，第99页。

用地耳.'南中士大夫迁转赠章,多出公笔,士望翕然归之。"① 罢归后,把购置的书籍运回家乡,筑书室"木末亭"。"筑木末亭自娱,逍遥寝卧其下,邀亲朋共饮赋诗,自为木末赋以见志。"② 平时,课督子孙,稍越秩则加护让,四子均成器。

42. 朱天球

朱天球(1528—1610),字君玉,号肖若,更号澹庵先生,漳浦人。自幼聪敏,博学多才。明嘉靖二十九年(1550),登进士第,授南京工部主事。职满进京考绩时,适遇兵部员外郎杨继盛,遭严嵩的陷害而被斩于西市。朱天球激于义愤,约薛天华、董传策和杨豫孙往西市痛哭哀悼,且捐金具衣冠为殓。时人称为"四君子"。并会同刑部郎中王世贞为收埋遗体,料理后事。考绩后,转南京兵部主事,升南京礼部郎中。擢湖广按察司佥事,分守湖南道。丁母忧,归家服丧,起补广东屯盐佥事,移督广西学政。寻升浙东分守参议,又提督山东学政。督学期间,山东学子,人才辈出。嘉靖末,擢南京太仆寺少卿。隆庆二年(1568),因给事中石星上疏穆宗之事牵累,被黜为民。万历年间,起用为广东按察副使,随即内调,升为南京太常寺少卿。历任南京太仆、大理二寺卿,南刑部右侍郎,改工部左侍郎。万历十九年(1591),任南京都御史。寻升南京工部尚书。终因耿直,再遭非议,遂上疏乞请回乡。与致仕回漳浦的户部左侍郎卢维桢在梁山结社,又约10多位朋友结"真率会",吟诗作赋。徜徉山水。朱天球爱好藏书,"时流贼哨聚,发其箧,尽图籍也"③,"居官六十年,家犹儒素,惟酷嗜图籍。曰:'吾传家万轴,胜于籯金远矣'"④。著有《湛园存稿》,参与续修《漳浦县志》。

二、万历至崇祯时期的藏书家

1. 林懋和

林懋和,生卒年不详,字惟介,闽县(今福州)人。六岁丧父,独与寡母

---

① (明)李光缙:《景璧集》卷十五《中顺大夫应天府丞充泉丘公暨配封宜人勤肃李氏行状》,江苏广陵古籍刻印社,1996年,第2454—2455页。

② 同上,第2461页。

③ (明)蔡献臣:《清白堂稿》卷十三《明南京工部尚书赠太子少保澹庵朱公传》,明崇祯刻本,第11页下。

④ 同上,第15页上。

茕茕相依。家赤贫，好读书，不肯事事。伯父炳为会稽令，数止毋读书，林懋和愈读书不辍。后迁居于姑母家，携带经书随往，姑母又不喜欢，而姑父视之为才子，并借给图书。即使冻馁，志气益励，天资绝人，博览群书。明嘉靖二十年（1541）进士，选翰林院庶吉士。散馆，改礼部郎中，有廉能声。出督楚学，所识拔皆名士。仕至广东左布政。苦于幼时读书难，遂将官奉之资，一半用于购书，遂藏书数万卷。乞归，捆帙益富，乃闭户遍观之。扬历中外，手不停披，藏书达数万卷，宋元本居多，为万历年间福建藏书者之首。于三教九流，历数医卜之学，罔不穷究其秘。每与客谈，坟素外无他及也。诗文秀整典则，不尚浮靡。著有《栎寄集》《双台诗选》等。卒年八十余，其藏书流失。"又林方伯公懋和、王太史公应钟，亦喜聚书，捐馆未几，书尽亡失"[1]。

2. 戴一俊

戴一俊（1531—1606，一作：1530—1607），字惟宅，号卓峰，惠安崇武人。幼有神童之称，少蜚英颖，攻苦力学。少孤，性恬淡无他嗜，终日图书匡坐。明嘉靖三十一年（1552），乡试中式举人。三十二年（1553），联捷登进士第。是明代崇武的第一个进士。初授南京刑部主事，历员外郎、郎中，后任温州知府，擢广东按察司副使，又迁知雷州。为人刚直不阿，做官清正明察。年三十八岁时，就辞官归故里，事母孝养尽欢。母卒后，在县城西郊片瓦岩构庐，杜门却扫，不入城市，读书著作，隐居三十多年。

骆日升《石室遗稿叙》曰："卓峰戴公既已谢宪节，归卧石室山中，则遂称石室主人矣……发其箧藏书数百种，旁及外家、稗史、龟策、象纬、青鸟、素问诸秘指，渔畋殆遍。暇则与野老钓席，徘徊溪山之上，觞咏啸歌，不复知吾汝也。"[2] 著有《石室藏稿》二卷。

3. 黄凤翔

黄凤翔（1538—1614），字鸣周，号仪庭，晚号止庵。晋江人，名士名宦。黄凤翔从小就学于潘湖仁颖书院，博览群书，又精通文史。明嘉靖四十年（1561），中式举人。隆庆二年（1568），登进士第，列名榜眼。泉中明代及第

---

① 萨士武：《福建藏书家考略》，《福建文化季刊》1942 年第 3 期。

② （明）骆日升：《骆台晋先生文集》卷二，商务印书馆，2017 年，第 44—45 页。

自凤翔始，为明代福建晋江开风气之先的簪缨世家。初授翰林编修，奉命在内书堂教习小内侍读书。万历初，参与编修《明世宗实录》，后调升为修撰，纂修《会典》，管理诰敕，充经筵官。万历五年（1577），参与主持会试。为人正直，秉公办事，不徇私情。后历右中允、南京国子监祭酒、北京国子监祭酒、礼部右侍郎兼翰林院侍读学士，充经筵讲官。由于用人、理财上疏谏诤，神宗均不听，失望灰心，屡屡要求引退。万历二十年（1592），黄凤翔又被任命为礼部左侍郎。翌年（1593），改任吏部官职，调升南京礼部尚书，以养亲归，复疏辞之。来年复起任故官南京礼部尚书，力以亲老，复疏辞，以新衔在籍调用。从此不再外出当官。

黄凤翔"官中秘时，退食之暇，惟有键户读书，老而家居犹故。苞孕极富，而撰著独多。其辨经证史，感时触事，或发愤之所为作，往往见之文章。"①。为人平易忠厚而狷介谨严，不设道学之名而体道学之实。粗饭果腹，革鞜纳足，苍衫称身，屋宇不事装饰。一生溺于学问，为文深淳尔雅，为故乡名胜写了不少的碑记和题咏。主要著作有《嘉靖大政记》《嘉靖大政编年录》《田亭草诗集》《续小学》《异梦记》等，还主持编纂了《［万历］泉州府志》。

黄凤翔在郡城南潘湖构屋五楹，上栋下宇，庋藏群籍。他认为藏书必有楼，洞牖陈列，书不至散乱，又便搜阅，中设一榻观书，意趣悠然。惜于万历二十九年（1601）冬，洪流暴涨，书籍被冲没。晚年隐寓于东郊，匾其棹楔曰："止庵"。构山庐其麓，行吟觞歌，与客共乐。明万历四十二年（1614），卒于郡城南潘湖家中，终年七十六岁。天启初，赐谥文简。

4. 陈第

陈第（1541—1617），字季立，号一斋，别号子野子、五岳山人、晚号温麻山农，别署五岳游人。连江人。明嘉靖三十八年（1559），补弟子员，中秀才第一。为诸生时，博极群书，喜谈兵法。四十一年（1562），戚继光追歼倭寇至连江，陈第献平倭策，终歼倭寇。至今民间还有流传："儒将衣冠今已杳，

---

① （明）李光缙：《景璧集》卷十二《太宗伯仪庭黄先生传》，江苏广陵古籍刻印社，1996年，第1906页。

尚教渔子脚撑舟。"① 此后，他跟随戚家军转战南北，学到过硬的军事本领，作战勇敢，屡立战功，颇受戚继光、俞大猷和大司马谭纶的赏识和器重。四十五年（1566），游学福州如兰精舍，拜潘碧梧为师，与"三一教主"林兆恩过从甚密。隆庆三年（1569），随其师潘碧梧至漳州讲学。后返福州如兰精舍讲学，常勉励门人当如班超立功异域。万历元年（1573），为都督俞大猷幕僚，教以古今兵法，南北战守方略，尽得其旨要，劝以武功自见，曰："子当为名将，非书生也。"② 大司马谭纶见之曰："真俞、戚之流亚矣！"③ 万历三年（1575），由俞大猷推荐，以诸生授京营教官，旋即被任命为潮河提调。四年（1576），任五军四营中军，守蓟门。翌年（1577），改任潮河提调，守古北口。陈第整顿防务，两次击败犯境骚扰叛民。八年（1580），由戚继光推荐，升任三屯车兵前营游击将军，驻喜峰口，多次击退鞑靼入侵。十一年（1583），戚继光南迁东粤，巡抚吴兑的表弟周楷欲在军中高价出售布匹，盘剥士卒，遭到陈第严拒而得罪吴兑，被谗罢归。"在蓟十年，调和文武，敦睦兵民，筑城创桥，兴学讲武，使边民乐业，行旅不惊，是名将而兼循吏"④。翌年（1584），回到家乡连江，此后读书、旅游、购书、著述、刻书为其后半生的主要内容。

陈第平生唯书是癖，从小就有收藏图书的习惯。部伍半生，每到一处，有空就到处搜访古籍。晚上整理读书，并且言传身教，影响士兵。陈第和高儒，一南一北，都是明代以武人身份藏书出名，被人誉为"儒将"。罢官南归后，在家乡连江筑"偬游庐"为居所，另辟一室名"世善堂"存书，一边潜心读书治学，一边大力收藏图书。陈第买书，"遇书辄买，若惟恐失，故不择善本，亦不争价值"⑤，遇未曾见书，就抄而读之。在这样的穷搜苦求之下，积四十余年，陈第的世善堂藏书近两千种，至万余卷。无论刻本，还是抄本，质量都是

① （清）陈斗初编：《一斋公年谱》，北京图书馆编《北京图书馆藏珍本年谱丛刊》影印清道光二十九年（1849）刻本，1999年，第52册，第477页。

② （清）钱谦益：《列朝诗集小传》，上海古籍出版社，1983年，第542页。

③ 同上。

④ 金云铭：《陈第年谱·自序一》，《金云铭文集》，国家图书馆出版社，2017年，第337页。

⑤ （明）陈第：《世善堂藏书目录题词》，见《丛书集成初编》，商务印书馆，1937年，第34册，第1页。

比较好的，秘册约三百余种。去世前一年，即万历四十四年（1616），陈第同儿孙一起把世善堂的藏书细加整理，"今粗为位置，以类相从，因成目录，得便查检"①，分类编目，设经、史、子、集、《四书》、各家六部，冲破四部分类法的传统，编定了《世善堂藏书目录》二卷。

《世善堂藏书目录》为陈第家藏书目，在明代颇负盛名。著录图书近两千种，载及许多不见于同时及后世书目的典籍。清人朱彝尊《静志居诗话》卷十四云："灯下阅之，见唐、五代遗书，琳琅满目，如披灵威、唐述之藏，多平生所未见，不觉狂喜。"②但今日所能见到的《世善堂藏书目录》，已经不是陈第手自编定的原本，而是其后人不断增益的一个本子。朱彝尊、鲍廷博、周中孚皆指出所见《世善堂书目》系陈第后人编辑。近人王重民进一步认为：今本《世善堂藏书目录》经过陈第曾孙陈元钟增编，窜入宋元间已失传之书籍若干种，实非尽是家藏。南京大学李丹的《明代私家书目研究》一文③，在资料上做了更多的考证。福建师范大学的庄琳芳《陈第及其世善堂藏书》一文④，也在前人研究基础上，力图通过现存陈第的相关资料，对其世系、著述及藏书作较为系统的研究。可以确定今《知不足斋丛书》本《世善堂藏书目录》乃是其后人增窜之作，是一部真伪掺杂的书目。虽有学者根据书目统计陈第藏书，认为实际数目应是三万二千余卷⑤，但书目既是陈氏后人不时增益，且多有为祖炫博之意，那么在此基础上得出的结论也难以令人信服。

陈第主张藏以致用，资于闻见，有备采择，读书治学。在他拂袖归家途中，就角巾萧寺，遍阅佛藏。居家杜门，专心读书，灌园自娱。经常随手把读书心得和见解以题跋的形式写在书上，抒一得之见，不敢袭前人成说以为己有。他的藏书态度比较达观，反对强调藏书贻赠子孙的做法，自谓"吾买书盖以自娱，

① （明）陈第：《世善堂藏书目录题词》，见《丛书集成初编》，商务印书馆，1937年，第34册，第1页。

② 人民文学出版社，1990年，第416页。

③ 李丹：《明代私家书目研究》，南京大学硕士研究生毕业论文，2004年。

④ 庄琳芳：《陈第及其世善堂藏书》，福建师范大学硕士论文，2008年。

⑤ 李珽：《陈第和世善堂藏书目录》，《连江文史资料》第9、10合辑，《陈第诞辰450周年纪念会海峡两岸陈第学术研讨会专辑》，1992年，第291页。

特未即弃耳，非积之以为子孙遗也。子孙之读不读，听其自然。至于守与不能守，亦数有必至"①。陈第逝世不久，由于种种原因，世善堂藏书就开始逐步散佚，后代也着实不能守也。

陈第藏书去向也一直困扰着后世。早在清初朱彝尊游闽时，秀才林侗持陈第后人所辑《世善堂书目》求售，朱彝尊便托他至连江代购"如披灵威、唐述之藏"的"唐五代遗书"，"逾年得报，书则已散佚，徒有惋惜而已"②。另据陈斗初《七世祖一斋公年谱》记载："公藏书甚富，所传《世善堂书目》载一千九百余部，皆五代以后书。先伯祖振图公幼年犹及见之，后为巡抚赵公国麟久假。"③可见清雍正时尚有世善堂残存藏书。但据鲍廷博所撰跋文得知："乾隆初年，钱塘赵谷林先生昱赍多金往购，则已散佚无遗矣"④。之后，鲍廷博根据从赵氏那边所得到的一册目录，"断种秘册，约三百余种，予按其目求之，积四十年，一无所得，则当时散落，诚可惜也"⑤。北京大学图书馆藏瞿氏铁琴铜剑楼抄本《世善堂书目》，有清初林侗所作的《跋》。云：

　　此吾乡连江陈一斋先生藏书目也……所至辄访遗书，故所得皆善本。先生归，其书皆留金陵。没后，焦公载还，其子传之。世遭兵燹，无存矣！

林侗说陈第藏书毁于兵燹。清人郑杰《红雨楼题跋初编小序》曰：

　　吾闽藏书之富，前朝洪、永间，无从参稽。嘉靖以后，始乃历历可数……厥后如陈一斋季立、邓参政汝高、谢方伯在杭、曹观察能使、徐兴

---

① （明）陈第：《世善堂藏书目录题词》，《丛书集成初编》，商务印书馆，1937 年，第 34 册，第 1 页。

② （清）朱彝尊著，郭绍虞主编：姚祖恩编，黄君坦校点：《静志居诗话》卷十四，人民文学出版社，1990 年，第 416 页。

③ （清）陈斗初编：《一斋公年谱》，《北京图书馆藏珍本年谱丛刊》影印清道光二十九年刻本，第 52 册，1999 年，第 484 页。

④ （清）鲍廷博：《世善堂藏书目录·跋》，《丛书集成初编》，商务印书馆，1937 年，第 34 册，末页。

⑤ 同上。

公惟起，皆有书嗜。陈书尽毁夫人之手。①

郑杰则说陈第藏书毁于其"夫人之手"。无论如何，陈第藏书当是在陈第去世之后不久已散佚。《[民国]连江县志》卷二十七《人物·清文苑》载："陈元钟，字朵采，一字孝受，肇复子第之孙也。"②实际上陈元钟系陈第之曾孙。又载：

天赋奇挺，家世多藏书，元钟尽发而读之，因以诗、古文、词自见。清初为诸生，已而从父官游，遂弃去……元钟死，无子，妻王氏痛无可传，尽所有火之灵前，飞灰旋绕，经两昼夜不散。③

若所载属实，陈元钟夫人王氏所烧之书中，应有陈第世善堂之旧藏，且数量甚多，居然"尽所有火之灵前，飞灰旋绕，经两昼夜不散"。经此一火，陈氏家藏图书当皆为火烬矣！

陈第一生交游甚广，有金陵焦竑、安徽宣州沈有容、连江董应举、福清林日正、东莞林培之、连江同里学友郭道见、连江忘年交吴文华等等。其与藏书活动关系密切的一是焦竑，二是董应举。

焦竑是有名的藏书家，有"五车楼"和"抱瓮轩"等藏书楼。五楹俱满，多手自抄撮，且一一校雠深讨。万历三十二年（1604），陈第听说焦竑老而好学，"造访，不通姓字，谈论竟日夜。即宿书楼，秉烛阅藏书几遍，误者指而正之。明日，先生笑曰：'君殆闽之季立耶'！相得益欢。自是恒往来其家，借读所未读书"④。两人"离经析疑，叩击累年，弱侯叹服，以为弗如"⑤。焦竑是明代有名的学者，但他说自己在读书治学上不如陈第，虽是自谦之词，也可见陈第藏书治学方面的成就和影响。陈第在南京一住就是五年，除了在焦竑和其他藏书家那里抄录了许多自家没有的图书，还从南京的大小书肆里购买了一大批古籍。

① （明）徐𤊻撰，沈文倬校点：《红雨楼序跋》附录，福建人民出版社，1993年，第99页。
② 民国十六年（1927）铅印本，第23页上。
③ 同上，第23页上、第25页上。
④ 金云铭：《陈第年谱》，《金云铭文集》，国家图书馆出版社，2017年，第397页。
⑤ （清）钱谦益：《列朝诗集小传》丁集中，上海古籍出版社，1983年，第543页。

回家乡连江时，仅图书及各种资料就装满了两大车①。

董应举也是连江人，好学善文，居官慷慨任事，在家好兴利捍患，是个良宦乡贤。万历二十四年（1596），去拜访陈第，相见大悦，遂成莫逆。陈第病革时，董应举作诗：

> 平生好争论，好友辄相骂。及其疾病时，惶惶忧日夜。如割一半身，如屋崩其瓦。百物皆可求，好友难再偕。久交如薰兰，乍交如佩麝。麝性岂不烈，终不如兰化。吁嗟陈一斋，使我食不暇……

陈第则作《病答董崇相骂友》诗答曰：

> 平生有骂友，四海却无多。持论互非是，中心实匪他。登山同啸傲，对酒发悲歌。处官自职事，钓月著渔蓑。纵迹若秦越，诗书共切磋。高山思仰止，矫首在峨峨。天生有五味，剂调乃为和。岂忍效流俗，委靡随江河。忠言本逆耳，不骂欲如何。②

可见两人友谊之深，感人肺腑。

陈第一生，读书著述，老而弥笃，成就博深学问。临终夜半，索笔俟天明，又书一联云：“达道惟五，不朽惟三，汲汲孜孜生未逮；述经有四，游州有八，潇潇洒洒死何求！”③传世的著作十余种：《毛诗古音考》《屈宋古音义》《一斋诗集》《读诗拙言》《五岳游草》《尚书疏衍》《伏羲图赞》及《东番记》等。

特别值得一提的是，陈第在《毛诗古音考》一书提出了：“时有古今，地有南北，字有更革，音有转移。”用发展的目光看到古今音在时空上的差异，打破了传统的“叶音”说，倡明古音之学。在考订古音中，以本证和旁证结合的

---

① 任继愈：《中国藏书楼》，辽宁人民出版社，2001 年，第 1074 页。
② 金云铭：《陈第年谱》，《金云铭文集》，国家图书馆出版社，2017 年，第 427 页。
③ 同上，第 428 页。

全新音韵研究方法，卓然成家，对后世影响很大，在中国古音韵史上有着重要的地位。另外，所撰《东番记》一文，也是陈第著述中弥足珍贵的。全文虽仅1300多字，但为最早描绘了台湾西部沿岸平埔族的生活习俗与地理风光，是研究台湾古史之重要文献。此后十余年间，何乔远的《闽书》、张燮的《东西洋考》等，在述及台湾东番时，均沿袭了陈第的记载。

总而言之，陈第一生阅历复杂，"不得继俞、戚之后，登坛为名将，卒为名儒以终"①。其邑人吴文华有诗赠云："投林袖剩三边略，闭户襟披百代文。"②叶昌炽《藏书纪事诗》评曰："老去书城许策勋，蓝田谁识故将军。灵威唐述搜罗遍，更诵岣庐梵宇文。"③他的挚友焦竑言其有三异："身为名将，手握重兵，一旦弃去之瓶钵萧疏野衲不若，一异也；周游万里，不可羁绁，而辞受硁硁不以秋毫自缁，二异也；贯穿驰骋，著书满家，其涉猎者广博矣，而语字画声音至于茧丝牛毛，争其猥细，三异也。"④金云铭《陈第年谱·自序一》称："夫以一斋先生之鸿猷硕学、卓卓可传。观其御倭守边，在蓟十年，调和文武，敦睦兵民，筑城创桥，兴学讲武，使边民乐业，行旅不惊，是名将而兼循吏。使上有明臣，假之便宜，则先生勋业，岂止于一游击将军哉！及其拂衣归里，杜门著书。晚年从事游历，四山五岳，足迹殆遍。其行程所经，明代除后先生数十年之徐霞客外，实不多见。"这位嗜好藏书、学通五经的将军，以其一生热血造就了壮采绮情、斑驳陆离的人生。

5. 李光缙

李光缙（1549—1623），字宗谦，号衷一，晋江人。4 岁时，父殁，家道中落，与母相依为命。自幼聪敏，寓目成诵，举笔成章，闳览博物，善古文词。曾师事著名学者苏濬。苏濬深以为傲，谓"异日必成大儒"⑤。明万历十三年（1585），举福建乡试第一。后屡困会试，遂决意不仕，怡然自得。

---

① （清）钱谦益：《列朝诗集小传》，上海古籍出版社，1983 年，第 543 页。

② 陈景中：《孤悬三诗话生平》，《连江文史资料》第九、十辑，1992 年，第 390 页。

③ （清）叶昌炽：《藏书纪事诗》卷三，中华书局，1991 年，第 381 页。

④ （明）焦竑：《焦氏澹园集》卷十四，《明代论著丛刊》第三辑，台北伟文图书出版社影印本，1977 年，第 498 页。

⑤ （清）怀荫布修，黄任、郭赓武纂：《［乾隆］泉州府志》卷四十四《李光缙传》，清同治九年（1870）重刻本，第 8 页上。

日研经史及朝章民隐，拥书万卷。居家讲学，授徒甚众。其弟子多取科第，众服其卓识，敬其养深力厚，一时名噪闽南。有人劝他走仕途之道，皆正色拒之。独潜心钻研大业，取《四书》《易传》玩索讨论。明天启三年（1623）卒，年七十五岁，辞世前十日，还以"文之不用，道之不行，不处不去，总以成仁"①为铭授予其子。这十六字也就是李光缙一生恪守的为人准则。后郡人请祀学宫。

李光缙生平著述甚多，主要有《景璧集》《四书要旨》《四书指南》《四书臆说》《四书千百年眼》《易学潜解》《中庸臆说》《南华肤解》《读史偶见》《苏文抄评》《杜诗注解》《独照醒言》《刻李衷一先生清源洞文集》等十余种，另对《史记评林》《补史记》进行过增补。万历四十年（1612），郡太守礼请苏茂相与黄凤翔、何乔远、林学曾、李光缙同修府志，所修成的《泉州府志》是今存最早的一部泉州地方志书。

李光缙治学严谨，文词精微通达。"文章悉呕心而出，不轻下一语。"②方应祥《李衷一先生文集序》则云："记序诸体之文，醲厚流丽，毕发而无所底滞，旁通百应，而浩然有余。"③许豸《李衷一先生文集序》甚至评曰："名位不足动人，其书世远必传。"④

李光缙的思想与传统的儒家观念略异，由于受到资本主义经济萌芽思想的影响，他本人不沾举子业，不入仕途，对那些不从科举道路进入仕途的知识分子也赞赏有加。对商人的态度比较开明，同泉州商人交往甚密，十分赞赏他们的商业活动。他的重商思想集中体现在他的代表作《景璧集》中，《景璧集》成了一部研究明代资本主义萌芽时期的重要著作。

李光缙性喜藏书，家藏万卷。"或劝之仕。则曰：昔人以二千石，不逮缝掖，拥书万卷，何假南面百城为也。"⑤每日阅览群书，又研究经史及朝章民隐，以备经济。

---

① （明）李光缙：《景璧集》卷十九《自铭》，江苏广陵古籍刻印社，1996年，第3345页。
② 《[乾隆]泉州府志》卷四十四《李光缙传》，清同治九年（1870）重刻本，第8页下。
③ （明）李光缙：《景璧集》卷首，江苏广陵古籍刻印社，1996年，第16—17页。
④ 同上，第12页。
⑤ 《[乾隆]泉州府志》卷四十四《李光缙传》，清同治九年（1870）重刻本，第8页上。

6. 林春元

林春元（1551—1599），字叙寅，后改名章，字初文，福清人。明嘉靖四十二年（1563），倭寇犯闽，年方十三，即上书督府，求自试行间。万历元年（1573），举于乡。后累上不第。走塞上，从戚继光游。挈家侨寓金陵。性好公正发愤，坐系金陵狱三年，后旅燕京十年。两上书"关白之乱"，又抗疏请止矿税。下狱，抱病而死，天下惜之。以爱国忠谏著称。"为人经奇复兀，抗志经济，谓天下事数著可了。而功名富贵，可以契戾，致肮脏忤俗，动与祸会，约略似陈同甫。"① 林春元遭遇牢狱之灾时，当时社会名流，如御史于永清、董其昌、宪司申绍芳、少司马邹维琏、督学钟惺、状元宰辅文公孟、南京礼部尚书李公祯、太常寺少卿蔡应麟等，皆有帮助，或声援，或同情，怜其才之抑，悲其遇之穷。可见，林春元是一个享有较高声誉的人。

郭柏苍《全闽明诗传》载《柳湄诗传》云：林春元"读书过目成诵，居金陵，家徒四壁，架上多谢翱、郑所南藏书"②。郭白阳《闽藏书家考略》载："春元著有《述古堂书目》二卷"③，惜佚。

林春元诗词有盛名，然遗集不传。初文负大志，尝献书阙下。不报，归而卜居华林园侧，亭树池馆之胜，金陵无出其右。子林君迁、林古度皆能诗。林古度承其丰富的藏书，更为藏书之大家（详见以下所述）。

7. 吴琯

吴琯（1546—？），字仲虚、号中云、之管，漳浦人。明隆庆五年（1571）进士。初任婺源县令。任内普设保甲，置订乡约，为恶不法，绳之以法，倡立社仓，赈济贫困，百姓称颂。万历五年（1577），调任给事中，不久，父母去世，回云霄守孝。服满，调南京吏科，刚到任，即病逝。

吴琯有才学，勤博览，性喜书，藏甚富。藏书室名"西爽堂"，藏书印"吴氏西爽堂梓刻"等。在婺源时，奖励后学，校刊有《唐诗纪》《合刻山海经水经》

---

① 《[乾隆] 福州府志》卷六十《人物·文苑》，清乾隆十九年（1754）刻本，第 32 页下。

② （清）郭柏苍：《全闽明诗传》卷三十，清光绪十六年（1890）沁泉山馆刻本，第 10 页下。

③ 郭可光编：《闽藏书家考略》，郭氏白阳书室抄本。

等。辑著《古今逸史》，分"逸志"和"逸记"两大类，载及历史、人物、杂录、志怪等方面内容。该书"凡例"称："其人则一时钜公，其文则千载鸿笔。入正史则可补其缺，出正史则可拾其遗。"[①] 离任时，婺人为其在县东街立生祠。

8. 李懋桧

李懋桧（1554—？），字克苍，号心湖，安溪人。明万历八年（1580）庚辰科中式进士。除六安知州，入为刑部员外郎，官至太常寺卿。子重煌，字壁甫，父子均好聚书。李懋桧与何乔远、黄居中父子均为泉州知名藏书家，庋书万卷，彼此互通有无，抄录图书。著有《李太常文集》。

9. 邓原岳

邓原岳（1555—1604），字汝高，闽县（今福州）人。明万历二十年（1592），壬辰科中式进士。授户部主事，监浙税。又奉命主持广东考试，擢云南按察司佥事、领提学道。亲为诸生讲课，并手注《文选》刊刻发行，作为教材。当地时常发生税监及其爪牙仗势辱打诸生事，其一一捕治之。并以严办，使正气伸张。迁湖广参议，升湖广参议，负责兴修水利，开发屯田，大有成绩。擢湖广按察司副使，命未下已卒。为民部郎佐藩臬柄文衡，曾周游两京、三吴、淮南、北越、东西齐、鲁、燕、赵、滇、黔之城。

万历年间，邓原岳与曹学佺等结社于竹屿，把竹林书院遗址改建为"竹林精舍"。时称"竹林后七贤"。工诗，初学郑善夫，后又学"七子"，既而一意模仿唐人，诗文清丽，晚年所为诗，更宏博瑰琦。著有《西楼集》《礼记参衡》《闽诗正声》《文选注》。

邓原岳平生嗜好藏书，与谢肇淛、曹学佺齐名。徐𤊹《笔精》云："予友邓参知原岳、谢方伯肇淛、曹观察学佺，皆有书嗜。邓则装潢齐整，触手如新；谢则锐意搜罗，不施批点；曹则丹铅满卷，枕籍沈酣；三君各自有癖。然多得秘本，则三君又不能窥予藩篱也。"[②] 邓原岳也热衷于刻书，如万历中刻其先祖邓定《耕隐集》二卷，万历三十年（1602）刻郑善夫《少谷全集》，万历三十二年（1604）刻《世说新语》三卷。

---

① 明万历年间吴中珩重订刊本，第1页上。
② 福建人民出版社，1997年，第238页。

10. 何乔远

何乔远（1558—1631），字稚孝，一称穉孝，号匪莪，晚号镜山，晋江人。少即聪颖好学，在父亲的亲自教诲下，博通经史子集，《文选》《唐诗》过目成诵。明万历四年（1576），与兄乔迁同登乡榜举人。其后十年，闲居家乡，与兄乔迁、杨文恪、陈及卿、李世祯、黄克晦结社赋诗，时有"温陵五子"之称。万历十四年（1586），登进士第。十八年（1590）四月，首授刑部云南司主事。

万历二十年（1592），日本军队入侵朝鲜。二十一年（1593），提督李如松率军入朝作战，先胜后败，战局陷入焦灼。兵部尚书石星主停战，议请对日封贡。何乔远当即据实上书，反对兵部的封贡建议，并条陈历朝驭倭策略，力主继续用兵朝鲜，制止日军侵略。神宗览此疏亦颇心动，后终因石星坚持己见，何乔远的主张未能被接受。然而，封贡事败，日军再度入侵，朝鲜战火重燃，众人始服其远见。是年（1593），神宗欲封皇长子为王，何乔远上疏力谏。后赵南星被斥，陈泰来等人受降职处分，何乔远又上书极言不可。二十四年（1596），何乔远因属吏誊写宗室分封文书时校对不精，遗漏了衔名，坐"奏牍不恭"之罪，贬谪广西布政司经历。次年（1597），妻子病故，乃告假归乡治丧，绝意仕进，居家二十余年，倾力于史学创作与地方的教育事业。

万历四十年（1612），何乔远敦请郡守蔡继善重修一峰书院，并延请郑孩如、唐见梅、韦衷芹等名师来书院讲学。又于镜山下购置农舍数间，创设"休山书院"。四十八年（1620），光宗即位仅八日后，即迅速起用何乔远，任命其为光禄少卿。天启元年（1621）四月，女真入侵，沈阳、辽阳均陷落，辽东局势危殆。时王世贞为辽东巡抚，驻守广宁，力主出战，收复失地，时任首辅的叶向高亦同此议。惟何乔远独言："阃外固有不御之权，庙堂亦有制胜之策。今辽东之役费金银千百万，会有越三岔河一步者乎？民既涣散，士复懁懦，折箭埋沙，凿毙马眷，刍豆之费，取以糊口，以此人心，但可导使之守，岂可使战哉！轻战必至丧地，力守便可完城。地失而城亦失，城存而地亦存矣！"[1] 并献守御对策，众人皆以为迂。后广宁果不守，辽东随失。

天启二年（1622）九月，因给事中朱童蒙、郭允厚、郭兴治三人弹劾何乔

---

① 《明熹宗实录》卷十六"天启元年四月"条。

远酿金讲学之事，遂被迫辞职归乡。崇祯二年（1629），何乔远再受起用，任南京工部右侍郎。他上任伊始，即上疏崇祯皇帝，建议开通镇江南湖以连接内河运输。崇祯皇帝览表后大喜，"嘉其老成体国，署户、工二部"①。任职仅两个月，主动引退。临行，复上《请开海禁》一疏，请求开放海禁以弭盗安民。四年（1631），病卒。

何乔远一生博闻广识，著述甚丰，主要有：《名山藏》一百零九卷、《闽书》一百五十四卷、《镜山全集》七十二卷附五卷、《皇明文征》七十四卷，均有崇祯间刻本。另据查继佐《罪惟录》记载：还著有《编年录》《四朝集》《征西集》《狱志》《膳志》等书，但刊行情况不详。在何乔远的众多著述中，成就最高、最有创新和最有建树的是《名山藏》与《闽书》。

《名山藏》一百零九卷，是著名的明代私人纂修的明史。其具体的写作过程与成书时间，史无明载。但结合何乔远的生平经历，大致可以追溯至其任职刑部云南司主事期间。当时，他作为一名新登进士，地位低微，工作清闲，便利用职务之便，于政务之暇，遍览明代历朝《实录》与稗官野史家乘，辑成一书，也就是后来《名山藏》一书的底本。天启三年（1623），时任礼部尚书的朱国祯曾抄录过《名山藏》。可见《名山藏》成书当在天启之前，也就是何乔远去官居家的二十年间。他利用任职刑部期间云南司主事所辑成的初稿，经过数十年的增删修订，终成是书。

《名山藏》是何乔远以当代人写当代史，故其内容丰富，保存了大量明代的珍贵史料，其中的许多史料不见于其他史书，对于了解明代历史具有十分重要的史料价值。该书虽是一部典型的纪传体类史书，但与一般纪传体史书的体例又有所不同，并无传统的"纪""传""表""志"的分别，而是将全书分为三十七记，也即三十七个专题，分类叙述史实。尤值一提的是，书中对明代周边的国家与地区做了较为详细的介绍，有关海外诸国的记载主要体现在《王享记》中，历来为学者所重。该书初刻于明崇祯十三年（1640），由于大量叙及女真旧事，入清后多次被禁毁，流传不广。钱谦益《名山藏·序》中评其有"三

---

① （清）李清馥：《闽中理学渊源考》卷七十五《司徒何镜山先生乔远》，凤凰出版社，2011年，第783页。

难""三善"。尤其是何乔远"以一人一时，网罗一代之事，既非专门服习之学，又无史局纂修之助。"① 颇为中肯。

《闽书》一百五十四卷，历八年始脱稿，被中外史学界视为珍贵史料。该书荟萃八闽郡邑各志，自创体例，以纲统目，分 22 门，比较全面地记载了福建的天文、地理、历史、人物、风俗、武备、岛屿、科技、特产、宗教、灾异等方面情况，保存了大量其他史书所未收入的难得资料，具有极高的史学价值。该书具有四大特点：一、不沿用传统的纪传体例，而继承发展宋梁克家《三山志》和明代黄仲昭《八闽通志》的写法，统称为志，以求全书体例和历史的统一性，开创后世志书类目设立之先河；二、强调时代的变化；三、强调福建海外贸易的特点，着重记叙与这有关的政治、经济、文化、军事等情况；四、内容新颖，为来泉蕃人立传，如记载唐武德年间，伊斯兰教创始人穆罕默德的门徒来泉传教，卒葬灵山圣墓；为宋末元初著名蕃商、福建提举市舶使蒲寿庚立传。这些都是可以补正史记载的缺漏。书中还特别辑录了明代十三朝遗事和碑刻诗词等有价值的内容，为后来修省志者之所本。

由于《闽书》体例新颖独特，标目怪异多乖，时人对其评价褒贬不一。时内阁大学士叶向高充分肯定何乔远《闽书》的成就，称赞道："美哉，皇皇乎，非但一方之信史，亦千古之鸿裁也。其足昭既往而镜来兹，奚疑哉……往事之不忘，后事之师。何公之孜孜矻矻，竭数载之力从事于此，其用意深而其为闽虑远矣……以名儒而兼良史，惟公其人……吾闽有何公，故有兹书，夫何公圣人之徒也。"② 徐㷼在吊唁何乔远的《挽章》中称："千秋信史重闽书，泰山颓后人安仰……细数庙廊诸大老，文章道德更谁知。"③《明史·何乔远传》则评《闽书》曰："颇行于世，然援据多舛云。"④

无论如何，《闽书》是一部著名的明代福建省志，保存了许多有关福建地方史以及中国古代政治、经济、军事、文化、中外关系等诸多方面的珍稀记载。

<hr>

① （清）钱谦益：《名山藏·序》，江苏广陵古籍刻印社，1993 年，第 1 页下。

② （明）叶向高撰：《闽书·序》，何乔远：《闽书》，福建人民出版社，1994 年，第 5 页。

③ （明）何乔远撰，张大壮、陈节点校：《镜山全集》，福建人民出版社，2015 年，第 1916 页。

④ （清）张廷玉等撰：《明史》卷二百四十二，中华书局，1974 年，第 6287 页。

《闽书》也是何乔远名闻遐迩、奠立闽中大学者地位的著作之一。

何乔远家居二十余年，生活简朴，除了专心著书立说之外，无声色货利之好，日惟谈道说书，诲引后进。他倡立社学，崇祯四年（1630），黄宗羲还加入了何乔远为首领的诗社，常同郡中诸公及四方墨客游士倡酬吟咏。万历三十六年（1608），儿子何九转病故，孙殇媳殉，何乔远痛定之后，坚持著《闽书》，并敦请重修一峰书院，先后创办镜山书院和耻躬学社。他平时结屋清源山下，居于"自誓斋""寡过斋""天听阁""休山书院""耻躬堂"以及泉山书院、一峰书院、镜山书院等处，终日读书、著书、论学、讲学于其间。四方学子，慕镜山而思造其门者踵相接，促成了当地人才辈出、文风鼎盛的局面。内阁大学士叶向高景慕他的人品和治学精神，特地与南安叶有声、晋江黄国升、郭梦詹等诸名士，远道到镜山书房拜访何乔远。

何乔远与藏书家黄居中、李懋桧、徐𤋏等交游甚笃，多有切磋。何乔远较黄居中年长四岁，交往几十年，均喜经籍，同属晋江著名的学者兼藏书家。何乔远去世后，其子九云、九说纂辑其生平诗文、奏议、书牍等，名为《何镜山先生全集》，黄居中在序文中，极力推崇乔远之行事、襟度、丰采、悃诚、鸿逵仪羽、平康正气、一体贤愚、坚贞一节、至诚感格、雅量镇物等。李懋桧藏书万卷，与何乔远、黄居中父子，彼此互通有无，购置、抄录图书；何乔远撰妥《万历集》后，懋桧为之撰序文，道义契谊，诚君子之交也。徐𤋏作挽章《哭何镜山先生诗》之二悼曰："忆从昔岁客清源，舍我书堂喜晤言。分韵几回寻胜地，开尊十日饮平原。冠裳不复存耆旧，弓冶元堪继子孙。此后西州如再过，羊昙空有哭声吞。"①

郭可光《闽藏书家考略》说何乔远是："方志学家。博览群书，治学勤谨，好著述。搜藏颇富。"②可见何乔远藏书以用为主，注意博览群书、治学著述。

总而言之，何乔远是明末著名史学家、藏书家。他一生性格刚直，胆识过人，遇事敢争，也因此得罪于权贵，仕途坎坷，屡遭贬斥。然不论在朝在野，他都倾力于史学研究，一生勤于创作，著述等身。

---

① 《镜山全集》附录，福建人民出版社，2015 年，第 1916 页。

② 郭可光：《闽藏书家考略》卷二，郭氏白阳书室抄本，第 13 页下。

11. 叶向高

叶向高（1559—1627），字进卿，号台山，晚年自号福庐山人，福清人。明万历七年（1579），举于乡。十一年（1583），登进士第。选翰林院庶吉士，授编修，转南京国子监司业。二十五年（1597），以左春坊左中允典试南京。次年（1598），召为左庶子，充东宫侍班官。二十七年（1599），擢南京礼部右侍郎。二十九年（1601），转吏部，复摄户、礼二部事。三十五年（1607），以礼部尚书兼内阁大学士入中枢，与王锡爵、于慎行、李廷机并命。不久，慎行谢世，锡爵辞不出，首辅朱庚又卒，次辅廷机以人言久杜门，向高遂独相。四十二年（1614）八月，以时事不可为，致仕归里。

泰昌元年（1620），特诏向高还朝。起于家，未至，熹宗立。再遣行人促之。天启元年（1621）十月，还朝，复入阁，命为首辅。是时，魏阉专政，国事疮痍，阁权旁落，政局黑暗。向高无法作为，遂绝意政治，于天启四年（1624）秋，再次致仕归里。七年（1627）八月，卒于家，享年六十九。崇祯元年（1628），赠太师，谥文忠。

众所周知，晚明是中国历史上的一个大动荡时期。当是时，神宗怠政，宫府隔绝，国家机构，几趋瘫痪；熹宗昏庸，权移宦官，群奸扰攘，百佞森立。因此，矿监税使，横行天下；内府金银山积，政府财政竭蹶；内乱四起，百姓流离，边患频仍，兵弱缺饷；明朝的统治已到了危如累卵的境况了。叶向高在这种的历史背景下，两入中枢，独相七年，首辅四载，其形势之复杂，任务之艰难，不言而喻矣。

叶向高仕宦期间，竭诚尽忠，力图补救。虽然没能从根本上改变明王朝灭亡的命运，但他的所作所为，对缓解社会危机和相对改善晚明政局极度黑暗的些许清明，从而在某种程度上对延缓明朝灭亡的速度，起到了一定的积极作用。因此，他是晚明政坛上一位十分重要的历史人物，其政治行为实系晚明政治之窍要。

叶向高在数十年的仕宦生活中，勤于著述。传世的《苍霞草全集》一百十八卷，详细记录了所参与的朝政大事、时局要闻以及为官的经历和感受，直接反映了晚明历史的诸多层面。同时，也可考见叶向高的生平事迹、政治主张等等。叶向高虽不以文学名世，但他大部分的文章，议论鞭辟入里，叙事明白洞达；所吟多清新雄瞻，和雅有节，冲郎高华，洗净俗体。除了《苍霞草全集》之外，还著有：《蓬编》二十卷、《四夷考》八卷、《明光宗实录》八卷、《[万历]玉融志》四卷、《福庐山志》三卷、《宫词》四卷等；编有：《说类》六十二卷、《福唐风雅集》不分卷、《许文穆公集》六卷、《西塘集》十卷、《郑介公祠录》不分卷、《正音掎言》四卷、《新刻翰林评选注释程策会要》五卷、《叶相国选订百子类函》四十卷、《历朝纪要纲鉴》二十卷、《新锲叶先生传家举业要诀史记文髓》二卷、《叶太史参补古今大方诗经大成》十五卷《小序》一卷《纲领》一卷《图》一卷、《新刻李太史释论史记三注评林》六卷、《玉堂鉴纲》七十二卷等。

叶向高学识渊博，藏书丰富。在福清故乡，建有"豆区园"。谢肇淛等大藏书家不仅读遍叶向高的藏书，还借抄其所藏秘本或副本藏之。

12. 黄居中

黄居中（1562—1644），字明立，又字坤五、坤吾，学者称"海鹤先生"，晋江人。他自幼聪敏好学，早年入塾读书，年10岁即能为文。此后笃志向学，博览群书。经史子集，无不精熟，每有所得，随时记录。诗文之外，又工书法。明万历十三年（1585），乙酉科乡试中式举人，授上海县教谕之职。为官清廉，勤于职守。后擢南京国子监丞，由是举家迁至金陵定居。后转黄平知州，后因厌恶官场龌龊之风，辞官不赴。一心锐意藏书，手自抄书，晚年藏书更富，创建藏书楼名"千顷斋"。

黄居中博通经籍，被誉为"闽海大儒"。虽曾入仕途，但倦于宦海周旋，每于工余之暇，潜心学问，搜求书籍，购而藏之。若觅得奇书，求购不得，便亲自抄录。辞归后，更是"专勤汲古，得异书，必手自缮写"[①]，精心收藏。对于先世留下的藏书，夏必曝，蠹必简。酷爱典籍，为官白下时，俸钱所入，衣食所余，均用于购书。一生锐意藏书，老而弥笃，经过黄氏父子数十年积累，竟有6万余卷藏书，8万余册，贮于藏书楼"千顷斋"中，其中收藏明人的著作达12000余种。藏书印有"晋江黄氏父子藏书印"等。黄居中如此大规模藏书，

---

① （清）钱谦益：《列朝诗集小传》丁集上《黄监丞居中》，上海古籍出版社，1983年，第471页。

在明代私人藏书家中堪称盛举，被誉为"古今一人"。

黄居中藏书的理念，主要在于藏用并重，并乐于向学者借阅，研读治学是他生活的另一方面。大藏书家钱谦益在《黄氏千顷斋藏书记》中，曾记载黄居中"寝食坐卧，晏居行役，未尝一息废书也"[1]。

钱谦益晚年为了编撰《列朝诗集》曾到"千顷斋"观书，尽得本朝诗文之未见者。丁雄飞曾多次到"千顷斋"观书，并和黄虞稷订"古欢社约"，平时与书为伴，互相买书抄书，读书稽其异同，每有疑难，必旁征博采，钩沉析疑，并予著述，以备一说。读书著述之外，又有诗作，辞藻秀骨玲珑，诗风纵横苍劲，自成风格。

黄居中晚年穷困潦倒，但专勤学古之志不渝。年八十余，犹篝灯诵读，达旦不倦。六十年藏书读书著书，从不间断，在版本、目录、校勘方面做出许多贡献，编有《千顷斋藏书目录》六卷，惜已佚。主要著作有：《文庙礼乐志》《文征》《论世录》《千顷斋集》等。崇祯末年，清兵入京，明朝灭亡，悲恸而卒。

黄居中有二子，均勤奋好学，能承父业。长子黄虞龙，字俞言。少负逸才，不慕名利，嗜书嗜酒，惜未及五十即早逝。有《落花水中雁字诗》等数十首传世。次子黄虞稷，字俞邰，又字楮园，后成为清代江南屈指可数的大藏书家（生平事迹详见清代章节）。

13. 蔡献臣

蔡献臣，生卒年不详，字体国，号虚台，别号直心居士，同安人。明万历十六年（1588），乡试中举。万历十七年（1589），登进士第，授刑部主事。初为官，即上疏请皇上为国家计，议定太子，奏疏言辞恳切。处理公务颇平允，后历任兵部职方司主事、礼部主客郎中及仪制司郎中。又以参政头衔分巡常镇，再升迁为湖广按察使。后被弹劾削职，遣返原籍，闭门读书。不久，又被朝廷起用，升任浙江巡海道，擢浙江提学。卒年七十八，朝廷赐祭葬，并赠予"少司寇"之衔。

蔡献臣师承杨贞，通晓性命之学，重视伦理实践，著有《四书合单讲义》《清

---

[1] （清）钱谦益：《牧斋有学集》卷二十六，《四部丛刊》本，第3页上。

白堂稿》等。所撰《太学弼台弟暨配贞勤周孺人墓志铭》自言："予诸生时，置一书室于东山，而体谟亦置一书室于朝元门外"①，可见其藏书不少。

14. 蔡鼎臣

蔡鼎臣（1563—1625），原名献襄，字体谟，号弼台，同安人。蔡献臣之堂弟。蔡献臣《太学弼台弟暨配贞勤周孺人墓志铭》曰："弼台蔡君者，献臣同祖弟也。君讳献襄，后改鼎臣，字体谟，别号弼台……予诸生时，置一书室于东山，而体谟亦置一书室于朝元门外……余为额之曰玉树山房，体谟构摘星楼其中……闭门潜玩。凡古今文词、诸子杂书，纂集抄详，曰：'吾以是遗子若孙，吾可老矣。'"②又《祭体谟弟文》云："性喜书，到老翻阅益勤，起居几案，皆古今异苑。"③亦为痴心读书藏书之士。

15. 李春熙

李春熙（1563—1620），字皥如，号泰阶，建宁人。明万历十九年（1591），乡试中举。万历二十六年（1598），登进士第。历任南直太平、广东肇庆、河南彰德三郡推官，北刑、南户二部主事。任太平府推官时，政绩卓著，然被人中伤，贬为徐州州判。复任肇庆推官时，遇上交南之役，不少官兵妄杀无辜，冒充功绩，一一核实，凡冒充的功绩则一概削去。在南京户部主事任上告老还乡。著有《玄居集》《哀荣录》。

李春熙"一室居然寒素，拥书万卷，庶几登作者之坛，自命千秋允矣"④。积极刊刻乡人文集，如宋黄伯思《东观余论》四卷，宋李纲《宋李忠定公奏议选》十五卷、《文集选》二十九卷首四卷。

16. 郑怀魁

郑怀魁（1563—1612），字辂思，别号心葵，龙溪人。幼而颖慧，九岁属文，过目成诵。家贫从人借抄巾笥百数十种。万历二十二年（1594）举人，二十三年（1595）进士。授户部云南司主事，擢正郎典京粮厅，移署职郎；铨补河南

---

① （明）蔡献臣：《清白堂稿》卷十五，明崇祯刻本，第60—61页。

② 同上。

③ 同上，卷十六《祭体谟文》，第61页上。

④ （明）李春熙：《元居集》卷十《乡贤公移》，清乾隆二十六年（1761）刻本，第19页上。

郎中，再转永平南渚；征署本科掌司农，旋擢处州。终浙江观察副使。

曾于与张燮等组织霞中社，为"霞中十三子"之一。又于芝山结吟社，曰"玄云诗社"，筑葵圃，著述其中。有集多种，今仅存其弟爵魁所辑《葵圃存集》三十卷。告归后，"多购书以授青衿，躬为课督……所携唯旧书数籧而已"[1]。

17. 谢肇淛

谢肇淛（1567—1624），字在杭，号武林、小草斋主人，晚年自号山水劳人，长乐人。出生于世代官宦的书香之家，自幼颖悟聪敏，稍长即博览群书。明万历十六年（1588），乡试中式举人。万历二十年（1592），壬辰科中式进士，受职为湖州推官，从此开始了他的官宦生涯。二十六年（1598），任东昌司理。三十三年（1605），升为南京刑部山西主事。三十四年（1606），转南京兵部职方司主事。未几，父谢汝韶辞世，丁忧归里，三年闭门，读书著述，手不释卷。三十七（1609），补工部屯田主事，转员外郎，管节慎库。三十九年（1611），转本部都水司郎中，督理北河，驻节张秋。

谢肇淛为官清正廉明，敢于直言，多所建树，颇有政声。万历四十年（1612）大旱，贪官污吏向百姓摊派苛捐杂税，谢肇淛上疏为民请命，数千言指责官吏搜刮民脂民膏，及诸多冗费的弊端。四十六年（1618），擢云南布政使司左参政兼佥事，分巡金仓道。天启元年（1621），再擢广西按察使。在任职期间，亲理政事，力革积弊。在边境置官增兵，防止外患。处理少数民族矛盾，整顿盐政，发展经济。二年（1622），晋广西右布政使。不久，又晋左布政使。四年（1624），提调省试。卒于广西左布政使任上，葬于长乐县下洋村大象山麓。

谢肇淛潜心学术探求，一生勤于著述，涉及面很广，诸子百家、文学、天文、地理、医学、水利、动植物等等无所不包，均有较深的造诣。目前可考的谢肇淛著述主要有以下二十五种：《小草斋文集》《滇文》《小草斋诗话》《麈余》《续麈余》《小草斋集》《五杂组》《文海披沙》《笔觿》《北河纪》《太姥山志》《鼓山志》《支提山志》《方广岩志》《八闽醻政志》《晋安艺文志》《长溪琐语》《百粤风土记》《吴兴支乘》《粤藩末议》《居东日纂》《滇略》《史觿》《史测》《史考》

---

① （清）吴宜燮修，黄惠、李筹纂：《［乾隆］龙溪县志》卷十六《人物》，清乾隆二十七年（1762）刻本，第13页下、14页上。

等等。此外，还协助编修《福州府志》和《永福县志》，与徐𤊹合作重刻《［淳熙］三山志》。其成就最为突出的是在文学与方志学方面。

谢肇淛的诗歌，清朗圆润，与徐熥、徐𤊹、曹学佺等结社论诗。入仕后，历游川、陕、两湖、两广、江、浙各地所有名山大川，所至皆有吟咏。所作雄迈苍凉，写实抒情，为当时闽派诗人之翘楚。与曹学佺、徐熥、徐𤊹等并称为闽诗坛"后七子"，在晚明闽中诗派"风雅复振"中起到了十分重要的作用，是晚明福建文坛的主要代表人物之一。

朱彝尊在《明诗综》卷六十二《谢肇淛四十一首》中曾亦引文盛赞谢肇淛诗文创作的成就，曰：

> 李本宁云："在杭乐府，丰约文质，适得其中。五古赡而不俳，华而不靡；七古音节鲜明，气势沉郁；五七言律，长律诗比耦精严；绝句意在笔先，韵在言外……大都率循古法而中有特造孤诣，体无所不变，变无所不尽。今诗道向衰，予时以在杭为砥柱焉。"张幼于云："在杭蓄藻于建安，腾声于庆历，希躅于少陵，泛驾于长庆，兼综潘、陆，妙契陶、韦。其辞宛以丽，其气雄以健，其摅思优以隽，其援事典以则，其振响和以平，既美才情，尤深寄兴。"①

谢肇淛的《五杂俎》，多录掌故风物，为明代一部有影响的博物学著作。其小说戏曲评论具有时代感，所做的精辟论述，大大提高了小说戏曲在文学史上的地位。为小说《金瓶梅》所写的跋，称其稗官之上乘，炉锤之妙手，肯定其人物刻画方法，也是最早对《金瓶梅》的评价文章。另有特别突出的成就是在方志学方面，他编修了多种福建地方志，主张方志应"取材于陈编，定体于往哲，宁质无华，宁核无舛"②，其方志学观点至今仍对修志有借鉴意义。所以，徐𤊹在所撰《中奉大夫广西左布政使武林谢公行状》中就曾说："自六经子史以至象胥、稗虞、

---

① 影印《文渊阁四库全书》本，第6页下、7页下。
② （明）谢肇淛撰，江中柱点校：《小草斋文集》卷十二《志一》，福建人民出版社，2009年，第263页。

方言、地志、农圃、医卜之书，无所不蓄，亦无所不漱其芳润。淹通融贯，随叩随应，更无所疑难。"① 此外，他还工书法，草书如张旭，行书如王羲之。

谢肇淛以善抄出名，不论寒暑，只要一见难得图书便奋笔疾抄。他在《谢幼槃文集》题跋中说："幼槃诗文不传于世，此本从内府借出。时方沍寒，京师佣书甚贵，需铨旅邸，资用不赡，乃自为抄写。每清霜呵冻，十指如槌，几二十日，始克竣帙，藏之于家，亦足诧一段奇事也。"② 呵冻抄书，正见爱书之切。适福清叶向高时任内阁大学士，谢肇淛不到一年时间读遍叶向高家中的所有藏书，叶氏所藏秘本也抄录副本收藏。另外，他还通过叶向高的关系，借抄了不少内府秘籍，叶向高赞其为"书淫"，曰："余在纶扉，公方郎水部。日从余借秘书抄录，录竟即读，读竟复借，不浃岁，而几尽吾木天之储。昔人所谓'书淫'，公殆似之。计其胸中所蓄，不啻万卷。"③

由于谢肇淛工书法，所以他的抄本，字画端楷，无一字潦草，字体飘洒、书写自然，板心有"小草斋抄本"五字，世称"小草斋抄本"，是明以来抄本之最为藏家所秘宝者之一。所抄多明朝内府秘籍，宋人文集颇富，且后世多无刻梓，甚为珍贵。他一生抄写了许多书，至今尚可见到的还有二十多种。不少珍贵图书是靠谢氏抄本才得以流传的。阅读谢肇淛的抄本，真有读书如读帖的感觉。

谢肇淛藏书大名耀于东南，珍藏图书数万卷，藏书种类多，无所不蓄。与徐𤏳、曹学佺并称明末福建藏书"鼎足三家"。他和徐𤏳是甥舅亲戚，两人常互相交流，切磋学问与藏书之必得。他长年在外为官，到过很多地方。每到一地，锐意搜罗那里的古籍。如他极为欣赏宋代王禹偁的诗文，一直想得到王氏的全集，到处求访未能如愿。直到后来在京城抄得副本，方才心颐。为了搜购图书，他不辞劳苦，不惜金钱。建安杨荣已逝，但家藏图书保存甚好。谢肇淛多次前往，出高价向杨氏后人索买。一次，他听说"有郑樵《通志》及《二十一

---

① （明）谢肇淛：《五杂俎》附录，上海书店出版社，2001 年，第 350 页。
② 祝尚书：《宋人别集叙录》上册，中华书局，1999 年，第 708 页。
③ （明）叶向高：《苍霞余草》卷六《小草斋集序》，江苏广陵古籍刻印社，1994 年，第394—395 页。

史》，皆国初时物也。余时居艰，呕令人操舟市得之，价亦甚廉。逾三月而建宁遭阳侯之变，巨室所藏尽荡为鱼鳖矣"①。他为杨氏家藏之遭遇深感不幸之余，又为他所购得的郑樵《通志》和《二十一史》庆幸说："此似有神物呵护之者。今二书百金索之，海内不易得也。"②

谢肇淛不仅藏书量多，且收集宋人文集与秘本较多，贮于"小草斋"中。他在《五杂俎·事部一》说："书所以贵宋版者，不惟点画无讹，亦且笺刻精好，若法帖然。凡宋刻有肥瘦二种，肥者学颜，瘦者学欧。行款疏密，任意不一，而字势皆生动。笺古色而极薄，不蛀。"③ 其后人谢章铤《赌棋山庄词话续编五》也说："先方伯公在杭，著述极富，载《家谱》者二十余种。《滇略》《北河纪》等悉登四库，《五杂俎》一书，作家尤多征引。近沪上重刻《文海披沙》，则来自海舶，云倭人最所钦重。其《小草斋集》诗后，附录填词四十余阕，王述庵《明词综》不录，殆未见公集耳。"④

谢肇淛有着非常明确的藏书观，他是为了读书而藏书，而不是为了藏书而藏书。他在《五杂俎·事部》里批评了三种藏书人：一种是"浮慕时名，徒为架上观美"，有书等于无书；一种是"广收远括，毕尽心力，但图多蓄"，"不事讨论"，只能"谓之书肆"；还有一种是"博学多识"，"记诵如流"，但"难以自运"，"寸舠莫展"⑤。诸此，皆为古代藏书家的通病。

谢肇淛热爱读书，"居常喜博览，自六经子史以至象胥、稗虞、方言、地志、农圃、医卜之书，无所不蓄，亦无所不漱其芳润，淹通融贯"⑥。认为"读未曾见

---

① （明）谢肇淛撰，郭熙途校点：《五杂俎》卷十三《事部一》，辽宁教育出版社，2001 年，第 274 页。

② 同上。

③ 同上，第 275 页。

④ （清）谢章铤：《赌棋山庄词话续编五》，《续修四库全书》1735 册，第 187 页，上海古籍出版社，2002 年。

⑤ （明）谢肇淛撰，郭熙途校点：《五杂俎》卷十三《事部一》，辽宁教育出版社，2001 年，第 272—273 页。

⑥ （明）徐𤊻：《中奉大夫广西左布政使武林谢公行状》，《五杂俎》附录，上海书店出版社，2001 年，第 350 页。

之书，历未曾到之山水，如获至宝，尝异味，一段奇快，难以语人"①。谢肇淛的《文海披沙》卷七《一日是两日》记载了苏东坡以静养生，写过一首打油诗："无事此静坐，一日是两日。若活七十年，便是百四十。"谢肇淛读后受触，也写下一诗："无事常读书，一日是四日。若活七十年，便二百八十。"②以书延年，而且他对书极是爱护，不施批点，整洁如新。从这一切我们可以看见谢肇淛的"耽书之癖"。

杭世骏《榕阴诗话》曰："谢在杭小影，予得见于鳌峰坊薛士玉家。丰颐隆准，粹容光悦，姬人桃叶，就其报执之卷而舒之。流观眄睐，翩若燕翔，童子煮茶，石鼎沸声，与松籁互答，曾鲸所写也。"③曾鲸是第一个采用西方技法画肖像画的莆田画家，而这幅画却正体现了中国画的写意情怀：童子煮茶、佳人翻书，舒阔字逸。实际上，谢肇淛中年后是有名的"谢胖子"，我们从他抄书的艰苦事迹、著作的数量之多，也可以看出曾鲸所画美则美矣，未免有些失实。清末叶昌炽《藏书纪事诗》曰："十指如椎冻不信，清霜初下写书频。可知石鼎松声里，桃叶摊书未是真。"④正传神写出了谢肇淛艰苦抄书、写书的学者精神。谢肇淛的藏书，最后大部分落向哪个藏书家，史无明载，只是在皕宋楼藏书中发现有他的抄本。如《王黄州小畜集六十二卷》校宋旧抄本中有谢跋⑤。又据杭世骏所云：清初见"手抄《文集》及所辑《郡国》《职林》诸考，尚在薛士玉家"⑥。谢肇淛的藏书，多钤"晋安谢氏家藏图书"藏书章。

18. 徐㭐

徐㭐（1513—1591），字子瞻，号相坡，闽县（今福州）人。生而颖异，得廪食，试于省闱者八，试于京者一，俱不利。明嘉靖四十四年（1565），丹

---

① （明）谢肇淛撰，郭熙途校点：《五杂俎》卷十三《事部一》，辽宁教育出版社，2001年，第268页。

② 明万历三十七年（1609）沈儆炌刻本，第20页下。

③ （清）郑方坤编辑，陈节、刘大治点校：《全闽诗话》卷八，福建人民出版社，2006年，第406页。

④ （清）叶昌炽：《藏书纪事诗》卷三，中华书局，1991年，第393页。

⑤ （清）黄丕烈著，潘祖荫辑，周少川点校：《士礼居藏书题跋记》，书目文献出版社，1989年，第222页。

⑥ （清）郑方坤编辑，陈节、刘大治点校：《全闽诗话》卷八，福建人民出版社，2006年，第407页。

阳姜某来闽督学，时诏天下郡县贡士毋拘资，遂荐上春官。隆庆三年（1569），授江西南安府儒学训导。万历元年（1573），擢广东茂名县儒学教谕。万历四年（1576），擢江西永宁县令。六年（1578），辞永宁令。年老挂冠归里，买宅鳌峰之麓，植花木百十种。聚书、读书、课子。每当花开时，佳客过从，歌酒流连，其乐无穷。

徐㭿有子徐㷖、徐燉、徐㵚。徐㭿步入仕途，是荆山徐氏兴起的标志。徐㭿能诗擅文，喜藏异书，精于《易》学。著有《徐令集》《周易通解》《世说纪称》以及未完稿《晋宋人物考》等。世居九仙山鳌峰下，旧有藏书楼曰"红雨"，晚年有园曰"读易"。聚书万余卷，庋于"红雨楼"中。平时课子甚严，常与之诵读诗书，练习书画。所藏的《分类杜诗》《文心雕龙》《福州府志》等书，均为极其珍稀之本。如现存福建师范大学图书馆的明正德《福州府志》，最早即为徐㭿所藏，后由其子徐燉等人继承。徐㭿藏书印章有"少坡""子瞻""徐㭿私印""徐㭿之印"等等。

19. 徐㷖

徐㷖（1561—1599），字惟和，别字调侯，闽县（今福州）人。徐㭿长子。自幼好学不倦，诸子百家无所不读。虽不喜经学，但经学成绩总令诸生诧异。陈鸣鹤《东越文苑》卷六《徐㷖传》说徐㷖："豪于歌诗，雅不晬经生业，及试，皆异等。诸为经生业者，咸不敢仰视而心下之。"[1] 明万历十六年（1588），乡试中式举人。然而，此后于万历十七年（1589）、二十三年（1595）、二十六年（1598）的十年间，三上春官三下第，其心情是极为郁闷的。如所作《下第述怀》诗云："匠石屡不顾，定匪明堂材。渊客屡不采，定匪明月胎。十年三弃置，中情空自哀。伤哉吾道非，岂乏干时媒。叹彼行役苦，畏兹年鬓催。进退两踟蹰，坐立空徘徊。升斗岂吾志，结念居南陔。"[2]《出都门答别邓汝高员外》曰："十年三上长安道，阙下献书俱不报……空文何以干明主，儒术由来生计疏。余也今年三十几，依然落魄归田里。白首何妨老故园？红尘从此辞燕市。拔剑哀歌日易昏，垂杨未折已销魂。人生离别足感叹，穷达悠悠何必论！"[3] 于是在

---

① 清同治十二年（1873）刻本，第33页上。
② （明）徐㷖：《幔亭集》卷二，明万历年间闽中徐氏刊本，第19页上。
③ 同上，卷三，第34页。

三下第的次年，徐𤊻便抑郁过早病故了。

万历年间，徐𤊻与其弟徐𤊹在福州鳌峰坊扩建红雨楼、绿玉斋等藏书楼。徐𤊻平生好侠喜义，凡游闽者无论尊官贱士，不问相知与否，都热情接待。家虽不富，却好周济，即借贷所得，亦随手辄尽，于是家困，有"穷孟尝"之称。

徐𤊻之诗，自成一家。明中叶后的诗文，深受前后七子的复古运动、唐宋派、公安派、竟陵派等影响。而徐𤊻主张宗唐，复振文雅。纵观《幔亭集》，不管是送别赠答、登临怀古、行旅寄怀，或真情流露，或意气风发。徐𤊻兼工诸体，以唐人为圭臬，五律类刘长卿，七律类许浑，七绝原本王江宁。诸体中，七绝尤其为人所称道。朱彝尊《静志居诗话》卷十六《徐𤊻》评曰："惟和力以唐人为圭泉，七绝原本王江宁，声谐调畅，情至之语，诵之荡气回肠。"[1] 徐𤊻一生心仪、推崇郑善夫，认为郑善夫是闽中自洪、永之后中兴"雅道"的诗人。

徐𤊻著有《幔亭集》二十卷，生前曾辑明洪武至万历年间闽人诗作为《晋安风雅》，又撰有《陈金凤外传》，惜已佚。卒后，其弟徐𤊹于沙县兴国寺检编《幔亭集》。初成，致书邓原岳，乞为《幔亭集》作《序》。又致书王百谷，乞为𤊻作《行状》并《铭》。万历二十九年（1601），屠隆也作《徐幔亭先生集·序》。后得到清流友人王若的相助，终于万历二十九年（1601）由王若刊刻行世。

总而言之，徐𤊻是明代福建著名的诗人、学者、藏书家。一生负才淹蹇，学识渊博，肆力诗歌，以词采著，风流吐纳，居然名士。其诗倡宗唐，注重复振文雅，自成一家，俯仰古今，错综名理，与其弟徐𤊹并称"二徐"。兄弟递相雄长，主盟东南一带，在明末福建诗坛占有重要的影响，真实显示了福建区域文学特色。

20. 徐𤊹

徐𤊹（1570—1642），字惟起，号兴公，别号三山老叟、天竺山人、竹窗病叟、笔耕惰农、筇雪道人、绿玉斋主人、读易园主人、鳌峰居士，闽县（今福州）人。徐棉次子，徐𤊻之弟。徐𤊹少时受教于父兄。喜好读书，博雅多闻。童试后，即摒弃科举，随兄作诗，以清新隽永见长。先与赵世显、邓原岳、谢

---

[1] 人民文学出版社，1990年，第467页。

肇淛、曹学佺、陈价夫、陈荐夫、叶向高、翁正春等人结社芝山，时相唱酬，称"芝山诗社"。其诗典雅清稳，不受当时风行的公安、竟陵派的影响，屏去粗浮浅俚之习。万历中，与曹学佺同为闽中诗坛领袖，人称"兴公诗派"。在徐㷆与曹学佺等人的倡导下，一时闽中文风极盛，人才荟萃。他还善画山水，擅长草隶书，然传世作品甚少。今福州法海寺还存有他手书的碑记。天启五年（1625），曾为云谷作《水仙奇石图》。

徐㷆交游广泛，所结交的文人雅士，除上述诸人外，还有文学大家冯梦龙、福建提学副使、戏曲家顾大典、文学家长洲王稺登等。他一介布衣，却能遍揽四方豪俊，主盟文坛，风流吐纳。由此可见，徐㷆在当时文坛的广泛影响与重要地位。

徐㷆不仅是著名的诗人、学者，而且明代全国著名的藏书家。他出身书香之家，父兄都喜欢藏书，受到家庭熏陶，对书情有独钟，平日坐拥书城，自以为乐。"所居鳌峰麓，客从竹间入，环堵萧然，而牙签四围，缥缃之富，卿侯不能敌也。"①他在所写的《藏书屋铭》中云：

　　少弄词章，遇书辄喜。家乏良田，但存经史。先人手泽，连篇累纸。珍惜装潢，不忍残毁。补缺拾遗，坊售肆市。五典三坟，六经诸子，诗词集说总兼，乐府稗官咸备。藏蓄匪称汗牛，考核颇精亥豕。虽破万卷之余，不博人间之青紫。茗椀香炉，明窗净几。开卷朗吟，古人在此。名士见而叹嘉，俗夫闻而窃鄙。淫嗜生应不休，痴癖死而后已。此乐何假南面百城，岂曰夸多而斗靡者也。②

该《藏书铭》吐露了徐㷆淡泊名利、潜心学问的心声，以及唯对书痴爱不休的人生态度。他性嗜典籍，博闻强记，在《笔精·读书乐》中又说：

---

① （清）徐景熹修，鲁曾煜等纂：《［乾隆］福州府志》卷六十《人物·文苑》，清乾隆十九年（1754）刻本，第33页下。

② （明）徐㷆：《徐氏红雨楼书目序》，见晁瑮、徐㷆撰《晁氏宝文堂书目·徐氏红雨楼书目》，古典文学出版社，1957年，第245页。

余尝谓人生之乐，莫过闭户读书。得一僻书，识一奇字，遇一异事，见一佳句，不觉踊跃。虽丝竹满前，绮罗盈目，不足喻其快也。①

徐𤊻就是这样一而再、再而三地表明他对书的挚爱。追求"至哉天下乐，终日在几案"②。在《笔精·聚书十难》中又说："田宅易购，美书难逢。"③

徐𤊻家境并不富裕，但是收书却不遗余力，不惜节衣缩食，花钱购书。据徐𤊻《红雨楼题跋》称："万历戊戌岁（1598），偶得寒疾，乍起栉沐，体犹委顿，忽有持《丁鹤年诗》来售，余捐药债购之。据床吟诵一过，倏然病已。"④居然以书赛良药。徐𤊻这种对书痴嗜的行为，不为人理解。一位朋友曾劝他："子之蓄书，拮据劳瘁，书愈富而囊愈空，不几于成癖成淫乎？好书之劳，不若不好之为逸也。"⑤徐𤊻回答说："昔宋尤延之积书数万卷，尝自谓'饥读之以当肉，寒读之以当裘，孤寂读之以当朋友，幽忧读之以当金石琴瑟'。予生平无他嗜，所嗜惟书，虽未能效古人下帷穿榻，闭户杜门之苦，然四体不勤，此心难恕，岂敢安于逸豫，怠于钻研者耶？至于发书篇之诮，蒙武库之誉，非予之所可几也，亦非予之所敢望也。"⑥表明了收藏图书的决心。

徐𤊻继承父兄遗书、通过自购、友朋相赠、抄录等途径，毕生求书、藏书，所藏多宋、元秘本，尤精校勘。自编有《红雨楼题跋》《红雨楼书目》《徐氏家藏书目》等，以便查考。曾自言积书"五万三千余卷"⑦。徐𤊻自叙藏书来源是"撮其要者购之，因其未备者补之，更有罕睹难得之书，或即类以求，或因人而乞，或有朋旧见贻，或借故家抄录"⑧。

首先是父兄之遗。徐𤊻的父兄均为藏书家，家藏甚富。万历年间，曾在福

---

① （明）徐𤊻撰，沈文倬校点：《笔精》卷七，福建人民出版社，1997年，第241页。
② 同上。
③ 同上，第240页。
④ （明）徐𤊻：《红雨楼题跋》卷下，清嘉庆三年（1798）郑杰刻本，第16页下。
⑤ 同上，卷上，《红雨楼藏书目叙》，第24页下。
⑥ 同上，第25页上。
⑦ 同上，第24页下。
⑧ 同上，第24页上、下。

州鳌峰坊建红雨楼、绿玉斋、南损楼以藏书。在徐氏的藏书中，有许多钤有"少坡""子瞻""徐棩私印""徐棩之印""鳌峰清啸""徐𤊻私印""惟和""徐𤊻真赏""徐𤊻藏书"等藏书章。

其次是购买。为了购得图书，他四处漫游。曾于万历二十年（1592）、二十三年（1595）、二十九年（1601），三往吴越，数往武林，遍访民间，大量购书。徐𤊻本来交友既多，前往访友时，对书肆最多留心。而江浙吴兴、武林、吴门、钱塘等本来就是藏书重地，极易淘到善本佳本。福建建阳自宋以来就是全国三大刻书中心之一，徐𤊻一生多次前往刻书渊薮之地建阳。如：万历二十三年（1595），于杭州肆中购得《麻衣先生易髓》；万历二十九年（1601），于建州购得《王半轩集》《陈子上存稿》；万历三十四年（1606）夏，旅次白下于秣陵旧肆购得《瀛涯胜览》；天启五年（1625），于建州书肆购得杨荣子杨让所藏宋淳熙本《左传》；天启六年（1626），徐𤊻给《野客丛书》题跋时回忆："余购此已十年，前后经过，得杨氏本颇多。"①

第三是友朋相赠。如徐氏家藏的《金陵梵刹志》，徐𤊻记其"余至洪都，舍喻宣仲斋中旬日，临别出此为馈"②。《言史慎余》中有王粹夫尊人懋宣先生的批点，"粹夫遂以授余"③。曹学佺宦蜀中时，"初寄余《蜀草》，再寄余《峨眉记》，三寄余《蜀中诗话》，最后寄余《画苑》。凡于蜀中之佳事佳话，收拾殆尽矣"④。叶振父抄录《姬侍类偶》，汇订成帙，相赠于他。另一部《艺文类聚》一百卷，缺四册，"每有查考，辄恨其摧残非完书也"⑤。后在官贤坊内小书铺中买了数册，林志尹又拾一册见饷，才补齐全书。为此他篝灯把玩，喜而不寐，高兴异常。《栟榈集》乃于谢肇淛斋中冗书中检得首帙，遂乞归补全合订。徐𤊻自谓："生平不厌断简，往往掇拾成部"⑥，正是徐𤊻不断搜求，残部才得以完璧。也有徐𤊻直接开口索求的，如从瀚上人丐得《寒山子诗集》。听说金陵新梓《张无垢集》，

<hr>

① （明）徐𤊻撰，沈文倬校点：《红雨楼序跋》卷一，福建人民出版社，1993年，第24页。
② 同上，第11页。
③ 同上，第17页。
④ 同上，第20页。
⑤ 同上，第25页。
⑥ 同上，第35页。

遂寄书索之林夷侯。曹学佺为四川参政时，他就汇函求寄《四川通志》。《何氏语林》一书，徐𤊽少年时便知有此书，然无从借览。万历二十二（1594）之冬，"王元直自秣陵归，得一部，缺首二册，遂以赠余"①，又后在陈淳夫处见《何氏语林》半部，乃从淳夫求首二册，足成全部。又万历三十八年（1610），建溪萧生飞卿代为装潢合订，始成完书。可见一部《何氏语林》经过近二十年的东寻西访才配齐的。徐𤊽特意记载此事始末，"俾后之人知余好书之癖，积书之难，不至屑越以供虫蠹耳"②。

有明确记载曾赠书给徐𤊽的，还有新安吴敬甫、上海潘汝一、豫章喻叔虞、建阳薛晦叔、南州喻季布、吴门范东生、建溪詹鼎卿、建安丘文举，同里的有高景倩、王元直、倪柯古、陈女大、王孔振、陈伯儒、林宠等。还有一些是在寺庙尘埃中拾来的，如《释宗泐全室集》。

第四是抄录。如徐氏家藏的《陈后金凤外传》，乃王永启得《陈后传》於农家，徐𤊽借录一本。《唐沈下贤文集》，乃徐𤊽借之焦太史，命工抄录。徐𤊽入秣陵时，友人郭圣仆出宋版韦诗一帙，于是命工抄录，以备观阅。又有宋版《松陵集》，每卷首尾俱损坏，徐𤊽令儿子徐延寿抄补成书，置之斋中。《薛涛诗》乃徐𤊽手自抄录，以备讽咏。万历三十四年（1606），金陵游时，经由汪仲嘉借得焦竑所藏赵明诚《金古录》，抄录，并题记。天启元年（1621），偶见古本《华阳国志》，乃错抄之，不胜愉快。

经过数十年穷搜苦访，万历三十年（1602），徐𤊽的藏书总数达到五万三千余卷，大部分庋藏于红雨楼。"红雨楼"为其父亲徐㮣所筑，遗址在今福州于山，当时掩映在桃树林中，桃花落英缤纷，如同红雨飘拂，故名。而后，红雨楼南侧又建有一座三楹楼房，筠竹兰花，灌木环抱，故名"绿玉斋"。在"绿玉斋"后面密林中还有两座楼："宛羽楼"和"偃曝堂"。宛羽楼乃曹学佺为徐𤊽构筑的。以后他的藏书又续有增补，据清人陈寿祺在《左海文集·红雨楼文稿跋》中的记载，徐𤊽的藏书多达七万多卷。徐𤊽逝世后，藏书楼均由其子徐延寿所承袭，后统称"鳌峰书舍""鳌峰精舍"等。清军入闽后，徐氏藏书楼

---

① （明）徐𤊽撰，沈文倬校点：《红雨楼序跋》卷一，福建人民出版社，1993年，第28页。
② 同上。

或遭受破坏，或沦为尼庵，或转易数主，而今荡然无存，空留遗址而已矣！

徐燉的藏书章主要有："绿玉山房""闽中徐惟起藏书""晋安徐兴公家藏书""红雨楼珍藏""徐燉之印""鳌峰清啸""徐氏兴公""鳌峰徐氏宛羽楼藏""徐氏兴公""徐氏汗竹巢珍藏本""兴公氏""徐燉字惟起一字兴公""徐氏惟起""徐燉之印"等。

徐燉的藏书不仅数量多，而且质量高，秘本奇篇，所藏多宋、元秘本，连床充栋。藏书手有校，编有目，甲乙次第，井然有序。或经几年、十几年才配齐，或手自粘补，重加装潢，或经过名家批点，或经亲手多次校勘，仍有讹误，再请人用善本重校。徐燉精于考证，所藏之书，大多点墨施铅，撰有序跋。清人谢章铤评徐燉之藏曰："以博洽闻，插架甚富，丹铅历录，至今流传为世宝。"①其参讹订异，点墨施铅，前题后跋，遂成《红雨楼题跋》。《红雨楼题跋》和《徐氏家藏书目》，是徐燉关于藏书方面的两部力著。《红雨楼题跋》原为一卷，编入《红雨楼集》中，未单行。清人郑杰始加编辑而梓行，是为"郑氏刻本"。清末缪荃孙重辑编成二卷，民国十四年（1925）赵诒深据缪氏重编写本刻印，并略有补辑，是为今通行本。冯惠民、李万健等选编的《明代书目题跋丛刊》②中所收《重编红雨楼题跋》即据此本影印。明代以前，图书题跋著作较为少见，徐燉的《红雨楼题跋》是版本目录学进一步成熟的标志，与同时的明代一批书目题跋著作，如都穆的《南濠居士文跋》、毛晋《隐湖题跋》等，对清代版本目录学的兴起有着直接的开启作用。

徐氏家藏书目有两种版本：一种是《红雨楼书目》四卷，二是《徐氏家藏书目》七卷。

《红雨楼书目》四卷，虽按四部法分类，但著录方法裁篇别出，小类、子目之列，有所不同。如：其经部之下有"易""书"等十三类，新增"月令""学庸""经总"等类；史部之下有"正史""旁史"等十类，新增"旁史""本朝世史汇""家训"等类，删"编年""霸史""杂史""起居注"等传统类目；子部

---

① （清）谢章铤撰：《赌棋山庄集·词话五》，《续修四库全书》本，上海古籍出版社，2002年，第 1735 册，第 82 页。

② 书目文献出版社，1994 年。

之下有"诸子""传奇"等十七类,与传统类目更多不同;集部之下有"集类""总集"等九类;"集类"指别集,其下又依朝代分目。凡四部四十九类十三属。

《徐氏家藏书目》七卷,为刘燕庭味经书屋抄本,冯惠民、李万健等选编的《明代书目题跋丛刊》即录此本。该本虽按四部分类,亦略有不同。其经部之下有:"易""书"等十三类;史部之下分:正史、旁史、本朝史类、人物类(圣贤)、人物传(历代)、人物传(各省)、名贤传记、姓氏、族谱、年谱、科目、家训、方舆、总志、福建省(郡县山川寺院)、北直隶、南直隶、浙江省、江西省、湖广省、山东省、河南省、四川省、广东省、广西省、陕西省、山西省、云贵二省、边海、外夷、各省杂志、各省题咏,共三十二小类;子部之下分:诸子类、子类、道类、释类、兵类、卜筮类、地理类、医类、农圃类、器用类、艺术类、汇书类、韵类、字类、书类、画类、小说类、传奇类,共十八类,与"四卷本"同;集部分总集类、总诗类(汉至六朝)、总诗类(唐)、总诗类(宋元)、总诗类(本朝)、总诗类(各省)、词调类、诗话类、启答类、四六类、连珠类、家集类、别集类(分十一个朝代子目)、文集类(分唐、北宋、南宋、金元)、别集类(下分全国各省所辖各府文集),数量远超"四卷本"的《红雨楼书目》。篇末附言曰:"集部缺闽人著作,当是别录一目,备修闽志者,采为艺文志也……兴公《自序》云七卷,《千顷堂书目》亦云七卷。"[①] 两者粗略比较,"七卷本"的"别集类"分 11 个朝代子目,而"四卷本"则以"汉魏六朝七十二家集"概括这些内容;"七卷本"的卷六"文集类"分四部分,而"四卷本"分三部分;"七卷本"的卷七人物介绍详尽扼要,而"四卷本"较为简单,人数也少。所以,"四卷本"当为删节本,"七卷本"在体例和著录内容上与其有着较大的差别。

从徐𤊹家藏书目来看,其藏书的特点颇为突出:

首先,收明代集部书较多。其中对作者简历著录颇详,所收版本又多系善本,是关于明代艺文的宝贵资料。如"七卷本"的"别集类"所录南京苏州府部分《杨基眉庵集》十二卷,下附:"字孟载,本蜀嘉州人,父仕江左,遂家吴中。国初以荐,累官山西按察使。平日之诗甚富,盛年稿已散失,今流传人间十无二、三。天顺间郡人郑教授刊行,万历中浙江参政陈邦瞻合高、杨、张、徐为国初四大家,

---

① 冯惠民、李万健等选编:《明代书目题跋丛刊》,书目文献出版社,1994 年,第 1845 页。

太学生汪汝淳重梓之。"①近百字介绍作者，以文带人，几为一篇作者小传。

其次是地方志较多，总志和各省、县志凡 338 种②。内含山志、书院志、寺志等专志，338 种中有 88 种为福建方志。徐㶿不但尽力收藏方志文献，还积极参与方志的编纂。如：万历二十八年（1600），应建阳知县魏时应礼聘前往纂修《［万历］建阳县志》；万历四十年（1612），编纂《福州府志》，同时因便补一帙，配抄完整《［正德］福州府志》；万历四十年（1612），谢肇淛修《永福县志》时，徐㶿作为分纂参与。此外，还曾编修《延平郡志》《福安县志》，预纂《福州郡志》，而徐㶿自己还撰著《雪峰志》十卷、《鼓山续志》八卷、《榕城三山志》十二卷、《武夷志》十九卷。万历三十六年（1608），得到黄用中的《鼓山志》遗稿，助谢肇淛成《鼓山志》新稿十二卷。总之，从方志收藏到方志编纂的一系列活动中，可见徐㶿对方志的熟谙，对乡邦文献的重视。

三是著录文学与书目方面的图书较多，子部小说类收书达 559 种；传奇类收元明杂剧和传奇 140 种，是研究戏曲史，尤其福建戏曲史的宝贵资料。子部艺文书籍是徐氏藏书中较为齐备，以明代艺文最为齐全，是为特色，仅次于黄虞稷千顷堂之藏。其中尚有许多宋元刻本和抄本等十分珍贵的善本书，藏书质量甚是可观。

徐㶿所藏碑帖亦颇多。自谓见金石刻拓最多，因为家喜藏蓄，又往往向人借观。文人雅士互相赏玩品鉴碑帖书画，亦为人生一大乐事。

徐㶿藏书，致用为主，一读二校三著述。所藏之书，往往撰有序、跋，对书的内容、笔法等，加以品评。朱彝尊《静志居诗话》："兴公藏书甚富，近已散佚。予尝见其遗籍，大半点墨施铅，或题其端，或跋其尾。好学若是，故其诗典雅清稳，屏去觕浮浅俚之习，与惟和足称二难。"③著名藏书家郑杰也称赞徐㶿的题跋最为精确。这正是徐㶿博览群书，学识渊博，勤于校勘，善于鉴别，才能在版本、校勘方面做出突出的贡献。他自己在《藏书屋铭》自述"考核颇

---

① 冯惠民、李万健等选编：《明代书目题跋丛刊》，书目文献出版社，1994 年，第 1760 页。

② 一说"348 种"。

③ （清）朱彝尊著，黄君坦校点：《静志居诗话》卷十八"徐㶿"，人民文学出版社，1990 年，第 549 页。

精亥豕"①。陈寿祺在《左海文集·红雨楼文稿跋》中举例充分肯定了徐𤊹的考证成就，称赞说："君稽古善抉诪舛。如辨《严沧浪集·序》之误，以咸淳元年进士为四年也；《黄秋声集》之增《危素墓碑》，邓潜《跋》补杂文三十余篇也；《蔡君谟集·序》之误，以忠惠为熙宁、庆历间人也；《林和靖集》之误，收《省心录》也；及采诗之误，以天台陈孚为闽清陈刚中也，黄镇成为萨天锡也，陈翥为夏时正也；福州郡志之误，以陈用之为祐之也；闽清之陈刚中，误为侯官陈刚中；又遗其石邨庙诗也；黄师维《宋史》有传，而志不详也；辨永乐、天顺、正德、天启改元，皆袭'乱贼'年号也。咸考证精覈，有乡先正郑仲贤、黄伯思之风。"②以严谨的治学态度纠正了此前的许多舛误。

徐𤊹学识渊博，著述宏富，主要有：《鳌峰集》《红雨楼文集》《红雨楼题跋》《红雨楼家藏书目》《徐氏家藏书目》《笔精》《续笔精》《榕阴新检》《蔡福州外记》《竹窗杂录》《红云社约》《蔡忠惠年谱》《荔枝通谱》《闽南唐雅》《易旁通》《雪峰志》《鼓山志》《武夷志》《鼓山续志》《榕城三山志》《法海寺志》《雪峰寺志》《客惠纪闻》《巴陵游谱》《谐史续》《堪舆辨惑》《茗谈》《蜂经疏》《闽画录》等等 50 余种。

清代洪亮吉曾经将历代藏书家分为考订家、校雠家、收藏家、鉴赏家、掠贩家数等，徐𤊹当是典型的考订家和校雠家了。《笔精》就是徐𤊹随笔考订经传、史志、诸子、诗古文辞等的札记。如在《笔精》之中的《诗诂》凡 40 则、《诗订》37 则，都是各家诗作中有关文字、史实、名物解释、名物校勘方面的问题。《诗评》之四，共 58 则，为明本朝诗的评论，以存文献、录遗佚为主要目的。既有宗室显达之诗，又存布衣隐士之作。尤值得一提的是，《诗评》中还有一些诗人，为徐𤊹同里同乡，或笔墨之交，或相知之友，虽非诗学大家，难以影响诗风，但藉此选存，保存了大量的地方文献史料，如陈德音、周所谐、谢司农、江仲鱼、何樵仲、林时中、吴非熊等，以人带诗。在"黄旂山"条中，用

---

① （明）徐𤊹：《红雨楼题跋》卷上《藏书屋铭》，清嘉庆三年（1798）郑杰刻本，第 27 页上。

② （清）陈寿祺：《左海文集》卷七《红雨楼文稿跋》，《续修四库全书》第 1496 册，第 309 页，上海古籍出版社，2002 年。

了大量篇幅收录其诗歌。末尾评曰："公（黄旂山）以直道被谗，一去不复，废居三十年，不忘忧国，其清风劲节，所谓姜桂老犹辣者。邓汝高《闽中正声》、徐惟和《晋安风雅》，概未之及，岂遗集久湮，不获寓目也？余特为表出，以志高山之仰云。"① 作为同乡好友，又同是藏书家，以类相从，可见徐㶿以收录文献为先。《诗评》还附录了："方外""宫闱""妓女""外夷""诗拾遗"等，共 68 则。以明人为主，兼及宋元，文献得以保存。

《笔精》卷七中的《文事》部分，包括载籍、书学、画、碑版，凡 61 则。所记都是收藏鉴赏家所崇尚之业，这正体现了徐㶿富收藏又好读书，能书善画，对图书、书画、碑帖，均有所涉猎，博稽众籍，言之有理有据，颇见学识之渊博。

徐㶿《笔精》中的"聚书十难""保守书籍""藏书""借书"等，论述了藏书之难，并提出了"传布为藏"的藏书观，并总结出借书的三大好处：一是读者要寻查的内容，自己也可以随时记下，并能经久不忘；二是读者翻阅了久久不动的书，有利于防止虫害；三是能给读者查找图书，趁机整理藏书，以防养成懒惰习惯。徐㶿不同于那些把善本秘籍当作古董、藏而不传的"书蠹"。徐㶿游豫章时，王孙朱图南赠送《文心雕龙》，朱郁仪重校，凡有见解，一一蝇头小楷细书。㶿叹曰："六十老翁，用心亦勤，爱我亦至矣。今之人略有一得，则视为奇秘，不肯公诸人，偶有藏书，便秘有帐中之宝。"② 徐㶿反对只守不借不传的藏书态度，他对于读书人不仅乐于借阅，而且还设几供茶，以礼相待。作为私人藏书家的徐㶿，当时能具有这种"以传布为藏"的观点，确是难能可贵的。

由于徐氏兄弟藏书多罕见珍本，又热情好客，不少文人雅士慕名而来阅览。他们谈经论道，索目考纲，切磋学问，倒是文人一大快事。但无疑需要徐家招待，徐家渐渐家道中落，经济窘迫，但他们认为"来借者，或蓄疑难，或稽异同，或补遗简，或搜奇秘"，"而贤哲著述，以俟知者"③，还是尽力接待，遂典当款待客人，且不露声色，被人称为"穷孟尝"。这在秘藏成习的当时，是难能可贵的。徐㶿晚年又因从子不肖，既失恒产，复折奁以卖钱，生活更为贫困潦倒，仍继续藏书，

① （明）徐㶿撰，沈文倬校注：《笔精》卷四，福建人民出版社，1997 年，第 117 页。

② （明）徐㶿撰，沈文倬校注：《红雨楼序跋》卷一，福建人民出版社，1993 年，第 60 页。

③ （明）徐㶿撰，沈文倬校注：《笔精》卷七，福建人民出版社，1997 年，第 242 页。

由于无力续建藏书楼，"宛羽楼"是曹学佺罢官回榕时资助营建的。当时告老还乡的丞相叶向高、状元翁正春以及屠本畯、谢肇淛、陈价夫、陈荐夫等著名学者，都经常聚集在这里挥毫作书，吟诗作赋，二徐藏书楼因而更加名扬海内外。

徐𤊺的藏书，在徐𤊺生前就已经开始散失。明万历二十五年（1597），古田知县刘日旸主修《古田县志》，向徐𤊺借了两册《［正德］福州府志》。徐𤊺过世，书仍未还。徐屡次托古田县丞李元若索要，最终只要回了一册。直到万历四十年（1612），另一册才由徐𤊺抄配完帙。家道中落以后，徐家已无法维持父兄在世时的情景。万历三十七年（1609），从子荡失恒产，折奁以卖钱，这实际已是徐家无可挽回的衰落之势。天启五年（1625），徐𤊺前往建阳刻《鳌峰集》，只刻了前四册。次年（1626），鬻田数亩，《鳌峰集》才得以竣。同年（1626），为生活之计，又鬻《廿一史》，可见贫日益甚。接下来的数年间，徐𤊺又多次向友人托书请资刻书。崇祯八年（1635），甚至要靠曹学佺赠金才得以过年。家道中落，其儿子徐存永、长孙徐钟震，又在科举上屡次落第，无法逆转困窘。徐𤊺自叹儿孙空守一经，生计日拙。经济上的窘迫，不仅制约了他的藏书继续发展，只能变卖藏书以度日。如此痴迷藏书的徐𤊺，不得不走到以鬻书度日的境况，可见其痛苦之甚。崇祯九年（1636）十二月，又发生了所积书为人盗去甚夥，无疑是雪上加霜。

徐𤊺过世之后，其儿子徐存永、孙子徐钟震，在明末战火中，尚能坚持守书。入清顺治初年，部分藏书尚在。林茂之云："劫灰后兴公鳌峰藏书，尚无恙也。"[1]但到康熙初年，则已"田园尽失之"[2]。清初闽中五大藏书家的蒋玢家有徐氏藏书。蒋玢之后，清初的著名藏书家林佶成了徐氏部分藏书的新主人。清代林佶子林正青得到了鳌峰徐兴公遗书五十余种[3]，清代郑杰也得到了徐𤊺"汗竹巢""绿玉斋""宛羽楼""红雨楼"的藏本十之二三。清代黄任从子黄虞世，也有徐𤊺的家藏秘本。清末福州著名藏书家龚易图也收藏了徐𤊺旧藏数十种。红雨楼在鳌峰坊，入清后，为杨日光孝廉宅。清人谢章铤曾记曰："明季闽县徐𤊺、徐𤊺兄弟

---

① （清）钱谦益：《列朝诗集小传》，上海古籍出版社，1983 年，第 634 页。

② （清）叶昌炽：《藏书纪事诗》卷三，中华书局，1991 年，第 294 页。

③ 一说"47 种"。

竞爽。熿以诗显，所著有《幔亭集》。𤊻以博洽闻，插架甚富，丹铅历绿，至今流传，尚为世宝……子存永延寿，曾与阮亭游，有诗见《渔洋诗话》。"[1] 目前北京、上海、福建、湖南、日本都能见到有徐𤊻藏书印的书，可见徐氏藏书散落之广。

另据罗益群《闽人藏书存湘记》[2] 记载：1936 年湖南安化人陈浴新出任福建25 集团军参谋长及第三战区副长官司令部参谋长并兼任福州警备区司令，此人极喜藏书，且精版本目录之学。收集 4 万余册古籍运往湖南，中途与日军相遇，终有两万多册抵达湖南。其中《致身录》一卷、《下锥纂》一卷，为徐𤊻天启年间手抄本;《事物纪原》十卷，有徐𤊻题跋;《望云集》五卷，有徐𤊻题识。

总而言之，徐𤊻为明代福建著名文学家、诗人、博物家、藏书家。他所创立的"兴公诗派"，影响甚大。与曹学佺同为闽中诗坛领袖，在其倡导之下，一时闽中文风极盛，人才荟萃。徐𤊻诗风宗唐，典雅清稳，是万历、天启间重振风雅的代表。他一生不仕，交游多向学之士，探求艺文，潜心著述，著作甚多。徐氏七万多卷的藏书，亦名闻海内外。《红雨楼题跋》和《徐氏家藏书目》，是明代版本目录学的力著，对清代版本目录学的兴起有着直接的开启作用。

21. 郭良翰

郭良翰（1560—? ），字道宪，号朗山，别署尊生庵等，莆田人。是明末闽中重要藏书家、学者，著述颇富。其父郭应聘，官至兵部尚书。因父荫，郭良翰于万历中授都察院，后升太仆寺丞，督攒江南，知贵州黎平知府。任上简淡清寡，靖厚有守，为人正直，情操绝俗，倾听民诉，清退屯田，惩办贪污，博采公论，门无私谒，赈贫兴学，黎平百姓立祠祀之。

郭良翰一生力学绩文，以著述藏书为能事。万历三十二年（1604），致仕归田，在莆田城中筑万卷书楼，聚书万卷以上。清人郑王臣《兰陔诗话》云："良翰致仕归田，筑万卷书堂，丹铅不辍。"[3] 常与友结会敦齿，诗酒自娱，乡人以为美谈。他的藏书观即藏书是为著述服务的。一方面自己致力于学术研究，

---

① （清）谢章铤：《赌棋山庄集》词话五，《续修四库全书》第 1735 册，上海古籍出版社，第 82 页。

② 罗益群：《闽人藏书存湘记》，《图书馆》2000 年第 2 期。

③ （清）郑王臣：《莆风清籁集》卷五，《四库全书存目丛书》本，齐鲁书社，1995 年，第 345 页。

一方面组织一大批学者利用自己的藏书从事纂著。例如：他主编的《问奇类林》和《续问奇类林》两种类书，即是由本邑及他籍学者编纂而成的，连著名学者与大藏书家谢肇淛也参与其中，可见郭良翰当时在闽中是有一定影响力的。

可考的郭良翰编著有：《瑞芝堂摘稿》《孙武子荟解》《续莆阳文献》《道德经荟解》《南华经荟解》《兰台疏草》《皇朝谥记汇编》《历代象贤录》《历代忠义类编》《历朝纪年统编》《周礼古本订注》《问奇一裔》《问奇类林》等等。尤其是《问奇类林》一书，分"谏净、方正、忠义、孝友"等 30 类，倡导儒家义理，在当时产生了"洛阳纸贵"的影响。

郭良翰一生著述涉及经、史、子部，对于研究明代典章制度、史事及明代学术极具学术参考价值。可惜他的著作多失传，有的仅存残本，各家著录也颇多异同。

22. 余象斗

余象斗（约 1572—？　），又名余世瞻、余世腾，字仰止，又字文台，自号三台山人，建安人。建安书林余氏为我国历史上著名的刻书世家，自唐末五代、宋、元、明，世代流传，是当时全国刻书最多的书坊之一。明季余氏建版依然盛行。刻书家出于刻书的需要，都藏有数量不菲的藏书，甚至组织编书、校勘，是特殊类型的藏书家。余象斗的刻书坊名"三台馆""双峰堂"等，是明代建阳刻印通俗小说最多、最为著名的刻书名肆。余象斗还自己编著了不少通俗小说，并刻印出版，如：《皇明诸司公案传》《北方真武玄天上帝出身志传》（一名《北游记》）《五显灵官大帝华天王传》（一名《南游记》）。后两种与吴元泰的《东游记》、杨志和的《西游记》合刻称《四游记》。此外，余象斗还编刻了《列国志传》《全汉志传》《东西晋演义》《大宋中兴岳王传》等许多历史传奇小说。余象斗一生致力于编书、刻书、藏书、销书，是当时闽中一大书贾。他为当时的图书制作、流通做出了很大的贡献[①]。

建安余氏在书史及版本学上占有重要的位置。著名的刻书家及坊名还有：余仁仲的"万卷堂"，余唐卿的"明经堂"、余彦国的"励贤堂"、余志安的"勤有堂"、余允锡的"自新堂"、余彰德的"萃庆堂"、余碧泉的"克勤斋"、余良

---

① 　王长英：《福建藏书家资料选编小补》，《福建图书馆理论与实践》1996 年第 2 期。

史的"怡庆堂"，余应虬的"近圣堂"，余昌祚的"直方堂"、余仙源的"永庆堂"、余应孔的"居仁堂"等。此外还有：余恭礼、余腾夫、余文兴、余卓、余明吾、余南扶、余秀峰、余祥我、余楷、余无熹等刻书家。

23. 张燮

张燮（1573—1640），字绍和，又字理阳，号汰沃，自称海滨逸史、石户农、蜇遁老人等，龙溪人。张燮出生于官宦世家，父张廷榜，曾任太平县令、镇江县丞，为官清廉。张燮自幼受家庭熏陶，聪颖过人，淹通五经、博览史鉴，以文才名噪一时。明万历二十二年（1594），中式举人。可能是由于目睹明末政治腐败，又鉴于其父不善事上而被论罢的经历，中举之后，遂无意仕进。家居期间，潜心著述，侍奉父亲。曾在郡城与蒋孟育、郑怀魁、高克正、林茂桂、王志远、陈翼飞等文友相从甚密，诗赋唱和，风流倜傥，被誉为"漳州七才子"。后结社于芝山麓，组成"玄云诗社"。天启年间（1621—1627），何乔远疏荐张燮入朝编修《神宗实录》，但坚辞不就。远近许多名士闻讯，纷纷来函苦劝，却难夺其志。晚年，隐居漳州城南石狮岩"万石室"，吟啸山川，纵情林泉，志趣高雅，豪放博学。其《自题小像赞》曰："若夫琅函万轴，斑管三余。著述满家，售较满车。"[①] 与黄道周、徐霞客、曹学佺、徐㶿、何乔远等海内名士交往密切，尤与黄道周最为知交。黄道周在上呈皇帝的《三罪四耻七不如疏》中公然说自己："雅尚高致、博学多通、足备顾问，则臣不如华亭茂才陈继儒、龙溪孝廉张燮"[②]。又尝云："文章不如张燮，一时远近巨公，咸造庐式访。"[③] 诸此可见，其在当时文坛之显著名望与重要影响。

张燮一生勤于撰述，编纂宏富，目前可考的主要著述有：《东西洋考》十二卷、《霏云居集》五十四卷、《霏云居续集》六十六卷、《霏云居三集》不分卷、《北海稿》一卷、《藏珍馆集》四卷、《群玉楼集》八十四卷，又辑校《汉魏七十二集》三百五十一卷、《初唐四杰集》四卷；参编《漳州府志》与《海澄县志》；还协助何乔远编辑《皇明文征》等等。

---

① （明）张燮：《群玉楼集》卷四十九，《张燮集》第 3 册，第 853 页，中华书局，2015 年。
② （明）黄道周：《黄石斋先生文集》卷一，清康熙五十三年（1714）刻本，第 45 页下。
③ 《[乾隆]龙溪县志》卷十六《人物》，清乾隆二十七年（1762）刻本，第 52 页上。

尤值一提的是,《东西洋考》十二卷。众所周知,明万历时期,福建漳州的手工业和海外贸易得到了迅速的发展,漳州月港逐渐成为全国最大的民间私商外贸港口。该书原是张燮应海澄县令陶镕之请而开始编撰的,后因事中辍。不久,又由受漳州府司理萧基、督饷别驾王起宗委托,续踵其事。张燮在该书《凡例》中叙及编撰之缘由与资料之来源时说:

> 诸国前代之事,史籍倍详,而明兴以来为略。即国初之事,掌故粗备,而嘉、隆以后为尤略。每见近代作者,叙次外夷,于近事无可镂指,辄用此后朝贡不绝一语搪塞。譬之为人作家传,叙先代门阀甚都,至后来结束殊萧索,岂非缺陷?余每恨之。间采于邸报所抄传,与故老所诵述,下及估客舟人,亦多借资。庶见大全,要归传信。①

可见该书在编撰过程中,不仅广泛辑录政府邸报、档案文件,参阅许多前人和当代人的著述,还广泛直接采访舟师、船户、水手、海商等,经过详细严密的考订和编辑,并仿照宋人赵汝适《诸蕃志》的体例,终于万历四十五年(1617)全部完稿。随即由漳州地方官府主持刊行,以之作为漳州与东、西洋各国贸易通商的指南。当然,由于张燮从未亲历海外旅程,缺乏重要的实地考察,书中的某些记载,难免有张冠李戴和失实的地方。但是瑕不掩瑜,该书自刊行以来,就得到了有识之士的好评,不失为一部划时代的著作,是记载明代中外关系和东南亚各国历史、地理的重要文献,它对研究中外关系史、经济史、航海史、华侨史等都有很高的史料价值。

张燮博学多才,交游甚广,平生喜藏书、刻书。藏书印有"在处有神物护持"。藏书处有"万石山房""群玉楼""霏云居""藏真馆""麟角堂""招隐斋"。编有《群玉楼藏书目》。

张燮又是明末刻书家。天启四年(1624),因到建阳书坊联系刻书事宜,曾带儿子神童诗人张于垒(1610—1631)游历武夷山,后张燮往三楚,也携之同往。他刊刻的汉魏《七十二家文选》,辑周至隋名人72家诗文集,成为后世

---

① 中华书局,1981 年,第 20—21 页。

刊刻这些书籍的底本。张燮也刻过《嵇康集》。崇祯间，张燮重辑《盈川集》十三卷。天启元年（1621），张燮又辑刻《庾庾开府集》十六卷。

24. 曹学佺

曹学佺（1574—1646），字能始，号石仓，别号雁泽、雁泽居士、西峰居士，侯官（今福州）人。先世由陕西凤阳于明初随军入闽。祖西衢，父及渠，均赠参政。后家道中落。明万历二十年（1592），会试未第，归娶同里状元龚用卿之女为妻。二十三年（1595），再应会试，中式进士第十名。二十六年（1598），其恩师张位被政敌排挤，放逐通州。原趋炎附势之门生与故吏，纷纷恐遭牵累，莫敢往视。独曹学佺追送舟次，为备舆马糗粮甚悉。未几，台省迁怒于曹学佺，调南京添注大理寺左寺正，又转户部郎中。三十七年（1609），迁四川右参政，颇有政声。三十九年（1611），升任四川按察使。四十一年（1613），被诬削官三级，获罪而归。临行之前，蜀中民众，遮道挽留，数日不散，几不得发。回闽后，在福州洪塘妙峰山下构造石仓园，中置浮山堂、石桥、临赋阁、梅花馆、荔枝阁、碧泉庵、竹醉亭等二十余景，藏书万余卷。宾朋歙集，谈今论古，日以诗歌文章为乐，一时文人学士，皆为倾倒。当时闽中文风兴盛，自学佺倡之。四十三年（1615），明宫廷"梃击案"发生，事涉宫闱外戚。刘廷元鞫之，判为疯癫，以掩饰真相。曹学佺得悉后，撰写《野史纪略》，直书此事本末。

天启三年（1623），曹学佺被重新起用为广西右参议。上任伊始，以察吏为先务，使一些不法官吏闻风而逃，民得安定。又省粮户运费，大力整肃钱局侵吞利息之风，严惩私铸奸徒。为了兴教育，曹学佺还在桂林开设漓江书院，著书讲学。六年（1626），拟迁陕西副使，不得行。时阉党日益猖獗，乃劾曹学佺私撰野史，淆乱国章。遂削籍，毁所镂板。遂由其长子孟嘉陪护再度回闽。七年（1627），赋闲在家，与士大夫游。时意大利天主教传教士艾儒略在闽传教，曹学佺曾应邀在福州叶向高寓所与艾儒略、叶向高进行了一场脍炙人口的东西方文化对话，世称"三山论学"，促进了当时儒学与天学的交流与相互理解。

崇祯初（1628），复起曹学佺为广西副使。称疾，力辞不就。此后近二十年的家居生活，虽身着布衣，却心系国民。时福建沿海倭寇猖獗，他相度形势，上书当局，请求在闽江口的梅花、双龟屯兵，扼要建造烟墩碉堡，并组织当地居民，自相为守。又条陈九项建议，旨在加强卫所训练和防备力量，使倭寇无可乘之机。他特别关心家乡福州的各种公益事业。曾与董应举合著《闽省堪舆》。还倡议修浚福州西湖，疏通河道，以保证农田灌溉。修建洪山、万安、桐口三座大桥，以济通津。十年（1637）八月，他与董应举、徐𤊹等人，在福州组织三山耆社，以社中年最少者的身份，与诸老诗友吟诗唱和，创作不辍，大大促使了闽中诗坛的复兴。十七年（1644），李自成攻下北京，崇祯帝吊死煤山。曹学佺闻讯，恸哭不食，投池自尽，被家人救起。

清顺治二年（1645），唐王朱聿键入闽，在福州建立南明隆武政权。隆武帝诏见曹学佺后，曰："此海内鸿儒也。孤在唐国时，闻名已久矣。兹幸得见，以慰数十年景仰。"[1] 即授曹学佺为太常卿，与黄道周共同参决政事。寻进礼部右侍郎兼少宗伯、侍讲学士，并命其纂修《崇祯实录》。又迁礼部尚书加太子太保。三年（1646）八月，隆武帝兵败汀州。清军逼近福州时，曹学佺决意殉国，先遣眷属出城避兵。九月十七日，清兵进入福州城。十八日，曹学佺沐浴整衣冠，自缢于西峰里家中，享年七十三岁。实现了他晚年所立"生前一管笔，死后一条绳"[2] 的忠君报国信念。

曹学佺由一介书生入仕，耿直不阿、勤政为民。后因得罪逆阉，弃官赋闲，身着布衣，心系国民。一生痴心藏书，肆力于学，著述几倍于身。

曹学佺学识渊博，涉及文学、经学、文献学、史地、文字、天文、宗教等等。精研五经，旁通天文、禅理。尤以诗词为胜，善于写景抒情。削职归里时，与诗人徐𤊹、赵世显、邓原岳等七人等结社唱和，被世人称为"竹林后七贤"。还与董养斌、马飙风等结社于芝园，称"红云社"。曹学佺的一生，笔耕不辍，罢官家居 20 余年，著述 30 余种，诗文总名《石仓全集》。由于曹学佺的著作曾被清廷列为禁书，后遭禁毁多散失。清雍正年间，其曾孙曹岱华多方搜罗其文成帙，并刻印传世，然今所见已不多。日本内阁文库藏本《石仓全集》一百八卷，是目前传世卷帙最多的曹学佺诗文集。时人曾极力推崇其诗。清钱谦益《列朝诗集小传》丁集下《曹南宫学佺》说：曹学佺"为诗以清丽为宗"[3]。

---

① （清）曹孟善：《曹石仓行述》，福建师范大学图书馆藏抄本。
② 同上。
③ 古典文学出版社，1957 年，第 607 页。

清王士禛《池北偶谈》卷十七《曹能始》言："明万历中年以后迄启、祯间无诗，惟侯官曹能始宗伯学佺诗，得六朝、初唐之格。一时名士如吴兆、徐桂、林古度辈皆附之，然海内宗之者尚少。钱牧斋所折服，惟临川汤先生义仍与先生二人而已。"① 清朱彝尊《静志居诗话》卷二十一《曹学佺》云："明三百年诗风屡变……公安七变而为杨、陆，所趋卑下。竟陵八变而枯槁幽冥，风雅扫地矣。独闽粤风气，始终不易。闽自十才子后，惟少谷小变，高、傅之外，寥寥寡和。若曹能始、谢在杭、徐惟和辈，犹然十才子调也……能始与公安、竟陵，往还唱和而能嚼然不滓，尤人所难。"② 清谢章铤《赌棋山庄所著书》诗五《〈论诗绝句三十首〉序》则曰："继则郑少谷振杜陵之绪，曹石仓有盛唐之音。不绁于王、李，不染于钟、谭。风气屡变，而闽诗弗更。"又曰："当年鼎足曹、徐、谢，巨擘还应让石仓。"③ 所谓"徐、谢"，即指徐𤊹、徐熥兄弟和谢肇淛，明显把曹学佺的诗歌成就，排在二徐和谢肇淛之上。叶向高评价曰："大理诗刻意三百篇，取材汉魏，下乃及王右丞、韦苏州，其文则如韩昌黎，所谓'凿凿乎陈言之是去'者。故其旨沉以洁，其节纡以婉，其辞清冷而横绝。"④ 曹学佺在复兴闽中文坛的过程中，为往日沉寂的诗坛特别注入了不少新的活力，大大扩大了诗歌创作的题材和内容，并将此诗风一直保留到明朝的灭亡。

另外，曹学佺所编的《石仓十二代诗选》，收录了福州文人遗诗甚多。郭白阳《竹间续话》卷五推崇曰："古来诗选卷帙之富，无逾明曹学佺之《石仓十二代诗选》。"他精通音律，擅长度曲，创研出适合福州方言音韵演唱的新腔"逗腔"，组织府中僮婢办起了曹氏家班，邀请儒士文人观赏娱乐，后人称之为"儒林班"，是闽剧最早的前身。

曹学佺尤为嗜书，喜好搜藏各类图书。他一生历官北京、南京、四川、广西、陕西等地，常公务之暇，注意购买图书。曾于北京琉璃厂书肆购得《二十一史》和《汉魏六朝诗集》两种大部古籍，诸子百家俱有采辑，亦好藏古今碑刻等，

---

① 齐鲁书社，2007 年，第 329 页。
② 人民文学出版社，1990 年，第 636—637 页。
③ 清光绪年间刻本，第 8 页上、10 页上。
④ （明）叶向高：《曹大理集叙》，《福建丛书》第三辑之一《曹学佺集》卷首，江苏古籍出版社，2003 年，第 3 页。

故其藏书极为宏富。万历四十一年（1613），削职归里，营建了石仓园，内有亭台楼阁、池馆林木之胜，还有藏书楼，琴书社等。藏书万卷，与邓原岳、谢肇淛齐名，且自有特色。

曹学佺藏书，以用为主，藏校为乐。所藏书眉批夹注，"丹铅满纸，枕籍沈酣"[①]。"积岁稍深，好学弥笃。丹铅黑椠，终日随身。缃帙缥囊，无时去手。"[②] 徐𤊹之子徐延寿曾所诗为证："朝朝亲简册，日日弄雌黄。灯案三冬足，书橱两脚藏……赋掷声金石，签分色缥缃。素书搜二酉，丘索考三皇……好读神逾健，停批手未遑。诗征十二代，日诵几千行。"[③] 曹学佺始任四川参政时，必在公署中另设几案，叫人置书几上。三司诸公都在，他只对众一揖，即就几披阅。自有《校书》诗为证："在官犹喜得抄书，每日偷工校鲁鱼。莫谓风流成罪过，此中原是子云居。"[④]

曹学佺还与藏书家钱谦益、徐𤊹、林古度等人交流切磋藏书经验，谈古论今。与徐𤊹最为友善，常一起饮酒吟诗，讨论经史疑义，并将所藏秘籍，相与校雠。在四川为官时买了《蜀中画苑》《峨眉记》《蜀中诗话》《蜀草》等赠送给徐𤊹。回乡后，还帮助徐𤊹构筑了"宛羽楼"用以庋藏书籍。

读书、藏书之余，曹学佺还热衷于刻印并出版图书，每任一职，均刻有一两个或几个集子，还搜集整理刊刻大量文献。他在"石仓园"中刻梓出版家乡前辈文集，传播乡贤著作，弘扬乡邦文化。崇祯年间，曹学佺将徐延寿及其子徐钟震之诗汇刻为《二徐诗选》，又刻印了《唐黄御史集》八卷《附录》一卷，《五灯会元》二十卷。同时还刊刻印行了自己编撰的两大部书：一是《大明一统名胜志》二百零七卷，二是《石仓历代诗文集》一千二百六十三卷，为中国文化典籍增添了宝贵的财富。

《明史·曹学佺传》云："尝谓'二氏有藏，吾儒何独无？'欲修儒藏与鼎

---

① （明）徐𤊹撰，沈文倬校点：《红雨楼序跋》附录《郑杰红雨楼题跋初编小序》，福建人民出版社，1993年，第99页。

② 同上，卷一《曹能始石仓集序》，第48页。

③ （明）徐延寿：《尺木堂集·五言排律·大宗伯曹能始先生挽章一百八十韵》，福建师范大学图书馆藏抄本，第6页上、下。

④ （明）曹学佺：《石仓诗稿》卷二十，清乾隆十九年（1754）刻本，第16页上。

立。"①曹学佺"林居十余年中，专意欲修《儒藏》一书。撷四库之菁华，与二氏而鼎立"②，后惜国变而未竟。自明朝万历初年湖湘学人孙羽侯首倡《儒藏》编纂后，与孙同时代的曹学佺，"采撷四库书，因类分辑，十有余年，功末及竣，两京继覆③。他在《石仓文稿·建阳斗峰寺请藏碑文》中写道："释道有藏，吾儒独无藏，释藏南北二京皆有版，道藏惟北京有版，以此见释教之传布者广，而奉释者为教之念公也。隋唐经籍志以经史子集分为四库，宋《崇文总目》亦然，《文献通考》、郑夹漈《十二略》皆因之，循名责实，未尝不与二藏相颉颃。惟是藏书家，馆阁自馆阁，私塾自私塾，未尝流通，故其积之不久。或遇水火盗贼之灾，易姓播迁之事，率无有存者……天下之物公则久，私则不能久。"④文中所点出的"传布""流通""公私"的意识，无疑是建立公共图书馆藏书思想的早期萌芽。只有这样，才能改变历来藏书旋聚旋散，聚散无常的局面。

总而言之，曹学佺是明末著名的政治家、文学家、学者、藏书家，其一生行事在晚明历史上有着十分重要的影响。

25. 谢浚

谢浚（1584—1638），字清源，连城人。性情恬淡，不仕功名，遍游名山大川，搜罗古今书籍。往豸山，筑东山草堂以读书，时号"东山先生"。著有《东山草堂记》等多种著作存世。

26. 谢兆申

谢兆申（？—1629），字伯元，别字保元，号耳伯，又号大戈山樵，邵武人。幼负隽才，读书皆做笔记，并写批语。明嘉靖年间（一说万历年间）贡生。取得贡生资格之后，二次乡闱不第，放弃举业，在家筑室"玉树轩"，致力藏书。

谢兆申一生有三好，一是好友朋，二是好山川，三是好藏书。

谢兆申好友朋，与临川汤显祖，竟陵钟惺、谭元春交最善，与晚明著名文人钱谦益、虞淳熙相交，与徐𤊹等藏书家互相借书。黄居中称谢兆申喜交异人。

① （清）张廷玉等撰：《明史》卷二百八十八《曹学佺传》，中华书局，1974 年，第 7401 页。

② （清）曹孟善：《曹石仓行述》，福建师范大学图书馆藏抄本。

③ （清）张廷玉等撰：《明史》卷二百八十八《曹学佺传》，中华书局，1974 年，第 7401 页。

④ （明）曹学佺：《曹学佺集·石仓文稿》，《福建丛书》第三辑之一，江苏古籍出版社，2003 年，第 843、845 页。

物以类聚，人以群分，谢兆申能与这些异人谈道论学，正是他自身也是不同凡俗。他的诗文多奇气，又好为难解之字，骤读使人捍格，要之必有根据。《四库全书总目》评其《谢耳伯诗集》曰："兆申好深沈溪刻之思，又多杂以奇字。其文塞棘幽晦，至使人蛰口惨腹而不可。"

谢兆申好山川，游吴越时，每出必载书数车，每游至一两年不归，归不逾时复出。《藏书纪事诗》说他"交游既广，囊中装半以佞佛，半以市书"①，常在山川寺庙住宿，可见佛在谢兆申的生命中也是占据着重要的地位。他来往的朋友也多是受到佛教的影响，当他在湖北麻城病逝后，诸名士醵金设祭于南都雨花台。虞淳熙以诗《哭谢耳伯门人十六韵》吊之曰："我病惟贪佛，君来礼导师。执维多焚荚，问字必玄奇。孝道传黄玉，明符采紫芝。千秋三事立，万里五车随。"②从中可窥谢兆申的奇人、奇文、奇气、奇事。

谢兆申好藏书，唯书是癖，其毕生精力几乎都用于图书的收藏。游吴越间，每出必载书数乘，聚书为货殖，处一室以书为垣墙，仅容一身③。晚年生活贫困，为了买书，常将"糊口之资，尽捐以市坟素"④。其嗜书甚至于废寝忘食了，谢肇淛说他："家中四壁，堆积充栋，然常奔走四方，不得肆志审阅，亦缺陷事也。"⑤郭可光的《闽藏书家考略》亦说："谢君藏蓄几盈五六万卷，又多秘册，合八郡一州未有能胜之者。"⑥

谢兆申的藏书有抄有校，之余还刻书。校书之功，众口赞之。如所校《文心雕龙》，得到徐𤊑、冯舒、梅庆生的肯定。此外，王士禛的《池北偶谈》卷八《壮节王公传》记：《芦浦笔记》十卷，"乃万历中绥安谢兆申所抄，丹阳贺氏藏本。传世甚少，因全录之"⑦。张金吾《爱日精庐藏书志》卷十七《史部·地理类》著录：《水经注》四十卷，冯已苍手校，"红笔增改者，据谢耳伯所见宋

---

① （清）叶昌炽：《藏书纪事诗》，中华书局，1991年，第452页。

② 郭可光：《闽藏书家考略》，郭氏白阳书室抄本，第11页下。

③ 同上。

④ （明）谢肇淛撰，郭熙途校点：《五杂俎》卷十三《事部一》，辽宁教育出版社，2001年，第274页。

⑤ 同上。

⑥ 郭可光：《闽藏书家考略》，郭氏白阳书室抄本，第12页上。

⑦ 齐鲁书社，2007年，第137页。

本也"①。可见谢兆申校书之多。

谢兆申一生爱书,勤于买书、藏书、校书,刻书。他交游既广,出门又频,却能做到万里五车随。不幸如此一位拥书万卷的藏书家,死后不久藏书即不知所终。著名藏书家黄居中《谢耳伯古诗序》曰:"尝入闽购其手抄张伯雨诗,与世所传者迥别。惜乎三十乘者,悉荡为烟尘矣。"②三十乘的藏书,在他客死麻城时,寄寓僧舍,逐渐散佚殆尽,老家的余书也散失了,令人痛惜不已。建宁李春熙吊《诗》曰:"丹气金饶岁久湮,拥书万卷更何人。奇文散逸知多少,留与名山泣鬼神。"③

谢兆申一生著述颇多,有《谢耳伯诗集》八卷、《文集》十六卷、《古诗》一卷等,目前可见的只有前两种。周亮工在闽前后十二载,谈及不解者七人中,其中一个就是"于文不解谢耳伯"④。

27. 林古度

林古度(1580—1666),字茂之,又字那子,福清人。明末布衣,寓居金陵。藏书家林春元之子。从小即能诗,曾赋《挝鼓行》,为屠隆所赞赏。后随父迁居金陵,与曹学佺、钟惺、谭元春、钱谦益等相友善。其诗清绮婉缛,幽隐钩棘,是一位人品与文品皆高的"遗民诗人"。承家传,好藏书。所藏之书,有其父所遗,也有自己所购,有宋本《韦苏州集》等。钱谦益《列朝诗集小传》丁集中《林举人章》中说:"初文二子,君迁、古度皆能诗。古度与余好,居金陵市中,家徒四壁,架上多谢皋羽、郑所南残书。摩挲抚玩,流涕渍湿,亦初文之遗忠也。"⑤明亡,家产及图籍因战乱尽失。藏书印有"茂之""林氏古度"等。

林古度痴迷书卷的另一表现是著书印书,是一位著名的版刻家。万历四十二年(1614),在南京刊刻友人钟惺撰《隐秀轩集》三十三卷;万历四十六年(1618),刊刻曹学佺《蜀中名胜记》三十卷;崇祯十三年(1640),刊刻明

---

① 上海古籍出版社,2014年,第275页。

② 郭可光:《闽藏书家考略》,郭氏白阳书室抄本,第12页下。

③ 转引自《福建省图书馆学会通讯》1984年第4期《福建藏书家资料选编(五)》。

④ (清)周亮工撰,来新夏校注:《闽小记》卷一,福建人民出版社,1985年,第21页。

⑤ (清)钱谦益:《列朝诗集小传》,古典文学出版社,1957年,第530页。

莆田陈昂《白云集》七卷；还与新安汪骏声合刻宋郑思肖《心史》七卷《附录》一卷。由于性喜刻书，家产又于战乱尽弃，平生毫无积蓄，晚年甚为悲惨。王士禛《池北偶谈》卷十三载："予在江南，常与林茂之古度先生游……乙巳（1665），予见之金陵，时两目已失明，垂涕而别。亡何，遂卒。"① 林古度逝世后，葬于钟山。其后事是周亮工为之操办的。

林古度80多岁，德高望重，贫困潦倒，却诙谐有趣。"儿时佩一万历钱，系臂五十余载，至老不去身，又有江东父老小印。"② 以己为万历时所生也。失明之后，曾在乳山挖了一处墓穴，称茧窝，晚上就睡在里面，就当死了，省得下葬。时人施闰章《林茂之自作生圹曰茧窝索诗纪之》曰："八十一叟颜尚酡，幅巾筇杖衣薜萝。肩舆强来一相见，数杯未尽能高歌。自言筑室乳山住，阴林邃谷多烟雾。新营生圹大如茧，逝即长眠不封树。卓绝才名年少时，掉头不许时人诗。只今垂死犹眼白，自作高人万古宅。君不见富贵磨灭皆轻尘，丰碑石马空嶙峋，北邙悲风愁杀人！"③ 著有《林茂之文草》一卷、《赋草》一卷，《林茂之诗选》二卷。《诗选》为王士禛所编。

28. 李重煃

李重煃，生卒年、字号均不详，安溪人。李懋桧之子。既有父辈遗藏，又有变卖田产所购，藏书日富。"有田岁获百六十斛，悉界诸弟。博购群籍，为数大篓，连楹作'半航楼'储之。旦夕披读，阅览群籍。藏书楼名'半航楼'。"④

29. 林铭几

林铭几（1579—1648），字祖丹，号慎日，莆田人。少聪明好学，善为文。年十五失怙，与兄经魁、铭盘相师友。明天启四年（1624），乡试中举第一，兄弟先后合辙，时称双璧。崇祯元年（1628），登进士第，为三甲第五名，授中书舍人。五年（1632），擢湖广道监察御史。九年（1636），巡按江西，迁山东按察司副使。风节自持，吏畏若神明，立庙素著丰采。明亡入清，以疾请归，

① （清）王士禛：《池北偶谈》卷十三，齐鲁书社，2007年，第241页。
② （清）谢章铤：《赌棋山庄集·词话一》，清光绪年间刻本，第11页下。
③ （清）施闰章：《施闰章诗》卷十七，广陵书社，2006年，第326页。
④ 郭可光编：《闽藏书家考略》，郭氏白阳书室抄本，第8页下。

隐居以贮书为乐。筑别墅于莆田北村，曰"北村别墅"。"购书数万卷，名画、法书参错其间，著述甚富。"①后来，"林居十余年，痛养母不逮，捐租充外大父祠……奉嫂如母，抚侄如子，孝友至性，迥出非常……盖知大厦将倾，非一木所能支耳。自是殷忧积疴，长叹而逝"②。

林铭几藏书楼为"枕烟阁"，名遁一时。暇辄精研画理，驱染烟墨，所作小景，笔致秀逸，别具一格。亦精校雠，于书角字间，遍加点缀。著述甚富，有《南窗遗稿》《鳓规》等。

30. 陈衎

陈衎（1586—？），字磐生，闽县（今福州）人。其生卒年，史未明载。所撰《大江集》卷二十《先府君行状》中记载其父陈汝修生于隆庆戊辰（1568）十月，卒于崇祯五年（1632）壬申三月，《先母郑孺人行状》中记载其母郑珍生于隆庆戊辰（1568）正月，卒于崇祯乙亥（1635）十一月。而文中自称"年四十七丧父，年五十丧母"③，由此可以推断陈衎生于万历十四年（1586），而卒年不详，大致是清康熙之前。

陈衎家族出自光州固始，家世业儒仕宦。高祖陈源清以嘉靖举人起家，赠户部主事。曾祖陈柯为江西参政，祖父陈凤鸣为光禄寺监事，父亲陈汝修为诸生。出身书香世家的陈衎在《自撰墓志铭》中曰："生肮脏负俗，粗读书略知文字。"④而实际上，陈衎笃学好古，受业于董应举，与徐熥、徐𤊻兄弟相切劘为诗文。"为人慷慨自负，天文、谶纬、黄庭、内景之书，靡不研究。"⑤虽然科举不如意，老于场屋，但著述甚丰，有诗赋、碑传、杂文四十余卷。曹学佺在编选《石仓十二代诗选》时，曾把陈衎高祖、曾祖、祖父、父亲以及叔父陈太冲、陈衎的诗歌，选编入册，其中陈衎更是"声称最著"。徐𤊻在《大江集·序》

---

① （清）汪大经修，廖必琦、林黉纂：《[乾隆]兴化府莆田县志》卷二十二《人物》，清乾隆二十三年（1758）刻本，第24页下。

② 同上，第25页。

③ （明）陈衎：《大江集》卷二十，江苏广陵古籍刻印社，1996年，第828页。

④ （明）陈衎：《大江草堂二集》，江苏广陵古籍刻印社，1996年，第812页。

⑤ 欧阳英修，陈衍纂：《[民国]闽侯县志》卷七十一，闽侯县地方志编纂委员会点校本，1995年，第438页。

中说:"夫五世贵显者,海内恒有之。若五世工诗,并著明德,则甚难矣。"① 可见陈衍五世,皆躬行笃学工文辞。

陈衍流传至今的作品,目前整理出版的有中华书局的《槎上老舌》、江苏广陵古籍刻印社的《大江集》和《大江草堂二集》。《玄冰集》为福建图书馆藏善本。另有《汉诏疏六卷》《篝灯碎语》为台湾"中央图书馆"所藏。

陈衍"交游自乡间以及四海,指不胜屈"②,文人墨客、名宦小吏、僧人道士均有来往。酬唱答谢、观戏赏梅、游山玩水,在他的诗集《玄冰集》里多有这方面的叙事抒怀之作。如《同李子山夜坐邓道叶斋中阅所藏书》《曹能始先生招集西湖禊事因观杂剧得故字》《薄暮同邹督学上惠山绝顶望太湖醉归》《过宿玄阳观题赠希哲道士》等。而在其《大江集》和《大江草堂二集》中,替他人立碑写传、作序题跋、写墓志行状等篇目甚多,可见陈衍和朋友之间的密切交往。同邑的名人,如董应举、曹学佺、徐㷣、林宠等,在外闽人的邵捷春、林茂之、郭天中等,江浙焦竑、董其昌、李埈、钟惺等,或诗或赋,或传或记,或切劘诗文,或作画相赠,记载了当时的文人雅事。在《大江草堂二集》卷十三《嘉客记》一文,陈衍简笔勾勒三十位游闽四方之客的问学才技,即使终日追随称厚善而无足传则不录入,由此不难窥见陈衍交友广泛。

陈衍虽为一介书生,但好谈边事利害及将相大略,穷老尽气,不少衰止。他的朋友中有不少是军人,如《大江草堂二集》卷四《同真定老道士莆阳郑明仲将军集郑刺史爱丰堂》,《大江集》卷十二《送姚都护领军援辽序》、卷十八《与李参戎》等,都对军队建设提出了中肯的意见,可见陈衍具有浓烈的位卑不忘忧国的士人情怀。《大江集》卷二《记戚少保逸事》《俞都护逸事》,《大江草堂二集》卷九的《五人墓碑》、卷十《洪少保外传》均表露了陈衍对国事的关心。抗倭、农民起义、阉党、不断增长的饷额等明朝中后期的社会现实问题,在陈衍文章中都有所反映,透露了书生陈衍对国事有感却又无能

---

① (明)徐㷣:《大江集序》,江苏广陵古籍刻印社,1996年,第11页。

② (明)陈衍:《大江草堂二集》卷十二《竹溪集序》,江苏广陵古籍刻印社,1996年,第537页。

为力的无奈。

陈衍自其父以上，五世皆有集。《大江草堂二集》卷十二《书目序》："唐冯贽藏九世之书积为美谈，余家卷帙自先孝廉及今五世。"① 可见陈衍藏书也是属于家族传承性质，从高祖陈源清起就有藏书习惯，曾祖陈柯、祖父陈凤鸣、父亲陈汝修，直至陈衍，均是大藏书家。时间从明嘉靖年间跨至清初。累世积累，至陈衍时已有藏书一万一千八百多本。且对藏书进行分门别类，除了传统的经、史、子、集四部分类法，还另置"说部""汇部"。认为"韩诗"非经非子，把它列为"说部"书之首。而"汇部"之书古代并无，从唐代起的六帖初学之书收在"汇部"之首，这在书目史上是有创新意义的。

陈衍藏书质量也甚高，"宋板、元板与抄写者，俱极精好，且强半雠较无帝虎之患"②。藏书数量多，藏书版本较好，又注意对藏书进行校雠，这使得陈衍的藏书在当时仅次于徐㶿，和梁章钜（退庵）并列其次。自谓："退庵属辞弘训，皆有祖父风，年未三十，购书万卷，故里中号藏书家，鳌峰徐氏之外，惟退庵与余而已。"③ 陈衍也藏有一定数量的法书名画，这可能和他本人善于绘画有关。他所交往的林宠、郭天中、董其昌等不少人都是非常著名的画家，陈衍本人也经常画竹相赠友人。在《大江集》卷十二《名画序》中自述："余沉溺成癖，按图考订，鉴其真伪，往往神遇。"④《大江草堂二集》卷十五《宋撗绛帖跋》后《又跋》："余以万历四十七年，获此帖于乡越。天启元年客白下，方得善手装潢。又四年，携至长安，风霜孤处，日与周旋，翻阅收藏，皆极珍惜。"⑤

陈衍藏书目的非常明确，藏书是为了读书。认为："夫藏书者必能读，未有不读而徒藏者也。其有藏而不读者，或其先世所遗，未有自购之而自不之读也。余友老不释卷者，仅得徐兴公耳！不幸往矣。有购书藏书人，便是玉题麝凤，

① （明）陈衍：《大江草堂二集》卷十二《书目序》，江苏广陵古籍刻印社，1996年，第607页。
② 同上。
③ 同上，《宫闺诗序》，第579—580页。
④ （明）陈衍：《大江集》卷十二《名画序》，江苏广陵古籍刻印社，1996年，第583页。
⑤ （明）陈衍：《大江草堂二集》卷十五《宋撗绛帖跋》，江苏广陵古籍刻印社，1996年，第732—733页。

况又能读之耶。购者能藏,藏者能读,人情不甚相远也。"① 所以,他特别推崇孙彦回,曰:"余交孙彦回,最晚又最密,而弗及者三:余健忘,彦回强记,凡古今人诗,企脚默诵可得万余首诗。余藏书颇多而无暇读;即读,涉猎大意而已。彦回书随得随卖,皆置腹笥。"② 陈衎著述数量多达四十余卷,不能不说与他丰富的藏书有密切关系。

陈衎对藏书爱护有加,"装缮翻阅,历来谨严,咸遵守古贤教戒。不敢卷脑,不敢折角,不敢以爪揉撮,不敢妄肆圈点,不敢借人,不敢为权有力所夺。盖任昉多异种,曹珍善宝视,方今视昔,略无几矣。日后子孙,但照常藏贮,毋用阄分。当年房头,司其锁钥,每年以吾父忌日,取其微蛀者,用芸香入火,熏焙其枕。俟蛀尽落,枕已凉冷,乃重迭原位,勿令错舛。有善读者,具数向当年人逐部借出,限期读毕,仍交当年人纳还。或意外散失,当年人责令赔偿。不责令与不赔偿,皆天谴"③。明令阅读禁忌,介绍藏书保护方法,且规定了明确的借阅手续。这在私人藏书家中也是非常难得的。陈氏祖先陈柯曾言:"遗子孙以田园,毋宁以图籍,子孙贫而文彩可观,吾宗不堕富而不知礼,虽有之如无也。为陈氏子孙者,当熟思是言矣。"④ 对藏书呵护如此有加,不难看出自有其家族的传统。

陈衎一生,与挚友唱和,挥墨相赠,不失书生意气,痴迷典籍收藏。《大江集序》说:"磐生才不掩体,华不掩骨,学不掩识。"⑤ 但处在明末清初动乱年代,家国情怀总难遂愿,这也是当时众多知识分子的共痛。这位学人藏家的众多藏书,最后也不知去向。

31. 吴惟英

吴惟英,生卒年不详,字国华,宁德人。明万历四十年(1612),登进士第。官兵科给事中。性喜藏书,好摹拓金石文字,藏书处名"墨响斋"⑥。

---

① (明)陈衎:《大江草堂二集》卷十二《宫闺诗序》,江苏广陵古籍刻印社,1996 年,第580 页。

② 同上,卷十二《竹溪集序》,江苏广陵古籍刻印社,1996 年,第 536 页。

③ 同上,卷十二《书目序》,第 608 页。

④ 同上,第 609 页。

⑤ (明)杨德周《大江集序》,《大江集》卷首,江苏广陵古籍刻印社,1996 年,第 3 页。

⑥ 刘德城,刘煦赞纂:《福建图书馆事业志》,方志出版社,2006 年,第 218 页。

32. 邵捷春

邵捷春（？—1641），字肇复，侯官人。明万历四十七年（1619），登进士第。崇祯二年（1629），出任四川右参政，负责把守川南。后调任浙江按察使、四川副使。三年（1630），擢为右参政，仍然负责监军。又升右佥都御史。十三年（1640），罗汝才、张献忠合兵攻蜀，失事被革职，下狱论死。捷春自知不可脱，次年（1641）八月，仰药死狱中。

邵捷春好藏书，其家原在福州鼓楼鳌峰坊，藏书甚多。崇祯五年（1632）冬月，曾捐资刊刻徐𤊻的《徐氏笔精》。工竣，为之作序称："予识不逮兴公，而钩异之癖则同；学不逮明立，而慕古之心不远。"①称徐𤊻名噪天下。崇祯十二年（1639），徐𤊻致书邵捷春，希冀再为之刻《鳌峰文集》，求搜蜀版，并论书籍装裱。崇祯十五年（1642），黄国琦刊《册府元龟》，曾借邵捷春家藏抄本勘误。著有《冶园暇笔》《剑津集》等。

33. 杨瞿崃

杨瞿崃，生卒年不详，本名载鄂，获隽后改名，字雅实，号商澹，自号栖霞山人。晋江人。幼习理学，明万历十三年（1585），乡试中举。万历三十五年（1607），登进士第，授户部主事。三十七年（1609），奉命权税临清。在云南时，黄居中长子黄虞龙，曾经三过建水，与之谈经质疑。后提督江西学政，未几告归。值援辽闽兵扰据龙津，极力调停，得免生变。入崇安，俟闽兵尽发乃归。

告归后，"杜门著述，丹策自娱，复至三山，构藏书之室，谈诗说经，刊刷鲁鱼，终日靡倦，尤精于易。当事屡荐，刿辞不赴，遂卒于三山，其子舁榇归葬焉"②。著有《易林疑说》《四书疑说》《栖霞疑测》《西方疑净》《明文翼统》《岭南文献轨范补遗》等。

34. 陈上陛

陈上陛，生卒年不详，字乔木，永定人。万历年间诸生。所居多聚书，手自校雠之③。

---

① （明）邵捷春：《徐氏笔精序》，见《笔精》，福建人民出版社，1997年，第3页。

② （清）怀荫布修，黄任纂：《[乾隆]泉州府志》卷四十四《明列传》，清光绪八年（1882）补刻本，第73页上。

③ 郭可光编：《闽藏书家考略》，郭氏白阳书室抄本，第10页下。

35. 郭天中

郭天中，生卒年不详，又名俊，字圣朴，一作圣仆，莆田人。早丧父，性至孝，孤情绝照，回出流俗。贫居金陵，母死无以为葬。清人钱谦益《列朝诗集小传》载："权厝于城东郊，僦居其侧，风雨萧然，终不肯去。人欲为卜居，以癖耽山水为辞，竟不欲明言庐墓以市名也。"其故人杨嘉祚闻此，赠遗数千金，而郭天中"斥以买歌姬数人，购书画古物，并散给诸贫交，缘手而尽"。嘉祚叹曰："此吾所以友圣仆也"[①]。

郭天中性嗜书，喜收藏，尤侫善本，家藏甚丰。购蓄古法书名画，不事生产，专精篆隶之学，穷崖断碑，探访摹拓，闭户冥搜，寝食都废。晚年隶书益进，师法秦汉，最为逼古。收藏有宋版《韦苏州集》，卷内钤有"圣仆藏书印"。其藏书章有"郭子""郭俊之印""字圣仆"等。

36. 李瑞和

李瑞和（1607—1686），字宝弓，号顽庵，别号鹿溪耄夫，漳浦人。崇祯七年（1634），登进士第。初授南京松江府推官，革除旧例，宽厚为政，简易近民，治政清明。崇祯十四年（1641），拜贵州道监察御史。后巡视京师中城，协管吏部、太仆寺、上林苑监等。刚正不阿，清正廉洁。崇祯十五年（1642），奉旨巡视两浙盐务。十六年（1643），被诬削职。回归漳浦，过着孤臣遗老的生活。南明弘光、隆武两朝，均荐召李瑞和复出，以亲老力辞不就。清顺治三年（1646），清军入闽后，欲拜为御史，又以母待养老，辞不赴任。

李瑞和为文吟咏，挥洒自如，飘逸隽永，别有风致。著有《学夫诗》《莫犹居集》《廧东集》等。尤嗜藏书，"架上书籍盈万甲，夜秉烛不倦，其天性然也"[②]。

37. 邓缵皇

邓缵皇，生卒年、字号均不详，侯官人。一生唯嗜藏书。黄国琦刊《册府元龟》，曾借其家藏抄本勘证。

---

① （清）钱谦益：《列朝诗集小传》丁集中《郭布衣天中》，古典文学出版社，1957年，第534页。

② （清）陈汝咸修，林登虎等纂；施锡衢再续纂修：《［光绪］漳浦县志》卷十五《人物上》，民国二十五年（1936）铅印本，第34页上。

38. 刘履丁

刘履丁，生卒年不详，字渔仲，漳浦人。根据其自述，其先世为莆田人，"自光、固徙莆田，元末有尉漳浦者而家焉"①。明末以诸生应辟召，擢郁林州知州。书画精绝，好蓄书。与黄道周友善，"为石斋畏友，书画精绝。论者谓其可，衙官徐熥、高楲而亦少见矣"②。信仰天主教，为钱谦益介绍奇人徐霞客，钱、徐两人始得交。书不秘藏，愿借人校勘，还将所藏宋刻《艺文类聚》赠予钱谦益。

39. 郑元麟

郑元麟，生卒年不详，字翀极，惠安人。父鹤山即喜藏书。其又增聚之，使家藏甚丰③。

40. 高均

高均，生卒年不详，字惟一，闽县人。性喜聚书，家藏较丰。藏有元刊本《丁鹤年集》。有"高氏惟一"印章。著有《深衣巷》。徐熥曾为其部分所藏作跋。

41. 高南霍

高南霍，生卒年不详，字孝忠，闽县人。高均裔孙。徐熥《红雨楼题跋》卷一《光岳英华》曰："此吾乡高南霍孝忠先生家藏者。万历丁酉（1597）春，偶从肆中得之，重加裱饰，秘之箧中。板已模糊，迩来未见翻刻，梓而传之，尚窃有志。卷首'高氏惟一'印章。惟一名均，见《府志·孝行传》，国初人，南霍其裔孙也。戊戌（1598）端午，兴公题。"④

42. 王若

王若（？—1618），字相如，清流人。布衣。王若"少任侠，一切家人产捐以结客，无所吝。晚折节读书，攻诗时，作五岳游，所知交多海内大贤巨

---

① （清）钱谦益：《牧斋初学集》卷五十三《漳浦刘府君合葬墓志铭》，上海古籍出版社，1985年，第1345页。

② （清）沈定均续修：《[光绪]漳州府志》卷四十八《纪遗上》，清光绪三年（1877）芝山书院刻本，第34页下。

③ 梁战、郭群一：《历代藏书家辞典》，陕西人民出版社，1991年，第275页。

④ （明）徐熥撰，沈文倬校点：《红雨楼序跋》，福建人民出版社，1993年，第59页。

卿"①。"富藏书。福清人何璧以事亡命匿若家，尽读其书。"② 徐熥卒后，王若捐资为熥刻《幔亭集》。徐𤏡有《记清流哭王相如》文。

43. 何其渔

何其渔，生卒年不详，字樵仲，松溪人。"少学贾，游荆湖间，所至辄折其资，遂弃去。悉以其资购未见书，归而掩门伏读，宵旦不辍。"③ 年二十七，即有诗名，四方来谒者，每倾囊赠之，迨诗成而家壁立矣。年四十而终。所著诗今不存，"徐兴公称其诗有苦思"④。

44. 许东程

许东程，生卒年不详，字符甫，晋江人。少称奇童，贫而嗜书。"市有奇书，非购得不休，否则宛转借抄之。手自录副，虽病不辍。"⑤

45. 王之麟

王之麟，生卒年不详，字振予，号畏庵，宁化人。"家多藏书，朱黄错互，悉手雠校。"⑥

46. 黄壶石

黄壶石，生卒年、字号均不详，建瓯人。其祖仲芳，以永乐（1403—1424）间进士，仕至方伯。善书画。每日临摹不辍，写山水、人物，人疑之吴伟业、陈子和。尤以山水人物为佳。"世蓄古书画甚富。"⑦

47. 林志政

林志政，生卒年不详，字明沙，古田人。诸生，不求仕进。性嗜藏书。筑室名"贻远"，以贮经籍。有盗入其室，志政谓之曰："汝以我廪有余粟、箱有

① （清）王士俊修，王霖纂：《清流县志》卷九《人物·豪侠》，清康熙四十一年（1702）刻本，第42页上。

② 郭可光编：《闽藏书家考略》，郭氏白阳书室抄本，第10页下。

③ 同上。

④ （清）韩琮修，朱霞纂：《[乾隆]建宁县志》卷二十一《文苑》，清乾隆二十四年（1759）刻本，第3页下。

⑤ 郭可光编：《闽藏书家考略》，郭氏白阳书室抄本，第13页上。

⑥ 《[民国]宁化县志》卷十五《文苑》，民国十五年（1926）铅印本，第9页下。

⑦ 蔡振坚、何履祥纂：《建瓯县志》卷三十四《方伎》，民国十八年（1929）年排印本，第2页下。

余衣、囊有余财乎？不知我之所有，仅此数卷书耳。然我亦怜汝为饥寒所迫至此，尚有斗米备晨炊者，汝其携之。盗惭愧谢去后，盗改过自新，终身感至政之德。"①

48. 徐延寿

徐延寿（1614—1662），名陵，字存永，又字无量，号延寿，以号行，闽县人。徐𤊹幼子。明诸生，绮岁才藻丽逸，钱谦益以徐孝穆期之。明亡不仕，与许友、陈浚号称"闽中三才子"，名冠一时。又与曹学佺、钱谦益、吴伟业、龚鼎孳、周亮工、顾景星、王士禛、吴绮、纪映钟等明末清初的文坛名流往返唱和，钱谦益、王士禛、周亮工尤其推重。徐延寿濡染家学，而能不囿于时尚，标新立异，自铸伟词，念乱伤离，独抒情愫。其诗作有真性情，有真面目，而出之以蕴藉，行之以自然，确属难能可贵。著有《尺木堂集》。其父卒后，继承父志，遍读所遗留藏书，益加购藏，并归"鳌峰书舍"。藏书之富，埒曹学佺、谢肇淛。清兵入闽后，其藏书逐步散失，除了一部分为蒋玢、林佶所收藏外，大部分归于郑杰。郑氏因得徐氏"红雨楼"的部分藏书，录其题跋，辑有《红雨楼题跋》。

49. 林泉

林泉，生卒年不详，字六一，闽县人。明崇祯十五年（1642），乡试中举。"博综今古，藏书数千卷，皆手自丹黄。"②

50. 涂伯案

涂伯案，生卒年不详，字虞卿，漳浦人。崇祯十五年（1642），乡试中举。"迨隆武退守闽中，闽事败，仲吉祝发于厦门，郁郁呕血卒。伯案乃栖止于文山之阳，搜罗旧闻，详具君臣行事本末。既而所著书悉毁于火，迨迁界流寓吴兴，晚客死浦城。宁化李世熊表其墓。"③可见涂伯案喜聚书，好搜罗旧闻，纂著不辍。由于晚明隆武政权败亡，家藏图书数千卷，毁于兵火。

---

① （清）辛竟可修，林咸吉等纂：《[乾隆] 古田县志》卷七《乡行》，清乾隆十六年（1751）刻本，第18页上。

② 郭可光编：《闽藏书家考略》，郭氏白阳书室抄本，第12页下。

③ 林学增修，吴锡璜纂：《[民国] 同安县志》卷二十七，民国十八年（1929）铅印本，第10页。

51. 陈迁

陈迁，生卒年不详，字大益，海澄县人。"起家学官，召入为御史，督理长芦盐政。嗣按西粤，丁内艰归，绝意不出。检先世遗书二万余卷，筑藏书楼，翻阅其中。曰与古人为缘，不知绣衣之荣也。居恒恤人之困，时比部郎郭万程卒于邸。身后萧然，为经纪其丧，护而归闽，其效友谊类如此。"①

52. 谢天驹

谢天驹，生卒年不详，字山了，莆田人。"一生无意功名，携家隐居山中，置书数千卷，日自吟咏编摩，于名利视之淡如也。"② 著有《谢天驹诗集》。

53. 艾逢节

艾逢节，生卒年不详，字际春，松溪人。崇祯末，以岁贡生任福州训导，迁国子监学录。"淹洽博闻，聚书数千卷，晨夕手编不辍。晚年息影庐峰之下，以琴书自娱。"③

54. 张盘

张盘，生卒年不详，字钟坦。海澄人。"性最嗜书，所至以购书自娱，藏书万卷。后来为贼所掳，家人倾之，赎之以当。叹曰：'破产不足惜一，乱离之际，篇帙遂亡。今欲更置诸坟典，哪可得？'人服其远致。"④

55. 吴霞

吴霞，生卒年不详，字汝华，海澄人，一说龙溪人。笃志好古，即所居之旁，特筑小室，扁曰"颜巷"。"聚书读之，立祠堂以祀先，祭必恪谨。所著有《射礼辑说》《道原录抄义集抄》《学则拾弃稿》。年八十一卒，鹤峰蔡烈题其墓曰：'古学君子'。"⑤ 可见其手抄读诸大儒语录行录甚多。

56. 陈铅

陈铅，生卒年不详，字志用，古田人。早丧父，事母有孝声。"尝挟资出游，

---

① 萨士武：《福建藏书家考略》，《福建文化》季刊 1942 年第 3 期。

② 郭可光编：《闽藏书家考略》，郭氏白阳书室抄本，第 13 页。

③ 同上。

④ 同上。

⑤ （清）吴宜燮修，黄惠纂：《[乾隆]龙溪县志》卷十六《人物》，清乾隆二十七年（1762）刻本，第 50 页上。

道出临清，有女艳姿容，私奔就之，竟弗纳。后资产益饶，恤寡赡贫，贼过其乡而不掠，义所感也。性尤喜典籍，耽稼圃，公庭之讼，至老未尝闻焉。有司以宾筵请，谦逊再四而后就，人益高之。年八十九。"①

57. 萧京

萧京（1605—1672），字正夫，号万舆，别号通隐子，侯官人。六岁就外，专攻举子业，文思敏而工。曾宦楚蜀，以医隐自居，是明末名医。有《轩岐救正论》六卷，自序云："予髫龄弱禀，质钝志劳，穷猎简编，苦心诵著。婴疾梦遗，百治莫瘳，继因从宦，游楚慈阳，邀学博黄州胡慎庵先生，于衙斋治之，三月获痊……因授轩岐秘典，脉旨病机，药性方法，一一精详……嗣入蜀，复参印群贤，颇得肯綮，沉酣于斯，二十余载矣。"②

归里后，藏书于一小室，颜曰"拙勤轩"，"架丛帙千，半皆岐黄正典"③。其子萧震跋曰："童时，初识字，见先君子案多注书，有《庄》《列》《素问》《难经》诸注。又自著书曰《轩岐救正论》……厥后邻屋灾，藏书多散佚，各注以无别本。"而其《凡例》自叙："古今医书，不啻汗牛充栋。予半生探究，四方驱驰，计得一百八十余部，三千七百余卷。"④萧震日后重刻了《轩岐救正论》，光大医林，为医林所重。友人王范曰："升其堂，仅图一幅，敝榻二三耳。图为我西川父老子弟颂功德文也。仰瞻屏联，一曰忠孝，一曰廉洁。此使君长物也。"⑤

58. 余怀

余怀（1616—1696），字澹心，又字无怀，号广霞、曼翁，又号壶山外史、寒铁道人，晚年自号鬘持老人，祖籍莆田。多数研究者都认为余怀生于莆田，后寓居南京。然康爵先生引《雪鸿堂诗话》言："苏门余澹心曰：'余闽人，而

---

① （清）辛竟可修，林咸吉等纂：《[乾隆]古田县志》卷七《孝义》，清乾隆十六年（1751）刻本，第3页下。

② （明）萧京：《轩岐救正论》，中医古籍出版社影印本，1983年，第2725页。

③ 同上，第2726页。

④ 同上，第2729页。

⑤ （明）萧京：《轩岐救正论》王范《序》，中医古籍出版社，1983年。

生长金陵。生平以未游武夷、未食荔支（枝）为恨'。"①据此推证，余怀是生于南京、长于南京，祖籍福建莆田而已。余怀出生书香门第。方文在《余先生六十》中称："瑶岛移来自八闽，却依京国寄闲身。书藏万卷儿能读，酒泛千钟家不贫。"②《余先生六十》作于崇祯辛巳年（1641），题下小注："澹心尊人"，可见该诗是为余怀的父亲六十大寿而作的，说明了余怀的确是在"书藏万卷""家不贫"的环境中长大的。

侯方域在《曼翁诗序》中言：余怀"少而十五岁能诗"③。二十余岁，"与杜濬、白梦鼐齐名，时号'余杜白'，金陵市语转为'鱼肚白'"，风流江左。崇祯十三至十四年间（1640—1641），"入范大司马（范景文）莲花幕中，为平安书记"④。偶尔出入旧院，为"北里之游"。"长板桥边，一吟一咏，顾盼自雄。所作歌诗，传诵诸姬之口，楚润相看，态娟互引。余亦自诩为平安杜书记也。"⑤此时余怀，春风得意。

崇祯十五年（1642），郑元勋、李雯等谋重振复社，在虎丘举行集会。余怀与如皋冒襄、泰州邓汉仪、无锡唐德亮、黄傅祖、武进董文骥、江宁白梦鼎、白梦鼐、浙江陆圻、查继佐、湖广杜濬、桐城方以智等人在苏州，参与虎丘集会。

甲申变后，弘光政权在南京成立。马士英、阮大铖大肆迫害东林与复社人士，余怀亦身陷其中。为了逃避迫害，余怀只能过起流亡的生活。即使弘光政权覆灭，阮、马势力不再，余怀在易代之际，亦惶惶无定。如余怀《山阴诗·自序》言："余以五月一日闻国变，五月五日渡浙江。山阴道上，又以夜卧竹而过之。"⑥显然是在逃难。《鸳湖中秋诗·小序》又说："辛卯（1651）八月，寄居萧寺……忆己丑（1649）中秋，遁迹海陵之隅。庚寅（1650）中秋，漂泊虞山之下……余亦五年四处见中秋矣。"⑦然而，他足迹所到之处，在一定程度上则

---

① 康爵：《耕冰寄庐漫录》，原稿本。
② （清）方文：《嵞山集》卷六，清康熙二十八年（1689）刻本，第 9 页下。
③ （明）侯方域：《壮悔堂文集》卷二，光绪四年（1878）刻本，第 3 页下。
④ （明）余怀：《板桥杂记·丽品》，上海古籍出版社，2000 年，第 20 页。
⑤ 同上，《板桥杂记序》，第 3 页。
⑥ （明）余怀：《江山集·鸳湖游稿》，福建师范大学图书馆藏抄本。
⑦ 同上。

有着如年少时"四方交会宾客"①的盛况。

余怀是明末清初一位豪情横溢的风流才子。明亡后，恪守气节之易代遗民，虽没有直接参与抗清的活动，然面对异族的统治，既无反抗之力，又不屑于当清廷的臣民，只好以遗民身份独立于朝廷之外，遁迹于山水之间。其等身著述，均不书清朝年号，终生拒不出仕。亡国的黍黎之悲，飘零幽怨之情，却不时地涌上余怀的心头，诚如《效杜甫七歌在长洲县作》其二所吟："君不见梁朝庚子山，暮年诗赋动江关。又不见长溪谢皋羽，一恸冬青泪如雨。共是销魂落魄人，不堪回首汉宫春。"②莆阳才子他乡老，天涯芳草故人心。

晚年的余怀，主要活动在苏州一带。虽然生活已经大不如从前了，度日尚可，还不至于落到像林古度那样，以一枚铜钱藏终身的窘况。清康熙二十九年（1690）和三十一年（1692），余怀两次与曹寅等人聚会于尤侗揖青轩。三十四年（1695），余怀以所著《砚林》一卷寄张潮，嘱张潮刊行。三十五年（1696）夏，卒，享年81岁。

余怀一生风流，学识渊博，精于史学，尤擅诗文，同时还是一位戏曲家与评论家，真可谓多才多艺，蔚为大家。

在史学方面：余怀通究《二十一史》，又好读稗官野史，每有所得，辄记录于案。在诗词创作方面的成就，自明末清初以来，余怀就赢得了很高的评价。例如：王士祯《渔洋诗话》卷下称赞余怀的《金陵怀古诗》："不减刘宾客"③。陈田《明诗纪事》辛集卷十四载："澹心诗，擅六朝之华藻，运唐贤之格调，吐属隽雅，角逐词场，不减子山哀艳，小杜风流。"又引《兰陔诗话》说："澹心……诗清而能绮，丽而不靡。明季莆田诗人，莫能与之抗衡。"④可见其推崇之至。吴伟业在《玉琴斋词·题辞》中评余怀之词作言："澹心之词，大要本于放翁，而点染藻艳出脱轻俊，又得诸《金荃》清真。此由学富而才隽，无所不诣其胜耳……读澹心之作，不能无愧。"⑤

---

① （明）余怀：《江山集·鸳湖游稿》，福建师范大学图书馆藏抄本，林佳玑序。

② （明）余怀：《三吴游览志》六月初一，上海古籍出版社，2000年，第119页。

③ 《渔洋精华录集注》，齐鲁书社，2009年，第92页。

④ 上海古籍出版社，1993年，第3133页。

⑤ 福建师范大学图书馆藏抄本。

余怀一生，笔耕不辍，写下大量著作。知见的余怀传世著作，约有以下 14 种：《甲申集》《江山集》《玉琴斋词》《余澹心集》《枫江酒船诗》《味外轩诗辑》《板桥杂记》《三吴游览志》《宫闺小名后录》《味外轩集·（戊申）看花诗》《咏怀古迹》《七歌》《王翠翘传》《妇人鞋袜考》。

59.邱秉文

邱秉文，生卒年不详，字鸣周，莆田人。少颖慧，弱冠即喜古文词。明嘉靖二十三年（1544），登进士第，初永嘉县令，后调刑部主事，历官光禄寺丞。在刑曹时，杨继盛以劾严嵩系狱。严嵩谕西曹郎折辱之，时辈希旨求媚。唯独邱秉文具橐饘。遇杨病，阴为合药。不久，因李默为赵文华所诋，邱秉文受知于李默，故坐系。归乡"构东楼，藏书数百卷。结社西州之顶，日以吟咏为乐，所著诗文若干卷"①。

60.池浴云

池浴云，生卒年不详，字仕卿，号龙州，同安人。幼聪慧，好读书，二十一岁为诸生，乡试未中，筑精舍于五老山中。后再试中式，名列前茅。再赴秋闱，耽于旅途。回家时，路过建州，"购书数千卷，还而卒业焉。未几病卒，年三十四，乡人为镌'龙洲卧岗'四字于五老山石"②。著有《空臆集》《怀绰集》《居室篇》等。

61.高大捷

高大捷，生卒年、字号均不详，漳浦人。高大捷得其父藏书万卷，更旁采博求，又近万卷③。可见是一位家藏两万余卷的大藏书家。

62.高彦生

高彦生，生卒年、字号均不详，漳浦人。明人陈衎在《漳浦高彦生像赞》曰："作积书盈架，人坐其中""无所系于外而后读古贤之书，无所溺于中而后通天

---

① （清）汪大经修，廖必琦、林黉纂：《［乾隆］兴化府莆田县志》卷二十二《人物》，清乾隆二十三年（1758）刻本，第 18 页上。

② 林学增修，吴锡璜纂：《同安县志》卷三十二，民国十八年铅印本，第 5 页。

③ 高聿占：《漳浦古今私人藏书与公共图书馆》，见《漳浦文史资料》第十七辑，1998 年，第 134 页。

下之故。"①

上述除外，明代福建肯定还有部分的藏书家，因笔者所知见的文献史料没有载及其藏书的活动，甚至有的记载有目无文，如郭可光的《闽藏书家考略》总目中，明代部分列有"陈炜、谢东程"二人，但正文中却未有片字记载；姜绍书《韵石斋笔谈》，记明代富有著述的藏书家54人，并说："明代藏书之家，亦时聚时散，不能悉考。就其著述之富者，可以类推。"该书列有"林俊、李贽"两人。另有一些人物，依其生平行状，当为藏书家，如陈勋、王侯聘、王奂、王应山、郑岳、韩廷锡、郭万程、叶广彬、林世勤、蔡以俊、林奂、田琐、许獬、高钟、陈芹、李世熊等等，但文献材料阙如。本着历史研究无征不信，孤证不立的原则，在兹亦也仅列名字，以备日后继续考辑。

第四节　私家藏书的文化特色及其历史贡献

如上所述，明代承元余绪，经过藏书家的倾心努力，艰难地承传，私家藏书之风复兴，藏书规模大大超过了宋元。由于种种原因，福建私家藏书的发展，较之其他地区更快，在宋元的基础之上，逐步进入了复兴与繁荣的历史时期。在全国的范围内，除了江浙藏书之外，福建均仅次于后，而且具有明显的区域文化特色与突出的历史贡献。

一、藏书家身份的多元化

1.藏书家阶层

明代的福建藏书家有官宦乡绅、文人、商人、布衣。与前代相比有较大的变化。宋时绝大多数藏书富户是在职官员，以贵族官僚为主。而明藏书家，人数多，涉及面广，从官员到山林隐逸，皆有藏书。明代福建藏书家，虽以官员或致仕官员为主，但也有不少中举却不仕者，有富人，有布衣。尤其是布衣藏书家的收藏，在明代的福建私家藏书中，不仅数量多，质量高，而且起到了举足轻重的作用，发挥了重大的影响。如：陈真晟、李光缙、徐𤊹与徐廷寿父子、

---

① （明）陈衍：《大江草堂二集》卷十四，江苏广陵古籍刻印社，1996年，第681页。

林古度、陈衍、郭天中、李重煜、余怀等等，均是当时闻名于世的藏书家，尤其徐𤊺与徐廷寿父子、林古度，更是对明代私家藏书的发展做出了重大的贡献。这种藏书主体的多元化，正是藏书文化丰富与成熟的标志。

2. 藏书家类型

明万历时期的胡应麟，把藏书家分为"好事家"类和"赏鉴家"类[①]；清康熙年间钱曾将藏书分为"藏书者之藏书""读书者之藏书""售书者之藏书"[②]；后来洪亮吉又把藏书家分为"推求本源、是正缺失"的考订家，"辨其版片、注其错讹"的校雠家，"广收博采、务为全备"的收藏家，"第求精本、独嗜宋刻"的鉴赏家，"以藏书为基础、以贩书为营生"的掠贩家等五种。[③]著述型、校勘型、收藏型、赏鉴型、贩贾型等不同类型的藏书家收藏情趣不一，对藏书的利用也有不同态度和认识，但他们"从不同途径发展了私家藏书，有的将藏书内蓄转化为新的知识体系，有的校订了图书中的讹误，有的搜采异本、精于措理，有的储存吐纳，促进了图书的流通。私家藏书的多样性特点从各个渠道丰富了藏书文化，繁荣了私家藏书事业"[④]。一致之处，那就是都体现了保存、传播文化典籍，弘扬中华文明事业上所做出的努力。不少藏书家，同时又是文学家、史学家、思想家、政治家、版本目录校勘学家。他们在藏书活动中，从事的不只是单一方面的工作，往往是集收藏、校勘、编撰、著述于一身。其藏书、理书，促进了中国学术文化的繁荣。

明代福建藏书家多是以著述、校勘整理图书为目的的实用型藏书家。例如：黄居中被人称为闽海大儒，郭良翰组织人员编述，王应钟、曹学佺、徐𤊺等既是著名学者，又都做过校勘工作。他们多具有渊博的学识，不少人在一定领域内，贡献重大，影响深远，如诗人林鸿、方志学家何乔远、音韵学家陈第等；陈登、林铭几、高濑、郭圣仆等在书画艺术方面颇有造诣；有的是名士，如丘有岩、李光缙等。

明代福建藏书家群体之中，还有一群特殊的藏书家，即刻书家型藏书家。

① （明）胡应麟:《少室山房笔丛》卷四，上海书店出版社，2001 年，第 46 页。
② （清）钱曾撰，丁瑜点校:《读书敏求记》，书目文献出版社，1983 年，第 57 页。
③ （清）洪亮吉著、陈迩冬校点:《北江诗话》卷三，人民文学出版社，1983 年，第 46 页。
④ 周少川:《读书与文化——中国古代私家藏书文化研究刍议》，《安徽大学学报》2003 年第 2 期。

建阳刻书业发达，宋元明均是全国著名的出版中心，刊刻了众多图书，形成余、刘、蔡、黄、熊、叶等刻书世家。明代，有熊宗立、熊冲宇"种德堂"，熊大木、熊龙峰"忠正堂"，余象斗"双峰堂""三台馆"，刘弘毅"慎独斋"，刘龙田"乔山堂"等等，这些书坊出于运营的需要，藏有大量图书。根据传世"建本"的内容，可以推断经、史、子、集、丛，靡所不备。宋元时期，以经、史、子部儒家、医书、类书和文集为主。明代，经史之外，还有大量的小说、戏曲以及日用通俗读物。这种出于刻书的需要而藏书的书林藏书家，是明代福建藏书的一个鲜明特色。

明代藏书家类型与流派的逐渐形成，正是私家藏书兴盛的标志，不同类型的藏书家构成一个个性丰富的群体，从不同角度发展了福建私家藏书文化活动。

二、藏书家的藏书理念

古代藏书家因其类型，对藏书的理念不尽相同，但共同点是或因用而藏，或因藏而用，或藏用结合。这一般是针对自己或家族内部而言的。藏书既是一种文化财富，也是一种物质财富，既需要学识，更需要财力。受到封建私有制经济基础的影响，藏书带有极大的私有性，千辛万苦聚集来的图书，无疑是个人的私有财产，因此而影响了藏书的对外开放利用。这种局限性决定了古代私家藏书大都以藏为主，以用为辅，这也是藏书活动的文化特征和经济特征。

因此，对于古代的私家藏书而言，只有两种态度：或是家族独享，或是与他人开明共享。在古代藏书文化中，秘藏吝惜是历代多数藏书家的基本心态。由于秘庋吝惜，深藏固柜，藏书不与流通，形成一定程度的垄断。一旦天灾人祸，徒叹奈何。近人陈登原有感于此，曰："居尝谓保存古籍，端赖藏家。然摧残古籍，藏家亦与有罪焉。"[1] 例如：钱谦益与曹溶相交甚厚，常去曹家看书、抄书，曹溶闻钱家有善本《九国志》《十国纪年》，欲借一观而钱却推无，后"绛云楼"火起，方悔曰："我有惜书癖，畏因借辗转失之……今此书永绝矣。使抄本在，余可还抄也。"[2] 私家藏书旋聚旋散，鲜有传及三世。客观地看，受历

---

① 陈登原：《古今典籍聚散考》，上海书店，1983 年，第 377 页。

② （清）曹溶：《绛云楼书目·题词》，《续修四库全书》本，上海古籍出版社，2002 年，第920 册，第 322 页。

史的局限性和社会环境背景的制约。"封建社会封闭式生产方式的影响和局限，古代藏书家是很难以超越当时社会的价值观念，形成开放性藏书意识的。保守、排他性的藏书观念虽遭有识之士讥评，封闭的藏书方式固然窒息了图书的流通，客观结果起到了保存和流传文化典籍的重要作用，避免图书流失。"①

当然，也有不少开明的藏书家，"具有开放识见，藏书贵流通、藏书惠士林的意识日趋自我浓厚"②，互相借阅或让人抄阅。或是志趣相投的藏家们，为了校勘、著述，开始互相展示、借抄、借用心爱的藏书，互通有无。更有些开明的藏书家利用自身藏书的优势，纳生授徒，惠及后人。明代福建也不乏态度开明的藏书家，如：周玄赠书于高棅，谢肇淛不仅读遍叶向高的藏书，还借抄其所藏秘本成副本藏之。福建著名藏书家徐𤊹，致力于主张"传布为藏"的藏书理念与实践，认为借书而读是好事，还为来借书的人准备茶水，从不觉得厌烦。与钱谦益"约以暇日，互搜所藏书，讨求放失""能始闻之，欣然愿与同事"③。曹学佺首开纂修"儒藏"之说，赠书于徐𤊹，还为其建藏书楼；李光缙、何乔远藏书授徒，均有一定的开放性和公益性。相比那些藏书却秘不宣人的做法，明代福建藏书家的藏书理念无疑是一大进步。

不同藏书家的藏书动机不一，但对书籍价值都有一定的认识，藏书自觉性是一致的：为书而奔波。

三、藏书的多功能性

满腹诗书好学问，明代福建藏书家在这方面的行为特征亦较为突出。或专攻诗词，或侧在方志，或擅长音韵，或道德文章，或多项兼备。他们在各自学术领域的诸多研究成就，相当方面依靠藏书家对自己藏书的利用。

首先，古代私家藏书的利用体现在增长知识，修身养性。古代读书人的唯一出路是科举做官，这种政治功利性的人生观价值取向，使人们对书籍尊崇有

① 周少川：《藏书与文化——古代私家藏书文化研究》，北京师范大学出版社，1999年，第278页。

② 任继愈：《中国藏书楼》，辽宁人民出版社，2000年，第15页。

③ （清）钱谦益：《列朝诗集小传》丁集下《徐举人𤊹、布衣𤊹》，上海古籍出版社，1983年，第634页。

加。"书中自有黄金屋""书中自有颜如玉""书中自有千钟粟"等说法，正是对书籍作为读书人"进身之阶"的生动概括。而客观上，人们在书籍中浸染久了，除了增长知识外，潜移默化之中培养人们的审美情趣，给文人生活带来儒雅的享受，藏书成为一种个人爱好。古代官吏多为文人，若是案牍劳形，公干之余，浏览藏书，无疑会轻松心情，增添乐趣，恢复精力；若是仕途不顺，也可借墨香安抚自己的失意，在心灵深处建筑一处诗意家园，在藏书中得到满足。正如清人孙从添在《藏书纪要》中所言："购求书籍，是最难事亦最美事，最韵事最乐事。"① 藏书家们在藏书过程和藏书形式中，享受到精神上的悠逸情趣。"读未曾见之书，历未曾到之山水，如获至宝，尝异味，一段奇快，难以语人"②，这是明代福州藏书家谢肇淛的藏书情趣。徐𤊮曾自述读书之乐曰："余尝谓人生之乐，莫过闭门读书。得一僻书，识一奇字，遇一异事，见一佳句，不觉踊跃。虽丝竹满前，绣罗盈目，不足喻其快也。余友陈履吉云：居常无事，饱暖读古人书，即人间仙岛。旨哉言也。"③ 徐𤊮的读书乐，是一种增长见闻的精神快乐，是不含功利观念的，它不计较任何物质利益和功名利禄的得失，淡泊俗欲，有着高尚的精神情趣。书籍成为人们修身养性的精神食粮，正是藏书活动内蕴丰富，构成文人士大夫独特的文情雅趣的精神层面。藏书家们在卷卷的书香中，为灵魂求得一种个性化的心理满足与精神归属。

其次，著书立说，校勘古籍，编制书目，嘉惠士林。学者无不藏书，藏者无不治学，私家藏书的"主要文化特征是作为学术研究之资粮、文化教育之基本条件出现的"④。正如前述，藏书家的类型不一，对藏书的利用也不尽相同。著述型则利用丰富的藏书进行著书立说，明代福建藏书家在这一方面有着许多共同之处与显著特点。如：杨荣著有《西京类稿》《后北征记》《杨文敏公集》，周玄著有《周祠部诗》，徐𤊮著有《闽画记》《榕阴新检》《笔精》

---

① 上海古籍出版社，2005年，第33页。

② （明）谢肇淛撰，郭熙途校点：《五杂俎》卷十三《事部一》，辽宁教育出版社，2001年，第268页。

③ （明）徐𤊮撰，沈文倬校注，陈心榕标点：《笔精》卷七，福建人民出版社，1997年，第241页。

④ 谢灼华：《论古代藏书的文化特征》，《图书情报知识》1996年第3期。

以及协助编辑的《宜秋集》等等，谢兆申著有《耳伯诗文集》，林古度著有《茂之诗选》，几乎所有著述型的藏书家都有其专著。藏书为读书服务，这是对文化学术史最大的作用。陈圣镕对世家之原委、地理、人物之典故以及象数等，一一进行考据研核。陈第、徐㷆、谢肇淛、曹学佺等著述等身，藏书成为他们众多著述的源泉。正如清人张金吾说：“欲致力于学者，必先读书；欲读书者，必先藏书。藏书者，诵读之资，而学问之本也。”[①]若是汇辑编纂之类的著述，势必要更多地占有图书资料，是其必备的条件。如何乔远编《闽书》，就广泛地收集了八闽志乘及其他类型的地方文献资料，此为其非常关键的成书基础与质量的保障。藏书家在利用藏书治学探索的基础上，以著述、汇编等形式创造出新的典籍，为传统学术文化增添新的内容、新的财富，提供了更多的积累。

典籍校勘是藏书活动的又一个环节。中国古代的传统学术重视版本校勘、精工抄写。“辨章学术，考镜源流”，是传统学术的重要门径与方法。校勘型藏书家寻访旧椠精抄，勘今本俗本，校讹文脱字，提高书籍质量。如：林泉藏书数千卷，皆手自丹黄。涂伯案，纂著不辍。王应钟，所藏丹黄批点句读俱在。王之麟的藏书，朱黄错互，悉手校雠。徐㷆“稽古善抉讹舛”。[②]积书而读，丹铅治学，成了私家藏书的优良传统。不少藏书家还撰写题跋、读书志、校雠笔记、编纂目目。古代私家藏书书目的编制，肇之于宋代晁公武的《郡斋读书志》、陈振孙《直斋书录解题》、尤袤《遂初堂书目》，至明代则大规模出现，如徐㷆《红雨楼书目》、黄居中的《千顷斋书目》、陈第的《世善堂藏书目录》、林春元的《述古堂书目》。如此大规模地编撰藏书书目，这是明代福建藏书家迥然不同于前人的最突出的地方。与宋元相比，明中后期的福建私家藏书在目录体系上颇具创新。如徐㷆虽沿用传统的四部分类法，但类目有所增加；陈第《世善堂藏书目录》分六部十三类。藏书家善于根据书目收书情况和它的用途，体制

① （清）张金吾：《爱日精庐藏书志·序》，《续修四库全书》本，上海古籍出版社，2002年，第925册，第240页。

② （清）陈寿祺：《左海文集》卷七《红雨楼文稿跋》，《续修四库全书》本，上海古籍出版社，2002年，第1496册，第309页。

灵活地撰写提要，或叙其内容得失，或重在介绍书籍的版式、行款和流传情况。根据书目了解一个时代的著述情况，以及社会上图书流行的情况，从中可以窥测当时文化发展之一斑。

藏书为学术研究打下了扎实的资料基础，在促进学术研究，形成一代学风等方面，均有着重要的贡献。如陈第的藏书，主要是为了提供读书著述；曹学佺藏书讲究一个"用"字，勤读精校，创作了大量的诗文作品；郭良翰甚至组织了一大批学者，利用家藏图书从事纂著。就藏书文化本身而言，"藏书学术的总结与研究逐渐活跃，学术大家辈出，学术成果斐然。从明代胡应麟、谢肇淛到清代钱曾、洪亮吉等人争相尝试对藏书家种类进行划分，便是藏书家们总结历史、审视当代、知照自身、警策同行的积极入世姿态的写照。"①

第三，编纂出版、收藏赏鉴。不少藏书家又是刻书家，如熊宗立专刻医书；张燮也是明末著名刻书家；陈第曾刻过自己的多部作品。明代福建文人热衷于刊刻文集，即使不是刻书家身份，也会把自己或别人的文集付之梨枣，丰富了社会图书。甚至征刻唐宋名本，把大量的珍本秘籍公之于世，化孤本为复本，变独家收藏为众家收藏。从而使藏书得到广泛的利用和永久的保存，有效地保存文化遗产。纯粹的为了收藏赏鉴和追钱逐财之类的藏书家，在明代的福建藏书家是非常少见的。

四、藏书楼号与藏书印章的文化内蕴

众所周知，自宋代开始，随着私人藏书活动勃兴，专门用于私人藏书的藏书楼室相继出现。私人藏书家也试图通过对自己藏书处所的独特命名，来体现自己的文化价值观。所以自宋以后的私人藏书处所，出现了大量的以某某斋、楼、阁、堂、室、居、轩、馆、舍、屋、房、庄、园、庐、庵、亭、仓、院、处、库、廛、廑、圃、巢、墅、庑、顾、龛、簃等等命名的专用名词。这些藏书楼号的命名，尽管只有寥寥几字，却是字字匠心，去取自有来由，反映出藏书家不同的志向、情趣、修养、操行、收藏等状况，深层地反映藏书家与书的特殊心理状态。明代的福建藏书家筑楼藏书，为室取名，更是蔚为风气。随着藏书

---

①　任继愈:《中国藏书楼》，辽宁人民出版社，2000 年，第 14 页。

文化的深入发展，藏书楼取名摄号变成一种风尚，充分体现了私家藏书中丰富的思想感情与文化内涵。例如：高棅的"玩宇楼"、陈亮的"储玉"、马森的"钟邱园"、陈第的"世善堂"、黄居中的"千顷斋"、谢肇淛的"小草斋"、徐𤊹的"绿玉斋""红雨楼""宛羽楼""汗竹巢"、徐廷寿的"鳌峰书舍""鳌峰精舍"、张燮的"万石山房""群玉楼""霏云居""藏真馆"、曹学佺的"石仓园"、熊宗立的"种德堂""中和堂"、郭良翰的"万卷书堂"、邓原岳的"西楼"、李重熿的"半航楼"、吴霞的"颜巷"、陈亮的"储玉"、丘有岩的"木末亭"、吴惟英的"墨响斋"、林志政的"贻远"等等。

在藏书上钤盖印章是中国特有的传统藏书习惯之一。私家藏书印章至少在唐代已经开始使用了，喜欢藏书的名人雅士无不爱在自己的藏书上钤上印章。印章上除名号之外，往往还留有别的文字，用以反映藏书者的人品和气质，让读者感到妙趣横生，韵味无穷。明代福建藏书家钤盖藏书印章已十分流行，藏书印文所承载的文化内涵除了其凭证的本义这外，呈现了私人藏书的一种心灵情绪与文化取向。例如：林鸿的"林鸿之印"、杨荣的"方直刚正""忠孝流芳""关西后裔""建安杨荣""杨氏勉仁"、郭天中的"圣仆藏书印""郭子""郭俊之印""字圣仆"、谢肇淛的"晋安谢氏家藏图书"、徐㭟的"徐㭟之印""徐㭟私印"、徐𤊹的"徐𤊹私印""惟和""徐𤊹真赏""徐𤊹藏书"、徐㷿的"绿玉山房""红雨楼珍藏""闽中徐惟起藏书""晋安徐兴公家藏书""宛羽楼""汗竹巢""徐㷿之印""鳌峰清啸"、徐廷寿的"鳌峰精舍藏书"、张燮的"群玉楼藏书"、曹学佺的"石仓园藏书"、林古度的"茂之""林氏古度"等等。藏书家的心迹，往往从一枚藏书章中能窥之一二，主人的藏书态度、闲情逸致，在一枚朱墨相映的印鉴，得到浓缩的体现。

五、藏书种类的多样化

从版本来说，藏书当然是以善本为上，注意宋、元版本的收藏，已成为明代福建藏书家珍藏价值取向之一。例如：林懋和的藏书，宋元本居多；林春元则多南宋谢翱、郑所南之旧藏；谢肇淛尤其注重抄写宋元秘籍。这种佞宋之风，在明万历以后，已见端绪。由于科举制度的强化，人们对书更为尊崇，"书者，先圣先师之精灵所寄焉者，读其书而俎豆之，此古人与今人相接而欲传其所不可传也。"① 从这一席话，可以看出崇古尊师、崇拜知识的传统士大夫的文化心态。而藏书嗜古，正是这种崇古尚学的社会心理的一种反映。

明代福建私家藏书，以"抄"为主的珍稀本，甚为流行，且被追捧。特别是以保存、流传古籍为目的的名家抄本，向来受到人们的极大重视。尽管新的印刷技术使图书制作手段更加先进，但价格的因素和手工抄写简单易行的优势，人工抄写仍是经久不衰，抄写之例，比比皆是。如：谢肇淛的"小草斋抄本"，就被誉为名抄。藏书家互借互抄，乃为藏书活动主要内容之一。抄写和印刷品的获取，一起构成了藏书家收藏的基本来源，是私家藏书活动中的一大景观。

从藏书内容来说，传统的"经、史、子、集"之外，明代出现了小说戏曲、乡邦文献、科技典籍、西学资料等。藏书家所藏的书籍，离不开传统的因袭。由于传统儒家文化，讲究修身齐家、安邦济世，学术上也强调经世致用的原则，反映经学思想的经部，是中国传统文化的主体，体现在藏书中则是藏书种类以"经、史、子、集"为主，"尊经重道""经世重史"的特征颇为明显。但是，明末资本主义萌芽的出现与西学东渐的开始，福建藏书家个人兴趣所在，亦发生了微妙的变化，藏书种类增加了许多新鲜的血液。一是城市商品经济的发展，市民阶层兴起，适合市民消遣娱乐的通俗文化也发展起来，体现在藏书上是大批算书、农书、医书、法律及家庭日用书和大批小说、戏曲等反映市民生活审美情趣的书籍被刊刻与收藏。福建的建阳作为明代刻书中心之一，这些体现社会需求和风尚的通俗读物，更是大量地出现。如：建阳麻沙余氏刻书世家的余象斗，就刊刻过《南游记》《北游记》等大批的通俗小说。小说、故事、戏曲、评话等，原被士大夫认为不登大雅之堂的读物，开始成为藏书家收藏的新内容。著名藏书家徐𤊹，就藏有小说 559 种，元明杂剧传奇 140 种。二是受中华传统文化根深蒂固的影响，士大夫的知识结构多为人文知识，所以藏书家之所藏，鲜有科技著述。然而，明中后期开始，随着传教士而来的西学东渐，以往被儒家文化普遍视为"奇技淫巧"的科学技术，已经开始改变地位，自然科学中的天文、地理、水利、农艺等科技文献，亦随之进入了藏书家的收藏视野。福建

---

① （清）张士元撰：《嘉树山房外集》卷下《祭书图说》，清道光六年（1826）震泽张氏刻本，第 9 页下。

长期受海外文化的影响，处于全国中西文化碰撞与交融的前沿，西学东渐之风，徐徐而来。外来文化的引入，在私家藏书的取向上也可略窥一二。明末意大利耶稣会士艾儒略等天主教徒，在叶向高、曹学佺等官员士大夫的保护与鼓励下，长期在福建传教。明天启七年（1627），赋闲在家的曹学佺还受邀参加了在福州叶向高寓所与艾儒略进行的一场脍炙人口的东西方文化对话，世称"三山论学"，影响甚大。后来又因天主教教义与中国正统儒家思想的矛盾冲突，部分保守的士大夫和僧人联合反教，著文"辟邪"。当时的这些思潮在图书中都有所反映，使藏书内容出现异域思想。还有东南亚及西洋诸国的地理、物产、轶事等，甚至还有反映西方科技知识的藏书。例如艾儒略的《职方外纪》，由德国传教士口述；明代王征所记的《奇器图说》等等。包含西方地理、人文、力学、机械等知识的图书，已进入了藏书家的收藏范围了。这说明了地处东南沿海的福建，明代的私家藏书既受到社会的影响，又反映社会观念的变化。

同时，明代福建藏书家的收藏，比较注重个人的兴趣。如：熊宗立多医学典籍，谢肇淛收宋人文集颇富。特别值得一提的是地方志的收藏，明代可考的福建方志约 230 种，幸存至今的只有 80 余种，其中最著名的"总志"为《八闽通志》和《闽书》。明代福建地方府、县志著名的有：侯官（今福州）人王应山编撰的《闽都记》；被誉为现存第一部以"福州"名志的、明正德初年林瀚、林泮等人共同编纂，张孟敬续纂的《[正德]福州府志》；喻政主修、林烃、谢肇淛纂的《福州府志》，苏州府长洲县人冯梦龙所撰的《寿宁待志》，都成了福建藏书家的注重收藏范围。马森家藏有方志，彭甫编过方志，徐㷆更是庋藏了有大量地方文献。史学的兴盛，正说明了不少闽人以藏书为乐，使史学家有书可查。显示了特定历史时期的文化风气和人们的习读尚好。地方文献的迭现，方志编修的热潮，正是明代福建藏书的特色之一，也暗示着明代人特别关注自己的生存社会环境，自我意识的崛起。

福建的藏书家，在明代中后期已积累了丰富的藏书经验，在传统藏书思想和西学东渐思想的合力下，藏书数量、种类、目录体制到收藏范围的扩展，都体现了当时私人藏书思想的进步。

六、藏书来源的互动性

首先，是私人藏书家之间个体的互动。藏书家极力购书、抄书或刻书，不惜钱财精力，收罗大量图书。遗憾的是，最后或天灾，或人祸，尽散其书，鲜有存者。明代福建私家藏书，也多逃不脱散佚的命运。有些是人死书没，例如：人赞谢兆申"万卷五车随"，但他逝世后不久，寄留僧舍的主要藏书就散失殆尽，老家所存图书也因后代管理不善而散失。陈第的"世善堂"藏书，既丰富又独具特色，其藏书目更名闻于世；陈第去世后，后代不能守，清康熙时其后人就向朱彝尊求售其藏书，乾隆初年赵谷林携款赶赴连江求购时，早已荡然无存矣。有些是家族式的，如徐𤊻父伯兄弟子皆藏书，传至徐廷寿，入清不久，大都毁于兵火，后来除了一部分为蒋玢、林佶、郑杰所收藏外，其余大部分下落不明。明代福建私家藏书，除了部分子孙不能守而散佚之外，还有一个最重要的原因是改朝换代之际，清军入闽，南明王朝的抗争，清初的迁界，一系列的战乱兵火，毁灭了很多书籍。如林古度藏书在明亡后，家产及图籍因战乱尽失；涂伯案藏书，也基本上毁于兵火。

当然，除了毁于天灾人祸之外，藏书终多散佚的去向，反过来又为其他藏书家增加藏书来源。一般而言，藏书来源是多渠道的：购买、抄写、刻印、承袭祖上藏书、亲友馈赠以及对于当地藏书家散出藏书的近水楼台之便。私人藏书虽易散难聚，"但客观地看，私家藏书系统的生存机制极强，其分散零散、彼此散聚、频繁兼并的特色，使其具有'野火烧不尽，春风吹又生'的坚强韧性及'西方不亮东方亮'的广泛可适性。"[1] 私家藏书的互补性特征，是私家藏书发挥其社会功能的重要机制。

其次，是私人藏书与官府藏书之间的互动。古代藏书事业的各个系统之间，有着必然的或多或少的关联与相互影响。历代战乱或政权更迭后，大伤元气的皇家藏书体系多向民间征书，而官府的征书活动又在客观上刺激了私家藏书的发展。反过来，私家藏书也曾通过获得朝廷赐书或借抄皇家秘阁藏书等途径，不断地丰富内容、扩大规模。明代官府藏书因各种原因，也有一部分流向私人藏书家，如谢肇淛则是通过内阁大学士首辅叶向高的关系，借抄了大批的内府秘籍。

总而言之，典籍是承传文化的最主要载体之一，藏书既是文化积淀的主要结果，又是文化发展的阶梯，它是在社会发展到一定程度，文化形成一定规模

---

① 任继愈：《中国藏书楼》，辽宁人民出版社，2000年，第18页。

之后，才有可能诞生。私家藏书事业的发展，离不开社会的政治经济环境、科举文化政策、科学技术的等等诸多因素的影响。所以，私家藏书事业发展水平的高低，势必会随着各地区、各时代生活水平的差异、时代的烙印的不同，而产生不同区域的差异。作为一种社会现象，藏书活动有着丰富的社会内涵，它在一定程度上反映了当时社会的文化发展情况，具有强烈的社会意义。

七、藏书文化的历史贡献

吴晗称中国古代私家藏书"有裨于时代文化，乡邦征献，士夫学者之博古笃学者，至大且巨"[①]。这是历代藏书家的共同贡献。虽然不同的历史时期，对不同的藏书家评价曾褒贬不一，但从历史文化的维度上看，作为客观存在的藏书家群体，对中华文化典籍倾力挖掘、搜集、整理、保护、传承、阐释、研究等等的重大历史贡献，绝对是功不可没的，且影响深远而至今。顾志兴在总结浙江藏书家对中国文化的贡献时，也将其成就概括为"保护传播了文化典籍、为培养人才提供了摇篮、促进了学术研究"[②]等三方面。同样，明代的福建藏书家，对中华文化典籍的诸多贡献与影响，也早已铭刻在历史丰碑之上了。

1. 保存典籍，传播文化

私家藏书是四大藏书系统中发展最快、规模最大的一脉，是古代藏书保存的重要基础之一。藏书家最突出的贡献，正是保存并流传下来了大量的珍贵典籍，同时也大大丰富了藏书内容和藏书数量。典籍作为文化的主要载体之一，通过借阅、抄写、刊印，得以流传，这过程就是文化的传承。私家藏书为这一文化的传承活动注入了积极的因素。"中国历来内府藏书虽富，而为帝王及蠹鱼所专有，公家藏书则复寥落无闻。惟士夫藏书风气，则数千年来，愈接愈盛。智识之源泉虽被独持于士夫阶级，而其精雠密勘，着意丹黄，秘册借抄，奇书互赏，往往能保存旧籍，是正舛讹，发潜德，表幽光，其有功于社会文化者亦至巨。"[③]今天我们所看到的古籍，如明清刻本或抄本，多是经过几代藏书家之

---

① 吴晗：《江浙藏书家史略·序言》，中华书局，1981年，第1—2页。
② 顾志兴：《浙江藏书家藏书楼》，浙江人民出版社，1987年，第282页。
③ 吴晗：《两浙藏书家史略·序言》，《江浙藏书家史略》，中华书局，1981年，第1页。

手，往往要辗转几位，乃至十几位藏书家，甚至流入公藏，才能传承下来。私家藏书通过对国家藏书的补充，保存和传递了前代文化典籍，使原有典籍在更高层次和更大的范围内得到认可、保存、整理和传播，为文化遗产的保存和延续付出了不尽心思，为民族留下丰厚的精神财富。藏书家在丰富文化典籍，弘扬学术文化中做出了重大的奉献。这也是明代福建藏书家的藏书文化所发挥的最大社会功能与历史贡献。

2.藏书实践，理论总结

古代藏书家在挖掘、搜集、整理、保护、传承、阐释、研究等一系列实践活动时，总要付出不菲的代价。在挖掘、搜集典籍之时，或跋涉千里，或辗转请托，或节衣缩食。在保护、传承、阐释、研究方面，或毕生抄诵秘籍，或补残完缺，或此勘异文，或举以剞劂，或撰著心得，或辑为丛书。尤其是出自藏书家的身份，本能地对古籍进行校雠整理，几乎是每个藏书家的重要工作程序。如：谢兆申的一生，勤于买书、藏书、校书、刻书；谢肇淛的"小草斋抄本"，名闻天下，对残缺不全的图书，总是沤尽心血，刻意觅访，冀期以自己的诚意与努力，使尽可能多的残书在自己手里破镜重圆、完美再现。徐㷆旧藏《辍耕录》一书，原缺第一册，其苦觅之十数载无以补全，最后在友人高景倩帮助下，于所购杂书中找到该书半部残本，配成完书。徐㷆家藏的《艺文类聚》，亦原缺四册，每有查考，辄恨其摧残非完书也；也是经其本人不懈搜访，数年间，或搜购自书摊，或受赠于友朋，终以三残本凑成一完书。徐氏藏书中经其拾残合全的书尚有《华阳国志》《何氏语林》等不少珍稀者。藏书家在藏书实践中，自觉自愿，不懈努力，用辛勤汗水在藏书史上留下自己执着的背影。

在藏书实践的过程中，明代福建藏书家亦注意到藏书理论的总结，包括藏书方法、心得、措理之术等。这些丰富实践经验的理论总结，大都散见于文集、笔记的零星记载，只惜少有专著的理论总结。例如：徐㷆对于古籍的难聚、易失、不便保藏，深有体会，积累了经常翻阅、曝晒、通风、干燥等一系列图书管理方法。黄居中的藏书经验是：夏必曝，蠹必简。谢肇淛《五杂俎》也多有论及藏书理论的。

藏书书目和题跋，记载了典籍的流传情况和各门学术的演变发展，真正起到了"辨章学术，考镜源流"的作用。明代开始，藏书实践和藏书思想相结合的理论总结，在江浙一带的藏书家的著述中渐趋成熟。福建的明代藏书家在理论总结方面与江浙相比，虽稍嫌薄弱，还是有一定的差距。但陈第、徐𤊻等人，通过编辑家藏书目、撰写提要与序跋等实践活动，将其理论寓于其中，对藏书文化的启蒙和影响，也是不容忽视的。

3. 嘉惠后学，文化底蕴

私家藏书兴旺之地，往往学风蔚然，名家荟萃。明代藏书家的藏书利用意识越来越浓。书籍是人类智慧的结晶，藏书除了有利自身外，还可惠及后辈。随着时代的发展，藏书家嘉惠后学意识，日趋自觉而浓厚，并见诸行动。明代福建的藏书家，在嘉惠后学方面亦起到了表率的作用。例如：一是直接以自己的学识修养，教诲后学。如何乔远、李光缙等人，直接利用丰富之典藏，讲学授徒，提携后学的成长，把知识一代一代传下去，滋养后人。若是读书中举，既能光宗耀祖，做官之后也有经济基础来藏书。二是刻书、抄书。如果说藏书家以藏书为依托进行著书立说是为己，那么校勘刊刻就是利人。正如清代常熟张海鹏在《借月山房汇钞序》中云："藏书不如读书，读书不如刻书。读书只以为己，刻书可以泽人。上以寿作者之精神，下以惠后来之沾溉。"[1]这正是众多藏书家热衷刻书的原因。谢肇淛、徐𤊻等等著名藏书家，一直都在相互借抄，相互流通；邵捷春则把珍本公之于世，借人刻印，旨在广为流传。在讲学、借阅、传抄等活动中，藏书培育人才的功能就凸显出来，这对促进学术研究、形成一代学风等方面有重要的贡献。因为学术的演进、观念的更新等等，都须以知识的积累、传播，文化典籍的充备为前提，都须依赖由此而形成的文化氛围的推动。吴晗曾在《江苏藏书家史略·序言》中说："藏书之风气盛，读书之风气亦因之而兴。好学敏求之士往往跋涉千里，登门借读。或则辗转请托，移录复本；甚或节衣缩食，恣意置书；没有室如悬磬而弃书充栋者，亦有毕生以抄补秘籍为事，蔚为藏书家者。"[2]藏书产生了学者，孕育了很多学术流派，闽诗学派中多人就是藏书家。从闽诗学派在当时福建的影响，不难想象藏书与人才的互动

---

① （清）黄廷鉴：《第六弦溪文钞》卷四《朝议大夫张君行状》，《后知不足斋丛书》本，第12页下。

② 中华书局，1981年，第118页。

关系。可见藏书对社会、民族素质的影响很大，书籍无愧是人才成长的重要摇篮之一。

　　私家藏书在藏书活动中蕴藏着浓厚的人文精神，藏书家在藏书实践中实现的传统精神，首先是"对图书的宝爱、珍惜、视若生命、护如眼目的情结"①，这种"仁人爱物，珍惜字纸"的精神，是我国儒家文化的一种悠久传统。不少藏书家一生执着于陈编烂简中，正是基于对典籍负责，对子孙负责的崇高使命感。

---

　　①　任继愈：《中国藏书文化的探索与研究——〈中国藏书楼〉的策划与编撰》，《北大问学记》，海豚出版社，2014年，第204页。

第五章 清代福建私家藏书的鼎盛与式微

第一节 私家藏书鼎盛而式微的政治、经济与文化背景

一、政治背景

清兵入关之初，一直受到中原汉族的武装力量的抵抗，战火纷飞。清初的福建更是反清复明的基地，郑成功等抗清势力长期在厦门、东山等沿海岛屿坚持抗清斗争。福建沿海一些地方，如漳、泉一带，成为抗清的主战场，社会生产与生活秩序破坏严重，人口锐减。清军入主福建后，为切断抗清势力与内地的联系，从顺治十八年（1661）开始，就对东南沿海各地采取"迁界"等坚壁清野的策略，即强迫沿海居民内迁 30 里至 50 里，界外不许居住，寸草不得生，寸土不得长，不许渔船、商船下海等等，造成了大量田地荒芜，沿海人民流离失所。康熙十三年（1674），耿精忠起兵响应吴三桂，发动叛乱，福建经济更是遭到了严重的破坏。清初的一系列战争，造成了福建私家藏书难以为继的人祸，很多藏书历经战火的破坏，毁于一旦。

康熙二十年（1681），清廷平定了三藩之乱。二十二年（1683），割据台湾的郑氏集团在郑成功去世之后，郑克塽归降清朝，清政府统一了台湾。此后，东南沿海一带的反清复明斗争战火，基本上熄灭下去了。清初福建动荡不安的局势，开始逐步稳定下来。一直到道光二十年（1840）的鸦片战争爆发前，在这相当长的时间内，福建境内基本没有发生大的动乱了。

清代，福建省领福州、兴化、泉州、漳州、延平、建宁、邵武、汀州、福宁、台湾十府和永春、龙岩二州，分辖六十二县。其中福州府领：闽县、侯官、长

乐、福清、连江、罗源、古田、屏南、闽清、永福十县；兴化府领：莆田、仙游二县；泉州府领：晋江、南安、惠安、安溪、同安五县；漳州府领：龙溪、漳浦、南靖、长泰、平和、诏安、海澄七县；延平府领：南平、顺昌、将乐、沙县、尤溪、永安六县；建宁府领：建安、瓯宁、建阳、崇安、浦城、松溪、政和七县；邵武府领：邵武、光泽、建宁、泰宁四县；汀州府领：长汀、宁化、清流、归化、连城、上杭、武平、永定八县；福宁府领：霞浦、福鼎、福安、宁德、寿宁五县；台湾府领：台南、凤山、嘉义、彰化四县；永春州领：德化、大田二县；龙岩州领：漳平、宁洋二县。

清乾隆年间，福建的经济得到了很大的发展，人口增加，稳定的政治局面为私家藏书事业提供了自由发展的空间。尤其是清中后期，"文字狱"高潮已过，文网疏阔，政治环境和社会氛围比较宽松，富庶繁荣。这种安定的社会环境，使得福建私家藏书事业迅速发展起来。

鸦片战争爆发后，福建社会动荡，不稳定的政治局势，如农民起义、外国列强的入侵等，还有各种社会问题，如宗族械斗、秘密会社、官吏贪污、鸦片泛滥等，使得福建社会出现了深刻的危机。藏书事业又逐步陷入低谷。随着封建自然经济基础的瓦解，私家藏书也随之衰落。

总之，政治环境对私家藏书的影响巨大，安定的社会环境是藏书发展的最重要基础，反之，社会动乱是藏书萎缩甚至严重破坏的重要原因。

二、经济概况

经济的繁荣是藏书发展的基本前提。清初福建经济受到战乱和"围海""迁地"的影响，生产力遭到极大的破坏，甚至一些地区出现民无遗类，地尽抛荒的局面。但是在战乱之后，局势开始稳定下来。为了巩固统治，清政府采取了一些缓和政策和恢复经济的措施，如：解除海禁、发展贸易等，福建的农业、工商业、海上贸易、科学技术等迅速得到恢复和发展。在经过康熙时期的经济恢复、雍正时期的巩固阶段，进入了"乾嘉盛世"，达到了清代福建经济发展的高峰。

1.农业

清康熙以后，福建水稻亩产在全国已居领先地位，其高者"闽中早晚二禾，亩可逾十石"①。作为五谷杂粮的麦、粟、黍、粱等种植面积比明代有所扩大。特别是明末高产作物番薯由海外引进推广，既可种于山区贫瘠之地，又能长于沿途沙质盐碱之地。所以，福建的山区和沿海的福州、宁德、莆田、泉州、漳州以及平潭、东山、金门、澎湖等海岛地区，广为种植，对解决福建缺粮问题具有重要的意义。同时也推广到了台湾、山东、河南等地区。如：乾隆五十年（1785）春夏之间，黄淮流域地区又遭遇大旱。福建总督富勒浑推荐陈世元赴河南推广种植番薯，以缓民饥。乾隆皇帝于七月十七日下旨："谕军机大臣等，据富勒浑奏《采备小薯藤薯，先后送往豫省播种》一折，内称'有闽县监生陈世元，从前游历河南，曾经运种试栽有效。该生情愿挈同孙仆，前往教种，已令委员伴送起程赴豫'等语，所办甚好。番薯既可充食，兼能耐旱。今经富勒浑多为采备，并开明种法寄豫，又有陈世元前往面为讲求，试种自必有验。著传谕毕沅，即饬各属广为如法栽种，以期接济民食。至陈世元年逾八十，自愿携带薯子，挈同孙仆，前往教种，甚属急公。并著该抚侯陈世元抵豫后，如果教种有效，即据实奏闻，酌量赏给举人职衔，用示奖励。"②此外，甘蔗种植也遍及福建全省。由于玉米、花生等美洲农作物的引进，福建许多旱地可以种植粮食，粮食产量的提高，人口也随之大增。

闽北的邵武府、建宁府及延平府的部分区域，成为福建的粮仓。《闽政领要》记载："上游延平府南平、沙县、顺昌、将乐四邑，地土稍厚，米谷出产亦多，尚有客商贩运。龙溪、永安二邑，只敷本地民食。建宁七属、邵武四属，田多膏腴，素称产谷之乡。而浦城、建宁两邑，尤为丰裕，省城民食不致缺乏者，全赖延、建、邵三府有余之米，得以接济故也。"③

2. 手工业

清代造纸业是福建山区最发达的手工业之一，几乎每个县都有。延平、建阳、邵武、汀州四府属，福州府属的古田，永春州属的大田、德化，龙岩州属

---

①　（清）李彦章：《江南催耕课稻编·林则徐序》，《林则徐全集》第五册，海峡文艺出版社，2002 年，第 394 页。

②　《清高宗实录》卷一千二百三十五卷"乾隆五十年七月十七日"条。

③　福建师范大学图书馆藏抄本。

的龙岩、漳平、宁洋诸县，都有造纸工场。从清代的福建地方志记载来看，全省各地生产的不同纸类，多得不可胜数。其中汀州的玉扣、毛边纸，连城的连史纸，建阳扣，将乐的切边和鼓连，永安的西庄扣，崇安的赛连纸等，均为名纸。尤其是汀州玉扣，质料优良，洁白柔韧，技术精细，工艺严格，驰名中外。

清代福建的蔗糖生产，闽南沿海一带发挥了盛产石料的优势，改木制辊筒为石制辊筒，榨蔗能力又胜一筹。由于这种半机械式蔗糖车的使用和推广，非常有效地提高了福建蔗糖的生产能力，使清初以来，福建的蔗糖产量一直居于全国的前列。直至清朝末年，海外机制洋糖倾销而入之后，福建的糖业生产才逐渐失去了竞争能力。

清代福建的刻书，历经宋元明发展为全国三大刻书中心之一的建阳坊本，虽在康熙初年毁于兵火而不复过岭，销声匿迹了。然而，清代中后期，位于汀州府长汀县与连城县交界处的四堡乡刻书业异军突起。四堡邹氏家族的刻书业，闻名于世。四堡刻书与北京、汉口、江西浒湾并称为清代四大刻书中心。

清代初期，福建德化的青花瓷已逐渐取代了白瓷的主要地位。德化青花瓷的器型主要有碗、盘、碟、壶、香炉、烛台、茶具等。装饰方法以手绘和模印为多。青花瓷的图案也开始逐渐突破了以前规格化的束缚，人物神仙、生产活动、社会习俗、山水景观、飞禽走兽、花鸟虫鱼等，无不成为装饰的题材。且笔法朴实粗犷，构图简洁洒脱，颜色幽苗雅致，具有独特的艺术风格。

福建的造船业，历经了数代的繁荣之后，明代的"福船"到了鼎盛的时期。清初，则因"海禁"与"迁界"等政治等因素，从而沉重地打击了福建的造船业。清军入闽之初，沿海海防一概是明末遗船。雍正三年（1725），才分别在福州、漳州、台湾设三所船厂，负责海防用船的修造。由于官营船厂内部管理混乱，效率极低，衰微破败，始终无振兴之势。清代对民营船业的控制，则较之明代更为严厉，对船舶的形制、造报、改装、编号、领照、买卖、出洋等，都实行了严格的查验制度。尽管如此，沿海居民为了生计，违禁私造之事，依然层出不穷。厦门鼓浪屿就是清代前中期最为著名的民营造船基地。所造的船型尚多，其中以洋船、横洋船为最大，治三桅，梁头阔三丈以上，载重量可达一万多石。主要用于与东南亚各国及闽台之间的贸易运输。从台湾运载食糖至天津的横洋船，俗称"糖船"或"透北船"，亦多由厦门鼓浪屿民营船场所造，但已都是强弩之末了。直至鸦片战争爆发后，丧权辱国的《中英南京条约》规定了福州和厦门为第一批的五口通商口岸。于是福建沿海，航权丧失，外船入侵。福建传统的木帆船——"福船"制造业每况愈下，无法摆脱困境，一蹶而不振了。

直到 19 世纪 60 年代初期，洋务派提出兴办洋务、求强求富的主张。同治五年（1866），闽浙总督左宗棠正式上奏设厂自造轮船。得允后，左宗棠即在福州马尾开始筹建我国第一家的近代造船工厂。并正式聘任法国人日意格为船厂监督，德克碑为副，创办了"福建船政局"，又称"马尾船厂"。同治六年（1867）七月，沈葆桢出任船政大臣，福建船政局的基建工程已大体完成。次年（1868）秋，建造了 4 座船台，每座船台均可容纳龙骨长 100 米、排水量 2500 吨的船舶建造。同治八年（1869）六月，我国第一艘蒸汽轮船"万年清号"在马尾船厂建成下水。光绪元年（1875），船政局的学生们又自行设计、制造了"艺新号"兵船。"艺新号"的制成，标志着福建船政局已进入了自造的时期。光绪二年（1876），船政局开始仿造铁胁船。光绪九年（1883），我国第一艘巡洋舰"开济号"在马尾下水。

由于清政府的腐败，以及洋务运动中的自身矛盾和资金不足等原因，到了甲午战争的前夕，福建船政局已日趋停滞。甲午战败后，北洋舰舶，毁灭殆尽，清政府虽再度整顿船政，更新设备，但终究无法复兴。直至光绪三十三年（1907），停止了造船，失去了作为我国造船基地的历史地位。虽然福建船政局最终停产，但在我国近代轮船制造史上则占有了十分重要的地位，其造船数量、技术设备、工艺水平等，均居当时全国的前列。所造的船式结构亦最全，除了运输商船、拖轮、练船之外，还有兵舰快船、鱼雷舰艇等军用船舰，且数量以兵舰快船为最多，可见带有明显的军工性质。民国以后，"福建船政局"改名为"海军马尾造船所"，归海军部管辖，完全成了军工企业。

3. 商品贸易

随着农业的发展，尤其是经济作物种植的推广与手工业的发达，促进了福建的商品生产迅速发展。茶叶、纸张、木材等商品的输出，其规模大大超过明代。城乡商品经济的发展，由此进入了一个新的阶段。不仅在广大的乡村形成由墟、集市、镇等构成的地方小市场的网络，而且福州、泉州、漳州等城市，还各自成为八闽各地货物的集散中心。

农业、手工业和商品经济的发展，促进了城镇化的进程，城市随之繁荣。商业资本的集中，使福建出现了许多富商大贾，其足迹远及海内外。随着商品经济的高度发展，福建已孕育出资本主义的生产关系，而商业资本对于封建生产方式向资本主义生产方式的转化起了重大的作用。

福建在对外贸易上历来具有相当大的优势，贸易对象以日本、东南亚为主。清朝统一台湾后，由于"海禁"与"迁界"的结束，开放四个口岸对外贸易。由于漳州商人在明代福建对外贸易中的地位，漳州被列为早期对外贸易的最主要港口。然而，漳州城不在沿海，交通不便，福建对外贸易中心逐渐转向厦门，清朝的海关也被移到了厦门。在清初的贸易中，厦门曾经一度领先于广州、宁波等地，厦门兴起为福建新的对外贸易最主要的港口。

三、文化特色

1. 科举与教育

清代福建依然文化发达且具有区域特色。科举和书院都相当发达。从清军入关直到鸦片战争前近 200 年间，福建共有进士 978 名，其中"福州府 388 名，泉州府 224 名，漳州府 114 名，汀州府 72 名，兴化府 61 名，建宁府 34 名，邵武府 25 名，延平府 24 名，龙岩州与福宁府各为 13 名，永春州 10 名"[①]。福建进士名额在全国居于前列。在福建省内，尤其是福州府，人才济济，领先于各地；泉、漳二府，分列二、三名。总体来说，明代以来形成的福建文化重心在沿海的格局没有变化。文化风气浓厚的地方，藏书也必然兴盛。这种格局与清代福建藏书家的籍贯分布大体一致。

清代福建书院教育蓬勃发展。康熙年间，曾诏令全国遍设书院。据不完全统计，清代福建新建的书院就有 300 余所，书院兴盛遍及全省。就福州而言，福州书院有近 30 所，其中鳌峰、凤池、正谊、致用四大书院则是全省性的书院。这些书院，除了重视教授外，还包括收藏书籍、学术交流与著述刻书等多种功能。书院聘请著名的学者为学正，并聘请知名的学者讲课。清代福建书院是研

---

① 徐晓望主编：《福建思想文化史纲》，福建教育出版社，1996 年，第 196 页。

究学术的重要场所，学术气氛相当浓厚。因此，书院培养了大批知识阶层，这正是藏书家强大的后备军。例如，郑光策在鳌峰书院讲课，以经世致用为宗旨，他培养出林则徐、梁章钜、李彦章等著名学者，同时他们也是著名的藏书家。

19世纪60年代的洋务运动时期，左宗棠、沈葆桢等在福州马尾创办的福建船政学堂，是清政府中有识之士创办的中西相结合新学堂的一个典型。学堂的教学内容和管理体制，是近代资产阶级新式教育的萌芽。它培养了一批包括严复在内的具有近代西方先进科学知识和思想的人才，造就了一批近代闻名的海军将士，成为中国近代海军的摇篮。

从清代开始，福建华侨就有在家乡捐资办学的爱国爱乡传统。华侨办学规模之大，数量之多，在全国居于相当显著的地位，对近代福建教育的普及和近代化发挥了重要的作用。

中日甲午战败后，国人开始认识到，中国要抵御外侮、救亡图存、富国强兵，必须废科举、兴学校、彻底变法、全面维新。维新变法，急办新学，逐步成为一股不可阻挡的历史潮流。它迫使清政府不得不决定变革教育，把大小书院改办为中小学堂。

光绪二十四年（1898），谪居在闽籍故里的内阁学士陈宝琛联合刘学恂、陈璧、力钧等士绅，创办的又一所新式学堂——福州东文学堂。学堂以教授日文为主，兼习汉文，由刘学恂、陈宝琛先后任主理总董。

光绪二十七年（1901）八月，闽浙总督许应骙将福州的凤池书院、正谊书院合并改建为全闽大学堂，自任总办，叶在琦为总教习。学堂设正斋、备斋，延聘中、西文教习十八员分斋督课。全闽大学堂是清末20世纪初福建省最早创建的官办学堂。

光绪二十八年（1902），清政府公布了《钦定学堂章程》，史称"壬寅学制"。"壬寅学制"规定了一个较为完整的学校系统，是中国近代教育史上第一个比较系统的法定学校系统，虽然颁布后未具体实施，但从此迈出了我国近代新式教育艰难的第一步。光绪二十九年（1903），清政府再次公布了《奏定学堂章程》，史称"癸卯学制"。"癸卯学制"对学校系统、课程设置、学校管理等都做了具体的规定。该学制以"中学为体，西学为用"为指导思想，以尊孔读经为宗旨，内容比"壬寅学制"详备。"癸卯学制"自光绪二十九年（1903）公布起，一直沿用到 1911 年清王朝覆灭为止，对旧中国的学校教育制度的影响很大。该学制的建立与实施改变了中国封建社会官学、私学、书院三种教育形式并立的旧格局，为中国现代学制的建立奠定了基础。

光绪二十九年（1903）十月，陈宝琛毅然把自己任总理的福州东文学堂改办为培养小学教师的全闽师范学堂，又自任学堂监督，选址在福州秀丽的乌石山。并亲撰训联："温故知新可以为师，化民成俗其必由学。"作为办学之宗旨。陈宝琛又协助林纾，与孙葆瑨、力钧、任明珊、陈璧、刘崇洁、孙葆琳、史式珍、王孝绳等人，参与创办了苍霞精舍。

光绪三十一年（1905），清廷废科举。此时作为清代福州四大书院之一的致用书院改并为全闽师范学堂简易科。光绪三十二年（1906），全闽师范学堂改名福建师范学堂。同年十一月，清廷又颁布《奏定优级师范学堂章程》。陈宝琛根据该《章程》关于省城应设立一所优级师范学堂、省城优级师范学堂初建时"可与省城之初级师范学堂并置一处"等精神，在光绪三十三年（1907）正月，福建师范学堂内正式增办培养中学教师的优级师范选科，随后名为福建优级师范学堂，陈宝琛为首任监督。由于优级和初级师范同处于一个学堂之中，当时一般通称为福建两级师范学堂，或简称为"闽师"。此为福建近代师范教育的"闽师之源"。

2. 学术思想

清代的理学，尤其是朱子理学在很大程度上仍然垄断着儒家义理的真理性和解释权，在思想界始终保持相当的重要性。在清代初、中期的意识形态领域，实际上并没有任何一种成熟、系统的思想足以取代朱子理学的地位。同时，朱子学作为清代的官方意识形态，更凭借其自身内在动力与政治权力，通过各种形式将自身的影响力扩展到民间基层与社会生活的方方面面，进而成为一套制度化的生活方式和全社会所普遍遵循的信仰与原则，在社会生活中发挥着支配性作用。随着全国朱子学的复兴，福建朱子学尤为盛行。清初福建朱子学与王学、经学、实学的关系密切，最具代表的著名学者有安溪的李光地、漳浦的蔡世远、泉州的蓝鼎元等。

例如：李光地学宗朱子、兼采陆王，在如何具体融摄陆王心学及其思想上，李光地等朱子学者为了回应明代心学对于朱子学"心外求理""析心与理为二"

的批评，主动吸收与借鉴了心学中一些有益的思想因素，从而对"性即理""格物致知"等朱子理学的重要思想观念，进行一定程度上的调整与改造，以此解决朱子学内部存在的一些理论问题。蔡世远对于儒学内涵的理解是："道学、经济、文章、气节四者合而为一者也。"① 在蔡世远看来，道学、经济、文章、气节四者相互联系，未尝相离，共同构成了儒学的基本内涵，这既是蔡世远对于杨时学术的总结与褒扬，亦可视作其对自己的期许。而蔡世远的理气论思想，其关注的焦点，始终集中于朱子学的认识论、工夫论方面，即所谓的实学与实行。力倡革除学术的虚浮、势利之病，复兴程朱之实学。蓝鼎元的论学则主要有两大特点：一是笃守朱子学而不稍改，力辟释、道、心学等异端；一是注重实用，留心实际，强调明体达用之学，力戒无用之空谈。对于儒者的为学与修养工夫，蓝鼎元强调居敬与穷理二者相辅相成，交修并进，缺一不可。蓝鼎元对于朱熹提倡的格物致知工夫亦很重视，积极肯定即物穷理的重要作用，并将其视为分辨正统与异端的基本原则。在格物的方法上，蓝鼎元十分重视读书博学，将其作为明理求道的基本途径。

　　总而言之，"清初福建朱子学者主要从'性即理'与'心即理'，'尊德性'与'道问学'，'格物穷理'与'致良知'三个方面对陆王之学进行了辨析与批驳，在批判王学负面影响的同时，注重发掘其背后的思想根源，从而为其他学者反思、批判王学提供了有力的思想武器与理论依据。在经学方面，清初福建朱子学者不但肯定了汉儒的传经、注经之功及其注解经典的优点与长处，而且在治经实践中提倡汉宋兼采，不立门户，积极参考、借鉴汉唐经师的治经方法与治经成果来为自己的经学和理学研究服务"② 。与此同时，"清初福建朱子学在发展与演变的过程中亦保持了自身的理学特色，从而与其他学术类型相区别。作为宋明理学自身思想发展的延续，特别是经历了明代王学的激烈冲击与洗礼，清初福建朱子学者在继承和坚持朱子学基本原理的同时，也吸收和融摄了王学的一些思想因素，以此作为对王学冲击的反思与回应，并以一种更加包容的态度

① （清）蔡世远：《二希堂文集》卷一《杨龟山先生集序》，影印《文渊阁四库全书》本，第1325 册，第 15 页下。

② 方遥：《清初福建朱子学研究》，中国社会科学出版社，2016 年，第 676 页。

来巩固朱子学在清初思想领域的主导地位"①。

乾嘉年间，全国著名学者大多致力于考据之学，朱子学再度衰落。这种考据之学，逐渐形成了一大学派——乾嘉学派。考据学风的盛行，也影响到了整个的福建，很多知识分子倾心于典籍，购书、藏书、校书、考订蔚然成风。清代朴学之风盛行，一扫明代以来王学学者"束书不观，游谈无根"的风气，致力于朴学一途者能够"贤者识大，不贤识小，皆可勉焉"②。于是，考据、校勘、辑佚、目录、版本之学蔚成风气，而"欲致力于学者，必先读书；欲读书者，必先藏书。藏书者通读之资，而学问之本也"③，所以学者们为了要考据精当，就必须多求珍本、善本；为占有大量而广泛的研究资料，就必须注重藏书，千方百计地扩大自己的藏书量。在这种学风的影响下，直接促进了清代藏书事业的发展。当然，还是有一部分的福建朱子学者固守残局，坚持师说，有的开始把朱子学同考据学结合起来，从事考订整理程朱著作。这一时期，福建朱子学比较有名的学者有孟超然、陈庆镛等。

清末，今文经学和西学兴起，最后在五四运动"打倒孔家店"的口号声中，朱子学一蹶不振。但是尽管如此，辛亥革命前官方哲学仍然是程朱理学。这一时期福建与全国一样，新旧思想的论争十分激烈。尤值特别提出的是，近代以来，第一个放眼看世界的林则徐，介绍近世思想第一人的严复。

林则徐是一位具有崇高品格和旷达胸怀的封建政治家，他在虎门销烟的壮举与胜利，锻造了中华民族坚毅挺拔的脊梁，展示了中华民族无与伦比的伟大形象，宣告了中华民族决不屈服于外来侵略的决心，从而也成就了他作为中国近代第一位伟大爱国者和杰出民族英雄的历史地位。同时，他还是中国近代第一个放眼看世界的人。他亲自主持把外国人讲述中国的言论翻译成《华事夷言》，作为当时中国官吏的"参考消息"；为了解外国的军事、政治、经济情报，将英商主办的《广州周报》译成《澳门新闻报》；为了解西方的地理、历史、政治，较为系统地介绍世界各国的情况，又组织翻译了英国人慕瑞的《世界地理

① 方遥：《清初福建朱子学研究》，中国社会科学出版社，2016年，第677页。
② 梁启超：《清代学术概论》，上海古籍出版社，2004年，第24页。
③ （清）张金吾：《爱日精庐藏书志·自序》，清光绪十三年（1887）吴县灵芬阁徐氏刊本。

大全》，编为《四洲志》；魏源根据林则徐主持翻译的《四洲志》编撰了《海国图志》。从而提出了"师夷之长技以制夷"的主张。

严复则是中国近代最为著名的启蒙思想家、翻译家和教育家。自 1896 年开始，严复翻译了《天演论》，就如同在近代中国民族存亡的转折关头，敲响了救亡的警钟，开启了民智。一时间，学习西方以自强的各种新思潮，如雨后春笋般沛然而兴。此后，严复又以其独创的方式陆续翻译了《原富》《群学肄言》《群己权界论》《社会通诠》《法意》《穆勒名学》《名学浅说》等七大译著以及一些其他的译作，通过其译著及其所作的按语等，系统地介绍了西方的哲学、经济学、社会学、政治学、法学、伦理学、逻辑学、历史学、教育学等多门学科。严复震憾人心的译著，推动了中国传统学术方法的近代转型以及中国近代人文社会科学新体系的构建，同时也成就了严复作为中国近代史上学贯中西、划时代意义的启蒙思想家、教育家与翻译家的历史地位，从而在中国近代史上留下无法抹去的印痕。一百多年来，学术界对于严复在翻译介绍西学及其对近代中国启蒙思想的重大贡献，无不给予高度的赞赏与评价。康有为称赞严复："译《天演论》，精通西学第一人。"[①] 梁启超则说："严氏于中学西学，皆为我国第一流人物。此书复经数年之心力，屡易其稿，然后出世，其精善更何待言。"[②] 胡适也肯定了"严复是介绍近世思想的第一人"[③]。

清代，是中国传统学术与典籍的集大成时期，中国古代现存最大的一部类书——《古今图书集成》、最大的一部丛书——《四库全书》均相继编纂于康熙至乾隆年间，成就了古代学术的鸿篇巨制。而《古今图书集成》主要编纂者即为福建闽县的陈梦雷。《古今图书集成》共一万卷，目录四十卷，分历象、方舆、明伦、博物、理学、经济六编；每编分若干典，全书共三十二典；每典又分若干部，全书共有 6109 部。该书内容丰富，区分详明，刊印后即受各方好评，被赞誉为"康熙百科全书"。

---

① 汤志钧编：《康有为政论集》上《与张之洞书》，中华书局，1981 年，第 433 页。

② 梁启超：《绍介新著〈原富〉》，上海南洋公学编印《新民丛报》第 1 号，清光绪二十八年（1902）元月一日。

③ 上海申报馆编：《最近之五十年》，上海申报馆，1923 年。

3. 文学

明遗民李世熊、熊兴麟、许友等誓不仕新朝，遁迹山林，隐居乡村。沈光文、徐孚远等则漂泊金门、澎湖、台湾等海岛。他们坚持民族气节，忠贞不渝。其作品或怀念故土，抒发亡国之哀；或客居荒岛，思亲牵肠挂肚；或乐天知命，寄情田亩山水；或生逢乱世，哀叹民生多艰。发而为慷慨悲歌之气，化为山风海涛之声。

鸦片战争之后，随着五口通商口岸的开放，福建也是最早受到西方学术与文学影响的地区之一。福建产生了两位翻译界的巨擘——严复和林纾。

严复在翻译上提出的"信、达、雅"理论，长期被翻译界奉为圭臬。他还在自己的译著中实践了这种理论，其翻译的西方著作虽是学术方面的，但是由于严复是桐城派古文名家，译笔古朴典雅，采用文言文来翻译西方学术名词时，显得非常得心应手，完全符合当时的传统语境与规律，具有很高的文学价值。

林纾的翻译殊为独特，他本人虽然不懂外文，但靠王寿昌、魏易、陈家麟等多人的合作口述，以惊人的速度，耳受手追，从光绪二十五年（1899）发表了第一部译著《巴黎茶花女遗事》，至 1924 年逝世的 25 年中，共翻译西洋小说约 200 种，公开发行者约 180 种，通称"林译小说"，译著之多为中国近代译界所罕见，被推为"译界泰斗"。林纾翻译的作品来自英国、法国、美国、俄国、日本等十几个国家，其中不乏世界公认的文学名著。由于其翻译多受口译者局限，译文删改、错讹，可訾议处在所难免，但瑕不掩瑜，"林译小说"为当时的中国广大读者打开了通往世界文学的窗口，开拓了眼界。

第二节 私家藏书的发展阶段与区域特征

清代福建私家藏书的兴盛超过了宋、元、明任何一代，达到古代福建私家藏书的巅峰，从中经历了从清初的勃兴到清中期的鼎盛直至清末的式微。藏书家在地域上的分布，更趋于相对集中的特点。长期形成的福州、莆田、闽南三个区域分布格局，虽然一直未变，但私家藏书的重心已完全落在政治、经济与文化中心的福州了。

一、清代福建私家藏书发展的三个阶段

从清代福建私家藏书事业的发展来看，大致可分为三大阶段：

1. 顺治、康熙、雍正时期（1644—1375）。这一时期的福建私家藏书，承明代之余绪，在经历了清初短暂的清军入闽与沿海的海禁及迁界的兵火焚毁外，迅速地恢复元气，很快就发展了起来。主要藏书家有：蒋玢、郑重、陈元钟、林侗、苏之琨、吴任臣、谢天枢、郑志、余天民、黄虞稷、萧震、李光地、张远、蓝涟、施鸿、黄雯、陈梦雷、林佶、林在华、萧梦松、李馥、孟传德、蔡仕舢、郑善述、郑方城、郑天锦、徐居敬、伊为皋、林正青、林在峨、黄任、黄虞世、郑黄灿、朱霞、张星徽、许均、谢道承、谢璇、邹圣脉、郑方坤、陈椿、林琼蕤、陈永书、徐时作等44人。

2. 乾隆、嘉庆、道光时期（1376—1850）。这一时期的福建私家藏书，达到了一个鼎盛时期，尤其是乾隆年间的福建社会稳定，经济发展与文化繁荣，藏书家激增，藏书楼林立。主要藏书家有：陈思敬、黄景云、郑王臣、叶观国、林芳春、伊朝栋、蔡容、孟超然、何应举、郑廷滏、郑杰、郑际唐、陈汝楫、陈学田、王孙恭、叶封侯、何蔚然、柯辂、黄世发、龚景瀚、梁上国、徐经、萨龙光、林一桂、王大经、伊秉绶、张祥云、王锡龄、叶观海、叶文载、萨玉衡、陈若霖、林茂春、李大瑛、冯缙、叶申葹、郭龙光、丁铸、施邦镇、赵在田、赵在翰、陈寿祺、林轩开、梁运昌、张登瀛、郑汝霖、何治运、梁章钜、刘国柱、朱锡谷、朱芳徽、林春溥、张绅、杨兆璜、陈云章、陈椿龄、王捷南、陈征芝、何长载、许邦光、杨庆琛、祝昌泰、孙经世、苏廷玉、王道征、余潜士、何长诏、林则徐、郭尚先、郑开禧、刘家镇、刘齐昂、李彦彬、林振棨、李廷钰、宋捷登、黄懋祺、徐榦、李彦章、高鸿湘、陈庆镛、魏杰、李枝青、胡氏、何则贤、杜彦士、陈金城、何广惠、叶仪昌、黄宗汉、祝凤喈、潘德舆、林鸿年、林聂、陈用宾、郭柏荫、林树梅、陈乔枞、林寿图、林昌彝、黄宗彝、戴成芬、郭柏苍、刘齐衔、高明远、刘永松、陈树杓、何光禧等108人。

3. 咸丰、同治、光绪、宣统时期（1851—1911）。这一时期的福建私家藏书，虽然藏书名家仍不绝于史书，但私家藏书事业则已处于由盛转衰落的时期了。主要藏书家有：谢章铤、孙翼谋、叶滋森、何秋涛、许祖涝、陈承裘、李作梅、

杨浚、徐祖庚、杨用霖、吴种、蒋思源、陈克绥、何轩举、黄贻楫、吴寿坤、龚易图、陈棨仁、涂庆澜、叶滋棠、黄谋烈、郭篯龄、陈书、叶大焯、龚显曾、叶大庄、吴鲁、张亨嘉、陈宝琛、林绍年、许贞幹、郭名昌、陈国仕、王景、陈琇莹、力钧、郭曾炘、陈宝璐、黄汝铭、李宗言、李宗祎、张绳武、刘鸿寿、叶在琦、黄梓庠、刘尚文、沈觐平、冯向荣等 48 人。

二、清代福建私家藏书的区域特征

清代福建藏书家数量依然仅次于浙江、江苏，排列在全国的第三位，在全国私家藏书事业中占有举足轻重的地位，但藏书家在福建各地区的分布上，则是存在较大的差异，更趋于相对集中的特点。其在各县区分布的详细情况见下表：

清代福建各地区藏书家分布表

福州府		泉州府		兴化府		邵武府		建宁府		福宁府		漳州府		汀州府		延平府		永春州		龙岩州
123		25		14		10		10		6		5		5		2		0		0
侯官	68	晋江	15	莆田	12	建宁	4	浦城	4	福鼎	2	海澄	2	连城	1	永安	2			
闽县	39	同安	6	仙游	2	光泽	3	建安	4	福宁	2	诏安	2	宁化	3					
长乐	7	惠安	2			邵武	3	政和	1	霞浦	1	龙溪	1	上杭	1					
永福	5	安溪	1					建阳	1	福安	1									
福清	2	南安	1																	
古田	1																			
连江	1																			
合计：200 人																				

从上表可以看出，清代福建私家藏书的区域分布不平衡性与相对集中的特点非常明显，可以用"一个大中心，两个小中心"来概括。其中以福州府的侯官和闽县为大中心；泉州府与兴化府、建宁府与邵武府为两小中心。从总人数看，大部分藏书家的籍贯地集中于从福鼎至诏安的沿海一线。其中沿海的藏书家占总数的 80% 以上。

究其原因，福建藏书家地区分布的不平衡性，基本上与福建社会经济与文化发展的区域不平衡性是相一致。福建沿海经济充分发展，清代福州是福建省的政治、经济、文化中心，故其藏书地位是不可置疑的。泉州府与兴化府，是清代海上交通和对外贸易十分发达，经济、文化也比较繁荣的地区。闽北作为雕版印刷的中心及以朱熹为代表的闽学发源地，虽然在清代已衰落，但其文化地位是不可忽视的，因此，闽北也有较多的私家藏书。同时，藏书家当中存在着家族传统的影响，这一因素也不可忽视。福建私家藏书多具有家族性质，世代相传，不断积累。如闽县叶氏家族世代藏书，侯官郑廷滋、郑杰父子藏书，侯官黄巷郭氏藏书世家，雁门萨氏藏书世家，螺洲陈氏藏书世家，宫巷武林沈氏家族藏书，侯官林则徐家族藏书等等，这样的例子不胜枚举。甚至家族中几代相传，如陈若霖、陈承裘、陈宝琛三代藏书，叶观国、叶申蔼、叶仪昌、叶滋森、叶大庄五代叶氏藏书最有典型的意义。

第三节　藏书家的藏书活动及其藏书聚散

如上所述，清代的福建私家藏书事业大致经历了：顺治、康熙、雍正时期，乾隆、嘉庆、道光时期，咸丰、同治、光绪、宣统时期等三大阶段；根据笔者所知见的有文献记载其藏书活动的清代福建藏书家有：蒋玢、郑重、陈元钟、林侗、苏之琨、吴任臣、谢天枢、郑志、余天民、黄虞稷、萧震、李光地、张远、蓝涟、施鸿、黄雯、陈梦雷、林佶、林在华、萧梦松、李馥、孟传德、蔡仕舢、郑善述、郑方城、郑天锦、徐居敬、伊为皋、林正青、林在峨、黄任、黄虞世、郑黄灿、朱霞、张星徽、许均、谢道承、谢璇、邹圣脉、郑方坤、陈椿、林琼蕤、陈永书、徐时作、陈思敬、黄景云、郑王臣、叶观国、林芳春、伊朝栋、蔡容、孟超然、何应举、郑廷滋、郑杰、郑际唐、陈汝楫、陈学田、王孙恭、叶封侯、何蔚然、柯辂、黄世发、龚景瀚、梁上国、徐经、萨龙光、林一桂、王大经、伊秉绶、张祥云、王锡龄、叶观海、叶文载、萨玉衡、陈若霖、林茂春、李大瑛、冯缙、叶申蔼、郭龙光、丁铸、施邦镇、赵在田、赵在翰、陈寿祺、林轩开、梁运昌、张登瀛、郑汝霖、何治运、梁章钜、刘国柱、朱锡谷、朱芳徽、林春溥、张绅、杨兆璜、陈云章、陈椿龄、王捷南、陈征芝、何长载、许邦光、杨庆琛、祝昌泰、孙经世、苏廷玉、王道征、余潜士、何长诏、林则徐、郭尚先、郑开禧、刘家镇、刘齐昂、李彦彬、林振荣、李廷钰、宋捷登、黄懋祺、徐幹、李彦章、高鸿湘、陈庆镛、魏杰、李枝青、胡氏、何则贤、杜彦士、陈金城、何广悫、叶仪昌、黄宗汉、祝凤喈、潘德舆、林鸿年、林晟、陈用宾、郭柏荫、林树梅、陈乔枞、林寿图、林昌彝、黄宗彝、戴成芬、郭柏苍、刘齐衔、高明远、刘永松、陈树杓、何光禧、谢章铤、孙翼谋、叶滋森、何秋涛、许祖涝、陈承裘、李作梅、杨浚、徐祖庚、杨用霖、吴种、蒋思源、陈克绥、何轩举、黄贻楫、吴寿坤、龚易图、陈榮仁、涂庆澜、叶滋棠、黄谋烈、郭篯龄、陈书、叶大焯、龚显曾、叶大庄、吴鲁、张亨嘉、陈宝琛、林绍年、许贞幹、郭名昌、陈国仕、王景、陈琇莹、力钧、郭曾炘、陈宝璐、黄汝铭、李宗言、李宗祎、张绳武、刘鸿寿、叶在琦、黄梓庠、刘尚文、沈覲平、冯向荣等 200 人。现将其藏书活动与藏书聚散，一一缕述如下。

一、顺治、康熙、雍正时期的藏书家

1. 蒋玢

蒋玢，生卒年不详，字绚臣，号词海闲人，闽县（今福州）人。明末清初诸生。主要活动当在明崇祯至清康熙初期。王晫《今世说》卷八《排调》："蒋绚臣与周栎园论诗云：'时选虽恶，然亦有足采者。臭泥中生莲花，但采莲花勿取臭泥可也'。"① 可见蒋玢曾与康熙年间的周亮工论诗。福建省图书馆藏明嘉靖二年（1523）范永銮刻本《陶靖节集》书后蒋玢题记署"庚戌仲冬"，当为清康熙九年（1670）。清乾隆年间郑杰编的《全闽诗录》将其列入明崇祯朝，而不列入清初；清人郭柏苍引郑杰《闽中录》云："绚臣志宏学博，穷万卷之藏，

---

① 清康熙二十二年（1683）刻本，第 6 页下、7 页上。

校读不倦。(苍按:明朝闽中藏书者,怀安马森,闽县林懋和、徐、蒋玢,晋江黄虞稷五家为最。)尤能辨古书画名物之真赝,不愧通生之誉。"①郭柏苍也认为蒋玢为明代福建五大藏书家之一。郑杰、郭柏苍之所云,应该是基于蒋玢的明遗民情结而划定。蒋玢著有《玉笋堂集》《纪游草》等。郭柏苍《全闽明诗传》卷五十录存蒋玢的诗作4首,另存《李商隐小传》一卷及藏书题跋数则。

蒋玢藏书甚多,时多秘本。徐藏书星散后,部分为他所得。藏书多有题跋。去世后,藏书亦多散佚,今仅从留存下来的凤毛麟角藏书中管窥一二。

叶昌炽《藏书纪事诗·经籍访古志》载:"《通志》二百卷,明万历十七年刊本,枫山官库藏,有'蒋琦之印''绚臣父二印'。序目有:'闽中蒋氏三世经藏书''蒋绚臣曾经秘藏'二印。"②又《文选》袁褧刻本,卷首有"是书曾藏蒋绚臣家"印注。六源弘贤所藏《唐人小说》亦有"蒋绚臣藏书"印。"滂喜斋藏《存复斋集》,有顺治丙申蒋玢手跋"③。

此外,蒋玢所藏的宋嘉泰四年(1204)吕乔年刻元明递修本《东莱吕太史文集》,现藏苏州博物馆;元刻本《韦斋集》,现藏日本静嘉堂文库;明刻本《李颀集》,现藏北京师范大学图书馆;明袁凯撰《海叟诗》三卷,明范钦等校刊本,现藏台湾"中央图书馆",钤有"闽中蒋玢""三径藏书""延恩堂三世藏书印记""林""吉人""鹿原林氏藏书"诸印,首有林佶题记。福建省图书馆也藏有一些蒋玢之旧藏,钤有蒋玢印的有:明刻本六种、抄本三种、丛书一种,如:明刻本《陶靖节集》《绚斋文稿》《揭文安公文粹》《河汾诸老诗集》《盛明十二家诗选》等,多是难得的善本。福建师范大学图书馆藏《〔正德〕福州府志》,原是徐家藏故物,后亦归蒋玢所藏。现存各册首页均钤有"是书曾藏蒋绚臣家",其中五册护页钤有"绚臣家藏"印章。另据《注韩居藏书目总录汇抄》所著录蒋玢藏书十种,其中《晋僧远公莲社高贤传》七卷、《遗山集》四十卷《附录》一卷均为徐旧藏。又,清末著名藏书家陆心源《皕宋楼藏书志》记:"《鹤田蒋先生文集》有蒋氏手跋曰:'此集为杨文敏公家藏,徐兴公先辈得之于建宁

---

①　(清)郭柏苍:《全闽明诗传》卷五十,清光绪十五年(1889)侯官郭氏刻本。

②　(清)叶昌炽:《藏书纪事诗》,北京燕山出版社,2008年,第294页。

③　同上,第295页。

书肆，绚臣玢识。"①据此可知，徐𤉹旧藏的《鹤田蒋先生文集》，亦曾转手入藏蒋玢处。

蒋玢的藏书印有"闽中蒋氏藏书""闽中蒋绚臣家藏""蒋玢之印""晋安蒋绚臣家藏书""绚臣""臣玢""蒋绚臣曾经校藏""绚臣氏"等等。

蒋玢藏书散出后，偶有被林佶所得者。蒋玢子梦兰，太学生；孙晟，康熙间进士，俱能诗，知名于世。

2. 郑重

郑重（1625—1694），字威如，一字山公，号霞园，建安人。幼端谨，潜心理学。清顺治八年（1651），举于乡。顺治十五年（1658），中式进士，选翰林院庶吉士。散馆，授靖江知县。任内治理水患，颇有政纪。后选为吏部主事，累转至副督御使、刑部左侍郎。

郑重一生，敦笃友谊，体恤乡人，清明廉洁，历官三十年，室无姬侍。著有《霞园文集》《京华草》《秦游草》《越使吟》《文选集注》等。好读书，藏书甚多。藏书印有："建安郑山公重藏书。"《带经堂藏书目》卷四下第 10 页载："《张蜕庵集》五卷，抄本，元张翥撰，建安郑山公重藏书。"②去世后，其藏书大部分散佚无存。

3. 陈元钟

陈元钟（1626—1697），字朵采，一字孝受，连江人。清顺治初，为诸生。明代著名藏书家陈第之曾孙。陈第家有"世善堂"，藏书万有余卷，曾编有《世善堂藏书目录》。陈第去世后不久，藏书就渐渐散佚，到陈元钟时尚存数千卷。陈元钟继承其先世数千卷藏书，并对《世善堂藏书目录》进行了整理和增补。著有《易问述》《春秋战国史记》，编有《闽中唐宋元》《明诗文编》《环海志》《会山楼诗集》等。

《连江县志》载："天赋奇挺，家世多藏书，元钟尽发而读之，因以诗古文词自见……尝作《圹园丈人传》，自叙特详。《传》云：'久之乃归，而居隐于先世遗庐。庐久颓敝，外无垣，内不能蔽大风雨。上有楼，推窗四望皆山，有旧

---

① （清）陆心源：《皕宋楼藏书志》卷一百十，《清人书目题跋丛刊》，中华书局，1990 年，第 1238 页。

② 林夕编：《中国著名藏书家书目汇刊》，商务印书馆，2005 年。

藏书数千卷蠹箧中。丈人暇则登楼，振蠹而读，声琅琅，闻楼外。'"①清人郎遂撰《杏花村志》卷三《村西名胜》"默林洲"条亦称："元钟，字孝受，原字朵采，福建连江人，以文献世其家。"②

陈元钟曾将整理后的《一斋书目》寄给林佶。林佶《一斋书目跋》云："乙亥冬（康熙三十四年，1695），道鳌江，闻先生曾孙孝受翁年七十矣，能读祖父书，欲从访其书目，未得见。丙子二月（康熙三十五年，1696），孝受寄此册来，云：'吾未有子，此书目亦将无所托矣，姑留子案头可也。'予窃哀其言。逾年，孝受翁竟殁。予翻此册，窃叹前辈藏书之难，而守之尤不易，盖有关于天道世数之盛衰，匪一家之故也。焦氏《经籍志》世多传本，若精而可据者，孰逾此录。尝取昆山《传是楼书目》参校之，其存亡不啻参半也，惜哉！冬十月，林佶偶书于朴学斋。"③

陈元钟殁后，藏书无子可传，为其妻所焚。"元钟死，无子，妻王氏痛无可传，尽所有火之灵前，灰旋绕不散，经两昼夜"④。其藏书印有"陈元钟字孝受"等。《静嘉堂秘籍志》云：《周易像象管见》一书，卷内钤有其藏书章，藏印为"陈元钟字孝受"。

后人不断寻其遗书，但不可得。康熙三十七年（1698），朱彝尊见到陈元钟寄给林佶的书目，惊讶于其所载书目多为平生所未见，托林佶之兄林侗往连江代购，然一无所获。朱彝尊《静志居诗话》载："一斋储书最富，余尝游闽，临发，林秀才侗持其后人所辑《世善堂书目》求售，灯下阅之，见唐、五代遗书，琳琅满目，如披灵威、唐述之藏，多平生所未见，不觉狂喜。秀才许至连江代购，逾年得报，书则已散佚，徒有惋惜而已。"⑤再接着"乾隆初年，钱塘赵谷林先

①（清）李拳修，章朝杖纂：《［嘉庆］连江县志》卷七，清嘉庆十年（1805）刻本，第6页下。

②（清）郎遂：《（康熙）杏花村志》，《四库全书存目丛书》本，史部245册，齐鲁书社，1996年，第265页。

③（明）陈第：《世善堂藏书目录》，抄本。

④（清）李拳修，章朝杖纂：《［嘉庆］连江县志》卷七，清嘉庆十年（1805）刻本，第6页下。

⑤（清）朱彝尊著，姚祖恩编，黄君坦校点：《静志居诗话》卷十四，人民文学出版社，1990年，第416页。

生昱赉多金往购，则已散佚无遗矣"。其后鲍廷博从赵谷林处匀得书目，见赵所圈出的约三百余种断种秘册，"按其目求之，积四十年一无所得"，再次发出"当时散落，诚可惜也"①的感慨。

4. 林侗

林侗（1627—1714），字同人，号来斋，侯官（今福州）人。林侗幼遭散乱，弱冠补诸生，以博雅闻，喜藏书及金石。清初，以岁贡授教官。清顺治十一年（1654），中副举人。耿精忠叛乱时，他遁于野，后千里随父到陕西、甘肃等地，遍寻周秦遗迹，摹拓金石碑刻，广收金石文字碑刻，研习考证。康熙十五年（1676），授尤溪县训导，因失明归，筑"荔水庄""蒹葭草堂"以居，藏书及金石储其中。著有《来斋选古》十卷、《李忠定公年谱》二卷、《井野识涂》一卷、《荔水庄诗草》等，其中金石著述有《来斋金石考略》三卷以及《昭陵石迹考略》《兰语堂金石考略》等。其弟林佶为福州最著名藏书家之一。（详见以下介绍）

5. 苏之琨

苏之琨，生卒年不详，字圣孚，号石长，莆田人。由莆田迁居金陵后，又迁入沙县。出生在书香门第。明崇祯十五年（1642），领乡荐。清顺治十三年（1656），乡试中举，历任沙县、宁德教谕，福州府学教授。博学多识，尤喜诗文。或遍访碑林石刻，或收集乡野逸闻，或摘录前人诗话笔记，或追忆先人遗言，编成《明诗话初编》四卷。该书不以权势名第为念，所选多乡野樵夫之辈、离经叛道之徒、楚狂贞士之流；以刚正不阿为人间正气，以逍遥自由为天地逸气，可谓儒道并蓄，庄谐兼容。可谓匠心独运，意境高远，离尘脱俗，独步古今。

苏之琨为官期间，载书数十簏以自随。曾引其父撰《诫子诗》五首。其一《读书》云：

> 藏书虽不多，一一尚可具。试举一二卷，古人以神遇。上观千载前，奇书原有数。易道贵屡迁，诗书明律度。三传与三礼，所当一衰集。子家虽多端，老庄表情愫。正史二十一，司马异班固。名集未能全，声亲于中具。

---

① （清）鲍廷博：《世善堂藏书目录·跋》，《丛书集成初编》，商务印书馆，1937年，第34册，末页。

读不宜贪多，贵在能自悟。不可妄评抹，识浅多有误。理在章名外，先须明章句。第一要虚心，毋以傲自束。夜寐而夙兴，此中有真趣。①

其自注云："琨家自嘉靖倭变，先大父移居金陵，族众散处燕、吴。先世诗文集中俱有刻本。戊子（1588）兵燹之余，原本散亡，力未能重刻，谨录数则，编入《诗话》中。"②

苏之琨著述甚富，有《诗经博解》《三礼小觿》《三易会解》《闽中景物略》《笔潭集笔》《海市亭集》《布帆集》《燕游草》《溯游草》《越游草》《海市亭明诗话》等。

6. 吴任臣

吴任臣（1628—1689），字志伊，一字尔器，初字征鸣，号托园，莆田人。其先莆田籍，随父寓居杭州，遂补浙江仁和县学弟子生员。学识广博，好读奇书，为顾炎武所推重。清康熙十八年（1679），吴任臣荐试博学鸿词科考，名列二等，选翰林院庶吉士。散馆，授翰林院检讨，充《明史》纂修官，主修《明史·历志》。初稿成而卒。

吴任臣曾以经史教授乡里。《福建通志》载其："束脩所入，就市阅书，出善价购藏之。"③当时"家贫，教授里中。会兵乱江南，大姓皆窜匿，里中少年载其书入市，以一钱易一帙。任臣罄修脯以为市，于是吴中书悉归之，并昼夜读之，久益淹贯"④。于是吴中书籍多归他所有，故家中藏书甚富。其藏书印有"仁和吴任臣印""志伊父""吴印任臣""志伊"等。

吴任臣嗜书好学，常昼夜苦读，学问渊博，笔耕不辍，著作甚多。他认为欧阳修所作《新五代史》，对于十国史事略而不详。便搜集古今书籍数百种，撰著《十国春秋》一百十四卷，广征博引，所采古今书籍数百种，叙述了十国

---

① （清）苏之琨辑：《明诗话》卷三，福建人民出版社，2012 年，第 76 页。
② 同上，第 77 页。
③ 陈衍等纂，魏应麒续纂：《［民国］福建通志》总卷三十九、分卷七，民国二十七年（1938）刻本，第 15 页下。
④ 杨立诚、金步瀛合编，俞运之校补：《中国藏书家考略》，上海古籍出版社，1987 年，第 73 页。

的创建、发展、巩固、衰亡的全过程。吴任臣《自序》曰："任臣以孤陋之学，思取十国人物事实而章著之，网罗典籍，爰勒一书，名曰《十国春秋》，为本纪二十，世家二十二，列传千二百八十二；人以国分，事以类属；又为《纪元》《世系》《地理》《藩镇》《百官》五表，总一百一十四卷。虽世远人湮，书册难考，乃鉴观诸邦，略得而论。"还著有《周礼大义》《礼通》《春秋正朔考辨》《南北史合注》《山海经广注》《字汇补》《托园诗文》等。

7. 谢天枢

谢天枢，生卒年不详，字尔元，号星源，侯官（今福州）人。清顺治八年（1651），乡试中举。曾官广西柳州府推官。性格孤介峭直，居官颇有政绩。致仕归田后，"隐居不仕，家中辟一草堂，专用藏书。每日吟诗阅卷，乐此不疲"[1]。善古文辞，尤擅于诗，其诗浑涵幽雅，与王士祯、宋荦等名士相友善。王士祯曾将其诗选入《感旧集》中，郑杰编辑《国朝全闽诗录》，也将其诗收入其中。著有《岭外集》《小草堂集》等。

8. 郑志

郑志，生卒年不详，字成卿，莆田人。郑志是宋代史学家、藏书家郑樵后裔，清顺治间诸生。博学多闻，嗜好读书，所藏甚富，其中多异本。郑王臣《兰陔诗话》云："从祖博学多识，聚书数万卷，率多异本。人拟之'陆氏书巢'，遗集毁于火，仅传数作，风韵雅似杜樊川。"[2]

9. 余天民

余天民，生卒年不详，字作求，古田人。耿精忠叛变，欲授以伪职，不就遁去。"入湖广幕府，居三载，不遇，归筑'浴梅书室'，贮书数千卷以自娱"[3]。著有《浴梅小草》三卷、《楚游集》三卷等。

10. 黄虞稷

黄虞稷（1629—1691），字俞邰，号楮园，晋江人。黄虞稷出生于南京一个

---

① 王河主编：《中国历代藏书家辞典》，同济大学出版社，1991年。

② （清）郑王臣：《兰陔诗话》卷二，抄本。

③ 黄澄渊修，余钟英等纂：《[民国] 古田县志》卷二十八，民国三十一年（1942）铅印本，第8页下。

书香门第之家，其父黄居中是一位明末颇有建树的藏书家。由于受家庭的熏陶，黄虞稷从小就聪颖好学，天资过人。七岁能诗，有神童之称。十六岁，补诸生。年未二十，博洽群书，于典籍学问无不知，知无不举其精义，博雅能文，尤深经学。

黄虞稷继承父志，整理先父六万余卷遗藏，并继续收藏，广搜博采，多方裒集增益，使黄氏的千顷堂藏书不断增加。他在求书活动中，一方面利用各种机会从书肆、书商中求书，每见善本，常常不惜重价收购；另一方面抄录文献，四处访求，亲朋好友间有人得罕见之书或是善本，总是千方百计借来校勘并抄录保藏。距黄氏千顷斋不远的龙潭，有一个藏书家丁雄飞，丁家有"古欢社"，藏书两万余卷，黄虞稷就经常去丁家借读、抄录。由于他们有着共同的藏书爱好，成为挚友。他们彼此之间，尽出家藏秘本，互通有无，相互质疑问难。后来两人还订立了"古欢社约"，相互借读，借抄图书，以期相互交流有无，校对书中的讹误，从对方那里借抄自己所缺之书。这样黄虞稷从丁家就抄录了许多秘本古籍，大大地丰富了家藏。经过两代人的努力，"千顷斋"藏书"至八万余卷，与山阴祁氏澹生堂、钮氏世学楼、禾中项氏倦圃、曹氏埒"[1]。后来他将其"千顷斋"易名为"千顷堂"。

黄虞稷的"千顷堂"藏书具有以下的主要特点及其价值：

首先，藏书数量多。清兵大举南下之时，江南战乱频仍，南京公私藏书散佚很多，许多名家珍藏版籍散失殆尽。黄虞稷则千方百计慎守先世藏书，不仅奇迹般完好地保存了下来，而且在短短的几年间，广收博采，博览穷搜，探微抉要，倾力读书，淘书藏书，在其父黄居中千顷斋藏书六万余卷的基础上，增至八万多卷，成为江南屈指可数的大藏书家之一。明崇祯三年（1630）至崇祯十四年（1641），黄宗羲曾数度寓居黄居中家，将其千顷堂之藏书翻阅殆遍。其赠诗黄氏："秣陵焦氏外，千顷聚书多。石户楼千秘，宗人许再过。从来耽怪牒，岂以易鸣珂。况说今加富，应知有鬼诃。"[2]明末清初名士钱谦益在《黄氏千顷堂藏书记》中感叹："黄氏之书，俨然无恙，则岂非居福德之地，有神物呵

---

①　陈衍等纂，魏应麒续纂：《［民国］福建通志》总卷三十九、分卷七，民国二十七年（1938）刻本，第 15 页上。

②　同上，第 378 页。

护而能若是与？"① 叶昌炽也感叹说："晋江父子藏书处，石户分明有鬼呵。"②

其次，藏书涉及面广，内容颇具特色。千顷堂的藏书以明代人的著作为主，明代的各类著作几乎网罗无遗，其中尤以集部为最全。所庋藏的大量地方志，其中尤以金陵地区的地方文献为多，如：明南京政府的官制、名胜古迹、乡贤传记与年谱等，无所不有。明代妇女的集部著作，也多达 71 种。还收藏有利玛窦、汤若望、庞迪我等耶稣会士与徐光启、李之藻、李天经等译的多部西学著作，这在当时的私人藏书家中都是极为少见的。诸此，均为研究明史颇为详备的直接资料。

其三，学与用的结合。藏书目的与钻研学术相结合是千顷堂藏书的另一特点，由于黄虞稷毕生致力于经史和目录学等领域的学术研究，藏书中这类文献及明代的艺文集都占有相当大的比重。

其四，有相当数量的珍善本。清初大学者、名重海内外的绛云楼主人钱谦益纂辑《列朝诗集》时，曾去千顷斋一览藏书，随后发出了"得尽阅本朝诗文之未见者"③ 的感叹。钱氏见多识广，其绛云楼藏书被誉为东南文献之归，但他尚需借阅黄氏之书，可见千顷堂藏书之富、珍籍之多，黄氏父子的藏书成就也就可见一斑了。

黄虞稷并不秘藏书籍，文人学士有所需求时，他慨然允之，将自家的藏书，慷慨地呈献出来。为了使珍贵的图书能得到广泛的流传，还与藏书家周在浚共同发起征刻唐宋秘本藏书。他们从自己的家中精心挑选出唐宋秘本共计 96 种，进行详细校订，编成《征刻唐宋秘本书目》一卷，刊刻发布，征求有财力的有识之士资助刊印出版。此举得到许多学者的积极响应，朱彝尊等联名发表《征刻唐宋秘本书启》，张芳还专就此事撰文，愿天下人共襄盛举。后来《通志堂经解》首先收入黄虞稷、周在浚提供的经部书籍。官纂《武英殿聚珍版丛书》及私刊《知不足斋丛书》中，都刊印了《征刻唐宋秘本书目》中的绝大部分珍籍。

① （清）叶昌炽：《藏书纪事诗》卷三，中华书局，1991 年，第 378 页。
② 同上，第 375 页。
③ （清）钱谦益：《牧斋有学集》卷二十六，《黄氏千顷斋藏书记》，《千顷堂书目》附录，上海古籍出版社，2001 年，第 795 页。

黄虞稷不仅善于藏书、致力刻书，而且除访求图书、抄录图书之外，主要精力都用于校书与读书之中。几十年埋首书堆，涉猎经史，对明代艺文尤为见多识广，颇有心得。有鉴于《宋史·艺文志》所载止于南宋咸淳年间，辽、金、元三史《艺文志》均付阙如，至于有明一代，尽管作者辈出，著述闳富，却无一完备的书目，遂在他父亲所撰《千顷斋藏书目录》六卷的基础上，广泛参考其他书目资料，编撰了《千顷堂书目》三十二卷。其主要特点与价值如下：

首先，全面反映了黄虞稷千顷堂的藏书概况。全书著录了上至明代十六朝帝王将相的著作，下至文人墨客、平民百姓的野史杂记，总计著录明人著作达14000余种，附载宋、辽、金、元四代著作2400余种，其收录之富，体例之严，冠于明代以后诸家目录。使南宋末至明代数百年间学人士子汗牛充栋的著述，条分缕析，灿然大备。

其次，《千顷堂书目》事实上成了《明史·艺文志》的底本。康熙十八年（1679），清廷开馆纂修《明史》，由内阁学士徐文元担任总监修。徐文元以黄虞稷学问深博、文笔雅健，特荐举参与纂修。黄虞稷乃以布衣入翰林院，食七品俸禄，任《明史》纂修官，分纂《列传》及《艺文志》。在编纂过程中，他以自己的《千顷堂书目》为底本，利用史馆的有利条件，博采诸家书目，去其繁杂，辑其未备，详加考订，纂成《明史·艺文志稿》。《明史》总裁王鸿绪依据该《艺文志稿》进行删改、增补，删掉宋末、辽、金、元四代附载著录，自编为《明史稿·艺文志》。其后张廷玉又按此稿校订，改编成后来的流通本《明史·艺文志》，可惜黄氏《明史·艺文志稿》早已失传。以一份私家藏书目录而成为一个朝代国史艺文志的底本，这在历史上可说绝无仅有，充分显示了其在目录学史上重要的地位。

其三，开启了清代学者补修正史《艺文志》的先河。由于黄虞稷有入《明史》馆的特殊经历，著录的书籍也就不限于自家所藏，范围愈加扩大。黄虞稷在每一类明代人著作的后面，又补收宋、辽、金、元时期的同一类著作作为附录，做出了补充前史缺失的试探，开启了清代学者为正史补修《艺文志》的工作，填补了我国史志目录学继续发展中的一项空白。先是杭世骏重编《金史·艺文志》、厉鹗补注《辽史·艺文志》，后来卢文弨从《千顷堂书目》中摘出宋代艺文书目，编成《宋史·艺文志补》和《补辽金元艺文志》各一卷，从此补史

《艺文志》，纷纷独立成书。与此同时，钱大昕也补撰了《元史·艺文志》四卷，吴骞补编成了《四朝经籍志补》一书，前后共补正史所缺的《艺文志》二十余种。正因为补史艺文志工作的兴盛，因而给书目编纂提供了不少可贵的经验和方法，也给使用者提供了极大的便利，使古籍目录的编纂大增光彩。

其四，《千顷堂书目》在分类编目上的成就十分显著。该《书目》按经、史、子、集四部排列，每部又分若干门类，其中经部三卷 12 类、史部七卷 18 类、子部六卷 13 类、集部十六卷 8 类。在分类方法上，虽然沿袭了传统的经、史、子、集"四分法"，但在类目的设置上不拘泥于形式，有自己的独创，并不一味苟同，而是敢于突破。同一类著作编排有序，有一定的规律可循，有增有减，有分有合。这一特点在"别集类"中更为突出，表现在同类型的著作以作者的科第先后为序编排，随后再按外国作家、少数民族、中官内监、妇女、方外僧道、女冠等相继展开，给人系统清晰的感觉。尤其值得称道的是，宋元以来，词曲的创作进入了鼎盛时期，黄虞稷又增设了词曲类以适应时代的需要。这些类目的开设，不仅符合了我国文学发展的趋势，具有很强的科学性与时代性，而且也使目录学这一古老的学科注入了新的内容。

其五，在著录方面，《千顷堂书目》中每一书下均著录书名、卷数、作者略传，偶或涉及成书次第、内容解注，并考订成书年代，扼要不繁，体例也颇为完善。而某些条目下还有小字记注，小注的内容主要记作者姓氏爵里、科第等等。如卷九《大明会典》下的叙录，仅仅百余字就概括了明朝纂修该《会典》的过程，并考订是书纂辑的源流。虽然《千顷堂书目》只是记载书目，没有解题，但因为其书名下的小注内容丰富，不拘一格，字数不限，涉及著者与著作的各个方面，从某种意义来说，也起到了解题的一些作用。这不但为读者提供了必要的资料，也反映了目录学中"辨章学术，考镜源流"的指导思想。

康熙三十年（1691），黄虞稷劳累得疾，这位辛勤的藏书家、目录学家、史志修纂者溘然长逝，终年六十三岁。他一生除修纂《明史·艺文志稿》《大清一统志》《千顷堂书目》外，还著有《我贵轩》《朝爽阁》《楮园杂志》《蝉巢》等，可惜大都已佚。其藏书印有"黄虞稷印""俞邰""晋江黄氏父子藏书印""温陵黄俞邰氏藏书印""朝爽阁藏书记""温陵黄氏藏书""不缩道人黄虞稷印""千顷堂图书""虞稷"等。

黄虞稷殁后，非常可惜的是，其藏书也随之星散而佚了，大多为江浙藏书家所得。晚清四大藏书楼之一、杭州嘉惠堂主人丁丙曾感叹道："俞邰于崇祯末流寓金陵，家富藏书，至今遗籍流落人间，得者视同球璧。"①谢章铤也感慨："缥囊十万尽尘埃，读曲谈诗亦异才。千顷堂前半秋草，问奇谁记晒书台。"②

《千顷堂书目》在问世以后的两百多年中，一直是收录明代著述最齐全的书目，也一直仅以抄本形式流传，并得到朱彝尊、杭世骏、吴骞等学者的推崇与校补，日臻完善，成为中国目录史上不可或缺的重要著作。该《书目》在流传的过程中，比较著名的版本有：卢文弨、吴骞、杭世骏等人据黄氏原稿抄校本、鲍廷博知不足斋抄本以及刘喜海东武刘氏味经书屋精抄本。直到民国二年（1913），南浔张均衡始据湖州陆氏十万卷楼藏抄本和汉唐斋残抄本互校，刊刻于《适园丛书》第二集之中，从此《千顷堂书目》才有刊本得以广为流传。后来张均衡又获吴骞校本的移录本，于是又对初刻本尚未尽善之处修补增订。然而由于板片的限制，另据吴氏辑录的500多条补充条文录成但未付梓。今此增订稿藏于国家图书馆。目前的通行本是2001年上海古籍出版社出版瞿凤起、潘景郑整理的《千顷堂书目》，颇便读者阅览与研究参考。

总而言之，晋江黄虞稷的千顷堂藏书为我国古代文献的流传，特别是明代著作的留存做出了巨大的贡献，更为闽籍学人在古代典籍文化的传承历史中添加了浓重的一笔。黄虞稷在目录的分类、体例和编制上，有其独特之处，在吸取前辈书目优点的基础上，又加入了自己对作品的创新。虽然偶有错误，但《千顷堂书目》仍具有非常重要的文献价值，对我国古代的目录学有着重要而深远的影响，成为研究明代文献的必备之书。

11. 萧震

萧震（1633—1676），字长源，号蛰庵、又号鸣霆。自幼才思敏捷，清顺治九年（1652）进士。选翰林院庶吉士，散馆，授顺德推官，升湖广道监察御史。

---

① （清）丁丙辑：《善本书室藏书志》卷十四，清光绪二十七年（1901）钱塘丁氏刻本，第7页上。

② （清）谢章铤：《赌棋山庄诗集》卷三《读全闽诗话杂感》，《赌棋山庄稿本》第2册，江苏古籍出版社，2000年，第83页。

掌登闻鼓院，管理章奏升正品。后补山西道监察御史，中途丁父艰回闽。康熙十年（1671）夏，萧震请假回福州时，城内道山已废，乃与省城绅士议，着手重修。至康熙十一年（1672）三月，萧震居家守制间，道山修复工程竣工，他镌石勒铭于邻霄台之石天顶。

康熙十三年（1674），耿精忠起兵叛乱。时萧震居家中，耿精忠为扩大影响，威逼其任职布政司。萧震表面顺从，暗地里密谋讨耿，不料事泄，于康熙十五年（1676）秋被耿精忠缢死于福州南关下，同时被害的还有其妻及同胞兄弟。著有《西台奏议》《理刑末议》《巡嵯奏章》《洗冤录》《道山纪略》《蛰庵存稿》《史略》等。

萧震一生好读书、嗜藏书。康熙年间，藏书达到了四万多卷，且多秘本，还编有藏书目录。许旭所著《闽中纪略》记载："闽中巨室藏书不少，偶见萧御史震家所藏书目几及六、七寸，内中多有未睹。"[①]则知萧氏为闽中藏书旧家。萧震在江苏时收罗到大量藏书，据王澍《虚舟题跋》卷四《唐李邕少林寺成坛铭跋》云："此碑传本绝少，此本闽中萧氏所载。萧以耿乱被害，其子静君拾取遗书，逃往江南，为吾友许奕晋所得。"又卷八《贾秋壑玉枕兰亭跋》曰："明末在陈盘生家。康熙壬子（1672）秋，为闽中萧长源给谏所得。"康熙十二年（1673）冬，邻家失火，殃及萧家，使藏书损失严重。其子萧梦松继承家中旧藏，发扬光大，建名山草堂以藏书，蔚为藏书大家（详见以下介绍）。

12. 李光地

李光地（1642—1718），字晋卿，号厚庵，别号榕村，安溪人，清初著名理学家、经学家与政治家。天资聪敏，颖悟过人，十二岁"毕诵群经"[②]，其父购《六经性理蒙存》诸书，以课光地，讲诵数年，充然有得。"敛衣冠，谨坐起，非程朱不敢言"[③]。十八岁开始探究理学，"独喜濂洛关闽及同郡蔡林诸先贤书，虽囊无赢资，而购辑不择价。公既厉志，首抽性理之编，专心一力，每夜

① （清）许旭：《闽中纪略》不分卷，《台湾文献史料丛刊》第 6 辑，台湾大通书局，1987年，第 18 页。

② 陈衍等纂，魏应麒续纂：《[民国] 福建通志》总卷三十四《李光地传》，民国二十七年（1938）刻本，第 1 页上。

③ （清）庄成修，（清）沈钟等纂：《[乾隆] 安溪县志》卷七，抄本，第 3 页下。

手录数千言，日则熟诵深思，穷极深微”[①]。早年李光地并无多少书可读，“初读《易》至《大衍》一段，诸家多以历法推论，欲检勘言历诸书，而家仅有《史记》，频年借贷，稍稍摭集”[②]。

清康熙九年（1670），进士及第，选翰林院庶吉士。散馆，授翰林院编修。十二年（1673），充会试同考官。不久，回乡省亲。旋因三藩乱起，靖南王耿精忠在福建举兵叛乱，遂被困福建，与家人藏匿山谷间。耿精忠曾派人招安，被李光地坚决拒绝。十四年（1675），李光地遣人入京密陈“蜡丸疏”，提出破敌之计，助清军攻破福建，平定耿精忠之乱，因功擢侍读学士。十七年（1678），李光地居家为父守丧之时，又逢蔡寅冒充朱三太子率“白头军”起事，而郑经部下刘国轩亦率军围困泉州。他一面组织乡勇，结寨自保，瓦解“白头军”；一面分遣戚属前往福州、漳州乞师，并率李氏族众及当地民众开路搭桥，作为清军引导，配合清军击破刘国轩部，解泉州之围，闽乱遂平。李光地因平乱有功，再次受到康熙帝的嘉奖。十九年（1680）七月，守制已满的李光地返回京城，康熙谕示其不必候缺，即任内阁学士。二十年（1681），郑经病逝，康熙帝有意收复台湾，却遭到群臣反对。李光地力排众议，主张趁此机会攻取台湾，并推荐施琅为征台统帅，最终成功收复台湾。二十一年（1682），因遭权臣疑忌，奉母返乡，在家建榕村书屋，与亲友讲学其中，世称“榕村先生”。二十五年（1686），还朝补原官。又升任翰林院掌院学士兼礼部侍郎，在御前讲席上值讲，并兼任经筵讲官和日讲起居注官，还负责指导庶吉士。后历官通政司通政使、兵部侍郎、顺天学政、直隶巡抚、吏部尚书等职，政绩颇著。四十四年（1705），擢文渊阁大学士。五十七年（1718），李光地因疝疾速发，卒于任所，享年 77 岁。

李光地与康熙帝之间君臣甚为相得，听闻李光地去世之后，康熙帝不仅专遣皇子恒亲王允祺前往吊唁治丧，赏赐千两金，还亲自撰写《祭文》称：“朕久玩羲、文之《易》，独穷理数之原，惟尔虚衷，随时请益。每共研寻终始，辨

① 黄炯然编：《清代名臣李光地》，纪念李光地诞辰三百五十周年活动办公室出版，1992 年，第 19 页。

② 同上，第 23 页。

析精微，尝累日而未休，恒他人所莫解。君臣之契，特有深焉。"[1] 又谓："惟朕知卿最悉，亦惟卿知朕最深。"[2] 并赐谥号"文贞"。雍正元年（1723），加赠太子太傅，祀贤良祠。

李光地的一生，亲历了清初社会由乱到治的全过程，特别是康熙一朝的国家大政，如平定三藩、收复台湾、治河理漕、整治朋党、储位废立、朱子从祀、经学提倡等，李光地皆身在其间，每多攸关。其学识渊博，涉猎广泛，除理学之外，于经学、史学、天文、历算、音韵、乐律、诗文等学问，无不深究，门下多名士。作为康熙朝理学名臣的代表，其朱子学思想深刻影响了康熙帝，为清初朱子理学正统地位的确立发挥了极大的作用，故其在清初政治史和学术思想史上，都占有不可取代的重要地位。

李光地通籍后，仍不断读书、著述。为官数十年，"公事之暇，即凭几编著，丹铅未尝释手"[3]。除经传外，他还旁及诸子百家、历算、音韵、命卜等。康熙二十八年（1689），李光地"始见梅文鼎，闻历算之学。公往叩所学，遂与订交，因得所著《方程论》，为付刻闽中，板藏榕村精舍"[4]。李光地对音韵学也有研究，他大力搜集音韵学的著作，当顾炎武的《音学》五书始出，即以五百金购买，携至闽中。当"顾氏既没，其板沉埋于扬州坊贾间，坊贾削其板以铸它文，适有见者，以告公，公为赎归传于世"[5]。李光地的藏书除购买外，还有一些康熙赏赐的图书，如"赐御书《太极图说》《西铭》及《几何》原本、《算法》原本二书"[6]。

康熙四十四年（1705），李光地在外地，保定官署着火，书籍及著作多烧毁不存。"外家人妇不戒于火，凡公平生编著盈累箱箧，至是悉毁，今存者多晚年作"[7]。这一年他任文渊阁大学士，积极参与康熙帝复兴理学，并受命主持

---

① （清）李清植：《文贞公年谱》卷下，《榕村全书》附录，清道光九年（1829）李维迪刻本，第 76 页下。

② 同上，第 75—76 页上。

③ 同上，卷上，第 7 页上。

④ 黄炯然编：《清代名臣李光地》，纪念李光地诞辰三百五十周年活动办公室出版，1992 年，第 53 页。

⑤ 同上，第 85 页。

⑥ （清）李清植：《文贞公年谱》卷上，清道光九年（1829）李维迪刻本，第 18 页下。

⑦ 同上，第 15 页下。

纂修《朱子全书》。晚年的李光地，耄而益勤，不断读书、著述。特别是康熙五十一年（1712）后，他"简编日御，遂益以群籍为厨，经书为膳"①。五十四年（1715），李光地完成了受命纂修的《周易折中》和《性理精义》两书，他便上疏奏请休致。不允，却予假两年，并赐"谟明弼谐"匾。李光地回到安溪湖头故里，在榕村书屋教授里中子弟。晚年李光地仍好聚古书，所收甚多。据龚显曾《亦园脞牍》载："安溪李文贞公，家储亦富，多宋元明旧椠，无近刻也。"②

李光地一生勤学善著，至老益笃，著作宏富，经史子集四部皆俱全。主要著作有《榕村全集》《榕村全书》《榕村语录》《周易通论》《周易观象》《诗所》《尚书解义》《洪范新旧说》《朱子礼纂》《榕村四书说》《古乐经传》《注解正蒙》《参同契章句》《榕村韵书》《韵笺》《周易折中》《春秋稿》《四书解义》《大学古本》《中庸余论》《二程遗书》《朱子礼纂》等，编有《性理精义》《朱子大全》等。李秉乾《清代名臣李光地著作版本考》一文认为：李光地的编、撰、注达500多卷③。

李光地藏书生前就遭到了巨大的损失，死后便逐渐散出。部分为同邑藏书家龚显曾收藏。《亦园脞牍》载："前岁家居以十金购得榕村李氏旧藏，明袁氏仿宋刊《六家注文选》，雕镂精善，避讳阙笔宛然。"④ 又："家藏宋椠《说苑》二十卷，每半叶九行，每行十八字……宋椠宋印，绵纸本，为安溪榕村李氏旧藏书。"⑤

李氏后人也多好读书，在清代出仕的进士举人如雨后春笋，被称为"湖李望族""官宦世家"。至今安溪县湖头镇还保留李光地的两座故居——"昌和堂"与"昌祐堂"。"昌祐堂"又名相府，俗名新衙，亦称"清文渊阁大学士兼

---

① 黄炯然编：《清代名臣李光地》，纪念李光地诞辰三百五十周年活动办公室出版，1992年，第111页。

② （清）龚显曾：《亦园脞牍》卷五，清光绪四年（1878）木活字印本，第11页下。

③ 李秉乾：《清代名臣李光地著作版本考》，《福建图书馆理论与实践》1993年第2期，第48—50页。

④ （清）龚显曾：《亦园脞牍》卷五，清光绪四年（1878）木活字印本，第14页上。

⑤ 同上，卷八，第30页下。

吏部尚书李光地府第"，位于安溪县湖头镇湖二村；建于康熙三十七年（1698），是李光地返乡省亲的活动场所；坐北朝南，北临湖头中山街，西邻古建筑大厝群，土木结构，土质墙体，秦砖汉瓦，杉木梁柱，穿斗构架，木板内墙，翘脊悬山，五进庭院，左右护厝。"昌和堂"，又名旧衙，位于湖三村，乃满族宁海将军拉哈达建于康熙年间，后为报恩，借口调任而转赠予李光地夫人为住宅；有过修葺，土木结构，坐北朝南，纵深五进，左右护厝，翘脊悬山，古朴大厝，建造模式与昌祐堂大体相同；厅堂有对联："罗绮日暖将军府，弦管春深宰相家。" 2001 年 1 月，"昌祐堂"与"昌和堂"被福建省人民政府公布为省级文物保护单位。

13. 张远

张远（1648—1722），字超然，号无闷道人，别号无闷堂主人、天涯子，侯官（今福州）人。孤而聪颖，多病羸弱，从母亲读经书章句。是时，闽中兵事急，赋役繁重，由于官府苛敛，亡命走吴楚百粤间，踪迹无定，出游四年而归。归里后，因耿精忠叛乱而家破人亡，复游吴中。此时张远"亦遂含酸茹痛，穷人无归，琴剑飘然……身不名一钱，顾独挈数书籚而去。鸡声茅店，雪浪风驱，千里间关，未尝辍铅椠"[①]。张远后入赘婿常熟虞山的何家，琴瑟甚笃。康熙十四年（1675），领乡荐，官广西丰知县。

张远为人潇洒旷达，游四方，足迹遍江南、塞北，所交皆当世名人高士，与浙江著名藏书家朱彝尊、查慎行、钱曾等人唱和往来。一次他路过江西，题诗于滕王阁上，侍郎曹溶读后大加赞赏，将其招至幕所，从此其诗名满都，王士禛等人都极器重他，将他引为入室弟子。

在寓居常熟时期，张远穷搜旧椠，浙江一些藏书家藏书流散后，张远极力收藏，如赵琦美、钱谦益、钱曾等。钱曾殁后，部分书归张远。"遵王殁，归之予。予卤莽懒慢，读书惟观大略，阅诸老校雠，汗淫淫下也。"[②]张远得到钱曾的藏书中，有一部被戏曲学家誉为中国古代的"戏曲宝库"的《古今杂剧》，该杂

---

① （清）郑方坤：《本朝名家诗钞小传》之《无闷堂诗钞小传》，清光绪十二年（1886）刻本，第 82 页上。

② （清）张远：《无闷堂集》卷七，《脉望馆钞稿本元明杂剧书后》，福建师范大学图书馆藏抄本。

剧收藏元明杂剧 300 多种，是一部比较完整的古代戏曲汇编，是研究杂剧发展、演变的重要历史文献。对于收集这些藏书，张远有诗云："西亭万卷付东流，东涧千缃一炬休。收拾异书成赵璧，他时为我借荆州。"①

康熙二十八年（1689），张远移居到浙江虞山步道巷的新居，楼面对虞山，中有藏书室，名"无闷堂"，他在此读书、藏书，与浙江藏书家相唱和往来。康熙三十八年（1699），以太学生得中解元，但他志不在功名，故不复进取。晚年授云南禄丰知县，后卒于官。张远诗文书翰，匠心独运，笔意疏秀，著有《无闷堂文集》七卷、《无闷堂诗集》二十三卷等。身后藏书散出，被江浙的各大藏书家所收，如江苏藏书家季振宜等。

清瞿镛编《铁琴铜剑楼藏书目录》卷十六载："《东观余论》，宋黄伯思撰。后附跋语云：从景阳秦君假抄自录，浃旬而毕。旧藏张超然家。超然名远，闽人来寓于虞。卷中朱笔，皆其所校。卷首有'张远字超然'朱记。"卷十第十二页又载："《草莽私乘》一卷，旧抄本。是书出南村手稿，藏王弇州家，江上李氏录副以传。目后有题记云：万历庚申春，借李如一抄缮写，卷首有'张远之印''超然'二朱记。"《爱日精庐藏书续志》卷四第二十四页录有："《唐诗极元》二卷，秦氏西岩手抄本，张超然藏书……张氏手识曰：庚辰九月九日得于虞城肆中超然。"②

张远后人也多收藏书籍或从事相关的职业。后人张仕永、张仕秋系清末福州南后街旧书铺"聚成堂"的主人。

14. 蓝涟

蓝涟，生卒年不详，字公漪，一字采饮，侯官（今福州）人。康熙间布衣。博物洽闻，工诸体诗，超脱遒逸，而篆、隶、草、八分，皆有其父蓝箍的风格，兼擅绘事。"居道山麓，老屋三间，图书插架，客至呼酒赋诗，竟日忘倦"③。自题其门曰："朱绂不贪缘骨相；沧江终老作诗人。"其志尚如此。年八十卒，著有《采饮集》。藏书印有"蓝涟之印""侯官蓝氏藏书"等。

---

① （清）张远：《无闷堂诗集》卷十七《题赵安臣秋林读书图小照三首》，福建师范大学图书馆藏抄本。

② 清光绪二十四年（1898）自刻本。

③ （清）朱景星修，（清）郑祖庚纂：《侯官乡土志》，海风出版社，2001 年，第 339 页。

蓝涟所藏金石碑拓图书，早在乾隆二十四年（1759）前就散佚。孟超然"己卯冬过书肆，见此本（《曹全碑题后》）墨如新，视其印记，则乡前辈蓝公漪藏本也。蓝氏父子书画，在康熙间有名。今金石图书，化为烟云，断楮零缣，不可得矣，是可慨也"①。其藏书极少传于世。福建省图书馆藏有其：《广东新语》，清康熙年间刻本，钤有"侯官蓝氏藏书""蓝涟之印""曾经蓝氏家藏""公漪氏"等印记；《乐府原》十五卷，清康熙五十三年（1714）蓝涟手抄本，蓝涟跋，有"蓝涟之印""侯官蓝氏藏书"等印记。

15. 施鸿

施鸿，生卒年不详，字则威，一字燕笑，邵武人。康熙初，由岁贡为连江训导，迁娄县（今江苏昆山）丞，调奉天府。为官二十年，手未尝释卷。"家贫好读书，老而弥笃，所藏万卷，皆手自校雠"②。其书室名曰"澄景堂"。江南名士均乐意和他交游唱和。告老后，经知府张一魁推荐，应台湾新定大吏之檄，前往修志。通志修毕返回后，又参加修撰《邵武府志》。惜府志稿成之后，因知府离任而未能刊刻。工吟咏，善著述，肆力于学，著述甚勤。著有《澄景堂史测》《文庙纪事》《澄景堂稿》《宦游稿》《邵武府志稿》《辽阳志稿》《闽溪纪略》等。

16. 黄雯

黄雯，生卒年不详，字文叔，号阇塘。莆田人。自幼敏而好学，性喜聚书，以文才名于乡。与邑人林麟焻、朱元春友善，三人常聚绥溪草堂读书，切磋学问。康熙十一年（1672），乡试中举。官山东齐河知县，任上兴利祛害，鼓励农耕，力除聚敛、剖克之弊，勤恤于民。后以丁外艰，乞归乡里，再未复出。暇惟以诗词书法自娱，造诣甚高。筑有"霞坡亭"与"绥溪草堂"。林麟焻贺《绥溪草堂·黄阇塘书斋》诗云："天马奚甘伏枥驹，拂衣长啸问江湖。投纶潭际收鱼婢，种树洲前课木奴。稚子烹泉茶作粥，田翁招饮酒为徒。多君延寿红相饷，

---

① （清）孟超然：《瓶庵居士文钞》卷四，清嘉庆二十年（1815）刻本，第1页上。

② 泰振夫等修，朱书田纂：《[民国]重修邵武县志》卷二十七，民国二十六年（1937）铅印本，第7页上。

骨细肌香得似无。"①可见其绶溪草堂是藏书、课子之处。著有《续莆阳比事》《鲸涛集》等。福建省图书馆藏明嘉靖四十二年（1563）建宁大儒书院刻本《道南源委录》，钤有"闇塘藏书"印章。

17. 陈梦雷

陈梦雷（1650—1741），字则震，一字省斋，别号天一道人，晚号松鹤老人，"闽县"人。少有才名，资质聪敏。十九岁（1668年），进举人。康熙九年（1670），中进士，选翰林院庶吉士。散馆，授翰林院编修。虽天资聪颖，博学多才，然而命运多舛。康熙十三年（1674），据守福州的靖南王耿精忠起兵反清，陈梦雷刚好在福州休假，耿精忠强迫陈梦雷担任官职，他托言有病拒绝任职，于是被拘禁在寺院之中。事平后，北京谣传陈梦雷参加逆党，被诬下狱论斩。后特旨减免死刑，谪戍盛京（今沈阳）尚阳堡十余年。

陈梦雷到盛京戍所时，境况悲惨，家中父母先后去世，妻子也亡故。后因才学被人们所认可，一面教书，一面著述，当地人士得知其学术渊博，执经问业者接踵而至，声誉日隆。此间，他手不释卷，刻苦读书和著述，编撰了《奉天通志》《盛京通志》《承德县志》等，还创作了不少诗文。当他生活有所改善时，即开始搜罗图书。康熙三十五年（1696）夏，陈梦雷迁居白云，买许氏宅，构"云思草堂"，搬家时"家无长物，有书千余卷。仆人驱车往返再四，皆书籖也，村人笑之"。②

康熙三十七年（1698），康熙巡视盛京，陈梦雷献诗，康熙赏识其才华，念其罪情出于胁迫，特恩准释放，召回北京。此后颇受康熙皇帝的重用，命其侍奉第三皇子胤祉读书。遂决心编辑一部"大小一贯，上下古今，类列部分，有纲有纪"③的大型类书，欲成一家之言。此事得到胤祉支持，特拨给协一堂藏书，并在城北买"一间楼"，雇人帮助缮写。

自康熙四十年（1701）十月起，陈梦雷根据协一堂藏书和家藏图书共一万五千余卷，开始分类编辑。经过目营手检，无间晨夕的辛勤劳动，到康熙四十四年（1705）五月完成初稿。全书共三千六百余卷，另有目录四十卷，分

---

① （清）李光荣撰：《兴安风雅汇编》卷八《绶溪草堂·黄闇塘书斋》，稿本。

② （清）陈梦雷：《松鹤山房文集》卷十五《白云别墅记》，清康熙年间铜活字印本，第16页下。

③ 同上，卷二《进〈汇编〉启》，第5页上。

为"历象、方舆、明伦、博物、理学、经济"六篇，凡三十二典，6109部。

其书初名《汇编》，后得到康熙的首肯，将其命名为《古今图书集成》，列为官修书籍。陈梦雷认为尚需修订增益，进一步利用内府藏书对它进行扩编充实。于是清廷任命了包括杨绾在内的若干名官员协助陈梦雷，参与编写持续达八九年之久。

陈梦雷回京后，康熙皇帝对其工作十分赞赏。他曾亲临陈梦雷书斋，为之题联云："松高枝叶茂，鹤老羽毛新。"[1]从此，陈梦雷名其书斋为"松鹤山房"，并自称"松鹤老人"。"松鹤山房"里不仅收藏着陈梦雷的万卷图书，还有他正在编撰的《古今图书集成》全部书稿。这可称是他一生中最得意的时期。

康熙六十一年（1722），康熙逝世，四子胤禛继位，改号雍正。雍正皇帝即位后，便残酷迫害与其争夺帝位的同胞兄弟，胤祉被囚禁，陈梦雷是胤祉的老师，首当其冲受牵连。遂以"结交近侍，累年以来，招摇无忌，不法甚多"等罪名，于雍正元年（1723），被流放到黑龙江。此时陈梦雷已72岁。雍正下令由经筵讲官、户部尚书蒋廷锡重新编校已经定稿的《古今图书集成》，去掉陈梦雷名字，代之以蒋廷锡。然而，陈梦雷《松鹤山房文集》卷二《进〈汇编〉启》一文写道：

> 谨于康熙四十年十月为始，领银雇人缮写。蒙我王爷殿下，颁发协一堂所藏鸿篇，合之雷家经、史、子、集，约一万五千余卷。至此四十五年四月内书得告成。分为"汇编"者六，为"志"三十有二，为"部"六千有零。凡在六合之内，巨细毕举。其在《十三经》《二十一史》者，只字不遗；其在稗史子集者，十亦只删一二。以百篇为一卷，可得三千六百余卷。若以古人卷帙较之，可得万余卷。雷三载之内，目营手检，无间晨夕。幸而纲举目张，差有条理。谨先誊《目录》《凡例》为一册上呈……仰我王爷裁酌，或上请至尊圣训、东宫殿下睿旨……定其大纲，得以钦遵检校，或赐发秘府之藏，广其未备。然后择于江南、浙江都会之地，广聚别本，合

精力少年，分部校雠，使字画不至舛讹，缮写进呈，恭请御制序文，冠于书首，发付梓人刊刻。较之前代《太平御览》《册府元龟》，广大精详何止十倍？从此颁发四方，文治昭垂万世，王爷鸿名卓越，过于东平、河间。而草茅愚贱，效一日犬马之劳，亦得分光不朽矣。

从中我们可以了解原名《汇编》的《古今图书集成》编撰的起始与终结、材料来源、组织结构、卷帙规模等详细内容，真实反映了陈梦雷编撰该书的情况。

陈梦雷一生最突出的成就就是编著了《古今图书集成》。这部巨著汇录了从上古到清初历代各朝的历法、典章制度、经济、文化以及科学技术等文献。雍正六年（1723），这部巨著首次刊印，共一万卷，仅目录就有四十卷，分订5020 册，字数共有一亿六千万余字。此书内容资料丰富，分类清晰，出处分明，受到许多学者的高度评价。此书在国际上的影响也是相当之大，早已被世界许多著名的图书馆所收藏，而且英国、日本等国还分别编制了《古今图书集成索引》，在国外还被称誉为《康熙百科全书》。陈梦雷在中国文化史上的地位，将与《古今图书集成》永存。

陈梦雷的一生，颠沛流离，屡遭不幸。经历了前期科甲顺遂，而后被诬下狱，谪戍东北；还京任词臣、侍读，晚年再次与二子一并被流放。乾隆六年（1741），卒于齐齐哈尔，享年 92 岁。他的一个儿子陈圣奖抱骨归籍，葬于故乡侯官梅亭。他起伏跌宕的人生境遇中，无论是顺境还是逆境，都能够保持读书人的本色，手不释卷，刻苦读书，勤于著述，甘之如饴，确实令人感佩。其著述除了《古今图书集成》之外，尚有《闲止书堂集》二卷、《日省堂文集》一卷、《天一道人集》一百卷等。

18. 林佶

林佶（1660—1723），字吉人，号鹿原，别署麓原子、紫微内史、鹿原学者、道山亭长、鹿原叟等，侯官（今福州）人。其先世于元末自莆田迁侯官，居光禄坊。其父林逊（？—1702），字敏于，号立轩，顺治十一年（1654）举人，曾在陕西三原，四川达州、开州等地任职。他一生性嗜金石古文，好读书。林佶载其父云：“家君向为令于秦，秦多刻石。家君旁搜而广辑之，得若干种，积三十余年，共聚为三百帙，而海内之传遗焉者，寡矣。家君归来，闭户而居，指斯帙示子孙曰：'吾宦囊尽在是矣。'"①

林佶生于这样书香门第之家，生而颖异，少即以才学名于乡。他自言："少年最喜事涉猎，插架荟萃丛百家。三间老屋一床几，獭祭往往穷日斜。"②可见林佶从小就喜欢涉猎群书，引经据典。文师汪琬，诗师陈廷敬、王士禛。崇尚朴学，博学能文，搜集图书，研究金石，工于书法，善楷篆隶。他还将老师的著述编辑为《尧峰文钞》，厘为《文》四十卷《诗》十卷，并亲自手写上板，由吴郡良工程济生镌刻，康熙三十二年（1693）刊行。此书与后来他手抄成篇、付良工雕成写刻本陈廷敬的《午亭文编》、王士禛的《渔洋山人精华录》《古夫于亭稿》，直接以书法家写样上板、名刻工精雕细刻的书籍，在当时极负盛名，被称为"林佶四写"，时人即有"读书如读帖"之盛誉。

康熙三十八年（1699），林佶中举，后入北京，游于士大夫之间，诗格益进。四十五年（1706），康熙北巡归，林佶作《日月合璧五星联珠赋》一册，并手抄御制《诗集》二函驰献，受到康熙帝赞许。林佶因工篆、隶、楷，被留直内廷，专理御制文章。五十一年（1712），林佶被赐恩科进士。翌年（1713），授内阁中书。后又被推荐分纂《诗经传说》，汇纂《子史精华》。雍正元年（1723），林佶被免职下狱，不久释放归原籍。林佶著有《朴学斋诗稿》十卷、《朴学斋文稿》一卷、《汉甘泉宫瓦记》一卷、《焦山古鼎诗》一卷以及《金辽备考》《游水尾岩记》等，辑有《渔洋山人精华录》《红雨楼题跋》等。

林佶是清初福州最著名的藏书家之一。一生嗜书如命，藏书宏富。特别注意收集名家藏本和闽中文献。康熙二十九年（1690）冬，林佶因有人索其书法而换购徐炯家藏的《礼经会元》本。收到之后，林佶十分高兴，作诗"不换鹅群换断篇，拙书何敢齿前贤"③为纪。林佶入京都之后，充分利用有利条件，收集了不少好书，正如他所言："宦游书癖老犹存，不似花飞辞故根。芸值陈编欣得友，居为数典笑遗孙。丛残还识原签样，补缀重看旧墨

---

① （清）林佶：《朴学斋文稿》卷一《金石录序》，清道光五年（1825）福州林氏荔水庄刻本。

② （清）林佶：《朴学斋诗稿》卷三，清道光五年（1825）福州林氏荔水庄刻本，第8页上。

③ 同上，补编《庚午除前三日题新得徐兴公家藏〈礼经会元〉本》，第27页上。

痕。且使病余清兴健，卷开如爇返香魂。"[1] 即使搜集到的书有破损，经过修补，依然兴奋不已。他还请人画一幅自己的读书图，挂在书房用以自警："欲请高人作画图，个中着我事咿唔。晚来相对青灯下，一样须眉愧此夫。"[2] 在林佶看来，荣华富贵如过眼烟云，能够终生伴随着书籍，清灯读书就知足了。正如他在《偶作》所咏："浮云世味何妨淡，终日心斋愿守愚。安得一苑临邃谷，十年抱膝读藏书。"[3] 林佶在京期间，收到其子林正青在家乡购得徐𤊹遗书五十余种，并录下该批 47 种书《目录》与《跋》。看到寄至京都的信后，喜而作一长诗以抒发情怀云："平生爱书癖，垂老未能释。譬如饕餮人，流涎嗜肥炙。又如聚敛者，铢锱务捃摭。"[4] 又有："昨复致二纸，快意说新获。书是徐氏遗，字是鳌峰迹。图印识收藏，题跋详绅绎，四十七种书，百十年间隔。一旦归书囊，如揖重来客。老夫闻之喜，欢酌双浮白。遗金纵满籝，何如万卷积。"[5] 为了蓄书，林佶曾"呕脱汝母钏，佐以古玩剧。煌煌二千本，奕奕充余宅"[6]。为了"购求儒先集录，毋虑数千卷，几复鳌峰徐氏之旧。而家也缘是贫，荔水庄池，半属他姓"[7]。林佶为保存徐𤊹遗书，使之流传于后世，的确功不可没[8]。

　　林佶住宅位于福州光禄坊中段北侧，号"荔水庄"，藏书处为"朴学斋陶舫书屋"。回乡后，将老屋三楹重新加以修整，"间为读书娱息之所，书籍几案错列"[9]，并作有《朴学斋记》一文以记之。郭白阳《竹间续话》卷四载："林吉人先生朴学斋在光禄坊，与许氏紫藤花庵遗址隔早题巷。先生自记谓：其师尧

---

[1]（清）林佶：《朴学斋诗稿》，卷七《新正欣得故书次方扶南韵》。

[2] 同上，卷九《拟绘读书图戏题自警》，第 2 页下。

[3] 同上，卷九《偶作》，第 1 页下。

[4] 同上，卷一，《青儿得鳌峰徐兴公遗书五十余种，录其目录与跋寄至京邸，喜而有作并示岍儿》，第 34 页下。

[5] 同上，第 35 页上。

[6] 同上。

[7]（清）林佶：《朴学斋文稿》卷一《上御史某公书》。

[8]《福建省图书馆善本书目》（第一辑）中善本书的藏书印有：明刻《西玄诗集》一卷，明刻《蔡中朗集》六卷，明刻《遗山文集》四十卷，明刻《佩兰子文集》三卷等，钤有徐兴公印，后递藏林佶，有林佶印。

[9]（清）林佶：《朴学斋小记》，民国抄本。

峰先生赠诗，有'区区朴学待君传'句，乃以名斋。中有陶舫，后冯笏骈缙居之，今属刘氏。"① 梁章钜有诗云："陶舫古胜迹，托始鹿原翁。当年兰话堂，名流塞其中。有楼志在是，有斋朴学崇。鹤巢枝窸窣，林亭花蒙胧。"诗后云："兰话堂、志在楼、朴学斋、鹤巢、林亭皆'陶舫'中旧迹。"②

经过林佶父子的不懈努力，朴学斋陶舫书屋的藏书日益丰富，多达七万余卷，其中多孤本、珍本，且有大批徐𤊹故物。林佶从不秘藏，尤好借抄。据载："徐乾学锓《通志堂经解》，朱彝尊选《明诗综》皆就传抄。"③ 他收藏图书目的在于不仅"自受读书益""展书乐晨夕"，他还希望"惟有教儿孙，冀永书香脉"④。

林佶对藏书爱护有加，每部藏书都有钤盖印章。知见的林佶藏书印有"林佶"白文方印、"鹿原"朱文方印、"长林"葫芦朱印、"鹿原林氏所藏"朱文方印，还有"吉人""鹿原林氏藏书""林佶之印""鹿原学者""吉人之辞""朴学斋""臣吉""林亭"等等。有的藏书，还有他的题跋与考证等。

林佶与徐氏红雨楼素有渊源。康熙二十九年（1690），林佶喜获红雨楼旧藏《礼经会元》本，"汲取新泉点碧芽，焚香默坐忆年华"⑤。后其子林正青购得徐氏遗书五十余种，抄存目录及其中47种内徐𤊹题跋一同寄往京师林佶官邸。林佶赋诗："昨复致二纸，快意说新获。书是徐氏遗，字是鳌峰迹。图印识收藏，题跋详纤绎。四十七种书，百十年间隔。一旦归书囊，如揖重来客。老夫闻之喜，欢酌双浮白。遗金纵满籝，何如万卷积。"⑥ 欣喜之情跃然纸上。可惜今天我们已难知道这一批书籍的目录。康熙五十八年（1719）六月，林佶记："吾闽兴公《红雨楼集》未受梓，此题跋一卷是从稿中录出者，尚未备。

---

① 稿本，第12页上。

② （清）梁章钜：《藤花吟馆诗抄》卷五，清道光五年（1825）刻本，第14页—16页。

③ （清）叶昌炽：《藏书纪事诗》卷四，上海古籍出版社，1989年，第239页。

④ （清）林佶：《朴学斋文稿》卷一，清道光五年（1825）荔水庄刻本，第35页上。

⑤ （清）林佶：《朴学斋诗稿》补编《庚午除前三日题新得徐兴公家藏〈礼经会元〉本》，第27页上。

⑥ 同上，卷一《青儿得鳌峰徐兴公遗书五十余种，录其目录与跋寄至京邸，喜而有作并示妍儿》，第34页下。

异日当广征并全集编刻以永其传。未知得吾愿否？"①可见林佶曾于《红雨楼集》稿本中辑得题跋一卷，凡一百四十则。清末缪荃孙曾据所录副本收入《重编红雨楼题跋》。

据《福建省图书馆善本书目》（第一辑）所载：福建省图书馆钤有林佶藏书印的有明刻本14部，清刻本2部，旧抄本5部。如：明正德刻本《石林燕语》十卷，明万历刻本《灼艾集》八卷，明刻本《佩兰子文集》三卷等。另据《大通楼藏书目录簿》所载："经部·春秋类"共著录34部，而钤盖有"鹿原林氏藏书"印记的就有11部，可见林佶好读"春秋类"等典籍。正如所自言："朴学为吾家学也。"福建师范大学图书馆珍藏的《［正德］福州府志》，原为徐𤈦旧藏，其卷二十八"林真"上方批注"佶四世祖也"，"像藏佶家"，可证此处批注者当为林佶无疑，该书曾为林佶所得。

19. 林在华

林在华，生卒年不详，字渭云，号惰农，侯官（今福州）人。国子生。工诗律，宗韩孟。工行书，萧疏古淡。曾参纂《福建通志》，多有考订。著有《惰农遗稿》。继承其父林侗之藏书。

20. 萧梦松

萧梦松，生卒年未详，约与林佶同时。字静君，号蓼亭，侯官（今福州）人。萧氏为闽中藏书旧家，从萧梦松曾祖父这一代就已经开始藏书，至萧梦松时已为四世藏书。曾祖父曾经担任湖广慈阳县令、益州郡丞等职，所在多异政。他好读书，为官时就收罗了不少的书籍。祖父萧京，父萧震，亦一生好读书、藏书。藏书达四万多卷，且多秘本，还编有藏书目录。

萧梦松从小就受到良好的教育，据郭柏苍《竹间十日话》卷一记载："陈祖虞，字燕臣，选子。康熙间，闽县岁贡生，潜心程朱之学，工古乐府，家贫。御史萧震慕其名，延为子师。"萧梦松不但有丰富的藏书，还有优秀的教师答疑解惑，因而学问大进。他与闽中著名藏书家林佶也是好朋友，两人常相互探讨、学习。林佶的《朴学斋诗稿》中就有《送萧静君之吴》诗云："邓尉梅花铜

---

① （清）缪荃孙：《重编红雨楼题跋》书后《附录》，清宣统二年（1910）赵诒琛刻《峭帆楼丛书》本。

井茶，扁舟曾共宿僧家。云严辛夷长荡柳，山楼尝把杯中酒。去年行乐惜无诗，今日送君还此诗。平生最爱江南景，一曲孤桐系别思。"①

耿精忠之乱，其父被耿精忠缢死。康熙十六年（1677），萧梦松乃避地金沙之豫林。次年（1678）冬，归闽。凡七月，再至金沙时，家难甫定，意始得学。在吴地，萧梦松结交了江苏藏书家韩慕庐与顾有典、顾有常兄弟。雍正四年（1726），萧梦松因父蒙冤，持状上京奏白其事，朝廷重新审理案子，后予以平反。

此后，萧梦松归故里，闭门研读，不问政事，以收藏图书金石为乐。自商周至清代，凡图书、金石、书画、刻削髹之属，无不搜罗，并筑藏书楼名山草堂藏之。藏金石书画处为兰话堂。

萧梦松曾两次游吴越等地，结识了很多藏书家，并购得不少图籍，也收集到不少徐㶿的藏书，如《南泉慈化寺志》《诗经质疑》等，这使得名山草堂藏书大增，达到了八万卷之多，其中藏书有宋元版珍本，多明本。《天禄琳琅书目》载其家藏有明刻《六子全书》，潘祖荫滂喜斋藏其明刻《刘屏山集》，涵芬楼有其明刻《李文饶公文集》，王大隆见其朱蓝两色手批汲古阁本《史记》残本两册，李盛铎木樨轩有其明刻《临川先生文集》百卷，莫伯骥有其《春秋公羊传》二十卷等。

萧梦松所藏书籍多有藏书题识，且多钤盖有藏书印。据笔者所知见，藏书印有："闽中蓼亭梦松图史之章""萧蓼亭四世家藏图籍""晋安萧蓼亭手定书籍""以身守之罔敢失堕""传之名山传之其人""溅之不清挠之不浊""偃息琴书之侧""兰陵世家""萧印梦松""静君""兰话堂""兰话堂书画印""萧斋""蓼矶真赏""萧蓼亭印""萧氏梦松""萧蓼亭""萧梦松印""杜门谢客，斋居一室，气味深美，山华野草，微风动摇，以此终日""名山草堂，萧然独居，门无车马，坐有图书。沈酣枕籍，不知其余，俯仰今昔，乐且晏如，萧蓼亭铭""天地奇文，名贤遗泽，蓼亭藏之，珍若圭璧；爱日轩中，以朝以夕，传诸后人，其永无斁""茶社未忘铜井约，草堂比似玉山灵。家藏四世以身守，谁得吾书视此铭"

① （清）林佶：《朴学斋诗稿》卷二《送萧静君之吴》，清道光五年（1825）福州林氏荔水庄刻本，第2页上。

等近 20 枚。江苏著名藏书家潘祖荫滂喜斋藏明刻《刘屏山集》卷前，即钤有萧梦松朱文大方印刻藏书铭曰："名山草堂，萧然独居，门无车马，坐有图书。沈酣枕籍，不知其余，俯仰今昔，乐且晏如，萧蓼亭铭。"从这些方印中可以看出萧梦松一生，是如何寄情于书籍而其乐无穷的。

萧梦松逝世后，藏书散佚于民间，其中许多手校、手批本落入福州书商之手，大部分藏书后来归林佶之子林正青所得。潘祖荫的滂喜斋也收有不少萧氏藏书，内有宋元版《史记》《汉书》《东都纪事》等珍善本。

21. 李馥

李馥（1666—1749），字汝嘉，号鹿山，别号信天居士、爱闲主人、福清李二使，福清人。一说李馥生于清康熙元年（1662），卒于乾隆十年（1745）。然据其《居业堂诗稿》壬子编《生日》诗自称："小阳十二我生辰，六十七年际盛春。"小阳又称小阳春，即农历十月。该"壬子"为清雍正十年（1732），是年李馥虚岁六十七。据此上推，他当生于清康熙五年（1666）。《[民国]福建通志》又载其"年八十四卒"，可知其卒年当为乾隆十四年（1749）。

李馥父早亡，由母亲抚养成人。清康熙二十三年（1684），乡试中举。四十二年（1703），与福州郡守顾焯等人在九仙山（今福州于山）平远台共创平远诗社。四十五年（1706），在京会试，不第。后经人推荐，在京任工部员外郎。四十八年（1709），转刑部郎中。四十九年（1710），出知重庆。在蜀为官三年，任满有政声。五十二年（1713），应召赴陕西，经山西、河北，再次进京。五十五年（1716），迁河东转运使。是年逢亢旱，民无以食。他勤政恤民，请截漕二十万，民不知饥。曾调升苏松常镇道、江苏按察使。五十七年（1718），又奉旨入都。五十九年（1720），任安徽布政使。依然体恤民情，忧民所忧。六十一年（1722），又升任浙江巡抚。方上任，洪灾泛滥。他尽心尽责，抗洪救灾。雍正二年（1724），被谤罢官，削迹入狱。不久出狱，一直蜗居苏、杭，十余年没能回乡。晚年孤苦伶仃，悲凉凄楚，终日读书消愁，触事兴怀，抚琴泣声，苦度残生。乾隆九年（1744），经奏准重赴鹿鸣筵宴。十四年（1749），年八十四卒。

李馥是清代康熙年间的一位地方官员、著名诗人和藏书家。他勤政报国，清廉爱民；身着官服，心羡布衣；酷爱藏书，孜孜为学；一生漂泊，暮年凄楚。所著《居业堂诗稿》，是其现存唯见的一部作品，仅有清稿本行世，鲜为人知。

《居业堂诗稿》不分卷，诗作系年编排。每年之始，卷端均题有"居业堂诗稿"和干支纪年。共收录了李馥30年间所创作的诗作，凡1400余首，内容十分丰富。其纪事、感怀之类的诗作，不仅可订补作者生平事迹，同时也比较真实、全面地反映了作者从政期间及被罢黜之后的思想情趣、悲欢离合及各种矛盾复杂的心态。即便是记游、咏物、赠答乃至部分应酬之作，亦多所寄托，具有重要的史料价值。

李馥一生嗜书如命，其藏书的经历和情怀，亦可从《居业堂诗稿》中窥得一斑。他每到一地任官，都竭力收集书籍。在蜀为官三年中，为政之余，常常"独座萧然手拥书"①，认为"至哉读书乐，意味淡愈长"②。在丁戊山前结庐居住时，"图书充屋"③，此时他的藏书已颇具规模，"书还藏得三千卷，田不须谋二顷良"④。任安徽布政使期间，仍然不断收罗书籍，自称："性无他癖只书淫"⑤，此时已是"万卷橱藏旧积书"⑥了。特别是他任浙江巡抚时，尽其俸禄购买善本图书，收集的书大多是外省前辈藏书家的藏书。"泉州李中丞馥抚吾浙时，收书极富，一时善本齐入曹仓，每册皆有图记，曰：'曾在李鹿山处'"⑦。除购买善本图书外，李馥还亲自抄写古籍。郑杰《注韩居藏书目》中著录"鹿山写本"甚众，可见他抄书甚多。《竹间十日话》记载："李馥，字汝嘉，康熙甲子举人。历官浙江巡抚，为人和厚谦谨，所至有贤声，家居藏书甚富。"⑧

雍正二年（1724），李馥被诬罢官入狱，家人典当田产并借债救之，不久便释放。因为官清廉，故乡无寸土，谪居苏州虎丘，飘零贫且窭。为生计所迫，只好"典鬻到琴书，颓败忝祢祖"⑨。其藏书遂开始逐步散出，"典籍贫来万卷

① （清）李馥：《居业堂诗稿》癸巳《□□》，清雍正稿本。
② 同上，癸巳《秋夜读书》。
③ 同上，甲午《将至夔州口占》。
④ 同上，丙申《答陈次庐吴少文》。
⑤ 同上，辛丑《漫书》。
⑥ 同上，辛丑《寄重山八哥》。
⑦ （清）叶昌炽：《藏书纪事诗》卷四，上海古籍出版社，1989年，第246页。
⑧ （清）郭柏苍：《竹间十日话》卷二，清光绪七年（1881）侯官郭氏刻本，第5页下。
⑨ （清）李馥：《居业堂诗稿》丙午《秋怀》，清雍正稿本。

散"①。然而，在他贫病交加的情况下，依然"白首穷弥坚，青灯老终矢"②，即使在"膏缺妨夜读，灶冷乏晨吹"的处境中，还能坚持"阅世冷看三尺剑，斋心静对一床书"③。他仕途坎坷，被谤罢官，但他认为："困穷岂尽诗书误，志节宁因放逐移。"④决心"读书伴老送生涯"⑤，且终日"残书重整不发尘，开卷追寻意义新"⑥，"俯仰探古今，惟恐有遗逸。左右列图书，药石砭衰疾"⑦。可谓兀兀穷年，学而不厌，尤其令人感佩！

雍正六年（1728），李馥的藏书已是"插架图书都向尽"⑧的境况了。留下的小部分常读书籍，除了自学之外，尚"留书为教子"⑨。他认为："人生不读书，衣冠而木偶。"⑩所以他要求儿子们"慎勿骋纷华，精勤探二酉"⑪。他课子甚严，经常"为语儿曹勤课诵，希贤总在古人书"⑫，"课子长吟诵，永日手一编"⑬，"三冬吟不辍，五夜手休停"⑭。晚年的李馥悲凉凄楚，虽然已经到了琴书典客难偿债的地步了，还是视书如命。《（辛亥）自嘲》诗曰："草满窗中总不除，囊空抵死欲营书。斯文结习难消化，多恐前身是蠹鱼。"《（乙卯）自讼》诗又云："尘心时自讼，习气未全除。布地搜奇卉，逢人借异书。"70岁之时，依然还是"琴书四壁静相依"⑮。看来，真是达到了"老更滞书淫"的境界了⑯。

李馥的藏书室名"居业堂"，但数万卷藏书转瞬之间旋散，犹如他一枚藏

---

① （清）李馥：《居业堂诗稿》丙午《次韵答叶芸三》，清雍正稿本。

② 同上，丙午《读书》。

③ 同上，丙午《书感》。

④ 同上，丙午《书怀》。

⑤ 同上，丁未《秋夜》。

⑥ 同上，壬子《理书》。

⑦ 同上，乙卯《读书》。

⑧ 同上，戊申《感怀寄大有》。

⑨ 同上，乙卯《希发》。

⑩ 同上，乙卯《示大舆》。

⑪ 同上，乙卯《示大舆》。

⑫ 同上，丙午《课儿》。

⑬ 同上，乙卯《书怀》。

⑭ 同上，戊子《示诸儿》。

⑮ 同上，乙卯《乙卯生日》。

⑯ 同上，乙卯《闲居》。

书印所云"过眼云烟"。除此之外，还有"曾在李鹿山处""鹿山李馥""信天居士""居业堂""不贪珍宝""生事不自谋""舍书百不欲""书魔惑""官贫心甚安""见客惟求转借书""居业堂李鹿山珍藏"等藏书章，从中充分地展现了李馥毕生藏书的心路履迹，并与其人生经历、性情、趣向相互印证。

李馥的藏书散出后，雍正七年（1729）晋江人蔡仕舢署浙江巡抚，搜集到了李馥的部分旧藏。晋江柯辂亦得数十本。柯辂在《书李中丞遗书后》载："榕城中丞李公鹿山家多藏书，每卷首盖一小印'曾在李鹿山处'。后散佚，晋江观风整俗使蔡公貌邨（蔡仕舢，号貌邨）得其书，每卷首亦盖一小印'又经蔡貌邨手'。二印相并，二公可谓达者，今皆流落殆尽。淳庵（柯辂，号淳庵）尝在永定得数十本。呜呼！盛衰之理，聚散之数，书籍犹不能长保，况其他乎？是数十本者，今又借居淳庵庋阁矣。"[①]此外，李馥的旧藏，或为黄虞世所收，或为郑杰所收、编入《注韩居藏书目》，或为陈征芝所收，编入《带经堂书目》，清末的李作梅也收藏到一些。这些书后又散落，部分为龚氏大通楼所得。今有小部分庋藏于福建省图书馆和福建师范大学图书馆。福建省图书馆钤有李馥藏书印的旧藏：明刻本十八部，清刻本一部，抄本四部。如：明万历二十三年刻本《尚书日记》十六卷、明万历刻本《檀弓述注》三卷、明万历三年刻本《洪武正韵》十六卷、明嘉靖四年刻本《新序》十卷、明崇祯汲古阁刻本《焦氏易林》四卷、明内府刻本《书传十全》十卷《图》一卷、明崇祯汲古阁刻本《汉隶字源》五卷《碑目》一卷《附字》一卷、精抄宋嘉定十四年许兴裔刻本《复斋易说》六卷、清康熙挺秀堂刻本《毛诗日笺》六卷等。李馥的清稿本《居业堂诗稿》，现藏福建师范大学图书馆。其中康熙甲申年卷端钤有"鹿山李馥""信天居士"，乙酉年卷端钤有"过眼云烟"，戊子年卷端钤有"不贪珍宝"，庚子年卷端钤有"福清李二使"，庚寅年卷端钤有"生事不自谋"，卷末钤有"舍书百不欲"，丙申年卷端钤有"书魔惑"，雍正戊申年卷端钤有"居业堂"，癸卯年卷端钤有"官贫心甚安"，丙午年卷末钤有"见客惟求转借书"等印记。

---

① （清）柯辂：《淳庵诗文集》卷六《书李中丞遗书后》，清嘉庆十四年（1809）邵武樵川学舍木活字印本，第37页下。

22.孟传德

孟传德（1670—1714），字惠卿，又字海岳，侯官（今福州）人。德自幼嗜书，无其他爱好，唯喜读书。每日坐卧于小楼中，吟诵不辍。因参加童子试不利，便无意于求取功名。中年后家道中落，所入不给，仍"性好读书，节衣缩食，辄购书，多至数千卷。凡所读者必录之。好医录、方书，亦积数十卷"①。他书法师赵吴兴，藏书中有大量的手抄本，由于"喜抄书，几所读者，必手录之，如《六经》《左氏传》《司马公通鉴》，秦汉唐宋元明古文，无不抄者"②。故其藏书日富。其孙孟超然继承其藏书（详见以下介绍）。

23.蔡仕舢

蔡仕舢（1671—1737），字诒霞，号貌邯，晋江人。少即聪颖好学。康熙三十二年（1693）举人，授鱼台知县。后取试刑部，又任广西司主事、监察御史等职。雍正六年（1728），授都察院佥都御史，充浙江观风整俗使。雍正七年（1729），署浙江巡抚。八年（1730），坐事降调。所著甚丰，主要有：《貌邯文集》《曳蝉集》《卷蛛集》《破蜉集》《蔡大中丞奏疏》《夹谷啼莺集》《虚白堂集》《依稀影响集》等。

蔡仕舢性嗜书，为官时喜好搜书、聚书。归乡时，年六十一，"藏书万卷，时手一编"③。藏书家李馥书散出后，部分归蔡仕舢。柯辂在《书李中丞遗书后》载："榕城中丞李公鹿山家多藏书，每卷首盖一小印'曾在李鹿山处'，后散佚。晋江观风整俗使蔡公貌邯得其书，每卷首亦盖一小印'又经蔡貌邯手'。二印相并，二公可谓达者，今皆流落殆尽。"④

24.郑善述

郑善述，生卒年不详，字孚世，号蕉溪，闽县（今福州）人。原籍长乐玉田，

---

① （清）陈寿祺纂，程祖洛等续修：《[道光]重纂福建通志》卷二百四十一，清同治七年至十年（1868—1871）刻本，第8页下。

② （清）孟超然：《瓶庵居士文钞》卷二，清嘉庆二十年（1815）刻本，第17页。

③ （清）怀荫布修，（清）黄任、郭赓式纂：《[乾隆]泉州府志》卷四十五，清同治九年（1870）刻本，第36页上。

④ （清）柯辂：《淳庵诗文集》卷六《书李中丞遗书后》，清嘉庆十四年（1809）邵武樵川学舍木活字印本，第37页下。

先籍闽县，后籍建安。其祖父郑邦祥，弱冠博极群书，能作书画、篆刻，曾与曹学佺、徐𤈷、谢肇淛等人主持诗坛，望重一时，著述甚富，有《玉蟾庵诗稿》六卷等。

郑善述有其祖之风，嗜书好学。康熙二十九年（1690）举人，四十六年（1707）授直隶固安知县，为官颇有政绩。辞官归田后，家居闭户却扫，"筑'木石居'，广不过一亩，草药盈栏，图书满架，文酒自娱"①。著有《木石居集》《敬修堂集》等。

郑善述课子甚严，日授经书尺许，子诵书有讹，则答骂之，后两个儿子郑方城、郑方坤均为进士。

25. 郑方城

郑方城（1678—1746），字则望，号石幢，寄籍建安（今建瓯）。少受业于严父，随任固安。习知政体，授泰宁训导。雍正元年（1723），举于乡。十一年（1733），成进士。知新繁县。后延主持锦江书院，人喜得师，遂卒于蜀。著有《燥吻集》《绿痕书屋诗集》等。

郑方城好藏金石书画，其弟郑方坤云："兄精于赏鉴，所携书画古器甚多。"② 其子郑天锦受父影响也好收藏。

26. 郑天锦

郑天锦，生卒年不详，字有章，一字芥舟，寄籍建安，郑方城之子。博学能文，以博学鸿词荐，辞不就。乾隆十七年（1752）成进士。知广东连山县，摄理瑶同知，民夷爱之，迁琼州同知，未抵任卒。好读书、藏书，有"旧雨轩"藏之。著有《连山县志》《芥舟诗文集》等。其藏书印有"郑天锦印""木石居士""芥舟"等。

27. 徐居敬

徐居敬，生卒年不详，字简之，晋江人。少有书癖，家多藏书，"购书近万卷，素好读《周易》。居敬自谓：'于易卦图像解索最深。'"③ 知府怀荫布重修府志，广征群书，因徐居敬家多藏书，特聘他一同纂修，志成颇称详备。

① （清）朱景星修，（清）郑祖庚纂：《［光绪］闽县乡土志》卷八十四，清光绪三十二年（1906）铅印本，第3页下。

② （清）郑方坤：《却扫斋诗集》卷一，清乾隆年间刻本，第40页下。

③ 郭可光编：《闽藏书家考略》卷二，郭氏白阳书室抄本，第7页下。

28. 伊为皋

伊为皋，生卒年、字号均不详，宁化人。"藏书数千卷，皆经点勘。撰著文字，手书精楷，成巨册者尺余"①。其孙伊朝栋、曾孙伊秉绶均为藏书大家（详见以下介绍）。

29. 林正青

林正青（1680—1756），字洙云，一字苍岩，侯官（今福州）人，林佶子。少为诸生，入鳌峰书院，名籍甚广。雍正年间，以岁贡应荐辟，授刑部山西司学习行走，善决疑狱。后改淮南小海场场司，清课饷，纂修《小海场新志》。盐场向无专志，林正青此举乃创始。以母告老归，曾参与编修《福州府志》，又在扬州梅花书院纂修《盐法志》。

林正青继承了其父林佶的藏书，注意收藏乡先贤遗下的藏书。曾作诗云："楼居拟仙境，况复拥书城。帘卷缥缃整，窗虚翰墨清。"②著有《瓣香堂集》《榕海旧闻》《榕海诗话》《小海场新志》等。其藏书印有"正青""洙云""正青之印""林洙云氏""瓣香堂"等。福建省图书馆藏有林正青的旧藏，已见的有明刻本《龙门子凝道记》《韩五泉诗》《西玄诗集》等。

30. 林在峨

林在峨，生卒年不详，字涪云，一字心香，侯官（今福州）人。林佶子、林正青弟。少好弄笔砚，博雅好古，工文辞，精书画。弱冠参纂钦定《古今图书集成》，循例授知县。乾隆元年（1736），再游京师，大学士赵国麟视为国士，将特荐之。未上，遂归寓胥江板桥（位于苏州），寓居小楼"环翠"，常与当地名士邵泰、李果等过从往来，作文酒之会。时写意作小幅竹石花葩，世人争相收藏。著有《陶舫集》《砚史》等。

林在峨继承其父兄的藏书，其藏书数十种百余卷，后被郑杰所收藏。陈征芝的带经堂也收藏了一些林佶的旧藏③。清道光中期，林氏藏书已星散四方。谢

---

①　陈衍等纂，魏应麒续纂：《［民国］福建通志》总卷三十四分卷三十七，民国二十七年（1938）刻本，第18页下。

②　（清）林正青：《瓣香堂诗集》卷一《藏书楼远眺》，抄本。

③　郑杰的《注韩居藏书书目》、陈征芝《带经堂书目》所辑录的书目后载的藏书印上有所反映，不少书都有林佶及子林正青的藏书印。

章铤《课余续录》载："近十数年来，先生之家颇中落，余时时从故书肆见洙云、心香两先生遗稿。道光丙午九月长乐后学谢章铤序。"[1]后部分藏书又递藏到福州龚氏大通楼。目前，除了福建省图书馆收藏有林佶的著述以及他和儿子正青的部分藏书外，福建师范大学图书馆、宁波图书馆、湖南师范大学图书馆等，也保存有不少林佶的旧藏。

31. 黄任

黄任（1683—1768），字于莘，又字莘田，号十砚主人、十砚老人、端溪长吏等。永福人。出生于世代书香，家学渊源，少俊好学，受业于福州著名诗人许友，又从外祖父处学诗，同时又拜从林佶学书法。康熙四十一年（1702），乡试中举。屡次进士不第，十分失意。后入京考选知县。雍正元年（1723），出任广东四会县令。次年（1724），兼署高要县事，任内颇有口碑。高要系古端州地，所辖之端溪三洞，正是著名的砚石产地。黄任工诗善书，尤有砚癖。于是在任上节衣缩食，将余俸购买砚石，得良砚百余台。后为小人所妒，于雍正五年（1727），被劾去职。罢官归里时，他选择质地最好者交付良工精制，最后选取十方最佳者，视为至宝。卸官后定居福州，在福州住宅南后街光禄坊早题巷的"香草斋"中，修建"十砚轩"收藏这些砚石，并自号十砚老人。

黄任工书法，能诗词，善言辩，诙谐谈笑，四座皆倾，诗名重于一时。乾隆十三年（1748），倡议重建福州西湖"宛在堂"，作为诗坛同仁吟诗聚会之所。二十七年（1762），年八十岁重赴鹿鸣宴，乡里引以为荣。

黄任一生作诗近千首，其诗委婉奇丽，造诣甚深，为清初福建最重要的诗人之一。著作甚多，主要有：《香草斋集》六卷、《香草斋诗话》四卷、《秋江诗集》六卷、《消夏录》二卷、《十砚轩随笔》等；参与编纂《[乾隆]泉州府志》《鼓山志》《[乾隆]永春州志》《[康熙]沙县志》等。

性好藏书，庋藏甚多。《十砚轩诗钞小传》云其："拂衣归里，宦囊萧然，惟端坑石数枚，诗束两牛腰而已。所居矮屋三楹，花竹秀野，图史纵横，饮馔裙屐间，具有雅人深致。"[2]其藏书室名"香草斋"，又名"十砚轩"。《竹间续话》

---

① （清）谢章铤：《课余续录》卷二，清光绪二十六年（1900）福州刻本，第6页下。
② （清）郑方坤：《国朝名家诗钞小传》，清光绪十二年（1886）刻本，第111页。

载："黄莘田先生'香草斋'，在光禄坊早题巷，为许瓯香'墨庵'之旧址。先生为瓯香外孙，读书其中，庭前环植兰蕙，因以'香草'额其斋。"[1]斋中庋藏图书甚多。据李盛铎《木樨轩藏书题记及书录》记载：《古玉图谱》残本，宋龙大渊编纂，清影抄宋本。收藏有'黄任之印''莘田氏'二白文方印，'香草斋黄氏印'朱文长方印。"[2]又载："《浮溪文粹》十五卷，汪藻撰，明嘉靖钱芹重刻，正德马金本。收藏有'黄任之印''莘田氏'二朱文方印。"[3]另据《志颐堂集》载："宋刊《韦苏州集》后有跋，松云自云为莘田先生所赠。"[4]据《福建省图书馆善本书目》所载，钤有黄任藏书印的有：《屠康僖公文集》六卷，明万历刻本，有"黄任之印""莘田氏"印记；《小草斋集》明刻本，有"黄任之印""莘田氏"印记；《栾城集》明刻本，有"十砚轩图书"印记等。

32. 黄虞世

黄虞世，生卒年不详，字成运，号韶庭，永福（今永泰）人，黄任侄子。少师事黄任，受其影响，也嗜好藏书。"家有'凌沧楼'，藏书万卷，多曹（学佺）、徐（𤊹）、谢（肇淛）及鹿山（李馥）等家藏秘本。遂弃举子业，日枕籍其中。所居有冻井，自号'冻井山人'"[5]。著有《冻井山房》诗集。刘永标《题黄成运冻井山房》云："之子岂逃世，比来成隐居。闭门坐峦岫，入室只图书。留客小庭静，名花秋日舒。旷然天地意，生理未迁疏。"[6]可见他好书如此。

33. 郑黄灿

郑黄灿，生卒年不详，字屺瞻，号逸溪山人，仙游人。康熙四十四年（1705），举于乡。知江南兴化县四年。后丁内艰归。宏览群书，才高学博，广搜典籍，勤于著述。"鬻产置书，牙签甚富，有人所未经寓目者，辄默诵无遗……先是令兴化时，携眷而往，书籍尽寄及门吴某家，俱为蠹蚀，并其著作各种罕

---

① 郭白阳:《竹间续话》，海风出版社，2001 年，第 30 页。

② 北京大学出版社，1985 年，第 12 页。

③ 同上。

④ 转引自:梁战、郭群一编:《历代藏书家辞典》，陕西人民出版社，1991 年，第 390 页。

⑤ 董秉清修，王绍沂等纂:《［民国］永泰县志》卷九，民国十一年（1922）铅印本，第 28 页下。

⑥ （清）刘永标:《盥白斋诗抄》卷三，清道光八年（1828）刻本，第 7 页上。

存者，学者惜之"①。著有《耐斋诗稿》《兰陔堂》等。

34. 朱霞

朱霞，生卒年不详，字天锦，号曲庐，建宁人。康熙年间庠贡生。少有经世志，孝友好礼。"好浏览，载籍购书充栋"②。"构书室名曰'曲庐'，藏书至万卷，手自丹黄"③。时人朱仕琇称："曲庐先生既筑别业，延师课子弟其中。"④

朱霞不仅嗜藏书，还热衷于编辑、刻印图书。康熙六十一年（1722），他以"绥安双笏山房"为名号，刻印了《樵川二家诗》《绥安二布衣诗抄》等书。

朱霞博学工诗文，一生所著甚多。主要有：《庙学全书》二卷、《闽海杂记》十六卷、《勉贻集》二卷、《闽海风雅》三十卷以及《拟志补遗编》《曲庐诗钞》《雪庄诗文集》等。

35. 张星徽

张星徽，生卒年不详，字北拱，号居亭，同安人。康熙五十六年（1717），乡试中举。康熙六十年（1721），会试榜中式，但考卷复核后被取消资格，自是绝意进取。二十余岁时，筑"塞翁亭"，购置了大量书籍，读书不倦。喜好《左传》《战国》，肆力于古文辞，其为文务求开阖张弛。后以举人身份，授望江县令，又改为海澄教谕，主持该县孔庙祭祀，宣讲儒家经典等。任上勤于职守，严格训导县学生徒。勤奋苦学，不解衣而卧近十年，终于学业大进。雍正八年（1730），会试中式进士，名列第五。后在霞漳芝山书院执教。

张星徽一生嗜书，"生平好学慕古，遍读群书，老而弥笃"⑤。"其家富饶，耗于购书。"⑥著有《历代名吏录》四卷、《春秋四传管窥》三十二卷、《天下要书》

---

① （清）胡启植修，（清）叶和侃等纂：《［乾隆］仙游县志》卷三十九，民国十九年（1930）铅印本，第6页上。

② 陈衍等纂，魏应麒续纂：《［民国］福建通志》总卷三十九，民国二十七年（1938）刻本，第29页下。

③ 郭可光编：《闽藏书家考略》卷二，郭氏白阳书室抄本，第22页上。

④ （清）朱仕琇：《梅崖居士文集》卷十，清乾隆四十七年（1782）松谷刻本，第14页上。

⑤ 林学增修，吴锡璜等纂：《［民国］同安县志》卷三十一，民国十八年（1929）铅印本，第11页上。

⑥ 陈衍等纂，魏应麒续纂：《［民国］福建通志》总卷三十九，民国二十七年（1938）刻本，第25页下。

十八卷、《先儒精义会通》九十八卷、《评注战国策全集》十八卷、《湖山诗文稿》等。卒后，诸子不能继承其事业，所藏图书大部分散佚无存。

36. 许均

许均，生卒年不详，字叔调，又字雪村，侯官人。许氏三世皆以诗书画出名，祖父许友（1615—1663），字有介，又字介寿，号瓯香。才兼三绝，名盛一时，诗孤旷高迥，工草书，兼善画竹，酷慕宋米芾，筑"米友堂"祀之。父许遇，字不弃，一字真意，顺治间贡生，工书画。

许家在福州乌石山脚下光禄坊，有一青嶂白云、回环雉堞的园林名"涛园"，周亮工为其撰楹联云："文献世家遗硕士，江山故国有涛园。"顺治年间，许遇于园中建"匏庵""真意斋"。雍正年间，许遇长子许鼎，又修葺之，复辟"瞻云堂"。

许均为许遇四子，出身于书香门第，克承家学，生平好读书。康熙五十七年（1718）进士，选翰林院庶吉士。散馆，授改吏部考功主事。为官冰心铁面，人不敢干以私。不久，擢礼部郎中，后推荐清查江南亏空钱粮。许均分查扬州，不苟不纵，卒于任上。著有《玉琴书屋诗钞》一卷、《雪村诗集》一卷。

许均收藏的图书甚多。知见的藏书印有"许均之印""许均""叔子""雪村"等。龚氏大通楼搜集到其部分藏书。龚礼逸《大通楼五万卷藏书楹藏书目录》卷三第十四页载："《易林》卷四，有'许均之印''叔子'"等印。第十八页又载："《茶史》二卷，清刘源长撰，刊本。有'许均''叔子''雪村'等印记。"[①]

许氏藏书后散佚，张际亮《铁堂诗抄·序》云："国家治平久矣，吾乡无兵火之患，许氏旧家其先人遗书乃多散佚，其生平游处之地亦废圮。"[②]

37. 谢道承

谢道承（1691—1741），字又绍，一字古梅，别号种芋山人，闽县人。谢道承生卒年史传不载，据林在华《惰农遗稿》卷二云："古梅先生年三十始举于乡。"是年为康熙五十九年（1720），以"年三十始举于乡"上推，当生于康熙三十年（1691）。又吴文焕《小兰陔诗集·序》云："古梅于辛酉七月卒于京师。"

---

① 福建省图书馆藏抄本。
② 许珌：《铁堂诗抄》，清道光十四年（1834）广东刻本。

辛酉为乾隆六年（1741）。

谢道承幼孤力学，康熙六十年（1721）中进士，选翰林院庶吉士。曾上奏请禁营私、植党等六弊，不被采纳，颇感失望。雍正元年（1723），散馆，授翰林院编修。三年（1725）九月，他恐前疏得祸，又因母老，托病辞职回家。归里后，筑"一枝山房"，又名"鶒鶒山房"为别业，读书其中。与里中名士陈星斋、黄任等人在法海寺结社，作诗唱和。雍正六年（1728），与福清刘敬与同纂《福建通志》，任总纂，设志局于法海寺，历时九载，于乾隆二年（1737）成书，凡七十八卷，分三十六类，是清代第二部福建省志，世称"乾隆志"。该志史料翔实，记述有据。乾隆三年（1738），母服阕，召见授太子中允，晋侍读，升国子祭酒，转内阁学士兼礼部侍郎。六年（1741）七月，以病卒于任上。著有：《汉魏碑刻纪存》《小兰陔诗集》《二梅亭集》《砚史》等。

谢道承为清初福建著名文学家与书法家，尤工诗文，学白居易，写实之作，通俗易懂，超出同辈，闽人一时推重之。曾随舅林佶游，两人皆好蓄书、古帖碑刻。还常招集里中名士，在二梅亭石鼓上，排列金石古刻，以鉴别秘本、善拓，为决定胜负。谢道承有梅癖，其居曰"二梅亭"。《乌石山志》载："谢阁学道承宅在官贤坊，其宅与侯官学之奎光阁相向。道承于宅中为其母建堂，曰'三知堂'。又于宅之东向作门，通来魁里。穿池，树二梅，因名'二梅亭'。绘《循陔图》奉母，读书其中。"[①]二梅亭后屋三楹为藏书及读书处，中虚其地，半为池、半种植。他肆力收藏的金石、古名帖及各类图籍，贮于二梅亭中。其藏书印有"侯官谢古梅道承藏书""道承图书""闽中谢又绍鉴藏经籍图史之章""又绍鉴藏""又绍氏""道承之印""春草堂图籍真赏"等。福建省图书馆善本书库钤盖其藏书印的有：明嘉靖刻本《青霞文集》六卷、明万历刻本《南首新赋》不分卷、清康熙刻本《明文在》一百卷等。

谢道承有子谢璇、谢璟，皆好读书、藏书。谢道承及其子谢璇的藏书散出后，大部分散佚。谢章铤曾感叹道："二梅亭下草如烟，剩有新诗一百篇。十载

---

① （清）郭柏苍、刘永松纂辑，福州市地方志编纂委员会整理：《乌石山志》，海风出版社，2001年，第157页。

凄凉慈母泪，那堪读史数尧年。"①其中少部分如宋王安石的《王临川集》一百卷、明曹学佺的《石仓诗文集》四十八卷、明李嘉熙的《元居集》十卷、宋陆游的《剑南诗稿》八十五卷等书，后为陈征芝所收藏，并被载入《带经堂书目》。龚氏大通楼也收有谢道承及其子的一些旧藏。福建省图书馆藏抄本龚礼逸《大通楼五万卷藏书楹藏书目录》所载藏书中有谢道承的藏书印，如：卷二第五页载有："《玄经》十卷，有'闽中谢又绍鉴藏经籍图史之章'"；卷四第二十页"《南都新赋》有：'又绍氏''闽中谢又绍鉴藏经籍图史之章'"；第三十七页有："'道承图书''道承之印'"等。

38. 谢璇

谢璇，生卒年不详，字征云，闽县（今福州）人，谢道承长子。乾隆十三年（1748）进士，选翰林院庶吉士。散馆，任户部额外主事。辑有《唐四家诗》等。在其父藏书的基础上，继续收集。藏书印有"谢璇之印""小字征云""鹪鹩山房"等。

39. 邹圣脉

邹圣脉（1691—1762），字宜彦，号梧冈，连城人。出身于刻书世家，其父仁声，"尝勘雠经史而梓之，散布四方，俾学者的穷源涉津，访佚典，搜秘文，咸以补正学。于是缥囊缃帙，邹氏之书走天下"②。邹仁声致富后，特筑一书屋，名曰"梅园"，延师课子。

邹圣脉虽颇具文才，但运气不佳，数次应试不第后，放弃举业。又自负才高，一生郁郁不得志，晚年弃俗务，"筑精舍于石青之谷，以为别墅。牙签万轴，诗酒自娱"③。有"梧冈书屋"等藏书印。其故居原名"梅园四楼"，座落在雾阁村梧桐岗坡，门额上书"梅园"二字，为邹圣脉亲笔所题。内有"芸香楼"，为邹圣脉藏书、读书处。民国一场大火，将雄伟的"梅园四楼"毁于一旦，如

---

① （清）谢章铤：《读〈全闽诗话〉杂感》，《赌棋山庄稿本》第2册《诗集三》，江苏古籍出版社，2000年，第84页。

② 四堡邹氏编：《闽汀龙足乡邹氏族谱》卷十九《寿文》，民国三十六年（1947）木活字本，第5页。

③ 王集吾修，邓光瀛等纂：《［民国］连城县志》卷二十六，民国二十八年（1939）维新书局铅印本，第11页下。

今仅剩下断壁残垣和一座小堆斗门楼。著有《寄傲山房诗文集》，辑有《增补五经备旨粹精》等。

40. 郑方坤

郑方坤（1693—约1770），字则厚，号荔乡，又号青杉，别号荔乡居士，寄籍建安（今建瓯）。雍正元年（1723）进士。知直隶邯郸县，升景州知州，官武定、山东兖州知府等职。为官多善政，后以病乞休。博学有才藻，好搜罗文献。其诗下笔不休，有凌厉一切之意。尤力攻严羽《沧浪诗话》，与兄方城友谊最笃，竟爽齐名，有《却扫斋倡和集》二卷、《经稗》六卷、《蔗尾集》十五卷、《岭海丛编》四十卷、《国朝名家诗钞小传》二卷，辑有《五代诗话》十卷、《全闽诗话》十二卷等。

郑方坤好读书，其《读书札记·小序》云："予少无他嗜好，独喜读书。自经书子史外，几汉魏朝之丛书，唐宋以来先正名家之诗文集，旁逮天官、周志、释、典、神、经、兵法、农师、算书、韵学以及书林、画苑、稗官、院本等编，口沫手胝，焚膏继晷。"[①]酷嗜图籍，喜搜罗图书文献，藏书数万卷，藏书处名为"却扫斋"。又好搜古访旧，见有残碑断版等仅有存者，务必搜剔摩挲，不忍释手。后因故全家徙居建安，其家中藏书均寄存于闽县陈县令家。"蔡容曾从其邻陈县令借读郑方坤所寄书数万卷"[②]。郑方坤膝下多女儿，受其影响，亦能做诗，其女著有《垂露斋唱和集》。

郑方坤藏书后遭水患，多所散失。据徐经所撰《慎道集文钞后·诗钞小传序》记载："闽前辈郑荔乡先生……先生用心可谓勤矣。惟是迄兹数十年，芝城两遭水患，先生藏书多漂失，则所抄九十八人之诗，其不存者过半矣。先生之孙，现登贤书者数辈，异日宦游四方，按其所缺，补而刊之。先生之光，亦闽中之光，诚盛事哉。"[③]

郑方坤藏书印有"荔乡""方坤图书""郑氏""青毡我家旧物""几生修得

---

① （清）郑方坤:《蔗尾集》卷上，清乾隆年间刻本，第45页上。

② 陈衍等纂，魏应麒续纂:《[民国]福建通志》总卷三十九，民国二十七年（1938）刻本，第6页上。

③ （清）徐经:《雅歌堂全集》卷十三，清光绪二年（1876）潭阳徐氏刻本，第6页上。

到梅花"“郑方坤印”“脉望”“荔乡郑氏”“抄诗听小胥”等。

41. 陈椿

陈椿，生卒年不详，字大年，号古园，上杭人。雍正元年（1723）举人。后授内阁中书，又官刑部清吏司。好藏书，藏书处为“尺璧斋”。《面城精舍书谈稿》载：“上杭陈氏‘尺璧斋’，崛起于李（枝青）为先。古园（讳椿，官刑部清吏司）先辈，当康熙时以京曹冷秩，蓄意收藏，经籍而外，兼及书画，所收名迹如王右军《感怀诗帖》等，稀世之宝也。藏书善者有：明刊徐惟和《幔亭诗集》、汲古阁刊陆游《剑南诗抄》、康熙殿本《唐宋诗选》，又王渔阳《千金谱》、纪批《带经堂诗集》、卞永誉《式古堂法帖》、乾隆铜版《耕织图》，皆书林瑰宝也。”[①]

42. 林琼蕤

林琼蕤，生卒年不详，字光可，一字朗山，长乐人。雍正八年（1730）进士，选翰林院庶吉士。散馆，授直隶高阳知县。为官有政声，后以老疾乞休。“归装唯积书数篋而已。年七十，手犹不释卷”[②]《长乐县志》载：“琼蕤宦归无长物，惟积书十数万卷。”[③] 著有《兰瑞堂文稿》《四书说解》《唐诗直解》《左传评注》等。子林振采、林振品尽读家所藏书，学博才高，身后著述、藏书，尽皆散佚无存，学者惜之。

43. 陈永书

陈永书，生卒年不详，字茂亮，一字寅轩，长乐人。乾隆三年（1738）副贡。天资敏悟，过目成诵，初从王思猷游学。为文清越豪迈，与黄典、林琼蕤相友善。游学会城时，称吴航三才子。知县贺世骏慕其学，聘其修县志。“家藏书甚富，而搜罗抄录，殆无虚日”[④]。著有《事类数目考》二十卷、《诗书条贯》三卷行世。

44. 徐时作

徐时作（1697—1777），字邨候，号筠亭，建宁人。八岁父亡，幼能自励于学，家贫无所得书，则从诸戚友借书，手自纂录，诵读之。雍正四年（1726），

---

① 郭曾嘉编：《面城精舍书谈稿》，民国三十二年（1943）石印本，第 1 页上。

② 同上，第 20 页下。

③ 孟昭涵修，李驹纂：《[民国]长乐县志》卷二十三，民国六年（1917）铅印本，第 25 页上。

④ 同上，第 8 页下。

举于乡。五年（1727），成进士，选翰林院庶吉士。八年（1730），散馆，授知直隶成安县。历调数邑，历任邢台知县，开州、沧州知州等职。居官清正，为政以人心风俗为本，顺民之所欲。为官期间，修葺学舍及忠孝节义诸祠，教育民众，暇则与士子讲论学业。辞官之后，修祖墓、创祖祠，倡首建瀍川书院，立学约社，膏火以赡生徒，聘名师以教邑子弟。又倡举兴贤会，为邑人士乡会试提供经费。卒年有八十有一。著有《崇本山堂诗文集》《闲居偶录》《菜堂节录》《啸月亭笔记》等。大抵有所闻见，嘉言懿行，必记录下来。还镌刻前贤遗书及朋友故旧遗集凡十余种。

徐时作好读书藏书，《菜堂节录·序》云："建宁徐先生以名进士……先生读书之室曰'菜堂'。性又博达，嗜学不倦，以坟典自娱，考证经史，辨订舛误。"[1] 所撰《菜堂节录》卷二十自称："予生平无他好，惟好读书……余雅有书癖，构'锄经''书隐'二楼，贮书万卷于中。明窗净几，诵读不辍。除应酬纷务外，苟有片暇，即编阅，左右罗列，高下峻嶒，殆比于曹氏之书仓，陆子之书巢矣。亦可涤性，亦可怡情，以日以年，不知天壤间，更有何可乐也。"[2]

二、乾隆、嘉庆、道光时期的藏书家

1. 陈思敬

陈思敬，生卒年不详，字泰初，号鹤山，同安人。副贡生，家饶于财，其诸兄多才俊，官中书者数人。而"思敬闭户读书，好儒先说，家积书四万余卷。手校几遍，为文学古文，不遂时好"[3]。陈思敬好扶贫济困，常以油米助邻人，乾隆十八年（1752），捐三千金重修贡院，又曾倡建大轮山、高浦二书院，又资业师之孙读书。他素知医，开药亲手自采制药以治疗病人。佃户欠其钱无力偿还者，便将欠条付诸火。著有《鹤山遗集》六卷等。

2. 黄景云

黄景云，生卒年不详，字达天，浦城人。乾隆四年（1739），登明通榜举人，

---

① （清）徐时作：《菜堂节录》，清乾隆三十年（1765）刻本。
② 同上，卷二十。
③ （清）朱仕琇：《梅崖居士文集》卷二，《陈太学传》，清乾隆四十七年（1782）刻本，第15页上。

选授福清县学教授。"家素雄于资，景云悉散而聚书。闻有异本，必多方购致，或借自旧家，即手抄录。晨编夕纂，寒暑不辍。以故黄氏藏书甲一邑……构'寓斋'于后圃，储书其中，扃户读之。非手自启门，无敢以片语闻者，如是者九年"①。

3. 郑王臣

郑王臣，生卒年不详，字慎人，一字兰陔，号黄石山人，莆田人，郑志之孙。资质过人，敏而好学，少时一目十行，有"神童"之称。成年后则有"博雅鸿通""闽中独秀"之誉。乾隆六年（1741）拔贡生，充武英殿校录，一时蜚声艺苑。后被免职归乡家居十余年，勤学苦读，专心著述。乾隆二十六年（1761），为顺天乡试副举人。历知四川铜梁、成都二县。在任期间，兴利除弊，修城池，立社仓，颇有政绩。后官累迁至兰州知府，奉使西藏，不久引疾归。

郑王臣嗜书好学，于书无所不读，故博学多才。酷爱藏书，为宦之时广购群书。《莆阳诗辑》云："兰州太守为渔仲后裔，去官日，载书万卷归夹漈。"②归里后，博览藏书，潜心编撰，所著甚富，有《莆风清籁集》《毛诗识小录》《兰陔诗话》《兰陔四六》《兰社诗稿》《黄石山人诗集》《南湖风雅》等。其中《莆风清籁集》六十卷，搜罗、辑录了莆田自唐宋至清朝的1900多位诗人的3000余篇诗作③，仿照元好问的《中州集》体例编撰而成。书中对每位莆田籍诗人的居住出处、生平、著作及其诗评，都做了详细的介绍，是了解莆田文献的难得珍贵资料。《兰陔诗话》则附于《莆风清籁集》中各诗人或诗作之后。《诗话》对所录诗人和诗作作了简要的评点或评述。内容丰富，而其中论及莆田诗歌流派及文学发展的内容，更是一地文学研究的重要史料。

4. 叶观国

叶观国（1720—1792），字家光，号毅庵，晚又号存吾。先祖原居福清，顺治年间迁居闽县（今福州），故为闽县人。叶观国为叶氏入闽第十六世。乾隆

---

① （清）吕渭英修，翁昭泰纂：《［光绪］续修浦城县志》卷二十三，清光绪二十六（1900）年南浦书院刻本，第12页上。

② （清）涂庆澜：《莆阳诗辑》卷一，清光绪二十七年（1901）莆田荔隐山房刻本。

③ 黄祖绪考证核实所录诗人为1075人。

十二年（1747），乡试中举。十六年（1751），登进士第，选翰林院庶吉士。散馆，授翰林院编修。十八年（1753），典河南乡试。榜下，皆寒俊宿学，声誉由此振起。二十一年（1756），典湖北乡试。事竣，奉命督学云南。二十五年（1760），典湖南乡试。二十七年（1762），充顺天乡试分校，十月又奉命督学广西。三十年（1765），丁父忧，归里家居。三十二年（1767），服阕。三十三年（1768）入都，补官充教习庶吉士。三十六年（1771），典云南乡试。三十七年（1772），充会试分校。同年假归，奉母家居。三十八年（1773），调任编修《四库全书》福建省局总校。四十一年（1776），主讲泉州清源书院。四十四年（1779）秋，复入都补官，以原衔充日讲起居注官。四十五年（1780），擢翰林院侍讲学士。四十六年（1781），充武会试总裁。四十七年（1782），以品学兼优，命入直尚书房，蒙召入重华宫，赐宴和诗，以勤慎迭叨赏赉。四十八年（1783），典四川乡试，即于闱中奉命督学安徽。戊申（1788），乾隆秋狝，扈跸木兰。五十四年（1789），以足疾乞归。晚居福州文儒坊北，因性苦爱竹，书屋署"绿筠"。自称："读书期致用，修绠成经纶。勋名垂汗竹，膏泽被蒸民……万卷拟百城，亦足娱自身。"① 又在福州乌石山东麓天皇岭下"第一山"鳞次台购建别墅。"鳞次山房，俗又呼'第一山房'，国朝乾隆间，叶宫詹观国读书其中，自号'双榕书屋'"② 因该地有两棵大树，因而名之。在此专门缮阅书史，从事著述。

叶观国性喜收藏，其"绿筠书屋"与"双榕书屋"，藏书六万余卷。平时阅书史，每有所得，便作诗纪之，达数千首。把所写的关于经史方面的文章集成一部四卷，名为《老学斋随笔》。此外，还著有《绿筠书屋诗钞》《闽中杂记》《秋狝获白鹿赋》等。

叶观国不仅藏书，而且还珍藏有名贵字画、古砚等，自言："余家有赵大年《桃花图》单条、赵伯驹《辋川图》长卷，为皇十一子所贻，皆内府收藏物也。"③

叶观国历官数十年，八掌试事，三任学政，操守廉严，鉴别精审，勤勉谨慎，

---

① （清）叶观国：《绿筠书屋诗钞》卷一《秋斋杂诗十二首》之九，清乾隆五十七年（1792）刻本，第3页下。

② （清）郭柏苍、刘永松纂辑：《乌石山志》，海风出版社，2001年，第141页。

③ （清）叶观国：《绿筠书屋诗钞》卷十七《杂诗三十首》之十四注，清乾隆五十七年（1792）刻本，第8页上。

清介恭俭，体察民瘼，世人赞誉。晚归故里，著书立说，庋藏典籍，名重一时。子七：申蓄、申菜、申蔚、申蔼、申苞、申万、申芗，均科第有名。

三山叶氏，自叶观国以降，封祖荫子，族望大开，累代甲科，光耀门闾，遂成"六世八翰林十二进士"之辉煌，实为清中晚期福州家族科第之少有。清末科举颓废，部分叶氏后裔，不囿旧学，崇尚新学，中西相益，令人感佩！

5. 林芳春

林芳春（1729—1812），字崇兰，号敬庐，侯官人。乾隆二十一年（1756）举人，大挑一等，为山东海丰知县。年八十，犹好学不倦。著有《介石堂文集》七卷。其自撰《自得园记》说："余所居之偏有废圃焉，以为园大不过数亩。其北有堂，堂后屋数楹，前有大池，池中有莲有鱼；西有楼，楼上藏书数千卷……客至则集前堂，时而登楼共读未见书，相与纵谈古今浩然也。"①

6. 伊朝栋

伊朝栋（1729—1807），字用侯，福建宁化人。伊为皋之孙，伊秉绶之父。乾隆三十四年（1769），登进士第，选翰林院庶吉士。散馆，任刑部郎中，治事勤恪公正。后官至光禄寺卿等职。受业于理学大师雷铉，通程朱之学，为蔡世远所称誉。诗风高韵逸气，清隽儒雅。著有《赐砚斋诗钞》四卷、《南窗丛记》八卷、《宁阳诗存》三卷等。

7. 蔡容

蔡容（？—1806），字惟英，号于麓，闽县（今福州）人。乾隆年间贡生。"先世多聚书，蔡容尽读家所藏。"② 时人陈庚焕《记蔡于麓先生遗事》载："先生幼为大父所器，不令遽治举子业。成童尽读其家藏书，始涉笔为时文，辄惊老宿。益从其邻陈浴斋大令家，借读郑荔乡太守所寄书数万卷。所读观其大意，必其实用，不屑其糟粕。"③ 弱冠时，为书积数寸，独喜经济之学，旁及骑射技击。尝浮海泛江、结交名士。著有《四书讲义》《烬余集》《猎蜡集》等。

---

① （清）林芳春撰：《介石堂文抄》卷二《自得园记》，清道光五年（1825）刻本。

② 陈衍等纂，魏应麒续纂：《［民国］福建通志》总卷三十九，民国二十七年（1938）刻本，第6页上。

③ （清）陈庚焕：《惕园初稿》卷三，清道光元年（1821）刻本，第26页上。

8. 孟超然

孟超然（1731—1797），字朝举，号亦园亭主人、瓶庵居士，侯官（今福州）人。自幼才学过人，乾隆二十四年（1759），举乡试第一。次年（1760），成进士，选翰林院庶吉士。散馆，授兵部主事，累迁吏部郎中。三十年（1765），充广西乡试副考官，升员外郎。再充顺天乡试同考官，不久奉命督学四川，迁郎中。后以亲老辞官。归里后，杜门不出，潜心读书。主持鳌峰书院，在鳌峰书院主讲八年，倡明正学，一时从学之众，称盛于时。

孟超然著述颇多，主要有：《瓶庵居士文钞》《瓶庵居士诗钞》《瓜棚避暑录》《丧礼辑略》《广爱录》《焚香录》《求复录》《诚是录》《晚闻录》《家诫录》《使粤日记》《使蜀日记》等。生前，所有著作均未付梓。去世后，学者们立祠祀之。长孙将其遗稿委托陈寿祺编校，由另一位门人冯缙于嘉庆二十年（1815）刊刻行世。

孟超然嗜书如命，藏书甚多，主要有两个来源：其一，先辈"家传有青毡"[①]，继承了祖父孟传德的旧藏；其二，孟超然大部分的藏书是为官期间搜罗得来的。其园林名"亦园亭"。自撰《亦园亭记》云："屋后有地数弓，邻学宫射圃小斋三楹，一亭中峙。余取西湖宛在堂竹环植之，间以他卉木，名之'亦园亭'。命二儿子读书其中，颇远尘嚣之积也。"[②]园中藏书处为"学古退斋"等，藏书积聚宏富，达数万卷。

孟超然为学而藏书，读书有识，不为世俗所牵。"家居，手不释卷，而著述不轻示人。藏书丹铅殆遍，笔其所见所疑，纸尾眉间，蝇头间错。多发前人所未发，有补于世教。"[③]期望子孙亦能读，"闭户勤检束，残书尚满床，犹冀儿郎读诸公"[④]。孟超然不仅富藏书，还收藏有不少的金石碑刻拓本，如：《唐兖州都督于知微碑》《唐道因法师碑文》《褚河南正书三藏圣教序》等，他同何应举、郑际唐等聚集于"亦园亭"中，饮酒作诗，一同校对、考订碑刻。

---

① （清）孟超然：《瓶庵居士诗钞》卷三，清嘉庆二十年（1815）刻本，第 29 页。
② （清）孟超然：《瓶庵居士文钞》卷二，清嘉庆二十年（1815）刻本，第 53 页上。
③ 陈衍等纂，魏应麒续纂：《[民国]福建通志》总卷三十四分卷三十七，民国二十七年（1938）刻本，第 14 页下。
④ （清）孟超然：《瓶庵居士诗钞》卷三，清嘉庆二十年（1815）刻本，第 26 页上。

孟超然所藏钤记"臣超然印""瓶庵"等藏书章。去世后，万卷藏书大多散佚，传世甚少。今福建省图书馆有《静志居话偶抄》一卷，清孟超然录，抄本，有"臣超然印""瓶庵"等印记。

9. 何应举

何应举，生卒年不详，字述善，号五梅，闽县（今福州）人。喜读书、嗜藏书，其藏书室名"苍璧斋"。性好古，能诗文，所结交往来者，均博通之士。常与孟超然等名士饮酒赋诗，吟咏唱和，或是共同赏古，考订碑版、古器物等。

何应举家有文天祥旧藏古琴，友人多以此赋诗。如：陈登龙《何五梅（应举）家藏文信国琴为赋长句》[①]，孟超然有《文信国琴歌次林樾亭韵（琴今藏何上舍应举斋中）》[②]，龚景瀚有《宿何述善斋晨雨未归，遍观书画因得见宋文文山先生所藏琴，述善为鼓数曲叠前韵》[③]。朱仕琇《梅崖居士外集》又载："何生述善，家藏苍璧一枝，古色嶙斑，识者谓是汉晋间物。其始得自质肆，盖福清叶相国家所宝也。生室后轩，颜曰'苍璧'，聚古书图画，充轫其间，与璧若相照映然者。为人沉静澹易，生长在富家而不染豪气，雅性嗜古，尤好读书。积书四万余卷。"[④]

何应举除藏书四万余卷外，还收藏有汉唐碑刻三百余种。孟超然的《何述善招同诸君集苍璧斋叠前韵》诗中载："述善藏书四万卷，汉唐碑刻三百余种，余藏碑不及十分之一。"[⑤] 著名学者、藏书家陈寿祺的《留香室记》亦言："吾乡藏书之家……林鹿原中书、李鹿山巡抚、何述善上舍、郑昌英茂才，其家所储庋皆闳富。虽百年之间，聚散不可期。"[⑥] 何应举藏书何时散佚，今已难考证。孟超然《瓶庵居士诗钞》卷四有：《文信国琴余昔从何上舍述善斋中见之，曾和林孝廉樾亭作长歌一章，近此琴归李生绍邺所，诸同人各有篇什，余继声作断句》。孟超然卒于嘉庆二年（1797），故可断定此前何应举家藏文天祥旧琴已易

---

① （清）陈登龙：《秋坪诗存》卷一，清嘉庆二十二年（1817）刻本。
② （清）孟超然：《瓶庵居士诗钞》卷三，清嘉庆二十年（1815）刻《亦园亭全集》本。
③ （清）龚景瀚：《澹静斋诗钞》卷二；清道光二十年（1840）恩锡堂刻《澹静全集》本。
④ （清）朱仕琇：《梅崖居士外集·苍璧斋记》，清乾隆四十七年（1782）刻本。
⑤ （清）孟超然：《瓶庵居士诗抄》卷三，清嘉庆二十年（1815）刻本，第32页上。
⑥ （清）陈寿祺：《左海文集》卷八，清道光五年（1825）三山陈氏补刻本，第3页下。

主。据此推知，大概何应举的藏书在此前后，也难逃易姓的命运。

何应举的藏书印有："述善""述善珍赏""述善珍藏""晋安何氏珍藏""晋安何氏珍存""苍璧斋述""应举真赏"等多枚。目前知见的何应举藏书，为数确实不少，善本亦多。今福建省图书馆有其少部分遗书，钤有其藏书印的有：明刻本二十部，清刻本三部，抄本、影抄本六部。明刻本如：《说文解字》三十卷、《范文正公年谱》一卷、《滇程记》一卷、《陆宣公翰苑集》二十二卷、《中兴以来绝妙词选》十卷、《白莲集》十卷、《毅斋诗集别录》一卷、《眉庵集》十二卷、《小草斋集》等；旧抄本如：《读书敏求记》四卷、《廖槎溪先生集略》一卷、《岁时杂咏今集》不分卷等，其中很多都是珍稀善本。今福建师范大学图书馆珍藏的《［正德］福州府志》，清初从大藏书家林佶家散出后，根据该书钤有"晋安何氏珍藏"印章，知其为何应举所得。当然，有清一代，闽人何姓藏书家有何蔚然、何治运、何则贤、何秋涛等等，为何认为"晋安何氏珍藏"是何应举钤章？根据福建省图书馆藏影抄元至正本《续夷坚志》二卷，同时钤有："晋安何氏珍存""述善珍赏""述善珍藏"；明正德十五年（1520）李梦阳刻本《徐迪功集》六卷《谈艺录》一卷，同时钤有："应举真赏""晋安何氏珍存"诸章；由此推论，此"晋安何氏珍存"为何应举印鉴，当无疑问。何氏藏书散出后，从郑杰的《注韩居藏书书目》所辑录的书后藏印可知，部分流入郑杰处。后又为龚氏大通楼所收。

10. 郑廷滋

郑廷滋（1732—? ），字慕林，侯官人。以经商为业，闲暇时常饮酒赋诗自娱。"嗜铅椠，喜吟哦，不屑拘守闽派，积书三万卷。"[1] 筑藏书楼"书带草堂"藏之。在其所著的《书带草堂诗钞》中，刘永树《序》云："今吾郡藏书之家，推先生为盛。"[2] 林乔荫《序》云："积书三万轴，插架签可数。"[3] 陈鹏南《序》也云："入其室，左图右籍，触目琳琅，谓其藏书之富而已。"[4] 郑廷滋自称："年

---

① 陈衍等纂，魏应麒续纂：《［民国］福建通志》总卷三十九，民国二十七年（1938）刻本，第18页上。

② （清）郑廷滋：《书带草堂诗钞》，清嘉庆六年（1801）刻本。

③ 同上。

④ 同上。

来惟好静，晚家闽山麓。空斋何所事，细检藏书目。甲乙手自编，丹铅研深屋。回顾壁上琴，横文相断续。转轸分二少，泠泠鼓一曲。古调听者稀，风动藤萝绿"。① 从该诗中可知，他不仅好读书，还编辑有藏书书目。家藏的珍本、善本、精抄本等，以"万花楼"储之。其藏印有："东部侯官郑氏书带草堂藏记""郑氏万花楼本""郑氏万花楼秘存本"等。龚易图《大通楼藏书目录》第 81 页下著录：《续夷坚志》二卷，金元好问撰，郑杰抄本二册，有"郑氏万花楼本""侯官郑氏藏书""昌英"等印记；第 104 页下著录：《刘仲修集》二卷，明刘永之撰，清郑廷浊万花楼抄本二册，有"郑氏万花楼秘存本""侯官郑氏藏书""郑氏注韩居珍藏记""书带草堂"等印记。

其子郑杰为大学者、大藏书家。

11. 郑杰

郑杰（？—1800），一名人杰，字昌英，又字亦斋，号注韩居士。侯官（今福州）人。郑廷浊之子。乾隆年间贡生。郑杰自幼聪颖，受业于鳌峰书院。弱冠为诸生，潜心稽古，不汲汲以科名为务。好读书，特别喜读韩愈的诗文，所收集韩愈的诗词、文集尤多。因此，自题书室为"注韩居"，自号为"注韩居士"。

郑杰嗜好藏书，"喜博览肆搜，于闽中文献，尤宝贵勿失。每获一碑版卷轴，有标题可识者，曰：'此吾乡先辈之物也，呜呼，几亡之矣。'每获一诗文集，或板漫漶不恒见，或稿完具而未锓者，曰：'此吾乡先生之著述也，呜呼，几淹没矣。'由是什袭珍藏，惟恐废坠。"② 故不遗余力地收藏图书，田地所入，悉以购书。一些书商知道他的爱好，经常送书上门。其所藏的上百种宋元明善本书，大都是费资购买的，也有经过借校、借抄或在好友帮助下抄写得来的。

在郑杰"我自弱冠日，搜古穷力追。寝餐忘中味，罄囊置所思"③ 的辛勤收集下，到了晚年时，已是"堂前书画轴，二米娩徐熙。堆床金石册，商铭斯邈碑。

---

① （清）郑廷浊：《书带草堂诗钞》，清嘉庆六年（1801）刻本，第 3 页上。
② 陈衍等纂，魏应麒续纂：《［民国］福建通志》总卷三十九，民国二十七年（1938）刻本，第 18 页上。
③ （清）郑杰：《注韩居初编五种》之《注韩居诗钞》卷一，清嘉庆四年（1799）侯官郑氏刻本，第 1 页下。

东西座卢列，周秦汉尊彝"。^①所收集的书画数万卷，按经、史、子、集四部分类，分二十橱贮之，并以诗"东壁图书府，西园翰墨林。诵《诗》闻国政，讲《易》见天心"^②为志。郑杰所搜集、收藏的图书中，多为明代乡先贤旧藏。所撰《注韩居诗钞》云："二徐曹谢，秘连栋、挟充楣，元椠宋影本香色。"^③其中最有价值的是明徐𤊹的藏书。"潜心购觅，几废寝食，得徐氏汗竹巢、绿玉斋、宛羽楼、红雨楼藏本什有二三"^④。又得蒋玠、李馥、林佶、何应举等乡先贤遗下的部分藏书。

郑杰在收藏典籍过程中，不仅重视收集乡先贤遗书、遗诗，对闽中文献的整理更是不遗余力。他收集了许多闽中碑版卷轴和诗文集。此外，还收集有闽中零散诗文上万篇，辑有《国朝全闽诗录初集》二十一卷《续集》十一卷、《全闽明诗传》五十五卷、《闽诗录》四十一卷等书，合计一百二十八卷。在每首诗之后，郑杰都详细地考证作者生平及其出处，缀以各家评品，并附自撰《注韩居诗话》，间存轶事甚多，是目前辑录自唐代至清代福建诗人所写之诗较齐全的一部。他的一生都在收集、整理闽中文献，甚至在逝世的前几天，仍"伏枕呻吟，犹手校是集不辍"^⑤。

在收藏同时，郑杰把辑录的这些书籍，自付银两刊行，保存和传播了福建古代文献。郑杰将《石塔碑刻记》和《陈观察遗事》刻版行世。此二碑均可证闽史事，是研究唐五代福建古代历史的重要文献。到嘉庆四年（1799）止，郑杰还刊刻了《隶书正伪》《尔雅郑注》《说文字原》《孝经衍义》《晋文春秋》，这五种与前述二书合称为《注韩居七种》。它的初刻本流传极少，均为楷书写刻，十分精美。此外，郑杰还刻有明徐𤊹《红雨楼题跋》二卷。郑杰自著有《闽中录》八卷、《注韩居诗钞》二卷等。

① （清）郑杰：《注韩居初编五种》之《注韩居诗钞》卷一，清嘉庆四年（1799）侯官郑氏刻本，《目录》。
② （清）叶昌炽：《藏书纪事诗》卷四，上海古籍出版社，1989年，第247页。
③ 同上。
④ （清）郑杰：《红雨楼题跋初编·小序》，《注韩居初编五种》，清嘉庆四年（1799）侯官郑氏刻本。
⑤ 陈衍等纂，魏应麒续纂：《[民国]福建通志》总卷三十九，民国二十七年（1938）刻本，第18页下。

郑杰藏以致用，所收之书，"甲乙残编频缮写，癸辛前识好重雠。"① 阅读时 "阙必补，伪必正，同异必校勘"②。还经常读书至深夜，即使在病榻上也读书不止。他很推崇藏书名家徐𤊹对书籍 "善聚善读，用心精勤" 的理念③。同时主张藏书对外开放，曾说："余欲与天下人共知之。"④ 不管是谁向他借书，都尽力满足。

郑杰编有《注韩居藏书书目》，手抄未刻稿，乾隆四十八（1783）年序。又乾隆六十年（1795）春二月跋云："凡经、史、子、集四部，中有已刻群经丛书内者，皆不重载诸部。各类间有所载，俱故家流传写本，以及旧刻单行足本者，以别是非，证完缺也。亦有一书四、五列者，刻有先后，本有同异也。抑有质劣者，如眉公籍，则择其中有未删节者、有恒本罕传者，所旧刻参校而藏之，余书不录也。至于寻常□□家所用，别编一篇，不登此目内也。"⑤ 该《书目》中多有："鹿山写本""朴学斋写本""注韩居写本""查声山抄本""兴公藏""四库馆抄出本""武英殿本" 等注语。仅经部即有二百二十余部，由此可见郑杰藏书之珍贵。该《书目》原本，初为郭柏苍所收藏，后散佚。今所见的《注韩居藏书目总录汇钞》⑥，为林家溙所抄。此目录共辑图书 2456 部，计 35400 多卷，这些图书大多数是郑杰所藏的珍贵书籍，寻常之书，大多没有录入。目录的排列是按照经史子集四分法分类。其中经部 16 小类，史部 5 小类，子部 14 小类，集部 11 小类。在所辑录的每部书后，都详细地记载作者姓名、卷数、版本、藏印及其存佚等情况。对于考查福建古代书籍的流传情况，具有很重要的参考价值。郑杰藏书印甚多，主要有："郑氏注韩居珍藏记""侯官郑氏藏书""昌英珍秘""注韩居士""郑杰之印""长勿相忘""郑赤之印""书带草堂""郑杰""昌英""人杰""一名人杰字昌英""名余曰杰""注韩真赏""珍藏宝玩" 等等。

---

① （清）郑杰：《注韩居遗书》卷二，《乌石山房寄薛大三辅》，清光绪十八年（1892）林昌彝墨缘书屋刻本，第 7 页上。

② （清）谢金銮：《二勿斋文集》卷六，清道光十六年（1836）刊本。

③ （清）郑杰：《红雨楼题跋初编·小序》，《注韩居初编五种》，清嘉庆四年（1799）侯官郑氏刻本。

④ 同上。

⑤ 福建《民国日报》，《图书馆学周刊》1932 年 3 月 6 日。

⑥ （清）郑杰编：《注韩居藏书书目》，民国十年（1921）福州林家溙抄本。

其藏书星散后，部分归入龚氏大通楼[①]。

12. 郑际唐

郑际唐，生卒年不详，字大章，号云门，又号开极子，侯官（今福州）人。乾隆二十五年（1760），乡试中举。乾隆三十四年（1769），登进士第，选翰林院庶吉士。散馆，授翰林院编修。后历任云南、湖南乡试，山西督学，官终内阁学士兼礼部侍郎。

郑际唐自幼好读书，早年因家贫无钱购书，常向他人借读，日夜抄录不辍，经年累月，积聚抄本甚多。为官后，更是博览群籍，尽俸禄购书，于是藏书日富，其书室名"传砚斋"。曾自叙云："人生乐事多，读书最惬意。纵横上下间，卧游与目涉。一纵宦途游，劳劳理筐箧。何如面百城，牙签三万叠。"[②]他"善鉴别古书画，工书法，行楷篆隶均佳，题跋为世所珍"。[③]暇时喜刻印，章法刀工，文秀绝伦。工于诗，尤擅五言律，冰心清隽，秀逸淡远。著有《须庵遗集》《须庵诗集》十一卷等。

藏书传世甚少，藏书印有："侯官郑氏云门珍藏之印""云门""际唐之印""际唐私印""侯官郑氏"等。今福建省图书馆藏有其部分遗书，钤其藏书印的有：《尔雅古义》，郑云门传砚斋抄本；《汉魏六朝百三家集题词》，传砚斋抄本；均钤"际唐之印""云门"等藏印。

13. 陈汝楫

陈汝楫，生卒年不详，字廷交，一字若川，长乐人。乾隆三十三年（1768）副贡生。品性端方，治家严肃，与父兄言，终日侧坐，目不平视，后辈见之，肃然起敬，无敢以非礼犯上者。他"喜读书，聚书六千余卷，朱墨殆遍"[④]。著有《学庸迩言》二卷。

---

① 龚礼逸《大通楼五万卷藏书楗藏书目录》所辑录书目后载的藏书印上有所反映，很多书都有郑杰的藏书印。

② （清）郑际唐：《须庵诗集》卷六《题焚香诗异书图四十韵》，稿本。

③ （清）朱景星修.郑祖庚纂：《[光绪]闽县乡土志》卷六十九，清光绪三十二年（1906）铅印本，第3页上。

④ 孟昭涵修，李驹等纂：《[民国]长乐县志》卷二十五，民国六年（1917）铅印本，第10页上。

14. 陈学田

陈学田，生卒年、字号均不详，莆田人。学田父恒山，性孤洁，淡于名利，喜读书聚书，筑"蚶山草堂"，课徒自乐。学田幼承庭训，性喜读书，尤能聚书。《荔隐居纪遗》云："文泉父学田先生，好收藏，聚书万卷，多善本。押一印曰：'曾在陈学田处'，残篇断简，往往遇之。"[①]

15. 王孙恭

王孙恭（1733—1801），字敬相，一字协寅，号恪亭，福鼎人。乾隆二十五年（1760）举人。二十八年（1763）以大挑二等，选政和县训导。在任十三年，修葺书院，捐资助教。后为鳌峰监院。《［民国］福建通志》载："孙恭好积书，王锡龄读其书，丹黄殆遍。"[②]可见所藏颇多。编著《太姥山续志》三卷。

子王锡龄，亦为藏书家（详见以下介绍）。

16. 叶封侯

叶封侯，生卒年不详，字桐友，海澄人。弱冠为诸生，力学砥行，好周济乡人，热心公益事业。"晚年好积书，仲子颛客吴门，令丛集至二万余卷。训子孙曰：'昔人有言，积金不如积书，积书不如积德。吾先世植德久矣，今但积书，在汝子孙能读耳。'"[③]

17. 何蔚然

何蔚然（1741—1808）[④]，字素宜，号秀岩，别号西湖长，侯官人。自幼嗜好读书，早年家贫无书读，就常四处向人借书抄录，虽寒冬腊月，依然不辍。王道征《避暑钞》云："何氏东阁翁，名蔚然……家贫无书，借人阅市，雪抄露

---

① （清）涂庆澜编：《国朝莆阳诗辑》卷二，清光绪二十七年（1901）莆田荔隐山房刻本，第 1 页上。

② 陈衍等纂，魏应麒续纂：《［民国］福建通志》总卷三十九，民国二十七年（1938）刻本，第 13 页下。

③ （清）陈锳等修，邓来祚等纂：《［乾隆］海澄县志》卷十三，清乾隆二十七年（1762）刻1926 年重印本，第 22 页上。

④ （清）林轩开：《拾穗山房诗存》卷二载："秀岩公于戊辰年弃世"，"戊辰"为嘉庆十三年（1808），稿本。又（清）梁恭辰：《劝戒续录》卷六《何秀岩副榜》载："年六十八无疾而逝。"清同治六年（1867）刻本。

篆，右手胝而弗辍，遂工楷书。"① 乾隆三十年（1765），举于乡，在嵯务任职。后来独自经营盐业，经济状况日益好转，家雄于资，使其能购置大量善本古籍。热心地方公益事业，"西湖书院圮，出巨资新之"②。乾隆五十九年（1794），福州遇灾年，他煮粥救济饥民。著有《孺慕轩集》四卷等。

何蔚然晚年居迎仙门外，耗巨资建造"红园"。园中风景优美，"林亭轩槛斗玲珑，奇石巉岩嵌碧空。四面好山当入户，两池活水隔墙通"③。"红园"遂成为当时名流诗人聚会吟唱之所。园中"筑'西郊草堂'，藏书十万卷"④。"西郊草堂"于乾隆五十三年（1788）落成，此后在此孜孜不倦读书。藏书家林轩开称其"年来盈书数万卷，一一手自加丹黄"⑤。还常在"西郊草堂"课子孙。"结庐岂为芳湖胜，聚族全追太古风。手写蝇头课孙子，先生老眼是方瞳"⑥。"名园真称闭门居，湘帙翻读任卷舒。孙子不将梨枣觅，盈庭斗慧涌奇书。"⑦ 何蔚然还将藏书编为《饮和楼藏书目》《宝唐楼藏书目》⑧，惜今已佚。

何蔚然去世时，施邦镇曾作挽联赞其："广厦欲酬工部志，积书不减石仓风。"有子何治运，孙何广意，皆藏书甚富（详见以下介绍）。

18. 柯辂

柯辂（1745—1830），字瞻荄，号淳庵，晋江人。少孤，贫喜读书。乾隆四十二年（1777），乡试中举，以名孝廉大挑二等。历训汀州永定、漳州诏安、台湾嘉义。嘉庆九年（1804），移训邵武。后以年老，乞改永安教谕。平生著作宏富，所著书凡四十七部，八百六十余卷。主要有:《南皋草堂诗话》十三卷、《古怡堂诗钞》十五卷、《淳庵诗文集》五十卷等。当时闽中著述之富，少有逾

---

① 陈衍等纂，魏应麒续纂：《[民国]福建通志》总卷三十九，民国二十七年（1938）刻本，第4页下。

② 同上。

③ （清）林轩开：《拾穗山房诗存》卷一《岳叔何秀严先生红园落成赋呈》，稿本。

④ 陈衍等纂，魏应麒续纂：《[民国]福建通志》总卷三十九，民国二十七年（1938）刻本，第4页下。

⑤ （清）林轩开：《拾穗山房诗存》卷一《红园落成寄何秀岩先生》，稿本。

⑥ 同上，《岳叔何秀严先生红园落成赋呈》。

⑦ 同上，《代家昌闳同年题红园》。

⑧ 沈祖牟辑：《清代会试硃卷齿录汇存》第三册，《何澋先、焜先履历》，清刻本。

此者。惜其著作多散佚，传世甚少。

柯辂虽壮岁举于乡，但不屑于科举之学，欲力求本源，博综载籍。于是开始收藏书籍，"故家旧肆，借拾残篋，访求遗籍，偶有所得，日复增益"①。竭力收集善本书籍，特别是任汀州永定训导时，尽其俸禄购买图书，"得钱喜买书，架上盈卷轴"②。其《买书》诗云："难解儒家癖，多罗架上珍。"③大藏书家李馥书散出，多归晋江蔡貔邨，后流落殆尽，柯辂在永定得数十本。同时，他还极力收罗碑帖、法帖甚多，帖后往往有题跋。

柯辂还"尝自制活版一付，凡有异书，悉为刷印"④。亦常手抄不辍，其《抄书》诗云："囊中少剩一钱看，每见奇书欲买难。断简借来多手录，却嫌蠹处写未安。"⑤有时抄书后归书迟了，作《折菊送书》诗自嘲曰："堪笑还来无一瓶，菊花聊可当清酤。平生奈有抄书癖，休怪借书常送迟。"⑥

他对自己辛苦收集来的图书并不秘藏。在永定学署，"发所藏书，任诸生取阅"⑦。特别珍爱书籍，对于家中藏书，还特意遣长儿回家翻晒。《永定学署遣长儿还乡》诗云："于今尔去到乡间，屈指归程八日余。编多蠹蚀宜番晒，竹傍墙阴漫剪除。故里相逢询别况，道吾白发喜抄书。"⑧对于破损书籍，则"破处随时补，修务期整而"⑨。

嘉庆九年（1804），柯辂移训邵武时，以书籍自随。"其来邵也，笥篓累累，积架盈几，皆其所著作、纂述之书。"⑩到了晚年，仍然"惟是铅椠青毡，消磨

① （清）柯辂：《淳庵诗文集》卷一《闽中诗话序》，清嘉庆十四年（1809）邵武樵川学舍木活字印本，第 7 页上。

② 同上，卷七《补旧书偶成》，第 10 页上。

③ 同上，卷八《买书》，第 3 页上。

④ （清）陈榮仁、龚显曾辑：《温陵诗纪》卷六，清光绪元年（1875）龚氏木活字印本，第 5 页上。

⑤ 同上，卷八《抄书》，第 22 页上。

⑥ 同上，卷八《折菊送书》，第 28 页上。

⑦ 陈衍等纂，魏应麒续纂：《[民国]福建通志》总卷三十九，民国二十七年（1938）刻本，第 9 页下。

⑧ （清）陈榮仁、龚显曾辑：《温陵诗纪》卷九《永定学署遣长儿还乡》，第 16 页上。

⑨ 同上，卷九《补旧书偶成》，第 10 页上。

⑩ 同上，《温陵诗纪序》。

岁月"①。"闲居素好静，图书遍四隅。潇洒旧茆堂，容此一迂愚。读书随所好，任意无拘束。"②日积月累，其家藏书五千余卷，以致"缥缃积架满吾庐"③。对于藏书遗子孙，柯辂看法比较开明："积书遗子孙，未必皆能读。盛衰理之常，暴弃如转烛。我观克家子，号称知礼族。愈穷愈眈书，终日事简牍。"④

柯辂晚年家道中落，居甚贫，因生计所迫，只好典当家中长物，唯留书籍不典。"典钱买米几升余，典得钱来颜亦舒。我典旧衣妻典珥，惟留不典一床书。"⑤尽管如此落魄，他还是视书如命，著述至老不衰，"观书夜夜到三更"⑥。寒夜抄书不倦，"瓦霜成白屋，月色十分寒。笔冻犹劲灯，微剔已残坚穷忠"⑦。

柯辂去世后，"其家不能守，所藏之书，俱付阙如。尝自制活字版一部，凡有异书，悉为刷印，子孙凋零，乃至以榾柮之用，尤足悲矣"⑧。其后人竟将木活字全当作木料烧掉。因此，其著作与藏书，亦难逃此厄运。福建省图书馆藏有《清源文献纂续合编》三十六卷，柯辂续编，稿本，钤有"柯辂之印""淳庵"印记。厦门大学图书馆藏《淳庵诗文集》十九卷首一卷，稿本，钤有："南皋草堂""柯辂之印""淳庵"印记。

19. 黄世发

黄世发，生卒年不详，字耦宾，一字弱中，又字时扬、亦堂，侯官（今福州）人。乾隆年间福州知名人士组成的读书社成员。乾隆二十八年（1763），登进士第，选翰林院庶吉士。散馆，以大挑官屏南知县。嘉庆十三年（1808），客袁州。博学通识，尤精三礼。特好藏书，"所藏书有郡志所未收者"⑨。时人

---

① 同上，卷四《淳庵年谱序》，第 35 页上。

② 同上，卷七《闲居好静叹老将至矣》，第 2 页上。

③ （清）柯辂：《淳庵诗文集》卷一《检藏书有感》，清嘉庆十四年（1809）邵武樵川学舍木活字印本，第 5 页上。

④ （清）陈棨仁、龚显曾辑：《温陵诗纪》卷七《补旧书偶成》，第 10 页上。

⑤ 同上，卷八《典衣》，第 23 页上。

⑥ 同上，卷九《秋夜观书》，第 16 页。

⑦ 同上，卷十二《寒夜抄书》，第 9 页。

⑧ 同上，卷六，第 5 页上。

⑨ 陈衍等纂，魏应麒续纂：《［民国］福建通志》总卷二十五，民国二十七年（1938）刻本，第 4 页下。

林茂春云："余友黄君耦宾，手校《前汉书》一部……黄君宦粤西，其书寄贮郑昌英家。"[①] 著有《群经冠服图考》三卷、《春台赘笔》五卷、《越巫鸡卜》一卷等。

黄世发的藏书印有："黄氏善书之印""黄氏余圃藏书""黄世发印""一字弱中""耦宾""弱中手写不贪为宝""黄亦堂珍藏"等。部分藏书散出后，为郑杰所收藏，后又递藏于龚氏大通楼。谢章铤也收藏一些，如：黄世发藏本《南部新书》十卷以及所抄校的《历代建元考》等。

黄世发的藏书传世甚少，今福建省图书馆藏有其少部分遗书，钤有其藏书印的有：明刻本《孔丛子》七卷；明刻本《经鉏堂杂志》八卷；清刻本《天仙正理直论》二卷；明刻本《李文山诗集》三卷；影抄元刻本《湛然居士文集》十四卷；旧抄本《泉南杂记》二卷等。《泉南杂记》抄本中有谢章铤的校跋云："原本其书法圆润，有'黄世发小印'。予曾得《古文尚书疏证》残本一本，其书法与此相似，亦有黄君印，今亡之矣。岂此亦耦宾先生所手写乎？中所载皆关温陵文献，议论近情陈。君以泉官而留心泉事，以视夫奴隶其民，传舍其官者相去远矣。七十九叟谢章铤校毕记"。[②]

20. 龚景瀚

龚景瀚（1747—1802），字惟广，号海峰。闽县（今福州）人。福州龚氏源自莆田，始祖龚修于元末迁居福州南街通贤巷，故世称通贤龚氏。福州龚氏在清代十分显赫，科第簪缨，蝉联不绝。第 12 世龚其裕，在康熙初年平定三藩叛乱中立有功劳，擢吉安知府，官至两淮盐运使。子龚嵘官至江西广饶九南道。孙龚一发，乾隆十五年（1750）举人，官至云南镇南知州。曾孙龚景翰官至兰州知府。直至同治年间，其祖孙四人，均编入循吏列传，入祀名宦祠，自此福州龚氏显名国史，闻名于世。

龚景瀚于乾隆三十六年（1771），登进士第，选翰林院庶吉士。散馆，授甘肃主靖远知县，官至兰州知府。著有《孔志》《澹静斋四种》《禘祫考》《澹静斋文钞》《澹静斋诗钞》等。

---

① （清）谢章铤：《课余续录》卷二，清光绪二十六年（1900）刻本，第 14 页上。

② 同上，卷四。

龚景翰性嗜书，曾藏书三万余卷。与他同时代的诗人无锡秦瀛曾绘《龚海峰载书图》以赠行，并附《题龚海峰载书图》诗云："君家双骖亭，故帙罗邱索。早知手泽重缥缃，更羡编摩称琴鹤。市廛偶作王充阅，冀北群空缘伯乐。"[1]后该《图》为梁上国所得。他还有一首《为龚海峰题载书图》题的诗作，记录了这位藏书家对购藏图书的痴迷程度："海峰来京师，不羡官爵美。日向坊间购异书，夜就灯前翻故纸。前身应是老蠹蟫，性命总不离文史。典衣竟买三万卷，堆案盈籍富无比。"[2]

龚景翰的藏书印有："龚景瀚印""海峰"等。后家道式微，图书散失殆尽。直至晚清龚易图出仕，家庭经济情况大加改善之后，才又不惜重金，四处收购古籍（详见以下介绍）。

21. 梁上国

梁上国（1748—1815），字斯仪，号九山，祖籍长乐，清初迁居福州。梁家自明朝以来，连续十余代均为读书人。纪晓岚督学福建时，曾手书"书香世业"牌匾赠给梁家。乾隆四十年（1775）进士，累官至太常侍卿，是清代著名学者和藏书家。文笔清隽，著述颇多，主要有：《奏疏》一卷、《山左游记》一卷、《山右游记》一卷、《诗文集》十卷、《辽番游记》一卷等。

梁上国"素喜藏书，每遇善本必重价购之，手积数万卷。床榻几砚间，罗列鳞次，退食之暇，一编未尝去手。旁通算学及日星壬遁诸术，尤精楷法。索书者无虚日……暮年目力不衰，犹能于灯下作小楷。录《昭明文选》一部，寻常作书亦必点画端正，无一率笔，无一讹字，丹铅点勘，至老不疲"[3]。还"搜罗前代碑刻，悉拓之以归。尝差竣入都，关吏意其归，使笥累累。当有应税物，及检视，连发数箧，皆志书及墨刻甚多。相与粲然，一时传为美谈"[4]。

其从子梁章钜，为清代著名学者与藏书家（详见以下介绍）。

---

① （清）梁章钜辑：《江田梁氏诗存》卷五，清道光十四年（1834）刻本，第9页上。

② （清）秦瀛：《小岘山人诗文集》卷八，《续修四库全书》集部，第1464册，上海古籍出版社影印，2002年，第3页下。

③ （清）梁云铦等撰：《九山梁四府君（梁上国）行述》，清嘉庆二十年（1815）梁氏刻本，第22页下。

④ 同上，第11页下。

22. 徐经

徐经（1752—约1832），字芸圃，号鳌坪居士，建阳人。其祖为福建延平游击，驻福建永安。其父徐南鹏由福州城守千总官至四川松潘镇副将。徐经生于永安城，后奉母迁至建阳，遂入建阳籍。幼承懿训，持躬端谨，惜困于场屋，未能获取功名。于是弃举子业，专注于治古文词。

徐经深于经学，史学、诗文亦具有法度。壮年游历于吴、越、秦、豫、楚各地，遍访名山大川，并将所见所闻记录下来。其一生著述甚富，有《雅歌堂文集》二十二卷、《雅歌堂外集》十二卷、《鳌坪诗话》二卷以及《左传兵法》《春秋礼经》《左传精语》《朱梅崖文谱》等。

徐经平生唯闭户读书为文，求实学。读书必求心得，解经论史，阐前人所未述。又嗜好山水，"尝筑室城东南，内有'霁月居'，藏书画甚富，为溪山第一楼。"① 因喜米芾书画船，遂将书斋取名为："书画船屋"。屋旁种植花木，内藏各类图书典籍。曾为诗云："小筑城东避市哗，数椽茅屋片帆斜。斋居恰得舟行乐，榜额何如效米家。名花怪石四时新，图史纵横两案陈。顾我情痴空有癖，惭君真是个中人。"② 屋上有小楼，以"溪山第一"为额，徐经时常在此读书，著述。

徐经不仅藏书甚富，还收藏有大量的彝鼎、宋元字画名迹、汉唐碑帖及各种古玩等物。其《鳌坪居士自传》云："平日闭户藏修，至老不释卷，谓惟老益知书中之味……左右琴书彝鼎，宋元名迹，汉唐碑帖，足供清赏。"③ 所撰《雅歌堂诗话》中也有零星的收藏字画记载，如："余家藏陈侍郎子庄手书绢素一幅""余家藏沈石田山水""余有西洋小画四片""余家有副统朱函斋指画山水精绝，无怪名动外夷"等等。

徐经逝世后不久，藏书及字画古玩等即毁于兵燹。咸丰八年（1858），太平天国翼王石达开率部入闽，先后攻下闽北浦城、建阳、松溪，政和诸县，当地的流氓地痞也趁机打劫。杨春藩《雅歌堂文集·后序》云："戊午（注：1858

---

① 陈衍等纂，魏应麒续纂：《[民国]福建通志》总卷三十九，民国二十七年（1938）刻本，第17页上。
② （清）徐经：《雅歌堂诗话》卷二，清同治十一年（1872）刻本，第21页下。
③ 同上，卷十九，第13页上。

年）后，先生家屡遭蹂于贼，图书古玩荡然殆尽。"① 以至于三、四十年后，大藏书家林鸿年仍感叹道："徐氏藏书甚富，十数年前毁于兵燹。"②

23. 萨龙光

萨龙光（1752—1816），字肇藻，号露萧。闽县人。乾隆四十五年（1780），乡试中举。次年（1781），登进士第，选翰林院庶吉士。散馆，任户部主事，工部营缮司员外郎，授朝议大夫，赠忠宪大夫。乾隆五十三年（1788），丁父忧回闽，告病不出。居乡期间，一贯热心地方公益事业，诸如办学校、修祠堂、兴水利等，著有《雁门集笺注》八卷。

萨龙光喜读书藏书。萨嘉曦《雁门集补遗跋》云："曾伯祖露萧公将《雁门集》系年编注，搜讨载籍，用心良苦。其考核旁证，必称见于某书，无或臆断以滋疑误。嘉曦尝据其所引用书目，手为汇录几及三百种之多，间有珍秘之本，为世所罕见者。盖公博极群书。"③ 后来其书与书版水运回闽时被淹没，仍不气馁，加意访求遗籍。

24. 林一桂

林一桂（约 1753—1834），字则枝，号钝邨，侯官人。乾隆四十四年（1779）举人，官永安教谕。其父早卒，家道中落，母家教甚严，勤奋好学。嗜搜典籍，家中富藏图书。日夜苦读其中，深精礼学，与《周礼》尤勤。并勤于纂录，博采汉唐以来论著百十家，编成长编数十巨帙，又自节存其精者为三十卷，名《读周礼私记》。

清人王道征《兰修庵避暑钞》载："侯官林钝邨，乾隆己亥（1779）举人，官永安教谕。富藏书，寝馈群籍，日事纂录，于周官用功尤深。"④ 卒年八十余。知见的其藏书印有"林一桂印""林印一桂""一桂私印""钝邨""钝邨藏书""后为钝邨林氏所得"等。其子林锟，字侗叔，嘉庆十五年（1810）举人，亦官永安教谕。"能读父书而有狂名，受业于郑苏年师。"⑤

---

① （清）徐经：《雅歌堂诗话》卷二，清同治十一年（1872）刻本，《雅歌堂文集后序》。
② 同上，《雅歌堂全集序》。
③ 萨嘉曦：《寄庐文稿》之《雁门集补遗跋》，稿本。
④ （清）王道征：《兰修庵避暑钞》卷一，抄本。
⑤ （清）谢章铤：《课余续录》卷三，清光绪二十六年（1900）刻本，第 22 页上。

林一桂藏书流散后，部分为龚氏大通楼所得。今福建省图书馆藏有其少部分遗书，钤其藏书印有：明刻本五部，清刻本两部，如：明刻本《说苑》二十卷、《诗韵辑略》五卷、《广金石韵府》四卷、《古今源流至论续集》十卷，清刻本《古今韵通》十二卷等。

25. 王大经

王大经，生卒年不详，少名日拱，号陆亭，侯官（今福州）人。乾隆五十九年（1794）举人，大挑二等补南靖训导。"性嗜学，于古文家源流正变，能择精而语，为文清简有法。"[①] 著有《论语集注辨歧》，辑有《冶南文钞》等。

王大经家富藏书，传世尚不少。所藏多钤有："陆亭藏书""陆亭翰墨""闽中王氏珍藏""大经少名日拱""王大经少名日拱号陆亭""大经少名日拱""陆亭曾阅之书"等印章。龚礼逸《大通楼五万卷藏书楗藏书目录》卷一第七页载："《周官析疑》三十六卷，清方苞撰，有陆亭藏书、陆亭翰墨等印记。"[②] 今福建省图书馆藏有其一些遗书，所钤藏章的有：《广东新语》二十四卷，清康熙刻本，有"王大经少名日拱号陆亭""曾经陆亭阅过""陆亭曾阅之书"等印记；《孔子家语》十卷，明崇祯汲古阁刻本，有"臣王大经""大经少名日拱""闽中王氏珍藏"等印记。

26. 伊秉绶

伊秉绶（1754—1815），字组似，一字墨卿，晚号默庵、伊汀州，宁化人。伊秉绶世代藏书。其曾祖父伊为皋、父亲伊朝栋均为藏书家。幼秉庭训，师阴承方，习宋儒之学。乾隆五十四年（1789），登进士第，选翰林院庶吉士。散馆，授刑部额外主事，补浙江司员外郎。五十七年（1792），授刑部主事，迁员外郎。嘉庆三年（1798），典试湖南乡试副主考官。四年（1799），任惠州知府，惩海盗，建丰湖书院，人争颂扬。因与其直属长官、两广总督吉庆发生争执，被谪戍军台。昭雪后，又升为扬州知府，再权盐运使，均有善政。十二年（1807），调任河库道，再调两淮盐运史。不久，丁父忧，奉棺回乡。在宁化守孝八年，为乡里大办公益事业，并上书官府，自捐千金修复城墙，建三贤祠。为母亲温

---

① 陈衍等纂，魏应麒续纂：《［民国］福建通志》总卷三十九，民国二十七年（1938）刻本，第 8 页下。

② 福建省图书馆藏抄本。

氏营造"秋水园",供母游憩。园内院、室、亭、堂、轩、馆、桥、阁十多处,风景幽雅,藏书闳富,古画甚多,尤以前贤手迹为重。但园未最后建成而母卒,他便将园改为家塾,以培育人才。二十年(1815),经友人一再敦促,伊秉绶离开了宁化,启程入京,途经扬州,一病不起,卒于扬州,后归葬宁化。

伊秉绶博学多才,工书画篆刻,尤以篆隶,揉古隶和北碑之长,古朴奇逸,独创一家,超绝古格,名噪书坛。与当时北方书法家邓石如并称"南伊北邓"。亦擅画山水、梅竹,不泥成法,简淡古秀。其诗颇有特色,多为游历山水之记。其文词亦佳。传世墨宝甚富。著有《留春草堂诗钞》《攻其集》《坊表录》《修齐正证》《留春草堂集》《伊墨卿墨迹》等。

伊秉绶藏书室有:"留春草堂""白雨山房""秋水园""春及草堂""寒玉斋"等处。其藏书画印有:"墨卿鉴赏""伊秉绶印""墨卿""秋水园东邻叟""都官""氏姓曰伊""伊汀州""广陵太守之章""伊氏秋水园藏书"等。

27. 张祥云

张祥云(?—约1812),号鞠园,晋江人。乾隆五十二年(1787),登进士第,选翰林院庶吉士。散馆,授朝议大夫,历官刑部陕西司郎中,安徽庐州知府。以养亲乞归,后以事下狱,惨死狱中。任庐州知府时,修纂《庐川府志》五十四卷《图》一卷,于嘉庆八年(1803)刻成。辑有《全史吏鉴》一书,每卷卷端第二行均题"温陵张祥云鞠园辑"八字。刊行的古籍还有:包拯的《包孝肃奏议》十卷、余阙的《青阳山房集》五卷、周玺的《垂光集》不分卷、《筼心书屋诗钞》十二卷,以及他所增辑的《全史吏鉴》十卷等。这些书各有张祥云撰的"重刻序"一篇,均题"鉴湖亭藏版"。

张祥云是闽南著名的藏书家,与藏书家顾广圻、孙星衍、洪亮吉等相友善。江苏常州洪亮吉称张氏的藏书是"异书高比屋头山"[1]。龚显曾在《亦园脞牍》则言:"乾嘉以来,吾邑收藏之富,无过于张鞠园观察。"[2] 传世的张氏藏书为数

① (清)洪亮吉:《更生斋诗》卷八《芜湖喜晤张太守祥云》,《洪北江全集》,清光绪五年(1879)授经堂刊本,第8页下。
② (清)龚显曾:《亦园脞牍·泉州藏书家》卷五,清光绪四年(1878)木活字印本,第11页下。

确实不少，善本亦多。据其自编的《鞠园藏书目》著录：藏书计 572 部，2860 余卷；其中经类 99 部，史类 139 部，子类 165 部，集类 169 部。喜好地方志，故所收志书尤为可观。其所收宋本《舆地广记》二十一卷，据《士礼居藏书题跋记》记载，此书原是黄丕烈借顾广圻之书，曾经黄丕烈校勘过，后又归张祥云收藏。

张祥云因事下狱死，卒后藏书尽散，京城厂肆及故里均能见到其旧藏。其中大部分藏书归于江苏蒋凤藻的"心矩斋"。龚显曾在《亦园脞牍》中云："鞠园所蓄书，俱有'温陵张氏藏书''鞠园藏书'二印……归田后，与乡人争海堧，瘐死未再传，而签帙尽散矣。"[①] 其部分藏书辗转分别散入福州刘家镇的"掖均尻"、龚易图的"大通楼"等。今福建省图书馆藏有其旧藏：明刻本十四部，清刻本八部，如：明万历刻本《韵经》五卷、《韵谱本义》十卷、《湖广总志》九十八卷、《康济谱》二十五卷、《金垒子》四十四卷等。其藏书印有："鞠园藏书"朱方、"温陵张氏藏书"朱长方等。

28. 王锡龄

王锡龄（1757—1818），字乔松，又别字空同，号虚谷，福鼎人。王孙恭长子。乾隆五十一年（1786），乡试中举。"父孙恭好积书，王锡龄读其书，丹黄殆遍。"[②] 好学颇有才华，学问以宋五子为宗，尝授徒讲学，多所成就。好著述，惜久困公车，不获一试。所撰《与谢退谷书》曰："辛酉后，将科举文字束起，纵览群籍，不胜驰骛。"[③] 著有《周易十家集解》十六卷、《蚤闲斋稿》三卷、《滥觞集》一卷、《敝裘集》二卷、《三家经文同异考》二卷、《虚谷文集》三卷《拾遗》一卷等。还在其"蚤闲斋"刻《三家经文同异考》《虚谷文集》三卷《拾遗》一卷等。

29. 叶观海

叶观海（1758—1825），字汾浦，诏安人。乾隆五十四年（1789）拔贡生。

---

① （清）龚显曾：《亦园脞牍·泉州藏书家》卷五，清光绪四年（1878）木活字印本，第 11 页下。

② 陈衍等纂、魏应麒续纂：《［民国］福建通志》总卷三十九，民国二十七年（1938）刻本，第 13 页下。

③ （清）王锡龄：《虚谷文集》，清道光二十六年（1846）刻本，第 11 页上。

喜藏书，好博览，富著述，绝意功名，家中藏书十万卷。清人邱炜菱《五百石洞天挥麈》云："同治甲子发逆未扰以前，郡人数藏书之盛，海澄叶溪田孝廉（文载）、诏安叶云谷拔贡（观海）、龙溪郑云麓都转（开禧），各十数万卷，焚毁无遗，实一大厄。"[1]

叶观海慷然以地方志乘为己任，见《海澄县志》自康熙三十年后未修，就着手修撰，补缺拾遗，删繁订误，认真撰写，三易其稿始成。还著有《发音辨要》二卷、《韵学辨忽》一卷、《春酒堂诗文集》二十卷、《群书掇略》四卷、《评选明代古文》六卷、《篆源》一卷等。

30.叶文载

叶文载，生卒年不详，字溪田，海澄人。举人出身，历安溪、永安训导。嘉庆十四年（1809），任台湾彰化县学训导。平生好藏书，所藏至富。清人邱炜菱《五百石洞天挥麈》云："同治甲子发逆未扰以前，郡人数藏书之盛，海澄叶溪田孝廉（文载）、诏安叶云谷拔贡（观海）、龙溪郑云麓都转（开禧），各十数万卷，焚毁无遗，实一大厄。"[2]

31.萨玉衡

萨玉衡（1758—1822），字葱如，号檀河，闽县人。福州雁门萨氏的始祖是萨拉布哈，因辅佐元世祖忽必烈打天下，累建功勋，深为忽必烈所倚重。其子敖拉齐（即阿鲁赤），臂力过人。元英宗时，受命镇守云代，遂居雁门。阿鲁赤有子三，长子萨都剌，是大诗人。官至燕南河北道肃政廉访司经历。萨都剌在朝时，英宗以其精于经术，赐姓萨，这是雁门萨氏受姓之始。萨氏后人萨仲礼，元统元年（1333）以进士授福建行中书省检校，遂卜居于闽。萨仲礼为雁门萨氏入闽始祖。雁门萨氏家族屡代科第不绝，到清代，登科第者五十余人，是福州有名的世家大族。萨氏子孙皆好藏书，也是福州藏书世家中历时最久之一。

萨玉衡为入闽萨氏第三支12世。乾隆五十一年（1786），乡试中举。嘉庆年间，为旬阳县令。时白莲教义军由陕入川，抢渡嘉陵江，总督坐失战机，他

---

[1] （清）邱炜菱：《五百石洞天挥麈》卷七，清光绪二十五年（1899）漳州邱氏广州刻本，第3页上、4页下。

[2] 同上。

当连坐论死。同乡时在戎幕，极力营救得免，后赎以归。终身以著述为事，尤长于诗。诗作秀逸沉雄，敦厚温柔。著述甚多，主要有：《白华楼诗钞》四卷、《经史汇考》八卷、《小檀弓》十二卷等，并续成郑方坤所著《全闽诗话》《五代诗话》《全渊诗话》等，均传于世。

萨玉衡家多藏书，以购书为乐，有书癖。林芳春撰《萨檀河先生五十寿序》云："今先生拥书万卷，不啻南面百城"①，陈上彤在《白华楼诗钞》跋中曰："舅氏家藏书不下一万余卷，穷日夜披阅，暇则著录以为常。"②藏书印有"玉衡"等。后藏书及其著作大部分都毁于火。《白华楼附录跋》载："檀河公读书破万卷，交游遍海内，各种著作一毁于火，而传世者仅为《白华楼》一集。"③

32. 陈若霖

陈若霖（1759—1832），字宗觐，一字望坡，闽县人。乾隆五十二年（1787），登进士第，选翰林院庶吉士，入文渊阁参与校勘《四库全书》。五十四年（1789），散馆，授刑部主事。历任刑部奉天、山西、直隶、广西、四川等司主事、员外郎，累迁郎中。嘉庆十三年（1808），陈若霖外放四川盐茶道，不久提为山东按察使。此后数年，历任广东、湖北、四川等省按察使。由于执法廉明，勤慎清理积案，明察秋毫，刁吏也有所畏惧，不敢任意徇私舞弊。从嘉庆二十年（1815）到二十五年（1820），他历任云南、广东、河南、浙江四省巡抚。道光元年（1821），擢湖广总督。二年（1822），调任四川总督。生平经世人略，以爱民为本，潜心研究施行，多有惠政，民皆称颂。四年（1824），入为工部尚书，兼管顺天府事，又转刑部尚书。秉公执法，刚直不阿，福州传统闽剧"陈若霖斩皇子"，即颂扬了他的高风亮节，让人肃然起敬。陈若霖仕宦在外，不忘桑梓，诸如修《福建通志》、赈灾济贫等，都乐于捐款助成。后以疾乞休。十二年（1832），病殁于天津舟次，终年七十四岁，归葬福州南郊北园山头岭。

螺洲陈氏藏书始于陈若霖。陈若霖平日喜好收藏古今金石书画，藏书多为

---

① （清）林芳春：《介石堂文抄》卷二《萨檀河先生五十寿序》，清道光五年（1825）刻本。

② （清）萨玉衡：《白华楼诗钞跋》，清嘉庆十八年（1813）刻本。

③ 萨嘉曦：《寄庐文稿·白华楼附录跋》，稿本。

任浙江巡抚时，由门僚何治运、萨玉衡代为选购。由于陈若霖为官清正廉明，曾数次受到清帝赐书奖励。根据《陈若霖年谱》记载，从嘉庆二十一年（1816）到道光十一年（1831）赏赐有 16 次，如："蒙赐《钦定全唐文》一百函"[①]"御赐《大清会典》六十函"[②]"赏内廷墨刻六种，《时晴斋》十卷《天瓶斋》十卷、《快雪堂》五册、《联句》三十册、《墨妙轩》四卷、《辋川诗》一册"[③]"御赐《康熙字典》全部，《御制文初集》全函"[④] 等。陈若霖于嘉庆十九年（1814），在螺洲祖屋后废园修建了"赐书轩"，以"供庋藏赐书之用"。轩上有翁方纲所提的匾额。后藏书达五万余卷，扩建藏书处曰："居敬堂"，其中颇多精华。陈若霖去世后，藏书亦部分散出。其孙陈承裘，曾孙陈宝琛、陈宝璐，均为清末著名藏书家（详见以下介绍）。

33. 林茂春

林茂春，生卒年不详，字崇达，号邕园，又号畅园，侯官人。乾隆四十二年（1777）拔贡。乾隆五十一年（1786），乡试中举。历任光泽、安溪训导，龙溪、武平教谕，官终漳州府学教授。好读书，"视经史子集如性命，尤专于《左氏传》及马班二史，爬罗剔抉，目鉥心刿，旁及古今人之评骘、论证，悉罗致以定其是非。难得之书，必穷收无遗。次则于后汉、晋、南北朝诸史及历代古近体诗，近世诸公选集，如是者五十年"[⑤]。

林茂春能诗善文，诗沉博宏肆，七言古体，存稿颇多。与福州知名人士组成读书社，是读书社社友中著述最富者。著有《左传补注》《汉书补注》《文选补注》《林邕园诗钞》《五礼通考详节》《史记拾遗》《汉书拾遗》《后汉书拾遗》《宋诗搜玉前后集》等。陈衍在《石遗室书录》中称："盖读书社中嗜学博览，勤于抄写，无逾邕园者。广采别集，下及诗话、杂记、零章断句皆入于编，亦从来总集所未有之例也。"[⑥]

---

① （清）陈景亮编：《望坡府君（陈若霖）年谱》，清道光闽县陈氏刻本，第 20 页上。
② 同上，第 30 页上。
③ 同上，第 33 页上。
④ 同上，第 41 页上。
⑤ 陈衍等纂，魏应麒续纂：《[民国]福建通志》总卷三十九，民国二十七年（1938）刻本，第 13 页上。
⑥ 同上，总卷二十五，第 10 页上、下。

林茂春又好抄书，对各家史学书手抄多种，每种都附有跋语，所抄书有50余种。从乾隆五十七年（1792）到嘉庆十一年（1806）这15年间，就抄了各种史书约27种。"壬子九月抄郝京山《史汉补释》，十月抄王西庄《商榷》，十二月抄卢抱经《拾补》。癸丑正月抄武英殿《前汉书考证》二册，三月抄武英殿《后汉书考证》一册，七月抄《史记评林》，十月抄武英殿《史记考证》二册，十一月抄钱氏《汉书考异》一册。甲寅六月抄陈明卿《史记考》，十一月抄四库馆《前后汉书考证》……乙丑十一月抄《全谢山史汉问答》，丙寅四月抄钱大招《后汉补表》。"① 这些书籍多收藏于其"介石堂"家塾中。藏书章有："臣茂春印""邑园"等。

林茂春藏书传世甚少。今福建省图书馆藏有其少部分遗书:《唐书诠要》一卷，林茂春撰，稿本，林茂春跋，钤有"臣茂春印""邑园"印记;《经史抄》不分卷，林茂春辑，清林茂春抄本。

34. 李大瑛

李大瑛，生卒年不详，字绍仁，号秋潭，侯官人。乾隆五十四（1789），乡试中举。曾官县令，因其进取心淡，故后来终生不复出。梁章钜在《师友集》中云其:"家本雄于资，中年稍落，藏书极富。日寝馈其间，有从借阅者则纳之。喜涉猎兵家言及壬遁之法，亦未竟其绪。且不喜著书，闭关扫轨。"② 后又作诗云:"藏书十万卷，密友两三人。进取心原淡，随缘家渐贫。语言无一字，志愿有千春。井上草堂在，过门都怆神。"③ 陈寿祺的《左海文集》云:"顷余友李秋潭、何郊海两家，所藏各不下十万卷，斯亦足以自雄矣。"④

陈寿祺、梁章钜均称其藏书超过十万卷，可见其藏书规模之大，储于"井上草堂"中。"井上草堂"在丁戊山北石井巷，屋在井边，有树石之盛。李大瑛平生除嗜书外，又喜广种花草异木。好静，仅与个别密友交往，每日游弋于自家书室之中，日夜披览，乐在其中。李大瑛至中年后家境渐衰，但却不肯典

---

① （清）谢章铤:《课余续录》卷二，清光绪二十六年（1900）刻本，第16—19页。
② （清）梁章钜:《师友集》卷三，清道光二十五年（1845）刻本，第7页上。
③ 同上。
④ （清）陈寿祺:《左海文集》卷八《留香室记》，清道光五年（1825）三山陈氏补刻本，第3页。

卖藏书。因不喜著述，故未留下作品。部分藏书散出后，为江清芬所收藏。

35. 冯缙

冯缙（1768—约1835），字光敦，号笏輎，侯官人。嘉庆三年（1798），乡试中举。但他"一赴礼闱，即不复出，日以书籍自娱"①。居所名"陶舫"，原为林侗、林佶故庐，其间有"兰话堂"。"'兰话堂'，鹿原先生旧居也，廿年前一过废为庖牧所矣！近吾友笏輎冯君卜居是间，剪茇庀葺，庋经籍图史为诸郎。"②

冯缙笃嗜图籍，家聚书万卷，有金石之癖，博搜金石碑刻，室中富藏金石。他曾校正、刊刻了林侗的《来斋金石考》一书。并花费十余年时间，又将家中所藏进行认真研究、考证，再撰《兰话堂后金石纪存》。此外，还著有《读史纂误补》《陶舫枣窗拾慧》《冶南黎献诗文钞》《唐昭陵陪葬名氏考》等。

36. 叶申蔼

叶申蔼（1769—1834），字惟和，号次幔，闽县人。叶申蔼为叶观国之子。乾隆六十年（1795），举于乡。嘉庆十三年（1808），大挑一等分发江苏。屡任山阳、奉贤、无锡等县令，均有惠政。"好读书，藏书三万卷，披诵不倦。"③《三山叶氏祠录》亦载："好读书，晚藏书三万卷，披诵不辍。尝集周秦以来诗歌，著《退食吟钞》二十卷。"④筑"荫余轩书楼"以藏书。叶申蔼还热心于公益事业，为官江苏期间，积极筹款，捐资文游、肇文两书院。又购贮书籍，捐充书院藏书楼，受到士子的称赞。著述颇多，主要有：《三礼集证》十卷、《春秋解》十二卷、《荫余轩诗文集》五卷等。叶申蔼卒后，所藏书籍大半毁于水火。

---

① 陈衍等纂，魏应麒续纂：《［民国］福建通志》总卷三十九分卷八，民国二十七年（1938）刻本，第20页下。

② （清）林轩开：《拾穗山房诗存》卷三，《以唐太宗御书万年宫铭赠冯笏輎题跋》，稿本。

③ 陈衍等纂，魏应麒续纂：《［民国］福建通志》总卷三十四，民国二十七年（1938）刻本，第9页上。

④ （清）叶大焯编：《三山叶氏祠录》卷二，清光绪十六年（1890）福州叶氏祠堂刻本，第25页下。

37. 郭龙光

郭龙光，生卒年不详，字则征，又字韶溪，福清人。初甚贫，勤奋学习，得到郑光策指授，诗文皆日进。乾隆六十年（1795），乡试中举。嘉庆元年（1796），登进士第，选翰林院庶吉士。散馆，授国子监学正。辞归后，曾主讲厦门玉屏书院，家藏图书万卷。梁章鉅《师友集》云其："中年家渐裕，而嗜学不倦。世居福清之蒜岭，聚书万卷，寝馈其间。阅数月，必至福州与余及林钝邨、谢甸男、赵谷士辈纵谈今古。而处余于师友之间，有知己之言，至今感之。"[①]梁章鉅还作诗曰："万卷书谁守，三山迹已陈。平生知己话，第一忆斯人。"[②]

郭龙光在嘉庆九年（1804）校经堂校订、刊刻了宋陈祥道撰《礼书》一百五十卷，著有《韶溪诗集》四卷。

38. 丁铸

丁铸，生卒年不详，字元量，一字贞九，闽县（今福州）人。其父能显，又名长光，为岁贡生，业盐，家饶于财。他切望儿子能读书，聘请名师陈登龙为老师，讲授经史兼习诗画。其兄丁镎，为邑诸生，后代父营鹾务，性好施，著有《读画轩诗草》一卷。

丁铸不治举业，但多才积学，精目录之学，"经史百家，皆有纂述"[③]。工于词，闲以余力治新词，自撰不少，讲究倚声。认为《词苑丛谈》，不注出处所出，且中多谬误，欲重新加以编录。书稿盈尺，惜其殁后，自著词及书稿，均散佚无存。后谢章铤采其词入《赌棋山庄词话》，又搜得其所撰《词说》二卷。

丁铸性嗜藏书，积书数万卷，并收藏不少金石。《赌棋山庄词话》云："丁翁元量（铸），余外大父嗜庭先生（桐）之从弟也。家饶于财，性好聚书，自云所藏在《四库全书总目》外颇多。独居一楼，不关世务，摩挲彝鼎，间或吟咏，直是风雅一流人物。其后家中落，书亦散。其亲戚招之，点勘经籍，历举古今

---

① （清）梁章鉅：《师友集》卷二，清道光二十五年（1845）刻本，第5页上。

② 同上。

③ 欧阳英修，陈衍纂：《[民国]闽侯县志》卷八十七，民国二十二年（1933）铅印本，第19页上。

刻本，累累如贯珠。"①其藏书"晚年获落施（怡岩）邦镇"②。

39. 施邦镇

施邦镇，生卒年不详，字怡岩，侯官人。善画人物，兼精山水花鸟。亦工诗，结"西林画室"于福州南后街。以卖画为生，嗜读书，得钱即买书，"久之所积甚多，又于史籍中择其古奥者习之"③。自云："也爱缥缃频展阅。"④藏书于"见山楼"中，"左列图书，右鼎彝"⑤。著有《画余诗抄》。

40. 赵在田

赵在田（1771—1836），字光中，号谷士，又号研农，侯官人。赵在翰伯兄。其生年原史无明载，清人吴赞韶《种瑶草斋诗影》载："乙未春绘东园九老图……谷士六十五。""乙未"为道光十五年（1835），是年六十五岁，上推可知，当生于乾隆三十六年（1771）⑥。嘉庆四年（1799），登进士第，选翰林院庶吉士。散馆，授翰林院编修。历任广东主考官、顺天同考官、御史、刑部郎中等。十三年（1808），迁福建布政使护理巡抚，调江西布政使。十八年（1813），以亲老假归。主持道南、擢英、南浦等书院。二十年（1815），又赴都城供职。历任国史馆纂修、起居注协修、文颖馆纂修等职。后丁外艰，归福州。先后主讲厦门玉屏书院，继主持省府凤池书院十四年。

赵在田主讲凤池书院十四年，培育了大批品学兼优的有用之才，深受学生尊崇。卒后，学者为之祀凤池书院。著有《琴鹤堂诗集》二卷、《琴鹤堂文集》一卷等。

赵在田好学嗜书，精于三礼、三传、史汉诸书。又工于诗，其诗宗韩、苏，

---

① （清）谢章铤：《赌棋山庄词话续编》卷五，中华书局《词话丛编》本，1986 年，第16 页。

② （清）谢章铤：《赌棋山庄余集》文二《跋丁氏因话录》，民国十四年（1925）沈氏刻本，第 12 页上。

③ （清）朱景星修，郑祖庚纂：《［光绪］闽县乡土志》卷八十九，清光绪三十二年（1906）铅印本，第 3 页下。

④ （清）谢章铤：《赌棋山庄词话·续编》卷五，中华书局《词话丛编》本，1986 年，第17 页。

⑤ （清）施邦镇：《画余诗抄》卷二，清咸丰十一年（1861）福州亦舫刻本，第 16 页下。

⑥ （清）吴赞韶：《种瑶草斋诗影》，民国二十三年（1934）吴衡如刻本，第 23 页上。

曾参加梁章钜的藤花吟社，留下不少诗作。还工书法，"好蓄古砚及碑版文字，聚书万余卷"[①]。家有"小积石山房""琴鹤堂"藏之。藏书印有"赵在田印""天水后人"等。

41.赵在翰

赵在翰，生卒年不详，字鹿园，侯官人。嘉庆年间诸生。藏书颇富，多珍本，贮于"小积石山房"中。"小积石山房"既是其藏书之处，也是刻书之处。嘉庆十四年（1809），赵在翰在此刊刻了所辑的《七纬》三十八卷。辑有《晋书补表》《逸论语》等。

赵氏藏书散出后，部分为龚氏大通楼所收。其藏书印有："侯官赵氏小积石山房艺文之章赵在翰印""在翰""在翰私印""赵印在翰""臣在翰""小积石山房""小积石山房艺文之章"。目前见闻所及，赵氏藏书为数确实不少，善本亦多。今福建省图书馆和福建师范大学图书馆藏有其一些旧藏。福建省图书馆藏钤有其藏书印的有：明刻本《国语》二十卷、《盐铁论》十二卷、《潜夫论》十卷、《星经》二卷、《元包》五卷附《张行成元包数总义》二卷、《潜虚》一卷附《张敦实潜虚发微》一卷等，均为难得的珍善本。

42.陈寿祺

陈寿祺（1771—1834），字介祥，又字恭甫、苇仁，号梅修，又号左海，晚年自号隐屏山人，闽县人。先世惠安人，后迁闽县。陈寿祺祖辈世代务农，自祖父起，弃农读书。祖父陈起龙为县学生，平生教授乡里。父陈鹤书，字锡三，一字东麓，为岁贡生，曾任文学主讲，先后执教于仙游、龙岩、邵武、泉州、漳州等书院，皆有经法，撰有诗集数卷。

陈寿祺虽然不是出身名门，但天资聪颖，幼年承庭训，五岁读书，九岁遍群经，有"神童"之名。早年曾师从乡贤周立岩，年十五补县学生员，出于闽中著名学者孟超然门下，治宋儒之学。乾隆五十四年（1789），乡试中举。嘉庆四年（1799），登进士第，选翰林院庶吉士。六年（1801）散馆，授翰林院编修。是年，闽中灾荒，陈寿祺担忧父母双亲无人照顾，告假返乡。前因会试经策而

---

① （清）朱景星修，郑祖庚纂：《［光绪］闽县乡土志》卷七十一，清光绪三十二年（1906）铅印本，第15页上。

得到阮元的赏识，返乡时阮元已出任浙江巡抚，并创办了诂经精舍，故聘请陈寿祺主讲杭州敷文书院，同时兼课诂经精舍，并参与《海塘志》的编撰。九年（1804），陈寿祺重返京城，先后出任广东、河南乡试副考官，会试同考官，文渊阁校理，国史馆总纂等职。十五年（1810），丁父忧回里，敬奉老母。绝意仕进，在家著述，以主讲泉州清源书院为业，历时十年，以经学教授诸生。道光二年（1822），丁母忧后，又主讲福州鳌峰书院十一年，造就人才无数，培养出林则徐、张际亮、林昌彝等一批民族英雄与杰出人才。对清代中后期福建学术风气的形成产生了深远的影响。

陈寿祺十分关心修纂地方志的工作。在此之前，清代的《福建通志》共有三修：康熙二十三年（1684），郑开极主持修纂的《福建通志》六十四卷，是为清代福建省第一部通志。清雍正年间，清世宗又下诏各地方政府修志。雍正七年（1729），谢道承主持纂修了第二部的《福建通志》，至乾隆二年（1737）书成，全书凡七十八卷首一卷并图一卷，后被收入《四库全书》之中。第三部则是乾隆二十九年（1764）沈廷芳主持纂修《福建续志》，记事基本上同于前志，略有增补，而体例却有所不同。是志曾于乾隆三十年（1765）至三十二年（1767）经学政王杰补修再刊。自《福建续志》修成以后，到了道光九年（1829），《福建通志》已有六十多年未曾再修。随着时代的变迁与各种人为因素，福建地方文献散失甚多，而前此三志，又不同程度地存在着疏漏与讹误。陈寿祺有鉴于此，遂建议重修《福建通志》。福建巡抚孙尔准准其所请，组织筹建福建通志馆，专门负责修志之事，并廷聘陈寿祺担任总纂。是年（1829），通志馆即正式开局，陈寿祺亲自创立通志义例，并撰《形势》《山川》二门和《儒林》《文苑》后传。其余悉交担任分纂的高澍然、冯登府、张际亮、饶廷襄、丁汝恭、张绅、王捷南、陈善、沈学渊、汪晨、陈池养、林晨英、翁吉士、刘建韶、林彦芬、赖其恭、罗联棠、何治运等18人负责。陈寿祺在重纂《福建通志》的三年过程中，凡事亲历，心力交瘁，患病日重，依然抱病修订稿本。道光十四年（1834），就在所纂即将完成之时，耗尽心力，病逝福州黄巷家中。

陈寿祺是清代著名经学家，一生著作宏富、精博，卓然成一家之言。所撰有：《五经异义疏证》三卷、《尚书大传》（定本）三卷、《洪范五行传辑本》六卷、《欧阳夏侯经说考》一卷、《鲁齐韩诗说考》三卷、《左海经辨》四卷、《说文经诂》

二卷、《两汉拾遗》二卷、《遂初楼杂录》二卷、《左海文集》十卷、《绛跗草堂诗集》六卷等二十余种，以及最后由其长子陈乔枞（字朴园）整理续成的《三家诗遗说考》十五卷、《礼记郑读考》六卷、《今文尚书经说考》十七卷等。

陈寿祺的文章博采众长，旁征博引，左右逢源，这些无不得力于其藏书、读书之多。他是清代福州藏书大家。陈寿祺并非出生于书香世家，其藏书得之于多方购求，日积月累。少年时代的陈寿祺，"淹贯群籍，文藻博丽"[1]，常常将零用钱积下买书。进入鳌峰书院后，每有闲日，他总是到山长孟超然家借读、抄录。孟超然也是一位远近闻名的藏书家，家有"亦园亭"，藏书万卷。当陈寿祺进入仕途后，任职翰林院文渊阁校理期间，利用职务方便，抄录了许多内府秘籍，还经常流连于北京琉璃厂、崇福寺书肆，购买图书。道光九年（1829），福建通志局开馆重修《福建通志》，聘陈寿祺为总纂，利用总纂这一职务方便，大力收集闽中各郡县的文献。凡遇有闽人所著，外籍学者所述有关闽省材料的书籍，均收集无遗，特别是一些未刊手稿，常出高价收购，故陈氏所藏多秘册遗文。清人施鸿保《闽杂记》载："闻金匮孙文靖公督闽时，增修《福建通志》。太史重其事，尝檄取各郡邑书。又凡文献未刊者，辄倍值酬之。故密册遗文，多闽中藏书家所未有。"[2]

陈寿祺不惜重金，辛勤探访搜购数十年，藏书达到了很大的规模。《[民国]福建通志》载其："生平不饮不奕，樗蒲不入座，惟手不释卷，所聚有八万卷。"[3]陈寿祺家在福州黄巷，宅内有藏书室曰"小琅嬛馆"。曾在《肯竟春华百态妍》诗的注中释其命名之缘由："元人所记张茂先入琅嬛福地事，乃建安地也。祺家敝斋署曰：'小琅嬛馆'。"[4]对于这八万卷的藏书，陈家还编有藏书书目，精心管理。清人陈树杓云："太史名寿祺，号恭甫……家有'小琅嬛馆'，藏书甚

---

① 陈衍等纂，魏应麒续纂：《[民国]福建通志》总卷三十八，民国二十七年（1938）刻本，第25页上。

② （清）施鸿保：《闽杂记·小琅嬛》卷八，清光绪四年（1878）铅印本，第4页。

③ 陈衍等纂，魏应麒续纂：《[民国]福建通志》总卷三十八，民国二十七年（1938）刻本，第29页下。

④ （清）陈寿祺：《绛跗草堂诗集》卷五，清嘉庆道光年间三山陈氏刻本，第37页。

富。经训部帙，搜罗尤备，有《小琅嬛馆书目》。"①此书目是否传世，未见定论。1942年，福建省立图书馆馆长萨兆寅撰《福建藏书家考略》时云："陈寿祺所存藏书目尚存于世。"②现福建省图书馆古籍善本库藏有一册题为《陈朴园藏书目录》稿本。"朴园"即陈寿祺长子陈乔枞的字号。纵观全书，无著者，无年月可考，书名及《序》《跋》均为后人所加，扉页为民国藏书家郭可光（字白阳）购得此书时所作《序》一篇，在书后的《跋》中，郭可光考证此书为陈朴园先生的清稿本。书后沈祖牟《跋》如下：

> 右书目一册，不著撰人姓氏。白阳得之于南后街书肆，待以相视，粗涉猎一遍，余断其必为《小琅嬛馆藏书目》。一，目中吾闽郡县志为数甚多，且多秘本。左海先生身与纂修《通志》之役，当为当日所搜罗者；二，目中有贡院数薄若干册，左海曾修建贡院者；三，目中各书皆载册数，惟第二十二箱《左海全集》《朴园经说》等种全独无，此必有故；四、第二十四箱有《黄漳浦集》七部，左海曾刊漳浦集者。积如上所述，此目实为左海旧藏，殆无可疑。惟目中又有陈编修传，然则此目殆朴园先生清稿本。敢质诸白阳。
>
> （民国）二十七年十月廿六日新乐识于竹园③

郭可光所收此书目后，又为萨嘉榘所得。萨嘉榘副录一册，又继续考证。写了《陈朴园藏书目录跋》：

> 此书目亡友尚斋审定，为《小琅嬛馆藏书目》，列举诸证，足见精确。余观《复堂日记》，言及《论衡》一书，《昭致》篇缺，闽陈氏有足本，惜未副录。今考目中即有《论衡》二十四本，又吾家藏曾伯祖露萧公（龙光）致恭甫函云："仲月返里，即往索《林茂之先生集》，为述台谕云云渠

---

① （清）陈树杓编：《带经堂书目》卷一，民国顺德邓实风雨楼铅印本，第12页上。
② 《福建文化季刊》1942年，第1卷第3期。
③ 《陈朴园藏书目录》，福建省图书馆藏清光绪年间稿本。

等。始之宝贵，各抄一帙，兹将原书寄上，希检入查。"目中亦有林茂之诗赋三本，此皆可为补证也。且目中又有《通志采访稿》六本，《修志杂说》一本，为左海修志时所需无疑。余嗜抄旧家目录，爰录副藏之，并致数语，以示此目之可贵尔。

一九五七年五月二十八日，萨嘉榘，时年八十有一①

福建师范大学图书馆古籍部廖天敏等编辑的《福建地方文献及闽人著述综录》著录《陈朴园藏书目录》："清闽县陈乔枞编，清光绪旧抄本。"②无论如何，《陈朴园藏书目录》内容尚完整，从中可以看出"小琅嬛馆"的藏书规模及特点。该《书目》与传统书目按经、史、子、集排序不同，就按箱号记之。有的同一箱号四部皆有。书目共计有31箱，共1747部书。每条体例依照题名、册数，没有注明作者、卷数、版本及题解，书目著录尚属比较简单。然而值得注意的是，其中第22箱，均为陈氏父子所著之书，没有记明册数。藏书中以闽省各地方志居多，文集亦以闽人著述占多，且多秘本。后附录所藏字画，计有2箱，共43件，其中亦多乡贤绘画与墨宝。

"小琅嬛馆"的旁室，另辟有藏板室，藏有不少的板片，其中就有《左海诗文集》《左海经解》等板片，但现存书目中并未记载板片的收藏情况。施鸿保《闽杂记》云："道光乙巳（1845），余偕郭彦人养正寓太史家，藏书处扃钥甚严，不能借读。惟旁室中藏其自著《左海诗文集》《左海经解》及《鼓山志》等印板，反复摹读，手面俱黑，曾为仆从所笑。"③由此可见"小琅嬛馆"的藏书保管甚严，外人不能借读，也可见其对藏书的珍爱。

陈寿祺的藏书大都钤有其藏书印。如："陈寿祺所存""琅嬛福地""左海""闽县陈氏藏书""隐屏山人""苇仁"等，以示其所有。采用封闭式管理，秘藏图书。其子陈乔枞在《陈恭甫先生（寿祺）行状》中载："惟手不释卷，笃嗜经

---

① 萨嘉榘:《积积室文存》,《陈朴园藏书目录·跋》, 抄本。

② 福建师范大学图书馆 1985 年铅印本，第 236 页。

③ （清）施鸿保:《闽杂记·小琅嬛》卷八，清光绪四年（1878）铅印本，第 4 页。

籍,所聚有八万卷。尝举唐杜暹'鬻人及借人为不孝'之语示后人,勿失教。"①
陈寿祺也在诗中告诫后人:"不读《楞严》礼玉晨,缥缃充栋可安身。买来万本
皆清俸,不许儿孙更借人。"②从中可看见他爱书如命,同时也看到他秘藏图书
的藏书观念。其藏书楼仅有少数人被允许参观,林则徐是他得意的弟子,参观
后,在诗《题陈恭甫前辈遂初楼》中感叹道:"入室崔儦五万编,琅嬛福地此行
仙。名山书异穷愁著,左海才兼志节传。夙世经神郑公里,余情墨妙米家船。
依然润色承平业,不比膏肓石与泉。"③

陈寿祺长子陈乔枞,亦为清代著名藏书家(详见以下介绍)。

43.林轩开

林轩开(1771—1825),字文铹,一字蓼怀,闽县人。少孤,母教之,构
"画荻山房"为读书所。嘉庆七年(1802),登进士第,选翰林院庶吉士。散馆,
授浙江泰顺县,有政绩。后以失察被议归。归乡后,居黄任旧宅"香草斋"。
家有"拾穗山房",藏书颇多。常抄书不倦,如:《簪花诗抄》一卷,林郑氏撰,
拾穗山房抄本;《垂露斋联吟》不分卷,郑方坤辑,拾穗山房抄本等。也好蓄寿
山石。其著述亦颇多,如:《拾穗山房诗文钞》《拾穗山房文稿》《拾穗山房诗存》
《拾穗山房诗稿》《拾穗山房拭帖》《拾穗山房函稿》等等,今均为福建省图书
馆所收藏。林轩开的藏书印主要有:"轩开鉴识""蓼怀""文铹""轩开""文铹
一字芸洲""蓼怀珍赏"等。

林轩开的藏书散出后,大部分流入福州南后街杨桥巷口"小琅嬛"。《竹间
续话》载:"会城书肆聚于南后街,以咸丰、同治、光绪时为盛,约有十数家。
其间最著者,有塔巷口'醉经阁'林端植所,多何郯海之书;衣锦坊口'缥缃
馆'为刘某所设,多得陈恭甫先生孙培业之书,其书皆"琅嬛馆"遗藏;而宫
巷口'薛颐记',皆叶临恭、何道甫、李兰卿诸氏之藏,一时善本精华聚之;杨
桥巷口'小琅嬛',沈芝田所收则半为林轩开物也。"④

---

① (清)陈乔枞:《先考恭甫府君(陈寿祺)行略》,清道光十四年(1834)刻本,第19页下。
② (清)陈寿祺:《左海文集·绛跗草堂诗集》卷六《口占》,清嘉庆道光间三山陈氏刻本,
第13页下。
③ (清)林则徐:《云左山房诗抄》卷二,清光绪十二年(1886)侯官林氏刻本,第4页下。
④ 郭可光辑:《竹间续话》卷五,稿本,第5页下。

44. 梁运昌

梁运昌（1771—? ），初名雷，字慎中，一字曼云，又字曼叔，晚号田父，长乐江田人。幼时聪明异常，十岁时就要参加童试，家人虑他年幼体弱，不肯他去。不久，补弟子员。嘉庆四年（1799），登进士第，选翰林院庶吉士。同年秋，散馆，翰林院开实录馆，授翰林院编修。梁运昌能以新科进士入选，为当时所仅见。

梁运昌母丧时回乡守孝，期满不复为官，闭门读书，寡交游。精通篆刻、绘画、音乐、医卜，每日以诗文自娱。喜杜甫诗，倾力研究杜诗，历数十年。生平学博识超，著作甚富，主要有：《方言撷遗》《说文解字小笺》《秋竹斋别集》《杜园说杜》《秋竹斋诗文集》《陈氏古音考订》《读诗考韵声谱》《四书偶识》《史汉眉评》《两汉魏晋宋齐诗式》等。

梁运昌藏书甚多，家有"苍莨馆"庋之，惜传世甚少。其藏书印目前所见有"苍莨馆图书记""长乐梁运昌印"等。

45. 张登瀛

张登瀛，生卒年不详，字冠贤，又字洲山，侯官人。嘉庆年间国学生。家有"芸经书坊"，著有《诗序辨证》四卷。梁章钜称其"世泽缥缃富"[①]，并在所撰《师友集》注解中云："君有芸经书坊，家落后即闭业，故藏书尚富。"[②]今福建省图书馆藏明刻本《左氏兵法则要》二十卷，钤有"曾在榕城张洲山处"印记；厦门市图书馆藏《春秋四传管窥》三十二卷，清乾隆四年（1739）藏书堂刻本，钤有"登瀛藏书"印记；福建师范大学藏明永乐内府刻本《历代名臣奏议》三百五十卷，钤有"登瀛藏书"印记。

46. 郑汝霖

郑汝霖（1773—1835），字坤甫，一字米袖，号铁侯，永福人。乾隆六十年（1795），乡试中举。曾在漳州芝山等书院掌教。在此期间，致力于振文风，兴教化。性甘淡泊，生平工篆隶、善刻印、喜石墨。每次出入，都怀揣所写字帖，为时所推重。《［民国］福建通志》载其："好搜求古籍，'万鉴堂'藏之。

---

① （清）梁章钜：《藤花吟馆诗抄》卷三，清道光五年（1825）刻本，第15页上。
② （清）梁章钜：《师友集》卷二，清道光二十五年（1845）刻本，第4页下。

所居满园花木,晚年惜俱毁于火。"①《永泰县志》亦载:"家有'铁倚楼''万鉴堂',藏书之富,甲于一邑。"②藏书家余潜士云:"邑中郑铁侯前辈家建有'万鉴堂',藏书数万卷,且好购名人书画及金石碑志墨拓,搜罗甚富,晚年惜俱毁于火。"③

郑汝霖晚年藏书俱毁于火,令他心痛不已,曾作《十哀诗》以纪之。其生平所著文也被烧为灰烬,仅存诗稿《抱阆山庄稿余》一卷,遂愤懑以卒。因他善刻印,藏书章颇多,知见的藏书印有:"永泰郑汝霖""八闽汝霖""汝霖私印""米袖""永泰郑汝霖学石颠""汝霖珍秘""臣霖""铁侯藏本""焜甫"等等。

今福建省图书馆藏有其一些遗书,如:明崇祯汲古阁刻本《焦氏易林》四卷,清刻本《淳化阁法帖考证》存三卷,明万历刻本《天中记》六十卷,明万历刻本《校注橘山四六》二十卷等,皆钤有其藏书印。

47. 何治运

何治运(1775—1821),字志贤,号郏海,侯官人。何蔚然之子。自幼好学,博极群书。中年时,家道已中落,而他却不问家里生产事,一心只管读书。嘉庆三年(1798)副举人。十二年(1807)举人,后大挑用为教谕。学问渊博,尤精于经学、小学,在许多方面都有独到见解,多发前人所未发,为当世名士所钦佩。嘉庆二十二年(1817),游广州,遇到巡抚陈若霖。陈与何治运为同乡,便向总督阮元推荐。总督见其知识博奥,谈吐纵横,就聘其为《广东通志》总纂。嘉庆二十五年(1820),又客浙江巡抚陈若霖公署。陈若霖出资为其刊刻《经解》及《论辩文字》四卷,辑为《何氏学》。

何治运精于音学,撰文从不蹈袭前人一字一句,其所作文章精悍、宏辨。虽年仅四十七岁卒,但所著卷帙繁富。主要有:《公革精义》《论语解诂》《孟子通义》《东越志》《周书后定》《太玄经补注》《傅子后定》《姓苑钩沉》等,惜

---

① 陈衍等纂,魏应麒续纂:《[民国]福建通志》总卷三十九,民国二十七年(1938)刻本,第16页下。

② 董秉清修,王绍沂等纂:《[民国]永泰县志》卷九,民国十一年(1922)铅印本,第29页上。

③ (清)余潜士:《耕邨姑留稿》卷三《题郑铁侯抱阆山庄稿余后》,清咸丰二年(1852)务本堂刻本,第19页下。

多未刊刻传世。梁章钜在《师友集》中誉其："君学无涯诶，文章宏辨桀悍，笔
力又足以济之。所著书甚多，已刻者则《何氏学》四卷。陈恭甫惜其成书太速，
行世太早是也。然同辈中，似此精进者，亦罕矣。"子七，广忠、广蒽、广愁，
余皆殇。

何治运在继承其父藏书的基础上，仍不断收罗图书。特别是他为官期间，
尽俸禄购书，藏书多达十多万卷。家有"西郊草堂"，中有藏书室，取名"瑞室"，
自比钟嵘之"瑞室"。陈寿祺的《留香室记》云："顷余友李秋潭、何郊海两家，
所藏各不下十万卷，斯亦足以自雄矣。"①施鸿保《闽杂记》曰："闽中藏书最著
称者……近时梁茝林（章钜）中丞、陈恭甫（寿祺）太史、何郊海孝廉，闻所
藏皆十余万卷，真可羡也。"②其藏书印有："冶南何氏瑞室图书"等。

何治运从不秘藏书籍，并乐于借书于人，为他人阅读提供方便，"从子辈
欲之，即举以畀，无吝色"③。

何治运藏书散出后，多流入福州南后街塔巷口的"醉经阁"。《竹间续话》
载："会城书肆聚于南后街，以咸丰、同治、光绪时为盛，约有十数家，其间最
著者，有塔巷口'醉经阁'林端植所，多何郊海之书。"④

48. 梁章钜

梁章钜（1775—1849），字闳中，又字茝林，号茝邻，晚自号退庵。祖籍
长乐，清初迁居福州。梁家自明朝以来，连续十余代均为读书人。纪晓岚督学
福建时，曾手书"书香世业"牌匾赠给梁家。其祖父弱冠即为名诸生，在里中
教学五十余年；其父梁上治，字斯志，又字翼斋，乾隆三十三年（1768）举人，
"所作诗文，辞采焕发"⑤，著有《四勿斋剩稿》；其叔父梁上国更是是清代著名
学者与藏书家。

---

① （清）陈寿祺：《左海文集》卷八《留香室记》，清道光五年（1825）三山陈氏补刻本，第
3页。

② （清）施鸿保：《闽杂记·闽中藏书家》卷八，清光绪四年（1878）铅印本，第4页。

③ 陈衍等纂，魏应麒续纂：《[民国]福建通志》总卷三十八，民国二十七年（1938）刻本，
第31页上。

④ 郭可光辑：《竹间续话》卷五，稿本，第5页下。

⑤ 陈衍等纂，魏应麒续纂：《[民国]福建通志》总卷三十四，民国二十七年（1938）刻本，
第38页下。

梁章钜自幼聪颖好学，耳濡目染，受到熏陶。四岁开蒙，随父读书，九岁学诗文，十二岁作八股，十四岁以第九名童生录送鳌峰书院，师从山长孟超然，后又随郑光策读书。受郑光策经世致用思想影响颇深。乾隆五十九年（1794），乡试中举。嘉庆七年（1802），登进士第，选翰林庶吉士。不久，丁父忧回籍奔丧。十年（1805）春，服满进京，任礼部主事，入仪制司。是年（1802）秋，因病回乡调养，里居十年，其间在浦城主讲南浦书院六年，暇则从事教书著述。十九年（1814）八月，抵京销假。于嘉庆二十一年（1816），考取军机章京。不久补主客司主事，升员外郎，任通礼馆、内廷方略馆纂修。在京为官八载之后，于道光二年（1822）外放，历任湖北荆州府知府、江南淮海河务兵备道、江苏按察使。五年（1825），因管理盐运漕粮，节省运费三十二万两，升山东按察使。次年（1826），又升任江苏布政使。十二年（1832）四月，积劳成疾，请辞回榕调理。在福州黄巷修葺了旧居小楼，名为"黄楼"。"楼上下多贮名人墨迹，中供奎宿像一帧，黄忠端公笔也。"①楼上还收藏平生所聚的书籍、金石等。次年（1833），又在宅左建小园，名曰"东园"，有假山池塘，楼台亭榭之胜，分为"藤花吟馆""榕风楼""百一峰阁""荔香斋""宝兰堂""曼华精舍"等十二景。其中："藤花吟馆"是与耆旧里朋相聚吟诗作画之所；"榕风楼"是收藏书籍、书稿之处；"宝兰堂"是收藏金石书画之处，因收藏世间罕有的褚临兰亭黄绢本而得名；"曼华精舍"是禅室，也收藏有图书和金石。仅"黄楼""东园"中所藏图书和书画即达数万卷。时梁章钜成了福州一大收藏家，与著名藏书家陈寿祺齐名闽中。施鸿保在所撰《闽杂记》中写道："闽中藏书最著称者……近时梁茞林（章钜）中丞、陈恭甫（寿祺）太史、何郏海孝廉，闻所藏皆十余万卷，真可羡也。"②

道光十五年（1835），梁章钜再次奉召入京，授甘肃布政使。次年（1836），调直隶布政使，又升任广西巡抚兼署学政。广西乡试考场积弊甚多，他改革考场纪律，杜绝考场舞弊行为。在广西巡抚任上，积极配合林则徐在广东开展的

---

① （清）梁章钜辑：《江田梁氏诗存》卷七《茞林兄黄楼落成命作》，清道光十四年（1834）刻本，第12页上。

② （清）施鸿保：《闽杂记·闽中藏书家》卷八，清光绪四年（1878）铅印本，第4页。

禁烟运动。道光二十一年（1841），英军攻陷虎门，进逼广州。梁章钜亲自督兵驻守梧州，防堵英军侵略，并严密稽查，以安民心。同年（1841）五月，梁章钜调任江苏巡抚，刚上任，就会同江南提督陈化成筹办抗英防务。八月，镇海、宁波相继失陷，两江总督裕谦自缢，梁章钜兼署两江总督。又奉旨回苏州，督办粮台，由于军务繁忙，日夜操劳，旧疾复发。十一月，因病辞职。

道光二十一年（1841），梁章钜辞职回闽到达浦城时，传闻英军已经占领福州乌石山积翠寺，还要在福州设码头，百姓纷纷逃离。梁章钜有家归不得，只好暂住浦城。在浦城，他专心著书，刻书、藏书。道光二十三年（1843），他选购浦城城东一处建造新宅，左有方池半亩，环池缀以屋宇，为寄托对福州东园的思念，取名为"北东园"。自谓："一丘一壑旧花园（自注：新居本宋待制章衡花园旧址，花园衕即因此得名），陋巷重开驷马门。那有满籝余万卷，护持昕夕祝长恩（自注：新宅本荒区，余筑大楼五楹，贮书万卷其上）。"① 于是浦城也有了梁章钜的藏书楼。在浦城，他依然专心读书著述，教导儿孙。

道光二十六年（1846），梁章钜离开浦城，旅居扬州。翌年（1847），其第三子恭辰署温州府，迎养梁章钜于任所。梁章钜一生的最后三年，虽遥在他乡，但也专门设有藏书、治学之处，曰"亦东园"。二十九年（1849），梁章钜病卒于温州官署，是年七十五岁。后归葬福州西门外群鹿山。

梁章钜的一生，与书为朋，苦读不倦，藏书怡情，笔耕不辍。如他自己所说："既通籍，官京师，日与通儒硕士，上下其议论。又京秩清暇，非书籍无以自娱。即外宦后，案牍余闲，别无声色之好。亦惟甄微阐幽，抱残守缺是务。岁月既积，卷帙遂多。"② 平生手不释卷，勤于著述，著作等身，多达 70 多种，800 余卷，为清代督抚中著述最多者，其身上所表现出来的是清代学人严谨踏实的治学态度，被后人奉为楷模。主要著作有：《论语集注旁证》二十卷、《孟子集注旁证》十四卷、《夏小正经传通释》四卷、《仓颉篇校证》三卷、《称谓拾遗》十卷、《三

---

① （清）梁章钜：《归田琐记》卷八《北东园日记诗》，清道光二十五年（1845）刊本，第 2 页上。

② （清）梁章钜：《归田琐记》卷六《已刻未刻书目》，清道光二十五年（1845）刊本，第 20 页上。

国志旁证》二十四卷、《南省公余录》八卷、《枢垣纪略》十六卷、《文选旁证》四十六卷、《楹联丛话》十二卷、《楹联续话》四卷、《退庵随笔》二十四卷、《归田琐记》十八卷、《浪迹丛谈》十一卷、《浪迹续谈》八卷、《浪迹三谈》六卷、《制义丛话》二十四卷、《师友录》八卷、《藤花吟馆诗钞》十二卷、《江田梁氏诗存》九卷等等，皆有很高的学术价值。

梁章钜之所以学识渊博，取得这么高的学术成就，与他平生收藏宏富、纵览群籍、精于鉴赏是分不开的。其收藏的主要来源大致有三：

其一为承继世代家藏。梁章钜出身于书香门第，其祖父是教育家，叔父梁上国就是一个大藏书家，祖传的藏书甚多。他恪守祖训，诗书传家，庋藏有方，发扬光大。

其二是倾力购买。梁章钜穷其一生，不遗余力地搜集金石，购买的书籍。乾隆末年，在京师时，到琉璃厂肆游玩，见金石书画，心甚慕之，却无力购买。道光初，梁章钜为官，所得俸禄渐丰，此后购买收藏亦渐多。他自谓："余性喜购书，宦游江南，所得愈多，每到一地，犹勤发箧，网罗文献。"①当他到杭州时，就曾用五辆牛车载运所买的书籍。其《载书谣》云："钱塘江上柳如梳，到及春潮半上初。一十六蹄转历碌，赧人真个五车书。"该诗后注又云："过杭日用牛车五辆，每辆四牛。"②

其三为编著刊刻。梁章钜不仅喜欢著述，也热衷于刊刻。他的藏书中有相当的数量是自己著述、校勘、编刻的书籍。七十岁前就已经刊刻了二十二种自己的著述③，后又有陆续刊刻。如：道光十四年（1834）刊刻于榕风楼的《文选旁证》四十六卷，道光二十五年（1845）刊刻于北东园的《归田琐记》十八卷，道光二十七年（1847）刊刻于亦东园的《浪迹丛谈》十一卷等。不但刊刻自己的作品，同时还有刊刻乡里先贤的遗书。在浦城时，还与祝昌泰、祖之望一起，在祝家的留香室校刊《浦城遗书》，共刊印十四种一百一十卷。其《北东园日记诗》曰：

---

① （清）梁章钜：《退庵诗存·杨文荪题词》，清道光十二年（1832）刻本，第8页。
② （清）梁章钜：《退庵诗存》卷六，清道光五年（1825）苏州刻本，第9页上。
③ （清）梁章钜：《归田琐记》卷六《已刻未刻书目》，清道光二十五年（1845）刊本，第20—22页。

"长年梨枣似云屯，善于人同即福门。群笑两家真好事，留香室与北东园。（自注：余好刻书，而东岩亦同。近复辑刊善书十种，时恭儿方刻《劝诫近录》《续录》《三录》，余亦有杂著待刻。梨枣之烦，只此两家，浦人咸咄咄，以为怪事也。）"①

梁章钜爱好广泛，金石书画无不涉足。自谓："予少冶举子业，无他嗜好，稍长始知，好书画。"②还善于绘画，如《藤花吟馆画卷》《庚午雅集图》等。曾编辑画集，如《东南峤外书画录》《小沧浪亭七友画集》等。他的书法也颇有造诣，尤精小楷行书，笔意劲秀。编撰有《吉安室书录》，收录从顺治至道光年间擅书法者，共十六卷。对金石有精湛的鉴赏能力，常与知名金石鉴赏家相切磋。林则徐所撰《梁章钜墓志铭》称："生平精鉴藏，共辨证金石，讨论隶古，与覃西阁老阮云台太傅、伊墨卿太守、程春海少农特相器重。"③道光二十二年（1842）秋，梁章钜寓居浦城时，曾将生平所收藏的金石书画编目，并一一加以题跋。根据该《目录》所载，收有金石 103 种，书法作品 125 种，绘画作品 258 种，共 486 种。其中珍品甚多。如有：海内所珍存的一对商爵，"甲冠吴家石墨之藏"的《宋榻黄庭经跋》，被名家誉为"元末诗翰一大观"的《鲜于伯机扬州诗卷》碑拓，"文既沉郁，字复精严，允称墨宝"的《黄忠端楷书（张西铭墓志铭）长卷》；还有绘画精品《刘松年竹亭清署卷》《四家古画和卷》《会稽春晓卷》《宋徽宗牡丹卷》《观碑图轴》《松泉轴》等。

梁章钜对自己苦心收藏的书籍虽然十分珍爱，但他的藏书思想却颇称开明，没有封闭秘藏，提倡对外借阅，认为唐杜暹"借书为不孝"有失偏颇。提出了以书借人，是"盖推己之有余，益人之不足"，"其功似更大于通财"等藏书的理念④。同时为保护书籍，又提议：首先要"惟在择其人而借之，不令有污损、遗失斯可矣"⑤。其次见损即补，以《颜氏家训》中"借人典籍皆须爱护，先有缺坏，就为之补治，亦士大夫百行之一"⑥告诫借书者。再次要好好保护书籍，"读书未竟，虽有急速，

① （清）梁章钜：《归田琐记》卷八《北东园日记诗》，清道光二十五年（1845）刊本，第 8 页上。
② （清）梁章钜：《退庵金石书画跋》自序，清道光二十五（1845）年刻本。
③ （清）林则徐：《梁章钜墓志铭》，闵尔昌：《碑传集补》卷十四。
④ （清）梁章钜：《退庵随笔》卷十一《家诫》，清道光十七年（1837）刻本，第 21 页。
⑤ 同上。
⑥ 同上。

必待卷束整齐,然后得起"①。最后勿使书"狼藉几案,分散部帙",勿令"童幼婢妾之所点污,风雨虫鼠之所毁伤"②。只有这样藏书者才会"不厌其求假焉"③。

梁章钜对典籍的收藏十分考究,可以从他藏书印章中可以得到证实。亦工篆刻,自刻藏章多达 20 余方,其收藏情趣与心态,跃然纸上:"苣林珍藏""苣林真赏""苣林审定""长乐梁氏苣林珍藏""梁氏苣林""苣林曾观""退庵居士""古瓦砚斋""梁章钜鉴赏印""退庵""难进易退学者""提兵岭后筹海江东""闽中""二十举乡三十登第四十还朝五十出守六十开府七十归田"等等。其藏书楼名亦有:"黄楼""东楼""亦东园""北东园""花舫""池上草堂""观变轩""怀清堂""二思堂""粤西开府""戏彩亭""小沧浪"等等。

梁章钜有五子、四女。五子为:逢辰、丁辰、恭辰、映辰、敬辰。在他的影响下,全家都好收藏。如他在浦城寓居时,长子从福州来,三子从北京归,都买来一批书画,他写下了:"久惜蕉林继墨林,当年惜墨并如金。南来北至多新得,助我烟云一室深。"④ 近日逢儿从福州至,恭儿从京师归,皆有新得书画。时余方辑《退庵题跋》,将脱稿矣,因此复有增订。大儿逢辰也和韵一首:"书画禅兼翰墨林,不分瓦注与黄金。零缣片楮关文献,亦费蒐罗岁月深。(自注:今春在家汇装书画数十册,皆前明及国初时人,吾乡先哲居其大半,增入题跋者亦十之二三)。"⑤ 三儿子恭辰也有和韵:"荟萃吾家翰墨林,相逢何敢吝挥金。云山花草齐收拾,谨报高堂愿海深。(自注:时大人方辑金石书画题跋,以尚少宋人画迹为嫌,嘱恭辰于北行之便,稍为物色。适过吴中,以重价购得赵幹、米元晖、赵子固各真迹以报。大人喜甚,每批读,辄为浮一大白焉。)"⑥

总而言之,梁章钜个性沉毅恬静,处事举重若轻,博学多才,胆识过人。为官期间,兴浚河道,治理漕运,募款赈灾,肃清污吏,政绩斐然,为人称颂。其晚

① (清)梁章钜:《退庵随笔》卷十一《家诫》,清道光十七年(1837)刻本,第 21 页。

② 同上。

③ 同上。

④ (清)梁章钜:《归田琐记》卷八《北东园日记诗》,清道光二十五年(1845)刊本,第 16 页下。

⑤ 同上,第 17 页上。

⑥ 同上。

年，在鸦片战争期间，对国家人民的赤诚之心，更是令人肃然起敬。平生手不释卷，勤于笔耕，著作等身，藏书十余万卷，不愧为有清一代的名宦、学者与大藏书家。

49. 朱锡谷

朱锡谷，生卒年不详，字菽原，侯官人。幼年失怙，嗜书好学。嘉庆六年（1801），登进士第，选翰林院庶吉士。道光元年（1821），授四川金堂县吏部带邻引，官至四川庐州知府。在宦蜀期间，"薪俸所入，悉购古书，收藏甚多"[①]。自称："携带殿版《二十四史》全部，并《资治通鉴》《文献通考》诸书十数种，回川三千余卷。"[②] 晚年归里后，书籍运回，贮于书室"怡山馆"中。其藏书印有："怡山馆藏书印""侯官朱氏藏书"等。

著有《怡山馆诗钞》四卷、《怡山馆文稿》等。有侄女朱芳徽继承其藏书。

50. 刘国柱

刘国柱，生卒年不详，字立中，号素堂，侯官人。福州的龙山刘氏系出北直（今河北）龙山（河北大名龙山镇）。明永乐年间，刘彬官福州左卫指挥使，遂籍闽。刘彬为龙山刘氏入闽始祖，其后世代为武官。明末清初，多尔铎率兵南下，刘家兴兵抗清。六世祖刘鸣雷，字豫斋。生计饶裕，乐善喜施，七子文行竞爽，建宁朱仕琇志其墓称为"义门"。子七：国传、国柱、国桢、国楫、国辅、国炳、国器。龙山刘氏第10代于明亡后弃官从商，自第12代起又弃商为官。刘氏子孙皆好藏书，为福州藏书世家中历时最久之一。

刘国柱为龙山刘氏第12世。少刻苦自励，肄业鳌峰讲院，受学于朱仕琇。乾隆四十五年（1780），由太学生举于乡。六上公车，报罢归教子，慈而有法。"聚书数千卷于'墨庄书屋'，令子絃诵读其中。"[③] 著有《校书楼杂著》一卷、《墨庄恭纪》一卷等。有孙刘家镇，亦为大藏书家（详见以下介绍）。

51. 朱芳徽

朱芳徽，生卒年、字号均不详，侯官人。朱锡谷之侄女。由于朱锡谷

① 郭可光编：《闽藏书家考略》卷二，郭氏白阳书室抄本，第23页下。

② （清）朱锡谷：《怡山馆诗钞·瞻云草下》之《三月初一归抵成都》，清道光年间刻本，第39页下。

③ 陈衍等纂，魏应麒续纂：《[民国]福建通志》总卷四十，民国二十七年（1938）刻本，第15页下。

初未有子，视侄女朱芳徽为己出。宦四川时携之，课以经史，习诗文。朱芳徽性酷嗜翰墨，日手一篇，未尝辍，数十年如一日。朱锡谷后把万卷藏书大部分留给朱芳徽。她虽家贫，却不肯卖书，"家贫四壁本清贫，只有遗书万卷陈。"①

52. 林春溥

林春溥（1775—1861），字立源，号鉴塘，又号讷溪，闽县（今福州）人。年幼天资敏悟，潜心嗜学，淹贯群经，有所创解。曾受业于梁上国等。嘉庆七年（1802），登进士第，选翰林院庶吉士，派习满文。十年（1805），散馆，钦取翻译第一名，授翰林院编修。十一年（1806），任功臣馆纂修，勘校《实录》。十三年（1808），丁母忧，回乡守制。主讲玉屏书院，前后达八年之久。此时，"在家乡购房屋数椽，莳花种竹，颜曰：'竹柏山房'，与舅氏陈登龙及游光绎、陈寿祺、赵在田诸君子，时相过从，讲论学问，阐述经史"②后还朝供职。二十四年（1819）充任国史馆纂修，参与纂修《大清一统志》，又奉派充当庶吉士满文教习。二十五年（1820），任顺天乡试同考官。道光元年（1821），任文渊阁校理。翌年（1822）秋，回福州，募款扩修朱文公祠。十年（1830），讲授浦城南浦书院，兼主江西鹅湖书院讲席。十四年（1834），回福州主讲鳌峰书院。居家教学课徒，入朝为官仍然是教学、取士。讲课之余，博涉群书。"闲居无事，仍复留心著述。虽年逾八旬，而聪明强固状，能做蝇头细字，日握管不辍。"③

林春溥著述甚多，已刊刻的有《竹柏山房丛书》十五种，计七十六卷；未刊刻的还有：《开辟至春秋年表》一卷、《古帝五年疑》一卷、《十六国年表》一卷、《历代年号分韵》一卷、《穆天子传日谱》一卷、《经学渊源图》一卷、《说文引经考异》一卷、《说文方言》一卷、《石鼓文考》一卷、《韵府险字摘钞》二卷，以及诗文集若干卷等。

林春溥性嗜学，喜藏书，聚书数万卷，筑"竹柏山房一览楼"以贮之，题

---

① （清）朱芳徽：《绿天吟榭诗稿》，清同治十年（1871）刻本，第31页下。

② 陈衍等纂，魏应麒续纂：《[民国]福建通志》总卷三十九，民国二十七年（1938）刻本，第27页上。

③ （清）林懋勋：《显考鉴塘府君（林春溥）行状》，清同治元年（1862）刻本，第17页下。

曰"金匮石室"。每卷必经勘点，老而不倦。"日常手不释卷，有得即抄录，辑异书积至数百卷。"① 还"自题楹帖云：'已栽桃李成新阴，且拥图书卧白云'"②。其藏书印有："林春溥印""观我道人""鉴塘""春溥鉴塘""林印春溥""讷溪""林春溥字立源""竹柏山房藏本""竹柏山房""重宴琼林"等多枚。编有《竹柏山房藏书目录》二卷，以此告语子孙："吾生平心血在此，尔曹善守之。"去世后，其长次二子，绘《竹柏山房伯仲守书图》，以承父志。

林春溥藏书流传至今的为数确实不少。今福建省图书馆藏有其少部分遗书：清嘉庆九年（1804）稿本《清文鉴》二卷、《清文新话》一卷、《清文虚字》一卷、《翻译清文草书》一卷；稿本《甲申朝事小纪摘抄》十卷、《郑大司农蔡中郎年谱和表》一卷；道光年间稿本《榕城要纂》一卷、《历代年号分韵》一卷、《古帝王年疑》一卷、《开辟至春秋年表》一卷、《竹书纪年六国年表》一卷、《穆天子传日谱》一卷；咸丰四年（1854）竹柏山房未刻稿本《岁时日记》一卷、《秉烛卮言》二卷等。

53. 张绅

张绅（1777—1832），字怡亭，号岩山，建宁人。道光二年（1822），授徙光泽。九年（1829），应聘来福州修省志。居二年，为妒者中伤，辞去。遁迹泰宁天成岩，逾年卒。张绅为学务博综，工诗文，"文名甚盛，四方贤士多与之游"③。著有《怡亭诗文集》等。

张绅藏书甚多，所撰《题藏书目录册子》云："予之家无书，及予始置，岁获一二。积既久，卷帙渐多，难以遍观。恐有所遗忘，而杂乱散佚也。于是录其目而籍之详，其卷之数与全者、残者接载焉。"④ 从该《书目》上纂署可知，其藏书"已数传易"，"至夫子孙不能保以有，而归他人。他人者，亦莫知终有也。使其人皆在观之，则其悲也可知矣"⑤。于此也表达了自己所好唯读书，有"或

① （清）林懋勋：《显考鉴塘府君（林春溥）行状》，清同治元年（1862）刻本，第23页下。
② 同上，第13页下。
③ （清）王深、徐兆丰修，张景祁等纂：《[光绪]重纂邵武府志》卷二十一，清光绪二十四年（1898）刻本，第53页上。
④ （清）张绅：《怡亭诗文集》卷四，清道光十三年（1833）留香书室刻本，第5页。
⑤ 同上。

遇风日清美，而体畅神安；或雨夕雪晨，而静谧可喜"的读书之乐与读书心得。"每欣然意得，辄忘夫万物。"①

54. 杨兆璜

杨兆璜（1778—1849），字餐秋，号古生，又号古心，邵武人。少负才气，好古文词，曾问学于郡教授吴贤湘。嘉庆十四年（1809），登进士第，选翰林院庶吉士。散馆，授浙江金华知县。历任广西柳州府、直隶广平知府。后因忤上官，遭夺职。喜游山水，"挂冠游彭蠡，陟嵩岳，登太行，足迹及十四省。好置书，所至恒数千卷自随"②。又好读书，且过目不忘。尝手校《二十四史》，凡历代职官及舆地沿革，缕缕能详，对国朝掌故，尤其了如指掌。服膺宋儒，工诗善文。著有《东霞山馆诗集》四卷行于世。

55. 陈云章

陈云章（1779—1850），字君兴，号秋河，晚号海东钝叟，又号茶隐老人，莆田人。少从进士郑天策、中书万世美游。嘉庆十四年（1809），登进士第，选翰林院庶吉士。散馆，以知县用分发江西。道光十四年（1834），擢知宁都直隶州。十六年（1836），署临江知府。任内有作为，备义仓、筑城垣、增建试院、重修梅江书院等。道光二十七年（1847），以年老乞休，所居住别业曰"临漪园"，于园之东偏筑"荔支亭"。

陈云章"喜藏书，不下五万卷，筑'清远楼'以储之"③。道光年间的一场大火，将陈宅连同藏书楼一起化为灰烬。烬余民国之初归涵芬楼。编著有：《［道光］武宁县志》《清远楼文集》《绿筠吟馆诗钞》《浮山东阳陈氏族谱》等。子二：长乔龄，字荔庄；次椿龄，字荔农。

56. 陈椿龄

陈椿龄，生卒年不详，字荔农，莆田人。陈云章子。道光十七年（1837）拔贡。《莆阳诗辑》云："荔农生于宦门，性情豪放，每以平安书记自命，家富

---

① （清）张绅：《怡亭诗文集》卷四，清道光十三年（1833）留香书室刻本，第5页
② 陈衍等纂，魏应麒续纂：《［民国］福建通志》总卷三十九，民国二十七年（1938）刻本，第31页下。
③ 同上，总卷三十六，第71页上。

藏书。因慕唐杜牧为人，故唯于《樊川集》上钤以'莆田陈某读'之印，其风趣可见一斑。"① 工诗善文，著有《补桐书屋草》《补桐书屋诗抄》等。

57. 王捷南

王捷南（1779—1853），字怀佩，仙游人。自幼力学，受业于福州陈寿祺之门，治《诗》《礼》《春秋》诸经。嘉庆九年（1804），举于乡，授职国子监。后被聘修《福建通志》，分纂宋朝人物。搜讨不遗，首创郡县沿革表。采辑祝穆的《方舆胜览》，参考《魏书地形志》来修志。其志书完成后，被谈地理者奉为圭臬。生平热衷公益事业，曾倡募拓建金石书院，修邑之文庙，建桥铺路，修城墙等诸事。

王捷南生平湛深经术，旁及星命医卜，靡不精晓。又酷嗜藏书，"家藏书数万卷，下丹黄者，钩稽辄当"②。为了刻印书籍，曾将自己收藏的抄本《金诚斋求古录》及蔡邕的《明堂月令》，与晋江陈庆镛商榷、参订，以待梓行。为纪念戚继光，又手辑《南塘年谱》，并刻于仙游。陈寿祺所撰《五经异义疏证》，久未付梓，他出资为之校刊行世，并在书后作《序》。惜死于林俊农民起义。

王捷南一生著述甚富，著有《闽中沿革表》《东越献征录》《金石书院志评选》《仙溪文存》，已付梓行；还有很多著作如《春秋左传》《战国事略》《宋名宦列传稿》《仙游图经稿》等未刊。

58. 陈征芝

陈征芝（1780—？），字世善，一字兰邻，晚号韬庵，闽县人。其生年原史无明载。清人吴赞韶《种瑶草斋诗影》记载："乙未春绘东园九老图……兰邻五十六。"③ "乙未"为道光十五年（1835），是年五十六岁，上推可知，当生于乾隆四十五年（1780）。嘉庆三年（1798），乡试中举。七年（1802），登进士第，选翰林院庶吉士。散馆，由吏部分发浙江，补会稽县令。会稽时为难治之地，到任后，惩处胥吏土豪枉法者十数人，得到百姓的爱戴。不久，旋调平湖。

---

① （清）涂庆澜：《莆阳诗辑》卷三，清光绪二十七年（1901）莆田荔隐山房刻本。
② 陈衍等纂，魏应麒续纂：《[民国]福建通志》总卷三十九，民国二十七年（1938）刻本，第30页上。
③ （清）吴赞韶：《种瑶草斋诗影》，民国二十三年（1934）吴衡如刻本，第23页。

平湖任上，改革所有的收费规例，减轻百姓负担。因丁母忧去官。服阕授江西永丰。道光元年（1821），诏下举荐天下循吏。陈征芝居官清廉，江西巡抚给予举荐。陈征芝还先后在江西庐陵、彭泽任职，后调九江同知。道光十四年（1834），任浙江秀水知县。又改任知绍兴，最后以终养乞归。著有《经史纂要》《带经堂笔记》《韬庵剩稿》等，又分纂《福建通志·建置沿革表》一卷，皆未梓行。

陈征芝的藏书源于家庭的熏陶。出生于书香之家，其曾祖陈振绪为乾隆间贡生，官泰宁训导，尊崇经术，穷流溯源，士人争向学之。其祖父为邑诸生。先辈们喜读书、蓄书的氛围影响着陈征芝。陈征芝的藏书始于祖传，继承了曾祖、祖父的藏书有近千卷。而陈征芝的"带经堂"，绝大部分的藏书则是其为宦期间，通过两个渠道而来的。

其一，抄录。陈征芝在浙为官期间，为文澜阁的常客。在那里抄录了藏书达 1000 多卷，故其藏书目录记版本时，多有"文澜阁传抄本"。此外，每闻其他藏书家有旧抄秘籍，就托人假录。同时，还常亲自抄录诸多私家藏书，如：黄丕烈的"士礼居"、汪启淑的"开万楼"、吴焯的"瓶花斋"、鲍廷博的"知不足斋"、范钦的"天一阁"等数十家藏书楼的旧藏。曾用 100 天的时间，临摹、校订了冯己苍先生校订的宋本《艺文类聚》一百卷，转录何屺瞻先生校的明嘉靖南雍刻本《后汉书》一百二十卷等。

其二，购买。《[民国]福建通志》载其："平生好聚书，官俸所入，悉以购之。"[1] 陈征芝为官清廉，在浙江秀水任上时，"每岁运费不下百万，而漕米折色亦较他邑为优。征芝一无所取，幕友吏胥无不叹诧"[2]。由于他俸禄有限，"数年来购买各书，缘欲收藏，以遗子孙。只取其备而俸入有限，所有宋元版刻索值过昂者，概不能买，势使然也"[3]。直到嘉庆十九年（1814），他才开始收藏宋元本。"甲戌五月，海盐友人吴姓以宋刻书各种见示。适《徐节孝集》为插架所

---

① 陈衍等纂，魏应麒续纂：《[民国]福建通志》总卷三十六，民国二十七年（1938）刻本，第62页下。

② 同上。

③ （清）陈树杓编：《带经堂书目》卷四，民国年间顺德邓实风雨楼铅印本，第17页下。

未有，且板纸俱佳的南宋刻本，有'点易斋'及'大司空王俨斋'等印，遂善价购藏，此余家有宋刻本之始也。"①自从购买了《徐节孝集》后，藏书的方向逐渐转移到宋、元刻本和影宋元抄本上。为了得到珍本，有机会便设法购买，并常向别人借书亲自抄录，对一些宋、元珍本还加以影摹。在浙江任上时，所搜集的大量藏书，储于其官署之"爱日堂"。

到了晚年，陈征芝把藏书由海运回归福州，后人曾绘有"陈兰邻大令归舫载书图"②。此图后为大藏书家杨浚所收，并有题咏。归乡后，为了储藏这些珍贵的典籍，购置了同乡先贤藏书家林佶旧居，将其"陶舫书屋"改名为"带经堂"，亦称"兰话堂"，其八万多卷图书即庋于此堂。并且继续着意搜访八闽先贤著述，"丹黄校勘，殆无虚日"③。以此为乐，与"耆旧数辈觞咏"④。

陈征芝的藏书目录《带经堂书目》五卷，由其孙陈树杞编成，民国年间邓实刻本。前有邓氏《序》，后有《跋》。陈树杞将其祖父的藏书编成书目后，手写成册，向周星诒、陆心源请教。周星诒当时任福州知府，陆心源当时任福建盐运使，他们两人皆好藏书，精通目录版本之学。他们对《带经堂书目》进行了删订、添改，并旁注批语。清宣统三年（1911），由上海神州国光社据书目原稿铅印发行。

上海神州国光社铅印本《带经堂书目》共分五卷三册，书目按《四库全书总目》分类，唯有子部缺术数类。体例首列书名及卷数、版本所自，最后列撰者姓名，其中或有某藏书、某抄本等信息。卷一"经部"著录 182 种，3654 余卷；卷二"史部"著录 274 种，11595 余卷；卷三"子部"著录 219 种，11896 余卷；"集部"分为上、下两卷，卷四、卷五"集部"共著录 550 种，12805 余卷。全书共著录古籍 1225 种，近 4 万卷。《带经堂书目》中有些书的作者只著录时代，

---

① （清）陈树杞编：《带经堂书目》卷四，民国年间顺德邓实风雨楼铅印本，第 17 页下。

② （清）杨浚：《冠悔堂全集》卷四，清光绪十九年（1893）杨氏刻本，第 31 页上。

③ 陈衍等纂，魏应麒续纂：《［民国］福建通志》总卷三十六，民国二十七年（1938）刻本，第 63 页上。

④ 同上。

《福建通志·艺文志》批评其："稍僻者即不知其何许人"①，并说"书目无提要、无爵里，有者仅百之一二"②，也是不够客观的。考其《带经堂书目》，其实约有四分之一的书目有提要，或寥寥数语，或长至数页，或陈树杓本人撰写的书录，或转引陈征芝的《跋》及《带经堂笔记》中的关于此书的评论。这些提要的确有助于读者了解该书的门径。《带经堂书目》有时也著录一些藏书的来源和收藏印记。当然有些书的著录略嫌简单，且在书名和版本著录方面也有些许错误。但总的来说，还是一部有价值的私家藏书目。

《带经堂书目》所录图书虽不及"带经堂"藏书量的一半，但从其书目中可管窥其藏书的鲜明特点：

其一，数量多，质量精，藏书达八万余卷，其中多有宋元名椠。《[民国]福建通志》记载陈征芝："比归田，积至八万卷，宋元名椠，十居六七。"③据笔者统计，《带经堂书目》所录的图书中有：宋版古籍40余部，1323卷；元版古籍96部，4412卷；影宋抄本近30部；影元抄本4部。如《宋书》一百卷，宋大字本，有明礼部官书印；《春秋公羊传注疏》二十八卷，十行宋本；《南史》《北史》《新唐书》皆元黑口本等等。中年以后的陈征芝，有"佞宋元"之癖。

其二，藏书中多秘籍，世间罕传之本。据谭献《复堂日记》记载："见陈氏《带经堂书目》多影宋抄本，盖黄尧圃旧藏，后归王惕甫。陈征芝兰邻官浙江时，又得之惕甫，乃入闽，此流传之端绪也。今观其目，多世间罕见之本，见之陆心源刚父书后所列已数十种矣。"④陆心源在《带经堂陈氏书目书后》中就列举了其精本数十种："经部"有影元抄本张清子《周易本义》附录纂注十六卷，旧抄金仁山《尚书注》十二卷，明抄张淏《古礼》二十五卷，乾道曾逮序；"史部"则有明抄本李丙《丁未录》四册，明抄刘恕《十国纪年》四十二卷，杨仲良《长编纪事本末》残本，马永锡《职林》四卷；"子部"有影宋抄本《世说新语》五卷；"集部"有谢肇淛抄唐黄滔《泉山秀句集》十卷，有杨万里、洪迈序，

---

① 陈衍等纂，魏应麒续纂：《[民国]福建通志》总卷二十五，民国二十七年（1938）刻本，第5页下。

② 同上。

③ 同上，总卷三十六，第62页下。

④ （清）谭献：《复堂日记》卷一，清光绪十三年（1887）刻本，第24页上。

原本赵湘《南阳集》十卷，影宋抄原本珪《华阳集》五十卷，影宋抄蒋之奇《荆溪前后集》八十九卷、《别集》九卷、《外集》三十卷，明抄足本赵文《青山集》八卷，明抄宋禧《庸庵集》三十卷等。陈征芝收藏的宋元刊本中精品也不少，如：元刊《周易会通》《书义矜式》，宋刊《仪礼经传通解》三十七卷《续》二十九卷，淳熙刊《孝经注》，元刊《融堂四书管见》，嘉祐本《说文解字》三十卷，乾道本《楚辞》，宋刊《九家注杜诗》，元刊《离骚》《草木疏》，宋刊董杲《庐山集》五卷、《英溪集》一卷等等，皆"世所罕见者"①。

其三，藏书中多抄本。在《带经堂书目》所录近4万卷图书中，抄本远多于刻本。各种旧抄本、校抄本、精抄本等，约占所录图书的四分之三。藏书中又多名家手跋、点校等。其中名家手跋如：钱大昕、黄丕烈等的手跋；名家校本如：谢肇淛、顾广圻、段玉裁、孙星衍等人的手校本。

其四，藏书中除了浙江各名家旧藏外，陈征芝还特别注重收藏闽籍藏书家流散的藏书，如：谢肇淛、陈寿祺、林佶、李馥、谢道承等人的旧藏。也极力收藏乡邦先贤的著述，如：谢肇淛《小草斋诗草》三十卷、曹学佺《石仓诗文集》四十八卷、黄居中《黄明立集》一卷、黄道周《黄漳浦全集》五十卷、刘克庄《刘后村大全集》一百九十六卷、林春泽《人瑞翁集》十二卷等。其中陈征芝引以为豪的有得自平湖钱梦庐的《梁溪集》一百八十卷《附录》六卷，旧抄本，宋李纲撰，有陈俊卿、朱文公为之序。由于陈征芝对李纲十分敬慕，更是苦心搜寻其著述，经过多年的努力，才如愿以偿。欣喜之余，留有长篇题《跋》曰：

公之遗集流传甚罕，邵武家祠选刻亦非完帙。余自弱冠宦游四方，舟车所至，未尝不留心寻觅。兹一百八十六卷《全集》，今夏得自平湖友人钱姓，乃当时进呈真本。顾自宋至今，历七百余年，全书尚未锓梓，异日得以校刊行世，岂非厚幸也夫！时道光十有四年五月二日，司里后学陈征芝盥手谨跋于秀州官署之爱日堂。②

---

① （清）陆心源：《仪顾堂藏书题跋》卷五《带经堂陈氏书目书后》，《清人书目题跋丛刊》2，中华书局，1990年，第13—14页。

② （清）陈树杓编：《带经堂书目》卷四上，民国顺德邓实风雨楼铅印本，第25页下。

陈树杓亦题识云：

> 先大父喜收古人遗集，于吾闽先贤著述更加意搜访，盖抱残守阙，欲光里党文献也。先大父收得是集，即欲付之剞劂，后因卷帙繁重，无力完板，姑序识之。咸丰初元，闽省大吏奏请忠定从祀先圣庙庭，并假予家藏《全集》付梓……始为完书。伏思吾闽唐宋以来，人文蔚起，作者林立，而遗文大义晦而不彰者，何可胜数。如先大父历年收购旧抄秘册，先贤遗书中有传本，极希亟应板行，广为流播，未知此愿何日偿也。同治丁卯维夏树杓谨识。①

陈征芝"带经堂"藏书中钤有："带经堂陈氏藏书印"朱长方、"带经草堂"白长方、"闽中韬庵氏家藏""兰邻""闽中韬庵陈氏珍藏"等印。陈征芝"积书以遗子孙，望其能读能守"②。惜藏书在逝世后便流散出来。同治三年（1864）秋，谭献寄给周星诒陈氏《带经堂书目》，"次年，谭仲仪以陈氏《书目》寄却，磬廉俸以买之"③。翌年正月，派人将陈氏书运来。陈征芝藏书由此大半为周星诒所得。周星诒于《读书敏求记》校语中云："《说文解字》三十卷、《系传》四十卷，福州陈氏带经堂藏有宋刻本。丙寅岁，向星村秀才索观，则为其从兄携赴台阳学舍矣，怅惜久之……予书大半得之渠家。"④罗振常在得到周星诒藏书目录《书钞阁行箧书目》的抄本后稍加整理，在其《重订例言》中说："周氏所藏不乏冷僻之品，其中一部分得之陈氏带经堂，约居十之二三。"⑤在周星诒所得的陈氏带经堂藏书中，有一最精之品——明人旧抄本《北堂书钞》一百六十卷。该本有"云章阁纫佩斋"印，经王石华、孙星衍、洪颐煊、严可

① （清）陈树杓编：《带经堂书目》卷四上，民国顺德邓实风雨楼铅印本，第25页下。
② 同上，第17页下。
③ （清）周星诒藏并编：《周氏传忠堂书目》卷四，民国二十五年（1936）上虞罗氏蟫隐庐石印本，第39页上。
④ （清）叶昌炽：《藏书纪事诗》卷七，上海古籍出版社，1989年，第613页。
⑤ （清）周星诒编：《周氏传忠堂书目·罗振常的重订例言》，民国二十五年（1936）上虞罗氏蟫隐庐石印本，第16页。

均校勘，严氏已刻清本数十卷而中辍。"卷中有铁桥跋语，原本又归何梦华，何之后人以归闽，陈兰邻罢官携之归闽，仙游王怀佩欲以重金易之，不得。"①周星诒得到后，珍秘此书，祈愿周氏世世子孙永宝之。是书与世行之本改易面目、尽失本真不同，尤为可贵。周氏遂以"书抄阁"名其斋。

著名藏书家陆心源得知陈征芝"带经堂"藏书散出的消息时，急忙从广东赶到福建。遍防陈氏后人，仅得三书，余皆不可得。他在《带经堂陈氏书目书后》云："《带经堂书目》五卷，侯官陈兰邻大令所藏书也……予粤东归田，本无出山之志。后闻陈氏藏书散出，多世间未有之本，遂奉檄一行。昔小山堂主人，闻陈一斋藏书散出，有闽中之行，余亦同此意也。及至闽，遍访陈氏后人，仅得张清子《周易纂注》、金仁山《尚书注》、杨仲良《长编纪事本末》三书，余皆不可得。其孙字星村者，亦略知书。询以各种秘册，则云：'最秘之本，其先人别储一楼，为虫蚀尽，或者当在其中。'其信然邪！"②

江苏长洲的蒋凤藻也得到不少陈征芝"带经堂"藏书。蒋凤藻，字香生。叶昌炽云："闽垣未经兵燹，前闽徐兴公、谢在杭，及近时'带经堂'陈氏遗书，流落人间者，君留意搜访，多归插架。"③后周星诒因亏公帑而获遣，勒令赔缴，"蒋香生太守出三千金资之，遂以藏书尽归蒋氏'心矩斋'"④。"带经堂"藏书也在其中。蒋氏得之后，亦名其藏书处为"书抄阁"。蒋凤藻殁后，李盛铎时在扬州，蒋氏家人欲以二万金售之，议未成。李盛铎赴日本，即为上海书店翁寿祺所得⑤。不知陈氏"带经堂"藏书是否在其中矣。"带经堂"藏书辗转流散，今不知其大部分散落在世间何处，让人喟叹不已。

陈征芝有孙陈树杓，曾继承其部分藏书（详见以下介绍）。

59. 何长载

何长载，生卒年不详，字任驰，号第五居士，光泽人。性好静谧，勤学博览，

① （清）谭献：《复堂日记》卷一，清光绪十三年（1887）刻本，第37页上。

② （清）陆心源：《仪顾堂藏书题跋》卷五《带经堂陈氏书目书后》，《清人书目题跋丛刊（2）》，中华书局，1990年，第13—14页。

③ （清）叶昌炽：《藏书纪事诗》卷六，上海古籍出版社，1989年，第696页。

④ 同上，"周星诒条"。

⑤ 李滂：《概略》，《进德月刊》第2卷第10期。

与弟何长诏并以诗名，中年工骈体。嘉庆三年（1798）乡贡，著有《第五居士集》。其孙何秋颢记《第五居士集·跋》云："先大父手订，生平所为诗文集凡六卷，乡贤高雨农先生为之评注。甲辰（道光二十四年，1844），家人不戒于火，藏书数万卷，概成灰烬。所幸仓皇间，夹数卷以出，斯集适在其中。"①

60. 许邦光

许邦光（1780—1833），字汝韬，号策山，晋江人。嘉庆十三年（1808），乡试中举。十六年（1811），登进士第，选翰林院庶吉士。散馆，授翰林院编修。二十一年（1816），任顺天府乡试同考官。二十三年（1818），擢詹事府右赞善，转左赞善，再升右中允。二十四年（1819），出任会试同考官。同年（1819），奉旨视察湖南省学政，任内转左中允。道光元年（1821），再擢翰林院侍讲，又迁侍读詹事府右春坊右庶子。四年（1824），再升任翰林院侍讲学士，转侍读学士，任日讲起居注官，官至光禄寺卿。参与编修《大清一统志》。后丁母忧，哀伤过度，旅途劳累，一病不起。十三年（1833），谢世，享年54岁。

许邦光勤奋好学，博览群书，结交者多文士墨客，家中收藏有不少图书，书斋名曰"榕轩"。曾先后两次充任庶吉士教习，龚维琳、陈庆镛等名士均出其门下。学识渊博，尤擅书法，内廷绢帖，多出其手。所著书有十余种，百数十卷，主要有：《二思堂史论》《使湘小草》《进奉文》《榕轩诗赋钞》《师鲁试艺》《湘南纪游志》《国史拟稿》等。名噪京师，为同辈所推崇。其《榕轩诗赋钞》手稿被他曾外孙、举人陈仲瑾收藏。1989年，许邦光外裔孙曾纪华与陈仲瑾次子陈泗东把《榕轩诗赋钞》连同许祖涝《聊中隐斋遗稿》合编成《许邦光父子遗集》，刊印行世。

许邦光旧宅在今泉州城西三朝巷，中有藏书楼。书斋之外有山水园林，为城中名园，今已废。子许祖涝，亦为藏书家（详见以下介绍）。

61. 杨庆琛

杨庆琛（1783—1867），原名际春，字廷元，号雪椒，晚号绛雪老人，侯官人。自幼聪明好学，受业于名儒郑光策之门。嘉庆九年（1804），乡试中举。嘉庆二十五年（1820），登进士第，选翰林院庶吉士。散馆，授刑部主事，擢郎中。道光九年（1829），任刑部河南司主事。后历陕西司员外郎、山东司郎中、

① （清）何长载：《第五居士集》，清光绪二十三年（1897）光泽何氏刻本。

广东司郎中、安徽宁池太广道、湖南按察使、山东布政使、代理巡抚兼署学政等职。二十二年（1842），召入京，改光禄卿。二十三年（1843），以年老致仕归里。

杨庆琛一生悉心治吏，为官清廉，政绩显著。任刑部期间，审理许多疑难案件，从无差错，并且有大量冤假错案得到平反。晚年生活颇为困苦，但操守甚严。同治三年（1864），重宴鹿鸣，奉旨加二品衔。六年（1867）病卒于家中。

杨庆琛嗜书好学，性喜吟咏，通籍宦四方，乐于秀山佳水，所至登临怀古，因时感遇，积帙盈笥。又好聚书，家有"绛雪山房"，所藏甚富，多秘本奇书。曾作诗云："琅嬛游后乐何如，漆简琳函秘府储。自笑冷官成嗜癖，惯拼薄俸买奇书。"① 藏书多钤有"绛雪山房"印记。

杨庆琛工诗，曾与陈寿祺、梁章钜、林则徐等名士相聚，吟咏唱和。晚年时失足伤左腿，独居一室，仍通宵达旦，读书不辍。归田后，键户课儿，"手一卷自乐，不问家事"②。更是日以吟咏自娱，并作《偶吟》诗曰："万轴牙签拥百城，别风淮雨最关情。笔精墨妙红丝润，只合书蟫了此生。"③ 他还在《绛雪山房诗续钞·序》称自己病足后，不能远行，"惟拥书吟啸，夜分不休，老而弥笃"④。杨庆琛作诗甚多，结集为《绛雪山房诗钞》二十卷《续钞》十卷。

62. 祝昌泰

祝昌泰（1783—1846），字躬瞻，号东岩，浦城人。其生年原史无明载，据《［光绪］浦城县志》卷四十二《丛谈》记载："道光癸卯梁茝林中丞以旧藏方竹仗赠……自注云：东岩六十一，予六十九矣。"梁茝林（章钜）生于乾隆四十年（1775），据此推算，祝昌泰当生于乾隆四十八年（1783）。由国子生援例捐刑部郎中，奉天司行走。家富资产而乐善好施，曾以万金捐充鳌峰、南浦两书院。又独力捐修县城、创建文昌阁等。热心于乡邦的文化与教育事业，特

---

① （清）杨庆琛：《绛雪山房诗钞》卷十六《天子正祈年》，清咸丰同治年间刻本，第 6 页上。
② 陈衍等纂，魏应麒续纂：《［民国］福建通志》总卷三十四，民国二十七年（1938）刻本，第 41 页上。
③ （清）杨庆琛：《绛雪山房诗续钞》卷二《偶吟》，清咸丰同治年间刻本，第 20 页下。
④ 同上，卷首第 1 页上。

别留心于浦城地方文献的搜集和流传。曾搜辑浦城宋、元、明先儒遗书十余种，捐资刻印出版，名为《浦城遗书》，又称《浦城宋元明儒遗书》，共计十四种、一百十卷。这是一部专门收集浦城当地历代名人著作的地方文献丛书，还刊刻了梁章钜的《南浦诗话》、祖之望的《皆山草堂诗抄》、张绅的《怡亭诗文集》等。

祝昌泰留意风雅，筑"有斐园"于越山之麓，与梁章钜、祖之望时常从过宴游。喜好网罗图籍，家富藏书。嘉庆十五年（1810），建"留香室"，珍藏雕版、书籍。陈寿祺的《左海文集》记"留香室"云："留香室者，浦城祝东岩郡守藏书之所也……东岩之于乡先正，其用心深且笃，庸讵近名而为之哉！盖亦欲积富而流广，作众而求勤，以久久其传云尔。"[1] 咸丰八年（1858），太平军攻破浦城，存于"留香室"中的书版及其藏书，惜均毁于战火，化为乌有。

63. 孙经世

孙经世（1783—1832），字济侯，号惕斋，惠安人。清代经学家、文字学家和音韵学家。孙氏为惠安望族，其父孙至正，为县学生，通经术，尤工于文章，学者称"达庵先生"，家中多藏书。诗书传家的孙经世，幼即嗜学，博览家中丰富藏书，熟读诸史，深研经义。道光十年（1830），参加省试不中。次年（1831），又应恩科福建省乡试，又不中。道光十二年（1832），入京应优贡试得第一，入国子监。同年病逝于北京泉州旅邸。同治六年（1867）奉旨崇祀泉州府乡贤祠。

孙经世勤于著述，其著作居惠安历代乡贤之最，堪称著作等身。著有《周易本义发明》十三卷、《春秋例辨》八卷、《四书集解》十二卷、《说文会通》十六卷、《夏小正集说》一卷、《释文辨证》十四卷、《惕斋经说》六卷、《读经校语》四卷、《尔雅音疏》六卷、《韵学溯源》四卷等，多达两百余卷。

孙经世喜好藏书，庋于其故居第三进的"集古堂"。厅堂屏风上悬挂"集古堂"横匾，案桌上供奉文昌帝君坐像。厅两旁及厅后，排列孙经世珍藏的图书，以经史子集分橱珍藏。其故居在今惠安县张坂镇埔塘村东侧大路南，俗称"官房旗杆三进大厝"，占地面积400多平方米。坐东北朝西南，面阔均为5间，进深第一进2间，第二进3间，第三进3间，硬山屋顶，宽敞明亮。第一

---

① （清）陈寿祺：《左海文集》卷八《留香室记》，清道光五年（1825）三山陈氏补刻本，第3—4页。

进由门廊、天井、东西椅头、角间和下房构成。第二进由厅堂、东西小厅、五间、后房和榉头构成。第三进结构与第二进相同。据传世的《集古堂藏书目录》记载，其中有：《御纂春秋直解》《钦定春秋传说汇纂》《御纂周易折中》《钦定书经传说汇纂》《尚书后案》《十三经注疏勘记》以及《南华经》《近思录发明》等不下数千册。"集古堂"中还藏有孙经世19部近两百卷著作的手稿，以及门生苏廷玉捐资为其刊刻并题署书名的《惕斋经说》《经传释词续编》和《读经校语》等3部著作的木刻印版。

中华人民共和国成立之初，孙经世的著作包括已刊、未刊以及生前收藏的图书还有七橱存世。20世纪50年代，因孙经世的女婿陈金城曾孙陈伯达的介绍，福建省图书馆与惠安县图书馆曾派人前去协商征集。1956年，福建省图书馆萨兆寅馆长等阅其藏书，见有不少珍稀善本，认为这些藏书及刊刻木版系国家文物，建议其子孙卖给或捐献给国家。这些藏书的保管者孙经世的后裔孙仲基、孙克念、孙锦山等商量后，决定全部捐献给国家。除了福建省图书馆运去两车图书数千册外，其余书籍连同版片均藏于惠安县图书馆。

64. 苏廷玉

苏廷玉（1783—1852），字韫山，号鳌石，又号退叟，同安人。苏氏为同安大族，诗书传家，苏廷玉即为宋宰相苏颂第二十六世孙。自幼聪颖好学，参加生童考试，屡取第一。嘉庆十三年（1808），乡试中举。嘉庆十九年（1814），登进士第，选翰林院庶吉士。二十二年（1817），散馆二等引见，授刑部主事。勤于讯鞫，有能声，擢为员外郎。道光五年（1825），补广东司主事兼秋审处行走。六年（1826），升贵州司员外郎。七年（1827），京察一等，升浙江司郎中。八年（1828），记名以道府用。九年（1829）正月，补授松江府知府；十一月，调苏州府，匝月间剖决前任积案三百余件，有"苏州青天"之称。十年（1830），擢陕西延绥道，署江苏粮道。十二年（1832），调苏松道，擢山东按察使，兼署布政使又署盐运使。十三年（1833），调任四川按察使，并代理布政使之职。十六年（1836），升任四川布政使。十八年（1838），平成都米价，使川民全活数十万户，川民送执事牌"仁心仁闻、实心实政"等字四十余对及万人伞五柄以示感激。后获旨署理四川总督，吏部以二品顶戴升署请加兵部侍郎兼都察院右副都御史。后因请兵请饷挞伐猓夷未果，降补四川臬使，拔去花翎，革职留任。二十年（1840），复授大理寺少卿。未几，又被休官回乡。二十二年（1842），仍以四品京堂起用，会同孙善宝办理江苏粮台事务。不久，致仕归乡。时值英军侵犯厦门，虽已卸任，仍心系时局，大力支持福建筹防备战工作。陈金城《筹守福州记》载："道光壬寅（1842），余作《筹守福州议》。鳌石制府见而悦之，曰：此吾闽之长城也。"[1] 苏廷玉还建议："英逆犯顺，招延神枪教式于福州五虎门训练一带壮氓，皆成劲旅。"[2] 又命其子"捐资筑土堡于泉州海口为防夷之具。"[3] 凡有裨于国家、桑梓之事，他都极力图成，爱国护民之情操，始终如一。曾捐修泉州考亭、文昌庙、尊经阁等，弘扬先哲，激励后昆。著有《亦佳室诗文钞》《亦佳室诗钞》《从政杂录》等。

苏廷玉好刻书，多刊刻先人遗书。道光二十二（1842），重刻苏颂《苏魏公文集》七十二卷、苏颂《新仪象法要》三卷、苏溶《生生篇》四卷、官献瑶《石溪读周官》六卷等，这些书的刻板于咸丰二年（1852）运回泉州通政巷府第。

苏廷玉身为名门之后，曾教育子孙："世家者，世其礼法，非世其轻薄；世其诗书行谊，非世其衣服饮食。"[4] 他感怀先泽，以先人嘉言懿行自励，自幼发愤读书不息，其先祖苏颂与苏象先好蓄书，苏廷玉亦嗜好藏书，所藏颇富。他在《鳌石府君自记年谱》中记载："道光二十六年（1846）丙午六十四岁，四月回泉州住，筑'洗心退藏书室'，以为消夏地。"[5] 此外，他还撰写《洗心退藏之室记》，载其筑建书室之事："泉州新第之东辟隙地构屋，名曰'洗心退藏之室'。屋三楹前副以长亭，受四面风。旁有长廊，设卧榻为消夏地。东偏屋为藏书所。"[6]"洗心退藏"，语出《周易·系辞下传》："圣人以此洗心，退藏于密，吉凶与民同患。"他认为圣人根据《易》的道理来洁净自己的心志，引退之后则藏身在隐秘的地方，无论吉祥还是凶险都和民众一起领受。将自己的藏书室

---

① （清）陈金城：《怡怡堂文集》，清抄本。

② （清）苏廷玉：《鳌石府君自记年谱》，清咸丰二年（1852）刻本，第32页。

③ 同上。

④ （清）苏廷玉：《亦佳室文钞》卷四《家训》，清咸丰六年（1856）同安苏氏刊本，第32页。

⑤ （清）苏廷玉：《鳌石府君自记年谱》，清咸丰二年（1852）刻本，第27页。

⑥ （清）苏廷玉：《亦佳室文钞》卷二《洗心退藏之室记》，清咸丰六年（1856）同安苏氏刊本，第12页。

命名为"洗心退藏书室",很大程度上是以此勉励鞭策自己。苏廷玉在朝为国为民办事实心,尽忠职守;辞官归乡,亦心系时局,尽己所能,保家卫国,"虽退居林下,亦不肯宽闲自处也"。① 可以说是终其一生,努力躬行实践"洗心退藏"之志。

苏廷玉去世后,其藏书大半散出,不知所终。郭可光《闽藏书家考略》说:苏廷玉"寓居会城东衙巷,没后,藏书半归于邵实夫家"。②

65. 王道征

王道征,生卒年不详,初字梦兰,又字叔兰,侯官人,道光年间诸生。性嗜书,喜阅览,好藏书。《避暑钞·序》云:"叔兰家贫,不能治生,尝闭户著书以自娱。工诗,每览名人诗集,或时辈流传脍炙人口之作,辄亲自抄录。碎锦零缣满箧笥,所居湫溢杂市肆间,藏书数千卷,几榻狼藉,无非书者。终日坐故纸堆中,环堵萧然,有自得之致。"③ 时人余潜士所撰《红蕉山馆销夏吟后序》亦曰:"予读侯官王君叔兰《消夏吟》一编,而益叹夫学之不可以已也。忆十数年前,尝识君于西林书库中,见其壁萧然,境益困,志益坚,而其学乃益笃,识乃益高,盖其攻苦历练有年所矣。"④

王道征藏书于"红蕉山馆"中,因家贫,在收藏的同时也兼卖书。林家溱《观稼轩笔记》载:王道征"年将五十一,衿未青,贫落无聊,赖乃梱樞,残籍卖以自给。居面市一室大如斗,以书架隔为内外。内居妻子,外以接应群杂。稍闲则纂《消寒避暑》等录,日低头孜孜。有诮之音者,怡然不答。"⑤ 藏书印有:"闽三山王道征叔兰印""三山王氏叔子道征印""三山王氏朿子收藏印""悦斋"等。王道征好学如此,名声远扬,著有《石室诗存》等。

66. 余潜士

余潜士(1784—1851),字时缵,号耕邨,永福人。自幼好学,独自一人前往高盖山(今永泰大洋镇名山室)苦读四年,精研宋五子学说。此后因慕福

---

① (清)苏廷玉:《鳌石府君自记年谱》,清咸丰二年(1852)刻本,第32页。
② 郭可光编:《闽藏书家考略》卷二,郭氏白阳书室抄本,第23页下。
③ (清)王道征:《避暑钞》,清道光二十二年(1842)刻本。
④ (清)余潜士《红蕉山馆销夏吟后序》,清咸丰二年(1852)务本堂刻本。
⑤ 林家溱:《观稼轩笔记》,抄本,第46页上。

州学者陈庚焕之名，投其门下，潜心宋儒理学。道光二十三年（1843），乡试中举，之后在福州鳌峰书院授徒讲学三十多年，培育了大量人才。一生淡泊仕途，终生矢志于教育。余潜士著述不少，主要有《耕村姑留稿》六卷、《自鸣集》二卷、《北游草》二卷、《养蒙故事》二卷等。

余潜士嗜书如命。丁汝恭曾为其作《传》曰："家贫嗜书，则遍坐书肆，收拾丛残零星，撮其语有合道者，手抄而宝贵之。闻有正学儒书，虽远在百里，必往借观。"①授徒郡中时，省用度，"购书以为宝，蠹简恣搜罗"②，"平日喜看书，喜从人借抄，师友间有好书未见者，亦乐举其名，且或持以相赠"③。购书盈箧归，其母见家中卷帙叠架，每每色喜。余潜士在《务本堂书目记》中自云："家贫无余资，苦不能多购。二十余年间，半在郡城授徒，辄节啬馆金，以付书肆，且传抄其所难得者，备经史子集若干种。今春从弟仁淳请编次其目，以便省览。其经传诸史，尚须购补，然拥兹千余卷，寒暑披吟……自谓人生乐事不过是矣。"④余潜士好抄书，所抄录性理诸书，所得经传诸史文集千余卷。

余潜士晚年修整旧书，终朝剔书中蠹鱼，感叹道："徒劳搜万卷，不尽读书三余。"⑤对自己收藏图书的嗜好，终身"结习未能除"⑥。余潜士藏书万余卷，庋于书室"务本堂"中。曾应仁淳之请，将藏书编成《务本堂书目》，惜今已佚。

67. 何长诏

何长诏（1785—1822），字金门，号凤丹，光泽人。其祖江西星子县知县、其父为山东都转盐运使。何氏世代为宦。何长诏早岁有文名，天资尤异，但他无意科举，好读书。"家中一夕，火起耳房，家人请徙器物。长诏但曰：'吾有书数千卷尚不能顾，奚惜长物！'卒不徙。火亦寻灭。"⑦著有《敞帚斋诗集》六卷、《删集》三篇等。

---

① （清）余潜士:《耕邨全集·本传》，清咸丰二年（1852）务本堂刻本。
② （清）余潜士:《自鸣集》卷二，清咸丰二年（1852）务本堂刻本，第3页下。
③ （清）余潜士:《耕邨全集·教学篇》，清咸丰二年（1852）务本堂刻本，第35页上。
④ 同上，《务本堂书目记》，第44页上。
⑤ （清）余潜士:《自鸣集》卷二，清咸丰二年（1852）务本堂刻本，第6页下。
⑥ 同上。
⑦ 陈衍等纂，魏应麒续纂:《[民国]福建通志》总卷三十九，民国二十七年（1938）刻本，第32页下。

68. 林则徐

林则徐（1785—1850），字少穆，又字元抚、石麟，晚号竢村老人、竢村退叟、七十二峰退叟等。侯官人。出生在福州一个下层知识分子的家庭，父林宾日是个穷秀才，以教书为生。母亲陈氏做针线、剪纸花以佐家用。林则徐从小天资过人，四岁时便由其父口授"四书""五经"。嘉庆九年（1804），参加乡试，中第二十九名举人。十六年（1811），赴京会考，殿试高居第二甲第四名，选翰林院庶吉士。散馆，授翰林院编修，从此踏上了官宦之途。二十一年（1816），林则徐离开翰林院，典试江西。二十五年（1820），调任江南道监察御史，为官清廉，不畏权势。由于遭受同僚猜忌与冷嘲热讽，遂于道光元年（1821），以照顾父亲为由辞官归籍。三年（1823），道光帝破格召复，擢任江苏按察使，自此深得道光帝宠重的林则徐青云直上，终可以一展抱负。七年（1827），改任陕西按察使，代理布政使。在任仅一个月，又调任江宁布政使。十年（1830）秋，改任湖北布政使。十一年（1831）春，再调河南布政使，擢东河河道总督。十二年（1832）二月，又改任江苏巡抚。十七年（1837）正月，升任湖广总督。

道光十八年（1838），林则徐进京觐见。道光皇帝对他礼遇优渥，接连召问八次，商讨禁烟大计。随后，道光皇帝下诏林则徐为钦差大臣，兼任两广总督，入广州禁烟。林则徐先弄清广州受鸦片毒害情况，查找各家烟馆，掌握大量第一手资料。十九年（1839）正月，抵广州。二月，即会同邓廷桢等传讯十三行洋商，责令转交谕帖，命外国鸦片贩子限期缴烟，并具结保证今后永不夹带鸦片。并在其《谕各国商人呈缴烟土稿》中严正声明："若鸦片一日不绝，本大人一日不回，誓与此事相始终，断无中止之理。"表明了鸦片未尽、誓不罢休的决心。但外商拒绝交出，林则徐遂发布两个谕贴，下令禁止外国人离开广州，随即包围商馆，查拿英国鸦片贩子颠地。经过坚决的斗争，挫败英国驻华商务监督义律和鸦片贩子，收缴全部鸦片近2万箱，约237万余斤。于四月二十二日（6月3日）在虎门海滩上开始当众销毁收缴的全部鸦片。林则徐虎门销烟的壮举与胜利，锻造了中华民族坚毅顶拔的脊梁，展示了中华民族无与伦比的伟大形象，宣告了中华民族决不屈服于外来侵略的决心，从而也成就了他作为中国近代第一位伟大爱国者和杰出民族英雄的历史地位。

林则徐在广州的禁烟功绩，最初得到了道光皇帝的充分肯定与赞赏。道光帝在阅览了林则徐的虎门销烟奏稿后，欣喜万分。并在林则徐 55 岁生日之际，亲笔书写"福""寿"二字的大楷横匾，差人送往广州，以示嘉奖。

道光二十年（1840），英军派舰队封锁了珠江口，开始进攻广州。林则徐严密布防，使英军的进攻未能得逞。英军受阻后沿海岸北上，攻占定海，不久抵达天津大沽口，直接威胁到了北京。道光皇帝得知后，大惊失色，急令直隶总督琦善前去"议和"。又命令两江总督伊里布查清英军攻占定海的原因，究竟是由于"绝其贸易"还是"烧其鸦片"，意欲将林则徐作为"替罪羊"。于是各种诬陷、打击和指责，连续降临到林则徐的头上。琦善是妥协派的骨干，他声称英国所不满的只是林则徐一人，只要清廷惩治林则徐，所有问题都可解决。其间，林则徐两次上奏，直陈禁烟抗英的合理性和正义性。

在外来侵略者炮火威胁和朝廷内投降派的蛊惑煽动下，道光皇帝转而投降求和，派琦善为钦差大臣，赶赴广东查办。不久，又连下两道谕旨，谴责林则徐禁烟抗英是"误国病民""办理不善"，将林则徐、邓廷桢召回刑部严加议处。随即下旨将林则徐、邓廷桢革职查办，最终将林则徐等发配新疆伊犁。

林则徐到达新疆之后，还不顾年高体衰，从伊犁到新疆各地遍行三万里，实地勘察了南疆八个城，加深了对西北边防重要性的认识，为防卫新疆、开发新疆、建设新疆又做出了重大的贡献。

道光二十五年（1845），朝廷重新起用了林则徐，奉召回京候补，以三品顶戴署理陕甘总督。后又授陕西巡抚。二十七年（1847），清廷命林则徐为云贵总督。到任后，以维护云南边境安定，加太子太保，赏戴花翎。二十九年（1849）秋，林则徐因病重奏请开缺回乡调治。翌年（1850）三月，返抵家乡侯官。九月，又被清廷命为钦差大臣，去广西镇压拜上帝会的反清武装起义。他抱病从侯官起程，未到任而病逝于广东潮州行馆，归葬于福州北门外马鞍山。清廷晋赠其太子太傅，照总督例赐恤，历往一切处分悉行开复。咸丰元年（1851），赐祭葬，谥"文忠"。

林则徐从政凡 40 年，晚年曾刻一闲章曰："历官十四省，统兵四十万。"在中华民族面临沦入半殖民地的紧要关头，他挺身而出，置祸福荣辱于度外，坚决实行禁烟，抵抗外国武装侵略，捍卫了国家主权和领土。同时，还是第一个放眼看世界，主张"师夷之长技以制夷"，学习西方先进技术，发展民族工商业。他在繁忙的政务和激烈的斗争中，依然勤于著述，兼涉百家，遗稿宏富。其主要著作有：《林文忠公政书》《云左山房文钞》《云左山房诗钞》《滇轺纪程》《使滇吟草》《畿辅水利议》《荷戈纪程》《己卯以后诗稿》《林文忠公尺牍》《林则徐家书》《林文忠公日记》等等。

在林则徐数十年从政生涯中，由于其抗英之盛名，其读书与藏书事迹似乎则少为人知了，实际上他从不间断读书与藏书。嘉庆二十一年（1816），林则徐在翰林院清秘堂。清秘堂有丰富的藏书，他广泛涉猎，《畿辅水利议》的资料搜集工作就开始于此时。道光十九年（1839），林则徐作为钦差大臣到达广州，组织领导禁烟抗英的斗争。为了知己知彼，有效地抵抗侵略和保卫海疆，派人到广州一带刺探敌人的消息，去澳门了解西方国家的动态，购买西方的书籍和报刊，亲自主持把外国人讲述中国的言论翻译成《华事夷言》，作为当时中国官吏的"参考消息"。为了解外国的军事、政治、经济情报，将英商主办的《广州周报》译成《澳门新闻报》。为了解西方的地理、历史、政治，较为系统的介绍世界各国的情况，又组织翻译了英国人慕瑞的《世界地理大全》，编为《四洲志》。魏源根据林则徐所主持翻译的《四洲志》编撰了《海国图志》。

林则徐在官时无日不读书，暇手一编，数十年寒暑不辍，总是随身带上各种书籍辗转各地。即使流放新疆，林则徐也不忘随身带上大量的图书。藏书家郭柏苍在《竹间十日话》中记录此事云："（文忠）责戍伊犁，道出凉州……以大车七辆，载书二十箧，曰：'东壁图书府，西园翰墨林。诵《诗》闻国政，讲《易》见天心。'余皆公卿求书绫绢宣纸也。"①从新疆赦归时，已六十一岁。回到福州，利用家中的云左山房藏书，设立"亲社"，亲自课读族中及亲戚家子弟。

林则徐在福州文藻山宅内第三进建有"七十二峰楼"，专以藏书。楼中用红木博古橱隔断，书室名曰"云左山房"。藏书楼底层为卧室，楼上不分间，摆满书柜，用书橱隔成数区，架上满是经世致用之书，凡三十余楹。楼中挂有明代福州藏书家曹学佺所画劲松一幅。楼柱有两副对联，其一为自撰自书对联，曰："师友肯临容膝地，儿孙莫负等身书。"林则徐晚年读书、吟咏其间。

---

① （清）郭柏苍：《竹间十日话》卷六，清光绪七年（1881）侯官郭氏刻本，第18页下。

林则徐的藏书后来分别由三个儿子传承。林则徐有四子,除次子林秋柏早殇外,均能继父遗志。长子林汝舟(1814—1861),道光十八年(1838)进士,曾任翰林院庶吉士、编修、侍讲。三子林聪彝(1824—1878),曾随侍林则徐流戍伊犁、勘办开垦事宜。父丧服阕,以庠生赐举人,历任内阁中书、六部主事、襄理江苏团练、六部员外郎、衢州知府、浙江补用道、署浙江按察使、杭嘉湖海防兵备道等,多有政绩。四子林拱枢(1827—?),赐举人,历任内阁中书、刑部主事、员外郎、湖广司郎中、监察御史、汾州知府等。林聪彝曾据其父藏书编成《云左山房书目》一书①,从书目中可知林则徐一生收藏图书的概况。《云左山房书目》分"经、史、子、集、文、志"六门,于传统"四部"之外,自"集部"析出"文"门,专录科举时文;又自"史部"析出"志"门,著录各省方志。其中"经部"一百三十三种,"史部"四百种,"子部"一百九十三种,"集部"四百九十一种,"文"二百三十九种,"志"二百七十种。上列书名,下记部、本(册)数。纵观该《书目》,可见林则徐藏书约有三个特点:

其一,地理类藏书丰富,其中又以河防治水之书居多。如《治河方略》《吴中水利全书》《泰西水法》等。

其二,制义之书居多,并析为单独的"文"门。林则徐撰曹太傅师《制义序》谓:"文章经国大业,世盛则文运操之自上而教化行。经义造士以来,公辅宰执出其中"②,《制义平秩集序》又说:"举子之治文,犹农夫之治田,勖其力者,必丰其获。"③诸此,反映出对林则徐制义的重视。

其三,自史部析出"志"门,著录各省方志二百七十部,二千五百余册。私家藏书搜罗众多方志,在当时也属别格。道光二十九年(1849),林则徐撰《大定府志·序》云:"方域所以有志,非仅网罗遗佚,殚洽见闻。实赖以损益古今,兴革利病,政事所由考镜,吏治于焉取资。"④显示出对方志功用与价值的认识。

从以上三个林则徐的藏书特点,可看出其留心经世之学,藏书偏重实用的

---

① (清)林聪彝:《云左山房书目》,清稿本。

② 同上。

③ 同上。

④ 清道光二十九年(1849)刊本,第1页。

观念。恰如林尊彝《题识》所称道的："此册藏书虽未见宏富，然皆有用之书也。世之徒喜藏书，秘而不读，以视公，得毋愧耶？"①

林则徐的藏书章有："少穆曾观""少穆审定""林少穆珍藏印""宠辱皆忘""肯使细故胸中留""读书东观视草西台""管领江淮河汉""吴越秦楚齐梁使者""词臣开府""河东节帅江左中丞""历官十四省统兵四十万""滇黔总制""从吾所好""总制荆湘""曾归真愚"等等。

民国期间，林则徐曾孙林楚秋、林楚昭捐赠了部分藏书给乌山图书馆，凡25箱，千余册藏书，其中多为林则徐之旧藏，不乏珍贵之本。后这批藏书大部分归入福建省图书馆。今福建省图书馆钤有林则徐藏书印的主要有：明万历刻本《尚友录》二十二卷、明刻本《韩文公选》二卷、清刻本《岭南遗书》、清嘉庆刻本《杨园先生全集》十六卷等，有林则徐校跋。福建师范大学图书馆藏《［正德］福州府志》，钤有"林少穆珍藏印"，亦为林则徐之旧藏。此外，国家图书馆亦藏有林则徐的旧藏；北京师范大学图书所馆藏明万历间刻本《函史》上下编一百零一卷，钤有"少穆"的藏印；上海图书馆藏清代吕元党抄本《金石录》，钤有"林少穆珍藏印"。

69. 郭尚先

郭尚先（1785—1832），字元开，号兰石，又号伯抑父，莆田人。幼年为人和平，以孝为重，天资聪颖，喜读经世书，能与父辈吟诗作对，持论不凡。嘉庆十二年（1807），中解元，十四年（1809），登进士第，选翰林院庶吉士。散馆，授翰林院编修。后历任国史馆纂修、文渊阁总纂，提督学政、翰林院侍讲学、大理寺卿等。居官操守廉洁，关防谨慎，职弊除而真才出，无论督抚士民，咸表钦服。勤于公职，殚精竭虑，年四十余，鬓发尽白，声誉烜赫，为中外倾慕。曾参与修《治河方略》《大清一统志》等。著有《郭大理遗稿》八卷、《使蜀日记》一卷、《芳坚馆题跋》三卷、《增默庵诗》等。因疾而终。

郭尚先是莆田远近闻名的书画家，工书善画兼精篆刻。其楷书端重纯和，行书洒落雅健，时人视若珍宝，求者殆无虚日，虽外藩亦珍重。其篆刻，布白疏密得体，功力深厚，有《芳坚馆印存》行世。又善画山水花鸟，一时人皆称之。

---

① （清）林聪彝：《云左山房书目·林尊彝跋》，清稿本。

郭尚先嗜书好学，尤好金石碑刻字画。故宅在莆田书仓巷上，家有"芳坚馆"。据其后人郭风所述"芳坚馆"曰："这是一座小园林，为六世祖尚先公所手创。尚先公号兰石，'芳坚馆'之命名当由兰石两字而来。这里有一厅、两室、一池、一阁，余为回廊、栏杆、假山、花坛以及溪卵铺成的小径和花墙等。花木众多……整个'芳坚馆'面积不大……但布局自然有致。"① "芳坚馆"中收藏图书万余卷，书画上千轴，还有金石碑刻等物。据龚显曾《北宋拓玄秘塔铭》曰："唐释端甫碑，北宋拓本，郭兰石大理旧藏。后归先大父，合宋拓皇甫诞碑，多宝塔碑，墨池堂帖等册，以数百金购得之。尤以柳书此碑为甲观。大父殁后，诸帖星散……惟此帖落陈比部树堂丈手，秘如拱璧，不肯轻易示人。"② 龚显曾又载："近复见友人家藏岳麓寺碑（拓本），后有郭（兰石）跋云：'李北海岳麓寺碑，虽宋拓，亦漫漶无锋，惟碑未有江夏黄仙鹤刻字耳。此本是前百余年所拓，犹可想像北海手艺比来石为庸人磨治，无复旧观矣。"③《箧书剩影录》载："《历代钟鼎彝器款识法帖》残本，两卷有'郭氏尚先'白文方印"，④从中可知，郭尚先收藏金石碑刻、书画类的图书、法帖甚多。

郭尚先年仅四十八岁就去世了，他的藏书、字画多由子孙所承。子郭篯龄亦为藏书家（详见以下介绍）。

70. 郑开禧

郑开禧（1786—？），字迪卿，号太乙，又号云麓，龙溪人。嘉庆十九年（1814），登进士第，选翰林院庶吉士。散馆，授内阁中书，迁文选司郎中。精于吏治，有政声。以吏部郎出为广东粮储道，适南海三水、清远三县泛滥，堤岸崩溃，民居流离饥殍，请赈不及。为救数万灾民，首先捐金，设法收恤，组织百姓抢修堤防，永御水患。后擢山东都转盐运使，行中道而卒。著有《知守斋诗初集》六卷《二集》四卷《别集》一卷，《知足斋集禊序楹帖》一卷、《砚铭》一卷，编有《虚受斋汇刻诗钞》二十二卷等。

---

① 郭风:《汗颜斋文札》，海峡文艺出版社，1997年，第261页。
② （清）龚显曾:《亦园脞牍》卷一《北宋拓玄秘塔铭》，清光绪四年（1878）木活字印本，第9页下。
③ 同上。
④ 林钧:《箧书剩影录·总目》，闽侯林钧宝岱阁1962年油印本，第17页下。

郑开禧好藏书，有数万卷之多，后因战乱焚毁。清人邱炜萲在《五百石洞天挥麈》云："同治甲子发逆未扰以前，郡人数藏书之盛，海澄叶溪田孝廉（文载）、诏安叶云谷拔贡（观海）、龙溪郑云麓都转（开禧），各十数万卷，焚毁无遗，实一大厄。"① 又云："云麓先生家'擅亭馆'，颇多藏书，惜经漳乱，尽皆散失。"② 其藏书处为"擅亭馆""虚受斋"。郑开禧在诗中曾自云："虚室微生白，悠然静见闻。聚书连屋栋，养鹤立鸡群。"③ 藏书印有"开禧曾读"等。

71. 刘家镇

刘家镇（1789—1844），字奂为，侯官人。龙山刘氏第14世。其生卒年原史无明载，此据林则徐撰《皇清赐授文林郎南安县学训导刘君墓志铭》拓本记载"君终于道光甲辰年十二月五日，春秋五十六"推知。刘家镇出身于书香门第，稍长笃嗜训诂音韵之学。嘉庆二十三年（1818），举于乡。道光六年（1826），大挑二等，借补南安县学训导。称病不赴，家居料理生计。暇时即考订韵书，赏鉴法书名画。修茸小西湖宛在堂，祀福州诗人十四先生。还以聚珍版印《小西湖志略》，刊刻《佩文韵溯原》五卷。刘家镇平生有两愿："一营义产；一萃韵书。"④ 同时热衷于家乡的教育事业。当时藩司吴荣光欲增广凤池书院学舍，添补膏火，刘家镇捐银二万两。还出资建家庙，设经文、书算两斋，以教族中子弟。卒后葬于北关外梅柳院湾之原。

刘家镇是一位音韵学家，生平喜好萃韵书。自述云："镇素嗜韵书，搜求十余寒暑，得闽中数巨家所藏宋元旧刻。计偕经历都会，辄访遗编，世无刊本者，则传抄于文澜秘阁共百七十余种。暇即闭户披阅，粗识其涯。"⑤《[民国]福建通志》也云："萃韵书，则所得旧家藏书、京师吴门秘本及杭州文澜阁所抄录

---

① （清）邱炜萲：《五百石洞天挥麈》卷七，清光绪二十五年（1899）漳州邱氏广州刻本，第3页下、4页上。

② 同上，卷十，第4页下。

③ （清）郑开禧：《知守斋初集》卷六，清道光十二年（1832）刻本，第3页上。

④ 陈衍等纂，魏应麒续纂：《[民国]福建通志》总卷三十九，民国二十七年（1938）刻本，第32页上。

⑤ （清）刘家镇辑：《佩文韵溯原序》，清道光二十九年（1849）石芝山馆刻本。

者，计百七十余种，尝自题掫均图记。"① 刘家镇聚书达二万余卷，藏书处为"石芝山馆"。著有《佩文韵溯原》五卷，编纂《五朝切韵萃编》《皇朝华韵合声谱编》《切韵指南阐说》《五音字韵汇篇》《掫均尻小学书经眼录》等，手稿盈尺。后家道中落，其藏书大部分归龚易图的大通楼。谢章铤的《课余偶录》云："方伯（龚易图）归田，携所得海宁陈氏书数千卷，其后又购闽县刘奂为家镇教谕书，亦不下数千卷。刘、龚本戚属，教谕家中落，故书归于龚。"② 龚易图的《自订年谱》中也称："家庙于前，即于其左右设义仓义塾，复得刘氏书二万余卷，藏其中。"③ 今福建省图书馆藏钤有其藏书印的有：《古乐苑》五十二卷，明刻本，有"龙山刘氏掫均尻珍藏本印记"。还有六部刘氏"掫均尻"抄本等。

刘家镇有子二：刘齐庄、刘齐昂。刘齐庄早殇，刘齐昂亦为藏书家。

72. 刘齐昂

刘齐昂，生卒年不详，号岵农，侯官人，刘家镇之子，龙山刘氏第 15 世。咸丰二年（1852），钦赐举人，兵部车驾司郎中前，署浙江杭嘉湖道，诰授通奉大夫。刘齐昂继承其父旧藏甚富，编有《三山刘氏书目》一册。该《书目》原为蒋凤藻"心矩斋"藏本，有蒋氏跋两则。一云："盛葆元书坊购得，同沈白石抄本售来，《石田诗集》详见此目。香生附识。"二云："此系光禄坊刘氏书目也。刘氏多藏徐兴公家旧籍。先世岵农观察官浙中，被难，图书因此散佚不少。兹不过仅存百一矣。年来，后人不善经理，家计日落。此是手录藏目，今书贾偶同诸抄本见示，爱得之，以备访求之助云尔。光绪壬午（1882）初冬记于三山寓斋。"④ 该《书目》今藏中国国家图书馆。《三山刘氏书目》书目著录千余种，所藏多徐燉、林一桂、郑杰、顾栋高、谢古梅、天水赵氏、陈鳣等家藏书。子刘学镠（？—1925），字铁侯，国学生，考充功臣馆誊录，迁两广补用盐经理理问衔，任两淮角斜场大使。后罢归，家益贫，藏书尽失。

---

① 陈衍等纂，魏应麒续纂：《［民国］福建通志》总卷三十九，民国二十七年（1938）刻本，第 32 页上。

② （清）谢章铤：传抄《杜律詹言》跋，陈庆元主编：《谢章铤集》，吉林文史出版社，2009 年，第 123 页。

③ （清）龚易图：《（龚易图）自订年谱》，清光绪闽县龚氏刻本，第 41 页上。

④ （清）刘齐昂：《三山刘氏书目》，蒋凤藻跋，清抄本。

73. 李彦彬

李彦彬（1791—1837），字则雅，又字兰屏，号苏楼主人、榕亭，侯官人。年十九举于乡，文名噪一时。曾主上海县书院、浦城月城书院、厦门玉屏书院讲席。道光三年（1823），登进士第，选翰林院庶吉士。散馆，充武英殿纂修，圣训总校官兼校三史，改官刑部。后补山东、四川清吏司主事，总办秋审处。为官精通案例，谙达政体，部中章奏，多出其手。卒于道光十七年（1837），归葬于浦里临水山。著述宏富，主要有：《榕亭诗文抄》《玉堂清课》《兰亭年谱》《山谷年谱》《文字窗集》《还朝集》《昌其志斋集》《榕亭诗抄》等近十种，其余日记、杂著，多散佚不全。

李彦彬嗜好藏书，每见异本，必手自校正，跋而藏之，故家中藏书达数万卷之多。《乌石山志》载："乌石山之'荔水庄'……李比部彦彬、李都转彦章筑'石画园'，中有'春晖草庐''近水看山楼'诸胜。"① 兄弟俩在"石画园"东西两侧各建一藏书楼，他藏书楼名"榕亭"，其弟李彦章为"榕园"。

李彦彬也"好藏金石字画，收藏亦多，所交皆知名士。"② 金石字画收藏在"秦书汉画亭"。《榕园全集》自叙："'秦书汉画亭'余家藏金石文字处也，年来余兄弟雠校石墨、评品书画皆在是焉。"③ 还曾作诗道："四贤帖对定州盆，雪浪嵩绿共一轩""汉画秦书增眷恋，曲栏坐对月黄昏"。并注曰："余家有苏、黄、米、蔡四公诗墨石刻。又作盆蓄水养雪浪石，其中'小雪浪斋'及'嵩绿室'皆妙。'吉祥馆'中书室也。"④

74. 林振棨

林振棨（1792—1874），字见尧，又字戟门，晚号钝叟，侯官人。林振棨出身于书香门第，其祖父林龙章，字彝雅、号春藤，乾隆间举人，曾任湖南龙山县知县等职，著有《军中纪事诗》一卷、《春藤斋杂诗》二卷等。林振棨于

---

① （清）郭柏苍、刘永松纂辑，福州市地方志编纂委员会整理：《乌石山志》，海风出版社2001年，第155页。

② 陈衍等纂，魏应麒续纂：《[民国]福建通志》总卷三十四，民国二十七年（1938）刻本，第28页下。

③ （清）李彦章：《榕园全集》卷三，清道光二十年（1840）侯官李氏刻本。

④ 同上。

道光二年（1822），登进士第，选翰林院庶吉士。散馆，分发任四川知县。在四川从政达十八年。道光二十年（1840），因病乞退归闽。二十六年（1846），迫于家计，复北上求职。二十七年（1847），由吏部引见圆明园养心殿，奉旨补原缺，于是开始了他的第二次仕蜀生涯。林振棨在任内有政声，深受百姓爱戴。咸丰十一年（1861），因年老辞官。辞官后，侨寓成都。同治二年（1863）年底，买舟挈眷归闽。同治四年（1865），回到故里。归里后左宗棠慕其名，聘请他为《福建通志》局总校。《福建通志》总校工作结束后，他终日与书为伍、读书、作诗、课女、安享晚年。林振棨生前所作诗甚多，惜后遭水厄，所剩无几。其女林芳将所余诗稿编成了《小谟觞诗存》，并请陈衍为其作序后付梓传世。

林振棨极好读书、收藏书籍，藏书多达六万余卷。其藏书主要来源于三个方面：

其一，小部分来源于祖先留传。"先代燕贻，尚守一橱旧帙。"[①]

其二，友人赠送。友人知其好书，常常以书相赠。一个亲友以数种浦城遗书相赠，他欣喜不已，作诗谢曰："平生颇有耽书癖，旧帙新函两欲兼。自笑硁硁持介节，独于此事不能廉。"[②]

其三，大部分藏书是他两次仕蜀期间采购的。

第一次仕蜀期间，公务之暇，唯喜逛书肆，常精心挑选，为官期间的俸禄几乎都用来购买图书。道光十八年（1838），他奉旨调往四川中江县任职，当他和车到达中江时，百姓以为财宝盈车，至卸装后方知尽是书籍。人们对此议论纷纷，他却为此自豪："珍奇满载各惊猜，谁料都成故书堆。我自贫儿夸暴富，任人调笑是书呆。"[③] 在公务之暇，终日与书籍为伴，阅览群籍。"满目琳琅邺架储，却愁披读少公语。得闲便作咿唔态，勤过儿童上学初。"[④] 道光十九年（1839），辞官回闽，伴随他千里同行回家的是他十余年来在四川搜集到的书籍。经过一年多的艰辛跋涉，才抵达故里。到家后他写了一首五言诗："十八年游宦，

---

① （清）林振棨：《小谟觞诗存·将复北上检点书籍成诗并序》，民国十九年（1930）铅印本，第 8 页上。

② 同上，《小谟觞诗存·家翰茂才（广禧）以浦城遗书数种相赠志谢》，第 18 页上。

③ 同上，《小谟觞诗存·卸装后检点书籍》，第 7 页上。

④ 同上，《小谟觞诗存·得闲》，第 7 页上。

都疑满载归。岂知清白誓，不肯食言肥……落落寡交游，时宜太不投。幸存书万卷，藉解索居愁。"[①]

道光二十六年（1846）林振棨迫于家计，复北上求职时，精心收藏的图书无法随带，赴任前把所藏三万余卷图书编目并交给侄辈保管。"既承世泽之绵延，复幸廉泉之积累。兹将所辑书籍，得三万余卷，分别经史子集，成目录总一册，题诗弁首，以示侄辈。"[②]并嘱咐侄辈们珍爱，"嗟夫，作吏十余年，俸余一切悉归乌有，徒剩此手购数千种之书，而尚不知爱惜，岂情也哉。敬祝长恩，默为呵护，他日倘得重旋故里，则按册点收，标签列架。朝夕寝馈于其中，此洞天清福，三公不与易也……谅能与书结晚年之契。"[③]并咏道，"墨庄临别总情牵，费我搜罗四十年""拙宦资装惟有此，传家便当满籯金"，谆谆教诲之情溢于字里行间。他还进一步告诫晚辈："少年玩愒负光阴，老大无成自愧深。为语兰阶诸子弟，兴宗要奋读书心。"[④]希望侄辈们努力读这些书，也希望自己日后告老返乡时能与这些藏书结"晚年之契。"

第二次仕蜀期间，公务之余，他仍然热衷于买书、藏书。他作诗自嘲道："到老难将腐气除，依然风味秀才初……独存稽古平生癖，梦绕吾庐万卷书。"[⑤]此时他在四川有书楼，万卷书藏之。其女有《忆蜀书楼》诗："清心强慰恩难报，巨眼能承信有缘。"[⑥]同治二年（1863），林振棨买舟离蜀南归，中江士民来送行，士民们面对装着三十余箱书籍的船，便以"辞官归去一船书"的诗句配画赠别。林振棨也欣然作诗二十首致谢道别。其中有："捧来墨宝胜璠玙，如此归装乐有余"，"别无嗜好只耽书，七十年来似蠹鱼"，"道义交情文字契，平生原不重黄金"，"向来不识终南径，最爱琅嬛福地间"[⑦]。

---

① （清）林振棨：《小谟觞诗存·道光辛丑二月二日抵家》，民国十九年（1930）铅印本，第1页上。

② 同上，《小谟觞诗存·将复北上检点书籍成诗并序》第8页上。

③ 同上。

④ 同上，《小谟觞诗存》第19页上。

⑤ 同上，第35页上。

⑥ 同上，《小谟觞诗存·忆蜀书楼》第62页上。

⑦ 同上，《小谟觞诗存·同治癸亥归闽士民赠图送别成俚句申谢惘并志别怀》，第19—20页。

他第二次告老归里带回的书籍数量，据其诗载是："三十青箱史与图"①，其曾孙林衍亦云："公之退志已浩然矣。既束装囊涩一如儒素，惟清俸购书三万余卷，虽盛夏不废，披阅处世，宽厚以至诚待人，有问者必详尽。"②《[民国]福建通志》也载他："南旋囊涩如儒素，惟书三万卷。"③这批书籍和先前留在家的三万余卷，共计六万余卷。

林振棨告老归里后，便购屋三椽为藏书屋，曰"小谟觞"。其女记载："'小谟觞'者，先严戟门公归田藏书之室也。计先严宦蜀数十年，归则清风两袖，并此数椽耳。"④林振棨晚年朝诣局，夜归则篝灯课女自娱。实现了他与书结为"晚年之契"的心愿。至80岁时，他还欣慰地咏道："僻处三椽俟石屋，珍藏万卷当金籯。"⑤可见其藏书之情怀。

林振棨在三十余年的仕蜀从政生涯中，始终不停收集、购买图书，终于成为一个著名的藏书家。林振棨无子，有二女均嗜文墨，两女婿均学业有成且好藏书。林振棨去世后，其女在《小谟觞石室怀古》诗中载："信有名山纪德馨，芸香袅出数峰青。安排石室通高岳，鼓吹金堂达洞庭。"⑥他的藏书为女儿、女婿所继承。

75. 李廷钰

李廷钰（1792—1861），字润堂，号鹤樵，同安人。他虽为将门家子，然颇具儒者风度。善诗文，工书画，同时善鉴别古法帖真赝。官至参将并副将衔，后为人所弹劾，夺职归移居泉郡。"杜门却轨，惟以笔墨自娱。所校订之《汉唐名臣传》《陶渊明全集》《契丹国志考证》《宋刘文靖公全集》，刻印精工，艺

---

① （清）林振棨：《小谟觞诗存·同治癸亥归闽士民赠图送别成俚句申谢悃并志别怀》，民国十九年（1930）铅印本，第19—20页。

② （清）林衍：《先曾祖戟门公（林振棨）入祀乡先贤祠事略》，民国十年（1921）侯官林氏铅印本，第6页上。

③ 陈衍等纂，魏应麒续纂：《[民国]福建通志》总卷三十四，民国二十七年（1938）刻本，第17页下。

④ （清）林振棨：《小谟觞诗存》，第51页上。

⑤ 同上。

⑥ 同上，《小谟觞诗存·小谟觞石室怀古》，第70页上。

林称善本。"① 著有《七省海疆纪程新编》《行军纪律》《秋柯堂文集》《丞恩堂奏稿》《美荫堂书画论跋》等。

龚显曾在《亦园脞牍·泉州藏书家》言："同安李润堂袭伯家，自以书画为多，书籍插架者颇稀，偶有一二种旧版及精刻本，仅作古董，供玩。"② 藏书室为"秋柯草堂"，藏书印曰"秋柯草堂藏书"。嗜好金石书画等古董，好收端砚、书画法帖。江煕《秋柯草堂砚拓跋》载："润堂名廷钰，同安人，清壮烈伯长庚之子。家藏金石书画甚富，其官潮州提督时，得端砚尤多，遴其佳者手自题识，今散佚尽矣。"③ 其藏书画法帖处为"美荫堂"。

76. 宋捷登

宋捷登，生卒年不详，字用吉，号云峰，政和人。自幼勤奋好学，嘉庆十年（1805），补博士弟子员，益自发愤精究程朱之言。十二年（1807），其父病逝，母又多病，于是只得放弃举子业，躬耕操作养家。宋捷登乐善好施，带头捐资修文庙，修县志，重建星溪书院，修明伦堂，修城池，甚至于省城修贡院、修省志等，均为一邑先。热衷于公益事业，关心和重视家乡的教育事业。政和地处偏僻山区，文教不兴，他就带领乡里人倡设义学，置田八百亩，以赡养生徒，还聘宿儒来教学。

宋捷登好读书，居家"常反复研究经史，尝至夜分不寐。积书数万卷，皆手自丹铅，至老不倦"④。著有《云峰杂记》四卷、《云峰诗文集》四卷、《云峰读书记》四卷、《周易心解》二卷、《性理求精》四卷等。

77. 黄懋祺

黄懋祺，生卒年不详，字信范，又字巽甫，侯官人。其先世由长乐迁福州。自幼聪颖，勤奋好学。嘉庆二十一年（1816），举于乡。此后曾为仙游、永春

---

①　林学增修，吴锡璜等纂：《［民国］同安县志》卷三十，民国十八年（1929）铅印本，第17页下。

②　（清）龚显曾：《亦园脞牍·泉州藏书家》卷五，清光绪四年（1878）木活字印本，第13页上。

③　江煕：《草堂别集·秋柯草堂砚拓跋》，1954年春满堂岭南铅印本，第15页。

④　陈衍等纂，魏应麒续纂：《［民国］福建通志》总卷四十，民国二十七年（1938）刻本，第25页下。

教谕，四方求学之士慕其名，不远千里而至听其授课。道光十三年（1833），登进士第，选翰林院庶吉士。散馆，授四川南溪县令，后调崇宁、鄞都等地任职。奉公勤勉，有循吏之称。

黄懋祺性嗜书，"家藏图书万卷，名其斋曰'适自适居'"①。为官之暇，著有《话雨山房诗抄》《入蜀日记》《政余随笔》《群经考异》等书。

78. 徐𪩘

徐𪩘，生卒年不详，字伯开，一字小勿，邵武人。幼承家学，攻制举业。嘉庆二十三年（1818），乡试中举。分发浙江，历任上虞、嵊县知县。解任后，卒于浙，卒年六十三。官浙江时，勤敏莅事，嗜好学政。公事之余，又喜聚书。工书法，好辑古今名著并校勘刊行之，"所得俸金，均费于购书及刻书"②。"暇则与诸生讲论诗赋，每得古人遗籍，辄手自雠校，付梓以永其传之，遂成丛书十六种"③。《[民国]邵武县志》又载："公暇好辑古今名著，校勘而刊行之，世所传《徐氏丛书》十六种……后卒于浙寓。身后遗存碑帖甚多，惜后人不甚珍惜，多散失。"④

79. 李彦章

李彦章（1794—1836），字则文，一字兰卿，号榕园主人、榕园居士、小西湖长等，侯官人。李彦彬弟。嘉庆十六年（1811）与林则徐同榜中进士，选翰林院庶吉士。散馆，以内阁中书用。二十三年（1818），主江西乡试。后曾主讲兴化兴安书院。道光二年（1822），任军机章京。次年（1823），迁内阁侍读，参加宣南诗社。五年（1825），外放广西，任思恩知府。在思恩任上兴办书院，开发地方经济，政绩显著。八年（1828），调任庆远知府，整顿府学，修复庆江书院。九年（1829），再调浔州知府。十三年（1833）二月，升任江苏

---

① 陈衍等纂，魏应麒续纂：《[民国]福建通志》总卷三十六，民国二十七年（1938）刻本，第7页下。

② 郭可光辑：《竹间续话》卷五，稿本，第17页上。

③ （清）王深、徐兆丰修，张景祁等纂：《[光绪]重纂邵武府志》卷二十，清光绪二十四年（1898）刻本，第34页下。

④ 泰振夫等修，朱书田纂：《[民国]重修邵武县志》卷二十八，民国二十六年（1937）铅印本，第5页上。

苏常镇通海道，迅速改变关务连年亏损，实现盈余。同年署江苏按察使。十三年（1833），任江苏常镇通海道，兼营关务。十六年（1836），再擢山东盐运使，未赴新任而病卒。

李彦章工诗文，其古体多长篇，诗才雄阔，篇什极富。一生著述甚多，主要有《榕园文钞》六卷、《榕园诗钞》十六卷、《江南攉耕课稻编》一卷、《润经堂自治官书》六卷、《西邑讲授》等；编有《思恩府志》《刘河志》《芍药志》《苏亭小志》等；另有《江淮文选》《扬州水利书》《镇江水利书》等未刊。

李彦章精于鉴藏，所的金石书画有数千通，书籍达数万卷。曾收有雪浪盆铭旧拓本，还得到石鼓砚印曰"苏轼家藏"。他为文叙及自己的收藏："未冠北游，所至辄访求古迹。在京都日久，习与海内好古者游，备见诸家所藏，已饱心目。又远官西南，万里之外，遇荒崖残刻，皆携毡椎自随。故亦窃欲荟萃各家收录之书，参考其所收之先后。所藏之多寡，所辨字数之赢缩，稍稍编定，以广见闻。"① 每到一处为官，他都竭力收罗金石书籍，常常以书籍自随。诗曰："驱驰常恐失吾真，廿载蹉跎著述身。积稿未成多束笥，疲形自笑等劳薪。"诗后注："余性喜聚书，而舟车甚以为累。"② 后人也记载其："生平喜聚书，官江南，日著录，尤考订金石，实事求是，每创一论，辄欲发千古之覆，所藏金石文字数千通，书数万卷。"③ 而且"性耽书画，收藏日富，随事必绘图"④。

李彦章藏书楼曰"榕园"。《竹间续话》载："李兰卿'石画园'在西南门间之洋尾园，园中旧有联云：'近市近城村落，半山半水人家。'"⑤ 他在《榕园诗钞》自注云："藏书楼以余所载书储之，三面环江，仿浙中'天一阁'式，并取生水之意。"⑥

李彦章偶有提到自己藏书的具体情况，如："余藏正德郡志残本为徐兴公家

---

① （清）李彦章：《出山小草》卷一，清道光二十年（1840）刻本，第1页下。
② 同上。
③ （清）李宜麟：《显考兰卿府君（李彦章）行状》，清道光年间刻本，第31页上。
④ 同上，第32页下。
⑤ 郭可光辑：《竹间续话》卷二，海风出版社2001年，第31页。
⑥ （清）李彦章：《榕园诗钞》卷下，清道光二十年（1840）刻本，第14页上。

藏""余得黄耦宾所藏拓本，有翁宜泉先生题诗"① 等。林钧《箧书剩影录》载："《闽中陈怡山记》一卷，清陈淮安撰，李氏吉祥馆旧藏"②；"《历代钟鼎彝器款识法帖》残本两卷，晋府李兰卿旧藏，有'兰卿审之'等印"③；"《菰芦小草》，一卷，乡前辈李兰卿手写诗草，此稿格纸，版心有'妙吉祥馆'四字，全篇字迹隽逸，诗句间有涂乙，为当时手定稿本。"④ 其藏书印有"宝楷轩""兰卿书画"、白文"小鹿山人"、朱文"兰卿手稿"等。

李彦章去世后，家道中落，藏书流散到南后街宫巷口"薛颐记"书肆。《竹间续话》载："会城书肆聚于南后街，以咸丰同治光绪时为盛，约有十数家……而宫巷口"薛颐记"，皆叶临恭、何道甫、李兰卿诸氏之藏，一时善本精华聚之。"⑤

80. 高鸿湘

高鸿湘，生卒年不详，字在京，号矗三，侯官人。嘉庆二十四年（1819），乡试中举。其父高腾国因"于广陕吴楚间，辟焕彩皮货生理，获利赢倍，而家始大壮"。⑥ 由于"王父手创业，凡百经营，规模大备"。⑦ 因此家境甚富裕。高鸿湘教子"聘名师不吝厚币，购书不惜重价"。⑧ 于家庙西，建"环翠楼"，万卷书籍藏于其中。所见其藏书印有："高印鸿湘""矗山氏""臣高鸿湘""字在京""臣在京""矗山借读"等。

81. 陈庆镛

陈庆镛（1795—1858），字乾翔，号颂南，泉州人。道光二年（1822），乡试中举。十二年（1832），登进士第，选翰林院庶吉士。散馆，授户部主事，迁员外郎，再迁监察御史。鉴于鸦片战争严峻形势，他针对政治昏暗、军备废弛、营伍紊乱等积弊，上奏《认真训练水师策》《武营积弊疏》《海疆防堵疏》

---

① （清）李彦章：《出山小草》卷一，清道光二十年（1840）刻本，第4—5页。
② 林钧：《箧书剩影录·总目》，闽侯林钧宝岱阁1962年油印本，第12页。
③ 同上，第17页。
④ 同上，第8页。
⑤ 郭可光辑：《竹间续话》卷五，稿本，第5页下。
⑥ 高向瀛：《郁离岁纪》，1962年抄本，第1页下。
⑦ 同上，第7页上。
⑧ 同上。

等重要策论奏疏，提出大力改革政治、军事的主张，但均未被清廷采纳。第一次鸦片战争以清廷战败，被迫签订中英《南京条约》而告终。陈庆镛不避权贵，又上《申明刑赏疏》，极力弹劾在鸦片战争中丧权辱国而被革职的大臣琦善、奕山、奕经、牛鉴、文蔚、余步云等投降派官员，历数败国将臣丧师失律，不该复起重用。疏上，受道光帝嘉奖，并复革琦善等人官职。由是谏草流传，声满天下，与朱琦、苏廷魁并称为"天下三大耿直御史"。

陈庆镛弹劾权贵，锋指投降派，招来顽固势力的排斥打击。道光二十五年（1845），被改任给事中，后又被贬为光禄寺署正。翌年（1846），辞官归里，所带十多辆车的行李，除了几件衣服外，尽是他为官期间所收集的书籍。居家期间，专事著述。

咸丰即位，经大学士朱琦和林则徐的力荐，陈庆镛复任言谏监察官职，补江西道监察御史，再调陕西。依然持身廉正，锐气不减，又相继上了数十道奏章，以图匡国振民、兴利革弊、扭转颓废的社会风气。咸丰三年（1853），福建爆发林俊等农民起义，陈庆镛奉朝廷之命回籍组织武装团练，平定叛乱。回乡时，又带回许多书籍。五年（1855），陈庆镛擒杀起义军女首领邱二娘。七年（1857），夹攻林俊义军，瓦解部众。八年（1858），陈庆镛以道员候补，在泉州团练公所去世。

陈庆镛生平工诗，精研汉宋之学，尝自题楹语曰："六经宗孔郑，百行学程朱。"[①]还精通古籀文，长于考证金石文字。因爱好古器物的考释，故其文章朴懋渊古，至晚年更甚。著有《籀经堂类稿》《齐侯罍铭通释》《说文释文校本》《穀梁通释》《三家诗考》等。

陈庆镛嗜好藏书，庋书四万余卷。晚年居家，每日披览不倦。陈庆镛故居是一座坐北朝南，三间二进深古大厝，面积约 500 平方米。咸丰年间，在府第西侧，建六间护厝，屋后又建三间回向，墙裙乱石砌筑，半壁红砖封顶。六间护厝全部作为书房，还装不下这些书籍，后落三间也作为书房，可见藏书之多。所藏书籍，颇有特色，以地方志为多，藏有十八省的省志，还有一部手抄本《大清一统志》等。龚显曾在《亦园脞牍》言："陈颂南师、杜蕉林观察、许

---

① 陈衍等纂，魏应麒续纂：《[民国]福建通志》总卷三十八，民国二十七年（1938）刻本，第 38 页上。

澂甫师家皆有万卷罗列。"①誉其"胸贯赤文四万卷，家飞紫雨十三詹。"②其藏书印有："陈庆镛颂南""季子庆镛"等。

晚年陈庆镛居家甚贫，藏书渐散。咸丰八年（1858），陈庆镛卒，追赠光禄寺卿，钦赐祭葬，进祀乡贤祠，墓在泉州西门外塔后村。去世后，子孙不知爱惜，藏书多数毁于蠹鱼，至辛亥革命后，已所剩无多。民国初年，泉州"东西佛"械斗之风甚炽，塔后系属"东佛"，在一次械斗中，被"西佛"各村攻入，村人逃走一空，陈庆镛家残存的藏书，即被"西佛"的人作为引火之物，大部分被搬出烧塔后村的房子。仅剩下的一部分，民国七、八年间为前清举人陈育才（字泽山，号起吾）悉数购去，庋藏于其在城南聚宝街的藏书处"起斋"，其中还杂有一些残缺的善本书，惜为硕果仅存矣。

陈庆镛故居在今泉州市丰泽区北峰街道北峰社区塔后村，相传建于他赴任京官之后，距今有 190 余年，历经风雨，主体建筑早已倒塌，杂草丛生，一片凄凉，其间仅存一口废弃的古井。后来扩建的黄门书房架构尚在，墙体基本完好，门额嵌一块"实事求是"的石匾。

82. 魏杰

魏杰（1796—1876 后），谱名大信，字从岩，号拙夫，又号松筠，别号鹤山樵者，闽县人。魏杰出身于农家，自幼聪慧，早岁攻书，几年后便辍学务农。魏杰后来举充盐商，颇有经商的头脑，精于盐务，获利颇多。发达后，广置田园房屋，遂为一方巨富，素有"魏半街"之称，并亲自创建了"鹤山草庐"。后遭嫉被诬，拘禁两次，罚款甚重，售尽田园宅，尚难偿此事。最后虽转危为安，然家道由此中落，晚景一片凄凉。

魏杰平生好"耽山水，乐吟咏"，游历各地名胜古迹。曾慷慨出资开辟了福州鼓山十八景及喝水岩、桃岩洞、达摩洞、桃岩精舍等，还重修九峰寺、地藏寺等景点，并在这些景点摩崖上留下他的书法作品。著有《逸园诗钞》四卷、《逸园诗钞后集》一卷、《鼓山吟草》一卷、《九峰志》四卷和《玉融魏

---

① （清）龚显曾：《亦园脞牍·泉州藏书家》卷五，清光绪四年（1878）木活字印本，第13页上。

② 同上。

氏迁省族谱》等。

魏杰虽出身农家，又曾为著名盐商，也是著名诗人、书画家、藏书家、慈善家，被后人称为"布衣名士""田园诗人"，且极有书癖。他四方广购古籍图书，所藏达数万卷。高云傲在《逸园诗钞·序》中说："拙夫自壮岁构屋数楹，积书数万卷，日夕披吟其中。"① 魏杰诗自云："栖鹤余闲地，藏书筑小楼。"② 藏书处为"静修书屋"。他在《静修书屋写怀勉诸儿辈》诗中说："静修藏书屋，但愿子孙贤，世守勤耕读"③，书屋在今福州东门外塔仔里"鹤山草庐"内。郑寿安《福建草堂文化》一文载："鹤山草庐占地约 500 平方米，是一座由祖厅、寿泉精舍、静修书屋、泉石居为主体且有苏州园林风格的建筑。门首立着一座文星塔，草堂内轩榭庭院错落有致，小巧秀丽。清中叶至民初数十年间，魏杰在此写作的同时，开堂授徒，启蒙启智，致力教育，敦化风格，从这里走出了一批批有知识、懂礼节的才俊学子。"④

魏杰晚年在草堂内读书、教子，仍嗜书如命。其《看书有感》云："投老终无用，神衰眼不明。犹耽书万卷，涉猎古人情。"⑤ 因晚年家道中落，万卷藏书在他逝世后不久即散佚，今大都无存。

83. 李枝青

李枝青（1799—1858），字兰九，别字西云，号芗园，福安人。少孤苦，性嗜学。道光二年（1822），举于乡。道光十五年（1835），大挑一等，分发浙江知县，历余杭、新昌、龙泉等县。为官清廉，且有政声，得识名士，手不释卷。归乡时，"宦橐无余物，剩有琳琅载满船"。⑥ 晚年经学尤粹，著述甚多，主要有：《西云诗钞》《西云文钞》《海防臆说》《仓颉子考》《说文引经考》《说文疑》《西

---

① （清）魏杰:《逸园诗钞》，清咸丰七年（1857）寿泉精舍刻本。

② （清）魏杰:《逸园诗钞后集》卷四《十园精舍漫兴二首》，清同治五年（1866）寿泉精舍刻本，第 15 页下。

③ （清）魏杰:《逸园诗钞》卷一《静修书屋写怀勉诸儿辈》，清咸丰七年（1857）寿泉精舍刻本，第 3 页下。

④ 《科学与文化》，2005 年第 7 期。

⑤ （清）魏杰:《逸园诗钞后集》卷二（续刊），清同治五年（1866）寿泉精舍刻本，第 1 页下。

⑥ （清）李枝青:《西云诗钞·得古砖百余枚因纪》，清道光十年（1884）刻本。

云札记》等。

郭曾嘉《面城精舍书谈稿》载："福宁藏书，宋元以前载籍无考，胜清一朝，当推吴寿坤，李枝青为巨擘。"[①] 又说："道咸之际，吾闽宦浙雅好收藏者，闽县陈征芝大令而外，当以李（枝青）为首屈一指。顾陈（征芝）书身后，其子早经编之目录，李（枝青）书当运回时，遭海艘沉没数十箧。运回后，复又分房藏弄，虫丝蟫屑，又损大半，此书林一厄也。先是先生官浙时，有劝之置田宅者，不之应。尝曰：'子孙未必贤，他日以之鬻，人玷吾清名，不如置书便。'是以清俸所入，尽付书坊。先生尝绘有《消夏检书图》，徐铁孙司马题云：'半载闲缘消九夏，一篇循吏传千秋。'又尝手订有《读骚山房书目》一卷。"[②]

李枝青剩余的藏书，后来也散佚殆尽。《面城精舍书谈稿》又载："近年，李（枝青）书散出，为同辈中购得者如：林友义园（宁德人）之《稗海》零种，李友身玉（罗源人）之《皮日休文薮》，李日华《紫桃轩杂缀》，从内弟陈吟九之《何大复诗集》等；皆属明刊，为书林罕见传本，而本馆所蓄，尚不在此列。"[③] 现福安图书馆收有一些李枝青藏书，已是劫后残余了。

84. 胡氏

胡氏，生卒年、名字号均不详。福宁（今福安）人。郭曾嘉《面城精舍书谈稿》载："于李氏为晚出者，有邑坦阳胡氏'荷池书屋'，藏蓄颇多。所收如：焦循《理堂丛书》一类，多系家刻善本，惜早经散佚。其《荷池书屋纯书目》，向为家剑稺获得。方拟传抄，癸酉群匪乱，剑稺所藏被燔，书目遂毁。"[④]

85. 何则贤

何则贤（1801—1852），字道甫，号三山樵叟、惕园弟子、蓝水后人，闽县人。道光十五年（1835），乡试中举，大挑以教职用。道光二十八年（1848），官建阳县学训导，曾主景阳书院。师事陈庚焕、陈寿祺、高澍然，并与林则徐相知。热心桑梓事业，修葺蓝水祠墓，编订谱牒。与诸兄弟创立蒙塾，刊印善书，

---

① 郭曾嘉编：《面城精舍书谈稿》，民国三十二年（1943）石印本，第 1 页上。

② 同上。

③ 同上。

④ 同上，第 2 页上。

掩埋露骼，救荒赈灾，多有善举。著有《蓝水书塾笔记》《球使礼服答问》《读经札记》《昭代碑传表志文辑》《蓝水书塾诗文集》等。

何则贤"博闻强识，颖敏过人。家居亦惟与古籍为缘，纂辑校勘无间，寒暑虽舟车旅邸犹不停"。① "甫知书，即嗜学不倦，广搜典籍，积书至五万卷。朱墨殆遍，颜藏书之所曰'静学书屋'，寝馈其中。"② 时人余潜士的《何道甫蓝水书塾诗文草丛笔序》载："道甫少受业于陈惕园先生之门，性质沉静……且积书至数万卷。"③ 时人王道征的《兰修庵避暑钞》也载："蓝水何道甫（则贤）孝廉，性耽典籍，购藏甚富，朝夕探讨其中。"④

何则贤曾自编有《蓝水书目》，自题书目后诗云："卅载收储五万卷，囊金垂尽尚依依。宵紫梦境朝萦思，似此书痴世所稀。"⑤ 其藏书印有："则贤""曾经何则贤丹墨""何曰道甫""惕园弟子""静学书屋珍藏""何则贤印""道甫手记"等。今福建省图书馆藏有其少部分遗书，如：明刻本《闽书》一百五十八卷、清刻本《广东新语》二十四卷、明刻本《诸子奇赏》六十卷、稿本《明闽诗录》不分卷等。

86. 杜彦士

杜彦士（1801—1847），字亮询，号蕉林，晋江人。世居郡北门外晋江凤栖坑，父杜逢春，郡诸生，有文名。杜彦士自幼颖悟，读书过目成诵，十岁能文，人称"神童"。嘉庆二十四年（1819），乡试中举。道光三年（1823），登进士第，选翰林院庶吉士。散馆，改礼部主事，升御史，官至浙江督粮道。生平极好玩赏文物，藏书画甚多。虽"家贫薄养籍，微粮生计萧条"⑥，仍"典衣多买汉唐书，

---

① （清）余潜士：《耕邨姑留稿》，清咸丰二年（1852）务本堂刻本，第26页下。
② 陈衍等纂，魏应麒续纂：《[民国]福建通志》总卷三十九，民国二十七年（1938）刻本，第4页上。
③ （清）余潜士：《耕邨姑留稿·何道甫蓝水书塾诗文草丛笔序》，清咸丰二年（1852）务本堂刻本，第26页上。
④ （清）王道征：《兰修庵避暑钞》卷三，抄本。
⑤ （清）何则贤：《蓝水书塾文草》，民国六年（1917）油印本，第58页上。
⑥ （清）龚显曾、陈棨仁辑：《温陵诗纪》卷九，清光绪元年（1875）龚氏亦园木活字印本，第16页下。

不愁臣朔饥寒迫，只悔君苗笔砚疏"①。龚显曾在《亦园脞牍》亦言："陈颂南师、杜蕉林观察、许澂甫师，家皆有万卷罗列。"②时人陈金城撰有《浙江督粮道前翰林院庶吉士给谏蕉林杜君暨淑配恭人墓志铭》，载其生平事迹③。

杜彦士殁后数十年，家道中落，子孙对家藏文物不重视，放任蠹鱼饱腹，甚至把被蛀的书画古籍视为废纸，付之一炬。后又被厦门一文物商人骗走所藏字画中历代名家书画真迹十多幅，藏书大多散佚无存。今福建省图书馆藏有其明隆庆刻本《考亭渊源录》，钤有"彦士"等藏印。此书为火烧过，应是劫后之物。

87. 陈金城

陈金城（1802—1852），字念庭，号殿臣，惠安人。自幼颖悟，十三岁参加县试，考中秀才。入泉州清源书院读书，与陈庆镛、黄宗汉等同窗。十六岁师从同邑经学家孙经世攻读经学。孙赞其才华，许配以女。道光二年（1822），乡试中举。十一年（1831）冬，与恩师、岳父孙经世一起随福建省乡试主考官、礼部侍郎、浙江学政陈用光赴京。十二年（1832）正月，途经扬州，随陈用光拜访经学家包世臣，亲聆教诲。二月抵京后，在孙经世指导下，于住处京都泉州旅邸开设讲堂，讲演《易》经与《礼》经。十五年（1835）与十八年（1838），两次参加会试，皆不中。后遇"大挑"，以二等选署古田教谕，旋授连城训导。任职期间，对百姓循循善诱，咸有声称。第一次鸦片战争期间，他在福建积极参加抵御外侮活动，并提出一系列策略与措施。二十年（1840），英军进犯福建，他撰写《平夷论》，提出御敌策略和兵民共同抗敌的军事思想。二十二年（1842），英军再犯福建，又撰写《筹守福州议》和《筹守泉州大坠议》。二十三年（1843），为陈庆镛代拟《申明刑赏疏》，指控卖国权贵、败将逃官，申明必须以法治国才能得民心，奏文直声震海内。此后，他又陆续撰写《杞忧私记》等11篇政论文，极力反对清廷对列强"讲

① （清）龚显曾、陈棨仁辑：《温陵诗纪》卷九，清光绪元年（1875）龚氏亦园木活字印本，第16页下。

② （清）龚显曾：《亦园脞牍·泉州藏书家》卷五，清光绪四年（1878）木活字印本，第13页上。

③ （清）陈金城：《怡怡堂文集》，抄本。

和"、"互市"及开设闽、浙、苏、沪、津五处码头，重申必须主动抗敌。此外，还在《福州团练纪事》中论述固疆御侮问题。此间，他调京为内阁中书，嗣改刑部云南司主事。咸丰二年（1852）夏，陈金城致仕归里，劳累成疾，不久病卒。

陈金城在京时，与苏廷玉过从甚密。因他博学通经，"学有根柢，其为文朴茂浑雄，有古大家风"[①]。当时在京泉籍官员如陈庆镛、苏廷玉等人文稿多由他代作。又嗜藏书，为官期间，"官闲好读书，肆意披载籍"[②]，友人杜彦士云："观厂觅异书，典衣购奇册。闭户拥百城，发愤忘日夕。"[③]晚年他在家大厝右建"勉斋学馆"，兴学育才。著有《怡怡堂文集》八卷、《福州团练纪事》一卷，还校梓、刊刻了《苏魏公文集》等。陈金城生有六子，均好读书，次子陈玉德担任文峰书院首任山长。1957年，福建省图书馆接受了陈金城后人捐赠的藏书，"藏书中颇多外间罕见之本"[④]。

88. 何广恚

何广恚（1802—？），字道必，又字朒藠，侯官人。祖父何蔚然。道光十九年（1839）举人。陈偕灿《鸥汀渔隐笔记》云："广恚家富图籍，寝馈其中。性喜作书篆隶，瘦劲遒纵，得汉魏遗意，其书室名'丁戊山馆'。"[⑤]其藏书印曰"古闽何氏丁戊山馆曾藏"。

林钧《篋书剩影录》载：《杨升庵杜诗评点》一册，清侯官何广恚摘录。朒藠自记云："余家旧藏有明正德八年古歙棠樾鲍松所刻《蔡梦弼集录》，棉纸本《杜诗》一部，六册，有'徐氏汗竹斋珍藏记''闽中吴元化珍藏书籍'印，首页有徐方公先生题跋。其评点流传本未悉备，兹因抄录副本，因备之以成完璧。道光六年十二月十七夜灯下朒藠所抄不录全文。"[⑥]

---

①　黄澄渊修，余钟英等纂：《[民国]古田县志》卷三十三，民国三十一年（1942）铅印本，第22页下。

②　（清）陈金城：《怡怡堂文集·和杜蕉林嫣翁大人代书诗一百韵原韵》，抄本。

③　（清）陈金城：《怡怡堂文集·杜彦士序》，抄本。

④　福建省图书馆编：《福建省图书馆善本书目》（第一辑）序，1965年油印本。

⑤　转引自梁战、郭群一：《历代藏书家辞典》，陕西人民出版社，1991年，第145页。

⑥　林钧：《篋书剩影录》上卷，闽侯林钧宝岱阁1962年油印本，第57页上。

89. 叶仪昌

叶仪昌（1803—1869），字定勤，号季韶，又号潜山，闽县（今福州）人。叶仪昌为叶申蔼四子，闽县叶氏第 19 世。道光八年（1828），乡试中举。历主杭州书院、龙山书院讲席，选授大田县学教谕。著有《永阳游草》一卷等。"归里后，构'芝石山房'，拥书自乐。"①

90. 黄宗汉

黄宗汉（1803—1864），字季云，号寿臣，晚年自号望云老人，晋江人。其父黄念祖于嘉庆六年（1801）中举，设塾任教，从游者甚众。黄宗汉生于书香之家，早岁亡父，由嫡长兄教养成人。幼即聪颖，遍读群经。道光十四年（1834），乡试中举。十五年（1835），登进士第，选翰林院庶吉士。散馆，授兵部主事。咸丰二年（1852），擢浙江巡抚。四年（1854），再升四川总督，后入为内阁学士。七年（1857），第二次鸦片战争发生，广州沦陷。黄宗汉被调任钦差大臣、两广总督兼通商大臣。力主抗击英法联军，沿途广招义勇，经过家乡时募集神枪手。到广东后，驻扎在惠州（治所今惠阳东），立即联络绅民，办团练兵。以图反攻，但未有作为。八年（1858）五月，英法联军再犯天津，直逼北京，清政府签订丧权辱国的《天津条约》。清政府竟认为黄宗汉"有碍和局"，免去他两广总督兼通商大臣之职，调任四川总督。不久，黄宗汉又被召回京城，改侍郎后补。十年（1860），调任吏部右侍郎。慈禧太后垂帘听政后，以肃顺案牵连被革职，永不叙用。同治三年（1864），黄宗汉到上海治病，寄寓泉漳会馆，殁于会馆。归葬泉州涂门外赤山村。黄宗汉除所撰大量奏议外，还著有《筹防纪略》《筹海纪略》。去世后，其子将其所作诗、文、奏疏等，汇编成《晋江黄尚书公全集》二十三卷，原稿抄校本今存厦门大学图书馆。

黄宗汉嗜书，在北京为官时，购置了大量图书，其中有不少秘籍。龚显曾在《亦园脞牍》云："陈颂南师、杜蕉林观察、许澂甫师家皆有万卷罗列，而尚不如黄氏之'一六渊海'也。'一六渊海'为黄寿臣先生庋书之地。先生在京时，携囊金入书肆，穷收广购，不下数万卷。余尤及趋陪目睹。今尚岿然不蠹，中

---

① （清）朱景星修，郑祖庚纂：《[光绪] 闽县乡土志》卷六十八，清光绪三十二年（1906）铅印本，第 6 页下。

以丛书及大部书居多。"① 黄宗汉被革职后，"自号望云老人，殚心小学，日搜秘籍，南归以万卷书压装"②。藏书中有不少孤本、善本，并在泉州玉犀巷建"一六渊海"书舍庋之，设两人管理，专做翻晒工作。

黄宗汉故居位于今泉州市区镇抚巷北侧 151 号。故居坐北朝南，布局严谨精巧，富丽堂皇，是清代泉州仕宦世家聚族而居的典型宅第。故居原有相连的 11 座大厝，北至东街元妙观，南至打锡街，今仅余 4 座。故居建筑风格为"出砖入石"，由 2 座三大进三开间带双护厝、书房和花园等建筑物组成。故居保护地带北边玉犀巷 20 号、22 号有黄氏家族"梅石山房""一六书房""三余书房"等三大书房遗址。

黄宗汉殁后，所藏的图书没有继续得到良好的管理，便逐渐散失和被白蚁蠹鱼蛀蚀。后来情况越来越严重，整架的书连同书架都被啃蚀掉，弄得一塌糊涂。到了 1915 年，经过一番整理，绝大部分损失，未变为灰土碎屑的也只剩残篇断简，有的只好作为废纸而付之一炬。剩下的零星残本数千册，即雇人挑往丰州，向南安中学学生兜售，不分类别、版本，不论全缺，每本各售钱二十文。至于出售不了的残卷，每日都就地焚毁，不再挑回。如此约售半个月，就把残存的图书打发一空。清末"一六渊海"的藏书，名显于时，后竟至如此损毁，是泉州文献一大损失。

有子黄贻楫，亦为藏书家（详见以下介绍）。

91. 祝凤喈

祝凤喈（约 1805—1864），字桐君，浦城人。自幼研读经书，精研琴艺三十余年，成为著名的古琴演奏家。曾为浙江东阳同知，宦游江浙一带时，以琴相随，技艺超绝，名噪一时。

祝凤喈热衷刻印图书，其刊刻之书主要有：宋朱熹《周易传义音训》《易学启蒙》，宋蔡沈《书集传》，清李光地《孝经注》；还刻印出版了自著的《造命挈要》《与古斋琴谱》《指法字母简明表说》；另有古琴演奏曲谱《商集曲谱》《角

---

① （清）龚显曾：《亦园脞牍·泉州藏书家》卷五，清光绪四年（1878）木活字印本，第 13 页上。

② 陈衍等纂，魏应麒续纂：《[民国]福建通志》总卷三十四，民国二十七年（1938）刻本，第 22 页上。

集曲谱》《羽集琴谱》等。这些曲谱、琴谱，是祝氏自著自印的论述古琴演奏理论、演奏方法和技巧的专著，成了闽派古琴发展史上的代表性著作。

祝凤喈"家有园林之胜，藏古琴数十张，择其尤者，筑'十二琴楼'贮之。伯倡仲和，怡怡如也"①。此"十二琴楼"，也是祝氏的书斋。他所刻的几部书就是在此写成编就的。祝凤喈好藏书，"家资颇富，积书数万卷，颜其室曰'与古斋'"②。藏书印有"祝氏与古斋珍存书画印""与古斋存"等。

92. 潘德舆

潘德舆（约 1805—1873），字仕成，同安人，后籍广东。道光八年（1828），江南乡试第一。十二年（1832），顺天乡试副榜。以捐输钦赐举人，官兵部郎中。二十七年（1847），官两广盐运使。晚年以盐务亏累破产，未几而卒。著有《养一斋诗集》。

潘德舆虽为盐务，颇好文墨。"好藏书，收藏书画古物亦富。"③他在广州西门外黄沙泮塘，筑"荔香园"，又颜曰"海山仙馆"。有水木清华之胜，春秋佳日，邀名流觞咏其中。其楹联云："海上神山，仙人旧馆"。李仕良《过海山仙馆遗址》诗云："佳气郁葱哉，森然簇嘉树。插架汉唐书，嵌壁宋元字。"④又有周敦商彝秦镜汉剑唐琴宋元明书画墨迹长物之楼，藏张长史郎官记之室、宝琴斋等。邱炜萲云："道光间吾闽同安潘德舆方伯（仕成）寄公于粤。购地荔枝湾，辟'海山仙馆'，一时声势豪赫殊极。冠盖征逐方伯，虽席鹾业，起身科目（副贡钦赐举人），颇好文墨，尝刻《海山仙馆丛书》五十六种，共四百六十一卷。搜罗秘要，世称善本。迨后因鹾饷重，累园产皆入官，今久废矣，谈者犹艳称不置。"⑤郭可光《竹间续话》也载："《海山仙馆丛书》椠版颇精，以善本著名南中。"⑥藏书印有"曾在潘德舆家""海山仙馆主人"等。

---

① （清）吕渭英修，翁昭泰纂：《［光绪］续修浦城县志》卷二十七，清光绪二十六年（1900）南浦书院刻本，第 11 页上。

② 郭可光编：《闽藏书家考略》卷二，郭氏白阳书室抄本，第 24 页上。

③ （清）范凤书编：《中国著名藏书家与藏书楼》，大象出版社，2013 年，第 220 页。

④ （清）李仕良撰：《狷夏堂诗集》，民国十四年（1925）刻本。

⑤ （清）邱炜萲：《五百石洞天挥麈》卷七，清光绪二十五年（1899）漳州邱氏广州刻本，第 2 页下、3 页上。

⑥ 郭可光：《竹间续话》卷五，稿本，第 5 页下。

潘德舆盐务破产后，"海山仙馆"家产被抄没入官，其藏书及书版亦散出。第一次鸦片战争中，"外兵陷粤城，全书版片均为法人所掠，载舶而运，陈列于巴黎博物院矣"①。

93. 林鸿年

林鸿年（1805—1885），字孝荫，号勿邨，又号康石，晚号艮谷，侯官人。据在福清沙埔镇砺坑村发现的林氏族谱《东潘林氏支谱》记载，其始祖是宋代宋宁宗嘉定二年（1209）出生的林安禄。"林安禄以明经出身，选受福清照略，从莆田迁居福清。"②后来，由于遇到灾祸，继室魏氏携孤儿无奈投靠亲戚，从城里移居乡下，即今东瀚镇莲峰村。"林安禄五世孙林足明初从莲峰村入赘东潘村，林足育有二子，万福，万寿。"③万寿的八世孙亿柰的儿子林南山在明朝嘉靖三十二年（1553）躲倭寇之乱，迁居福州，入籍侯官县。林鸿年为林南山十世孙。林南山虽入籍侯官，但其子孙仍入谱《东山林氏支谱》，林鸿年录入在内。

林鸿年，少时勤学聪慧，与沈廷枫、陈寿祺等名士交往甚密，常共研学问。道光八年（1828），乡试中举。翌年（1829），赴京会试，落第。越七年，道光十六年（1836），"廷试对策进呈，拟第三，宣宗拔第一"④，授翰林院修撰。十八年（1838），奉旨为册封琉球国王正使，抵琉球国谕祭故王尚浩，宣读诏敕，册封世子尚育。在琉球期间，严于律己，与前几任册封使一样，在琉球国举行的宴会上婉言谢绝了中山王的馈金，博得了琉球官员的赞誉。不仅不收礼金，林鸿年看到了琉球国民有的生活极为贫困，还向琉球国捐赠了出使节余款铜钱二百四十万贯，"酌察各部强弱，以示赈灾"⑤。赢得琉球国民的感恩爱戴，佳话流传至今。林鸿年在琉球留有多处墨宝，如在琉球名胜瑞泉旁石碑刻有林鸿年

①　郭可光:《竹间续话》卷四，稿本，第 85 页。

②　杨国才:《清代首位状元林鸿年祖籍地在福清》,《福清侨乡报》2009 年 10 月 29 日。

③　同上。

④　欧阳英修，陈衍纂:《闽侯县志》卷六十九，闽侯县地方志编纂委员会 1995 年，第 411—412 页。

⑤　日本球阳研究会编:《球阳》卷二十一，《冲绳文化史料集成》本，（日本）角川书店，1978 年，第 460 页。

手书的"源远流长",喻示中琉关系源远流长。二十年（1840），出任山东乡试副考官，旋即分别受国史馆协修、文渊阁校理、方略馆纂修。"二十六年（1846），京察一等。"① 同年，出任广东省琼州知府。到任后，重视文化教育事业，"驭民以恩，绳吏以法"②。琼州府设有琼台及罗峰两家书院，林鸿年甚为重视，在力所能及下给书院多买书籍，增加师生的津贴。给当地的教育带来了新的生机，博得好评。二十九年（1849），"护雷琼道，海盗连艘逼海口夺师船。镇协凫逃，鸿年檄健弁黄开广、吴金美等面授机要，引与岸战，盗投诚。儋州匪人刘文楷句引黎人围城掳掠，复募勇剿平之"③。平定刘文楷之乱后，海南百姓得以安宁。

咸丰二年（1852），林鸿年丁忧归乡，以官员身份参办团练，获得赏识，实授道衔。咸丰九年（1852），出任云南临安府知府。"同治二年（1863），擢云南按察使，旋补云南布政使。三年（1864），授云南巡抚。"④ 在林鸿年出仕云南期间，云南、四川、贵州西南三省非常动荡，太平天国运动正值火热。同治五年（1866）正月，因四川、云贵两总督联衔上奏弹劾，被诬革职查办。归里后，正值闽浙总督左宗棠奏设福州正谊书院，受聘为首任山长。林鸿年在正谊书院主讲十九年，培养造就了大批的人才，科举成才者达数十人，陈宝琛、叶大焯、陈衍、林纾等名人均出自林鸿年任山长之时。林鸿年在正谊书院注重基础学问，专课十郡举、贡，以器识为先。正谊书院还收有琉球留学生，著名的琉球爱国志士林世功就是其一。光绪四年（1878），福建巡抚丁日昌上奏朝廷说林鸿年"掌教多年，卓有成效"⑤，希望从优议叙。八年（1882），吏部以"经术湛深，品行峻洁"⑥ 回奏，特赏三品卿衔。光绪十一年（1886）十二月，林鸿年病逝于家中，享年八十一岁。著有《松风仙馆诗草》，审校并《[道光]福建通志序》等。

林鸿年生平极为嗜书，在教书之余广收图籍，所藏甚富。"所藏多术数兵

① 欧阳英修，陈衍纂：《[民国]闽侯县志》卷六十九，民国二十二年（1933）刊本，第26页上。

② 同上。

③ 同上，第26页下。

④ 同上。

⑤ 同上，第28页下。

⑥ 同上。

法之学。"①其藏书处曰"松风仙馆"。藏书印有："勿村"朱文长方印、"勿村又号艮谷"朱文长方章、"侯官林勿村鉴藏之印"朱文正方印、"曾藏林勿村处"朱文椭圆章、"曾在林勿村处""侯官林勿村鉴藏"等等。

林氏藏书后多流入福州南后街杨桥巷口的"聚成堂"。《竹间续话》载："今日书肆寥寥，以杨桥巷口之'聚成堂'开设最久，垂三十余年矣。思永精于鉴别字画碑帖，于书无所不收。林勿邨、郑汝霖及清末中落旧家藏书多归之，以贱价收，亦以贱价出，不甚苛索也。"②

林氏藏书传世为数不少，善本亦多。今福建省图书馆藏有其少部分遗书，其中钤有林氏父子藏印的有：旧抄本《乾乾篇》三卷、《启祯两朝剥复录》七卷、《恒星图说》一卷、《大方广圆觉修多罗了义经直解》二卷；还有清活字本丛书《学海类编》八百一十卷等。藏书家陈琼后人收藏一部乾隆年间出版的兵书，名为《洴澼百金方》，此书内有"勿邨"朱文方印、"勿邨又号艮谷"朱文长方印等印，曾为林鸿年所收藏。当代藏书家王真也收藏了不少林氏藏书。

子林暐，亦为藏书家。

94. 林暐

林暐，生卒年不详，原名林如玉，字希村，自号鹿俦居士，侯官人。林鸿年少子。受其父影响，也嗜好藏书。"幼勤学强识，所作骈体文沉博绝丽。"③光绪五年（1879），乡试中举，官浙江知县，后尝主台北书院讲席。其父藏书多术数兵法之学，他则"收藏更多，半为丛书、类书之属"④，别具特色。其藏书印为"侯官林如玉鉴藏"。著有诗数百首，名《鹿俦居士集》。

95. 陈用宾

陈用宾（1807—1865），字吉甫，号鹿笙，侯官人。先世泉州人，顺治年间迁福州。陈用宾性刚直，体貌端伟。咸丰年间为道员赵印川客，竟日高坐把

①　郭可光编：《闽藏书家考略》卷二，郭氏白阳书室抄本，第13页下。

②　同上，第5页下。

③　陈衍等纂，魏应麒续纂：《［民国］福建通志》总卷三十九，民国二十七年（1938）刻本，第24页上。

④　郭可光编：《闽藏书家考略》卷二，郭氏白阳书室抄本，第13页下。

卷，罕惰容。好读书，烂熟经传，"藏书甚多，多经评骘者"①。常置案头者为《通鉴纲目》《朱子语类》《榕村语录》《唐宋诗醇》《文醇》诸书，其余书仅涉猎而已。又工书法，书法神与古会，为文字动合法度。晚年自课少子，并阅读藏书。所藏书多经手校对、评点。

子陈书、陈衍，均著名学者与藏书家（详见以下介绍）。

96. 郭柏荫

郭柏荫（1807—1884），字远堂，侯官人。福州黄巷郭氏自唐汾阳王孙郭嵩，唐咸通年间入闽，居福清泽朗乡，后迁到侯官。至教谕郭阶三，其家族始成大族。郭阶三，为福州郭氏远公支下十七世，嘉庆二十一年（1816）举人，曾任连城、同安县教谕，嗜好藏书。有子五：柏心、柏荫、柏蔚、柏苍、柏芗，皆中举。世称"五子登科"，名噪一时。郭氏子孙皆好藏书，也是福州藏书世家中历时最久之一。

郭柏荫为郭柏苍二哥，少勤敏好学。道光十二年（1832），登进士第，选翰林院庶吉士。散馆，授翰林院编修。十七年（1837），任浙江道监察御史，擢湖北巡抚、湖广总督，再升刑部给事中。光绪元年（1875），因年老体衰，致仕归里。主书院讲席，教授不遗余力。著有《天开图画楼文稿》《变雅断章衍义》等。

郭柏荫嗜读书、好藏书，与弟柏苍一道收集图书。藏书印有"远堂""天开图画楼"等。郭柏荫子六：式昌、兆昌、名昌、传昌、赞昌、懋昌，皆有名于世。

97. 林树梅

林树梅（1808—1851），名光前，字树梅，以字行，又字实夫，号啸云；以神骨清癯，又自称庼云；同安人。本姓陈，被闽安镇副将林廷福收为养子，因而改林姓。

林树梅从少年起随父游历闽、浙、台等地，镇守海疆，足迹遍闽台各水师要塞。每到一处，都相度水势山形，港湾深浅，海道里数，以及潮汐风向，以

---

① 陈衍等纂，魏应麒续纂：《［民国］福建通志》总卷四十，民国二十七年（1938）刻本，第36页上。

至绘制地图，加以记载。历官水师参将，又为台湾安平镇副将，佐亲理戎政，后随丧归里。

林树梅虽为将门子，然尤嗜学。师从于道台周凯及玉屏书院的执教高澍然学诗文，卓然有成。工诗文、善古篆隶。曾与道光年间名诗人林则徐、张际亮、刘家谋等倡酬。绘画、篆刻方面，曾与金门吕世宜、昭安谢琯樵、厦门林必瑞（砚香）、必辉（墨香）、福州郭柏苍等相切磋。鸦片战争期间，林树梅在厦门从军，数上防海策，勘察战地，挖掘水井，训练乡勇御敌。晚年，入林则徐幕。树梅从年轻起弃绝功名，在厦门还谢绝六品职衔。另一方面，他又好善乐施，散金贫困族人。西洋人慕其名，为之摄影，将其影像传至西国。由于他的经历奇特，被目为金门奇人。

又"喜藏书，搜罗三代以降金石古文，殆千百计"①。归里后，"居金门，在明多名人迹，山镵石刻，没于荒烟蔓草者，生搜访几遍"②。其《啸云诗抄》云："生平惟嗜书，今古冀淹贯。罄橐极网罗，琳琅周几案。"③

林树梅不仅是个藏书家，又是一个刻书家。在收藏书籍过程中，重视收集乡先贤遗书。网罗到同乡卢若腾的《岛居随录》残稿两册，后补齐，道光十二年（1832）校订付梓。后又访得《留庵岛噫诗集》一卷，活字印行。还刊刻了自著的书籍，如《静远斋文钞》一卷，道光十六年（1836）刻本；《啸云山人文钞》十四卷《啸云山人诗钞》四卷，道光二十一年（1841）刻本等。

林树梅"素好义举，值年暮，市棉衣数百，给邻里之贫者"④。晚年居甚贫，所藏金石书籍也渐散去。"比岁窘难支，易米去一半。或如借荆州，日久据以叛。造物忌满盈，多藏总易散。书贾犹登门，时时苦相唤。"⑤

林树梅著述宏富，主要有：《沿海图说》《战船占测》《啸云文钞》《啸云诗钞》《啸云铁笔》《文章宝筏》《云影集》《静远斋文钞》《静远斋诗钞》《诗文续钞》《啸云山人诗钞初编》《啸云山人文钞初编》《啸云诗编校释》《〈游太姥山图〉咏》《啸云诗存》《说剑轩余事》《浯江林氏家录》《啸云诗余》《文章宝筏》《啸云丛记》

---

① 郭可光编：《闽藏书家考略》卷二，郭氏白阳书室抄本，第 19 页下。
② （清）林树梅：《啸云诗抄·序》，清道光二十四年（1844）刻本。
③ 同上，卷三《理残书有感》，第 8 页上。
④ 左树夔修，刘敬纂：《［民国］金门县志》卷二十，抄本，第 10 页下。
⑤ （清）林树梅：《啸云诗抄》卷三《理残书有感》，第 8 页上。

《闽安纪略》《镂螭存参》《寄情集》(一作《移情集》)《合录》《行记》(未完稿)以及《日记》等等。

林树梅殁后,所余不多的藏书,部分为好友郭柏苍所收。藏书印有"林瘦云艺文金石记""林啸云书画记"等。所著《说剑轩余事》,是其关于刻书、印书、晒书、藏书等的经验总结。其中《晒书》《藏书》则为福建藏书家中较为罕见的经验总结的文献。

98. 陈乔枞

陈乔枞(1809—1869),字朴园,一字树滋,号礼堂,闽县人。陈寿祺之子。自幼面承庭训,读书习经。道光五年(1825),乡试中举。二十三年(1843),以大挑知县分发江西,先后任分宜、弋阳、德化、南城诸县的知县。升袁州、临江、抚州诸府的知府。浮沉宦海 26 年,以经术饬吏治,居官有政声。

陈乔枞以完成父亲遗嘱为己任,奋勉笔耕。即使为官之后,仍于繁杂的吏务之隙,孜孜不倦地致力汉儒经说的辑佚考证。故其学术上的主要成就,是继承其父陈寿祺对汉儒经说的辑佚考证之业,既续成了其父尚未完稿的几种论著,也在其父研究的基础上,撰写《礼堂经说》二卷、《齐诗翼氏学疏证》二卷、《诗经四家异文考》五卷等经学著作,并手付刊行,并合编为《小琅嬛馆丛书》,又别称《左海续集》。此外,还有《礼堂遗集》四卷。其子陈绍钊又辑其诗文遗稿刊行。

陈乔枞在居官期间,搜集了很多书籍,"旋籍时,宦橐萧然,惟购回书籍数十箧,盖一生视书如命故也"[1]。同治八年(1869),陈乔枞卒于抚州知府任上,终年 61 岁。其子陈绍钊"闻讣即奔丧扶榇,旋里终制并奉母郑夫人,旋暨先人续购书籍前后刊集版片,盖有百数十箧"[2]。

陈家数万卷藏书经同治元年(1862)战乱,大部分都散佚了。同治二年(1863),太平军屯兵闽粤边境,福州城内治安混乱,当地的流氓地痞趁机打劫,陈家藏书损失惨重。同治三年(1864),谭献在《复堂日记》中记:"卧云来言,

---

① (清)陈绍钊述,魏秀仁辑:《先考资政公行实》,抄本。

② 同上。

陈恭甫编修家藏书策、金石，散失已尽。忆前年与徐寿蘅学使消夏，借观时，尚整齐，转瞬化为烟埃，可叹！"①后陈寿祺之孙陈培业，把乱后劫余的藏书卖予南后街衣锦坊口的"缥缃馆"书肆。《竹间续话》载："会城书肆聚于南后街，以咸丰、同治、光绪时为盛，约有十数家……衣锦坊口'缥缃馆'为刘某所设，多得陈恭甫先生孙培业之书，其书皆'琅嬛馆'遗藏。"②这些陈氏遗书后多为福州藏书家杨浚所得。《竹间续话》又载："先生（杨浚）于是设'群玉斋'书肆于总督后，广搜善本。继又得陈恭甫太史之藏（刻有'陈恭甫藏杨雪沧得'印）。乃就所居筑楼三楹，贮七万卷于其中，颜曰'冠悔堂'。"③藏书家郭柏苍也得不少，"得陈寿祺'得百一峰楼'藏书百余种"④。

99. 林寿图

林寿图（1809—1885），初名英奇，字恭三，又字颖叔，号黄鹄山人，闽县人。出生于官宦之家。道光二十三年（1843），乡试中举。二十五年（1845），登进士第，选翰林院庶吉士。散馆，授工部主事。咸丰二年（1852），充军机章京，后升帮办总章京，起草机要文件。九年（1859），任山东道监察御史。同治元年（1862），改任顺天府尹。四年（1863），出任陕西布政使，兼司军营转运，督办庆阳粮台。后改督办全甘后路粮台。不久，恢复陕西布政使职。十年（1871），再调山西布政使。后被免职。福州致用书院创办后，聘林寿图为山长，主持讲学。光绪十年（1884），中法马江海战，海军败绩，福州告急。朝廷命办理团练，何璟保奏林寿图为团练大臣，赏给四品顶戴。十一年（1885），奉旨送部引见，林寿图因老病不往，当年病逝。林寿图一生著述甚多，但书稿被烧大半，已刊存的仅有《黄鹄山人诗钞》《启东录》《华山游草》《榕阴谭屑剩稿》等而已。

林寿图嗜藏书，善画石，好古体。自幼好学，父早逝，家贫无力从师，秉母训，从破麓中捡残书来读。通籍后，购买图书，博涉群籍，闭户思为经世之

---

① （清）谭献：《复堂日记》卷一，清光绪十三年（1887）刻本，第12页上。

② 郭可光辑：《竹间续话》卷五，稿本，第5页下。

③ 同上，第4页上。

④ 郭可光：《闽藏书家考略》二卷，郭氏白阳书室抄本，第13页下。

学。与有学之士相切磋，学问日进。认为苟且一官，不如归读万卷书。"喜购书，多存善本，尝为泉州林某所乾没，余筑楼庋之。"① 咸丰十年（1860），林寿图用船载书籍寄存漳州，后因战乱城破书毁。所撰《庚申秋，以海舟载书，寄存漳州，惊闻城破书毁》云："二十年前薄俸储，家人讪笑我痴愚。暴经一炬嬴秦火，散尽扁舟米黼书。子弟贤当收万卷，老夫心几瘁三余。更伤城破亲朋尽，白日升天挟蠹鱼。"② 诗中倾诉的是对亲朋死于战乱的哀伤，对收藏多年的图书毁于战火的痛惜。

林寿图归乡后，筑楼保存剩下的图书。《竹间续话》载："林欧斋先生宅在石井巷。先生得欧阳修滁州画像，念己少孤藉，母教成立，与欧阳身世相类，因名读书处曰'欧斋'。"③ 斋中藏有万余卷书籍，中有陕西带回的书籍及宋明善本，其藏书印有"颖叔珍藏"等。还曾在石井巷刊刻诗集，杨浚赠联云："编诗甲乙集，买宅丁戊山。"丁戊山即嵩山，为福州城东南于山之支，石井巷在其范围内。又自撰花厅楹联云："抽簪已归，书高于屋；键户不出，车盈其门。"

晚年的林寿图贫病交加，曾作《拟东门行》道："出东门，暮束归，入室四顾望，萧缩无光辉。尘尘积书一万卷，饥不可为食，寒不可为衣……长年贫病累妻子，安用生我须眉为？"④ 暮年惨淡，溢于楮墨。林寿图卒后，其季子林同灏就塾读书，常登书楼检书画，质于其师以别真赝。光绪十七年（1891）的一个晚上，林同灏登楼，火星不慎落入纸堆，燃起大火，藏书被焚。待火扑灭后，林寿图生前苦心收藏已焚殆尽。"楼书尽毁，存者十不及一。"⑤ 林寿图晚年即使贫病交加，仍然不舍得卖书，不意身后却遭祝融之灾。其藏书印有"颖叔珍藏""臣林寿图""寿图之印""欧斋""颖叔"等。劫余之后的藏书，后庋藏致用书院。光绪三十一年（1905），清廷废科举，致用书院并入全闽师范学堂

---

① 陈衍等纂，魏应麒续纂：《［民国］福建通志》总卷三十四，民国二十七年（1938）刻本，第37页上。

② （清）林寿图：《黄鹄山人诗初钞》卷十三，清光绪八年（1882）刻本，第19页下。

③ 郭可光辑：《竹间续话》卷四，稿本，第16页下。

④ （清）林寿图：《黄鹄山人诗初钞》卷三，清光绪八年（1882）刻本，第15页下。

⑤ 陈衍等纂，魏应麒续纂：《［民国］福建通志》总卷三十四，民国二十七年（1938）刻本，第37页上。

简易科。今部分致用书院旧藏归入三明学院图书馆。

林寿图有子四：昌虞、师尚、宗远、同灏，主要由长子林昌虞继承其藏书。

100. 林昌虞

林昌虞，生卒年不详，字洛如，号伯云。闽县人。林寿图长子。性喜收藏，购金石书画。继承了其父大部分的藏书，有"续墨缘书屋"。藏书印有"续墨缘书屋章""闽县林氏续墨缘书屋搜藏记""曾在林洛如处""伯云藏书之章""厚价收书不以贫""辛卯年被毁后手购金石书画""饮云楼"等。

101. 黄宗彝

黄宗彝（1810—1861），初名烱，字圣谟，又字肖岩，号左鼓右旗山人，侯官人。自幼聪颖，长而博极群书。十四岁通九经，下笔千言立就。尤精于小学，善填词。好积书，爱秘籍，曾没产购诗书图画。家在福州乌石山红雨山房左偏处，有室数椽。所作《满江红》词序云："红雨山房者，福州乌石山之弥陀寺也……余贮书其中，卷轴琳琅数千卷，多人间未见之本。啸哦之乐，虽南面而王无与易也。"①

据《[民国]福建通志》卷三十九《黄宗彝传》记载："宗彝既不得志，又屡丧其弟，家骤落，乃挟策依人。之永安一年，之台湾二年，之漳平六阅月，最后之苏州，复之杭州。遇贼几殆，大风疾雪饿两日夜，结芒鞋行百二十里，死者塞道路，手起其尸而过，血缕缕遍染衣袂。既而慨当事者，守备之疏也。发愤作书数千言，论守战之法皆扼要，以遗同乡某令。然其言无私，世弗喜也。苏州破，乃归。中夜慷慨，益萧然不自得。尝对酒泣下曰：'天乎！终于此乎！茫茫者归安乎'！越数月，遂卒。"可见中年的黄宗彝，既不得志又屡丧其弟，家道骤落，携书投靠朋友，到过永安、台湾、漳平、苏州、杭州等地。此时其藏书亦多散出。他曾作词悲叹道："啼饥听骄儿稚女，昔日图经罗四壁，剩残编都为售薪米。室如磬，心如水。钱神大抵憎文字，况吾辈矜言作达，老天亦忌。"②

黄宗彝与藏书家郭柏苍、谢章铤、戴成芬等人相友善，吟诗唱和。晚年在严复家教书维持生计。著有《方言古音考》一卷、《婆梭词》二卷、《遗诗》一

---

① （清）黄宗彝：《婆梭词·满江红·序》，清咸丰四年（1854）刻本。

② 同上。

卷、杂文若干篇。其藏书印有："古闽黄肖岩书籍印""肖岩具眼""闽南黄燗肖岩图籍""东冶黄生""肖岩图书""左鼓右旗山人""侯官黄宗彝印""黄东冶黄生""黄讽后人肖岩图籍"等多枚。殁后藏书主要为郭柏苍所购。郭可光《闽藏书家考略》载："先高祖柏苍公与侯官黄肖严、闽县戴芷农友善。二先生固多藏书，没后，公尽购其所藏。"[①] 今福建师范大学图书馆、福建省图书馆等均藏有其部分旧藏。

102.戴成芬

戴成芬（嘉庆末年—1865），字芷农，闽县人。性嗜书，日以读书自娱，常与藏书家郭柏苍、黄宗彝交往。他们既为诗友，又均好书，故交谊甚笃。郭柏苍《于峰小记序》云："闽县戴成芬酷嗜明谢在杭《小草斋集》，屏迹于山马恭敏祠，满庭芳草据案，静坐而自匿于古书秘本之中，以为乐。"[②] 后人也载他"家富藏书，多秘本，终日匿其中以为乐"[③]。

著有《蕉窗随笔》一卷、《榕城岁时记》一卷、《于峰小纪》九卷等。其藏书印有："闽戴成芬芷农图籍"朱长方、"戴芷农藏书画印"朱长方、"芷农经眼""芷农读过""芷农私籍""乌山小隐""芷农""成芬私印""闽戴成芬"等多枚。

戴成芬殁后，藏书流散各方，部分为藏书家郭柏苍所购。郭可光《闽藏书家考略》载："先高祖柏苍公与侯官黄肖严、闽县戴芷农友善。二先生固多藏书，没后，公尽购其所藏。"[④] 传世的戴氏旧藏为数不少，善本亦多。如：北京师范大学图书馆藏有明刻本《云仙杂记》十卷等，丁丙《善本志》记其手写本《玉几山房听雨录》一卷，罗振常《善本书所见录》录其明覆宋本《太玄经》十卷、明刻本《宣和集古印史》、明弘治李瀚刻本《容斋五笔》残本。福建省图书馆也藏其少部分遗书，钤有其藏书印的有明刻本五部：《尚书疏衍》《游西山记》《陆宣公翰苑集》《孔子家语》《水东日记》；清刻本一部《小海场新志》，抄本及

---

① 郭可光编:《闽藏书家考略》卷二，郭氏白阳书室抄本，第13页下。
② （清）郭柏苍:《柳湄小榭诗》卷上，清光绪十一年（1885）刻本。
③ 郭可光编:《闽藏书家考略》卷二，郭氏白阳书室抄本，第16页上。
④ 同上，第13页下。

稿本各一部。

103. 郭柏苍

郭柏苍（1815—1890），字巨源，号兼秋，又号青郎、梦鸶藤馆主人、但痩轩老人，侯官人。福州黄巷郭氏郭阶三之四子。郭柏苍兄弟五人，皆登科第，他排行老四。郭柏苍自幼聪颖，少好攻读，随父游学八闽各地，24岁入县学。道光二十年（1840）中举人。后两次入京会试，均落第而归。科场蹭蹬，功名未就，曾任训导，后捐资为内阁中书。南归后，摒弃功名举业，转营生计，承揽盐税。咸丰年间，太平军数度入闽，郭柏苍招募乡兵训练团练，防守要隘。咸丰七年（1857），因训练福州团练得力，授主事，赏员外郎衔。长期里居家乡，热心地方公益事业。诸如办学校、建祠堂、修城墙、兴水利等。《［民国］福建通志》卷三十九《郭柏苍传》称其："识见恢廓，时有新议论，餍人听闻，不慕禄仕。殚心有用之学，旁及堪舆星卜之事。有益宗族、乡党者，皆规划久远，锐意为之，必善其后乃已。尤习掌故、全闽人物、名胜，言之凿凿。"[①]

郭柏苍学问渊博，对闽中天文地理、河运水利、人物名胜、乡邦掌故、音韵训诂，广为涉猎，无所不通，颇多造诣。一生笔耕不辍，编写了大量有价值的福建乡土文献。直到晚年仍然是"晨夕修支谱，删削诗文稿，编辑名人遗诗，笔墨曾不少离"[②]。

郭柏苍著述丰富，其中收入《郭氏丛刻》的就有十四种:《补蕉山馆诗》二卷、《鄂跗草堂诗》二卷、《三峰草庐诗》二卷、《沁泉山馆诗》二卷、《柳湄小榭诗》一卷、《葭柎草堂集》三卷《续》一卷、《竹间十日话》六卷、《海错百一录》五卷、《闽产录异》六卷、《七月漫录》二卷、《左传臆说》一卷、《闽中郭氏支派大略》一卷、《我私录》一卷。此外，还编纂有《乌石山志》《三元沟始末》《全闽明诗传》等；未刊的有《历代纪元》《宅都记略》等。这些著作均是研究福建地方史及地域文化的一笔重要文献遗产，在福建近代史上，郭柏苍无疑是一位立足乡土、著作等身的知名学者。

郭柏苍又是著名刻书家，是晚清时期福州刻书最多的人。一生刊印图书达

---

① 民国二十七年（1938）刻本，第7页上。
② （清）郭柏苍修:《福州郭氏支谱》卷四，清光绪十八年（1892）刻本。

20多种。除刊刻自己的著作外，还坚持不懈地搜索整理先贤遗集，并倾资财雕版印制发行。如：刊刻福建诗人蓝仁《蓝山集》六卷、蓝智《蓝涧集》六卷、高濲《石门集》七卷、傅如舟《傅木虚集》十五卷及好友林瀓《秋来堂诗》二卷等。特别是在晚年，还坚持编辑、刊刻《全闽明诗传》。郑杰的《全闽诗录》原来仅刻清代部分，未刻书稿归何则贤。何则贤无力刊刻，又转给杨浚。惜在辗转过程中，书稿遗失数帙。郭柏苍用了四年时间，对《全闽诗录》进行增订，辑出明代福建九百四十五人诗作，考其出处，系以小传，编为五十五卷，光绪十六年（1890）刊行于世，为后世研究明代福建诗人及其作品留下了宝贵的文学遗产。

郭柏苍还是一个藏书大家。聚书甚富，除了继承其先世藏书外，尤以自己借抄、购买图书为多。道光十七年（1837），郭柏苍想与刘永松一起撰《乌石山志》，但苦于手头资料缺乏，便向福州藏书家何则贤求助，"从何孝廉则贤借抄艺文"①，后又向藏书大家陈寿祺求助，"御史家在黄巷北，苍修《乌石山志》时，曾往抄明林志《蔀斋集》。见其藏书之秘，徘徊不能去"②。从此立志自己收藏图书。一方面往福州各藏书家处抄书，另一方面自己购买图书。他到处访求古籍，不论价之贵贱，以必得为期。特别是收藏到了好友黄宗彝与戴成芬的珍善本，价值连城。黄宗彝藏书于"红雨山房"，卷轴琳琅数千卷，多人间未见之本；戴成芬家富藏书，多秘本。"先高祖柏苍公与侯官黄肖严、闽县戴芷农友善，二先生固多藏书，没后，公尽购其所藏。"③

因郭柏苍家资颇富，在福州风景优美处，有多所别墅，书籍分藏多处，藏书室名亦颇多。有如："红雨山房""补蕉山馆""鄂跗草堂""三峰草庐""葭栅草堂""沁泉山馆"等等，其中藏书最多、最著名的是"沁泉山馆"。他"少时购乌山麓'红雨山房'，读书其中。后得于山麓'天开图画楼''绿玉斋'旧址葺'补蕉山馆'为别业，筑草庐于北郊'三峰山'，东郊提井山筑'葭栅草堂'于贡院，'丽文铺'为试馆，又与林处士瀓筑'鄂跗

---

① （清）郭柏苍：《葭栅草堂集》卷四，清光绪十一年（1885）刻本，第14页上。
② （清）郭柏苍：《竹间十日话》卷四，清光绪七年（1881）侯官郭氏刻本，第23页下。
③ 郭可光编：《闽藏书家考略》卷二，郭氏白阳书室抄本，第13页下。

草堂'于乌山麓……晚得'玉尺山房'于光禄坊，构'沁泉山馆'、柳湄小榭诸胜。"①"沁泉山馆"为郭柏苍主要藏书之所，共藏善本十二橱。《竹间续话》载其："晚得'玉尺山房'于光禄坊，筑'沁泉山馆'，藏六万卷于其间。有《书目》二册，多珍秘本及闽中文献之书。"②书橱上刻有"桃红复含暮雨，柳绿更带朝烟"题记③。除"沁泉山馆"外，有'鄂跗草堂'也藏书，八千余卷。据《乌石山志》记载："鄂跗草堂"在乌石山北麓水部林祠右边。其地原是清顺治年间蒋提督废祠，道光二十七年（1847），郭柏苍筑为草堂，并在周围种梅花、桃树、翠竹等。这些别墅既是他藏书、读书的地方，也是他与亲朋文友觞咏之所。

晚年，郭柏苍精心整理了自己多年搜集来的图书，还作了一首《忆图书集成》诗：

> 欲读未读书，乃为人所愚。三百六十金，杳如雁与鱼。青灯不夜坐，短发不盈梳。纵得万卷多，已无岁月余。六体难辨识，一经未涵儒。驰骛于高远，终焉涉子虚。至理出凡近，残编且卷舒。务得乃多丧，此语诚不诬。④

表现了他晚年读书的情景。与其他藏书家一样，郭柏苍所藏之书亦钤有各种印记。其藏书印主要有："闽中郭柏苍藏书""蒹秋""蒹秋图书""蒹秋藏书""榕城郭蒹秋藏书""红雨山房""天工图画楼""玉尺山房""怀璞斋""棣华骅""湖山过客""臣郭柏苍""闽中郭蒹秋艺文金石记"等。

福建师范大学图书馆藏有《听雨斋藏书目录》一册，不分卷，抄本。书目中无著者，无抄录者，无抄录时间。从《听雨斋藏书目录》所附《郭氏家刻书版》，可以推知当为郭氏后人的藏书目录。该《书目》末页有"右

---

① （清）郭柏苍修：《福州郭氏支谱》卷九，清光绪十八年（1892）刻本，第50页上。
② 郭可光编：《闽藏书家考略》卷二，郭氏白阳书室抄本，第13页下。
③ 郭可光辑：《竹间续话》卷五，稿本，第13页上。
④ （清）郭柏苍：《柳湄小榭诗》卷上，清光绪十一年（1885）刻本，第2页下。

书三百部，未存者计一百三十部，八百四十五册；已存者计一百七十部，一千六百八十四册。半购一万五千元，全购三万元"的叙述。《书目》体例较为简单，除了书名外，或有版本。纵观内容，其中多著录了郭柏苍友朋黄宗彝、戴成芬、王道征、林树梅等人的藏书。全目共著录有近 7000 卷、2529 册的书。估计是郭氏后人想出售这些书给某图书馆，图书馆派人到郭氏家中清点图书，并与之商讨价格。此册《书目》或为清点图书时的清单，有待再考。

郭柏苍的藏书曾在太平军三次入闽时遭受颇大散失。最严重的是在咸丰八年（1858），太平天国翼王石达开率部入闽，先后攻下闽北浦城、建阳、松溪、政和诸县。省会福州震动，人心惶惶。当地的流氓地痞趁机打劫，郭氏所藏善本被盗被窃，损失惨重。郭柏苍在所撰《竹间十日话》中，描述被窃后的情景时说："咸丰癸丑至同治壬戌（1853—1862），避地上游，'得百一峰楼'所藏书籍遗失百余种。"①

郭氏藏书历经百余年，遭遇战火、匪劫、大火等各种天灾人祸，所剩无几。民国时期郭白阳曾四处查询，找到的也只是极少部分。后来郭氏后人将劫余藏书卖给福建省图书馆。1948 年，福建省图书馆购得"福州郭氏九百五十一册图书"②。现郭氏部分藏书藏于福建省图书馆古籍部和福建师范大学图书馆古籍部，还有的流散到湖南师范大学图书馆等。

总而言之，郭柏苍是晚清福州著名的诗人、学者、藏书家。他一生勤笃务实，注重经世致用，热心地方公益事业，诸如办学校、修祠堂等。他熟稔福建的山川、风土、物产、人文、史迹、掌故，整理乡邦文献，著书立说，留下了许多颇具价值的福建地方文献。他也是一位刻书家，不仅刊行自己的作品，还利用自身丰富的藏书，整理校刻历代先贤文集，为保存福建地方文献做出了重大贡献。

104. 刘齐衔

刘齐衔（1815—1877），字本锐，号冰怀，又号冰如。侯官人。龙山刘氏

---

① （清）郭柏苍：《竹间十日话》卷四，清光绪七年（1881）侯官郭氏刻本，第 23 页上。
② 福建省立图书馆编：《复员后的福建省立图书馆》，民国三十七年（1948）铅印本。

第 15 世。早年失怙恃，为伯父刘家镇所教养。道光二十年（1840），乡试中举。二十一年（1841），登进士第，选翰林院庶吉士。散馆，授户部主事。咸丰四年（1854），外放任湖北德安府知府，后调任襄阳、汉阳知府、汉黄德道道员。因政绩突出，经湖北巡抚胡林翼荐举，同治元年（1862），擢陕西督粮道，旋代理布政使兼总粮台。六年（1867），再升浙江按察使，转河南布政使。任上绝弊惩强，修葺学校，勘田垦荒。光绪三年（1877），河南大旱，库储支绌，请免粮贩输税。因呈报太迟，与法令不合，部议办理失当，被劾免职。不久，病卒于开封。

　　刘齐衔为官 20 余年中，积累下数十万银圆，并在福州、闽清、长乐开设有德成、即成、复成、长兴、慎成、仪成等典当，且购置了大量的房屋、地产，出租牟利。后又在福州开设了天泉钱庄，对外放高利贷获利。其中在光禄坊，刘氏买了位于今鼓楼区光禄坊中段北侧四座大院，东邻柏龟山道南祠，西至早题巷，南临光禄坊大街，北靠大光里，总面积达 4000 多平方米，为福州市区规模最大的一姓住宅。刘家大院原是清初许友的"米友堂"和林佶的"朴学斋"，四座一字排开，均为独立院落，单层木构建筑，座北朝南。院内有花厅、鱼池、假山、亭台、藏书阁等，收藏图书甚多。

105. 高明远

　　高明远（1816—？），字上治，一字镜洲，高鸿湘子，侯官人。道光十四年（1834），举于乡，以大挑二等授德化教谕。十五年（1835），登进士第，选翰林院庶吉士。

　　高明远好读书、藏书。"六十后以经史自娱，见有异书售者，倾囊易之。或仓卒直不具，至斥衣服以偿。家有'环翠楼'，先世藏书万卷，晨夕其中，所居拂拭无牟纤尘。"[①]还常与诗人名流在家中居易轩"环翠楼"下吟咏、唱和。到高明远儿子时，家道中落，藏书楼坍塌，楼下老屋也被债主所占，损坏不堪。而家中万卷藏书随之开始散失。直到其孙高向瀛时，又有所收藏（详见以下介绍）。

---

① 陈衍等纂，魏应麒续纂：《［民国］福建通志》总卷四十，民国二十七年（1938）刻本，第 36 页上。

106. 刘永松

刘永松（约 1817—1856），又名茂才，字筠川，侯官（今福州）人。为福州龙山刘氏第 14 世。少籍学，善篆隶。曾任广东县尉。家住侯官洪塘，其地原为"明曹学佺'石仓园'，在洪塘东歧领下，状元街北……咸丰初，刘筠川（永松）先生得其地"①。

刘永松性喜藏书，精于鉴别，构筑书屋，架楼七楹。"聚书万卷，其室名曰：'小墨庄'。"②后又新构馆舍曰"得过草堂"，自称："小筑三间拥百城。"书斋名"篆签"。其藏书处以"李星村'此世真堪为性命，他生能否得聪明'为楹帖"③。

刘永松善交游，家多藏书。其友人诗中多所反映。如：林枫《冬夜饮刘筠川（永松）得过草堂醉后有作》诗云："草堂筑傍古闽山，修竹千竿花半亩。厩中宝马畜五花，架上牙签罗二酉。"④诗后注曰："筠川好马，藏书亦富。"⑤林澍《再到刘子永松蔚庐感怀》诗亦云："满架牙签未触新，重来独坐忽伤神。"⑥

刘永松"讲汉法，博究金石"⑦，故所刻印章颇多。其藏书印有："刘氏小墨庄藏""曾经刘筠川读""闽山刘氏珍藏""侯官刘筠川艺文金石记""三山墨庄刘氏珍藏""侯官刘筠川观""筠川藏书""臣刘永松"等。

刘永松藏书富且精。陆心源《仪顾堂续跋》卷十录有其所藏元椠《艺文类聚》，周越然《言言斋藏书目》卷二录有其所藏《南唐书》，傅以礼《华延年室题跋》录有其所藏《宋稗类钞》等。他还有收藏了明仿宋本《谢宣城集》、郑杰著《注韩居初编》五种等。

今福建省图书馆藏有其少部分遗书，钤盖其印章的有：明万历刻本《南史》八十卷，明万历刻本《北史》一百卷，明崇祯刻本《闽书》一百五十八卷，明

---

① 郭可光辑：《竹间续话》卷四，稿本，第 10 页下。
② 郭可光编：《闽藏书家考略》卷二，郭氏白阳书室抄本，第 19 页上。
③ 郭可光辑：《竹间续话》卷五，稿本，第 13 页上。
④ （清）林枫：《听秋山馆诗抄》卷八，清末侯官林氏铅印本，第 6 页上。
⑤ 同上。
⑥ （清）林澍：《秋来堂诗》卷一，清光绪三十年（1904）刻本，第 15 页下。
⑦ 欧阳英修、陈衍纂：《[民国]闽侯县志》卷九十，民国二十二年（1933）刊本，第 6 页上。

刻本《国史经籍志》六卷，明刻本《庄子南华真经》四卷，明刻本《欧阳文忠公全集》一百三十五卷，明崇祯刻本《纺授堂诗集》十八卷《文集》八卷，明刻本《古乐苑》五十二卷，旧抄本《唐四家诗》不分卷等。

刘永松无子，身后藏书尽散。不少藏本后来流入龚氏大通楼，陈宝琛也收藏到一些。其所著书有与郭柏苍合撰的《乌石山志》《闽中乌石山石刻》。

107. 陈树杓

陈树杓，生卒年不详，字星村，闽县人。陈征芝之孙。同治元年（1862），乡试未中。虽然他只是个秀才，但在祖父影响下，亦好藏书，善鉴别版本，攻目录之学，造诣较深。曾将其祖父的藏书编成《带经堂书目》后，手写成册，向周星诒、陆心源请教。周星诒当时任福州知府，陆心源当时任福建盐运使，他们两人皆好藏书，精通目录版本之学。他们对《带经堂书目》进行了删订、添改，并旁注批语。清宣统三年（1911），由上海神州国光社据书目原稿铅印发行。

108. 何光禧

何光禧，生卒年不详，号晴坡，一号寄鱼，建宁人。世理蓛务，"幼孤事母孝。性朴讷，好古籍，藏书甚富。能琴，善汉隶"[①]。还是一位刻书家。曾于道光年间刊刻其师谢祝堂《鉴略遗书》行于世，又印行朱仕琇、张际亮、金荣镐诸前辈遗集，影响颇大。

三、咸丰、同治、光绪、宣统时期的藏书家

1. 谢章铤

谢章铤（1820—1903），初字崇禄，又字枚如，号江田生，又曾自称痴边人，晚号药阶退叟，长乐人。其先世自浙江迁闽之平潭，再迁长乐，后徙居福州城。其先辈四世书香，自曾祖、祖父、父亲皆以儒学传家。据《东岚谢氏明诗略》所录，谢氏家族先后共九人有诗集传世。东岚谢氏在明代多显宦，入清后以盐务起家，家境富裕。但谢章铤出生后，家道中落，命途颇为

---

① 钱江修，范毓桂纂；吴海清续修，张书简续纂：《［民国］建宁县志》卷十七，民国八年（1919）铅印本，第24页上。

坎坷。三岁时生母亡故，而又孱弱多病，多赖后母俞氏照顾。长辈担心不易抚养，直到十一岁才让他拜师读书。由于受家境影响与父辈熏陶，谢章铤勤奋刻苦，博览群书，尤喜辞章之学。二十一岁时，值温葆深视闽学，以《程门立雪》试诸生，谢章铤获首取，补弟子员。二十二岁遍游闽江流域及闽南各地。中英鸦片战争爆发后，因家贫，只好以教书卖字为生，曾寄食于宁德教谕刘家谋家。道光二十九年（1849），中副贡生。咸丰元年（1851），受聘主讲漳州丹霞、芝山两书院。再主漳州芝山书院讲席。二年（1852），谢章铤前往漳平，后与好友发起"聚红榭"，课词课诗，声势颇大，闽词藉此获得了较大发展。九年（1859），游蜀。同治三年（1864），游粤及香港。五年（1865），乡试中举。后数次参加会试均失败，乃捐"内阁中书"头衔。回福州后，仍以教书为生，并日夜苦读。光绪二年（1876），谢章铤再次赴京应试，始成进士。这时他因年近花甲，无心仕进，乃专心致力于学术研究和教育。三年（1877），再主讲漳州芝山书院。十年（1884），受陈宝琛延请，出任江西白鹿洞书院山长，讲授程朱理学。十三年（1887），谢章铤应聘为福州致用书院山长，前后掌教共十六年，一时名彦如陈衍、林纾、陈宝璐、张元奇、沈瑜庆、何振岱、丁芸等，皆出其门下。光绪二十九年（1903）正月，谢章铤病卒于家中，享年八十四岁。

谢章铤不仅是教育家，又是文学家、大学者。兼工诗、词、古文、骈文，而以词的创作和词学理论建树最大。一生勤奋笔耕，著述宏富，达二十余种。陆续刊刻成《赌棋山庄所著书》七十八卷，包括：《文集》七卷、《文续集》二卷、《文又续集》二卷、《诗集》十四卷、《酒边词》八卷、《余集》五卷（包括文三卷、诗一卷、词一卷）、《说文闽音通》二卷、《词话》十二卷、《词话续》五卷、《围炉琐记》一卷、《藤阴客赘》一卷、《稗贩杂录》四卷、《课余偶录》四卷、《课余续录》五卷、《东岚谢氏明诗略》四卷、《校刻祥符沈侍郎勤学浅语》一卷、《八十寿言》一卷。其中《东岚谢氏明诗略》为谢章铤曾祖谢世南所编，谢章铤仅是校刻者。谢章铤的著作还有与聚红榭同人合刻的《聚红榭雅集词》六卷，以及未刻者如诸经注疏及考异等。尚有传世稿本十五种三十七册，其中《词学纂说》《乐此不疲随笔》《便是斋琐语》《我见录》等，均为未刊稿。此外，谢章铤极其重乡土文献的搜集与整理。如搜集、保存了梁章钜《闽川诗话》残稿，又两次抄录清嘉庆、道光年间著名古文家高澍然《抑快轩文集》，使之得以流传至今。

谢章铤家族藏书早有渊源，先世即颇多藏书。明代著名藏书家谢肇淛便是他的十四世祖，但至他这一代，藏书所剩便十之一二了。他自言：“余家世守风雅，先代多藏书，今所余不过十之一也。”①少年时代的谢章铤虽喜读书，但由于“家徒四壁，穷无立锥矣。东西谋食，赁庑而居五年，四徙靡有定宇”②。因而他并没有多少书可读，常向旁人借书。十一岁时，他偶然从邻居的竹篓中得到了他曾祖谢世南所著的《蒙斋讲义》残本，喜不自胜，便一知半解地读了起来。但又惜其不全，先是四处搜访曾祖著作，继而扩大为搜罗其他古籍，从此他便致力于藏书。

早年谢章铤家穷，无力购书，藏书几乎都是亲手抄录的。他认为抄书是一门学问，不但可以获取自己所需要的书籍，还可以更好地读书、练字，进而达到博古通今的目的。他在读书时还养成了记读书笔记的习惯，“予弱冠后治经，好抄考据家言。又好博览，每见一书，辄胪其首委，撮其大旨，或录数篇存之”③。中年时期，遍历诸省，也总是搜书、抄书不止。通过抄录，获得了大量的图书。从他所著的《赌棋山庄全集》所录，可知的就不下二百种。如：“《榕村语录续集》二十卷，未编入《全集》。近安溪令鄞县黄家鼎录副本，伯潜持以示予，予从之转录。”④“《礼经宫室答问》二卷，临海洪颐煊著，字筠轩……此书有刻本，予特抄存并录筠轩所著书目于后备考。”⑤“《蓝水书塾笔记》一卷，闽县何则贤道甫著……此卷予从其侄伯希同年借抄存之。”⑥即使到了晚年，谢章铤仍笔耕不辍地抄录书籍。《杜律詹言》四卷，是其先祖谢杰所著，谢章铤七十余年到处求之不获，“龚方伯第三子永叔（鸿义）秀才从予游，予借观其

① （清）谢章铤：《围炉琐忆》卷一，清光绪二十七年（1901）刻本，第22页下。
② （清）谢章铤：《赌棋山庄文集》文六《赌棋山庄记》，清光绪十年（1884）刻本，第21页上。
③ （清）谢章铤：《课余偶录》卷二，清光绪二十四年（1898）刻本，第21页下。
④ （清）谢章铤：《课余续录》卷三，清光绪二十六年（1900）刻本，第33页上。
⑤ 同上，卷四，第2页下。
⑥ 同上，第12页上。

书目，见有时编，从而传录之。"①

在谢章铤所抄录的书中，以高澍然的著作最为出名。我们现在能见到的有：同治十年（1871）抄本《抑快轩文集》三十卷，四册；光绪八年（1882）抄本《抑快轩遗集》不分卷，一册；光绪十三年（1887）抄本《抑快轩文集》乙编四十八卷、丙编十六卷、丁编九卷、补录一卷，共七十四卷十七册，这些抄本现在保存在福建师范大学图书馆古籍部和福建省图书馆特藏部善本库。这些书高澍然身前身后都没有印行过，谢章铤的抄本为我们留下了珍贵的文献研究资料。

中年的谢章铤遍历楚、豫、吴、燕、赣诸省，无论走到哪里，也总是搜书、购书。所求购的多是地方文献，闽人稿本、抄本，还有他崇拜的学者著作，或是在学术上具有一定价值的抄本。如：同邑文学家梁上国殁后，著作尽散，其家人捆而卖之。谢章铤见之后，"以二万钱购得此本，复恐孤本不可恃，为之录副，又费六千余钱。以此为《说文》入门之书，事半功倍，梁君之为惠大矣，宝之"②。《闽西湖志》六卷，是谢章铤寻求多年的志书，"乾隆十四年侯官县知县浮梁姚循义修刻本，陈修竹有抄本，予重价得之"③。黄宗羲是谢章铤最崇拜的学者之一，为了收藏黄宗羲的著述，谢章铤寻找了二十年，直到咸丰十年（1860），出游苏州时，偶然在书肆残丛中搜得明嘉定王光禄抄本《明夷待访录》，不惜以五十金的重价奉持而归。章学诚的《文史通义》，也是谢章铤特别喜欢的书，"予三十年前读之数过，其后遗失之，念念不能忘。昨在豫章见浙江新刻书目，因托友购之，此固案头必不可少之书也"④。

晚年的谢章铤致力于学术研究和教育，主讲各大书院，培育了很多人才，声望日盛。与亲朋故旧交往，往往以书互赠。如：藏书家杨浚赠以手抄林则徐的《直隶水田简要事宜》，他回赠所著《赌棋山庄诗稿》；"醉经阁"书贾林端植赠以谢肇淛的《百粤风土记》，他回报《致用书院课艺》一部六本；名作家魏秀仁在完成《花月痕》小说后，特为他抄写一部，他即以所著《赌棋山庄词话》

① （清）谢章铤：《课余续录》卷五，清光绪二十六年（1900）刻本，第 2 页上。
② （清）谢章铤：《赌棋山庄余集》文二《书说文小笺原本》，民国十四年（1925）沈氏刻本，第 26 页下。
③ （清）谢章铤：《课余续录》卷四，第 4 页上。
④ （清）谢章铤：《赌棋山庄余集》文二，民国十四年（1925）沈氏刻本，第 20 页下。

相送。许多门生知道他嗜书成癖，也常以书作为礼物赠送给他。如：后进林宗泽以旧本数种敬赠，其中数种谢章铤尤其喜欢，并给以记述。

晚年的谢章铤"馆谷稍羸，又得弃产，余值约可千金。陈墀莲潋怜其漂泊，为之谋，益以称贷"①。买屋于鳌峰坊九曲亭于山之麓，山庄命名为"赌棋山庄"。"赌棋"典出《晋书·谢安传》，淝水之战前，苻坚率百万大军逼近，谢安却别具雅致，从容与张玄围棋赌墅。谢章铤将住所名为"赌棋"，似是对清末内忧外患的政局与国情之映射，亦含不向外敌低首之意。山庄"地小颇幽折，其中有巨石，有老树，有小池，有亭，有榭"。谢章铤还自为山庄撰有两楹联。其一："山不在高，居然好丘壑；天怜此老，贶以古烟霞。"其二："青山本是吾家物，老树不忘天下春。"②后在山庄中改置小楼三间以藏书，藏书处曰"鳌顶书库"，以台江李星村上舍题书橱句："此世真堪为性命，他生能否得聪明"为楹帖。后其弟子何振岱回忆云："会城东南隅九仙山之麓，吾师谢枚如先生赌棋山庄在焉。山庄宽广不周三亩，有二百余年十围之老银杏，有梅花七八株……亭以巢燕，雨泳于池。有楼三间，庋书数万卷。"③

数万卷的丰富藏书是谢章铤十几年的辛苦收藏，"大抵饥驱奔走，提携数万里。或得于山陕，或得于江浙，或传抄，或旧刻，多经目点校之本"④。抄购并施，颇费心力。谢章铤对数万卷藏书进行了整理编目，留下了稿本《赌棋山庄藏书目录》。该《目录》体例比较简单，仅记载书名、卷册而无解题。按经部、史部、子部、集部、校点书、手抄本分类。其中经部 465 种、史部 307 种、子部 837 种、集部 1282 种、校点书 84 种、手抄本 216 种，共收书 3191 种。其中一些重要藏书在《课余续录》卷四中，详细记载了这些书籍的作者、内容、版本、学术源流和价值等，体现了他的藏书特点和收藏倾向，因此可以说是一份宝贵的古籍版本资料，具有极高的学术价值。

现从《赌棋山庄藏书目录》中，可窥其藏书的鲜明特点：

①　（清）谢章铤：《赌棋山庄文集》文六《赌棋山庄记》，清光绪十年（1884）刻本，第 21 页上。

②　（清）谢章铤：《课余续录》卷三，第 46 页上。

③　何振岱：《我春室文集》卷二《赌棋山庄记》，1957 年油印本，第 1 页上。

④　（清）谢章铤：《课余续录》卷三，第 46 页下。

其一，抄本甚多，价值不菲。所录的 216 种抄本，由他亲自抄录的就不下 200 种，其中多乡邦文献。他自云："予家世业儒，插架无宋版书，而传抄未刻之本，颇有三四，且多乡先正遗著。购借并施，颇费心力。"① 谢章铤不但把抄书当作收藏文献的一种重要途径，而且还始终把抄书当作保存与传播文献的一种重要形式。他认为："嗜书固是美事，然与其私于己，不若公于人。且我书或未必终为我有，我抄而人亦抄，抄书渐多，不致澌灭。有好事者，付之剞劂，发潜德之幽光，不足增文献之一线哉？"② 除了谢章铤自己手抄的以外，该《目录》中还著录了黄荛圃士礼居精抄本《丞相魏公谭训》十卷、樵古阁精抄本《太平经国之书》十卷、郑云门传砚斋抄本《尔雅古义》二卷、王光禄所抄《明夷待访录》一卷、赵文叔所抄《说文新附考》一卷、黄亦堂所抄校《历代建元考》、鲍廷博知不足斋精抄本《金楼子》六卷、黄肖岩所抄《台湾日记》一卷等。

其二，精心校勘，藏以致用。谢章铤一生所校之书达有 200 多种，该《目录》记载虽仅有 84 种，这只是他晚年实存的校勘本。从他的著作看，也并非此数，因为他在著作中所记载的校勘过的若干种图书，在其目录中并无体现。谢章铤校勘古籍，始于青年时期。由于时常苦于通行本的夺衍讹误，往往借其他人善本来勘正，如遇有名家批校本，他更是一一过录。主讲各大书院后，除了授课，更把主要精力放在校勘古籍上。无论寒暑，勤勉校书，孜孜不倦，乐此不疲。有的书，他还采用了不同本子，反复校勘多次。如《后汉书》一书，先用天一阁嘉靖丁酉广东崇正书院本校南监张邦奇刻本，后用魏子安所校汲古阁本再校同治八年金陵书局刻本，先后校了四次，始自咸丰九年（1859），迄于光绪二十四年（1898），历时 40 年。谢章铤年老后，仍每日早起，校阅群书。80 岁那年，还校勘了《说文解字系传》8 册。经他点校的书，都钤有"赌棋山庄校本印记""枚如手校""枚如读过"等印记。

在谢章铤 80 寿辰时，其门生曾做诗文赞誉道："奇福平生拥百城，老来著

---

① （清）谢章铤：《课余续录》卷四，第 2 页上。
② 同上。

述益纵横。"①"著作等身三万轴，牙籤直共海添筹。"② 光绪二十九年（1903），谢章铤殁，"殡致用书院，时新葬"③。陈宝琛《十一月十六日望耕亭晚眺追怀枚如丈》悼诗云："满院梅开忍就看，却从亭角望檐端。横流泉下能终免，来日山中正大难。乡国献征从此绝，平生诗稿失公删。山庄插架犹三万，只作空华过眼观。"④ 谢章铤殁后，山庄易主，书随散佚。其藏书大多售与程祖福，程祖福后又转售陈衍，最后多为陈宝琛收购。后人感慨作诗曰："列架牙籤多抄本，不与名家竞宋元。叹惋身后无贤裔，一样厄运降书魂。"⑤

谢章铤的学生何振岱也写了《先师逝未经年，藏书尽散，偶过山庄感赋》一诗感慨道：

> 聚书罕数世，贤者无如何。惟有耽书人，名德长不磨。吾师西游年，珍本穷搜罗。辇载入燕京，秫刍数十骡。南归挟之俱，葺楼为书窠。卷卷施丹墨，仰屋忘羹膰。当时一帙价，书贾求常苛。得来尺寸积，散去烟云过。吾犹及兹楼，檐牙披绿萝。百厨幂翠阴，峙若山嵯峨。徘徊侍坐处，流景嗟逝波。平生无尽怀，追日思横戈。著述岂本意？聊用平憾轲。心传竟谁是，涕下余滂沱。⑥

现福建省图书馆、福建师范大学图书馆藏有 30 余种谢章铤旧藏的珍善本，如《赌棋山庄文集》稿本残存四卷，即庋藏于福建师范大学图书馆。谢章铤的藏书印除了校书印外，还有"章铤印""赌棋山庄""章铤""江田生""诗酸词辣文章苦""文史臣铤"等。

总而言之，谢章铤是清代著名的学者、文学家与藏书家，在经、史、诗、

---

① （清）谢章铤辑：《赌棋山庄八十寿言》，清光绪二十八年（1902）刻本，第 31 页上。

② 同上，第 33 页上。

③ （清）陈宝琛：《文集二种·十一月十六日望耕亭晚眺怀枚如丈》，1959 年福建省图书馆油印本。

④ 同上。

⑤ 转引自政协长乐市文史委员会编：《长乐文史资料》第 6 辑，第 162 页。

⑥ 何振岱：《何振岱集》，福建人民出版社 2009 年，第 145 页。

词、文、方言、文献等方面，均颇有建树。他出身书香世家，游历、讲学、著述、藏书，是其人生四大要事。曾先后主讲陕西丰登、关西书院、漳州丹霞、芝山书院，漳州书院，江西白鹿洞书院。最后十六年主讲福州致用书院，一时名彦如陈衍、林纾、陈宝璐、张元奇、沈瑜庆、何振岱、丁芸等，皆出其门下。

2. 孙翼谋

孙翼谋（1822—1889），字谷庭，侯官人。孙翼谋幼聪敏，功苦于学。道光二十年（1840），乡试中举。咸丰二年（1852），登进士第，选翰林院庶吉士。散馆，授翰林院编修。后擢两淮盐运使，晋浙江按察使，升湖南布政使。为官有政声，善政甚多。清人陈与冏撰，郑孝胥书的《孙翼谋墓志铭》[①]，载其生平简单之事迹。著有《看云馆集》。

孙翼谋好藏书，所聚甚多，藏书室名曰"看云馆"。郭曾嘉《面城精舍书谈稿》载："记得庚午岁侯官孙氏（翼谋）'看云楼'书出，余往王东生师家（时孙书假师宅陈列），觅得梅氏《皖雅》（非陈诗辑本）。纸本莹洁，顾以卷末页为俗工误补。迟回之下，旋为陈某购去。"[②]孙翼谋的藏书在其晚年就开始散出，"没后散亡殆尽，半归同邑陈尔履"[③]。其藏书印有："看云馆藏书""看云馆珍藏金石书画印""看云馆珍藏"等。

今福建省图书馆藏有其少部分遗书，钤有其藏书印的主要有：明万历刻本《广博物志》五十卷，明万历刻本《宋书》一百卷，明正德刻本《陆士衡文集》十卷，明万历刻本《唐甫里先生集》二十卷，旧抄本《郡斋读书志》二十卷，旧抄本《国史三传》不分卷，清康熙刻本《于清端公政书》八卷《外集》一卷，清刻本《禹贡锥指》二十卷《图》一卷等。

3. 叶滋森

叶滋森（1823—1883），字与端，号补园，闽县人。叶滋森为叶申蔼之孙，叶传昌之子。咸丰三年（1853），选仙游县学训导，后擢知县分江苏。好金石书画，道光年间收藏典籍其富。"居南郊之外阳崎乡，有田园林亭之乐。中年

---

① 清光绪十六年（1890）刻民国年间拓本。
② 郭曾嘉：《面城精舍书谈稿》，民国三十二年（1943）石印本，第12页下。
③ 郭可光编：《闽藏书家考略》卷二，郭氏白阳书室抄本，第14页上。

簿书填委，收金石书画以自娱。"① 筑"池上草堂"以藏之。著有《弟子职书证》《池上草堂笔记》《蕈香楼书画》《识蝠严仙馆诗稿》等。藏书印有："闽叶与端藏书"等。

4. 何秋涛

何秋涛（1824—1862），字巨源，号愿船，光泽人。自幼天资聪颖，刻苦勤学，精通史地，披阅天下舆图，能历数府、厅、州、县名及其四境所至。道光二十三年（1843），乡试中举。二十四年（1844），登进士第，选翰林院庶吉士。散馆，授刑部主事。举为律例馆提调、秋审处坐办。

黄彭年《陶楼文钞·杂著》卷七《刑部员外郎何君墓表》云：何秋涛"尝谓俄罗斯地居北徼，与我朝边卡相近，而诸家论述未有专书，乃采官私载籍，为《北徼汇编》"。由此可见，何秋涛撰写《朔方备乘》的直接动机，是因深感于俄罗斯与中国相接壤，边境绵长，延亘北部及东北、西北，而至今竟未有一部专书，一旦有事，何从取资参证？因此，这部著作必然是强烈地贯串"经世致用"的目的。《北徼汇编》六卷，后来在此基础上，又发愤收集史料，继续详加扩充、考订、增补，精心著成八十卷。该书的撰写，首先引起兵部尚书陈孚恩的注意。咸丰八年（1858），陈孚恩向咸丰帝保奏何秋涛，认为其"通达时务，晓畅戎机，足备谋士之选"②。咸丰帝亦准备召见，因何秋涛丁忧不能离家，所以"将所纂书籍先行呈览"③。咸丰帝看后大悦，认为此书于制度、沿革、山川、形势，考据详明，具见学有根柢，赐书名曰《朔方备乘》。并"著加恩俟补缺后以员外郎即行升补，并著在懋勤殿行走，毋庸常川入直"④。

太平天国时期，何秋涛跟随侍郎李嘉端巡抚安徽。太平军势如破竹，李嘉端遭谪贬，何秋涛亦因此引咎辞职。回京后，何秋涛退出仕途，转而潜心学术研究，将其毕生精力倾注到对北方边疆史地的考究中。

《朔方备乘》是一部将官私著述中有关北部边疆及俄国的史料进行甄选、分

---

① 陈衍等纂，魏应麒续纂：《[民国]福建通志》总卷三十四，民国二十七年（1938）刻本，第11页下。

② （清）何秋涛：《朔方备乘》卷首，清光绪七年（1881）刻本。

③ 《清实录·文宗显皇帝实录》卷三百零六"咸丰八年"条。

④ 同上。

类、排比、考订汇编而成的著作。从时间纵向上看，自汉、晋、隋唐迄于明清。从空间范围上看，作者没有把目光锁定在新疆、蒙古一隅，北部边疆自东至西囊括其中，并有大笔墨于俄罗斯境域。从内容上看，民族、历史、沿革、疆界、镇戍、山川、形胜、方物、中俄关系及其史料等各方面均有所涉猎。该书博采众家之长，编纂体例独特，论证缜密，取材广泛，考订入微，颇多新见，是关于西北边疆史地的集大成之作。它首次全面系统地记述了中俄关系的历史进程，独树一帜将中俄关系作为重要内容详加研究，开创了中国研究俄罗斯学的先河。集中地表达了何秋涛的史地学思想，体现了严谨、求实致用的治学风格，开启了经世致用的一代新风，并为我们提供了研究清代中俄关系丰富的原始资料，在近代边疆史地研究中占有重要的地位，是后人研究西北边疆不可或缺的参考著作。

咸丰十年（1860），英法联军占领北京。咸丰帝逃往承德避暑山庄，英法联军将圆明园付之一炬，何秋涛这部呕心沥血之作也毁于"庚申之变"。第二次鸦片战争之后，俄国人逼迫清政府与之签订《中俄天津条约》《中俄北京条约》，使中国大片广袤土地被俄国占领，并获得英法攫取之全部特权。此时清朝统治者方才看清俄人之狰狞面目，再次想起《朔方备乘》一书。于是咸丰帝索要该书副本，侍郎黄宗汉取其所藏书稿，计划整理后进呈咸丰帝。不料黄宅失火，书稿无一幸免，何秋涛为此深受打击。后经好友黄彭年推荐，赴河北保定莲花池书院讲学。由于多年心血付之一炬，何秋涛懊丧不已，加之讲诵不辍，身心俱疲，于同治元年（1862）病故，年仅 39 岁。门人将其葬于保定西郭外马池村，好友河东道、杨宝臣为其哺育二子。后友人黄彭年又为其重修坟墓，并撰写墓志铭。

光绪年间，黄彭年受命欲修《畿辅通志》，何秋涛子何芳徕将《朔方备乘》的残稿呈交给直隶总督李鸿章。由于书稿辗转数年，讹误甚多，间有残缺。经黄彭年和畿辅志局编修诸学者多方努力，历时寒暑十年，使得这部饱经磨难的著作得以基本恢复原貌，并于光绪七年（1881）刊行。翰林院编修李文田作注《朔方备乘札记》，收入《烟画东堂小品》及《灵鹣阁丛书》中。

除这部《朔方备乘》外，何秋涛的一生，学以致用，深入严谨，经史百家，多所涉猎，笔耕不辍，著述甚富。主要有《周易丈辰申郑义》《禹贡郑注略例》《逸周书王会篇笺释》《问心一隅》《一镫精舍甲部稿》《一镫精舍文集》《一镫精舍诗集》《王会篇笺释》《孟子编年考》《水经注考实》等等。

何秋涛性嗜读书、藏书，登进士第后更加刻苦读书，倾囊购书数万卷，日夜吟诵。龚显曾誉其："生有神识，浏览所及，毕代不忘。"[①] 家有"一镫精舍"，藏书甚富，其藏书多为编书所用。他广览图书，藏书丹黄满纸，"殁后，遗书星散乡人，龚显曾在都门收得数十种，每本皆涂乙雌黄"[②]。何秋涛在藏书、著书之余，还校刻图书行世。如：校印《李忠定公全集》二百卷，校正《元圣武亲征录》一卷，校注《梁溪先生文集》一百八十卷、《籀经堂集十四卷补遗》二卷，诗文集《津门客话》等。还手校了陈庆镛著作，准备重新刊印，终因早逝而未能如愿以偿。

5. 许祖淓

许祖淓（1826—1866），字澂甫，一字少山，号又航，晋江人。出身于书香门第，其高祖、祖父为举人；父许邦光，官至光禄寺卿，亦为藏书家。道光二十九年（1849）拔贡生，后授七品小京官。咸丰元年（1851），举乡试第六，历试刑部云南、四川二司，以团练功加员外郎衔。后奉亲归养不复出，讲授金门、晋江等地书院。著有《聊中隐斋诗文稿》二卷及所辑《芳坚馆题跋》二卷等。

许祖淓幼承家学，嗜书好学，风流儒雅，善古文辞。常与陈棨仁、龚显曾等名士一起读书、校雠，还组织"桐阴吟社"，相约泉州文人墨客于城西，一起吟诗唱和。夙好耽书，在继承其父藏书的基础上，一有闲暇，便挟资入书肆购书。其友人曾载："先生方挟资入书肆，购古籍善本，罗列满案"，[③] 辛勤收藏图书达数万卷。龚显曾在《亦园脞牍中》亦言："陈颂南师、杜蕉林观察、许澂甫师家，皆有万卷罗列。"[④] 书藏"池西小筑""聊中隐斋"等处。龚显曾又云："师别拓三间于万氏池西，曰'池西小筑'，藏书其中。"[⑤] 又云："辟筑于水陆池西，

---

① 陈衍等纂，魏应麒续纂：《[民国]福建通志》总卷三十八，民国二十七年（1938）刻本，第39页下。

② 同上。

③ （清）许祖淓：《聊中隐斋诗文稿》，清光绪四年（1878）龚显曾木活字印本，第2页上。

④ （清）龚显曾：《亦园脞牍·泉州藏书家》卷五，清光绪四年（1878）木活字印本，第13页上。

⑤ 同上。

插架数万卷。图书充仞，手雠目校，翻阅殆遍，然且饬治排比，若手未触。既辞白云楼吏，乃署其室曰'聊中隐斋'，盖老于是乡矣。"[1]晚年"居恒无事，益力于坟籍，插架数万卷，翻阅殆遍，手雠目校，丹黄朱墨"[2]。

许祖涝除了聚书数万卷外，还嗜金石篆刻等，家中收藏颇多。精研篆籀，对金石碑刻了如指掌。其岳父郭尚先就是金石书画爱好者，后来曾与郭尚先的儿子辑有《芳坚馆题跋》一书。许祖涝还常协助陈榕仁一同上山寻访石刻、碑记，将自己珍藏的汉"子斿碑"及"溪州铜柱记"馈赠陈榕仁。他们之间一起切磋、研究金石古器物。许祖涝卒后，其子尚年幼，"聊中隐斋"中所藏逐渐散出。民国以后，部分旧藏被苏大山收藏，现又部分归藏泉州市图书馆。

6. 陈承裘

陈承裘（1827—1895），字子良，号孝锡，闽县人。陈若霖的长孙。出生的时候，适陈若霖受皇帝"玄狐马褂"之赐，遂命其小名"楚恩"。咸丰二年（1852），登进士第，选翰林院庶吉士。散馆，官刑部浙江司主事。其父陈景亮（1810—1884），字弼夫。以兵部候补主事就近参加顺天乡试，中了北闱第一名举人，后在兵部任职，"升员外，任坐粮厅，擢陕西粮道，署桌司者三，藩司者四"[3]。官至云南布政司，年四十岁以足疾致仕还乡，安度晚年。陈景亮对古玩书画皆有爱好。

陈承裘受其祖陈若霖、父陈景亮的影响，爱好金石书画。在其父陈景亮关中储署五年，即收集了大量金石古玩，与当时吴子芯阁学，相与评鉴考证。后又随宦山左，继续有所增益。居家"好集古今金石书画，常满床屋"[4]。亦富藏书，藏书处承其祖父"居敬堂"之名。藏书印有"三山陈氏居敬堂藏书印"。藏书后散落外间者颇多。陈承裘收藏的金石，如鼎、彝、尊、卣等，后被其子陈宝琛整理为《澂秋馆吉金图》《澂秋馆印存》和《澂秋馆藏古封泥》等书。

陈承裘乞假在家40年，立志于服务桑梓，因办团练捐饷银，功加四品衔候

---

① （清）龚显曾：《亦园脞牍·泉州藏书家》卷五，清光绪四年（1878）木活字印本，第13页上。

② （清）许祖涝：《聊中隐斋诗文稿》，清光绪四年（1878）龚显曾木活字印本，第2页上。

③ 陈衍等纂，魏应麒续纂：《［民国］福建通志》总卷三十四，民国二十七年（1938）刻本，第55页上。

④ 同上，第58页下。

选郎中。子七，其中有六子登科甲，时称"父子四进士，兄弟六科甲"。其长子陈宝琛为末代宣统帝师、清末著名政治家、文学家、藏书家（详见以下介绍）。

7. 李作梅

李作梅（1827—1881），字子嘉，一字用之，侯官人。李作梅出生于官宦世家，其祖父与父亲都累封荣禄大夫三品衔。家中饶有资产，监生候选员外郎，授奉直大夫，封通奉大夫，候选主事加七级，累封荣禄大夫三品衔，江苏补用道加三级。居于光禄坊之"玉尺山房"。"光禄坊玉尺山，宋时为千福寺，明季始入居……道光二十年（1840）属叶敬昌，同治间为李作梅别业。"[1]他喜好文人雅事，酷爱收藏，家中购置的图书、字画，充栋连楹。李馥的"居业堂"的藏书散出后，部分归其所藏。清季大藏书家黄丕烈，曾向李作梅借《侍郎葛公归愚集》与自藏宋残本互为校阅。该书《题跋》载："余家残宋本，楮墨精雅，为宋刻中之上驷。至《乐府》一卷，亦系汲古阁精抄，取与此本相对，惟序次紊乱，未能如毛抄之旧。因假李作梅藏本校读一过。"[2]传世其藏书多且精，明刻本颇多。

李作梅的藏书印主要有"李作梅""闽山李作梅藏书图章""闽中李作梅藏书图章"等。今福建省图书馆、福建师范大学图书馆均藏有其部分遗书。福建省图书馆藏钤有其藏书印的有：明内府刻本《书传十全》十卷《图》一卷，明刻本《诗传大全》二十卷，明万历刻本《檀弓述注》二卷，旧抄本《海滨外史》一卷，清道光抄本《戚少保年谱》十卷，明刻本《杨忠愍行状》一卷，明万历刻本《登坛必究》四十卷，明万历朱墨套印本《韩子迂评》二十卷，旧抄本《市隐楼玩占》十二卷，旧抄本《古灵集》二十五卷《附录》一卷，明刻本《古乐苑》五十二卷，明万历刻本《莆阳文献》八十八卷等。福建师范大学图书馆藏的李馥《居业堂诗稿》清稿本，钤有其"李作梅"和"向秌守之"两枚收藏章，弥足珍贵。

李作梅逝世后，其藏书由儿子李聿藩再传给孙子李宗言、李宗祎（详见以

---

① 郭可光辑：《竹间续话》卷四，稿本，第13页下。

② （清）黄丕烈著，潘祖荫辑，周少川点校：《士礼居藏书题跋记》，书目文献出版社，1989年，第244页。

下介绍）。

8.杨浚

杨浚（1830—1890），字雪沧、一字昭铭，号健公，又号观颍道人、冠悔道人。原籍晋江，后改籍侯官。他祖父和父亲均系平民出身，没有功名。但杨浚自幼颖悟，好读书，颇有文名。咸丰二年（1852），乡试中举。同治四年（1865），援例为内阁中书，充国史、方略两馆校对官，未几告归。五年（1866）闽浙总督左宗棠来闽，提倡文教，拟重刊先贤遗书《正谊堂全书》，特聘请他主持重刊工作。六年（1867），闽地有乱，左宗棠率师救闽，杨浚上书陈兵事数千言，深为左宗棠器重。后左宗棠奉命西征回民及捻军，召杨浚往大营，任营务处军需。其间，左宗棠的文稿部分大都出于杨浚的手笔，颇得信任。后左宗棠以杨浚能干，累命会办营务处兼筦陕西军需局。七年（1868），杨浚由秦入都应试，可惜落榜而归。八年（1869），杨浚游历台湾。在台期间，受淡水同知陈培桂之邀，纂修《淡水厅志》。并应郑用锡子郑如梁之请，编纂《北郭园全集》，首开清代台湾文学专集刊刻之先河。九年（1870），《淡水厅志》完稿后离台。因其母遗命"立品、读书、会试"六字，故杨浚终身不忘举业。可惜仕途乖蹇，先后八度应试，却始终与进士功名无缘。后因妻子郑氏病亡而辞归，不复出。

杨浚家资富有，常结交官府，出入衙门，故省中凡团练局、保甲局，桑棉局和其他筹饷、浚河工作，皆捐助款项。从清光绪五年（1879）至八年（1882），杨浚先后执教于漳州丹霞、厦门紫阳、金门浯江等书院，教导学生，门徒广众，深孚时望。在课业之余，他"举生平阅历之所得，方言俗语之所征，以及山川名胜足迹所经，磅礴郁积于胸中者，悉发之于诗与文。又为一切考据之学，凡朝章国故、士习民风，无不采摭綦详，焉然成帙，藉以启迪后学"[1]。

光绪十年（1884），中法马江战起，福州城内人心惶惶，杨浚联合族人操办团练，训练兵丁，加强海防，稳定人心。晚年颇耽禅悦，并刊刻佛经。十六年（1890），杨浚因病捐馆于厦门讲舍。逝后，被恭祀于福州西湖宛在堂中。

杨浚博学多才，勤于笔墨，著述宏富，颇有文名。钱塘张景祁称赞他："杨

---

[1] （清）杨浚：《冠悔堂全集跋》，清光绪刻本。

雪沧先生天才卓砾，博极群书，著述等身，雄视海内，主东南坛坫者垂四十年。鸿笔钜儒、辍学门徒奔走门下，仰之若岱宗斗极。"① 主要著作有《冠悔堂全集》二十一卷、《冠悔堂诗》二卷、《冠悔堂词》三卷、《冠悔堂文》四卷、《唐丛碑目稿》一卷、《滕县汉殷微子墓碑考》一卷、《冠悔堂访碑记》一卷、《冠悔堂金石题跋》一卷、《冠悔堂书目》四卷、《小演雅》一卷《附录》一卷《别录》一卷《续录》一卷、《金荚飖言》一卷等等。此外，还整理编辑了《杨龟山先生通纪补遗》二卷、《观音经咒神方汇刻》六卷、《四神志略》十五卷、《淡水厅志》四卷、《闽南唐赋》六卷、《夜史粹》十二卷、《冠悔堂丛书》《闻竹居丛书》《岛居随录》十卷《续录》十卷《三录》十卷等等。

杨浚是福州著名藏书家，一生辛勤搜求古籍善本，自称"十三岁就购书"②。一次，他经过书肆，看见有人拿着一本宋代杨大年所著《武夷新集》求售，杨浚看后，爱不忍释，但由于售书人索价太高而没有买下。杨浚因此生病，后来家人设法将它购回，他才转忧为喜，病不治而愈。咸丰二年（1852），杨浚在任国史、方略两馆校对官时，抄录了不少秘本孤籍。为官期间，所得俸禄几乎用来购书。他自述道："我生何所嗜，于书独不廉。搜罗三十载，卷卷敌纨缣。"③ 杨浚购书得到了家人的支持，"妻也亦夫从，簪脱兼钗鬻"④。使得他能够"不惜收散亡"⑤。

同治年间，杨浚藏书已颇具规模。《竹间续话》载：

> 杨雪沧先生浚，由晋江移籍侯官，寓会城虎节河沿，家多藏书。同治间左文襄（左宗棠）任闽浙总督，拟重刻《正谊堂全书》，遍访诸缙绅家，不得其本。后闻先生藏完帙，托人商之。先生以传本罕为辞，弗借。左公重士好名，乃乘夜便服访。先生不敢见，于翌日赴谒。文襄公礼待甚殷，为道刻书之意，且托董其事，先生遂允。悉招福州及泉州涂门名匠雕刻。

① （清）杨浚：《冠悔堂骈体文钞·序》，清光绪十九年（1893）杨氏刻本。

② （清）杨浚：《冠梅堂全集》卷八，清光绪刻本，第16页上。

③ 同上，卷四，第31页上。

④ 同上，卷八《检书杂感》，第19页上。

⑤ 同上。

全书六十八种，凡五百一十五卷，卷帙既繁，所费亦大，文襄即以举办厘金所入，充其资，而先生得润亦丰矣。事竣，宗棠请先生助理文牍，旋奏保内阁中书，补用道员。①

这样，杨浚刊刻家中藏有的罕本《正谊堂丛书》，一举两得，得利亦得名。

同治九年（1870），杨浚在台湾闻及家中祝融肆虐，匆匆买舟归家。到家获知生平藏书无恙，欣喜若狂，作一诗纪之，并于除夕之日陈酒以奠，感谢神恩。光绪二、三年间（1876—1877），杨浚藏书两次受到了洪水的威胁，但均幸运地躲过灾难，又欣喜以诗《除夕祀长恩作》纪之。诗后注："光绪丙子（1876）五月，水患甚亟。予在都门得家书，幸图籍未入巨浸。今岁（1877）五月八日甫抵家，河流仍驶，更有甚者。儿辈述两度搬运之苦，水至末膝，皆庋处得当，意神力也。神于我家，一火二水，均得呵护，不可不以诗纪之。"②

光绪九年（1883），杨浚在福州总督府后设书肆，名"群玉斋"。这间书肆除刻书贩卖外，还充为杨浚搜罗罕本秘籍的任务。书肆大量收集图书，民间所藏善本及其他著名藏书家如曹学佺、徐㷆、郑杰、陈寿祺等的珍藏散出后，多现书肆，大都归所收罗。《[民国]福建通志》载其事曰："设书肆于会城，籍收善本，聚七万卷，筑楼三楹庋之。"③《竹间续话》也说道："先生于是设'群玉斋'书肆于总督后，广搜善本。同治辛酉（1861），陈左海太史家书籍散鬻，多列朝集及未梓本。先生谋诸夫人，脱金钏以购之。乃就所居筑楼三楹，贮七万卷于其中，颜曰'冠悔堂'。"④杨浚除收购古籍外，无法购到的还亲自手抄。仅仅数年之间，凭借着丰裕的财力，藏书充栋，自谓为"省垣藏弆之冠"⑤，又自诧

① 郭可光辑：《竹间续话》卷四，稿本，第 4 页上。

② （清）杨浚：《冠悔堂全集》卷四，清光绪年间刊本，第 48 页上。

③ 陈衍等纂，魏应麒续纂：《[民国]福建通志》总卷三十九，民国二十七年（1938）刻本，第 12 页上。

④ 郭可光辑：《竹间续话》卷四，第 4 页上。

⑤ 同上。

曰:"终老是间足矣。"① 甚至当时的名流学士张亨嘉也羡慕地说:"公喜藏书,所藏书收宋元椠本最富,嗜学老而不倦。"②

光绪十五年(1889),年已六十的杨浚回忆一生的收藏经历时慨然而云:

> 生平嗜典坟,煮字充口腹。慈母予以钱,常助日盈簏。倾囊少吝惜,但愿儿能读。妻也亦夫从,簪脱兼钏鬻。巨眼出裙钗,幸得修清福。搜罗具苦心,嗜癖亦云笃。不惜收散亡,插架十万轴。为告子孙知,什袭交相勖。抵彼置生刍,伊人居空谷。山高复水长,千载寄芳躅。即此话遗清,传家当金玉。③

并注云:"十三岁购书,至今得十余万卷。"④ 诗中吐露了杨浚嗜书如命,在慈母与贤妻的资助下,四处收罗亡佚,并希望这些典籍,能传诸后裔,子孙能视如宝玉的心路旅程与殷切期望。

杨浚的藏书处曰"冠悔堂"。自云:"'冠悔堂'者,余少好作绮语,若鱼、鸟、麋鹿,见毛嫱、丽姬之正色,必深入高飞决骤也。及冠而悔之,故名。"⑤ 在《冠悔堂诗抄序》中,杨浚有悔其少作而欲幡然改过之意,同时又自勉而求有所精进。

杨浚编有《冠悔堂书目》,不分卷次,计开六门,分为:"闽凌二家所刻书""铅板""经部""史部""子部""集部"。"闽凌二家所刻书"和"铅板"是杨浚所特藏书,故各设一门以区别,这与传统的四部分类法"经史子集"略有不同。

第一部分:"闽凌二家所刻书",是明代闽凌二家所刻的套印刻本,板式或同,或仅朱批,或朱间以蓝,世称善本;诸此,是杨浚前后四十年所得三十余种,列于书目前,以示珍重;共计有三十四条目,一百七十一册。第二部

---

① 陈衍等纂,魏应麒续纂:《[民国]福建通志》总卷三十九,民国二十七年(1938)刻本,第12页上。

② (清)杨浚:《冠悔堂骈体文序》,清光绪十九年(1893)杨氏刻本,第4页上。

③ (清)杨浚:《冠悔堂全集》卷八《检书杂感》,清光绪刻本,第19页上。

④ 同上。

⑤ (清)杨浚:《冠悔堂诗抄·序》,稿本。

分"铅板",即现在所说的铅印本,主要是《申报馆丛书》的零种;这与传统刻印书籍的方式明显不同,故单独放置一门;共计有九十一条目,一百九十六册。第三部分:"经部",共四百八十六条目,四千八百零六册。第四部分:"史部",录四百三十九条目,六千九百一十八册。第五部分:"子部",列六百零六条目,四千六百二十六册。第六部分:"集部",列一千九百二十三条目,二万三千三百五十五册。全书目共著录三千七百七十九条目,藏书达到了四万零七十二册。

《冠悔堂书目》分类比较明晰,在"经史子集"四部每部类下,又分若干小类。如"经部"分:"总经类、经义类、易类、书类、诗类、春秋类、礼记类、乐类、四书类、孝经类、小学类"共十一类;有的小类下又分若干类,出现第三层级的类目。该《书目》著录的体例不一,或为书名、著者、册数,或为著者、书名、册数、籍贯,或仅著录书名、册数,或为著者、书名、册数;偶有版本的著录,所有的抄本皆有标注。遗憾的是,该《书目》缺少相应的题解。

《冠悔堂书目》满纸丹铅,钤有不同的记号,异于一般的藏书书目,概见于下:

其一,《冠悔堂书目》将冠悔堂藏书按韵字来分区排列,每部书名下皆钤有该部书所属的韵字。韵字在有边框的正方形朱印之内,形式如:贺 夏 严 孙 贺 等 80 余个。如此排列是为了方便找书。一般每一个小类放置在同一区域,故钤同一个韵字。有的小类因为藏书偏多,占据区域多,故钤若干韵字;也有的小类藏书少,若干小类共放置同一区域,故钤同一个韵字。藏书同时兼顾书籍其他方面,如大套书一般放置在"箱"的韵字下,珍贵的宋元明等书放置在"匣"的韵字下,袖珍本放在"李"的韵字下等。藏书凡有更变,如售卖、赠送等情况,则以笔墨涂抹,并题"销"字或者注明赠与者。

其二,《冠悔堂书目》本身,同时也是杨浚 6 个儿子析分藏书的清册。每部书名上有钤圆形外框的红色汉字,有礼、乐、射、御、书、数 6 字,分别代表了其 6 个儿子,表明其书日后的归属。杨浚有七子,除二男早夭外,其他六男分别为:长男辂,字檞嵋;三男辂,字禾农;四男辒,字星仲;五男辎,字幼雪;六男辅,字希沧;七男初名铲,字继六,后改名辀,字季鹿。除钤此这 6 字外,有的书名上还钤有正方形红实印、长方形红实印等,未详何意,待考。

由是以观,《冠悔堂书目》融藏书书目、书目检索、售让簿记、析产清册为一体,的确别具一格。

杨浚的藏书,由他的 6 个儿子以及他们的后代继承。虽历经战乱,但子孙世代守护,大半保藏完好。萨嘉曦在《杨季鹿先生五十寿言》载杨浚七子杨辀所说:"余友季鹿先生为雪沧内翰季子,先生早岁名籍甚,所与游者皆知名之士。家富于藏书,插架数万卷,先生日夕寝馈其中。"① 后来杨氏有少部分藏书星散于各家,陆心源、莫伯骥、邓邦述、傅增湘、罗振常等均有所藏,多为明刊本及抄稿本。如:莫伯骥《山阴祁氏藏书目跋》云:此书"杨雪沧旧物也。雪沧于清季官京师,师友何蝯叟(何绍基)、张石舟(张穆)诸人修祭。伯骥收书时,每见其印识,盖富于储藏者也"②。

杨浚的藏书传世甚多。今国家图书馆、北京大学图书馆、南京图书馆、南通图书馆、福建省图书馆、福建师范大学图书馆、厦门市图书馆、香港大学图书馆、台湾"中央图书馆"等图书馆皆藏有杨浚的旧藏或稿本、抄本,亦可见其散失之广。知见的杨浚藏书印有"雪沧所藏善本""雪沧所得""雪沧""侯官杨雪沧藏""侯官杨浚""臣杨浚印""雪沧杨氏所藏""雪沧父""内史之章""雪沧获观""雪沧手校""闽杨浚雪沧冠悔堂藏本""福州冠悔堂杨氏图书""杨浚私印""温陵杨雪沧珍存""杨浚审定""侯官杨氏雪沧抄本""陈恭甫藏杨雪沧得"等近 20 方。

光绪十六年(1890),杨浚病逝于福州家中,享年 61 岁。杨浚为清代福建著名的学者、藏书家。一生致力学问,力求仕进于宦途,曾随左宗棠驱驰万里,帮办军务。然仕宦乖蹇,终不为朝廷大用。遂寄情于金石书籍和著述,对藏书殚精竭虑,苦心经营,其"冠悔堂"庋藏十万卷书。笔耕不辍,著述颇丰,除个人诗文集外,尤多对闽中文献的整理。晚年掌教杏坛,门徒广众,深孚时望。在《冠悔堂楹语·附录》中,录有其友人挽联曰:"其次立言,著

---

① 萨嘉曦:《寄庐文稿·杨季鹿先生五十寿言》,稿本。
② 莫伯骥:《山阴祁氏藏书目跋》,《中国著名藏书家书目汇刊》近代卷三十一,商务印书馆,2005 年。

述千秋真作者；多文为富，庋藏万卷有传人。"① "据大宗师席，登著作家堂，金石文章，遗稿丹黄，悲父执；读十万卷书，历数千里路，江山戎马，运筹帷幄，见才人。"② 挽联中言辞虽或有溢美之处，然恰如其分地概括了杨浚一生，杨浚受之无愧。

9. 徐祖庚

徐祖庚，生卒年不详，字西垣，浦城人。咸丰元年（1851）副举人。"晚年益潜心性理之学，身体力行，晚景萧然，惟积书数万卷，藉束修以自赡。"③

10. 杨用霖

杨用霖（1830—？），字洵若，侯官人。同治年间秀才，著有《闻香小舍杂谈》一卷等。杨用霖藏书甚多，藏书处为"闻香小舍""循陔书室""明经所"。《[民国]福建通志》载："吴种性喜聚书，与同里杨秀才用霖交最挚，竞以搜罗古籍为事，得则互相考证。然二人皆贫，随得随失。"④ 民国藏书家林家溱说杨用霖："公治事之暇必读书，书积其卧内，恒加丹黄。见《畏庐三集》。按：此亦杨用霖也。前年收用霖批校本，均以为悉属'明经洵若'，杨用霖旧藏而印章字画判若两人，又以为异"。⑤

知见的杨用霖藏书印有："古闽杨用霖珍藏记""用霖之印""用霖读本""洵若""侯官杨洵若艺文书画印""闻香小舍藏""惟庚寅吾以降""长勿相忘"等。清人沈德寿《抱经楼藏书志》记载："《文忠集》十六卷，颜真卿撰，聚珍本，杨用霖旧藏……卷首有'古闽杨用霖珍藏记''洵若'等印记"。⑥ 清人龚绖《大通楼五万卷藏书楹藏书目录》也载："《笔算》五卷，清梅文鼎撰，乾隆十年刊本，有'用霖之印'等印记。"⑦ 谢章铤也收得其部分藏书，如《周

---

① （清）杨浚：《冠悔堂楹语·附录》，清光绪十九年（1893）杨氏刻本，第 9 页上。
② 同上。
③ （清）吕渭英修，翁昭泰纂：《[光绪]续修浦城县志》卷二十三，清光绪二十六（1900）年南浦书院刻本，第 22 页下。
④ 陈衍等纂，魏应麒续纂：《[民国]福建通志》总卷四十，民国二十七年（1938）刻本，第 26 页上。
⑤ 林家溱：《观稼轩笔记》，抄本，第 49 页下。
⑥ （清）沈德寿：《抱经楼藏书志》卷五十一，中华书局 1990 年，第 31 页。
⑦ （清）龚绖：《大通楼五万卷藏书楹藏书目录》卷三，1964 年抄本，第 11 页。

礼集说》四卷、《诗经集说》手稿八卷、《小草斋集》四本等，这些书多有杨用霖校跋。其中《小草斋集》有谢章铤的校跋，云："旧为及门杨洵若（用霖）明经所藏，洵若身后书散，陈仪丞（祖谦）买以赠予。今录二君《跋》语于后，以志文字因缘云。洵若《跋》云：'此卷为小草斋原稿，藏诸箧笥者且二十年，宝之，惜之。每一展卷，自诧吾斋之富有也。甲子书坊以陈恭甫先生藏书单见示，则俨然有《小草斋文集》，价亦极廉，因购藏于循陔花室。而将此本为对勘所录者仅十之二，当亦选本也。然不可考矣，惟书法遒逸，展玩之可扑俗尘，为可宝耳。'"①

杨用霖的藏书只有少数传于世，今福建省图书馆藏钤有其藏书印的主要有：《毛诗注疏》二十卷，明刻本，杨用霖跋，有"侯官杨洵若艺文书画印"；《小学钩沉》十九卷，旧抄本，杨用霖校，有"惟庚寅吾以降""闻香小舍藏""长勿相忘"；《逸周书》十卷，杨用霖跋，有"杨印用霖""洵若"等印记。

11. 吴种

吴种，生卒年不详，字少阮，侯官人。自幼勤奋好学，未冠即通《十三经》，后补县学生。虽家不富裕，但刻苦志学，通解经义，著有《说文引经异文集证》《经说杂存》二卷等。林则徐归田时，慕其名，曾于委巷中造访他。吴种对经学深有研究，余潜士曾徒步三百里，至其家与之结交。

吴种"性喜聚书，与同里杨秀才用霖交最挚，竞以搜罗古籍为事，得则互相考证。然二人皆贫，随得随失"②。他见到《揅经室全集》新出，无钱购买，典妇嫁时衣。易归，喜动颜色。同治末年（1874），宝应王凯泰巡闽，尤赏识吴种，手书"揅经精舍"以额其斋。其藏书印有"晋江吴种少阮氏藏"。

12. 蒋思源

蒋思源，生卒年不详，字砥士，号芷屿，闽县人。少困于科举，太平天国兵起，事左宗棠于浙江幕府。"素善小楷，结体秀朴，获秘本，辄喜抄录，日

课常数十页。"① 家有"小玲珑阁"，所藏多秘册。清人叶大庄《写经斋续稿》载："蒋丈芷屿馆余家最久，'小玲珑阁'所藏秘本皆手录。"② 蒋思源卒后，其书大多归叶大庄所得。

13. 陈克绥

陈克绥，生卒年不详，字修林，侯官人。在福州南后街设书肆。《竹间续话》载："会城书肆聚于南后街，以咸丰同治、光绪时为盛，约有十数家……其他若陈克绥、何轩举，虽设铺肆，半以收藏。"③ 读书室名"卧云轩"，藏书颇富。其藏书印曰"陈克绥修林卧云轩藏书"。④

14. 何轩举

何轩举，生卒年不详，字南霞，侯官人。同治元年（1862），任宁洋训导。在福州南后街设书肆，《竹间续话》载："会城书肆聚于南后街，以咸丰同治光绪时为盛，约有十数家……其他若陈克绥、何轩举，虽设铺肆，半以收藏。"⑤

清谢章铤《课余续录》云："南霞寒士，嗜学，售旧书于南后街，入其坐者皆文人墨士。著有《竹情斋诗话》，采撷繁富。林颖叔将选闽诗，求近代作者，予假《诗话》以备采访。林家不戒于火，书楼灰烬，《诗话》亦付之一炬。南霞之穷有如此。"⑥ 谢章铤《赌棋山庄词话》又曰："何南霞轩举者，既作秀才，其穷愈甚，乃以鬻书为业，卒落魄死。著《竹情斋集》，并辑《诗话》《笔记》十余卷，采撷颇富。"⑦ 另辑有《辨同随笔》一卷。

15. 黄贻楫

黄贻楫（1832—1895），字远伯，号霁川，晋江人。黄宗汉长子。少即随

---

① （清）朱景星修，郑祖庚纂：《［光绪］闽县乡土志》卷九十一，清光绪三十二年（1906）铅印本，第3页下。

② （清）叶大庄：《写经斋续稿》，清光绪二十一年（1895）刻本，第23页下。

③ 郭可光辑：《竹间续话》卷五，稿本，第31页下。

④ 郭可光编：《闽藏书家考略》卷二，郭氏白阳书室抄本，第19页上。

⑤ 郭可光辑：《竹间续话》卷五，稿本，第31页下。

⑥ 清光绪二十六年（1900）福州刻本。

⑦ 《赌棋山庄词话·续五》，《续修四库全书》本，第1735册，上海古籍出版社，2002年，第17页下。

侍其父为官任上，有用世之志，功名则不利。直到同治十三年（1874），以进士第三人及第，中了探花。继承其父藏书，收藏于“梅石山房”中，又名“招鸥别馆”。

16. 吴寿坤

吴寿坤（1834—1900），字德舆，号仪臣，又号长溪专愚子，霞浦人。少颖悟，咸丰十一年（1861），登进士第，朝考一等。同治十年（1871），受知李文忠公，命襄纂《畿辅通志》。越四年，署晋州。书成，题补广平。历任鸡泽、保定、获鹿、广平等知县。虽案牍傍午，犹手不释卷。为官清正，奉公廉洁，二十余年，不名一钱。光绪二十六年（1900），引疾归，卒于申江，年六十七。著有《读我书室诗存》（又名《摩兜坚诗抄》）六卷。

吴寿坤极好读书、收藏书籍，藏书达三万余卷。清郭曾嘉《面城精舍书谈稿》载：“福宁藏书，宋元以前载籍无考，胜清一朝，当推吴寿坤、李枝青为巨擘。”①

吴寿坤的藏书主要来源于以下几个方面：

其一，继承祖上留传。他曾作诗《示侄凤翥时随侍官斋得三十韵》自叙云：“我祖明经公，遗绪寻微茫。散资购图史，列之东西廊。”②“父早岁蹶踬于名场，终以不遇。中年贫窭，仰屋自伤，一经教子，贻我青箱。”③《忆老屋藏书》云：“吾祖有青箱，吾父宝古香。舍之行万里，谁与汝偕藏。”④这些书后多为吴寿坤收藏。在他早期的《嘲蠹鱼》诗中就说过：“明窗画静检箱簏，安排牙签与锦轴。久雨初晴黴气蒸，移书拟向庭前曝。千卷万卷留祖芬，临风开函涌奇馥。蠹鱼三五走成行，蚀遍遗编不可读。我家惟以书为宝，誓欲灭之赤其族。顾念执经十余载，功名场中纷逐逐。不如幽蠹能清闲，销声匿迹案头伏。食古而化即神仙，此生不负便便腹。”⑤诸此可以看出其收藏先世的书甚多。

其二，大部分藏书来自购买，特别是他为官期间采购的。吴寿坤自幼就喜欢读书，从小就开始收藏图书。其《随园有对书叹之作，读之惘然，即效其体

---

① （清）郭曾嘉编:《面城精舍书谈稿》，民国三十二年（1943）石印本，第1页上。

② （清）吴寿坤:《读我书室诗存》卷五，民国十九年（1930）铅印本，第43页上。

③ 同上，卷三，第78页上。

④ 同上，卷一，第11页下。

⑤ 同上，卷一，第2页上。

亦以奇慨》自叙云："我年卯而弁，亲师弄笔墨砚，生性耽典坟。"①后出山为官，必以书籍自随。同治十年（1871），"吴（寿坤）应合肥李文忠公聘，在畿辅志局（即莲池书院，为北方讲学重地），时有藏弄，至是所得甚多。"②在莲池书院期间，他接触到许多书籍，由于当时俸禄不多，则多以抄书辅之。后来他将为官的俸禄几乎都用来买书，积书达三万余卷。

吴寿坤在公务之暇，勤读收藏的图书。诗《书怀》云："既欲治我民，又欲读我书。二者难兼得，取掌必舍鱼。调停若何可，仕学且分途。晨起理案牍，宵静研经畬。"③为官二十余年的他，已年近六十，但仍然孜孜以求，读书不辍。《闷坐书怀四首》诗云："读律读书兼读画，平生结习总难忘。归船每挟缥缃新，三万牙签不算贫。柱屋苦无位置处，后来居上积如薪。"④吴寿坤嗜书如命，即使做官调任，也必以书卷自随。郭曾嘉《面城精舍书谈稿》曾载其嗜书如命一逸事："闻吴（寿坤）任获鹿知县时，载书万卷以泛。某廉访衙疑为苞苴物，及启示，悉系缥缃旧帙。因叹曰：'不图风尘试吏中，尚有读书种子，吾浅识君矣'。"⑤他在《移官载书往返，亦身外一累物也，长途沉闷，题句解嘲》诗中自嘲云："耽书成痴总难消，卷轴累累千里遥。容易隔年回马首，何因多事束牛腰。"⑥光绪十九年（1893），吴寿坤在获鹿县任上，这年七月大雨瓢泼，家为所破，泄漏无干处。其中贵重的书画辗转放置。他又作《秋雨破屋夜坐此排闷》诗纪之云："名画数十帧，奇书数百轴。一日辄三迁，摇摇如转毂。高有百尺楼，广有万间屋。吾倘遂吾初，安心即是福。"⑦其《随园有对书叹之作，读之惘然，即效其体亦以奇慨》诗，则回忆了自己一生收藏图书的经历：

① （清）吴寿坤：《读我书室诗存》卷五，民国十九年（1930）铅印本，第43页下。
② （清）郭曾嘉编：《面城精舍书谈稿》，民国三十二年（1943）石印本，第1页上。
③ （清）吴寿坤：《读我书室诗存》卷二，第31页上。
④ 同上，第50页上。
⑤ （清）郭曾嘉编：《面城精舍书谈稿》，民国三十二年（1943）石印本，第1页上。
⑥ （清）吴寿坤：《读我书室诗存》卷四，第15页上。
⑦ 同上，卷四，第9页上。

壮岁身出山，携书行箧间。客中伴岑寂，窥豹只一斑。莲池修方志，私幸睹琅嬛。偶游五都肆，欲炙羞囊悭。宦成罄所蓄，群籍购充屋。珍重加标题，横陈甲乙麓。每于衙散余，遗编辄寓目。寝馈至衰龄，不厌百回读。手所未及披，视耽欲犹逐。冀得宁馨儿，努力播父蕾。①

晚年，吴寿坤侨居郡城，勉励儿子苞翥、侄儿凤翥等晚辈多读其藏书："传家有缥缃，插架有卷轴。及时宜自爱，辛苦下帷读。经训咀其腴，史编撷其馥。诸子与百家，要词俱可录。"② 同时也希望晚辈能精心保存其藏书，"青箱衍先业，子孙永宝之"③。但是对于晚辈不爱读书，他只能无奈地感慨："今观汝曹辈，见书殊不爱。《五经》领略过，功成便告退。兀坐竟无聊，缥帙空相对。戢戢千万籖，累累新旧轴。暮雨晨风偕，抚之能无慨。"④ 他逝世后，"嗣子凤苞检其遗箧，图书外无长物"⑤。

吴寿坤去世后的藏书流向，《面城精舍书谈稿》载："辛亥鼎革，先生病殁旧京，原书悉迁回上海，寄藏三山会馆。其后书出，一部分为涵芬楼吸收，霞邑人士有谋醵金运回福宁者，寻亦未果。"⑥

17. 龚易图

龚易图（1835—1893），字少文，又字蔼仁，号含晶子、乌石山房主人、东海移情客等，闽县人。龚氏书香门第，世代藏书。龚易图高祖龚景翰即为藏书家。到其曾祖龚式谷、祖龚福康时，都虽有积书，但屡聚屡散。到了其父龚耀孙时，家道式微，图书散失殆尽。直至第19世龚易图时，其藏书才达到了顶峰。

龚易图自幼勤读诗书。咸丰五年（1855），乡试中举。九年（1859），登进

① （清）吴寿坤：《读我书室诗存》卷五，第43页下。
② 同上，卷五《读我书室示苞翥昆仲》，第42页上。
③ 同上。
④ 同上，卷五《随园有对书叹之作，读之悯然，即效其体亦以奇慨》，第43页下。
⑤ 刘以藏修，徐友梧等纂：《［民国］霞浦县志》卷二十八《宦哲》，民国十八年（1929）铅印本，第12页上。
⑥ （清）郭曾嘉编：《面城精舍书谈稿》，民国三十二年（1943）石印本，第1页上。

士第，选翰林院庶吉士。散馆，改官云南知县。时捻军充斥，督师毛昶熙器重其才，奏留差遣，随军补任山东昌府知府，仍兼营务。因扼守运河道有功，以道员用，加运使衔。同治七年（1868），调补济南府知府，因数次灭枭匪及肃清捻军有功，补道员，加布政使衔。九年（1870），擢登莱青道兼东海关监督。在烟台设育婴堂、慈善堂，举办慈善事业。为官严守职责，内抚外防，境内安定。光绪三年（1877），告假回闽，适逢水灾，倡捐万金，协助赈灾，建议疏浚洪塘河，以泄水患。同年底，升任江苏按察使。四年（1878），授云南布政使。未行，调任广东布政使。时值法国侵略者挑衅，筹备饷械抗法。不久，迁江苏按察使。未数月，丁外艰。服阕，补广东按察使。十一年（1885），调任湖南布政使。因前粤藩任内事，被议落职。后以献款，捐制棉衣3万套，赈济顺直灾民，奉旨赏还原衔。十四年（1888）春，回到福州。不久，又到上海筹办织布局，发展民族工业。晚年的龚易图，过着安闲的生活。后因患风湿病，渐成偏风之症，光绪十九年（1893）病逝。

龚易图天资高旷，精通禅理，知星占卜，擅于诗画。书画皆学苏轼，苍秀冠时。著有《乌石山房诗稿》《乌石山房文稿》《乌石山房诗存》《参同契直解》《谷盈子》《餐霞仙馆外集》《相长篇》《西游记评注》等。

龚易图藏书主要来源于两个方面：

其一，家学渊源，继承祖传。龚家世代为书香门第、官宦之家。龚易图的玄祖龚一发嗜好藏书，聚书万卷。龚易图的高叔祖龚景李有《读之有同慨焉次韵却寄》诗曰："忆少年，性嬉痴，笔锋直欲千军扫。志奢愿大情不专，图书万卷未精考。"并在诗后注："先大父藏书万卷，不肖不能读。"[1] 他的高祖龚景翰也是一位有名的藏书家。

其次，龚易图不遗余力地广泛收藏。龚易图藏书主要过程为：他少时家中无多书，只有其高祖龚景翰所留的"手藏数千卷，内史学及兵书，算学为多"[2]。龚易图"尽读之，史学略知端倪，至兵书术家各书，苦无师传，莫能审

---

① （清）龚景李、龚景淙：《双骖亭遗稿合刊》卷上，清光绪六年（1880）刻本。

② 龚纶校抄：《大通楼五万卷藏书楷藏书目录并序》，1964年抄本。

其句读"①。

咸丰元年（1851），太平天国事起，其藏书俱毁于武昌。龚易图归家后，寄寓于其表兄处，亦无书读。龚易图常常向陈家（寿祺）、冯家（缙）、刘家（家镇）借书读。后出山为官，在北京时，尚无力买书，在游览琉璃厂肆时，就肆中借书翻阅。

同治二年（1863），在山东时，开始置书，但军旅在外，"壮年奔走，知读书之乐，而无读书之功"②。十二年（1873），在烟台担任兵备道兼海关监督时，有海宁陈氏持其遗书来售，计三千余种。光绪二年（1876），龚易图以重价得之，买得陈氏三千余种遗书，再"复益以历年所积，共计五万卷有奇"③。他还曾作律诗两首《购海宁陈氏书三千余种》以纪之。

其一云：

舍此他无术可嬉，贫儿骤富便成痴。搬姜无用将怜鼠，还酒从今不借瓻。高阁料应终日束，名山已悔十年迟。封侯食肉寻常事，得作书佣亦大奇。

其二云：

便愿将身化蠹鱼，鲸吞鳄作食吾余。埋头自分甘沉湎，结习何生与被除。未必聱牙常诘屈，但能过眼亦轩渠。收藏岂仅儿孙计，有志都教读此书。④

龚易图将所购之书分部标目后，由海道运回福州。

光绪三年（1877），龚易图抵福州后即在乌石山麓购建"双骖园"藏书。

---

① 龚纶校抄：《大通楼五万卷藏书楄藏书目录并序》，1964 年抄本。
② （清）龚易图、杨希闵：《乌石山房简明目录》引《双骖园乌石山房藏书楄条款并引》，民国十四年（1925）龚纶重校抄油印本。
③ 同上。
④ （清）龚易图：《乌石山房诗存》卷二，清光绪九年（1883）双骖园刻本，第 22 页下。

其《双骖园诗并序》云：

> 丙子季仁十弟以银五百两，购得乌石山西麓郑氏果园。今年予假
> 归，因即其中筑屋五楹，额为"乌石山房"，遂夙志也……山房之右，
> 购楼屋十楹，庋书于中，额为"五万卷藏书楹"……统名之为"双骖
> 园"……《藏书楹》："故家无长物，惟有旧毡存。东观曾容读，缥缃
> 十万言。"①

龚易图的《自订年谱》也记载了此事："（光绪）三年（1877）丁丑
四十三岁，在籍时出资修西门外三公祠。乌石山得一地，修'双骖园'，庋
藏五万卷于其中。"② 双骖园原广植荔枝，旧名荔枝园。"双骖园"取名于《诗
经·郑风·大叔于田》章，有"两骖如舞""两骖雁行""两骖如手"诗句。
原句为"两"骖，龚易图以"双"代之，意为以书会友，奇文共赏，达到学
识齐头并进。"双骖园"依山度势，筑于乌石山之腰，占乌石山西南一角，
以山与荔枝胜。园前设山门，题额"双骖园"。园中有乌石山房、袖海楼、
餐霞仙馆、南社诗龛、净名庵诸胜。藏书楼的对联云："读书如女工，一月
得四五日。传经授弟子，插架有十万签。"北门园宅既成，龚易图去世之后，
此地由族人龚乾义一房等人居住，民国后圮废。如今在福州乌石山省气象局
院内，"双骖园"已无迹可寻。

光绪五年（1879）春，龚易图在"双骖园"对图书加编次，其《自订年谱》
载："五年（1879）己卯四十五岁……校群书于乌石山房。"③ 又有诗云："筑得园
林乌石顶，图书编列印泥钤。"④ 六年（1880），与江西杨希闵合撰《乌石山房藏
书目录》。《自订年谱》载："六年（1880）庚辰四十六岁，刊《乌石山房诗集》

---

① （清）龚易图:《乌石山房诗稿》卷十六，清光绪五年（1879）龚氏刻本，第18—19页。
② （清）龚易图撰，龚晋义等续编:《（龚易图）自订年谱》，清光绪闽县龚氏刻本，第35页
下。
③ 同上，第38页上。
④ （清）龚易图:《乌石山房诗存》卷三，清光绪九年（1883）双骖园刻本，第38页上。

成，与江西杨卧云撰《乌石山房藏书目录》。"①"当时评价说'双骖园'藏书之富、之精，不仅福州，乃至闽省堪称第一，并可与清末江南'皕宋''铁琴铜剑''八千卷嘉惠堂'三大藏书楼媲美。"②其藏书橱计有26橱，副藏之书有6橱，共计32橱。

　　光绪十八年（1892），龚易图又得闽县刘家镇的"掫均屄"藏书二万余卷，其中多徐燉兄弟、林佶、郑杰之旧藏。长乐谢章铤与福州龚氏情为世交，谢章铤《课余偶录》云："方伯（龚易图）归田，携所得海宁陈氏书数千卷，其后又购闽县刘奂为（刘家镇，字奂为）教谕书，亦不下数千卷。刘、龚本戚属，教谕家中落，故书归龚方伯。"③在龚易图的《自订年谱》中也载："家庙于前，即于其左右设义仓义塾，复得刘氏书二万余卷，藏其中。"④郭可光《竹间续话》卷四也记载："龚蔼仁（易图）先生，家世富裕。时其戚刘奂为（家镇）聚藏经籍甚富。后人向之贷款，久无以还，乃将所藏书二万余卷偿之。"⑤次年（1893），龚氏把刘氏"石芝山馆"的藏书移之大通楼。遂作《检石芝山馆藏书移之大通楼有感》绝句四首云：

　　　　万卷何人说汗牛，故家手泽几经秋。当时末座方年少，坐拥今来已白头。
　　　　犹忆书籖勘校时，双燃绛蜡不嫌疲。于今归我成堆垛，安得扬雄与问奇。
　　　　名山藏庋未为豪，徒觉吾楼百尺高。至竟楚弓归楚得，两家置驿累儿曹。
　　　　文史三冬好自储，二分水竹近新居。绝怜陶舫孤松老，十万牙籖走

①　（清）龚易图撰，龚晋义等续编：《（龚易图）自订年谱》，清光绪闽县龚氏刻本，第38页上。

②　詹八言：《福州第一藏书楼——双骖园》，见《凤鸣三山》第七辑，福州晚报社编，1989年，第286页。

③　（清）谢章铤：《课余偶录》，清道光二十四年（1898）刻本。

④　（清）龚易图撰，龚晋义等续编：《（龚易图）自订年谱》，清光绪闽县龚氏刻本，第41页上。

⑤　郭可光：《竹间续话》，海风出版社2001年，第79页。

蠹鱼。[①]

　　龚易图广营园墅，除了光绪三年（1877）修建、五年（1879）落成的乌石山西南隅西庄"双骖园"外，还有别墅五处：南庄为朱紫坊的"武陵别墅"、东庄为福州城内花园衖的"芙蓉别岛""武陵园"、光禄坊的"陶舫"、北庄的"三山旧馆"。其中"武陵园"和"芙蓉别岛"均在花园弄，园内怪石嶙峋，为福州之冠；"三山旧馆"则最为著名。"三山旧馆"是福州旧城北门的西湖畔龚氏祖居，曾易主他人。龚易图晚年将其赎回，辟地增筑亭台楼榭，凿池垒石，水木清幽，建成集民居、园林、祠堂为一体的大型园林建筑。该庭园建成竣工后，题名"三山旧馆"，又名"武陵北墅"，它是甲于榕城的名园，轰动一时。扩建后的园中主要建筑有：环碧轩、大通楼、澹静斋、微波榭、白洋楼等，其中大通楼乃是这一园林式建筑群中的中心建筑。大通楼分前后楼，前楼楼下正厅悬一匾额为"含晶庐"，为龚易图晚年住所。藏书楼在大通楼后楼楼上，楼下为"餐霞仙馆"。楼上东西廊与大通楼前楼相通，东廊有梯上下，因此名之"大通楼"。龚易图的藏书原来分藏于"双骖园""芙蓉别岛"和"陶舫"等处，大通楼建成后，将分藏各处的图书集中于大通楼。龚易图篆书"五万卷藏书"于大通楼的楣额，附楹联一对："收藏岂仅儿孙计，有志都教馆阁登。"

　　龚易图病逝后的民国三年（1914），福建省通志局聘请陈衍领衔主纂《［民国］福建通志》，需要大量修志参考的有关地方文献，于是向藏书大家龚家求助。当时福建巡按使许世英，"颇着意于文化事业，曾向龚氏商请全部归公，为着提出条件，不合议"[②]。但龚家考虑修志事关一省文献，断无拒绝道理，予以热情协助，允许编纂者借出与修志有关系的书籍。福建通志局此时也传抄了其藏书目录——《乌石山房藏书目录》。

---

①　（清）龚易图：《乌石山房诗存》卷十二，清光绪九年（1883）双骖园刻本。
②　林钧：《簏书剩影录》上卷，1962 年闽侯林钧宝岱阁油印本，第 81 页上。

民国十四年（1925），龚易图第十二孙龚纶[①]重新校抄了由龚易图和杨希闵合撰的《乌石山房藏书目录》，用钢板写刻、蓝墨油印，分装两册。龚纶在《双骖园乌石山房藏书楹条款并引》的"五万卷有奇"后的注云："按此祇照当时收藏卷数言之，迄今合大通楼藏书计之，已倍及此数矣。孙纶谨注。"[②] 可见此时的大通楼与乌石山房藏书已计达十余万卷。藏书"按四部分，贮五十四橱"[③]。龚氏藏书达到了顶峰。

到了 20 世纪 20 年代后期，大通楼藏书管理渐怠。福建通志局编纂者为了自己取阅便利，悉数借用，还贿赂管理人员借出与修志毫无关系的书籍，漫无手续，藏书遂遗失不少。龚氏家人借出不归者亦多，藏书中还有书籍留在通志局久而未还的，甚至有十六部书籍被管理人盗卖给汲古阁。大通楼中还有少部分书流散出来，后为民国时任福州警备区司令陈浴新所收，后归藏湖南师范大学图书馆。

龚氏家道逐渐中落后，十余万卷藏书的管理变成了一个不小的负担。此时，福州城曾一度传出龚氏"大通楼"藏书将出售日本，舆论哗然。为了防止中国古籍外流，再次出现浙江陆氏"皕宋楼"、湖南叶氏"观古堂"藏书流往日本的悲剧重演，当时的福建省政府主席杨树庄一面密令海关查禁出口，一面派人与龚氏家族商量，准备由政府出半价收购。此事最终因龚氏后人出价甚昂，杨树庄离闽而搁置。

1929 年秋，陈宝琛的外甥兼女婿，台北板桥林家后裔林熊祥从福州返抵台北，携带了一套《乌石山房藏书目录》，与台湾日据时期的台北帝国大学（今台湾大学）文学部的久保天随、桑田六郎、神田喜一郎教授等会面，介绍交涉

---

　　① 龚纶（1902—1965），字礼逸，号习斋，桢义公之子。出生书香门第，博学多识，以书法冠闽中。20 世纪 40 年代，居住上海，常与诗人李拔可、书法家沈尹墨、画家沈迈士吟诗唱和，研讨书法，友谊至深。1949 年后任福州市美协会员，并受为聘福建省文史馆馆员。著有《滕王阁序考》《东北经济小丛书》《寿山石谱》《意在楼吟稿》等。尤其是 1933 年印行的《寿山石谱》，是继清高兆《观石录》、毛奇龄《后观石录》之后的第三部寿山石专著，记载详细、阐述严谨，开科学研究寿山石之例，是不可多得的研究寿山石珍贵资料。

　　② （清）龚易图、杨希闵：《乌石山房藏书目录》引《双骖园乌石山房藏书楹条款并引》，民国十四年（1925）龚纶重校抄油印本。

　　③ 林钧：《篋书剩影录》上卷，1962 年闽侯林钧宝岱阁油印本，第 81 页上。

福建龚氏乌石山房藏书让售事宜。经由熟悉汉籍的神田先生，带着史学科助手前嶋信次，前往福州察看该批旧藏典籍。最后选择大多数保存情况良好，未遭虫蛀的书籍 2099 部、34803 册，以 16800 美金成交，利用夜间搬运，悄悄地用商船运回台北。[①] 对于此事，神田喜一郎在其《佞古书屋漫笔》中曾记云：

> 福州龚氏乌石山房藏书颇富，予尝过之，赋一绝以赠主人。诗云："诗书奕世傲封侯，自是闽中第一流。千载青箱传得在，古香吹满大通楼。""大通楼"者，其藏书处之名也。此藏书今已全数归台北帝国大学所有。[②]

《佞古书屋漫笔》所叙及的购买龚氏藏书大概，当时尚未引起世人的普遍关注。这件事在多年后才由台湾大学图书馆馆长苏芗雨（1902—1986）教授、东海大学中文系梁容若（1905—1997）教授撰文予以披露，世人才稍有所知[③]。龚易图的这批藏书包括经、史、子、集各方面书籍，内容十分广泛，有不少明版善本，成了现台湾大学图书馆最早、最珍贵的藏书之一。

实际上，龚氏后人售卖"乌石山房"藏书，由日本人运至台湾的"乌石山房"藏书这件事，在当时是非常隐秘的，不仅外人不知，甚至龚氏家族中知道此事的人也很少，龚纶当是知情的少数人之一。此事隐秘之原因，大致有三：

其一，舆论的压力。"大通楼"藏书将出售日本的传闻已经使人们关注，舆论哗然，并使当时的福建省政府采取一系列行动使藏书不外流。

其二，有违先人之志。龚家为书香门第、世代官宦之家，竟落魄到出卖先人藏书，这毕竟是一件难以启齿之事。但龚氏后人家道中落，十万卷藏书的管理变成了不小的负担。是让藏书深锁饱蠹，任听散失；还是出卖先人藏

① 参阅张宝山：《任教台北帝国大学时期的神田喜一郎之研究》，喜马拉雅研究发展基金会：《日本汉学研究初探》，2002 年 3 月，第 341—344 页。

② 《神田喜一郎全集》第十卷，株式会社同朋社，1997 年 9 月，第 293 页。此作原载台湾爱书会发行《爱书》第三辑，昭和九年（1934）12 月，第 28 页。其译文参考张宝山：《任教台北帝国大学时期的神田喜一郎之研究》，第 342—343 页。

③ 苏芗雨：《"国立"台湾大学图书馆之发展及藏书状况》，《书和人》，1967 年 5 月，第 58 期，第 6 页；梁容若：《记"乌石山房藏书"》，《书和人》，1976 年 9 月，第 296 期，第 8 页。

书，同时解决现实的问题；这成了龚氏后人两难的抉择。当初龚易图在订立《双骖园乌石山房藏书楗条款并引》时对藏书管理有严格的规定，"藏书借人以及私取回家，致以散佚，违者以不孝论"①。即使是族中子弟私携书下楼，就可众攻之，更遑论售卖先人藏书了。然而，龚氏后人最终还是选择了后者，势必有其难言之隐。

其三，龚氏是个大家族，族中人口众多，万一泄露，后果不堪设想，不仅引起社会各方面的指责，也使家族脸面无存，愧对先人。因此，只有少数当事人知道此事，即使是知道此事的龚家人，也是绝口不提此事。龚纶在《大通楼藏书目录》卷末题有一段《跋》语，其中道：

> 凡私家藏书世守之方，当备四事：第一，须有相当财产维持生计；第二，子孙须深知笃好，能承家学；第三，保藏须严密妥慎；第四，其子孙能束身自好，不至浪费危及藏书……今之世，具前四事实为大难。②

可见卖书实在是无奈之举。最后他既愤恨又伤心地说："纵能云青毡长物可特置之，恐未必遏彼眈眈者觊觎之心也。悲夫！"③隐约地透露出自己无力保存这些藏书的忧恨。

此次龚家出售的仅是"乌石山房"之旧藏，而"大通楼"中刘氏的"皷均尻"的藏书并未出售。1931年春，龚纶重新检点楼内剩余藏书，再次校抄了一份《大通楼藏书目录》。该《目录》收集了经、史、子、集各类图书计三万八千余卷，一万余册。同时根据"大通楼"全部藏书目录中抄选出最珍贵的藏书，其中都是元明刻本、明清名家的抄本、稿本等，编成《大通楼藏书目录选抄》④。此后，民国藏书家郭可光（白阳）曾登楼阅览。其在《竹间续话》中记录了他对"大通楼"的印象：

---

① （清）龚易图:《双骖园乌石山房藏书楗条款并引》，旧抄本。
② 龚纶校抄:《大通楼五万卷藏书楗藏书目录并序》卷末第2页上，1964年抄本。
③ 同上。
④ 兹将《大通楼藏书目录选抄》与福建省图书馆善本库的藏书目录清点校对，发现这些藏书大部分完好，保存在善本库里。

白阳尝登楼阅览，楼厅广阔，重架连楹，缥帙充满，甚美之。中多麻沙及元明本，半为徐兴公、谢在杭、李鹿山、郑昌英诸前辈及海宁陈氏所藏，洵可贵也……礼逸表叔于斯楼保护甚谨，曾出所编书目示余。余向闻《大通楼书目》杨希闵尝编之，惜不之见。

实际上，当时郭可光未见到《乌石山房藏书目录》，也不知道"乌石山房"藏书已售出。《乌石山房藏书目录》与《大通楼藏书目录》所著录的是不同系统的图书，他将两个《书目》混淆了。《大通楼藏书目录》主要著录的是光绪十八年（1892）以后龚易图所搜集到的藏书。

1952 年，福建省人民政府征用"三山旧馆"中的"环碧轩"为"福建省人民政府招待所"，后又扩大范围。此时"三山旧馆"被征收入公，并予以改建，大通楼中的藏书遂无处可放了。龚纶在《移居书事》载："住屋入公迁移，颇以藏书为累。"① "大通楼"藏书差一点遭到焚毁。此时，龚纶不断徙居，后购破屋三椽，修葺落成之后，喜赋：

乞儿搬碗再移居，可用翻从妇笑予。求益当年真买菜，解纷今日免焚书。食贫喜汝锥犹立，坐拥还吾巢有余。不道卜邻仍巧遇，聚成堂恰对前除。②

即便如此，大量的原"大通楼"藏书，亦实在保存不易了。龚氏家人遂推龚纶为代表，出面将藏书捐献给了福建省人民图书馆（今福建省图书馆），获得了福建省人民政府的嘉奖。龚纶在《闭雨卧意兴都尽》诗后云："住屋征收，移居不易。四年二度，长物尽捐。长物销除果是贤，无烦特置到青毡。处囊安用锥留地，坐井尽饶蛙有天。所病索居成独往，何期问舍作三迁。"③

---

① 龚纶：《意在楼吟稿》，1965 年油印本，第 37 页上。
② 同上。
③ 同上，第 61 页上。

　　龚纶曾编《大通楼赠图书馆善本书目》一册，见于萨嘉榘《积积室抄本目》。从现在福建省图书馆善本库中所钤的"大通楼藏书印""龚少文收藏书画记""闽县龚易图收藏书画金石文字"等印中可大概看出赠书数量与质量。这批古籍共 1 千余种、1 万余册，是"大通楼"藏书中的精华，大多是明及清初的刻本，明清两代名家抄本、稿本，还有元刻本。1986 年，大通楼前的前庭戏台与花四照厅拆除，环碧轩与微波榭也被拆除，此时的大通楼已作为职工家属宿舍了；1991 年，白洋楼和大通楼前楼拆除了；大通楼后楼于 1994 年前也拆除了；至此"三山旧馆"片瓦无存，其遗址今为西湖宾馆。

　　时至今日，于 1929 年让售给日据时期台北帝国大学的龚氏"乌石山房"藏书 2099 部、34803 册，庋藏在台湾大学图书馆"乌石山房文库"中，并成为台湾大学图书馆庋藏古籍中最重要的一部分。而龚氏"大通楼"藏书 1428 部、10240 册，除了小部分归藏湖南师范大学图书馆等外，于 1952 年，龚氏后人将其捐献出来，收藏在福建省图书馆善本库和普通库里。

　　龚易图的所有藏书，基本上著录于《乌石山房藏书目录》和《大通楼藏书目录》。

　　其一，《乌石山房藏书目录》。光绪六年（1880），龚易图与江西杨希闵合编《乌石山房藏书目录》。龚、杨二氏合编的书目原本未见，《双骖园乌石山房藏书楹条款并引》条目云："书目现时尚未编集成书，俟编成之后，书三部，以一部藏楼上，一部藏家中，一部备人借阅，仍随时修整。"[①] 这三部抄本，今亦未见。民国时期，福建通志局也有传抄。《箧书剩影录·总目》中有载："《乌石山房藏书目》一册，清龚易图藏……清闽县龚少文易图所藏此书目，系当年福建通志局向龚氏传抄。"[②] 惜今也未见。目前台湾大学图书馆特藏组和"中央图书馆"台湾分馆各保存有一部民国乙丑年（1925）龚纶重校抄的油印本《乌石山房简明书目》，大致反映了"乌石山房藏书"的原貌。

　　台湾大学图书馆今存《乌石山房简明书目》，内页书名俱题《乌石山房藏

---

① （清）龚易图、杨希闵：《乌石山房简明目录》引《双骖园乌石山房藏书楹条款并引》，民国十四年（1925）龚纶重校抄油印本。

② 林钧：《箧书剩影录·总目》，1962 年闽侯林钧宝岱阁油印本，第 13 页上。

书目录》一部二册，分为"经、史、子、集"及"附录"五卷。首卷之前，录有《双骖园乌石山房藏书楹条款并引》。"引"之后列载有十五条款。

首条曰："藏书谨遵《四库全书总目提要》，分经、史、子、集四部，各从其类，分立门目。首列书名及卷数若干，次列撰者爵里姓名，次列版本所自，以便稽查。如读书有得，则宜每书撰一考证，附于目后。此愿俟诸异日。"

第十一条曰："书目现时尚未编集成书。俟编成后，书三部。以一部藏楼上，一部藏家中，一部备人借阅，仍随时修整。"

其余条目为对藏书的具体管理与保存。

末条为："现列规条应录一分存书目簿上，录一分粘贴楼墙，以垂久远。"

末题"光绪己卯年十二月谷旦双骖园乌石山房主人龚易图记"。

今所见的《乌石山房简明目录》的体例为首列书名及卷数、册数若干，次列撰者姓名，最后为版本所自。与"引"首条所列体例大致相同，只是少了撰者爵里，多了册数，至于提要则缺。书目按"经、史、子、集"以及"附录"列出，其中：

① "经部"约有 220 部、5707 卷（内 15 部无卷数）、2408 册；

② "史部"约有 374 部、21610 卷（内 12 部无卷数）、7075 册（内 4 部不计册数）；

③ "子部"约有 394 部、12073 卷（内 32 部无卷数）、4826 册（内 5 部不计册数）；

④ "集部"约有 755 部、26556 卷（内 27 部无卷数）、7665 册（内 3 部不计册数）；

⑤附录（上）139 部、26678 卷（内 10 部无卷数）、5118 册（内 1 部不计册数）；附录（中）254 部、8608 卷（内 14 部无卷数）、2261 册（内 5 部不计册数）；附录（下）30 部、26297 卷（内 2 部无卷数）、1861 册（内 17 部不计册数）。

《乌石山房简明目录》总共约有 2166 部、12 万余卷、3 万余册。因书目中不少书无卷数，不载册数，此数字仅是保守的估计。

其二，《大通楼藏书目录》。《大通楼藏书目录》，龚易图光绪年间原抄本，现藏湖南师范大学图书馆，仅存下册。依次用"福新春""绿蕉天""华洋五春林"抄纸。残存的该册《目录》，著录了第 21 橱"地理类"至 24 橱"丛书类"，包括："地理类、目录类、兵家类、法家类、农家类、医家类、天文算法类、术数类、艺术类、谱录类、杂家类、类书类、小说家类、楚辞类、别集类、总集类、词曲类、丛书类"等，另附两架新增的书籍目录。目前中国国家图书馆藏有该《目录》的郑振铎"西谛抄藏"本一部，五卷，四册。[①] 已由林夕编入《中国著名藏书家书目汇刊（近代卷）》[②] 第五册。该抄不著撰人姓名，仅在卷一至卷四首页题"闽县龚易图少文收藏"一行，卷五则题"龚礼逸重校刊"六字。此本前后无序跋，卷前"门目"之后摘录："龚易图于光绪三年（1877）丁丑腊月，检校藏书，编次既竣识语"，其中所录即《购海宁陈氏诗三千余种》七律二首。末有"民国二十年辛未三月孙礼逸重校抄"一行字。此外，在卷四集部末页，亦有"民国二十年五月龚十二子礼逸重校抄并志"注记。

福建省图书馆目前收藏《大通楼藏书目录》共两部，均系手抄本。其中，一为1930—1931年间龚礼逸手抄本，二册，并钤有"龚印礼逸""礼逸之印"等章。另一部则为1964年重新抄录前一部，亦二册。两部内容完全一样，包含：《大通楼五万卷藏书楹藏书目录并序》、门目、正编书目、书末"民国二十年岁次庚午龚礼逸并识"《跋》文。

《大通楼藏书目录》体例与《乌石山房简明目录》一致，首列书名及卷数、册数若干，次列撰者姓名，最后为版本所自。特别值得注意的是，《大通楼藏书目录》著录了各藏书家的印记、题跋、手墨等，更增加了该《目录》的史料价值。该《目录》也是按照"经、史、子、集"以及"附录"列出。现以福建省图书馆藏龚礼逸手抄本《大通楼藏书目录》为例：

①经部十类，共373部，6058卷（内6部无卷数，1部缺3卷），共装2059册（内缺1册）；

②史部十四类，共276部、10385卷（内5部无卷数，9部共缺90卷），共装2422册（内3部共缺9册）；

③子部十四类，共340部、11446卷（内8部无卷数，3部共缺14卷），装2973册；

④集部五类，共423部、10417卷（内6部无卷数，4部共缺87卷），装

---

① 郑振铎编：《西谛书目》上册，北京图书馆出版社，2004年，第47页上。

② 商务印书馆，2005年。

2871 册。大通楼经史子集共计有 1412 部，38306 卷（内 25 种无卷数），除 17 种内共缺 194 卷，实存 38112 卷，共装 10325 册。

⑤附录（上）龚氏家言 45 部，80 册（内 2 部佚）；附录（下）待编部目 42 部、679 卷、194 册（内 4 部无卷数）；待修部目 34 部（内书多损缺）；籤存册佚 16 部、125 册；家塾取用书册目存书 40 部、226 册（内 3 部无册数）；外借未还书册 45 部、378 册（内 9 部无册数）。

《乌石山房藏书目录》与《大通楼藏书目录》中所著录的图书是完全互不相干、互不重复的。

首先，《乌石山房藏书目录》所著录的图书是龚易图于光绪五年（1879）前所积累的图书，其中包括：海宁陈氏三千余种遗书、龚易图历年为官所收的图书等；《大通楼藏书目录》则主要是光绪十八年（1892）所得闽县刘家镇的"掞均戻"藏书二万余卷的藏书，并有增藏。

其次，详细比较两个《目录》，《乌石山房简明书目》卷一"经部·书类"所著录，没有任何一部与《大通楼藏书目录》卷一"经部·书类"著录相重复；再《乌石山房简明书目》卷二"史部·时令类"共四部，《大通楼藏书目录》卷二"史部"则无"时令类"书籍；又《乌石山房简明书目》卷五"附录"有"荒外杂著类"，是外国人所著书，而《大通楼藏书目录》则无"荒外杂著类"。即使两《目录》中所著录的书名一样，版本也是不同的。

其三，"乌石山房"的所有藏书，通常盖有"易图""乌石山房""闽县龚易图收藏书画金石文字""龚蔼人收藏书画印"等章。而"大通楼"的藏书，则大都盖上"大通楼藏书印""龚少文收藏书画印"两方图章，偶尔只盖二者中的一个章的。从钤盖的藏书印，亦可看出这二者著录的是不同系统的图书。

总而言之，两部龚氏藏书目录共著录有约十六万卷、四万余册的图书，这也是龚氏家族的藏书数量。现今存世的龚氏藏书共约三千五百二十七种，四万五千余册，主要分藏在台湾大学图书馆和福建省图书馆，少部分收藏于湖南师范大学图书馆等。

龚氏家族原来对藏书的管理，颇为严谨科学。其主要措施有：橱上各题以笺，藏书井井有条，不至于放错；随时抖拂藏书，拂掠书橱，每年晒书三次，以防止蠹蚀霉损；将书橱锁匙和楼门锁匙交给不同的人管理，以免私自登楼取书；编订阅览规程，订立借阅规则；定期修补蠹蚀霉损书籍；楼中防火措施严格；随时修整增补藏书；保持藏书楼洁净；有经济保障修书及雇工晒书的费用。

正是龚易图经营与其龚氏后人特别是龚纶的精心收藏，使得龚氏藏书现大部分存世，且藏书已由私藏化为公藏，造福两岸的学者。

18. 陈棨仁

陈棨仁（1837—1903），字戟门，又字铁香，晋江人。先世自闽县徙居晋江。自幼好学，博览强识。同治十三年（1874），登进士第，选翰林院庶吉士。散馆，授刑部主事。曾奉命募赈直奉水灾有绩，又为朝廷治理台湾陈言献策，得到朝廷及同僚的好评。上司叙劳呈报，诰授中宪大夫并花翎知府衔。由于厌倦宦海浮沉，不愿随时趋势，即以其父年高为由，乞归故里，遂不复出。后以教书为业，曾历主清源、玉屏、紫阳、丹霞等书院，讲学授徒，前后 20 余年，桃李芳菲，遍及闽南各地，金门与台湾亦有不少士子倾慕其名，不畏风涛，浮海来归。培养了大量有用之才，成为清代泉州著名教育家之一。

陈棨仁博览群书，博闻强识，曾在陈庆镛门下学习。陈庆镛精研宋儒、汉学，还喜藏书，通金石之学。他在老师指导下，也好治经，通《说文》，旁及金石之学，并成为一位收藏图书及金石碑刻的专家。

陈棨仁嗜书成癖，共收藏有古今中外图籍数万卷，种类多且精良。其书斋名"读我书斋"。宣统帝师陈宝琛誉其："晚年益嗜聚书，自四部以及海西政艺诸学，无不钩索抄纂。"[①] 陈棨仁不仅收藏许多传统文化典籍，而且热心收藏西方有关政治、艺术诸类书籍，使他的藏书有别于传统的藏书家，藏本之质量和数量，均居晚清泉州藏书家之前列。由于他好金石碑刻，藏书中有关金石碑刻的书也特别多，这又是他的另一藏书特色，如收藏的金石书籍有：欧阳修的《集古录》、赵明诚的《金石录》、叶大庄的《闽中金石记》、冯缙的《兰话堂后金石存》等。

陈棨仁生前即将自己的藏书分类编目，编成《读我书斋书目》十二卷（又名《绾绰堂书目》），未刻梓，仅有同治年间抄本。《读我书斋书目》今仅存"经、史"一册，藏于泉州市图书馆。该《书目》体例较简单，首列书名及卷数，其

---

① 陈衍等纂，魏应麒续纂：《［民国］福建通志》总卷三十九，民国二十七年（1938）刻本，第 16 页上。

次为朝代撰者姓名, 有些珍贵版本, 则用朱笔标示出。该抄本上钤藏书印有: "戟门""榮仁小印""读我书斋藏书""铁香获观""绾绰堂藏书""陈戟门手校本"等。

陈榮仁 "嗜金石, 凡断碣残碑荒岩废寺, 无不躬亲搜集。"①还与好友龚显曾等人一起跋山涉水, 访碑搜古, 披榛剔藓, 寒暑不辍。踏遍闽中名山, 搜集到大量的闽中名人题刻等金石碑刻, 并进行考研。还收藏有众多金石古器、碑帖字画、印章等, 皆庋藏于 "绾绰堂"中。其中有两件古器, 均为无价之宝。其一 "商尊", 为殷代遗物, 内有铭文 "辛父丁"; 其二 "周孟姜尊敦", 为春秋时物, 内有铭文 "叔孙父作周孟姜尊敦绾绰眉寿永命弥生万年无疆子孙永珤用享" 27字, 这便是 "绾绰堂"命名的来由。陈榮仁的老师兼挚友许祖涝见其嗜古成癖, 便将自己收藏的一些古器物赠予他。其中有汉代 "子斿碑"及 "溪州铜柱记"等。

陈榮仁在竭尽全力搜寻全闽金石碑刻同时, 编写成《闽中金石略》一书。该书共搜集福建自三代至元期间的金石碑文近 400种, 共分十五卷。前十二卷皆为石刻, 第十三至十四卷为侨刻, 杂载尊、鼎等物, 第十五卷为帖考。该书参照《隶释》《隶续》体例, 每种碑文全文抄录, 并按年代排列, 还著录撰书人及年、月, 注明碑文出处。尺寸大小, 行数、字数使用《金石萃编》例, 详古略近, 先择文, 次举前人题跋, 再加以考证, 甚为详细。缪荃孙《艺风堂文续集》云: "铁香用《萃编》例, 先释文, 次举前人题跋, 再自加考证。"②后人对该书评价甚高, 称之为开闽以来收集闽中金石碑文最为齐全的一部学术著作。该书的问世, 为后人从事闽中金石学的研究和福建历史的考证, 提供了极其宝贵的资料。

陈榮仁一生著述甚多, 除了《闽中金石略》十五卷之外, 还有《藤花吟馆诗录》六卷、《说文丛义》四卷、《闽诗纪事》十卷、《海纪辑要》二卷以及《绾绰堂遗稿》《铜鼓考》《岑嘉州诗注》《绾绰书目》等。

陈榮仁除了富藏中外图籍、金石碑帖外, 还积极致力于搜集、刻梓泉州先贤诗文集等。他与龚显曾一起编辑的《温陵诗纪》十二卷, 该书搜集了清代晋

---

① 林学增修、吴锡璜等纂:《[民国]同安县志》卷三十九, 民国十八年 (1929) 铅印本, 第 3 页上。

② (清) 缪荃孙:《缪荃孙全集·诗文一》之《艺风堂文续集》卷六《闽中金石略跋》, 凤凰出版社, 2014 年, 第 389 页。

江郡人士之诗共有百余人，为研究泉州人物及风土人情，留下了珍贵的史料。此外，他与龚显曾还一起编辑刻印了《桐阴吟榭甲乙编》《王文学遗草》《聊中隐斋遗稿》等书，为收藏和保存泉州地方文献典籍，做出了很大的贡献。

陈棨仁"读我书斋"的藏书及"绾绰堂"的金石碑帖等古器，在其身后逐渐流落民间。抗战期间，苏大山先生组织"晋江文献委员会"，搜集到一些陈氏旧藏，其中有《闽中金石略》十五卷手稿及部分金石古器。1959 年，陈棨仁的后人把部分藏书捐赠给泉州市文管会，现由泉州市图书馆典藏了部分陈棨仁的著述及藏书。

19. 叶滋棠

叶滋棠（1837—1906），字与苐，号苐南，闽县人。叶滋棠为叶仪昌之子，叶申蔼之孙。邑庠生，五品衔，署崇安县训导。今福建省图书馆藏其部分遗书，钤有"古闽叶氏苐南珍藏""叶印滋棠""苐南"等；明嘉靖刻本《升庵诗集》等，钤有其藏书印。

20. 涂庆澜

涂庆澜（1837—1911），字永年，号海屏，别号耐庵。莆田人。咸丰十一年（1861）拔贡。同治元年（1862）中举。同治十三年（1874），登进士第，是清同治年间莆田唯一的一名进士。选翰林院庶吉士。散馆，授翰林院编修。后充国史馆协修，累官翰林院侍讲。光绪五年（1879），典试黔中。

光绪二十四年（1898），因不满晚清官场的腐败，涂庆澜愤然辞官归里。郡守复延主讲兴安、擢英两书院。课士之余，埋首山房，搜集文献，潜心治学。曾手自校订乡邦先辈遗编残帙，于光绪二十五年（1899）刻成《莆阳文辑》十卷，二十七年（1901）又刻成《国朝莆阳诗辑》四卷；均委福州刻工王友士镂版。最喜赋诗占句，从青年吟到晚年，诗作累累。搜检自己一生的诗作，详加校勘，历时数年，检出残篇三百首，编为六卷，取名《荔隐山房诗草》，并于光绪三十一年（1905）雕版刊行。光绪三十一年至三十三年（1905—1907），他又将自己的著述《荔隐山房诗草》《文略》《进奉文》《楹联偶存》《国朝耆老录》《日记偶存》《卫生集语》等，汇集为《荔隐山房全集》十六卷，刊刻行世。光绪年间，还曾集刻其父涂伟堂的《慎余斋文集》，郭篯龄为之《序》。涂庆澜还特别擅长书法，为世人垂青，楷法精严浑厚，行书苍劲秀逸，为清代著名书法家之一。

涂庆澜喜好藏书，《荔隐山房文集》云："西有荔树，余因树为'宝书阁'，庋旧书数架。阁下一井，井旁植花，疏密交荫迤。南一室置图史，诵读其中。"[①] 将自己的书房称为"荔隐山房"，缘于莆城花园巷里涂庆澜翰林府。府内有堂有园，其书房就掩映园中的假山、清池和荔绿之间。其实，这"荔隐"二字，还隐含着诗人辞官归隐之深意。其友人傅筇修在《荔隐山房诗草·题词》中有："天将名胜属诗人，绿野平泉拓地新。座抱溪山无俗韵，门栽桃李尽成春。八壶风雅归提倡，万卷图书伴隐沦"[②] 等诗句。涂庆澜的藏书是为治学，其《家传》曰："课士之余，则搜辑乡先辈遗编残帙，网罗散失，晨书暝写，躬自校勘……晚岁益耽书籍，朝夕批览，手不释卷，其嗜学好古之兴，老而弥笃。"[③]

21. 郭篯龄

郭篯龄（1837—1888），字祖武，又字子寿，号山民。莆田人。郭尚先之子。早慧，年十七补弟子员，后官浙江候补同知，因战乱归。郭篯龄善读父书，于《周易》有很深的研究。藏书印有："吉雨山房""篯龄""子寿"等。著有《吉雨山房诗文集》十卷、《山民随笔》九卷、《郭氏易学》九卷、《周易从周》九卷、《筮学从周》一卷等。郭氏子孙不少，多诗书传承，子孙也嗜书好著述、藏书。书画后逐渐散出，郭氏收藏的碑帖拓本，有不少被泉州人所购。

22. 陈书

陈书（1838—1905），字伯初，号俶玉，晚号木庵，侯官人。陈用宾之子，陈衍长兄。光绪元年（1875）举人，官直隶博野知县。工诗，善书法、山水画，又能医。著有《木庵先生集》《木庵居士诗》等。继承其父陈用宾的大部分藏书，亦为藏书家。

23. 黄谋烈

黄谋烈（1838—1915），字佑堂，晋江人。黄宗汉侄孙。咸丰九年（1859），乡试中举。同治二年（1863），登进士第，选翰林院庶吉士。散馆，授内阁中书。

---

① （清）涂庆澜：《荔隐山房文略》卷一《华园旧墅记》，清光绪三十一年至宣统二年（1905—1910）涂氏荔隐山房刻本，第 20 页上。

② 同上，卷一，第 3 页上。

③ （清）涂庆澜：《荔隐山房集》，清光绪三十一年至宣统二年（1905—1910）涂氏荔隐山房刻本，第 4 页上。

同治五年（1866）转礼部，派署精膳司掌印，受命核勘官韵字划。因潜心韵学，三年完成《春部字韵校勘》，将字体讹俗、切音糅杂的摘录出来。后又总校官韵。不久，调理襄办朝廷大婚典礼，题补主客司郎中，协修《学政全书》，《则例》馆帮纂。光绪二十一年（1895），辞官告归。光绪二十八年（1902）冬，泉州知府金学献邀集陈棨仁、黄谋烈、黄抟扶及泉州巨绅商议筹办府中学堂。次年（1903），泉州府官立中学堂建立，延请黄谋烈为正总办。

黄谋烈家居 20 年间，还创办义仓，平抑米价，制定乡约，消弭械斗。光绪三十一年（1905），泉州遭遇特大洪水，黄谋烈主办急赈，函致南洋华侨和沪宁郊商劝募，得赈款 5 万余元。曾辑录泉州风俗编为《从先维俗》，送礼部礼学馆备考。另撰《广韵字源》。宣统年间（1909—1911），被选为福建省咨议员。

黄谋烈喜藏书，家藏甚富，且多利用其藏书印刻印行。所刻印本主要有陈迁鹤《毛诗国风绎》一卷、黄贻楫《李石渠先生治闽政略》一卷等，刻书版心下镌有"梅石山房"四字。

24. 叶大焯

叶大焯（1840—1900），字迪恭，号恂予。闽县人。叶大焯为叶申万曾孙，叶云滋五子，闽县叶氏第 20 世。咸丰八年（1858），举于乡。同治七年（1868），登进士第，选翰林院庶吉士。同治十年（1871），散馆，授翰林院编修，后充任国史馆纂修、实录馆总纂、文渊阁校理。曾任会试同考官、湖北乡试正考官、左春坊右庶子、湖南乡试主考官等。辞官归里后，主讲凤池、正谊两大书院。

叶大焯好读书，喜藏书。闽县叶氏，家族世代藏书。叶大焯"所居斋曰'补拙'，读书其中"[1]。据其《叶恂予日记》记载：曾一次性购买书籍数百本，同时还把书籍作为礼物赠送给朋友。[2] 福建省图书馆藏有叶大焯的《补拙斋藏书书目》一册。[3] 该《书目》分"经部、史部、集部"，缺"子部"。其中"经部"604种，中多藏黄宗羲、王夫之、顾炎武、方苞、李光地等人的理学著作；"史部"57

---

① （清）叶在琦等：《叶大焯行述》，清光绪刻本，第 3 页上。

② （清）叶大焯：《叶恂予日记》卷一，稿本。

③ （清）叶大焯编：《补拙斋藏书书目》，民国七年（1918）福建修志局抄本。

种；"集部" 363 种。有子三：在琦、在昇、在壬。藏书多为长子叶在琦继承（详见以下介绍）。

25. 龚显曾

龚显曾（1841—1885），字毓沂，号咏樵，又号薇农，晋江人。少时师从许祖涝，以神童闻名乡里，就读于泉州清源书院。龚显曾于学无所不窥，与内兄陈棨仁、内弟陈棨仪，拜告老回乡的御史陈庆镛为师，攻研经学，旁及金石考据之学。善诗赋，尤工骈体文。同治二年（1863），以二甲第六名中进士，选翰林院庶吉士。散馆，授翰林院编修，专理御制文字。后因病，乞假归里。因触暑遘疠，抵省数日而病，竟不起。

龚显曾居乡时曾主讲丹霞书院，每日以教书、收藏图书、著述为乐。著有《亦园脞牍》八卷、《亦园续牍》二卷、《薇花吟馆赋钞》一卷、《薇花吟馆诗存》四卷、《薇花吟馆初稿》六卷、《续稿》六卷等，辑有《温陵诗纪》二编十二卷、《桐阴吟榭诗甲编》二卷《乙编》二卷、《温陵遗书》十一种等。

龚显曾少时即嗜书如命，自言："余自少至壮耽书如命，虽不善读，然手未尝一日释怀。"[1] 进入翰林院后，闻有秘册，必多方购买，虽典衣减食，也在所不惜。常与翰林院中的扬州人谢梦渔同游书肆，两人均为书所迷，竟日忘疲。京城的陈研芗喜收异书，其家藏书满架，古香盎然，龚显曾常往他家借读。还与同邑的杨浚、陈棨仁，大兴的傅以礼，山阴的何杖，钱塘的张景祁等相友善，经常在一起吟诗作赋，探讨学问。每得一善本，即互相考证。

龚显曾早年藏书三万余卷，曾自言"万卷傲百城，十袭富四部"[2]。藏书中相当部分为泉郡历代先贤著述及乡邦文献，以"薇花吟馆"藏之。陈棨仁为龚显曾《亦园脞牍》作《序》云："老屋数椽，庋架三万卷，异本鳞次，祁寒溽暑，沉浸其间。以善价收书，以虚心励学，以雄才攻文，以完力纂古目。"[3] 龚显曾在《亦园脞牍·泉州藏书家》也自言："余家庋架近三万余卷，年年晒晾翻

---

① （清）龚显曾：《薇花吟馆诗存·序》，清光绪七年（1881）刻本。
② 同上。
③ （清）龚显曾：《亦园脞牍·陈棨仁序》，清光绪四年（1878）木活字印本。

触。"① "薇花吟馆"在其私家园林"亦园"中。"亦园"中美景甚多,有"曲径旁的榆柳,出墙的老梅,夹道的草花,阻路的芭蕉""镂花四面小亭""累石玲珑的假山""凿池半许暗通泉,半养金鳞半种莲"②等等。"薇花吟馆"是龚显曾的藏书处所,早年曾编有《薇花吟馆书目》四卷③,惜今已佚。

龚显曾的藏书主要有三大来源:

其一,来自于搜集乡邦文献。他"日以摩挲鼎彝,搜剔碑版为乐,工骈体文……喜搜辑乡邦文献"④。陈棨仁《寄咏樵太史》诗云:"闻道收书满数车,麻沙老板累抄胥。归装指屈梅花候,已辨双瓻准借书。"⑤他居家时,购到不少安溪李光地的藏书,"前岁家居以十金购得榕村李氏旧藏,明袁氏仿宋刊《六家注文选》,雕镂精善,避讳阙笔宛然。"⑥同治二年(1863),他进京参加殿试后归家,途经都门购得何秋涛的藏书。何氏乃光泽人,家里有"一镫精舍",藏书数万卷,卒后散出。此时龚显曾因财力有限,只购得一部分图书及少量的何氏手校本。"(何秋涛)殁后,遗书星散乡人,龚显曾在都门收得数十种,每本皆涂乙雌黄。"⑦

其二,来自其宦游时在江浙、京师等地所购的外省图书。龚显曾尤喜异书,在京师时,每得秘册,虽典衣减餐勿恤。其《亦园脞牍》载:"家藏旧抄本书,惟天一阁最多,皆绵茧纸蓝丝抄本。余如祁氏'澹生堂'、毛氏'汲古阁'、鲍氏'知不足斋'、金氏'文瑞楼'等本,俱有数种。其致嘉者,属毛、鲍二家。"⑧其中以范氏"天一阁"的抄本为最多,计有二百余种。祁、鲍、毛三家

---

① (清)龚显曾:《亦园脞牍·泉州藏书家》卷五,清光绪四年(1878)木活字印本,第13页上。

② 龚植:《耡耦别馆诗存》卷二,1981年抄本,第6—12页。

③ 见苏大山编:《红兰馆书目》,1979年福建省图书馆抄本。

④ 陈衍等纂,魏应麒续纂:《[民国]福建通志》总卷三十九,民国二十七年(1938)刻本,第15页下。

⑤ (清)陈棨仁:《藤花吟馆诗录》卷三,清光绪十三年(1887)铅印本,第9页上。

⑥ (清)龚显曾:《亦园脞牍》卷五,清光绪四年(1878)木活字印本,第14页上。

⑦ 陈衍等纂,魏应麒续纂:《[民国]福建通志》总卷三十八,民国二十七年(1938)刻本,第39页下。

⑧ (清)龚显曾:《亦园脞牍》卷八,第2页下。

抄本为数虽不多，但也有二三十种，且都是精抄本。其中较有代表性的有："家藏长洲汪氏重刻仿宋景德官刊《仪礼》单疏本五十卷，旧为黄尧圃所藏，后归汪士钟"；[①]"在甬上得天一阁所藏明成化间依元椠本重印《李善注文选》六十卷"；[②]"震泽王氏覆刊宋本《史记》，白绵纸印本"；[③]"家藏《石初周先生文集》十卷《附录》一卷，庐陵晏壁所编，为鲍氏知不足斋精抄旧本"；[④]"家藏明闻人诠精刻《旧唐书》，白绵纸初印，密行小字本，古雅可愉"[⑤]等等。

其三，通过刻书收藏。龚显曾用木活字、刻板在"诵芬堂"刻书之处大量印刻先贤著作、乡邦文献以及自己的著作。知见的龚显曾木活字印本有：陈庆镛《籀经堂》十六卷（同治十三年，1874）；曾愃《高斋漫录》一卷、《高斋诗话》一卷（同治十三年，1874）；郭尚先《芳坚馆题跋》（光绪元年，1875）；陈棨仁、龚显曾辑的《温陵诗纪》（光绪元年，1875）；自著《亦园脞牍》八卷、《亦园续牍》二卷（光绪四年，1878）；许祖涝《聊中隐斋遗稿》二卷（光绪四年，1878）；杨浚《小演雅》（光绪年间）；曾愃《类说》六十卷（光绪年间）；释大圭《梦观集》五卷（光绪年间）等。藏版印刻的有：林乔荫《三礼求数陈义》三十卷（嘉庆八年，1803刻本）；龚显曾与陈棨仁辑的《桐阴吟榭甲乙编》各二卷（同治三年，1864刻本）；龚显曾与陈棨仁撰的《双华馆赋合刻》二卷（同治光绪年间刻本）；龚显曾《薇花吟馆诗存》（光绪七年，1881刻本）等。

木活字印本所印诸书版心下，均镌有"诵芬堂藏本"或"诵芬堂正本"字样。"藏本"与"正本"主要区别，在于版式的不同。"藏本"均为半页10行，行22字，细黑口，对鱼尾，左右双边；"正本"均为半页12行，行24字，细黑口，对鱼尾，四周单边。龚显曾刻书很多，质量略差。但平心而论，他大量刻梓泉州先贤诗文集等，为收藏和保存泉州地方文献典籍，做出了很大的贡献。

龚显曾中年之时，又大量收集书籍，并使藏书达到七万余卷。所编《薇花吟馆书目》十五卷虽已佚，难窥其藏书全貌，但从其文集所载，或可略知其藏

---

① （清）龚显曾：《亦园脞牍》卷五，第7页上。
② 同上，第15页下。
③ 同上，第17页下。
④ 同上，第26页下。
⑤ 同上，第29页下。

书特色之三：

其一，七万余卷藏书中有相当部分是泉州历代先贤著述和乡邦文献。龚显曾在《温陵唐宋元人著述见存考》①一文中，对于家藏做了一一注明。文中所载家藏唐宋元乡邦先贤著作共 16 种，252 卷。家藏泉州明清的先贤诗文集等就更多了。

其二，多藏宋金元人词。他在《家藏宋金元人词》中云：

> 于谦牧堂藏书中得宋元人词二十二帙，题曰"汲古阁未刻词"。行字数与已刻六十家词同，每帙钤毛子晋诸印皆精好。余旧藏李西涯辑《南词》一部，又宋元人小词一部，合此三书于六十家外，又可得六十二种。安得好事者，续为《后集》。按：余癸酉在都门得汲古阁未刻词十七家……又得谦牧旧抄本二家，得汉南叶氏抄本十六家，裒而成之，共成三十五家词……合之箧中所藏，共得四十余家。②

龚显曾将这四十余家词按书名、卷数、著者朝代、著者、题解等一一罗列。

其三，藏书中有宋元精椠，且多旧抄本。如：海内流传极少的宋眉山程氏刊初印本《东都事略》；宋椠《说苑》二十卷，此书每半叶九行十八字，每卷首题：鸿嘉四年三月己亥获左都水使者，光禄大夫刘向上末卷后题咸淳乙丑九月。有"朱卧庵亦收藏鉴赏"图章，宋椠宋印，此书原为安溪李光地旧藏；元刊《古史》原为明晋庄五钟铉旧藏，有"晋府书画"之印，且刻工独到，纸墨精良，为元刊本之上品。陈棨仁《寿咏樵太史四十初度》诗也云："卖文买书书满家，宋元精椠卑麻沙。百城坐拥贫亦富，谁复计较油盐茶。著书今得数尺厚，脞胰丛话千金缗。晨书暝写不知疲，时时复掉苦吟首。"③旧抄本多在宦游时在江浙、京师等地所购，前已叙述，此不赘述。

龚显曾藏书印主要有"晋江龚氏校藏本""温陵龚咏樵藏本""显曾珍

---

① （清）龚显曾：《亦园脞牍》卷六。

② 同上，卷三，第 19 页下。

③ （清）陈棨仁：《藤花吟馆诗录》卷四，清光绪十三年（1887）铅印本，第 9 页上。

藏""咏樵经眼"等。对所藏之书十分珍惜，年年都要对图书进行晒晾、整理。尽管如此，由于各种原因，仍然不免书厄。曾感慨藏书之不易曰："年年晒晾翻触，尚穿洞穴孔，濒腐者屡。"[1] 龚显曾卒后，其藏书由其子继承。

除了藏书外，龚显曾还喜好收藏金石拓本，撰有《葳斋金石目》一卷，清光绪年间晋江龚氏稿本。此书为龚显曾"葳斋所"藏金石拓本目录，按照金石碑刻的时间顺序来编排，共收录有 78 条目。该目著录明晰，首列题名，后录碑刻书体及年月，无则从省。续记金石碑刻所在地，并作简要说明与描述，或略述拓本之来源，具有较高的史料参考价值。

26. 叶大庄

叶大庄（1844—1898），字临恭，号损轩，又号逊父，闽县人。叶大庄为叶申蔼曾孙，叶滋森长子，为闽县叶氏第 20 世。同治十二年（1873），举于乡，援例为内阁中书。后外放，改靖江（今江苏靖江）知县。据《[民国]闽侯县志》记载："尝摄靖江县事，惩胥役，究讼徒，除一切杂税陋规，而尤以士习农工为本务。月加课诸生于署斋，谆诲以明经修行之道。又履勘沟洫，测绘水道，捐资开圩港，以溉南亩之旱干，而瀹其潦滞，自是岁恒稔。邑居淮盐浙引之交，私枭盗匪互为扰劫，大庄与邻封月期会，巡境上，且使民自为团防，四境肃然。"[2] 光绪八年（1882），入张之洞幕府，办理洋务和军务。十年（1884），因丁父忧归里，适逢中法马江海战，协力办团练，战后论功补用同知，升知府。二十三年（1897），出任邳州（今江苏邳县）知州。邳州常有水灾，大庄积极筹资运麦，及时赈济。二十四年（1898），叶大庄亲自解运赈济物资于猫儿窝，冒雪渡河，忽狂风大作，船将倾覆，幸而脱险，但自此积劳成疾，不久逝世。

叶大庄尤负诗名，诗歌为人称道，亦喜考据。诗集有《写经斋初汇》《淞水集》《峰阳集》等。此外，还撰有《写经斋文》《写经斋诗》《诗续》《小玲珑阁词》《礼记审议》《丧服经传补疏》《大戴礼记审议》《退学录》《礼记遗说考》

---

① （清）陈棨仁：《藤花吟馆诗录》卷五《泉州藏书家》，清光绪十三年（1887）铅印本，第13页上。

② （清）欧阳英修，陈衍纂：《[民国]闽侯县志》卷六十八，民国二十二年（1933）刻本，第8页上。

《闽中金石记》《闽碑存目》等多种著作。

“玉屏山庄”为叶大庄藏书之处。“玉屏山庄”坐落于福州市仓山区盖山镇的阳岐村，南临乌龙江，环绕于田园风光中，清末是福州有名的私家园林建筑群。这些建筑群傍依玉屏山丘而建，故名“玉屏山庄”。其四周是灰砖垒成的高墙，围墙内是连片构筑的高宅大院，其中有叶大庄的住宅及藏书楼，还有花圃、假山等。风景秀丽，环境清幽。“玉屏山庄”的藏书，主要为叶大庄一生辛勤收集所得。其《俶玉病起诣补园归作叠韵》诗自云：“吾家藏书五万卷，手艺花木三十年。”① 《写经斋文稿》也载：“其东曰‘陶江书屋’，插架万卷，屋前皆竹。”② 闻人有异本，必辗转购录。在任职江苏邳州时，曾亲临各地书肆购书。叶大庄庋藏明代福建麻沙本与浙江凌、闵二家刻本甚多，这是他藏书的一大特色。他的镇库之本有宋刻本《礼记要义》《汉书》两部。

叶大庄“玉屏山庄”藏书还有两个主要来源：

其一，是同乡好友陈琇莹藏书。陈琇莹一生精于校雠，富于收藏，“累年架上所积多秘本”③。因陈琇莹早逝，所藏书籍大多散失，叶大庄得有明清抄本一百余种。

其二，是蒋思源“小玲珑阁”藏书。蒋思源家中所藏多秘册，叶大庄《写经斋续稿》载：“蒋丈芷屿馆余家最久，‘小玲珑阁’所藏秘本皆手录。”④ 蒋氏卒后，其书大多归叶大庄所得。叶氏家藏中宋刻本《汉书》，即得之于蒋氏。

叶大庄病逝于任上，起先家人对藏书还保护甚好。后来叶氏家道中落，藏书大部分被家人典当或卖掉，一部分流入福州南后街宫巷口书肆“薛颐记”。《竹间续话》载：“会城书肆聚于南后街，以咸丰、同治、光绪时为盛，约有十数家……巷口‘薛颐记’，皆叶临恭、何道甫、李兰卿诸氏之藏，一时善本精华聚之。”⑤ 谢章铤曾购有十数种叶氏藏书，谢章铤曾云：“一日有书贾以旧藏十数种来售，予视之皆叶氏物也。惊问之，则云：‘叶家骤落，资产皆以抵债，即书

---

① （清）叶大庄：《写经斋初汇》卷二，清光绪刻本，第 21 页。

② （清）叶大庄：《写经斋文稿》卷一，清光绪刻本，第 3 页。

③ 陈衍等纂，魏应麒续纂：《［民国］福建通志》总卷三十九，民国二十七年（1938）刻本，第 22 页上。

④ （清）叶大庄：《写经斋续稿》，清光绪二十一年（1895）刻本，第 23 页下。

⑤ 郭可光辑：《竹间续话》卷五，稿本，第 5 页下。

籍亦皆散失。'予为之泫然，几至失声。回念往事，作两绝句以写予哀：'曾寻福地乐三余，穿穴书堆作蠹鱼。我羡石林工点勘，大男才调冠吾徒。置宅江乡隔市廛，心清带到古人边。那知一瞬沧桑梦，邺架飘零满眼前。'"①

光绪二十四年（1898）叶大庄病逝之后，叶氏家族家道开始中落。藏书所剩无几，叶氏后人将房屋、花园等逐渐卖给一些经商人家，"玉屏山庄"也随之易为数主。目前的"玉屏山庄"，多是他姓人居住，因缺乏管理，显得有点荒芜。但仍不失为颇具地方特色的古建筑群，对研究叶氏家族以及福州地方史颇具史料价值。1983年，福州市人民政府将"玉屏山庄"列为第二批市级文物保护单位，并在"玉屏山庄"正门围墙外的右下方处，立石刻字公示之。

27. 吴鲁

吴鲁（1845—1912），字肃堂，号且园，晚号老迟，又号白华庵主，晋江人。自幼聪颖，同治十二年（1873），登拔萃科，入国子监。翌年，授刑部七品官员。任满后，升任刑部主事，充秋审处总办。光绪十二年（1886），考军机章京。十四年（1888），顺天乡试中举。光绪十六年（1890），以殿试一甲一名夺魁，授翰林院修撰。成了泉州历史上最后一个状元。后任陕西典试、安徽督学。光绪二十五年（1899）冬，吴鲁回京。正值八国联军侵占北京，他力主抗敌，并将在这段历史时期中的所见所闻写成了震颤人心的《百哀诗》。《百哀诗》分上、下两卷，集中反映八国联军攻掠津京，慈禧太后挟帝出奔，普通民众备受凌虐的悲惨情况；同时也有力鞭挞那些丧师失地、媚外辱国的奸佞之徒。二十七年（1901），吴鲁南下赴云南任主考官。三十二年（1906），又北上任吉林提学使。六月，偕各省提学使到日本考察学务。回国后，他积极提倡教育改革。宣统三年（1911），任图书馆总校。

吴鲁为官前后40年，皆未曾补到实缺。对于腐败的清廷在民穷财尽、国家将亡之际，犹不思悔改振作，深感悲愤。纵有满腔报国之怀，终难付诸实施，最终于宣统三年（1911）闰六月，致仕归隐，回到家乡度过残年。民国元年（1912），客死厦门鼓浪屿林菽庄家。

吴鲁好读书，喜收藏，家有大量书籍和字画、竹简等文物。尤其以他在安

---

① （清）谢章铤：《赌棋山庄余集》文三，清光绪十年（1884）刻本，第17页下。

徽购到的一方岳飞、文天祥、谢枋得用过的端砚最为珍贵。其《正气研斋文稿·题砚记》曰："余家藏'正气砚'，为岳忠武故物，背镌忠武'持坚守白，不磷不缁'八字，旁镌文信国之《跋》，上镌谢叠山先生之记。三公皆宋室孤忠，得乾坤之正气者也。"①

吴鲁著述颇多，主要有：《正气研斋文集》《正气研斋遗诗》《正气研斋类稿》《百哀诗》《清朝野史大观》等等。他在书法、绘画、鉴古等方面，亦均有较深的造诣。

吴鲁逝世后，所收藏的书籍和古物由他子孙精心保藏。1938年5月，抗战时期的厦门沦陷后，人心浮动，惶惶不安。吴鲁的子孙也担心泉州失守，遂把家里文物、书籍精选一批，分装两大箱，外运出国，寄存于旅菲的家人处。1949年后，吴鲁的后裔已传至四、五代，他的藏书还有四五个书橱，是族中的公产。每逢端午，后人便把这些书籍、画卷搬到场院里晾晒。"文革"时期，这些遗留的大批书籍、手稿、字画和其他文物被毁被卖，散失一空。最令人遗憾的是吴家珍藏三代的那方"正气砚"，也从此下落不明。

28. 张亨嘉

张亨嘉（1847—1911），字燮钧，一字铁君，侯官人。自幼聪颖好学，受教于福州致用书院。同治三年（1864），乡试中举。光绪九年（1883），登进士第，选翰林院庶吉士。散馆，授翰林院编修。十四年（1888），提督湖南学政。十九年（1893），典试广西，充正考官。二十三年（1897），入值南书房。二十四年（1898），和林旭共同主持，集合寓京的闽籍人士，在福建会馆成立维新组织"闽学会"。二十五年（1899），授国子监司业，任詹事府右春坊右中允，授司经局洗马，迁翰林院侍讲，擢太常寺少卿，一岁五迁。后转通大理寺少卿，任京师大学堂总监督。该学堂即后来闻名于世的北京大学，张亨嘉当为北京大学的第四任校长。补授光禄寺卿，迁都察院左副都御史、兵部右侍郎、礼部左侍郎等职，又充玉牒馆副总裁、经筵讲官。

张亨嘉一生清廉，品格高洁，持躬俭约，未尝苟取，日益贵显，而萧然如初。家中薄衾蒲席，补缀纵横，人叹其久贵而能贫。尤其是对中国近代教育有着突出的贡献。在任京师大学堂总监督时，对大学堂进行各项建设，大胆任用精通

---

① （清）吴鲁著，郭延杰、吴幼雄校注：《正气研斋汇稿》，鹭江出版社，2015年。

西学的专家学者任教，优礼厚遇学者；对学生既关怀爱护，又严格要求。在他的管理下学堂初具规模，一时学风颇盛。后卒于官，谥"文厚"。

张亨嘉博学强记，通晓经史，做学问喜博大，为文章开朗详尽，引经据典，尤熟舆地之学，其文言简意赅。关心社会文化事业。在主持浙江学政时，杭州旧有藏书楼，战乱之后，藏书尽失，无一存者。张亨嘉即筹款将藏书楼扩建，并购书七万卷，制定借阅规则，允许士民借阅。

张亨嘉平生无所好，唯癖好书画，将数十年的廉俸收入尽用于购书画。《[民国] 福建通志》称他："嗜书画，收藏多本朝名家，大小千百事，宋元人仅百一、二……数十年廉俸所入，尽于此矣。"[①] 著有《张文厚公文集》六卷、《赋钞》二卷、《磐那室诗存》等。

29. 陈宝琛

陈宝琛（1848—1935），字伯潜，一字潜史，号弢庵，一号橘隐，闽县人。晚年自署为橘叟，听水老人，沧趣老人、铁石道人、听水斋主人等，闽县人。陈若霖曾孙，陈承裘之子。陈宝琛年少多才，年十三充邑诸生。同治四年（1865），乡试中举。同治七年（1868），登进士第，选翰林院庶吉士。八年（1869），散馆，授翰林院编修。十一年（1872），充顺天乡试同考官。十三年（1874），充殿试收掌官。光绪元年（1875），擢翰林院侍讲。与张之洞、张佩纶、宝廷等人，发奋言事，守正不阿，被誉称为"枢廷四谏官"，时号"清流"。六年（1880），擢翰林院侍讲，充日讲起居注官。八年（1882），仕江西学政，九年（1883），晋内阁学士兼礼部侍郎。十一年（1885），应台湾巡抚刘铭传之邀赴台。

光绪十二年（1886），陈宝琛因中法战争中荐人不当，导致战败失地，被连降五级，听任调用，回乡里居二十多年。二十四年（1898），谪居在闽籍故里的陈宝琛联合刘学恂、陈璧、力钧等士绅，创办的又一所新式学堂——福州东文学堂。学堂以教授日文为主，兼习汉文，由刘学恂、陈宝琛先后任主理总董。二十五年（1899），陈宝琛出任鳌峰书院山长，以大量培养人才，推广教

育为目标。二十八年（1902），清政府公布了《钦定学堂章程》，史称"壬寅学制"。二十九年（1903），清政府再次公布了《奏定学堂章程》，史称"癸卯学制"。同年（1903）十月，陈宝琛毅然把自己任总理的福州东文学堂改办为培养小学教师的全闽师范学堂，又自任学堂监督，选址在福州秀丽的乌石山。并亲撰训联："温故知新可以为师，化民成俗其必由学。"培养师贤，使中小学堂遍布全省。这期间，又协助林纾，与孙葆瑨、力钧、任明珊、陈璧、刘崇洁、孙葆琳、史式珍、王孝绳等人，参与一起创办了苍霞精舍。

宣统元年（1909），陈宝琛复奉诏入京，被重新起用，任资政院议员，授正红旗汉军副都统，兼任弼德院顾问大臣，充《德宗实录》副总裁。辛亥革命后，溥仪逊位。民国元年（1912），溥仪入学，陈宝琛被宣召为授读，封太傅。作为清朝遗老，一心想要复辟。1925年，溥仪至天津，陈宝琛亦移居天津随侍。1931年11月，溥仪被日本军国主义者诱至东北建立伪满政权，充当伪满傀儡。1932年，陈宝琛跟踪而去，既竭力主张复辟大清帝国，又不愿意做伪满洲国的官，坚决反对溥仪出任日本操纵的伪满傀儡总统，遂与溥仪、郑孝胥等意见不一，差点被日本关东军囚禁。不顾风烛残年，冒死劝谏无果后，郁郁返回天津。1935年，病逝于北京寓所，享年八十八，后归葬闽县君竹山。

陈宝琛既是一位出色的政治家，又是一位著名的文学家、教育家与藏书家。他主要的社会活动、教育实践与文学创作处在清朝的末年。学问精博，擅文工诗，诗宗宋人，溯源韩（愈）杜（甫），笔力清健，风骨高寒，是晚清"同光体"闽派的主要代表人物，堪称近代闽诗圭臬，对晚清旧诗坛产生了很大的影响。同时，一生善书画篆刻，喜收藏书籍文物。其著述颇多，主要有：《陈文忠公奏议》《沧趣楼文存》《沧趣楼律赋》《南游草》《听水斋词》《沧趣楼诗集》等；先后编成《澂秋馆吉金图》《澂秋馆印藏》《澂秋馆藏古封泥》等，留传后世。此外，还主持修订了《螺江陈氏家谱》。

陈宝琛出身于书香门第，从小耳濡目染，嗜好藏书。尤其是从谪居归里到民国初年的20多年间，他基于先世的藏书，在螺州故里先后扩建了赐书楼、还读楼、沧趣楼、北望楼、晞楼等五座藏书楼，世称"藏书五楼"，从而博得了"清末陈氏藏书甲于全闽"的赞誉。时人亦多将其与龚易图的"乌石山房藏书""大通楼藏书"并提，称为"北龚南陈"。陈宝琛的"藏书五楼"的藏书来源，

约有以下几个方面:

其一,先世遗下藏书以及三弟陈宝璐的藏书。陈宝琛成为清末著名藏书家,是与其先人有藏书传统分不开的。陈氏世代藏书,其曾祖父陈若霖,官至刑部尚书,好收藏金石书画,建有"赐书轩",藏书达五万余卷;后名藏书处曰:"居敬堂",其中颇有精华。其父陈承袭,官刑部郎中,亦好金石书画,收集了大量金石古玩、书画。这些藏书曾散落外间者极多,后多被陈宝琛陆续购回。陈宝琛三弟陈宝璐性惟嗜书,早岁即开始搜辑图书,或购书,或借书,或手抄,积累了相当多的图书。陈宝璐逝世后,其藏书归入陈宝琛的"藏书五楼"。

其二,自己购书和朋友相赠。陈宝琛生性异禀,过目成诵。十二岁随父来到北京,即能按《四库全书总目》所列书目,独自在琉璃厂、崇福寺购书。同时广为收罗,闻有异本,便登门乞售。陈衍家藏有徐𤊹的手稿《续笔精》三册,陈宝琛得知后,数次登门请求让售。起初陈衍不肯,但后来见陈宝琛是长辈,而且爱书心切,家中藏书多且保存甚好,考虑再三,只好忍痛割爱。陈宝琛得到书后,就将书抄成副本二本,将原稿藏入"沧趣楼"秘本库中,副本则时常观看。一些书贾知道他喜好藏书,常以书相售。其亲朋好友、学生每逢他生日,总以书相送。陈宝琛还利用同宦之友的帮助来大力收藏书籍。光绪八年(1882),他与邵积诚同年翰林院庶吉士散馆时,分别被派往江西和四川任提督学政。"陈、邵互约,陈宝琛每买到江西出版的书籍就寄往四川,邵积诚每买到四川出版的书也寄往江西。"①

其三,御赐图书及内府藏书。陈宝琛作为末代帝师,受到溥仪的敬重,得到了溥仪不少的赏赐,其中就有书籍。陈宝琛外孙何艺文曾撰文提到:

清室对待外公,总算恩宠有加。据说外公每月的"薪水"有一千元,折银七百二十两,英国师傅庄士敦每月才六百元,其他几位"帝师"都不能相比。宣统赏赐给他的字画古玩、御笔联匾,更是多极。"恩赏籍"中记载着:一九一三年十一月九日,赏陈宝琛黄绢匾,上书"受福宜年";一九一五年二月十二日赏黄绢对一幅,上书"龙蛇走遍五藤蔓,蝌蚪摹传

---

① 张帆:《末代帝师陈宝琛评传》,福建教育出版社,2002年,第158页。

古鼎铭"；一九一五年十月十六日赏黄绢匾一面，上写"温仁受福，若金作砺"。外公七十岁寿辰，溥仪赏赐御笔匾，上书："保衡锡祜"；另有一副对联："召奭稽谋尊寿考，甘盘旧学重师资"。还加赏一个佛龛，三镶如意一柄，福寿字一份，尺头四件，玉陈设两件，银子一千五百两。这些记载当然不能概全。除了赏赐，还有恩荣，诸如赏紫禁城骑马，赏穿带嗦貂褂，赏戴花翎，赏给文职头品顶戴并赏食头品俸等。①

溥仪的英文老师庄士敦也曾说：

> 除此种荣典之外，逊帝对他的师傅们——我也包括在内——不时有赏赐。每逢过年过节，照例赏赐金钱……至于其他物品的赏赐，一年之中也有好几次，照例由逊帝亲手赐予，大都是内府珍藏的书画、磁器、玉器、书籍之类。有时也赏赐果饼食物。②

溥仪本人在宣统八年十一月十四日的回忆中，有"赏陈宝琛王时敏'晴岚暖翠阁'手卷一卷"；③还赏过一件王烟客的山水长卷，"原来要赏郎世宁的《百骏图》，陈太傅以为太珍贵了，不敢接受，才改赏了这件烟客长卷"④。陈宝琛回到故里，溥仪曾赐予他不少内府钦定本图书，以及不少的宫藏珍贵古籍。

其四，收购其他藏书家的藏书。首先是长乐谢章铤"赌棋山庄"藏书。谢章铤乃清末福建有名的藏书家，家中藏书达数万卷，其中多名家抄校本、稿本。谢章铤卒后，家人贫不能生活，部分藏书归程祖福，后来又转售陈衍，大部分则为陈宝琛所收购。《闽县陈氏赐书楼书目》所著录的藏书，多有"谢校本""枚如校"等，均为原谢氏"赌棋山庄"之所藏。如该《书目》著录：《诗

---

① 何艺文：《孤忠傲骨一诗翁》，《传记文学》第五十四卷第 2 期，第 82 页。
② （英）庄士敦：《紫禁城的黄昏》，李敖出版社 1988 年，第 42 页。
③ 爱新觉罗·溥仪：《我的前半生》，群众出版社 1964 年，第 69 页。
④ 周君适：《伪满宫廷杂忆》，上海三联书店 1981 年，第 53 页。

毛氏传疏》《孟子正义》《国语正义》《颜氏家训》等，均有"谢校本""枚如校"等题识。其次是侯官许贞幹"味青斋"藏书。许贞幹"家有藏书数万卷，身后陈宝琛以价收之"[①]其中多秘册。许氏收藏的旧抄本明张萱撰《西园闻见录》一书，全帙六十册，十分珍贵，然身后家人不识宝，将此书并全部家藏尽售陈宝琛。

陈宝琛先后建造的"藏书五楼"命名缘由及其藏书特色如下：

第一座"赐书楼"。当陈宝琛的曾祖陈若霖在朝时，得到皇帝不少赐书，乃建"赐书轩"，将御赐珍藏于"赐书轩"中，轩前悬挂有翁方纲的匾额一方。匾额两旁有木刻楹联："赐书夸父老，听履上星晨。"后陈若霖又将其更名"居敬堂"。至陈宝琛时，便在"赐书轩"后门埕建造"赐书楼"，把内府的图书、皇帝赐书以及所购的珍善本，连同曾祖陈若霖所藏的赐书、匾额也一起移到"赐书楼"上。"赐书楼"为双层木结构，每层面阔八间，进深一间，单檐歇山顶，适应南方潮湿的气候。楼中存放约 16000 册图书，且多为古籍珍善本。该楼保管甚严，一般人不得入内。楼下为陈宝琛罢官乡居时与夫人王眉寿的住房，房中陈设为五楼之冠。

福建省图书馆现存有《闽县陈氏赐书楼书目》两部，较早的一部为民国三十六年（1947）刻本，另一部为民国年间福州萨嘉榘积积室抄本。两部《书目》内容基本一致，前一部经人点校，将书放错部类情况一一纠正；后一部以前一部点校之前为底本传抄，有朱文印"积积室""福建省图书馆藏"等图书印。该《书目》经过福建省图书馆馆员的点校，书名上有："有""购""留"等字样，有的书注有该书在福建省图书馆的流水号。福建师范大学图书馆原也收藏了《闽县陈氏赐书楼书目》抄本一部，后不知去向。

现以民国三十六年（1947）刻本《闽县陈氏赐书楼书目》为例。该《书目》分为："丛书、经部、史部、子部、别集"五大类。大部分只著录书名和册数，少部分注明版本、校者。其中："丛书"8052 册，多影宋本、内府本；"经部"719 册，质量精；"史部"1142 册，多有关于清朝中后期的历史；"子部"1075 册；"别

---

① 陈衍等纂，魏应麒续纂：《[民国]福建通志》总卷三十九，民国二十七年（1938）刻本，第 24 页上。

集"4864 册。"子部"与"别集"中，以福建地方文献以及乡邦文人的著作居多，且多有关于日本的书和时事的书，这与陈宝琛晚年的政治活动和所处的历史背景息息相关。庋存该楼的图书，均钤有"闽县陈氏赐书楼藏善本图书""陈氏赐书楼藏珍藏印"等。

第二座"还读楼"。用典出于陶渊明《读山海经》诗句"既耕亦已种，时还读我书"之语意而命名。"还读楼"在"赐书楼"的后侧，坐西面东，双层木结构建筑，面阔四间，进深五间，单檐悬山顶。楼旁种有一棵高 10 米的玉兰树，古雅风韵，环境幽静。"还读楼"前有光绪皇帝之师翁同龢所书楹联云："江天留客榻，湖海读书楼。"楼有两盖环廊而绕之。陈宝琛筑此楼当为读书之用，楼中收藏大部分是他陆续从民间收罗到的珍本，以乡邦先贤遗著为收藏特色，其藏书量比"沧趣楼"更为可观。

第三座"沧趣楼"。楼名寓意归隐山林之意，为陈宝琛里居后所建，是陈宝琛的藏书主楼。该楼位于"赐书楼"的后侧，为双层木质结构，坐南朝北，面阔五间，进深四间，单檐歇山顶。楼前是一座精致的花园，楼下庭中立有巨石十二块，各肖地支动物之形，又置长城巨砖二块。庭畔有小池。墙外花圃门额乃沈瑜庆所书"橘中乐"三字。楼之左右悬挂的木刻楹联甚多，其中有刘墉手书的"不念夜识金银气，远客朝看麋鹿游"等。楼上贮存大量的金石书画，以及古玩文物，如马伏波出征的铜鼓、各种象牙制品、汉玉、珍贵字画、古铜香炉、康熙青花盘等。其中的"瀓秋馆"，悬有《瀓秋馆全图》，专藏各种金石书画。陈宝琛收藏了大量的古今珍贵印章和古封泥。曩时朝野名人来访者，恒于"沧趣楼"招待之。而闽文人如陈衍、严复、林纾、王允晳、何振岱等，则经常为座上客。

第四座"北望楼"。辛亥革命以后，陈宝琛再次回乡，修建"北望楼"。楼分前后二座，中间隔一天井，均为双层木结构，单檐歇山顶。前楼面阔三间，进深二间。后楼面阔五间，进深一间，建筑精巧。楼横匾为郑孝胥所书"北望楼"三字。有一联云："百年世第看乔木，万卷家藏有赐书。"楼中除了庋藏图书、鼎彝之外，还陈列有祭器、供品、溥仪盛装临朝的巨幅照片等物，表达其对逝去的大清帝国的怀念与祭奠。从楼名到陈设，都表现出浓厚的"思君恋阙"之意。"北望楼"主要收藏一些溥仪及朝廷大臣赠送他的书籍，藏书不多，仅有数千卷。

第五座"晞楼"。楼用嵇康《养生论》中"晞以朝阳"的语意命名，故此楼东向，以迎朝曦。"晞楼"位于"还读楼"和"北望楼"之间，是五座楼中唯一的坐西向东的建筑。为双层木结构建筑，面阔五间，进深二间，单檐歇山顶。楼上有阳台，设水泥固定椅桌，以供观日赏月，迎风听雨之用。楼下仅六间房间，供客住宿而已。

这五座藏书楼现均在仓山螺洲镇店前村，是一个集居住、藏书、收藏古物为一体的私家园林式建筑群。始建于清光绪年间，到民国初年方全面竣工。整个建筑群规模宏大，占地面积达4113平方米，内有花园、假山、鱼池、长廊、凉亭等，极具江南私家园林风格。1983年，被列为福州市文物保护单位。1991年，挂上"福州市名人故居"的牌子。在这五楼中，"赐书楼"和"还读楼"极富清代古民居风格；其余三楼，则仿西洋建筑风格。这五座楼因年久失修，部分荒废坍塌，园中杂草丛生，福建省市、区各级政府已投资180多万元抢修五楼，今已修缮竣工。

陈宝琛"藏书五楼"的藏书基本上保留了下来，目前主要归藏于福建省图书馆与福建师范大学图书馆。为了进一步做好馆藏古代文献的典藏、整理、开发、研究等工作，以使乡邦文献发扬深显，嘉惠士林。早在20世纪30年代开始，当时的私立福建协和大学图书馆主任金云铭先生，就在整理该校"陈氏书库"的基础上，陆续于福建协和大学校刊及《福建文化》等刊物上撰写发表了《本校陈氏书库福建人集部著述解题》《福建协和大学陈氏书库所藏清代禁书述略》《福建文化研究书目》等，全面揭示了"陈氏书库"所藏之特点。从现存的福建省图书馆《闽县螺洲赐书楼书目》和福建师范大学图书馆所藏1936年编目的"陈氏书库藏书财产簿"，并结合金云铭先生的研究成果，陈宝琛"藏书五楼"的藏书内容及其特色，可以大概叙述如下。

首先，陈宝琛"藏书五楼"收藏相当多的福建地方文献及闽人著述。陈氏所藏闽人著述主要集中在"经部"和"集部"，"史部"和"子部"比较少；而"集部"无论从数量和质量上来看，都占绝对的优势，多达百数十种，2300余卷，且多珍善本。当时福建协和大学图书馆主任金云铭先生，曾就陈氏书库中"集部"的闽人著作做了整理，其中唐人著述5部、宋人著述15部、元人著述2部、明人撰述 25 部、清人撰述 75 部，总集及诗话 18 部。[①]福建地方志的收藏也不少，如《三山志》《光泽县志》《厦门志》《闽都记》《同安县志》《武夷山志》《鼓山志》《鳌峰书院志》等等。此外，陈宝琛还收藏了许多乡邦人士的年谱及家谱等。

其次，陈宝琛"藏书五楼"收藏了相当数量的清代禁毁书。清初为了巩固其统治，康熙年间"文字狱"就开始盛行，对学术思想进行了严厉打击与钳制。乾隆年间更以编纂《四库全书》为名，"寓征于禁"，命令各地献书，对一些不满清廷统治，或表露不敬的书籍进行禁毁或者抽毁。然而，在陈氏的藏书中，却发现不少清廷严令禁毁的书籍。金云铭先生曾对福建协和大学图书馆"陈氏书库"所藏的禁毁书做过统计与研究，属于清代的禁毁书共有 49 部，数千卷。如：闽籍明末叶向高、曹学佺、黄克缵、罗纹山等人的著作，清黄宗羲、顾炎武、吕留良、戴名世等人的著作。[②]陈宝琛为了保存这些欲绝如缕典籍，尤其福建乡邦人士的珍稀著述，可谓功德无量。

第三，陈宝琛"藏书五楼"收藏相当多的"经世致用"之书。陈氏书库所藏的书也有不少西方以及日本的著作，体现了当时的历史思潮。这批藏书大多是商务印书馆等出版的，比较普遍。从总体上看，可以将这些书分为以下几类：（1）介绍外国革命及政治的，如《欧洲战役史论前编》《日本维新三十年考》《掀天动地的苏俄革命》《日本帝国主义与中国》等。（2）分析中国现状，如《地方自治实记》《中国人口论》《东三省政略》等。（3）介绍西方的先进科学技术，如医学、化学、电学、炼金等方面；此外，陈宝琛还收藏了一些域外刻本，如日本皇都书林所刻印《贾子新书》、高丽本的《诗传大全》等。

陈宝琛"藏书五楼"藏书，基本上为两大去向：

其一，1929 年，福建私立法政专门学校改为私立福建学院，当时校内仅几百册图书。学校为了满足师生们对图书的要求，一面在乌山之麓建图书馆，一面发布文告动员私人藏书家踊跃捐书。陈宝琛得知这一消息，嘱咐其次子陈懋复将家藏书一万余册藏书捐赠给私立福建学院图书馆，首开福建私人藏书捐献

---

① 金云铭：《本校陈氏书库福建人集部著述解题》，《协大学术》第三期，1935 年 8 月。

② 金云铭：《福建协和大学陈氏书库所藏清代禁书述略》，《福建文化季刊》第一卷第一期（总卷第二十八期），1944 年 3 月 31 日。

图书馆之先河。所捐之书大多是类书、丛书和一些通用图书，有少量是珍本。1931 年 2 月，福建学院图书馆建成，学院院长何公敢委托陈懋复请陈宝琛为新馆命名。因图书馆建在乌山之麓，所以陈宝琛就将其命名为"乌山图书馆"。在陈宝琛的带动下，福州私人藏书家林长民、林葆恒、刘鸿寿、杨树庄、陈常贤、林楚秋等，亦纷纷向该学院图书馆捐赠部分藏书。由于这些藏书家的捐赠，乌山图书馆的藏书从原来的数百册猛增至五万册，陈宝琛首倡之功不可没。当时的乌山图书既是福建学院的图书馆，又是私立公共图书馆。抗日战争爆发后，乌山图书馆无法维持，被迫疏散图书。1941 年，福州第一次沦陷，乌山图书馆被日军占据，藏书散弃，损毁严重。福州光复后，学院又四处疏散图书，丢失不少。1944 年，福州再次沦陷，乌山图书馆又经历一场浩劫。

1951 年夏，福建学院奉令办理结束。院长何公敢"以乌山图书馆有其特殊社会关系，提出将部分新书分别移交厦大和师院外，其余旧书连同馆舍、人员请由省图书馆接受管理"[①]。至此，陈宝琛捐赠的藏书也随着乌山图书馆的藏书，少部分移交到厦门大学、福州大学（1953 年更名福建师范学院，今福建师范大学），其余大部分图书由福建省图书馆接收管理。

今福建省图书馆、福建师范大学图书馆、厦门大学图书馆均藏有陈氏藏书，大都钤有："陈氏赐书楼珍藏印""闽县陈氏赐书楼藏善本图书""闽县陈宝琛捐藏""闽县陈宝琛藏""三山陈氏居敬堂图书""还读楼藏书记""懋复之印""懋复私印""几士之印"等藏书章。

其二，1916 年，美英基督教四差会在福建福州创立了私立福建协和大学。福建协大创办之初，校舍只是租用仓前山观音井旧俄商茶行，人员少，规模小，设备简陋，各科实验室多借用英华书院的。但当时就有图书馆的设置，被列为教务会议下的一个独立机构。图书馆只小屋一间，藏书仅数百册，多为首任校长庄才伟所捐赠，以及当时的美英教师与部分传教士所寄存。1921 年，馆舍随学校迁到魁歧新校区，藏书亦不过数千册，杂志数百种，而且大部分是以外文印刷的宗教方面的书籍。1931 年，学校向国民政府教育部注册立案成功后，在

① 萨兆寅：《乌山图书馆简史》，福州市委员会文史资料委员会：《福州文史资料选辑》第 16 辑，1991 年，第 57 页。

图书馆建设方面投入了大量的资金，购买文献资料，进一步改善馆舍条件。此外，接受校内师生与国内外人士的赠书，成了一条十分重要的增藏渠道。

1932 年，陈宝琛嘱其次子陈懋复又向福建协和大学图书馆捐赠了一大部分其私家藏书。为此，福建协和大学董事会专函陈懋复代向陈宝琛先生致谢：

陈懋复几士先生：

逕启者：顷承台端代表太傅老先生赠赐书楼藏书，全部计二千余种，三万一千二百三十册。足见热心教育，提倡文化。拜领之余，莫名感佩。谨举下列数端，藉以聊表谢忱，并垂永远已耳。

（1）凡承赠书籍，照本校图书馆制度，当为分类登记，永久保存为本校图书之一部。

（2）本校于图书馆内特另辟书库，颜曰"陈弢庵先生书库"，以志不朽。

（3）谨请弢庵老先生惠赠宝照一方，悬挂图书馆内；并请题匾额一幅，悬阅读室内，以励后学而垂久远。

（4）由校募筹基金三千元，指定为弢庵老先生文化奖学金额。

（5）台端到校阅书时为学校上宾，由校招待。

以上略举数端，专为志德纪念，业经辟会议决实行，图报万一，祺为察鉴是奉。

此致陈几士先生

私立福建协和大学董事会
中华民国二十一年 ①

该批捐赠的藏书共计 2000 余种、31230 册，全部约 8 万卷，"经史子集"具备，丛书也不少。当为陈宝琛多年精心收集而来，中有影唐写本、影宋本、仿宋本、元刻本、明刊本、清精刻本、旧抄本等，极为珍贵，实为研究文化学术的宝库。其中不少书籍钤有"三山陈氏居敬堂图书"和"陈氏赐书楼珍藏

---

① 《私立福建协和大学校董事会感谢函》，民国二十一年（1932）6 月，福建省档案馆藏，全宗 5 目录 1 案卷 1。

印""闽县陈氏赐书楼藏善本图书"等藏书章，部分珍贵书籍用特制书箱典藏，佳本秘籍，缥缃琳琅，使福建协和大学图书馆藏珍稀古籍，蔚为大观。

为了志其义举，福建协大学决定在校图书馆内特辟"陈弢庵先生书库"，并请陈宝琛先生题写匾额一副、惠赠照片一张，悬挂于馆内。校董会又筹集基金 3000 元，作为"弢庵老先生文化奖学金"。陈宝琛先生应林景润校长之请，撰写了《协和学院书库记》一文，记其缘由，写其情怀。因此前的 1931 年，陈宝琛曾允为美国哈佛大学的燕京学社中文图书馆题联"文明新旧能相益，心理东西本自同"。[①] 于是林景润校长遂将陈宝琛所惠赠的珍稀古籍照片复制件 27 张，寄往美国哈佛大学的燕京学社，并附信道：

> 你们从照片复制件上可见，大部分图书价值珍贵，有几本书籍是手抄写的，有一些是唐朝的版本，还有一些是珍稀的宋朝、明朝制版印刷的。我们还有一些清朝早年的精美图书，都不能在中国以内进行复制，因其为满清王朝的禁书，且全都被以为是已遭焚毁了的。在几乎每一本书中，都能看到曾拥有该书的著名学者的印记。在不少的书里，还有著名学者甚至皇帝们的手迹。[②]

晚年的陈宝琛领悟到苏东坡为李公择藏书僧舍作记，意在提倡"仁者之用心"。于是陈宝琛追随时代进步的潮流，首开福建私家藏书大量捐赠各类图书馆之先例。陈宝琛"藏于私不如藏于公"的藏书理念，比较集中地体现在他所写的《协和学院书库记》中。曰：

> 昔苏子瞻为李公择记藏书，极道古人得书之难。而以公择之不藏于家，而藏于僧舍，为仁者之用心。公择固不以藏书名，然历来之善于藏书，殆无有如公择者。

---

① 该对联现藏美国哈佛大学燕京图书馆。

② 林景润：《致哈佛大学教务长乔治·H·蔡司》信，1934 年 11 月 7 日，福建省档案馆藏，全宗 5 目录 1 案卷 1。

自纯庙颁《四库全书》，于江、浙分建三阁，俾承学之士得就抄读。今世通都大邑，往往有图书馆，学校中亦附设焉。其规则间采诸泰西。公择生八百年前，所为乃适与之合。于此，叹子瞻为知言。而人情事理，无古今中外，皆不甚相远也。

协和学院处石鼓山麓，颇得林壑之胜，于读书为宜。主图书馆者，听人恣览观焉。儿子懋复请举藏书以赠，院长林子景润为别建书库储之，且曰愿有《记》，予固不能无言也。

当光绪季年，国家始议兴学，士大夫适适然疑之。予时家居，尝与从事，今三十余年矣。顾视国内，黉序如林，称大学者凡数十。而异说迭兴，波谲云诡，忧世之士，大惧学绝道丧，辄不胜其悲悯之情。然至理之在宇宙，如日月薄蚀，决不终于湮晦。海内豪杰，固多以守先待后自任，而圣经贤传，移译渐被，咸憬然于道德礼教，为吾国政俗之基源，至有慕美而来取法者。

闽自昔称海滨邹鲁，横舍之间，英年俊造，用其聪明才力，温故知新，通古今之邮，寻往哲之绪，发挥而光大。吾老矣，犹庶几及见之欤！①

从中可见陈宝琛捐赠藏书、勉励后学、惠及广大学人的"仁者之用心"。

但是，对于陈氏赠书一事，一些当事人有不同的说法。福建师范大学已故馆长金云铭教授曾回忆起数十年前当他还是一个协和大学小馆员时候的经历："一九三二年，我得知闽侯世代书香门第陈宝琛家有将家藏图书出让的意图，就多方奔走，并动员校长亲自前往审视。陈宝琛曾经做过溥仪的老师，由此得到不少珍本。陈家出让的这批图书有二万五千八百余册，计八万多卷。我费尽口舌，讨价还价，最后约定以六千银圆买下三万册图书。到点书装箱时，发现一些珍本被人先期取走了。从陈家家人处得知，其主人曾连夜取走一批书。我们当即拿出合同与陈家再三交涉，终只肯以一些由古书店买来的常见图书充作抵偿，凑成三万册。根据合同约定，这批图书以'陈氏书库'名义独立藏入馆内，由陈宝琛题一块上书'追踪柳库'四字的横匾挂在馆内，还做一篇《协和大学

_____

① 陈宝琛：《沧趣楼文存》，1959 年福建省图书馆油印本，第 66 页。

书库记》刻在石上，准备建立新馆时镶在墙上（抗日战争时这块石碑被毁）。"①

陈氏藏书究竟是捐赠？还是售卖？其实事实也并非完全矛盾。1932年，陈宝琛已85岁，此时他对大清、对溥仪，依然忠心耿耿。多次从北京去长春拜谒已被日本人控制的溥仪，而家中的事务均由交由次子陈懋复打理，藏书也由陈懋复保管。陈家便廉价让售图书，由于廉价让售图书具有捐赠的性质，因此校方董事会便认其为赠书。这样既尊重了陈老先生，也在某种程度上满足了想让售图书的陈氏后辈些许经济上的要求，同时也给其他想低价让售图书或捐赠图书的人树立了一个榜样，号召大家踊跃赠书。

抗日战争时期，福建协和大学迁往邵武，"陈弢庵先生书库"的藏书也随迁运抵邵武。由于视其珍贵，校方做了特别的保护，还专设四个书库存放这些藏书。1951年，私立福建协和大学与私立华南女子文理学院等合并成立福州大学，福建协和大学办学历史至此停止，"陈弢庵先生书库"藏书归入福州大学图书馆。1953年，经福建省人民政府颁令，福州大学正式更名福建师范学院。在"文革"期间，福建师院一度停办，但陈氏藏书仍保存完好，只是陈氏书库藏书与其他古籍合并，不做单独收藏。1972年，福建师范学院更名福建师范大学，"陈弢庵先生书库"藏书至此归为福建师范大学图书馆。1997年9月，在陈宝琛诞辰150周年及福建师大90周年校庆即将到来之时，为了纪念陈宝琛对学校的贡献，学校特在图书馆古籍部另辟专室，专门存放其赠书。专室名为"陈宝琛书室"，室名匾额为陈宝琛的幼子陈立鸥先生题写。"陈宝琛书室"内，墙上有其晚年照片及生平简介，照片两侧为其亲笔所书诗作挂轴。室内书箱及书橱存放着其所藏各类书籍，其中不少书籍储放在特制的精致的小书箱内，每只书箱放一部书，极显古意。

其三，陈氏子孙后来陆陆续续又出售了一些家里残存的图书，大都被福建省图书馆、福建师范大学图书馆、福建省博物馆等购藏。如1948年，福建省图书馆购自"螺洲陈氏六千五百五十五册图书"②，其中"在所捐赠的书刊中，

---

① 金云铭：《书城六十载忆旧录》，福建省委员会文史资料研究委员会编：《福建文史资料》第十二辑。

② 福建省立图书馆编：《复员后的福建省立图书馆》，民国三十七年（1948）铅印本。

多有资料性强，使用价值高的出版物，更有许多福建的地方文献资料。"①

30. 林绍年

林绍年（1849—1916），字赞虞，晚号健斋，闽县（今福州）人。弱冠行文，即惊长老。同治六年（1867）举于乡，十三年（1874）成进士，选翰林院庶吉士。光绪三年（1877），散馆，授翰林院编修。历充会试、顺天乡试同考官。十四年（1888），擢御史，历任贵州按察使、云南部政使、广西巡抚等。三十二年（1906），以侍郎充军机大臣兼邮传部尚书，授度支部侍郎。三十三年（1907），因御史赵启霖劾段芝贵案，林绍年替言官赵启霖抱不平，跟庆亲王奕劻闹翻，称病退出军机，外出任河南巡抚。宣统元年（1909），升移民部右侍郎、弼德院顾问大臣等。二年（1910），以病告退。年六十八卒，谥号"文直"。家有"棣华山馆"，中有"绿藤书屋"藏书甚多。有子林葆恒、林葆炘，均为藏书家（详见以下介绍）。

31. 许贞幹

许贞幹（1850—约1914），字舜枝，号豫生，侯官（今福州）人。其父许利宾，道光十九年（1839）举人，二十七年（1847）进士，任河南知县。其父早逝，卒于官。母亲挈许贞幹归里，并严格督之学。十五、六岁，出游交友，遇到陈宝琛，被陈留之。出掌记，以谨敏为主者所器重。光绪五年（1879），乡试中举。十八年（1892），登进士第，选翰林院庶吉士。散馆，初任职于船政局，后经李鸿章推荐赴台湾协助富绅李维源帮办抚垦，有政绩。授浙江廉访使兼司道台、浙江省乡试提调。后为人所忌，遭受排挤，降至县丞。辛亥革命爆发后，袁世凯当政，受聘为总统府秘书长。不久得病，卒于京师。

许贞幹博雅多闻，嗜书成癖。在浙江为官期间，常往西湖文澜阁抄书补缉《元诗纪事》等。善殿体书，端正拘恭，尤好绘画，擅长山水。时人评价其"善文章，尊德性"②。李鸿章赞赏云："豫生才识通敏，练习时务，其文章博丽，尤

---

①　林列：《福建省立图书馆史略》，《文史资料选编》第三卷《文化篇》，福建人民出版社2001年，第425页。

②　东园：《题许豫生先生六十斋咏怀诗序》，《小说新报》1915年第5期。

为当代所稀。"① 一生编著颇多，主要有：《八家四六文注》八卷首一卷，《遥集集前编》六卷《后编》十卷，《四六法海选注》十二卷（未刊稿本）；还校有《剑南诗钞》六卷、《福雅堂诗抄》十六卷。曾于光绪二十八年（1902）刊刻其恩师黄见三著作《红楼梦广义》二卷、杨维屏《红楼梦戏咏》一卷等。

许贞幹自号"味青斋主人"，好藏书，"家有藏书数万卷"②，味青斋中多藏名人字画。其友林纾在《春觉斋论画》称："余友许豫生藏画至多。"③1991年，中国书店工作人员萧新祺先生整理古籍时发现《味青斋藏书画目》抄本一册，未署姓氏，著录皆为宋元名迹书画及宋元旧刻名椠，后面附有敦煌秘籍佚卷存目。于是发表了《佚名〈味青斋敦煌秘籍佚卷存目〉》一文于《敦煌研究》上，④由此引起了人们对于味青斋藏书的关注。《味青斋藏书画目》为手抄本，初为文物出版社孟宪均所藏，后捐赠中国国家图书馆。其中"味青斋所藏敦煌石室佚卷"在许贞幹去世后散出，辗转为旅顺历史文化博物馆所藏⑤，1955年12月由文化部文物局将"味青斋藏敦煌石室佚卷"中的敦煌遗书23件全部移交北京图书馆（今国家图书馆），包括《唐隶古定尚书尧典残卷》《老子义疏残卷》《后国语残片》《孝子传残片》《晋人写经长卷》《灵图寺藏经目录》《玄奘译经序文残片》等珍稀文献。其中《唐隶古定尚书尧典残卷》被国家图书馆列入《中华再造善本》，影印问世。

许贞幹子许居廉，曾留学德国，官外务部金事。在许贞幹去世后数月，许居廉亦去世，无子。家中所藏数万卷的藏书，颇多秘本。这批藏书多为陈宝琛所购，成了"沧趣楼"藏书重要一部分，后大部分随"沧趣楼"的其他藏书捐赠给乌山图书馆。今福建师范大学图书馆、福建省图书馆馆藏中钤有"味青斋藏书"藏印的，即是许氏之旧藏。

---

① 顾廷龙，戴逸主编：《李鸿章全集》卷三十五信函七《复钦差办理全台抚垦事宜太仆寺正堂林》，安徽教育出版社 2008 年，第 576 页。

② 陈衍：《台湾文献史料丛刊第九辑（187）·福建通志列传选》，台湾大通书局 1987 年，第 368 页。

③ 林纾著，李家骥等整理：《林纾诗文选》，商务印书馆 1993 年，第 67 页。

④ 1991 年第 1 期。

⑤ 李际宁主编：《中国国家图书馆藏敦煌遗书精品选·编者序言》，中国国家图书馆，2000 年。

据目前所知见，尚未发现这批许氏藏书的目录，仅能凭其藏书中的藏书印"味青斋""味青斋藏书""味青斋主人""味青斋珍藏书画印""东冶许氏""青灯有味忆儿时""丁卯后人"等，得知应是许氏的插架之物。如福建省图书馆藏的明刻本《留青日札》三十九卷、《欧阳文忠公全集》一百三十五卷、《西汉文》二十卷、《东汉文》二十卷；清康熙刻本《杜诗注解》二十卷、《白香山诗集》四十卷附录《年谱》二卷、《初学集诗注》二十卷、《有学集诗注》十四卷、《南宋杂事诗》七卷等，均为许氏旧藏。

32. 郭名昌

郭名昌，生卒年不详，字孝杨，号宾实，侯官人。郭柏荫第三子。光绪八年（1882），乡试中举。《竹间续话》载："先曾叔祖宾实公（讳名昌，光绪壬午举人），性嗜读，视经籍若命。常蹀躞书肆间，凡完好丛残者，兼收并蓄。若不措意，经年许乃设长案，手自整理，析分数叠，各束之。后又取而分理之，逐日举一束。有所别择，别为一束，标明卷第后，取而章梳句箆，以作汇订。公聚书多至二十余橱，就所居构二楼贮之。岁丙午（1906）七月，南街大火，延及黄巷，而楼及藏书均焚毁无遗，亦藏书之厄也。"[1] 由此可见，郭名昌藏书颇多，视书如命。光绪十二年（1886），藏书全部毁于大火。

33. 陈国仕

陈国仕（1850—1924），字谷似，号璧堂，又号谷叟，南安人。其父陈步蟾（1808—1879），字修镜，又字桂屏。陈步蟾自幼博览群书，勤学苦读。十九岁补弟子员，咸丰五年（1855）优贡，为中书科中书。办团练，奖五品衔。在泉州城内设馆授徒近六十载，桃李众多。晚年掌教丰州书院。其著述有《不知非斋纪闻》《丰州先正文存》等。

陈国仕有兄弟七人，国仕排行第六。自幼受父兄熏陶，勤奋好学，孜孜研读。及长搜罗典籍，潜心著述。但不慕科举功名，咸丰五年（1855）优贡。人到中年，曾设馆于马来西亚教书数年。回国后，到浙江嘉兴乍浦海防署任职案牍工作。曾任丰州书院山长。

陈国仕家中藏书丰富，故于经、史、子、集，皆有广泛涉猎。好考古，曾收

---

[1] 郭可光辑：《竹间续话》卷五，稿本，第5页下。

集古代至清朝上百枚钱币，印于宣纸上，一一加以整理考据，然后装订成册，名曰《璧堂钱谱》。亦擅书法，其隶书古朴方正，遒劲有力；楷书端庄盈朗，字字珠玑。尤好篆刻，古朴遒劲，隶书方正谨秀，楷书端庄盈朗，誉满乡里。"据《陈氏家谱》记载，因两代掌教，家有藏书十四橱，二万多册"，[①] 为藏书室取名"天白阁"。

陈国仕毕生心血所在则是辑录了《丰州集稿》一书，收录自唐欧阳詹至清朝历代名人诗文稿集。其中集诗 660 首，文 342 篇，词 5 阕，洋洋数十万字。该书在《例言》中曰："八闽文字皆祖于四门先生。四门先生，邑贤也。自唐而降，代有名人，其文字湮没岂可胜计？于兹而辑，诚万烛光中更分一点，奚堪再缓！"[②] 足见其抢救邑中文献之殷切。陈国仕去世后，膝下无嗣，遗孀黄夫人艰难度日，只好变卖先人手稿及"天白阁"藏书。此书初由华侨叶健秋收购，携往南洋，又辗转至厦门私立海疆学术资料馆，后由厦门大学图书馆收藏。现在其藏书部分藏于泉州图书馆等。除《丰州集稿》手稿外，尚著有《苏氏谈训》《西湖百咏》等手抄本传世。

陈国仕的藏书印有："璧堂""天白阁藏""南安陈氏家藏""南安天白阁陈璧堂藏"等。

34. 王景

王景（1851—1893），初名怀芬，字兰生，侯官人。光绪十七年（1891），乡试中举。刻苦力学，聘往四川校文，遍游蜀中山水。后聘入幕，游台湾为瘴疠所中，未几卒。

王景喜购书，所藏颇多善本。陈衍《故孝廉王君兰生墓志铭》云：王景"喜市书，稍蓄善本。时吾闽书价至廉，《列朝诗集》售二千钱，《文苑英华》缺一卷售五千钱。海舶虽通，他方书贾未得消息莫至者，一家中落，藏书辗转卖买，不出一城之内故也。"[③] 著有《秋影庵诗》一卷行于世。

35. 陈琇莹

陈琇莹（1853—1891），字芸敏，侯官人。光绪二年（1876），登进士第，

---

① 李辉良编著：《南安掌故》，作家出版社，2003 年，第 201 页。
② 陈国仕辑录：《丰州集稿》，南安县志编纂委员会 1992 年，第 1 页。
③ 陈衍：《石遗室文集》卷三，民国二年（1913）福州陈氏刊本，第 3 页下。

选翰林院庶吉士。散馆，授翰林院编修。迁江南道监察御史，擢兵科给事中。后典试湖南，又官河南学政。十六年（1890），充会试同考官。甫一年，丁艰归。服阕入都，未几卒。年仅三十九。

陈琇莹性嗜书，"家赤贫，刻苦劬学。无书，日以阅市，借人为事。后馆入稍半，积渐购聚之。时海道轮舶初通，外省书贩未至闽中，书肆风气未开，故家有中落，鬻出书肆，贱价得之，亦以贱价售之。不知各省兵乱后，有所谓旧板已毁，难得可贵之书也。琇莹年少得风气之先，精择而偿以廉价，架上用多秘本。是时与竞渔猎者，惟归安陆心源、祥符周星诒、大兴傅以礼为强有力"①。

陈琇莹又喜好目录考订之学，以文字学知名，拟为朱彝尊《经义考》与谢启昆《小学考》续作。稿厚已盈尺，终因体弱病逝，而未能完书。陈琇莹所藏，在其逝世后大多散失，叶大庄得有其明清抄本一百余种。

36. 力钧

力钧（1856—1925），字轩举，晚号医隐。永福人。他既是一位著名的中西医兼通的医学家，又是一位著作等身的学者与大藏书家。据力嘉禾《崇陵病案序》②记载：力钧自幼博学，立志从医，从刘幼轩读，以《说文》证《内经》。从林亦莱，受《春秋传》。多病而学医，名为课徒，实则传医也。初授三家《本草注》，继以《伤寒论》《铜人图》《内经》参校。从张熙皋，受《三礼》，习制艺。从陈德明先生处，借读《温病条辨》。从郭秋泉，受王氏《准绳》五种。从郭省三，论《半夏》效用。从林宇竹，受《热病新论》。从力氏所拜之师来看，均为当时通医饱学之士，这使得力钧在治儒子业的同时，兼习医学。黄宝英《双镜庐文存·序》亦曰："轩举于书无所不读，每治一页必造其微。少好金石，弱冠治词章，交余时专意考据，学有家法。《诗》宗毛，《书》《三礼》宗郑，《说文》不主一家而能得其大。己丑（1889）后，游四方，尤留心当世事。海道往来之要，

---

① 陈衍等纂，魏应麒续纂：《[民国]福建通志》总卷三十九，民国二十七年（1938）刻本，第 22 页上。

② （清）力钧：《崇陵病案》，学苑出版社 1998 年。

古今战守之宜，无不讲求详尽。"①

　　光绪十五年（1889），力钧乡试中举。十六年（1890），赴京应礼部试，未第。于是到琉璃厂书肆，购得十余种明版医书，如获至宝。在返闽途中，途经天津、上海，他又遍购新出医书，认真阅读医书，潜心研究，以致兼通中西医学，医术得到进一步的提高。

　　光绪十七年（1891），他应新加坡侨商吴世奇之邀，前往南洋各国行医，治愈了许多病人。并在新加坡开办了中西药研究社，考察各国风情。后因病回国。二十年（1894），应礼部召试进京，为达官显贵治病，其精湛的医术使其名声大噪。后以母年老辞归。返闽时，值福州鼠疫流行，乃以"大清汤"治愈了千余人。二十二年（1896），协助林纾、陈宝琛、孙葆瑨、任明珊、陈璧、刘崇洁、孙葆琳、史式珍、王孝绳等人，创办了苍霞精舍（今福建工程学院前身校）。二十四年（1898），协助陈宝琛、孙葆瑨、刘学恂、陈璧、刘鸿寿、王孝绳等士绅，创办福州东文学堂。二十九年（1903），又协助陈宝琛等将福州东文学堂改办为全闽师范学堂（今三明学院前身校）。同年，授商部主事官衔，移家京师，求医者门庭若市。时慈禧太后病求医，经军机处推荐为慈禧太后看病。药到病除，赏赐"四品卿衔"，声名大震。后因治愈光绪帝病，触怒慈禧。力钧大惧，同仁支着，遂以咯血肺病，辞职归隐。宣统二年（1910），奉诏随庆亲王遍历欧洲各国。所至必参观医院，医校，并购买大量西医图书回国。他力倡中西医汇合，相互学习，取长补短，为中西医结合做出了不可磨灭的贡献。辛亥革命时，避于天津，闭门研读医案。民国元年（1912），举家再回北京，著书诊病，不问政事。

　　力钧是名副其实的通医饱学之士，平生治说文，精医学，勤于搜罗整理文献，编纂医籍，著述甚多。曾付出大量的精力把诊治光绪帝病的经历与体会，撰成《崇陵病案》二卷。此外，还著有：《双镜庐文存》《伤寒论问答》《历代医官沿革考》《福建药物考》《庚寅医案》《警医录》《内经难经今译》《辛丑医案》《难经古注校补》《病榻杂记》《槟城医话》《历代医籍存佚考》《王公大臣治验录》《槟榔屿志略》《骨学》《伤寒论辑本》《史记正义引难经考》《难经本义增辑》《芹

① （清）力钧：《双镜庐文存》，清光绪双镜庐活字本。

漈医学》等。其中大部分散佚，现行世的主要有：《崇陵病案》《双镜庐文存》《槟榔屿志略》《难经古注校补》《芹漈医学》《乳病辑要》等六种。

力钧又喜聚书，尤其是广购医书，晚年藏书达数万卷。黄宝英《双镜庐文存·序》叙及力钧："写本书至三千卷，手自辑录者十之三。"[①] 日本著名目录学家长泽规矩也《中华民国书林一瞥——琉璃厂书肆新记》一文也谈道：力钧曾在日本买回了大量医书和杂书，杂书部分于1931年被来熏阁老板陈杭（字济川）收购。[②] 力钧去世后，藏书大都归其次子力舒东所有，后也逐步散出。其所藏的医书，根据李涛先生于民国二十九年（1940）的回忆说，大部分归中国医学科学院图书馆。"计力氏所收医书元明珍本多至三十余部，写本四十余部，日韩刊著本二百余部及其他数百部，共八百余部，其集藏之富，国内鲜见。"[③]

37. 郭曾炘

郭曾炘（1855—1928），字春榆，号匏庵，晚称遁叟，侯官人。郭曾炘为郭柏荫之孙，郭式昌之子。自幼颖悟，喜好读书。光绪五年（1879），举于乡。六年（1880），登进士第，选翰林院庶吉士。散馆，任仪制司主事，充军机章京。升员外郎、郎中，擢太常少卿、光禄寺卿、礼部右侍郎兼户部左、右侍郎。宣统元年（1909），充实录馆副总裁，修《德宗本纪》，为《清史稿》总纂之一。学通中西，官至典礼院掌院学士。殁后，赠太子太保。著有《楼居偶录》一卷、《匏庐诗存》九卷、《剩草》一卷、《再愧轩诗草》一卷、《邴庐日记》一卷等。

郭曾炘曾自叙："余少沉酣古籍，吏事之暇手不释卷。"[④] 其子郭则沄亦云："俸余辄购书，虽颠沛必以书卷自随。"[⑤] 由于久宦在外，家中藏书无人整理，大部分藏书饱蠹虫。其在《检藏书感赋》中感慨曰："吾家黄璞里，通德存赐书。久宦偶归来，十九饱蠹虫。先畴无一亩，安得带经锄。春曹三十载，不曳朱门

① （清）力钧：《双镜庐文存》，清光绪双镜庐活字本。

② （日本）长泽规矩也：《逛旧书店淘旧书》，中国文史出版社，1994年。

③ 转引自王宗欣：《学者名医藏书家力钧生平事迹考证》，中国医学科学院图书馆、北京协和医学院医学信息研究所：《2010年学术年会论文集》。

④ （清）郭曾炘：《邴庐日记》，民国二十四年（1935）刻蓝印本，第17页下。

⑤ 郭则沄等：《先文安公（郭曾炘）行述》卷一，民国刻本，第6页上。

裙。阅肆掠剩残，累积存与铢。一日未释卷，寝馈与之俱。"① 对于藏书的借阅，他比较开明，希望子孙永保其藏书，"杜暹跋尾非贤达，清俸犹期保子孙"②。福建省图书馆所藏其善本大都钤有"郭曾炘印"印记。如郭曾炘抄本《石泉山人吟稿》不分卷，郭柏荫撰；郭氏抄本《说云楼诗草》不分卷，郭传昌撰，郭曾炘跋；稿本《击钵吟稿》，不分卷，郭曾炘辑等。子四：则沄、则江、则济、则汉。其长子郭则沄为著名学者与藏书家（详见以下介绍）。

38. 陈宝璐

陈宝璐（1857—1912），字敬果，号叔毅，又号靭庵，闽县人。陈宝琛三弟。性惟嗜书，陈宝琛《亡弟叔毅哀辞》云："藏书四壁，孰与伏生。一床坐穿，孰于管宁。"③ 陈氏藏书起自陈若霖，但陈若霖"居敬堂"藏书年久散佚不少。"府君（陈宝璐）早岁，即取其书目搜辑之。不逮，作秀才后，时时购书，一编一帙，皆辛苦得之。无异寒暑，或借书，手自抄写。"④ 由于陈宝璐从学于谢章铤，谢章铤是藏书大家，他常向谢章铤借书抄写。

陈宝璐对藏书是有所选择的。认为世上之书，"浩博难竟读，然苟知所择，则无多耳。"⑤ 他所藏的心中好书是："吕氏《读诗记》、胡氏《禹贡锥指》、江氏《礼书纲目》、奉氏《五礼通考》、司马氏《通鉴》及《近思录》《性理精义》等。"⑥ 还有《唐律疏义》《授时通考》《农政全书》《顾氏音学》《梅氏算术》《旁逮困学纪闻》等。他藏书的标准就是要"至简谛，切实用"。⑦ 从陈宝璐所列举的书中，可以看出，陈宝璐对经、史、音韵、法律、算术、农学等都有兴趣，可见其涉猎之广，藏书之丰。同时也好校书，根据福建省图书馆善本库藏陈氏旧藏辑录，陈宝璐所校之书有九种，近两百卷。"晚年，丁世变，益欲网罗散失，为抱残

---

① （清）郭曾炘：《亥既集》，民国八年（1919）铅印本，第 8 页下。

② 同上，《新晴曝书》，第 14 页下。

③ （清）陈宝琛：《沧趣楼文存》，上海古籍出版社，2006 年，第 472 页。

④ 陈懋豫等：《陈宝璐行状》，民国元年（1912）刻本，第 5 页上。

⑤ 同上。

⑥ 同上。

⑦ 《螺江陈氏家谱·闽县陈君家传》，张志清、徐蜀主编：《北京图书馆藏家谱丛刊·闽粤（侨乡）卷》第 11—15 册，北京图书馆出版社，2000 年，第 738 页。

守阁。"①殁之前，其懋豫、懋咸、懋贲三子，简理所有书卷。逝世后，其藏书归入其长兄陈宝琛的"藏书五楼"。

39. 黄汝铭

黄汝铭（? —1901），字景商，永安人。同治年间，以贡生授闽县学训导兼凤池书院监院。后调龙溪。又为长乐县学，擢福清县学教谕，加光禄寺署正衔。光绪二十七年（1901），卒于官。

他好积古书画，所藏书画甚多，且尤精鉴别古彝器。作篆刻书画，皆有法。子二：黄梓庠、黄闽庠。长子黄梓庠继承所藏，亦为藏书家（详见以下介绍）。

40. 李宗言

李宗言（1858—1917），一名向秾，字畲曾，一字孺僧，号牺巢，晚号偿园，闽县人。光绪八年（1882），乡试中举。援例任户部广西司郎中，后改工部营缮司郎中，加正四品衔，分发江西补用知府。光绪二十二年（1896），任广信知府，授中宪大夫。著有《玉尺山房诗稿》，编有《守信录》。曾于福州光禄坊玉尺山园林中修建"吟台"，召集林纾、陈衍、郑孝胥、方家澍、卓孝复、周长庚等闽中时彦名流，结为"吟社"，命名为"福州支社"。林纾在《李佛客员外墓志铭》中载及该诗社的活动曰："方李氏盛时，治园于会城之光禄坊，曰'玉尺山房'。陂塘林麓，邃房轩台，宾客华盛，咸有纪述。"②其《畲曾李先生诔》又云："蹉业既败，吟台别属，君仍日招诗流，结为支社，月恒数集。"③其"故居曰'玉尺山房'，藏书及书画连楹，转徙丧失，乃十存其二三"④。藏书印有"李宗言金石经籍图章""向秾守之"等。

41. 李宗祎

李宗祎（1860—1895），一名向荣，字次玉，一字佛客，闽县人。李宗言弟。监生候选员外郎，加正四品衔，授中宪大夫。治词章，攻诗文，画山水花鸟，楚楚有致，与兄一样好藏书。著有《双辛夷楼词》《武夷游草》《福建画人

---

① 陈懋豫等：《陈宝璐行状》，民国元年（1912）刻本，第 5 页上。

② 林纾：《畏庐文集》，《民国丛书》第四编，上海书店，1992 年，第 40 页。

③ 同上，《畏庐三集》，第 74 页。

④ （清）朱景星修，郑祖庚纂：《[光绪]闽县乡土志》卷八十三，清光绪三十二年（1906）铅印本，第 21 页下。

传》等。林纾与李宗言同科举于乡，与李氏兄弟过从甚密。林纾少时家贫，无力购书，所阅仅断简残篇。"迨三十以后，与李畬曾太守友，乃尽读其兄弟所藏之完书，不下三、四万卷。于是文笔恣肆，日能作七、八千言。"① 林纾在《畬曾李先生诔》中亦云："君兄弟积书连楹，余一一假读且尽。"② 在《李佛客员外哀辞》中亦言李宗祎："身后仅有书数千卷，藏其友高啸桐家。又书画千余轴，庋之别业。佛客所有，止于是矣。"③ 李宗言经商失败后，各处为官，"转徙丧失，乃十存其二三"④。林纾的《畬曾李先生诔》亦言："其书及画轴，咸无一存。"⑤

42. 张绳武

张绳武（1860—1899），字缵庭，号瘦樵，诏安人。光绪十九年（1893），乡试中举。后历广东棉阳、潮阳、揭阳、鸥汀、蓬鸥各书院讲席。善读书，"生平旁涉书史外，无复嗜好"⑥。"所得束金，尽购书籍，积聚数千卷，日以自娱。"⑦以"听雨楼"藏之。耽吟咏，所作皆七言近体诗，出笔颇秀，著有《听雨楼诗抄》《花韵集》《瘦樵子》等。

43. 刘鸿寿

刘鸿寿（1862—1916），原名濂，号步溪，又号景屏，侯官人。刘齐衔孙。光绪十七年（1891），乡试中举。早年留学日本。民国成立后，先后担任福建国税筹备处处长、福建省财政司司长、福建省盐运使兼闽海关监督等职，富有资财。他为林则徐妹婿。

刘鸿寿性情不羁，自命不凡。热心于家乡公益事业，曾与陈宝琛等人捐资创办福州东文学堂。又嗜书，好考究古董字画，家有"景屏轩"藏书，颇多精本。其中较珍贵的有明邓原岳《西楼集》、叶向高《苍霞草》等罕传的明代刊本。

---

① 陈希彭：《十字军英雄记序》，郭绍虞主编：《中国历代文论选》第四册，上海古籍出版社，2001年，第166页。

② 林纾：《畏庐三集》，上海书店，1992年，第74页上。

③ 林纾：《畏庐文集》，上海书店，1992年，第77页。

④ （清）朱景星修，郑祖庚纂：《［光绪］闽县乡土志》卷八十三，清光绪二十九年（1903）刻本，第21页下。

⑤ 林纾：《畏庐三集》，上海书店1992年，第74页上。

⑥ （清）张绳武：《听雨楼诗抄》，民国九年（1920）诏安张芹铅印本，第1页下。

⑦ （清）张绳武：《花韵集·张公绳武传》，民国九年（1920）诏安张芹铅印本，第16页上。

刘鸿寿长子刘午原当得知私立福建学院向社会各界人士征集图书的消息后，便将其父"景屏轩"藏书4000余册悉数捐赠给乌山图书馆。刘鸿寿第三子刘骋业（详见以下介绍），早年毕业于日本早稻田大学，法国巴黎大学政治经济科硕士、法科博士，后任私立福建学院经济系主任。"1930年8月，他将自己在游学法、德时所收集的有关英、德、法文社会科学，尤其政治学、国法学、经济学等名著数十箱，约1700余册，价值万余元，全部寄存于乌山图书馆，使西文书籍部，大为生色。"[①]刘鸿寿第四子刘爱其等刘氏后裔，也将藏书捐赠给乌山图书馆，使广大学子受益。

44. 叶在琦

叶在琦（1866—1907），字乃珪，号肖韩，闽县人。叶大焯长子。光绪十二年（1886），登进士第，选翰林院庶吉士。散馆，授翰林院检讨。后派充贵州提督学政、安徽道监察御史。光绪二十七年（1901），应闽浙总督许应骙之聘，任全闽大学堂总教习。二十九年（1903年），凤池书院等并入全闽大学堂，增建讲堂、宿舍，添置图书、仪器、标本，充实设备。新学初兴，叶在琦着意培育新型人才，购藏新知图书，奖掖优秀，选送京师大学堂或赴日留学，又派教员赴日本考察。光绪三十一年（1905），奉调进京，补御史。著有《叶侍御诗钞》等。

45. 黄梓庠

黄梓庠（1872—1900），字杞良，一字子良，号澹盦居士，永安人。黄汝铭长子。光绪二十三年（1897）拔贡生。少学于鳌峰、致用两书院，笃嗜金石之学，善八分书，亦精篆刻，苟得碑版与古人手迹，虽断简残帙，辄狂喜。继承其父藏书，又有所增益。中年时"藏书甚富，中年没于官，所藏书为戚属所得"[②]。

黄梓庠清瘦体弱，因感愤政治时事而发于诗，身体日衰，年仅29岁即殁于任上。著有《翰云草堂诗稿》及杂文、词等，编有《澹盦印谱》。其藏印有"黄

---

① 私立福建学院编：《乌山图书馆概况》，《私立福建学院20周年纪念册·本校经历之四》，1931年，第3页。

② 郭可光编：《闽藏书家考略》卷二，郭氏白阳书室抄本，第24页上。

印梓庠""味经精舍""黄氏梓庠号澹盒居士"等。

46. 刘尚文

刘尚文（1875—1908），字澹斋，莆田人。光绪年间国学生，为刘克庄裔孙。孝友谦抑，善事父兄，志行高亢，刻意学问，少年笃学，卓然自奋。家贫不能俱业儒，改营货殖。闲暇读书，专门肆力于经史。博雅嗜古，不遗余力，广搜莆田金石字画及古籍，藏于"续梅花百咏斋"中。莆田历来称为文献之邦，刘尚文对于先辈遗文积久而散佚感到痛心，力为搜罗。《后村先生大全集》百余卷无存，闻湖州陆氏有此书，驰函走，使借抄之，风雨无阻。极有书癖，为购书而屡屡罄尽资囊。夫人方氏秀外慧中，尝质衣助夫购书，衣尽，又典当手镯以购书。"藏书数千卷，皆善本。没后尽售于北京书贾满松亭。"[①]

刘尚文对金石颇有研究，所聚金石碑刻亦颇多。《［民国］福建通志》载其："性嗜古名字画，寸缣尺素，珍同拱璧。尤精金石春秋，游访残碑断碣，林深谷隐，人迹罕到之处，披蒙茸，剥苔藓，摩挲不忍去。"[②]还与谢章铤、杨浚、龚显曾等互相探讨切磋金石碑刻的研究心得。又好山写水，缘地记事，文笔深峭，博采众长。与宋际春、郭篯龄、傅以礼、施启宗、谢章铤、杨浚、龚显曾、陈棨仁友善，多文字交。著有《刘澹斋诗文集》抄本二册、《莆阳金石初编》二卷、《莆画录》一卷、《莆志书目征集》一卷、《续梅花百咏斋附记》、《麟台集》一卷，编纂《莆阳刘氏族谱》。刻有《陈文泉诗集》。

47. 沈瓞平

沈瓞平（1879—1925），字丹元，号半泉，侯官人。沈氏于雍正年间由杭州迁入闽，杭州古名武林，所以宫巷沈氏又称武林沈氏。宫巷沈氏到了第五世沈葆桢之后才成为福州的名门望族。沈氏家族好藏书读书。沈瓞平为沈葆桢曾孙，沈翊清长子。光绪二十九年（1903）癸卯科优贡生。他平生淡于宦情，喜收藏自娱，遇有秘本书，辄自抄录。平时"惟日研究目录之学，

---

① 郭可光编：《闽藏书家考略》卷二，郭氏白阳书室抄本，第 24 页上。

② 陈衍等纂，魏应麒续纂：《［民国］福建通志》总卷三十九，民国二十七年（1938）刻本，第 16 页下。

为同辈所推许，浏览群书，每卷必经勘点，丹铅之迹，斑驳行间。"①沈觐平藏有多种秘本异书，其藏书后来传给儿子沈祖牟。沈祖牟亦为藏书家（详见以下介绍）。

48. 冯向荣

冯向荣，生卒年不详，号竹秋，福宁人。郭曾嘉《面城精舍书谈稿》载："双峰冯氏'沧一堂'，蕴藏亦富。竹秋（讳向荣，著有《沧一堂诗集》）先辈常以供家田数顷，向人易明本《通鉴》，风趣与舜城漫士以爱妾换《汉书》者为近。先辈既殁，书四流溢，藏者幽囚于廪内，为鼠蠹交戕。己巳岁，吾友冯立山出国，赴英伦求学，曾搜得精好者数帙以去，余悉为其家葦沉诸水。以余所见，仅有明拓《淳化阁帖》等，益属先辈收藏余绪矣。"②

第四节　私家藏书的文化特色及其历史贡献

私家藏书的文化包括物质和精神两个层面。从物质形态层面上看，它有着汗牛充栋的珍贵书籍、岿然矗立的藏书楼、精美绝伦的藏书章等；从精神形态层面上看，它有着藏书活动中形成的藏书风尚、藏书的保护、藏书的管理等。同时，私家藏书处于社会文化大背景之中，受它的影响和制约。因此，从文化形态学的角度来研究清代福建私家藏书的文化特色及其历史贡献，约有以下几个方面。

一、藏书的内容特色

1. 重藏乡邦文献及闽人著述

清代福建的藏书家大都有一种乡邦情结，特别重视收集乡先贤遗书，对于保护闽中文献更是不遗余力。纵观福建藏书家的藏书，乡邦文献占有很大的部分。如：梁章钜的"小草斋"万卷藏书中，乡先哲居其大半；郑杰的"注韩居"所度藏的图书中，多明代乡先贤旧藏；杨浚的"冠悔堂"藏书，也十分重视乡

---

①　欧阳英修，陈衍纂：《[民国]闽侯县志》卷七十二《沈觐平传》，民国二十二年（1933）刊本，第22页下。

②　郭曾嘉编：《面城精舍书谈稿》，民国三十二年（1943）石印本，第3页上。

邦文献的收集，如"史部"中福建方志的收录多达五十余种，"集部"中清代闽人的文集亦居多；祝昌泰的"留香室"，特别留心于浦城地方文献的搜集和流传，尤其是浦城宋、元、明的先儒遗书；陈宝琛的"藏书五楼"中，福建地方文献及其闽人著述具有明显的优势；陈榮仁的"读我书斋"，多有闽中金石与泉州先贤诗文；龚显曾的"薇花吟馆"，以泉郡历代先贤著述及乡邦文献为特点；陈国仕的"天白阁"，多收自唐欧阳詹至清朝福建历代名人诗文稿；刘尚文的"续梅花百咏斋"中，则莆田乡邦文献尤多。诸此等等，特色显著。

2. 传统典籍种类的拓展与西学文献的庋藏

总的看来，清代福建的私家藏书，还是以传统的"经史子集"书籍为主，但也出现了一种新的趋向，主要表现在传统典籍种类的拓展与西学文献的庋藏。早在明末开始，随着耶稣会士艾儒略在闽传教以来，西学东渐之风即吹入八闽大地，尤其是鸦片战争之后，一些开明的士大夫与洋务运动者，为了寻找富国强兵之路，经世致用之学更多地得到关注。而西学东渐，则日趋普及，逐渐变成了一种显学。一些藏书家，也随之开始关注收藏经世致用的实务图书与外国人的出版物。如清初的黄虞稷"千顷堂"藏书中，就有了一些外国人出版的图书，包括了外国的文学、政治、经济、科技等文献；清中晚期，林寿图的"欧斋"，多有经世致用之书；林则徐的"七十二峰楼"藏书中，更出现了一些世界地理、治河方略、"泰西水法"类的书籍。这种现象在清末表现得尤为突出，如：陈榮仁的"绾绰堂"中，庋藏了中外书籍达数万卷，热心收藏西方有关政治、艺术诸类书籍；陈宝琛的"赐书楼"，也收有不少日本出版的有关政治、时事的书籍；力钧的藏书，也搜罗了大量西医类图书与一些日本杂书。

究其原因，这是与明末清初福建社会发生的变化息息相关，而晚清以来尤为凸显。与这种变化相适应的是，晚清的学术变为以新学、西学为风尚，藏书也由传统的"经、史、子、集"，变为传统典籍与反映洋务、新学、时务、西学书并存。藏书种类既有传统的"经、史、子、集"，也有包括近代新书和西学、日本的书籍，即反映近代西方和日本的哲学、政治、经济、文化、自然科学和科学技术成就的书籍。这种既传承本土藏书文化，又融合外来的藏书文化，使藏书内容逐渐走向了更加的多元化，这也是西学东渐与中国传统私家藏书文化，在福建这一较早对外开放的窗口碰撞交汇的一个必然结果。

二、藏书的保存与管理

1. 藏书的保存

李万健在《中国著名藏书家传略·前言》中总结道："藏书家最突出的贡献，是保存、流传下来了大量的珍贵典籍。为了搜罗图书，藏书家们不辞辛劳，许多人为聚书而节衣缩食，甚至倾家荡产，极尽经营网罗之能事，才达到书富一时程度。大部分藏书家所搜聚之书，经过一代代藏书家辗转递藏，才流传至今。"[①] 现在福建各大图书馆中许多珍本、善本与一般古籍，都是经过历代藏书家之手，如接力赛一般，代代辗转保存下来的，其中不知凝聚了多少藏书家的汗水与心血。

福建历史上许多地方文献都是有赖于福建私人藏书家的极力收藏，才得以保存下来。在修纂《四库全书》的过程中，由于政治等原因，很多福建人的著作被禁毁，如李贽、陈第、叶向高、曹学佺、黄克缵、罗纹山、黄道周等人的著作，尽管朝廷屡次严令禁毁，但他们的著作还是被保存下来了，这不能不说是福建私人藏书家冒死藏书的功劳。尤其在清末，内乱外患频繁，典籍面临着空前的浩劫，藏书家责无旁贷地肩负起保护典籍的神圣使命，才使大量藏书得以递藏至今。

私家藏书聚难散易，藏书家一般都经过辛勤搜罗才达到一定规模的藏书，藏书包含了他们心血与汗水，因此藏书家都希望自己的藏书不散佚，能世代流传。藏书家对藏书都特别爱护，细心保存。藏书家在搜集图书后，往往加以校雠，细心绎，自始至终改正字谬错误，校雠三、四次，乃为尽善。对于收藏的书籍如短卷、缺页等，藏书家常觅同刻之本，影抄补全。有的书籍流传久远，难免破损。对于破损，当时的修补之法是用薄薄的绵纸补于破损处，然后再熨平，用手摸去感觉不出修补痕迹。在这之后，需要将书再重新装订，其主要目的在于"护帙有道"，追求书籍厚薄得宜，精致端正。

藏书家在藏书过程中积累了丰富的保存经验。为了防范人为对书籍的污损，提出了如：几案必洁净，翻阅务轻柔，捧读必填衬方板，以防手汗污渍、揉伤纸张等措施。梁章钜在《退庵随笔》中，曾提出了保护书籍的措施："读书未竟，

---

① 郑伟章、李万健：《中国著名藏书家传略·前言》，书目文献出版社，1986 年。

虽有急速，必待卷束整齐，然后得起。"① 勿使书 "狼藉几案，分散部帙"，勿令 "童幼婢妾点污，风雨虫鼠毁伤"② 等。

相对于人为的污损，藏书家更担心的是自然灾害的毁损。如水、火、虫等对藏书的破坏，可称为灭顶之灾。藏书家的担心不无道理，纵观福建古代私家藏书的历史，毁于此的不计其数。如：藏书家郑汝霖好收求古书，其 "万鉴堂" "铁倚楼" 所藏，富于一邑，至晚年，藏书尽毁于火；林寿图筑 "欧斋" 藏书，惜于光绪十七年（1891）尽毁于火灾，存者不及其一；陈征芝的秘本别储一楼，后为蠹虫蚀尽；郑黄灿的书籍，亦俱为蠹蚀等等。有鉴于此，藏书家特别注重对水、火、虫灾害的防范，在日常藏书活动中积累了十分丰富的经验，具体则体现在藏书的实际保护工作中。

由于福建春夏多雨温湿，藏书册页一旦浸水或受潮，就造成书籍粘贴板结而毁损，一些藏书家在建藏书楼时，力避卑湿之地；天气适宜时，藏书室内还四方开窗通风，驱除潮气，避免霉烂板结。对于防火，有的藏书家把藏书楼建在水上以求防火。如：李彦彬的藏书楼 "榕亭"，建在三面环江之处，仿浙江天一阁，并取生水之意；有的藏书家则制定严格的规定，在藏书楼内严禁火烛。在防虫、鼠蚁之患方面，福建藏书家的措施亦很多，并总结了宝贵的经验。或通过用防蠹纸 "万年红" 作扉页和封底或藏书柜内置药物防蠹虫；或用炭屑、石灰、锅锈铺地防白蚁；或将皂角炒熟，研为细末防鼠；或提出不使用书的函套，总结出 "藏书不必用套，糊粘泔刷，封裹甚密，惟便携带，实为虫所丛。失于翻阅，便蛀烂不堪，大为书籍之害。"③ 同时还治糊防蠹，"用白芨粉水粘补，无虞虫蛀"④ 的方法；或定制具有很强防虫功能的樟木箱来专门庋藏珍贵的典籍等等。

每逢伏天或初秋，藏书家们还会把藏书放到阳光下曝晒，由此形成了藏书文化中 "曝书" 的习俗。这样既可驱除潮气，防霉，也可杀死蠹虫。藏书家林树梅的《说剑轩余事·晒书》总结道："每年择六月风和日晴（预防晡时急雨），

---

① （清）梁章钜：《退庵随笔·家诫》卷十一，清道光十七年（1837）刻本，第18页上。
② 同上。
③ （清）林树梅：《说剑轩余事·藏书》，民国福州沈祖牟抄本。
④ 同上。

将书册平平反放，不可鳞叠。放毕，任晒透，使湿气自上而下，勿急翻转，恐湿气仍归册中，易于蠹坏。假如今日晒书之后，今夜晾于堂中，明日转晒书背，再晾一夜，收藏可也。"①

2. 藏书的管理

藏书家对于藏书的管理，是有一定的法度的。作为藏书摆放与陈列的载体，一般是书橱或书箱，大都把藏书分为"经史子集"四类分别储之，有的藏书家还把一些珍籍秘本另外收藏。书籍陈列时，既照顾到书籍的取拿方便，又要兼顾到书籍的透风，以免书籍的霉蛀。藏书多了，形成书山，不免错混颠倒，杂乱无章，难以查阅。为了便于管理与平时的阅读，一些大藏书家均对所藏进行藏书编目管理，使之门类清晰，有条有理。福建私家藏书在收集整理藏书的过程中，历来有"条其篇目，撮其旨意"的目录学优良传统。《箧书剩影录·萨序》云："闽中藏书家有目传世者，徐氏《红雨楼题跋》以外，如世善堂、千顷堂、带经堂、注韩居、冠悔堂、云左山房、赌棋山庄、乌石山房等不下十数种。"②可见福建藏书家编目甚多。他们将自己收藏的典籍一一著录，目录多按经、史、子、集四部分类。每种书的著录项目，大致有书名、卷数、作者、版本等。有的还叙述书的内容，品评鉴赏，论其得失，有的还记录藏书的来源，这些都给我们留下了一份珍贵的文化典籍史料。从藏书目录中，我们不仅可以窥见藏书家的藏书规模、特色，而且还可以了解藏书家们的藏书心态等藏书文化。现将已知见的清代福建私家藏书目录列表于下：

清代福建私家藏书目录

编者	书名	卷/册	存佚	备注（资料出处、收藏单位）
黄虞稷	《千顷堂书目》	32 卷	存	见《四库全书·史部·目录类》
郑　杰	《注韩居书目》	4 卷	存	1964 年抄本，福建师范大学图书馆；1939 年福州沈氏尚斋抄本，福建省图书馆

① （清）林树梅：《说剑轩余事·晒书》，民国年间福州沈祖牟抄本。
② 林钧：《箧书剩影录》，闽侯林钧宝岱阁 1962 年油印本。

续表

编者	书名	卷/册	存佚	备注（资料出处、收藏单位）
何蔚然	《饮和楼藏书目》	未知	佚	沈祖牟辑《清代会试硃卷齿录汇存》第3册《何澂先、焜先履历》，福建省图书馆
	《宝唐楼藏书目》			
张祥云	《鞠园藏书目》	2卷	存	见《西谛书目·史部·目录类》
刘家镇	《掫均尻小学书经眼录》	未知	佚	《［民国］福建通志》总卷三十九分卷八，第32页上
余潜士	《务本堂书目》	未知	佚	《闽藏书家考略》卷二，第15页下
陈征芝	《带经堂笔记》	1卷	存	平冶楼抄本，福建省图书馆
陈树杓	《带经堂书目》	5卷	存	民国顺德邓实风雨楼铅印本，福建省图书馆；《风雨楼丛书》本，福建师范大学图书馆
林聪彝	《云左山房藏书目》	1册	存	道光福州林氏传抄本，福建省图书馆
李枝青	《读骚山房书目》	1卷	佚	《面城精舍谈稿》第2页
胡　氏	《荷池书屋纯书目》	未知	佚	《面城精舍谈稿》第2页
何则贤	《蓝水书目》	未知	佚	《蓝水书塾文草》，第58页上
陈乔枞	《陈朴园藏书目录》	1册	存	光绪抄本，福建省图书馆
郭柏苍	《家藏书目》	2卷	佚	《闽藏书家考略》
郭　氏	《听雨斋藏书目录》	1册	存	抄本，福建师大图书馆
谢章铤	《赌棋山庄藏书目录》	2册	存	光绪东岚谢氏稿本，福建省图书馆
	《乐此不疲随笔》	1卷	存	稿本，福建省图书馆
杨　浚	《冠悔堂书目》	4册	存	光绪杨氏冠悔堂稿本，福建省图书馆
刘学谬	《三山刘氏书目》	1卷	存	清抄本，国家图书馆

编者	书名	卷/册	存佚	备注（资料出处、收藏单位）
叶大焯	《补拙斋藏书书目》	1卷	存	民国七年（1918）福建修志局抄本，福建省图书馆
龚植	《薇花吟馆书目》	4卷	佚	抄本，见苏大山编：《红兰馆书目》，1979年福建省图书馆抄本
	《薇花吟馆书目》	15卷	佚	
陈棨仁	《读我书斋藏书书目》又名《绾绰堂书目》	12卷	存经、史	同治年间抄本，泉州图书馆
龚礼逸	《乌石山房藏书简明目录》	2册	存	民国十四年（1925）龚纶重校抄油印本，台湾大学图书馆特藏组
	《大通楼藏书目录》	5卷	存	1964年抄本，福建省图书馆；郑振铎的"西谛抄藏"本一部，国家图书馆
陈宝琛	《闽县螺洲陈氏赐书楼书目》	1卷	存	民国三十六年（1947）福州萨嘉榘积积室抄本，福建省图书馆
林葆恒 林葆忻	《棣华山馆书目》	未知	佚	《私立福建学院二十周年纪念册》，郭公木、萨士武编：《本院经历之四·乌山图书馆概况》，福建省图书馆
许贞幹	《味青斋藏书画目录》	未知	存	抄本，国家图书馆
孙经世	《集古堂藏书目录》	1册	存	收藏于孙氏后人

　　藏书家对自己藏书进行编目后，册数记明，以便日后清点。有时藏书散佚，有时又增添新书，这时就要重新校订、著录，达到对自己藏书状况的清楚了解。因此，很多藏书目都有补删的痕迹，可见藏书家用功之勤。当然，私家藏书目的编纂，除了上述这些便于藏书管理的功用外，还体现了各个藏书家的藏书旨意、心态甚至目录学的理念或思想。

　　至于藏书家对藏书的日常管理，一般藏书楼都配备有相应的人员进行专门管理，负责登记、借阅、清理、修补、翻晒等工作。如著名藏书家黄宗汉就雇两人管理"一六渊海"书舍，专做翻晒等工作；著名藏书家龚易图的"大通楼"藏书，"前于藏书楹内曾订有阅览规程，关于编、修、晒、整各事，则聘一人管理。"①

纵观清代福建私家对藏书的管理，大致有两种倾向：一种是封闭式的管理，一种是流通式管理。秘惜所藏，采用封闭式的管理当占大多数。究其原因，首先，私家藏书是私有的，个人对知识垄断占有，很难共享；其次，藏书家节衣缩食，探访搜购书籍，历尽藏书之艰辛，他们爱书如命，珍本秘籍一旦获有，束之高阁，秘不示人；最后，担心借书于人，造成书籍之污损，甚至遗失，故秘藏书籍，基本上采用封闭式的管理。

采用封闭式的管理，藏书处一般深门紧锁，外人难以进入，同时有着一套严格的规定，"书不出阁""严禁火烛""严禁借人"等，已成藏书家的常态管理。如：陈寿祺的"小琅嬛馆"藏书保管甚严，施鸿保《闽杂记》卷八《小琅环》云："道光乙巳，余偕郭彦人养正寓太史（陈寿祺）家，扄钥甚严，不能借读。"② 陈寿祺甚至作诗告诫子孙云："买来万本皆清俸，不许儿孙更借人。"③ 梁章钜在《退庵随笔》中曾记载这样一个故事："近乡有藏书家临没之前，亲封书椟，各题杜暹语'清俸买来皆手校，子孙读之知圣道，鬻人及借人为不孝'于其上，以戒后人。"④ 封闭式藏书固然在一定程度上使藏书不散佚，但藏书深锁书楼，举世不得寓目，由此导致古籍亡佚的例子，不胜枚举，其消极的一面，亦不言自明。

采用流通式管理，亦有少例。清初的黄虞稷即提出了公开流通藏书的主张，《古欢社约》是他与藏书家丁雄飞约定的资源共享的一份协议。丁雄飞起草后，黄虞稷积极响应，并在很长的时间里成了两人之间的一种默契，一种行之有效的协约。其中虽然只提到藏书家之间应互相公开藏书、互通有无，但这已是此前所鲜见的了。如《古欢社约》订曰：

> 尽一日之阴，探千古之秘。或彼藏我阙，或彼阙我藏，互相质证，当有发明，此天下最快心事，俞邰当亦勇跃趋事矣。因立约如左：每月十三

---

① 龚礼逸：《大通楼五万卷藏书楗藏书目录并序》，1964 年抄本。

② 福建人民出版社，1985 年，第 117 页。

③ （清）陈寿祺：《左海文集》卷六《丁丑腊月婴疾垂危小除枕上口占十首》，清嘉庆道光年间三山陈氏刻本，第 12 页下。

④ （清）梁章钜：《退庵随笔·家诫》，清道光十七年（1837）刻本，第 18 页上。

日丁至黄，二十六日黄至丁。为日已订，先期不约。要务有妨则预辞。不入他友，恐涉应酬，兼妨检阅。到时果核六器，茶不计。午后饭，一荤一蔬，不及酒，逾额者夺异书示罚。舆徒每名给钱三十文，不过三人。借书不得逾半月。还书不得托人转致。[①]

《古欢社约》明确规定了丁、黄双方的合作程序，如接待日期、规格，携带人数，借还书必须遵循的规定等。其详细程度，几乎面面俱到，这种相互借阅书籍的流通式的管理，不失为当时藏书管理的好方法。

著名藏书家郑杰始终认为藏书应该让大家阅读，让更多的人学到知识。长乐著名的医学家陈修园早年与郑杰有深交，他曾说到每次向郑杰借书，未尝不倒庋相付也；谢章铤也主张藏书对外开放，便于更多的人阅读，以至于藏书不会因秘藏而失传。其《课余偶录》云："因思嗜书固是美事，然与其私于己，不如公于人。且我书或未必终为我有，我抄而人亦抄，抄本渐多，不致渐灭。有好事者付之剞劂，发潜德之幽光，不足增文献之一线哉！"[②]著名梁章钜也提倡对外借阅，不要封闭秘藏，认为以书借人，是"推己之余，益人之不足"，"其功似更大于通财"[③]。

龚氏在《大通楼藏书目录》中表达了一种更为开明的藏书思想，其《跋》云："吾谓世间环宝聚散何常，人失人得，但使不负此书可耳！若深琐饱蠹，与任听散佚，反深失先人收书之意。"[④]在提倡藏书借人的同时，龚氏家族对于大通楼五万卷藏书的管理，也有着严格的规章制度。"前于藏书楹内曾订有阅览规程，关于编、修、晒、整各事，则聘一人管理。"同时规定"无论家中子弟、戚友外人，如有校抄检诵，只许在楹阅览，不得任意挪动。"[⑤]

龚易图在《乌石山房简明书目》中，对藏书有着严格的日常管理规定。这

① （清）丁雄飞：《古欢社约》，《澹生堂藏书约（外八种）》，上海古籍出版社，2005年，第39—40页。

② （清）谢章铤：《课余续录》卷四，光绪二十六年（1900）刻本，第2页上。

③ （清）梁章钜：《退庵随笔·家诫》卷十一，清道光十七年（1837）刻本，第18页上。

④ 龚礼逸：《大通楼五万卷藏书楹藏书目录并序》，1964年抄本。

⑤ 同上。

些藏书现在绝大部分保存良好，这与他编订的对藏书具体管理与保存的规定不无关系。龚氏乌石山房藏书的管理之严谨和规范，可与范氏"天一阁"相较高下。惜该《书目》现存台湾大学图书馆，鲜为人知。兹移录条款共有十五款于下：

一、藏书谨遵《四库全书总目提要》，分"经、史、子、集"四部，各从其类，分立门目。首列书名及卷数若干，次列撰者爵里姓名，次列版本所自，以便稽查。如读书有得，则宜每书撰一考证，附于目后。此愿俟诸异日。

二、藏书之橱，计凡二十有六，如有续藏，尚可添橱。橱上各题以笺，标明第某橱某部某类，井井不紊，以便检查。

三、副藏之书，计六橱。橱上亦标明副藏之书第某橱某部某书，另编一册，以备参考。其续入之书，未归正藏者，亦照此例。

四、藏书全籍随时抖拂披翻，以驱蠹鱼，以泄潮湿。兹拟定每月朔望，由掌书主人烧炷香于书神前，即将各橱打开，逐橱拂掠一次，宜整顿者整顿之。每年春三月、秋七月、冬十一月，则宜选择晴日，由掌书之人知会本家，选派一人，并雇用工匠二人，会同将各书，统行晾晒，鼓拂一遍，随手查对卷数。掌书人务须小心检点，毋得遗失。

五、书橱锁匙，交存掌书之人。楼门锁匙，交存家中。每月朔望，掌书者到家中，会同本家一人，到楼开橱抖拂，一同看视。拂后即将书橱锁匙眼，同存放楼中柜内，仍将楼门锁好，将楼门锁匙带回。三、七、十一之月，晒书之时，则家中人会同掌书，同心经理。

六、藏书无论正副之本，均不准携出楼外，亦不准人来借取，著为定例。即主人欲取何种之书，须亲笔书字，交与掌书人检讨。一面由掌书人置簿登记，限以一月内归还，不得逾例。或有善本之书，人来借抄，亦须先与主人议定时，即派书手在楼下抄写。仍须借抄者，每日给掌书人饭食一百文，代其逐日收书、发书，以免遗失。

七、书籍如有蠹蚀霉损者，掌书随时检出，仍置簿登记某书某本应修，随报主人盖戳为记。修后仍即归橱，则簿上亦注明修好收回字样，以免疏忽。小损则掌书人自修，大损则呼匠修理。

八、楼中炷香，须俟香烬方掩楼门。日间不许引人上楼游玩，夜间不许秉烛上楼检书。即有亲友借园看玩者，亦不能予以楼钥开楼，须婉告以条规如此。楼钥归家中看守，不得私开，以昭慎重。

九、主人子弟如能读书，尽可在楼下居住，不得在楼上设榻。即看阅书籍，只能在楼看阅，随手归橱，不得私携下楼，违者即众攻之。

十、如有续得书籍，每按一个月集成若干种，分部列入书目。每月一次，其重复者，列入副藏。

十一、书目现时尚未编集成书，俟编成后，书三部。以一部藏楼上，一部藏家中，一部备人借阅，仍随时修整。

十二、现请王少伟太姑丈掌书，请寿萱十二叔祖掌楼钥。至朔望之期，则由家中派人，或请王念庭、高云溆均可。如有换人，随时议订。

十三、楼上椅棹器用灯盏各物，须令园丁每月擦洗一次，即窗格橱架，亦须拂擦，并打扫楼板，以期洁净。

十四、园中荔支各果出产之项，即归园中动用。所有修书及雇工晒书之费，亦在此内开支。

十五、现列规条，应录一分存书目簿上，录一分粘贴楼墙，以垂久远。

光绪己卯年（1879）十二月谷旦双骖园乌石山房主人龚易图记

虽然在清代福建藏书家之中，对其藏书采用流通式管理者，仍为少数。但到了清末，注重将藏书向外人开放，为社会提供服务的藏书家也越来越多了，形成一种新的藏书思想和服务风尚。

三、藏书的利用与辑刻

1.藏以致用

清代福建藏书家大多具有渊博的学问，他们利用丰富的藏书，积极从事目录、校勘、辑佚、辨伪、注释、著述等研究，成就斐然，为清代学术的繁荣与发展做出了重要的贡献。

首先，大凡私家藏书，都十分注重古籍校勘。由于书籍历代辗转抄写或刊刻的过程中，讹衍脱误，在所难免，于是很多藏书家都会自觉担当起校勘的职责。他们以自家藏书为校勘对象，长年累月地进行着校勘工作，把古籍校勘作为藏书整理的一个重要环节。大多数藏书家为了提高自己藏书的质量，夜以继日，勤勉校书，孜孜不倦，乐在其中。在清代福建藏书家的藏书活动的史料记载中，经常会有"万卷皆手自丹铅"或"喜藏异书，手校几遍"的记载。如：郑杰在读《皇之圣武亲征记》时，他发现书中的内容与史实多有出入，便找到乾隆四十三年（1778）所印四库馆本和得自所藏陶南村《说郛》稿本互校异同，并参照金、元二史，宋、元《通鉴纲目》《蒙鞑备录》《弘简录》《元史类编》诸书，对遗漏、谬误加以补正，计三百七十余处。长乐的谢章铤，青年时期即开始校勘古籍，由于时常苦于通行本的夺衍讹误，往往借其他人善本来勘正，如遇有名家批校本，更是一一过录。主讲各大书院后，除了授课，更把主要精力放在校勘古籍上。无论寒暑，勤勉校书，孜孜不倦，乐此不疲。年老后，仍每日早起，校阅群书。80岁那年，还校勘了《说文解字系传》8册。经他点校的书，都钤有"赌棋山庄校本印记""枚如手校""枚如读过"等印记。据统计，他一生所校之书，达有200多种。孟超然"家居，手不释卷，而著述不轻示人。藏书丹铅殆遍，笔其所见所疑，纸尾眉间，蝇头间错，多发前人所未发，有补于世教"[①]。

其次，清代福建藏书家大都不是为了藏书而藏书，他们把藏书同自己的学术研究结合起来，力图通过阅读藏书来提高自己的修养与学识。正是在藏书致用思想的影响下，众多的福建藏书家利用其藏书而著述，这一特点颇称突出。所以，在清代福建的许多著名学者，其本身就是大藏书家；而大藏书家中，也涌现了很多著名的学者。为了研究而庋藏图书，庋藏图书是为了研究，他们之间是相辅相成的。黄虞稷、李光地、陈梦雷、郑杰、陈寿祺、林则徐、郭柏苍、谢章铤、何秋涛、杨浚、梁章钜、龚易图、张亨嘉、陈宝琛等等，均既是著名学者，又是大藏书家的典型代表。具体如：黄虞稷为清代江南屈指可数的大藏书家，经过黄氏父子两代人的努力，千顷堂藏书至八万余卷；几十年的埋首书卷，广览群籍，学问博洽，著述宏富，所撰《千顷堂书目》对我国古代的目录学的发展，有着重要而深远的影响。李光地是清初著名理学家、经学家与政治

---

① 陈衍等纂，魏应麒续纂：《[民国]福建通志》总卷三十四，民国二十七年（1938）刻本，第14页下。

家，其学识渊博，涉猎广泛；除理学外，于经学、史学、天文、历算、音韵、乐律、诗文等学问，无不深究，在清初政治史和学术思想史上都占有不可取代的重要地位。陈梦雷所编纂的《古今图书集成》，汇录了从上古到清初历代各朝的历法、典章制度、经济、文化以及科学技术等文献；是现存古代最大的一部类书，受到许多学者的高度评价，在国外还被称誉为"康熙百科全书"。郑杰是闽中藏书家最著称者之一，特别重视乡土文献的收集与整理，编著《国朝全闽诗录初集》《国朝全闽诗录初集续》二集。陈寿祺是清朝嘉道年间的代表学者，聚书八万卷，在学术上，造诣高深，著述丰富，兼收并蓄的治学原则，广泛吸收各家学术所长，究心经世致用之学。林则徐是一位具有崇高品格和旷达胸怀的封建政治家，同时还是中国近代第一个放眼看世界的人；他在繁忙的政务和激烈的斗争中，依然勤于著述，兼涉百家，遗稿宏富。郭柏苍是晚清福州著名的诗人与学者，一生整理乡邦文献，著书立说，留下了许多颇具价值的福建地方文献。谢章铤是清代著名的学者、文学家，在经、史、诗、词、文、方言等方面，均颇有建树。何秋涛是我国近代西北史地研究的集大成者，独树一帜将中俄关系作为重要内容详加研究，开创了中国俄罗斯学的先河。杨浚为清代福建著名的学者，笔耕不辍，著述颇丰，除个人诗文集外，尤多对闽中文献的整理与研究。梁章钜是清代名宦、学者，平生手不释卷，勤于笔耕，著作等身，多达70余种。龚易图精通禅理，知星占卜，擅于诗画，博学通识。张亨嘉任京师大学堂总监督，即为北京大学的第四任校长。陈宝琛作为末代帝师，既是一位出色的政治家，又是一位著名的文学家、教育家，晚清"同光体"闽派的主要代表人物，堪称近代闽诗圭臬，对晚清旧诗坛产生了很大的影响。

清代福建藏书家对古书的注释工作成就也非常大，对经、史、子、集各部类的许多古书进行了注释和整理，为后人学子顺利阅读这些古书创造了条件。同时在目录、版本、辨伪、题跋等方面的成就，亦斐然可赞。

2. 辑佚刊刻

清代福建许多藏书家看到大量珍贵古籍散佚，深为痛惜。他们埋首残篇断简，网罗丛残，钩稽遗逸，爬梳剔抉，进行艰辛的辑佚古书工作。其中成绩较为突出的当是陈寿祺。陈寿祺一生辑佚古籍颇多，大多为先贤之遗著。在家居的二十余年里，不断地搜集乡贤遗著、散记等，并进行校勘、辨伪，然后汇编而刊行之。陈寿祺认为黄道周的遗著、文集散见未刊行的尚多，于是开始搜集这些遗文、遗集，积十余年搜访之力，才购得《易本象》《邺山讲义》《骈枝别集》《大涤函书》等，后得《黄道周文集》三十六卷《诗》十四卷，又抄得黄道周门人所撰《黄子年谱》，汇成《全集》六十六卷，刊布流传。陈寿祺一生辑佚古籍甚多，仅《中国丛书综录》所著录的，就有《尚书大传》《洪范五行传》《尚书大传定本》等三种。谢章铤也曾与聚红榭同人合作辑刻《聚红榭雅集词》六卷，以及未刻者如诸经注疏及考异等。此外，还辑刻了梁章钜《闽川诗话》残稿、高澍然的《抑快轩文集》等。祝昌泰也曾倾力辑刻浦城宋、元、明先儒遗书十四种，捐资编印《浦城宋元明儒遗书》一百十卷。诸此，均使得一些欲绝如缕之珍稀典籍得以流传至今。

不少福建私人藏书家把对藏书的珍爱变为刻书行动，使一些珍稀善本化身千百，广布人间而久不泯灭，这对于历代典籍的延续与传播有着不可估量的作用。同时也是被藏书家们视为己任，而又乐于实践的善事。他们有的刊刻家集宣扬祖德，有的刊刻乡邦文献，旨在传播美名。尽管目的不同，但福建私人藏书家为名而刻的特点十分突出，所刻书大多校勘精审，刻印精良，具有较高学术价值和使用价值。

藏书家们自己出资，利用家藏刊刻图书，是当时私人刻书的主流。与同一时期外省许多著名藏书家大量辑刻宋元旧籍汇为丛书所不同的是，福建刊刻的多是个人撰著丛书，作者也多为福建籍的名儒显宦，同时还有大量的乡邦文献。颇为典型的是福州郭柏苍，既是大藏书家，又是著名刻书家，是晚清时期福州刻书最多的人。一生刊印图书达 20 多种。郭柏苍对刊刻乡贤遗集费尽心力，他曾说："苍自少及老，所闻见辄不忘。惜壮岁谋馆谷，芸人之田，荒不得学。功暇筑祖墓、营新坟、修本郡之谱牒、刻先辈之诗文，止四事已五十年之心力。"[①] 除刊刻自己的著作外，还坚持不懈地搜索整理先贤遗集，并倾资财雕版印制发行。如：刊刻福建诗人蓝仁《蓝山集》六卷、蓝智《蓝涧集》六卷、高灏《石门集》七卷、傅如舟《傅木虚集》十五卷及好友林瀍《秋来堂诗》二

---

① （清）郭柏苍：《闽中郭氏支派大略》卷首，清光绪十四年（1888）福州郭氏刊《郭氏丛刻》本。

卷等。特别是在其晚年，还坚持编辑、刊刻《全闽明诗传》。郑杰的《全闽诗录》原来仅刻清代部分，未刻书稿归何则贤。何则贤无力刊刻，又转给杨浚。惜在辗转过程中，书稿遗失数帙。郭柏苍用了四年时间，对《全闽诗录》进行增订，辑出明代福建九百四十五人诗作，考其出处，系以小传，编为五十五卷，光绪十六年（1890）刊行于世，为后世研究明代福建诗人及其作品，留下了宝贵的文学遗产。藏书家中刻书较为出名的还有陈寿祺、杨浚、梁章钜、谢章铤、祝昌泰等。①

四、藏书世家

清代的福建私家藏书，更多更典型地具有家族藏书传统性质。一些著名藏书家，大都家学渊源悠久，文化积淀深厚，受诗书传家的影响，藏书世代承袭，日积月累，年复一年。他们甚至把藏书作为传家宝，几代人为之呕心沥血。尤为著名的藏书世家主要有：

1. 闽县叶氏家族

叶氏先祖原居福清，顺治年间迁居闽县。叶氏子孙皆好藏书，为福州藏书世家中历时最久者之一。叶氏子孙中，藏书最为闻名是叶观国，为闽县叶氏第16世。有"绿筠书屋""双榕书屋"，藏书六万余卷。子七：申蕃、申菜、申蔚、申蔼、申苞、申万、申芗。其四子叶申蔼"好读书，藏书三万卷，披诵不倦"②。筑"荫余轩书楼"以藏之。叶申蔼子叶仪昌，"归里后，构'芝石山房'，拥书自乐"③。叶仪昌子叶滋棠，有"古闽叶氏苔南珍藏"等。叶滋棠从弟叶滋森，道光间收藏典籍其富，"居南郊之外阳崎乡，有田园林亭之乐。中年簿书填委，收金石书画以自娱"④。筑"池上草堂"以藏之。叶大焯为叶申万之曾孙，叶云

---

① 参见谢水顺、李珽：《福建古代刻书》，福建人民出版社，1997年。

② 陈衍等纂，魏应麒续纂：《[民国]福建通志》总卷三十四，民国二十七年（1938）刻本，第9页上。

③ （清）朱景星修·郑祖庚纂：《[光绪]闽县乡土志》卷六十八，清光绪三十二年（1906）铅印本，第6页下。

④ 陈衍等纂，魏应麒续纂：《[民国]福建通志》总卷三十四，民国二十七年（1938）刻本，第11页下。

滋五子。"所居斋曰'补拙',读书其中。"① 有叶大焯《补拙斋藏书书目》一册传世。② 叶大庄为叶申蔼之曾孙,叶滋森之长子,为闽县叶氏第 20 世。"玉屏山庄"为叶大庄的主要藏书楼,自云:"吾家藏书五万卷,手艺花木三十年。"③ 叶于沆为叶大焯孙,叶在琦长子,为闽县叶氏第 22 世,民国期间寓居北京,建有"琴趣楼",以庋藏图籍。

2. 龙山刘氏家族

福州的龙山刘氏系出北直(今河北)龙山(大名龙山镇)。明永乐间,刘彬官福州左卫指挥使,遂籍闽。刘彬为龙山刘氏入闽始祖,其后世代为武官。明末清初,多铎率兵南下,刘家兴兵抗清。六世祖刘鸣雷,字豫斋。生计饶裕,乐善喜施,七子文行竞爽,建宁朱仕琇志其墓称为"义门"。子七:国传、国柱、国桢、国楫、国辅、国炳、国器。龙山刘氏第 10 代明亡故从商,自第 12 代起又弃商为官。刘氏子孙皆好藏书,也是福州藏书世家中历时最久者之一。刘氏子孙中藏书比较出名的有:龙山刘氏第 12 世:刘国柱"聚书数千卷于'墨庄书屋',令子弦诵读其中"④。其孙刘家镇,龙山刘氏第 14 世,自述:"镇素嗜韵书,搜求十余寒暑,得闽中数巨家所藏宋元旧刻,计偕经历都会,辄访遗编,世无刊本者,则传抄于文澜秘阁共百七十余种,暇即闭户披阅,粗识其涯。"⑤ 聚书达二万余卷,藏书处为"石芝山馆"。龙山刘氏第 14 世刘永松,性喜藏书,精于鉴别,架楼七楹,"聚书万卷,其室名曰:'小墨庄'"⑥。后又新构馆舍曰"得过草堂",书斋名"篆籀",藏书处以"以李星村'此世真堪为性命,他生能否得聪明'为楹帖"⑦。刘家镇子刘齐昂,龙山刘氏第 15 世,继承其父,藏书甚富,编有《三山刘氏书目》一册传世。龙山刘氏第 15 世刘齐衔,为伯父家镇所教养,亦收藏图书甚多。刘齐衔孙刘鸿寿,龙山刘氏第 18 世,性嗜书,好考究古董

---

① (清)叶在琦等:《叶大焯行述》,清光绪刻本,第 3 页上。

② (清)叶大焯编:《补拙斋藏书书目》,民国七年(1918)福建修志局抄本。

③ (清)叶大庄:《写经斋初汇》卷二《俶玉病起诣补园归作叠韵》,清光绪刻本,第 21 页。

④ 陈衍等纂,魏应麒续纂:《[民国]福建通志》总卷四十,民国二十七年(1938)刻本,第 15 页下。

⑤ (清)刘家镇:《佩文韵溯原序》,清道光二十九年(1849)石芝山馆刻本。

⑥ 郭可光编:《闽藏书家考略》卷二,郭氏白阳书室抄本,第 19 页上。

⑦ 郭可光辑:《竹间续话》卷五,稿本,第 13 页上。

字画，家有"景屏轩"藏书，颇多精本。

3. 侯官黄巷郭氏

福州黄巷郭氏自唐汾阳王孙嵩，咸通间入闽，居福清泽朗乡，后迁到侯官。至教谕郭阶三，其家族始成大族。郭阶三，为福州郭氏远公支下 17 世。有子五：柏心、柏荫、柏蔚、柏苍、柏芗。五子皆中举，世称"五子登科"，名噪一时。郭氏子孙皆好藏书，最著名的当属郭柏苍，其"沁泉山馆"为主要藏书之所，藏六万卷，仅善本就有十二橱，有藏书目二册，"多珍秘本及闽中文献之书"①。除"沁泉山馆"外，还有'鄂跗草堂'也藏书，八千余卷。郭柏荫为郭柏苍二哥，亦嗜读书藏书，与弟柏苍一道收集图书。藏书印有"远堂""天开图画楼"等。郭名昌为郭柏荫第三子，为福州郭氏远公支下 19 世，"性嗜读，视经籍若命。常蹀躞书肆间，凡完好丛残者，兼收并蓄。若不措意，经年许乃设长案，手自整理，析分数叠，各束之。后又取而分理之，逐日举一束。有所别择，别为一束，标明卷第后，取而章梳句篦，以作汇订。公聚书多至二十余橱，就所居构二楼贮之"②。郭曾炘为郭柏荫之孙，郭式昌之子，为福州郭氏远公支下 20 世，曾自叙："余少沉酣古籍，吏事之暇，手不释卷。"③其子郭则沄热衷于典籍收藏，其搜集古籍亦以京津两地为多，闲暇时多流连于琉璃厂或旧书摊。曾有诗云："蒹棚零落藕塘宽，斜日寻书就冷摊"④。在京有藏书室名"龙顾山房"。郭可光为郭柏苍曾孙，郭曾芸子，福州郭氏远公支下 22 世，笃学好古，于故纸堆中苦读，独耽于故乡文献而从事撰著，极力搜罗乡贤著作，藏书室为"莫等闲斋"。

4. 雁门萨氏

福州雁门萨氏的始祖是萨拉布哈，因辅佐元世祖忽必烈打天下，累建功勋，深为忽必烈所倚重。其子敖拉齐（即阿鲁赤），臂力过人，元英宗时，受命镇守云代，遂居雁门。阿鲁赤有子三，长子萨都剌，是大诗人，官至燕南河北道

---

① 郭可光编：《闽藏书家考略》卷二，郭氏白阳书室抄本，第 13 页下。
② 郭可光辑：《竹间续话》卷五，稿本，第 5 页下
③ （清）郭曾炘：《邴庐日记》，民国二十四年（1935）刻蓝印本，第 17 页下。
④ 郭则沄：《龙顾山房诗赘集》之《同家人十刹海芦棚小饮》，1956 年铅印本。

肃政廉访司经历。萨都剌在朝时，英宗以其精于经术，赐姓萨，这是雁门萨氏受姓之始。萨氏后人萨仲礼，元统元年（1333）进士，授福建行中书省检校，遂卜居于闽。萨仲礼为雁门萨氏入闽始祖。雁门萨氏家族屡代科第不绝，到清代登科第者五十余人，是福州有名的世家大族。雁门萨氏子孙皆好藏书，比较出名的有：萨玉衡为入闽萨氏第三支第12世，家多藏书，以购书为乐。萨龙光，为入闽萨氏第一支第13世，搜讨载籍，博极群书，手录三百余种，间有珍秘之本，世所罕见者。萨嘉曦为入闽萨氏第二支第16世，继承父志，家刻木板古籍近20种，以"敦孝堂丛刻"或"一砚斋"名之，所刊刻多先人著述。葺"一砚斋"精室三楹，藏书其中，编有《一砚斋藏书目录》。其弟萨嘉榘自云："余珍惜文献，遇有闽人著述，则庋藏之而已。"[①]

5. 螺洲陈氏

陈氏家族从明代始祖陈巨源迁至螺洲，传至陈若霖之后，更是科第蝉联，功名显赫。成为福州有名的簪缨世家与藏书世家。陈氏至陈若霖开始，子孙皆好藏书，比较出名的如：陈若霖在螺洲祖屋后废园修建了"赐书轩"，以"供庋藏赐书之用"，藏书达五万余卷，藏书处曰："居敬堂"，其中颇有精华。陈若霖子陈景亮，对古玩书画皆有爱好，在为官期间，收藏到一些书籍，充实了陈氏藏书。陈景亮子陈承裘。爱好金石书画，居家"好集古今金石书画，常满床屋。"[②]亦富藏书，藏书处曰"居敬堂"。陈承裘子陈宝琛，从小耳濡目染，嗜好藏书。从陈宝琛谪居在家到民国初年，先后在螺洲祖居建造了"赐书楼、还读楼、沧趣楼、北望楼、晞楼"等"藏书五楼"，庋藏图书十余万卷，有《闽县陈氏赐书楼书目》传世。

6. 侯官李氏

侯官李氏藏书始于李作梅，居于光禄坊之"玉尺山房"。喜好文人雅事，酷爱收藏，家中购置的图书、字画充栋连楹。李作梅逝世后，藏书传给儿子李聿藩，后又传给孙子李宗言、李宗祎。"藏书及书画连楹，转徙丧失，乃十

---

① 萨嘉榘：《积积室书目序》，《积积室文存》，抄本。

② 陈衍等纂，魏应麒续纂：《[民国]福建通志》总卷三十四，民国二十七年（1938）刻本，第58页下。

存其二三。"① 李宗祎子李宣龚，是民国时期的大藏书家，供职于商务印书馆，后任总经理。善作诗，好藏书，收藏清人及民国初人士的诗文集与书画精品千余种，其藏书室名"硕果亭""观槿斋"，有《闽县李氏硕果亭藏书目录》一册行世。

7. 宫巷武林沈氏

雍正年间入闽沈氏由杭州迁闽，杭州古名武林，所以宫巷沈氏又称武林沈氏。入闽沈氏最初三代皆以游幕为主，家境清寒。宫巷沈氏到了第五世沈葆桢之后才成为福州的名门望族。沈葆桢子七，孙十三，曾孙七。由于沈氏后人多有在马尾船政学习、服务的经历，很多有担任要职。家族中形成了注重子孙教育，好藏书读书的良好风气。家族中的藏书多由长房保存。沈葆桢长孙沈翊清，平日好读书，收罗文献。其长子沈觐平，淡于宦情，喜收藏自娱，遇有秘本书，辄自抄录。平时"惟日研究目录之学，为同辈所推许，浏览群书，每卷必经勘点，丹铅之迹，斑驳行间"②。沈觐平藏有多种秘本异书，其藏书后来传给长子沈祖牟。沈祖牟为民国年间的著名藏书家。

8. 侯官林则徐家族

在林则徐数十年为宦生涯中，从不间断读书与藏书。暇手一编，数十年寒暑不辍，总是随身带上各种书籍辗转各地。即使流放新疆，林则徐也不忘随身带上大量的图书。藏书家郭柏苍在《竹间十日话》中记录此事云："（文忠）责戍伊犁，道出凉州……以大车七辆，载书二十箧，曰：'东壁图书府，西园翰墨林。诵诗闻国政，讲易见天心。'余皆公卿求书绫绢宣纸也。"③ 从新疆赦归时，已六十一岁。回到福州，利用家中的云左山房藏书，设立"亲社"，亲自课读族中及亲戚家子弟。林则徐在福州文藻山宅内第三进建有"七十二峰楼"，专以藏书。楼中用红木博古橱隔断，书室名曰"云左山房"。林则徐有四子，除次子林秋柏早殇外，藏书后来分别由三个儿子传承。长子林汝舟、三子林聪彝、

---

① （清）朱景星修，郑祖庚纂：《［光绪］闽县乡土志》卷八十三，清光绪三十二年（1906）铅印本，第21页下。

② 欧阳英修，陈衍纂：《［民国］闽侯县志》卷七十二《沈觐平传》，民国二十二年（1933）刊本，第22页下。

③ （清）郭柏苍：《竹间十日话》卷六，清光绪七年（1881）侯官郭氏刻本，第18页下。

四子林拱枢，均能继父遗志。三子林聪彝曾据其藏书编成《云左山房书目》一书。[①]民国期间，林则徐五世孙林家溱收藏有数十箱珍贵古籍，其中有清代藏书家李馥、李彦彬、郑方坤、林佶等人旧藏。最为珍贵的是他收藏有先人林则徐著作、手稿及旧藏。藏书收藏于"宝宋斋"中。

五、藏书章与藏书楼

1. 藏书印文的内容

藏书印是书主在书前、或书后、或书中钤盖自己的图章，是书主表示所有权的标记。在藏书过程中钤盖藏书印，久而久之就成为藏书家的一种藏书习俗。在清代，福建藏书界使用藏书印的风气日益浓厚，私家藏书印得到更广泛使用，其作用已大大超出标记所有权的范畴。随着藏书印文的内容拓宽，内涵充实，各种名目的印章遂层出不穷。清代福建一些著名的藏书家都有几方甚至几十方的藏书印，并以此为癖好而独享其乐。例如：蒋玠的"闽中蒋氏三世藏书""蒋绚臣曾经秘藏""蒋绚臣藏书""闽中蒋氏藏书""闽中蒋绚臣家藏""蒋玠之印""绚臣""臣玠""蒋绚臣曾经校藏""绚臣氏"；黄虞稷的"黄虞稷印""俞邰""晋江黄氏父子藏书印""温陵黄俞邰氏藏书印""朝爽阁藏书记""温陵黄氏藏书""不缁道人黄虞稷印""千顷堂图书""虞稷"；林佶的"林佶""吉人""长林""林佶之印""鹿原""鹿原林氏藏书""鹿原学者""鹿原林氏所藏""吉人之辞""朴学斋"；萧梦松的"晋安萧蓼亭手定书籍""兰陵世家""传之名山传之其人""闽中蓼亭梦松图史之章""萧梦亭四家藏图籍印""萧印梦松""静君""兰话堂书画印""萧斋""澥之不清挠之不浊""偃息琴书之侧""蓼矶真赏""萧蓼亭印""萧氏梦松""萧蓼亭""萧蓼亭四世家藏图籍印"；李馥的"曾在李鹿山处""过眼云烟""鹿山李馥""信天居士""居业堂""不贪珍宝""生事不自谋""舍书百不欲""书魔惑""官贫心甚安""见客惟求转借书""居业堂李鹿山珍藏"；何应举的"述善""述善珍赏""述善珍藏""晋安何氏珍藏""晋安何氏珍存""苍璧斋述""应举真赏"；郑杰的"郑氏注韩居珍藏记""侯官郑氏藏书""昌英珍秘""注韩居士""郑杰之印""长勿相忘""郑赤之印""书带

草堂""郑杰""昌英""人杰""一名人杰字昌英""名余曰杰""注韩真赏""珍藏宝玩";王大经"陆亭藏书""陆亭翰墨""闽中王氏珍藏""王大经少名曰拱号陆亭""大经少名曰拱""陆亭曾阅之书""臣王大经""闽中王氏珍藏";伊秉绶的"墨卿鉴赏""伊秉绶印""墨卿""秋水园东邻叟""都官""氏姓曰伊""伊汀州""广陵太守之章""伊氏秋水园藏书";赵在翰的"侯官赵氏小积石山房艺文之章赵在翰印""在翰""在翰私印""赵印在翰""臣在翰""小积石山房""小积石山房艺文之章"。陈寿祺的"陈寿祺所存""琅嬛福地""左海""闽县陈氏藏书""隐屏山人""苇仁";梁章钜的"茝林珍藏""茝林真赏""茝林审定""梁氏茝林""茝林曾观""吴中方伯""退庵居士""古瓦砚斋""梁章钜鉴赏印""退庵""难进易退学者""提兵岭后筹海江东""闵中""二十举乡三十登第四十还朝五十出守六十开府七十归田""黄楼""东楼""亦东园""北东园""花舫""变轩""怀清堂""迟上草堂""二思堂""藤花吟馆""粤西开府""戏彩亭""小沧浪"。林则徐的"少穆曾观""少穆审定""林少穆珍藏印""宠辱皆忘""肯使细故胸中留""读书东观视草西台""管领江淮河汉""吴越秦楚齐梁使者""词臣开府""河东节帅江左中丞""历官十四省统兵四十万""滇黔总制""从吾所好""总制荆湘""曾归真愚";林鸿年的"勿村""勿村又号艮谷""侯官林勿村鉴藏之印""曾藏林勿村处""曾在林勿村处""侯官林勿村鉴藏";林寿图的"颖叔珍藏""臣林寿图""寿图之印""欧斋""颖叔";林昌彝的"续墨缘书屋章""闽县林氏续墨缘书屋搜藏记""曾在林洛如处""伯云藏书之章""厚价收书不以贫""辛卯年被毁后手购金石书画""饮云楼";郭柏苍的"闽中郭柏苍藏书""兼秋""兼秋图书""兼秋藏书""榕城郭兼秋藏书""红雨山房""天工图画楼""玉尺山房""怀璞斋""棣华韡""湖山过客""臣郭柏苍""闽中郭兼秋艺文金石记";刘永松的"刘氏小墨庄藏""曾经刘筠川读""闽山刘氏珍藏""侯官刘筠川艺文金石记""三山墨庄刘氏珍""侯官刘筠川观""筠川藏书""臣刘永松";谢章铤的"赌棋山庄校本""枚如手校""枚如读过""章铤印""赌棋山庄""章铤""江田生""诗酸词辣文章苦""文史臣铤";杨浚的"侯官杨浚""臣杨浚印""健公""雪沧父""内史之章""同治元年购""雪沧获观""臣浚读碑""雪沧手校""闽杨浚雪沧冠悔堂藏本""侯官杨雪沧藏""福州冠悔堂杨氏图书""杨浚私印""紫薇舍人""雪沧所藏善本""雪沧所得""温陵杨雪沧珍存""杨浚审定""侯官杨氏雪沧抄本""陈恭甫藏杨雪沧得";杨用霖的"古闽杨用霖珍藏记""用霖之印""用霖读本""洄若""侯官杨洄若艺文书画印""闻香小舍藏""惟庚寅吾以降""长勿相忘""杨用霖印";龚易图的"大通楼藏书印""龚少文收藏书画记""易图""乌石山房""闽县龚易图收藏书画金石文字""龚蔼人收藏书画印";陈棨仁的"戟门""棨仁小印""读我书斋藏书""铁香获观""绾绰堂藏书""陈戟门手校本";陈宝琛的"陈氏赐书楼珍藏印""闽县陈氏赐书楼藏善本图书""闽县陈宝琛捐藏""闽县陈宝琛藏""三山陈氏居敬堂图书""还读楼藏书记"等等。诸此,足以说明了清代福建藏书家的藏书印文具有非常丰富的思想感情与深厚的文化内涵,一枚枚朱墨相映的雅致印鉴中,无不浸透出藏书者的深邃蕴涵、志向意趣,藏书心态、闲情逸致等等。

概而言之,清代福建藏书家的藏书印文内容及其特色,大致可归纳为以下几类:

其一,以藏书家基本情况入印。这是较常见的藏书印记,藏书印章刻上藏书人的姓名、字号、书斋号或藏书楼号等,体现了藏书印标记其书所有权的基本功能。如:黄虞稷的"黄虞稷印""俞邰",林佶的"林佶""林佶之印""鹿原",林正青的"正青之印""洙云""林洙云氏"等等,皆以姓、名、字或其组合入印;杨浚的"紫薇舍人",黄宗彝的"左鼓右旗山人"等,以别号入印;而以其斋号、室号或藏书楼号入印的就更多了。如:梁章钜的"黄楼""东园",郭柏苍的"沁泉山馆""天开图画楼""玉尺山房""怀璞斋",杨庆琛的"绛雪山房"等。还有的以籍贯、里爵、姓氏、藏书楼号等组合入印的,如:郑汝霖的"永泰郑汝""八闽汝霖""永泰郑汝霖学石颠",郑重的"建安郑山公重藏书",何则贤的"晋安何氏珍藏",吴种的"晋江吴种少阮氏藏",陈宝琛的"闽县陈氏赐书楼藏善本图书""闽县陈宝琛捐藏""闽县陈宝琛藏""三山陈氏居敬堂图书"等。此外还常常连缀"珍藏""秘藏""藏书记""藏书之章"等。总的来看,这类的藏书印是很多的。还有以藏书家门第氏族、官职仕履等内容组合入印的,如伊秉绶的"广陵太守之章";林则徐的"管领江淮河汉""吴越秦楚齐梁使者""河东节帅江左中丞"等。

其二,以藏书家的鉴赏标志入印。鉴赏章包括鉴别校定与阅读观赏两种。有些图章内容对书籍的版本状况作了明确的鉴定,为后人评判图书版本提供了确切的依据,价值较高。有的是对书的阅读和欣赏,这种的阅读观赏章也较多,而且形式多样。有的称"观""获观",如梁章钜的"茝林曾观",杨浚的"雪沧获观",刘永松的"侯官刘筠川观";有的称"经眼""读过",如戴成芬的"茝农经眼""茝农读过",刘永松的"曾经刘筠川读";有的称"真尝""鉴藏"等,如何应举的"述善珍赏""应举真赏",萧梦松的"蓼矶真赏",林鸿年的"侯官林勿村鉴藏";还有的认为是一种"结缘""墨缘"的缘分,如林昌彝的"续墨缘书屋章""闽县林氏续墨缘书屋搜藏记"等。有的书校勘印记,也能说明书籍版本的价值,特别是经过名家校勘,该书便可成为精校本,其身价便不等同一般了;如蒋玿的"蒋绚臣曾经校藏"林则徐的"少穆审定",谢章铤的"赌棋山庄校本""枚如手校"等章,皆属校勘印。

其三,以藏书家的闲情雅致入印。不少藏书家把藏书、读书过程中的闲情雅致凝聚成妙语,用轻松、悠闲的印文表达出来,反映了藏家志趣爱好,使藏书印的内容更加丰富多彩。如郭柏苍的"湖山过客",林则徐的"读书东观视草西台",萧梦松的"偃息琴书之侧",林昌彝的"饮云楼";明刻《刘屏山集》前,更有萧梦松 36 个字的大方印:"名山草堂。萧然独居。门无车马,坐有图书。沈酣枕籍,不知其余。俯仰今昔,乐且宴如,萧蓼亭铭。"表达了读书人心中的乐趣。更有一些藏书家借藏书章来述志。如李馥的"过眼云烟""不贪珍宝""生事不自谋""舍书百不欲""官贫心甚安""见客惟求转借书",戴成芬的"乌山小隐",林则徐的"宠辱皆忘""肯使心中细事流",萧梦松的"溅之不清挠之不浊",林昌彝的"厚价收书不以贫"等。

其四,以箴言警句入印。古代藏书家多视书如命,一般秘不示人,其藏书印如"子孙永保""子孙保之"之类的字眼最多,也最有代表性。这些是用来谆谆告诫后人珍惜书籍,继承先人遗志,保存藏书的印文。藏书传世,一传永传,这是绝大多数藏书家的愿望,但事实上又是不够实际的。私家藏书数代承传,终究难免落入他人之手。因而一些具有襟怀豁达的藏书家认为聚久必散,不必子孙保之,更不可能子孙永保。所以所制之印文十分通达,留有余地。如蒋玿的"是书曾藏蒋绚臣处",李馥的"曾在李鹿山处",潘德舆的"曾在潘德舆家",张登瀛的"曾在榕城张洲山处",林鸿年的"曾藏林勿村处""曾在林勿村处",林则徐的"曾归真愚",林昌彝的"曾在林洛如处",何广熹的"古闽何氏丁戊山馆曾藏",刘永松的"曾经刘筠川读""侯官刘筠川观"等印记,表明他们曾经收藏，而不敢奢望子孙永保永传。这种比较开明的想法，意在告诫后人，不管家藏典籍落入谁手，都要加以保护。总之，无论是"永保"还是"曾藏"，无不反映出藏家珍爱书籍的那份终究无法拂去的心中良好愿望。

其五，以杂记内容入印。一些记时、记事的印章，内容杂驳，可归为一大型。记事所记事件，大多与藏书家经历有关。如林则徐的"历官十四省统兵四十万"；梁章钜的一方 24 个字"二十举乡三十登第四十还朝五十出守六十开府七十归田"的藏书章，他一生的经历都融在了这方寸之中；林昌彝的"辛卯年被毁后手购金石书画"，则记录了其收藏的经历等等。

此外，清代福建藏书家还有一种肖像印，既有肖像，又杂记一些内容，这种印较大，有豆腐块大小，一边是印主小像，一边缀以文字，比较奇特，也比较少见。

2. 藏书印的价值

藏书印作为藏书文化的一个重要组成部分，有着其重要的艺术价值、史料价值和文物价值。

其一，无与伦比的艺术价值。翻开一部线装古籍，首先映入眼帘的是那些藏书印，形制各态、时代各异的印章灿然于一书之中，不能不使人感受到历史的积淀。而这些钤盖着的朱白相间、种类各异的藏书印记，使古籍显得古朴灿然，熠熠生辉，具有很高的观赏价值。私家藏书印章，从风格看一般不同于官印的古朴庄重与威严华贵的气势，而是显得精巧清丽，雍容秀雅；从印章的大小来看，悬殊更大，大者如掌，小者如豆；从字数来看，或一印一字，或一印多字，甚至是一首小诗；从形状来看，有正方印、长方印、椭圆印、六面印、葫芦印、以及各种不规则的印章等；从字形来看，有鸟虫篆、大篆、小篆、隶书、石鼓文、楷书等；从表现手法来看，有阴文、阳文或阴阳并举；从印色来看，有朱色、墨色等，但多数为朱色。真可谓种类繁多，造型千奇，神闲气静，赏心悦目。当欣赏藏书印的时候，就如同在欣赏一幅幅精美的微型图画。如福建师范大学图书馆藏清初李馥《居业堂诗稿》的清稿本，所钤的"鹿山李馥""信天居士""李作梅""向秋守之""曾在李鹿山处""过眼云烟""鹿山李馥""信天居士""居业堂""不贪珍宝""生事不自谋""舍书百不欲""书魔惑""官贫心甚安""见客惟求转借书""居业堂李鹿山珍藏"等印记时，字体各异，刀法雄浑，凝重古朴，精美至极。

其二，在学术研究中重要的史料价值。透过这些藏书印记，可以钩沉许多藏书家的姓名、别号、籍贯、官职、里居、藏书楼、藏书规模、藏书特色、藏书经历、甚至藏书家的人生行迹与社会交往，还可以窥见藏书家的处世心态与藏书理念等等。同时，还可以成为鉴别古籍真伪、判定版本源流、考辨递藏轨迹，厘清残存散佚的重要依据。例如：许多从事版本鉴定的研究者，都把藏书印作为一个非常重要的内容加以著录。早在清代，就有许多藏书家利用藏书印记了解书籍的流传过程与版本源流了。清人黄丕烈的《士礼居藏书题跋记》，利用藏书印记考辨得相当精细。古籍版本学中所谓"某某藏本"，大多是根据题跋和藏书印来确定的。

藏书印作为拥有者的凭证，即可知书的主人。通常情况下，先得者钤于正文卷端最下方，后得之再往上钤盖，以至于天头，栏外。于是古籍上就钤盖了很多藏书家的藏书印，根据历代藏书印的先后更迭，可以考察该古籍的递藏流传轨迹。它标示出该书源自何人、曾经某人之手、某人收藏，几人收藏过，几经聚散等重要信息。如：宋刻东汉许慎撰、宋徐铉等校订的《说文解字》十五卷，几经名家收藏，印记琳琅。钤有"虞山毛氏汲古阁收藏""臣晋""古吴毛氏奏书图书记""阮元印""竹农珍赏""古秋堂""额勒布号约斋""额勒印""约斋鉴赏""约斋审定""五峰珍藏""五峰藏书记""陈庆镛颂南""季子庆镛""杨氏海源阁藏""以增之印""杨绍和藏书""祁阳陈澄中藏书记""陈印清华""澄中""周暹"等印记，从印文中，可以看到这本古籍从明末到近代承传有序的过程，该书首藏是明末常熟的毛晋，后从江浙一带流入福建，为闽人陈庆镛收藏，接着又流入山东的海源阁，后又为陈澄中、周暹等人递藏。又如：福建师范大学图书馆藏的明叶溥修、张孟敬纂，明正德十五年（1520）刻本《[正德]福州府志》四十卷，钤有徐㭿的"徐㭿之印""鳌峰清啸"，徐𤊹的"徐氏兴公""闽中徐𤊹惟起藏书"，蒋玢的"是书曾藏蒋绚臣家""绚臣家藏"，何述善的"晋安何氏珍藏"，林则徐的"林少穆珍藏印"，刘东明的"东明游峨眉后拾得"，廖元善的"还读庐藏书印""今雨珍藏"；再加上该书卷二十八"林真"上方批注"佶四世祖也""像藏佶家"；郑杰《注韩居藏书目总录汇抄·史部五》"方舆类"著录："《正德福州志》四十卷，徐兴公藏"；李彦章《议复高贤祠于乌石山之阳用徐惟和集中高贤祠成呈屠使君韵四首》其二"曾披前志录"下自注"余藏《正德郡志》残本，为徐兴公家藏。所题手迹于入祀高贤祠者，多有标记"[1]等，就完全可以非常明晰地厘清了福建师范大学图书馆的该藏本，最早为明代著名藏书家徐㮐的红雨楼旧藏，后由其子徐𤏡等人继承；从徐家散出后，经手收藏者还有蒋玢、林佶、何述善、郑杰、林则徐、李彦章、刘东明、廖元善等，最后由廖元善先生捐赠给当时的福建师范学院图书馆（即今福建师范大学图书馆）。该藏本自明以来，迭经名家递藏，历经近 500 年，丹铅满卷，藏章迭钤，具有重要的史料价值和文物价值。

其三，提升古籍的文物价值。叶德辉在其《观古堂藏书十约·印记十》中有"宋本《孔子家语》以有东坡折角玉印，其书遂价值连城"[2]等语，从中可见藏书印记在提升古籍价值方面的重要作用。有些藏书印记的内容，已经对书籍的版本状况作了明确的鉴定，为后人评判书版本提供了确切的依据。如有些著名藏书家有"甲""希世之珍""人间孤本"等小印，钤盖在他们珍藏的善本书上，这样大大提高了古籍的文物价值。还有一些印记表明其书经过名家校勘，该书成为精校本。如：蒋玢的"蒋绚臣曾经校藏"，林鸿年的"侯官林勿村鉴藏"，谢章铤的"赌棋山庄校本""枚如手校"，林则徐的"少穆审定"，杨浚的"杨浚审定"等，其身价自然就不同凡响了。

总之，藏书印是藏书家爱书的产物，是藏书文化的一个重要组成部分。一枚小小的藏书印章，折射出的却是一个大千世界。方寸之地的藏书印，不仅是藏书家们的个人标记，而且是他们精神的寄托，其深刻的文化意蕴，也为今之学人带来艺术的享受。

3. 藏书楼遗存

藏书楼是私家藏书到达一定的规模后必然出现的产物，藏书楼的建构有利于藏书的收藏和保护，藏书楼是藏书家心血的结晶，也是他们理想的寄托。

福建的私家藏书楼，滥觞于宋代，如：方略"万卷楼"、方于宝"三余斋"、方渐"富文阁"、方万"一经堂"、真德秀"西山藏书楼"、郑樵"夹漈草堂"、余日华"撷英阁"等。到了明代，随着福建私家藏书文化的进一步发展，藏书

---

[1] 李彦章：《出山小草》卷上，清道光二十年（1840）侯官李氏刻《榕园全集》本。

[2] （清）叶德辉：《书林清话》，浙江人民美术出版社，2016 年，第 464 页。

习俗，蔚然成风，书楼林立，点缀八闽。如：马森"钟邱园"、曹学佺"石仓园"、谢肇淛的"小草斋"、黄居中的"千顷斋"、陈第的"世善堂"、张燮"万石山房""群玉楼"，徐㶿的"汗竹巢""宛羽楼""红雨楼"等等。

清代福建，藏书大家，蔚然而起，专门用以藏书的藏书楼、室、斋，数量倍增。据笔者不完全统计，所见约有百余座的藏书楼或藏书室，在八闽大地，星罗棋布。如：清初的黄虞稷的"千顷斋"、林佶的"朴学斋"、萧梦松的"名山草堂"、李馥的"居业堂"、郑杰的"注韩居"等，称盛一时；清中期，福建的私家藏书楼发展到了顶峰，如：伊秉绶的"留春草堂""白鱼山房""秋水园""春及草堂""寒玉斋"、陈寿祺的"小琅嬛馆"、陈若霖的"赐书轩""居敬堂"、陈征芝的"带经堂"、林则徐的"七十二峰楼"、陈庆镛的"籀经堂"、李彦章的"榕园""吉祥馆"、梁章钜的"黄楼""东园""北东园""亦东园"、郭伯苍的"沁泉山馆""补蕉山馆""鄂跗草堂""葭柎草堂"、林春溥的"竹柏山房"、林寿图的"欧斋"等等。到了清末，虽然藏书楼渐渐衰落，但仍有龚易图的"乌石山房""大通楼"、陈宝琛的"赐书楼""还读楼""沧趣楼""北望楼""晞楼"等等。有的藏书家还专门建有密室，以藏"最秘之本"。

清代福建私家以藏书楼命名的楼室，数量虽然很多，但深入考察，其中却有"虚拟"与"实构"两种情况。所谓"虚拟"，即虽有藏书楼号，而实际上并非专门建构藏书楼以庋藏书籍。有的是在自己的居所辟一室藏书，有的是将书籍藏于家中的书斋，有的甚至是随居室放置。清代福建绝大多数藏书家都有藏书楼号，虚拟藏书楼号情况还是存在一定的数量。所谓"实构"，即辟地建楼，构筑名副其实的楼、堂、馆、阁等以庋藏书籍，实实在在是为藏书而建的。如黄虞稷的"千顷堂"、林佶的"朴学斋"、萧梦松的"名山草堂"、郑杰的"注韩居"、陈若霖的"居敬堂"、陈征芝的"带经堂"、林则徐的"七十二峰楼"、陈庆镛的"籀经堂"、李彦章的"榕园"、梁章钜的"黄楼""东园"、郭伯苍的"沁泉山馆"林春溥的"竹柏山房"、龚易图的"乌石山房""大通楼"、陈宝琛的"赐书楼""沧趣楼""还读楼"等等。之所以有"虚拟"的藏书楼之称，究其原因，大都是藏书家由于受到经济条件的限制，再加上有的藏书不多，没有专门建造藏书楼的必要；另外藏书家有藏书楼号，也是清代的一种藏书家的风尚，"虚拟"书楼的出现，或在某种程度上，无形地满足与夸大了部分藏书家追求藏书规模的心理慰藉。

清代福建的私家藏书楼、室、斋，历经沧桑，饱受风霜。如今或荡然无存，故址无迹；或遗址尚存，断壁残垣；或拆建新楼，面目全非；或辟为他用，构件全毁；或修葺完善，挂牌保护。但无论如何，这些私家藏书楼总是清代福建私家藏书文化的重要元素。阅尽它们的百年沧桑，一段经历、一丝感触、一星冥想、一点体悟，会油然而生于心中。那些魂牵梦绕的藏书事迹、厚重博大的文化积淀、一以贯之的承载学史、网罗丛残的艰辛历程，勾点断续，定格于史乘驿畔。

最近几年，笔者对部分清代福建私家藏书楼（室、斋）的遗存状况，作了田野调查，兹将其大概列表如下：

清代福建私家藏书楼（室、斋）的遗存状况

藏书家	宅、园名	藏书楼名	地址	备注
李作梅 李宗言 李宗祎	玉尺山房（又名光禄吟台）	双辛夷楼	福州市鼓楼区光禄坊1号（今福建省高等法院所在）。	其地为乌石山余脉，亦称闽山。道光二十年（1840）归叶敬昌。同治间为李作梅别业，孙李宗言、李宗祎又居之。
郭柏苍	玉尺山房（又名光禄吟台）	沁泉山馆		光绪年间郭柏苍购得，建"沁泉山馆""柳湄小榭"诸胜。民国年间，为福建盐运使衙署。1990年，除了光禄吟台及其周边亭榭、池馆外，大部分已改建成新楼房。1992年公布为福州市文物保护单位。
许　友 许　遇 许　鼎 许　均		米友堂、玉琴书屋等	福州市鼓楼区光禄坊中段北侧，今东侧两座10号、11号。	许友诗孤旷高迥，工草书兼善画竹，酷慕宋米芾，筑"米友堂"祀之。顺治年间，其子许遇于涛园中建"真意斋"等。雍正年间，许遇长子许鼎，再修葺之，辟"瞻云堂"。许遇四子许均，藏书其中。园中有"紫藤花庵""岸船斋""樵歇斋"诸胜。同治年间，宅归刘齐衔，后传其子刘鸿寿。
刘齐衔 刘鸿寿		景屏轩		

续表

藏书家	宅、园名	藏书楼名	地址	备注
林佶 林正青	朴学斋	陶舫书屋	福州市鼓楼区光禄坊中段北侧，今西侧两座12号、13号。	与许氏"紫藤花庵"遗址隔早题巷。"兰话堂""志在楼""朴学斋""鹤巢""林亭"皆"陶舫"中旧迹。其后，该宅数易其主。嘉庆年间，冯缙居之。道光年间，晚年的陈征芝归乡后，购置其居，将其"陶舫书屋"改名为"带经堂"，亦称"兰话堂"。后宅又归刘齐衢、刘齐衔，再传刘鸿寿。刘家大院四座一字排开。1958年，西端第一座，为福州中药厂所改建；1986年，第二、第三进又被拆建为新住宅区，建筑构件全都被毁坏。如今多数厅堂、花厅、天井，都被改造得面目全非。
冯缙	陶舫	兰话堂		
陈征芝 陈树杓	陶舫	带经堂 （亦称兰话堂）		
黄任		香草斋 （又名十砚轩）	鼓楼区光禄坊早题巷西侧1号。	"香草斋"原为许友"墨庵"旧址。黄任为许友外孙，读书其中，庭前环植兰蕙，因以"香草"额其斋。嘉庆年间，林轩开归乡后居之。民国初，何履夘、何履亨又居之。辛亥革命中，林觉民殉难，其家人从洋桥巷迁此。1992年，福州市人民政府将其作为文物保护单位挂牌保护。
林轩开		拾穗山房		
梁章钜		黄楼、东园	福州市鼓楼区黄巷18—21号宅后进。	道光十二年（1832），梁章钜翻修其黄巷故居的小楼名曰："黄楼"；十三年（1833），又在宅左建小园名"东园"。两座均为其主要藏书楼，庋藏数万卷。"黄楼"整组建筑，为福州花厅式小园林建筑的杰作。1988年，被列为福州市鼓楼区文物保护单位。2006年，被列为全国重点文物保护单位。东园正座今尚存一进厅堂与门头房。
陈寿祺 陈乔枞		小琅嬛馆	福州市鼓楼区黄巷，在梁章钜"东园"左邻。	陈氏宅中尚有小园，有"遂初楼""绛跗草堂"等。内有藏书室"小琅嬛馆"，旁室另辟有藏板室。今已全部毁坏。

藏书家	宅、园名	藏书楼名	地址	备注
林则徐 林聪彝		七十二峰楼（又名云左山房）	福州市鼓楼区文藻北路，今通湖路。	该楼坐北朝南，前临文藻河。1948年6月，被洪水冲毁倒塌大部分。1961年，被列为福州市文物保护单位。2003年，福州市人民政府拨款重修"七十二峰楼"。
沈觐平 沈祖牟		饮翠楼（又称宝相楼）	福州市鼓楼区宫巷西段北侧26号。	今辟为沈葆桢故居。1988年，被列为福州市鼓楼区文物保护单位。1996年，被列为福建省文物保护单位。2006年，被列为全国重点文物保护单位。
叶观国	叶翰林府	绿筠书屋	福州市鼓楼区文儒坊52号。	该府第坐西北朝东南，第一进面阔三间，进深七柱，马鞍式封火墙。第二、三间已被改造他用，其余仍破旧不堪。
叶观国	第一山房（又名鳞次山房）	双榕书屋	福州市鼓楼区乌石山东北麓、天皇岭之东。	叶观国晚年回里后，在此购建别墅，自号"双榕书屋"。其后，该宅数易其主。光绪年间，归严家。邓拓之父邓仪中入赘严家，1912年生邓拓于此。邓拓少年亦在此，现辟为"邓拓故居纪念馆"。
李大玢	蒙泉山馆	井上草堂	福州市鼓楼区乌石山北石井巷。	嘉庆年间地归李大玢，拓而广之。由"沁洌泉"并"蒙泉拦"入于"二隐堂"，作亭曰："嵌翠"，面山起楼，署曰"蒙泉山馆"。后数易其主。同治年间，林寿图居之，筑"欧斋"以藏书。民国二十年（1931），为螺洲陈叔常所有，今山馆已毁。
林寿图		欧斋		
李彦彬 李彦章	石画园	榕亭、榕园、吉祥馆	福州市鼓楼区城西南乌石山西北麓，其遗址今在道山路西段北侧的官园里。	康熙年间，林佶、林正青父子均读书于此。嘉庆年间，为李鸿瑞所购，后为其子李氏兄弟继承。园中有"春晖草庐""近水看山楼"诸胜。兄弟俩在"石画园"东西两侧，又各建一藏书楼。

藏书家	宅、园名	藏书楼名	地址	备注
林春溥		竹柏山房	福州市鼓楼区乌石山北麓旧怀德坊内。	该宅原有三座，均为二进，坐北朝南。现存两座，部分已被改造他用。
谢道承		一枝山房（又名鹡鸰山房）	福州市鼓楼区乌石山神光寺东侧。	该山房的"二梅亭"后屋三楹为藏书及读书处，中虚其地，半为池、半种植。今山馆已毁。
龚易图	双骖园	乌石山房	福州市鼓楼区乌石山西南麓，遗址在今福建省气象局。	"双骖园"筑于乌石山之腰，占乌石山西南一角，园中有"乌石山房""袖海楼""餐霞仙馆""南社诗龛""净名庵"诸胜。后由族人龚乾义一房等人居住。民国后，房屋圮废。抗战期间，园林亦被毁，现位于福建省气象局院内，仅存几棵大树。
	三山旧馆（又名武陵北墅）	大通楼	福州市鼓楼区北后街西湖湖畔，遗址在今西湖大酒店。	该馆为集民居、园林、祠堂为一体的大型园林建筑。园中主要建筑有"环碧轩""大通楼""澹静斋""微波榭""白洋楼"等。其中"大通楼"是龚易图最主要的藏书楼之一。20世纪50年代，"三山旧馆"被福建省人民政府征用。20世纪90年代，被夷为平地，改建为今西湖宾馆。
谢章铤	赌棋山庄	赌棋山庄鳌顶书库	福州市鼓楼区于山之九曲亭，前临于山东面登山道。	该山庄占地仅约三亩，有二百余年十围的老银杏，有梅花七、八株等。有楼三间，庋书数万卷。今遗址荡然无存。
何蔚然 何治运 何广熹	红园、西郊草堂	饮和楼、宝唐楼、瑞室	福州市鼓楼区西门（迎仙山）外半街，俗称"何厝里"	乾隆五十三年（1788）"西郊草堂"落成，中有藏书室"瑞室"，所藏各不下十万卷。今无遗迹可寻。

藏书家	宅、园名	藏书楼名	地址	备注
魏　杰	鹤山草庐	静修书屋	福州市晋安区东门外塔头街，现移建金鸡山。	"鹤山草庐"是一座由祖厅、寿泉精舍、静修书屋、泉石居为主体，且有苏州园林风格的建筑。
刘永松		小墨庄、得过草堂	福州市仓山区洪塘妙峰山东麓，状元街北。	明末为曹学佺的"石仓园"，其后宅数易其主。咸丰初，刘永松得其地，极力营建。清末已荒芜没落。20世纪90年代，被房地产开发用地拆除，旧迹无存。
叶大庄	玉屏山庄	陶江书屋	福州市仓山区盖山镇阳岐村玉屏山麓。	该山庄南临乌龙江，环绕于田园风光中。清末是福州有名的私家园林建筑群。1983年，福州市人民政府就将其列为第二批市级文物保护单位，已修葺完善。
陈宝琛		沧趣楼、赐书楼、还读楼、北望楼、晞楼	福州市仓山区螺洲镇店前村。	年久失修，荒废几圮。后被列为福州市文物保护单位，已修葺完善。
苏廷玉 苏大山		洗心退书斋	泉州市鲤城区涂门街燕支巷。	该斋、馆为祖闾苏民居群落之一，为宋苏颂后裔居住地。民居群落现有古大厝四座，面积约有3000平方米，多为苏氏后裔居住。
		红兰馆		
黄宗汉		一六渊海	泉州市鲤城区镇抚巷北侧51号。	该楼坐北朝南，有两府三间张大进及东西护厝、书房、花园等建筑组成，前有院墙围护石埕，布局严谨。现后进荒废，但主体尚存。已被列为泉州市文物保护单位。
陈庆铺	黄门	籀经堂	泉州市丰泽区北峰镇塔后村。	该堂为二进三开间格局，砖木石结构，外墙裙用石砌筑，半壁红砖封顶。由于年久失修，今黄门大厝，已部分倒塌。

续表

藏书家	宅、园名	藏书楼名	地址	备注
陈金城		怡怡堂	泉州市惠安县洛阳镇岭头村。	该堂为皇宫体汉式五开间古大厝。大厝为木石结构，坐西北朝东南，红砖砌墙白花岗岩石墙裙。今大厝左护厝尚存，但不少房间已坍塌。
邹圣脉	梅园	芸香楼	连城县雾阁村梧桐岗坡。	民国一场大火，将雄伟的"梅园四楼"毁于一旦，如今仅剩下断壁残垣和一座小堆斗门楼。

4. 藏书楼的命名

如上所述，传统私家藏书楼的命名，成就了中国藏书史上一种独特的文化内涵。私家藏书楼或以楼地景象命名，或以藏书特色命名、或以字号命名、或以纪念先贤命名、或引经据典命名、或以治学态度命名、或以藏书心态命名。藏书家们追求的是典雅蕴藉的志趣，表达的是自身的文化情怀。因此，解读这些藏书楼的命名意象，势必会进一步加深对私家藏书文化的理解与认识。清代福建私家藏书楼号的命名，亦不外乎为以下几类：

其一，引经据典命名。借用古书典故的含义为书楼命名，往往反映了藏书家的文学修养。如：陈寿祺有藏书室曰："小琅嬛馆"，之所以得此名，他曾解释说："元人所记张茂先入琅嬛福地事，乃建安地也。祺家敝斋署曰：'小琅嬛馆'。"[①]谢章铤筑"赌棋山庄"于九仙山（今于山）下，山庄取名于《晋书·谢安传》，淝水之战前夕，苻坚率百万大军逼近，谢安却别具雅致，从容与张玄围棋赌墅。谢章铤将藏书楼名为"赌棋"，似是对清末内忧外患的政局与国情之映射，亦含不向外敌低首之意。

其二，以纪念先贤命名。如：林寿图尝得宋人欧阳修画像，念已少孤，藉母教成名，与欧阳修身世相似，故名其书斋曰："欧斋"；梁章钜把他的藏书楼称为"黄楼"，是为了纪念唐朝大学者、诗人黄璞；林则徐"七十二峰楼"的命名寄托

---

① （清）陈寿祺：《绛跗草堂诗集》卷五《肯竞春华百态妍》，清嘉庆道光三山陈氏刻本，第37页。

了他对中岳嵩山的崇拜之情；何治运自题所居比钟嵘之"瑞室"，寄托了他对钟嵘的崇敬之情。陈梦雷则颇受康熙皇帝的重用，命其侍奉第三皇子胤祉读书，编辑《古今图书集成》；康熙皇帝还赐给他一座住房，并且还亲自到他的书斋里为他写了对联，上题"松高枝叶茂，鹤老羽毛新"[①]；因此，他的书斋称为"松鹤山房"。

其三，以收藏特色命名。如：黄任有砚癖，收藏有十多个珍贵的砚台，自号"十砚主人"，故名其藏书处曰："十砚轩"；何应举家藏苍璧一枝，古色嶙斑，识者谓是汉晋间物，是福清叶向高家所宝也，故名其藏书处曰"苍璧斋"；祝凤喈家有园林之胜，藏古琴数十张，择其尤者筑十二琴楼以贮之，故名其藏书处曰"十二琴楼"等。

其四，以藏书心态命名。如：陈征芝一生尊经崇儒，故名其藏书处曰："带经堂"；郑杰一生好读书，特别喜读韩愈的诗文，所收集韩愈的诗词、文集尤多，遂自题书室为"注韩居"；陈庆镛嗜好读书，精通古籀文，长于考证金石文字，故名其藏书处曰："籀经堂"等。

其五，以楼地景象命名。如：叶观国在福州乌石山东麓购建别墅，因该地有两棵大榕树，遂号其别墅名为"双榕书屋"；李彦彬、李彦章兄弟一起榕城筑石画园，并在石画园东西两侧各建一藏书楼，其藏书楼名"榕亭""榕园"，三面环江，仿浙江天一阁式，并取生水之意；叶大庄取所建的地点玉屏山，名其书楼"玉屏山庄"；杨庆琛则读书于道山精舍，槛外红梅盛开，故名其斋曰"绛雪山房"等。

其六，以字号命名。如张远号无闷道人，他的书斋称为"无闷堂"；伊秉绶别署秋水，故名其藏书处曰："秋水园"。

其七，以治学态度命名。如：李枝青的"读骚山房"、吴寿坤的"读我书室"、吴种的"研经精舍"、何则贤的"静学书屋"、魏杰的"静修书屋"、苏廷玉的"洗心退书斋"等。

当然以上所举，也仅是部分清代福建私家藏书楼命名取义的方式，还有的夸藏书之富、藏书之精的等。统观藏书家对藏书楼名的最后一个字的取用，一

---

① 欧阳英修，陈衍纂：《[民国]闽侯县志》卷七十一《文苑上》，民国二十二年（1933）刊本，第11页上。

般是建筑物的名词，以称"楼"为最多；其次是"堂""斋""室""阁"；再次是"馆""舍""屋""房""庄""园""庐""庵""亭""居"等等。

　　藏书家对书楼的命名，深得微言大义之精妙，既反映了丰富的私家藏书文化，同时也体现出藏书家的智慧。尽管藏书楼号只有寥寥数字，借以传达的却是楼主的志趣爱好、性情处境、乃至藏书特色、藏书规模等等。由此可见，每一个藏书楼的命名，其背后几乎都有一段掌故或逸事，从中我们能探寻到传统藏书文化的痕迹。

第六章 民国时期福建私家藏书的余波

第一节 民国时期的福建政治、经济与文化背景

一、政治背景

"私家藏书在发展中受社会环境影响最明显的是政治形势方面的制约。安定、昌盛的政治局面，自然为私家藏书带来良好的政治环境；反之，动荡和战乱，则必然给私家藏书带来极大的破坏和损失。"[1] 民国时期的福建私家藏书事业就是在此种动荡与战乱的背景下发生发展的。

清道光二十二年（1842），在第一次鸦片战争失败后，被迫签订了中国近代第一个不平等条约《南京条约》，福州、厦门被列入五个通商口岸之一，为英国资本主义的侵略敞开了大门。英国殖民者的炮舰、鸦片商人在福州、厦门横行霸道的行为，激化了民族矛盾。从福州、厦门开埠到辛亥革命爆发，福建人民先后多次掀起反英的浪潮。如在福州的道光二十四年（1844）反对英领事进城的斗争、二十五年（1845）反对英官吏的斗争、二十六年（1846）捣毁洋行的斗争、三十年（1850）反对传教士进城的斗争等等。

与此同时，反抗封建政府剥削压迫的斗争也随之而起。福州地区的汉族独立会、中国同盟会福建支部、福州会党等组织相继建立，开展了如火如荼的反清反封建反压迫的斗争。武昌起义爆发后，全国震动，各省纷纷响应。福建的革命党人于1911年11月8日发动起义取得了胜利，福州首先光复，福建革命

---

① 　周少川：《藏书与文化：古代私家藏书研究》，北京师范大学出版社，1999年，第119页。

政府随即宣告成立。福州人民欢呼雀跃，"莫不欣欣然欢呼鼓掌，谓吾汉族之河山，今夺回于满人掌握矣"[①]。但是，福建光复后不久，又陷入了动荡纷乱之中。同盟会、会党、立宪派、湘军军阀等政治势力开始争权夺利、互相倾轧，光复前的统一战线开始瓦解，最后革命党人大权旁落，福州政权完全转移到以孙道仁为代表的封建官僚之手。

袁世凯篡夺辛亥革命果实后，就任临时大总统，开始觊觎福建这块地盘，几次试探后，派北洋嫡系的李厚基入闽，由此福建开始了长达14年的北洋军阀统治。李厚基入闽后，驱逐孙道仁、胡瑞霖，成为集军政、民政大权于一身的独裁者。据闽期间，大肆搜刮民脂民膏，积极扩军备战，实行高压政策，血腥镇压福建革命党人组织的反对北洋军阀统治的二次革命、护国战争、护法运动。福建人民对李厚基的专制统治早已民怨沸腾，加之皖系军阀统治集团内部矛盾的激化，李厚基终于于1922年军败离闽，至此长达8年的皖系军阀在福建的统治也宣告结束。

李厚基被逐离闽，地处北洋军阀、西南军阀和孙中山的国民党三大派系斗争交叉地带的福建，又成为全国的焦点。各派政治势力纵横捭阖，纷至沓来，都想染指福建，导致福建政局扑朔迷离、一日三变。先是皖系徐树铮、王永泉部、粤军许崇智部达成短暂共识，策划建立"建国军制置府"。后随着皖系粤军势力在福建的巩固和扩张引起了占据北京的北洋军阀直系政府的恐慌，于是下令讨伐在闽皖系势力，一场混战又在闽拉开。1923年，直系孙传芳、周荫人攻占福州，驱王永泉，逐臧致平，开始了直系军阀在福建的统治。1926年，北伐战争爆发，北伐军入闽，一路势如破竹，不久即占领福州，国民党新军阀由此取代直系军阀在福建的统治。此时，政局依旧动荡不堪，地方军阀，拥兵自重，矛盾纷杂，战端迭起。先是1930年发生了"一六事变"，爆发"刘卢战争"，后卢败求和。

土地革命时期，中国共产党在闽西、闽北、闽东等地建立了革命根据地，开展土地革命斗争，引起了国民党统治集团的极大恐惧。从1930年至1934年，蒋介石纠集大批军队围剿福建苏区。苏区军民奋起展开反围剿战争。最

---

① 黄乃裳:《黄绂丞先生七十自序》，民国七年（1918）刻本，第17—18页。

后，红军主力离开闽赣苏区，开始了举世闻名的长征。当福建苏区军民与国民党军队浴血奋战之际，1933 年，日军占领山海关，中华民族到了危急存亡之际，蒋介石依旧推行不抵抗政策。由于不满蒋介石政府的内战卖国政策，十九路军发动"福建事变"，毅然竖起义旗，打出"抗日反蒋联共"的旗号，在福州成立了中华共和国人民革命政府。不久在蒋介石的分化和进攻之下，十九路军节节败溃，福建事变宣告失败，人民革命政府如昙花一现。此后蒋介石派亲信陈仪、刘建绪等入闽主政，进一步控制了福建，直到 1949 年福建解放。抗日战争时期，国民党福建省政府迁到了永安，福建政治中心遂转移到闽西北地区。

古人有藏书四厄之说，即"水、火、兵、虫"，其中兵祸对图书破坏面广、持续时间长，且恢复慢，对于图书收藏影响尤巨。辛亥革命虽然推翻了清王朝的统治，结束了两千多年的封建专制统治，但是以暴力革命的方式促成政治体制的转化，并不是一蹴而就的，其后果是造成各地军阀割据，战乱纷争。连年的战乱，对于私家藏书无疑是严重的打击。抗日战争时期，福州两度沦陷，日寇在福州烧杀抢掠，对公私藏书造成了更为严重的破坏。由此而来，民国初期，是福建自清初清军入闽过后最动荡的时期，政权更迭频繁、军阀割据纷争、政治昏暗腐败、战祸连年不断，使得清代中期以来福建私家藏书的鼎盛之象不复存在，私家藏书逐渐式微了。

二、经济停滞

晚清至民国，福建的经济虽时有发展，但是总体来看还是趋于缓慢而停滞的。自福州、厦门被列为五口通商口岸之后，对福建自给自足的封建自然经济带来很大的影响与压力。

首先，在农业方面，由于国民政府的田赋实行三征（征实、征购、征借），农民手中的粮食被搜括如洗，其他经济作物产品亦被压价收购，农民损失惨重。加上国民政府在福建征兵数目逐年增加，大量青壮年农民被抓去当炮灰，未被抓的则相率逃亡，致使农村劳动力锐减，直接影响到农业生产。1946 年到 1949 年，福建自然灾害频仍，农作物损失严重。在天灾人祸的影响下，福建农业生产濒临崩溃的边缘。

其次，是手工业与工业生产，进入民国以后，福建自给自足的自然经济进一步解体，具有悠久历史的福建经济传统土特产，制茶、造纸和木材这三大产业，从20世纪30年代开始，由于受政局动荡等因素的影响，日益衰落。虽然民国前期，纸业生产仍然是福建手工业的重要支柱。据1946年的《福建长汀造纸调查·前言》记载："福建省在所辖六十余县中，产纸已曾达四十六县之多，而现有之产区亦达四十三县，占全省总县区数三分之二以上。"但是到了抗日战争胜利后，大量质地好、成本低的机制洋纸倾销国内，最多导致了福建竹纸市场的大量萎缩。

此时的工业，特别是民办工业也的确有了一定的发展。如电力工业、出口加工业、食品工业、化学工业等等。由于近代工业起步早，资金少，技术含量低，机械化程度低，所以发展速度和水平也都还是很有限的。当然相对于晚清而言，经济的发展有了不容忽视的变革。

第三，在商品经济方面，由于五口通商口岸的开放，福州成为土特产贸易的中心，以出口茶叶、木材、纸、鲜果、干果、菜蔬、烟草、糖等为主。对外贸易的发展，也拉动了福州城市商业的发展，各种洋行商店纷纷成立，经营贸易范围涉及茶叶、棉布、五金、化工、医药、客栈、糖、粮油等行业。

抗日战争爆发后，打乱了福建城市发展的步伐。福建沿海城市遭受战争破坏和困扰，几乎陷入停滞状态。福州曾于1941年及1944年两度沦陷，日军的入侵，给正在曲折向前发展的福州经济造成严重的破坏。日军占领福州期间，建立了傀儡政权，大肆掠夺粮食、钢铁、木材等战略物资，洗劫银行、商店、民宅、工厂、学校、机关等。日军对港口进行封锁、破坏公路，对福建沿海及台湾海峡狂轰滥炸，极大破坏了运输业务，造成福州出口贸易直线下降。如蔗糖产量从1937年的121万担减少到1941年的65万担。[①]木材出口量也从1937年的4，825，000株递减至1940年的2，221，970株。[②]日军操纵傀儡政权建立"储备银行""劝业银行"等，大量发行伪币，民不聊生。福建海口被日军封锁后，对福建经济产生了严重的影响。其时，闽省货源奇缺，工业原料

---

① 福建省政府建设厅编：《福建省经济建设五年计划（草案）》农业篇，1947年，第29页。
② 同上，第35页。

和生活用品价格飞涨。福建省政府迁治永安后，为解燃眉之急，在后方建立了20余家工厂，形成一定规模的生产基地。与此同时，一些私人经营的工厂也迁入南平等地，生产各种工业产品和生活用品，对保证战时军需民用发挥了一定的作用。特别是粮食、盐、食油、柴火等日常必需品，更以数十倍甚至上百倍的速度暴涨。如郑振铎在1945年6月8日的日记中写道："皮蛋、咸蛋均至四百五十元一只，牛肉至五千六百元一斤，猪肉四千元一斤，大米已至六十万关。可怕也！不知如何活下去？"[①] 物价的暴涨使得一部分藏书家不得不出售藏书以维持生活，而书价的暴涨也使得藏书家购书能力普遍下降。例如：福州著名学者、藏书家沈祖牟面对奇高的书价，只能慨叹道："可怜近日金无价，钗钏难偿十部书。"[②]

总而言之，在整个民国时期，"现代福建经济由于遭受帝国主义的侵略和国内战争的影响，自1929年达到最高点以后，便逐步衰落，迄至1949年已衰败至微。将近20年时间的停滞，是福建从国内中等发达水平倒退至不发达省份的主要原因"[③]。

三、文化特色

1. 各类的新式学校教育

民国成立后，福建在军阀统治下，战乱频仍、社会不宁、经济不振，统治者无暇顾及教育，各级政府筹办的各类学校教育发展缓慢，而私人办学与外国传教士创办的教会学校，则成了一种重要的办学教育模式。尤其是作为五口通商口岸之一的对外开放，西方传教士在条约的保护下，进入福建传教。西方教会为了传播基督教义、培养传教士和西方各国在华所需人才，开始在福建创办各种各样的新式学校。教会创办学校涵盖学前教育、初等教育、中等教育、高等教育，形成了从幼稚园到大学的完整教育体系。教会学校的创办，在一定程度上促进福建民国时期学校教育的快速发展。此外，福建又是著名的侨乡，一

---

① 郑振铎著，陈福康整理：《郑振铎日记全编》，山西古籍出版社，2005年，第233页。

② 萨兆寅：《史海钩沉——沈祖牟诗中的福州南后街萨兆寅》，《海峡时报》2012年7月19日。

③ 徐晓望主编：《福建思想文化史纲》，福建教育出版社，1996年，第385页。

大批爱国华人华侨，纷纷回到家乡，也创办了一大批各种类型的学校，为福建民国时期学校教育，做出了重要的历史贡献。例如：

1908 年初，华南女子大学董事会在上海成立，由福建美以美会年会成员组成。1 月，华南女大预科班开学，称为华英女子学堂，程吕底亚任学堂首任校长。1916 年，华英女子学堂正式改校名为华南女子大学。1933 年 6 月，国民政府教育部准许华南女子大学临时立案。改校名为"私立华南女子文理学院"，下设：国文、英文、化学、教育、生物、数理、家政等专业。华南女院自建校以来，就一直把基督教文化"受当施"作为校训，女子教育是其最突出的办学特色。前后办学 43 年，为谋求中国妇女的独立与解放，为祖国培养妇女人才，尤其是为福建的科教文化事业，产生了深远的影响，做出了很大的贡献。

1915 年，由美国归正会、美以美会、公理会和英国圣公会等基督教四差会联合组成的福建协和大学理事会正式成立。1916 年，福建协和大学开始正式招生，首任校长为庄才伟。1931 年 1 月，国民政府教育部正式批准"私立福建协和学院"注册立案，学校更名为"私立福建协和学院"，下设文、理、教育三个学院。1940 年，经国民政府教育部批准，正式成立农学院。经过院系的调整与扩充，至此已形成了文、理、农 3 个学院 10 个学系的办学规模。1942 年 4 月，在其建校二十五周年之际，正式改名"私立福建协和大学"。福建协大自建校之初，校园各种社团组织繁多，活动内容丰富多彩。主要有：自然科学社、福建文化研究会、教育学会、音乐研究会、国语研究会、社会科学社、数理学社、化学社、摄影研究会、剧社等各种研究机构，以及学生自治会与青年会等主要学生社团。此外还有"七七月吟社""钢琴会""国术社"、中乐团、西乐团、歌咏团、各种同学会等等。这些社团旨在增进师生联谊、内外联络、促进师生学术研究和交流，融校园书本教育和社会实践教育为一体，对提高学生人格修养和文体素质起到了积极作用。

福建协大实际办学的 35 年间，前期主要借鉴美国大学的先进经验与管理模式，华人主校后，又结合中国社会实际，建立了一整套高效率的管理机制。始终坚持"有教无类的教育理念"与"研究型的教学相长"的两大办学特色。在校任教过的有：郑作新、郭绍虞、叶圣陶、董作宾、唐仲璋、林兰英、傅衣凌等一批著名科学家、院士以及在学术界独领风骚的大学者；在校就读过的后来成为两院院士的有：郑作新、黄祯祥、曾呈奎、林兰英、唐仲璋、余松烈、黄维垣、唐崇惕、俞永新等。福建协大所培育的一大批的科教英才，为中国的科学文化进步，尤其是福建的文化教育事业发展，做出了十分重要的贡献。

1911年，私立福建法政学堂正式成立。这是福建近代史上一所培养法政专门人才的高校，也是全国最早成立的私立法政专门学校之一。林长民为首任校长。1925年7月，私立福建法政专门学校改称私立福建大学。1929年，成立私立福建学院。先开法科，设法律、政治、经济三个系。1935年，学院增设农科。从1911年私立福建法政学堂的创立，直至1951年私立福建学院的奉令停办归并，该校实际办学整整40年。其间，学校的发展历史艰苦而曲折。在整个办学的历史过程中，该校以"培养、造就福建全省高等法政人才"为办学宗旨，特别注重培养学生的实践能力，为国家培养了学有专长的法律、经济、政治、工商管理、银行、会计等当时社会急需的人才。尤其是法科教育，开了福建法律人才培养之先河。

1921年4月，由爱国华侨陈嘉庚创办的厦门大学正式开校。1921年7月4日，林文庆接受陈嘉庚先生邀请担任厦门大学校长。1937年7月，经厦门大学创办人陈嘉庚先生函请，南京国民政府同意将"私立厦门大学"改为"国立厦门大学"。厦门大学设置文、理、法、商4个学院、15个系，学生从300多人增加到1000多人。建校以来，学校秉承"自强不息，止于至善"的校训，积累了丰富的办学经验，形成了鲜明的办学特色，成为一所学科门类齐全、师资力量雄厚、国内一流的大学。

1941年4月，福建省立师范专科学校正式在抗战时期福建省府所在地永安开始筹办。1941年6月1日获国民政府教育部电准成立。至此，自1914年以来福建省第一所公立高等师范学校正式诞生。首任校长唐守谦。福建省立师专建校之始，根据当时本省的形势，提出了学校工作的三项任务：一、中等学校师资的培养；二、中等学校的辅导；三、教育问题的研究。其办学指导思想为："注重人格训练，注重实际教育，养成刻苦耐劳的精神，注重政教合作。"为福建省的文化教育事业做出了很大的贡献。同时，也促进了抗战胜利后台湾地区教育事业的发展。

1944年5月，在抗战胜利前夕，国民政府决定在与台湾岛一水之隔的福建省创办一所学校，专门为即将回到祖国怀抱的台湾培养教师和行政人员。于是成立了国立海疆学校。国立海疆学校以"造就专门人才、辅助海疆建设、发展海外事业"为办学宗旨，同时作为东南海疆公教人员的训练中心。该校前后实际办学仅仅6年，但发展速度较快，颇具规模。该校许多学生毕业后到台湾，主要服务于台湾的文化教育事业，在抗战胜利后台湾回归祖国的特殊历史背景下，为台湾的管理与建设，尤其是台湾文教事业的发展，做出了一定的贡献。海疆学校的办学事业，也载入了福建民国时期高等教育的史册。

2. 学术研究

民国时期，"新学理之引介，不仅使思想内容为之一新，而且促进了新学科的建设和发展"[1]。民国福建的学术风尚也有了不少新的变化。主要由于随着西学东渐的深入，西方先进的科学技术和西方学术思想大规模涌入并产生重大的影响。出现了诸如哲学、新闻学、法律学、社会学、教育学、经济学等新学科。新学科的出现打破了中国几千年来文史哲兼容并治的传统学术建制，一些经世致用的学科，如经济学、社会学、法律学为冀图挽救民族危亡、追求自由民主的知识分子所青睐。他们不再局限于古代经典文献的研究，而是热衷于研究和介绍西方先进的科学技术和文化思想。这一时期旧学的衰落、新学的兴起，在一定程度上导致了私家藏书逐步走向衰落。

1939年4月，福建省研究所成立，附设在厦门大学抗战期间的迁校地长汀校内办公，由当时厦门大学校长萨本栋兼任所长。研究所草创之初，时局动荡，惨淡经营，先后成立了自然科学部、医药卫生部和农业部，聘请了一批专门研究人才。1940年11月，福建省政府令福建省研究所改为福建省研究院，聘请细胞学家汪德耀教授为院长。国民党统治时期，除了中央研究院外，各省均不另设省立研究院，福建省研究院可谓独树一帜。该院直接隶属于福建省政府。办院宗旨为："提倡科学研究精神，研究高深学理与技术，奖励和培养省内学术研究人才，促进本省的文化、经济发展"。

1941年，福建省研究院的社会科学研究室，改称社会科学研究所；自然

---

[1] 麻天祥：《创变中的民国学术》，《浙江学刊》2001年第2期。

科学部的物理化学两组合并为理化研究所，生物组改组为动植物研究所；农业部分为农林研究所和土壤保肥试验区；工业部改为工业研究所。研究部门划分明确，工作人员又得充实，研究工作进行较为顺利。所聘的专任和兼任研究员都具有相当资历和学术水平，对研究院的学术研究与发展，起到了十分重要的作用。如：沈炼之、林镕、朱洗、郑作新、谢玉铭、傅鹰、汪启明、林谓访、王世中、黄菊逸、于景浪、包可永、方乘、崔宗埙、刘子崧等都是很有建树的科学家与学者。1944 年，社会科学研究所内分设经济、政治、文史三个研究组，聘请著名经济学家王亚南教授担任该所所长兼文史组组长，后由傅衣麟教授任文史组组长；著名国际军事评论家杨潮任政治组组长；章振乾教授任经济组组长。

　　在社会科学研究方面，曾执教于燕京大学历史系达 23 年之久的洪业教授，潜心学术研究，主持燕京大学引得编纂处的工作，先后出版了经、史、子、集各种引得多达 64 种 81 册。洪业的学术成果，得到国际学术界的公认，于 1937 年荣获法国巴黎的茹理安奖。蔡尚思的中国思想史研究，对中国古代的传统思想与学术流变等提出了许多独到见解。翁独健长期致力于蒙古学与元史研究，做出了重要贡献。傅衣凌开拓的中国社会经济史研究，形成了一个新的社会经济史流派。朱谦之教授的中国哲学史、中西方文化交流史、日本哲学史、宗教史、目录学等诸多学科的研究，在学术界享有盛誉，影响甚大。林语堂所著《中国人》，旧译为《吾国与吾民》，是林语堂乃至中国作家最早向西方介绍中国和中国文化的一部重要著作，也是林语堂在西方的成名作和代表作，在中国现代思想史上占有重要的历史地位。

3. 文学成就

　　清初已见端倪的宋诗运动，经过 200 多年的发展，至同治、光绪年间，终于形成一股文学巨流，即所谓"同光体"。"同光体"按地域分为闽、赣、浙三派，其中以闽诗派为典型代表，在中国近代文学史上影响大而且深远。"同光体"闽诗派首倡者是福建侯官人陈衍，其代表人物还有郑孝胥、陈宝琛、沈瑜庆、林旭、何振岱、李宣龚等人。陈宝琛、沈瑜庆、林旭主要生活与创作在清朝末年。陈衍主张作诗宗宋为主而溯源韩愈、杜甫，诗学精博，注重王安石、杨万里的曲折用笔，骨力清健，风骨高寒，与陈三立、郑孝胥、沈曾植、陈宝琛等人的风格略有不同，堪称近代闽诗圭臬。他一生宣扬"同光体"成就，对近代旧诗坛，尤其是民国时期的福建旧诗坛产生过广泛而重要的影响。何振岱与李宣龚是其殿军。何振岱与同光体闽派诗人陈衍、沈瑜庆、陈宝琛等交好，与他们时有唱和，闽诗派"清苍幽峭"的诗风对他影响至深。何振岱的诗，疏宕幽逸，深微淡远，崇宗宋风，尤重苏轼，学唐诗则首推杜甫，在闽派中独树一帜。"诗言志"则是李宣龚的诗学主张，《硕果亭诗》集中体现了他的诗歌创作观。诗歌内容多为交游、唱和、时事、民生与山水等。诗风则前期艰涩凄苦，后期工于嗟叹。

在新文学运动的中，郑振铎做出了重大贡献。他是我国现代第一个最大的新文学社团——文学研究会的主要发起人和组织者。该文学研究会曾涌现出诸如茅盾、冰心、庐隐、许地山、叶圣陶等一批著名的作家。郑振铎不仅在文学领域成绩斐然，而且在历史学、考古学、民俗学、博物学等方面也有重大建树。民国时期，福建籍的冰心、庐隐、林徽因三大女作家，创作了许多非常优秀的作品。如冰心的散文、庐隐的小说、林徽因的诗歌，在民国的文学史上，留下了许多佳话，耐人回味。此外，许地山的小说与散文，左翼作家胡也频的文学作品，具有强烈的现实感与激动人心的力量。

第二节　藏书家藏书理念的更新

一、更加注重藏以致用

"秘惜所藏""重藏轻用"是中国古代私家藏书的主要特征。在"藏而不用"的理念指导下，一些人为博取虚名也购书万卷，插架连屋，把藏书当成一种炫耀的资本，明代著名藏书家胡应麟称此类藏书家为"好事家"。著名藏书家谢肇淛也指出此类藏书家之病在于："浮慕时名，徒为架上观美。牙签锦轴，装潢衒曜，骊牝之外，一切不知"[1]。尤其明清以来，夸尚风气日盛，富绅巨贾、达官贵人假藏书以干谒求名、攀附权贵，作为进身荣耀之阶者不在少数。此类藏

---

① （明）谢肇淛:《五杂组》卷十三，中央书店，1935年，第203页。

书背离了藏书的最基本宗旨，对于学术的发展及知识的传播效果甚微。

民国以来，藏书家中以著述而藏书、读书的"著述型"藏书家逐渐增多，他们普遍持有"藏以致用"藏书理念。萨嘉曦曾自述自己的藏书、读书之道，云："余以为藏书之道，须择吾性之所近者先焉，则所求者约而易精而易获。彼富豪子弟，固有家储万卷而目不识丁者。凡寒士节衣省食得千百钱以购一书，归而束之高阁，从不寓目者，决无是事。今日得一书，尽一书读之；明日又得一书，则又尽一书读之。日复一日，吾之所得，不既多矣乎。倘必待插架数万卷，方始议读，恐毕生无读书之一日。适足以为蟫蠹之资，其不为良田广厦，终归他人所有者几希矣。"① 萨嘉曦此番心声，真正道出了为读而藏的这一藏书最基本的宗旨，也讽刺了那些藏书万卷而目不识丁，束之高阁而从不寓目的"好事家"型藏书家。

民国以来，福建亦多这种"著述型"的藏书家。他们多根据自己的兴趣，专门收藏某个领域的相关典籍，长期浸淫其中，濡染既深，便发而为文。如：沈祖牟多藏福建地方志及闽人著述，据以著有《福建文献述概》《闽中文献录》；林葆恒钟情于历代词籍的搜集，据以辑有《闽词征》《词综补遗》；林钧酷嗜金石、古镜、印章，所藏美富，据以辑有《石庐金石书志》《石庐藏镜目》《石庐印存》；郑振铎以收藏戏曲、小说、版画、宝卷等俗文学典籍著名，据以编著《中国俗文学史》《中国版画史图录》《古本戏曲丛刊》等等。另如林家溱、郭可光、陈文涛等人，皆多藏书且能利用藏书，撰写各种专著的著名藏书家。

此外，从藏书的内容上来看，民国时期的福建藏书家所收藏典籍，以务求实用为标准，不再盲目佞宋迷古。"中国藏书传统悠久，但自明代以来形成的重宋、元、秘抄、精校之风，使士子在长期的习染之中已形成一种贵远而贱近的藏书定势，即藏书尚古重精，鄙夷新刊时籍。"② 如明代著名藏书家胡应麟所言："凡书籍，时代近者，势易流传而人多弃掷。时代远者，迹多湮没而世率珍藏。"③ 晚清民初，这股癖古嗜书之风竟成风尚，大家热衷于收藏宋元旧椠，名

---

① 萨嘉曦：《寄庐文稿·一砚斋藏书目录序》，抄本。
② 李雪梅：《中国近代藏书文化》，现代出版社，1999年，第226页。
③ 胡应麟：《少室山房笔丛》甲部卷一，上海书店出版社，2001年，第15页。

抄珍本。古籍收藏变成了附庸风雅之举，或者沦为商业牟利行为。以至于著名藏书家叶德辉有"今日藏书之人，即昔日焚书之人"①之叹。民国时期的福建藏书家，这种尚古崇精的藏书之风虽然存在，一些官吏与工商企业主身份的藏书家，因其经济实力雄厚，故而能于"经、史、子、集"每一类都能兼收并蓄，也藏有大批珍稀名家典籍。但是，作为藏书家中的最主要的学者文人群体，却普遍持有更加注重"藏以致用"的藏书理念，讲求藏书为学术研究服务，对于书籍版本，并不苛求。如：郑振铎是典型的学者型藏书家，其藏书完全是为了学术研究服务。他在《劫中得书记序》中讲道："我不是一个藏书家。我从来没有想到为藏书而藏书。我之所以收藏一些古书，完全是为了自己的研究方便和手头应用所需。有时，连类而及，未免旁骛；也有时，兴之所及，便热衷于某一类的书的搜集。总之，是为了自己当时的和将来的研究工作和研究计划所需的。"②所以，他所收"不尚古本、善本，唯以应用与稀见为主"③。

另外，民国时期的福建学者文人藏书家群体，也大都一反"尚古重精，鄙夷新刊时籍"的传统，在"经、史、子、集"传统典籍之外，又着力收藏了与西学、新学相关的书籍、报刊、图册，更是体现了"藏以致用"的藏书理念。自鸦片战争失败后，一些放眼世界的有志之士提出了："师夷长技以制夷"的口号，主张向西方学习先进的科学技术。而学习西方必先了解西方，故而一些关心国家命运的藏书家会搜集相关的书籍来了解西方。如林则徐的"七十二峰楼"藏书中，更出现了一些世界地理、治河方略、"泰西水法"类的书籍；陈棨仁的"绾绰堂"中，庋藏了中外书籍达数万卷，热心收藏西方有关政治、艺术诸类书籍。入民国后，陈宝琛的藏书中，多有介绍西方、日本的译著及探求富国强民道路的新刊书籍，如：伊藤博文的《日本帝国主义宪法义解》、英国传兰雅译的《西艺知新》、方兆鳌的《中国人口论》《经济学教科书》、梁启超的《欧洲战役史论前编》《日本维新三十年考》等。再者，民国时期，是中国学术史的又一个原创期。各种新思想、新思维、新领域、新方法，蜂拥而来，

---

① 叶德辉：《书林清话》卷九，浙江人民美术出版社，2016年，第345页。

② 郑振铎：《西谛书话》，生活·读书·新知三联书店，2005年，第203—204页。

③ 同上，第207页。

方兴未艾。所以，福建学者文人的藏书家群体，所关注收藏的与研究领域相关的书籍，多为新近出版刊行的图书与期刊等文献。如：刘勉己寄存于乌山图书馆的书籍中，就有数十箱为当时学术前沿的政治学、法学、经济学、哲学、逻辑学、社会学、伦理学等著作；何公敢捐赠给乌山图书馆的图书中，也有日文书籍数十箱；王景岐寄存于当时北平图书馆的书籍中，则多为英、法、德、俄文等著作。

二、乐于参与书籍共享

我国古代私家藏书最突出的藏书文化心理特征是藏书不示外人。藏书家往往以一己之力，穷毕生精力，才能成就一代藏书事业。如果从积累典籍的不易以及藏书家的嗜书如命来看，藏书家秘惜所藏，似也有其情有可原之处。但是过于保守的思想，也会做出极端的举动。如唐开元藏书家杜暹在每部书上，都题上"家训"："清俸买来手自校，子孙读之知圣道，鬻及借人皆不孝。"①实际上，这种私藏世守、秘不示人的藏书观念，极大地限制了图书的正常流通，甚至不利于典籍的长久保存。

古代藏书楼虽以封闭为主，但藏书家中也有思想开明、意识超前者。如明代著名藏书家徐𤊶，即早就主张"传布为藏"的理念，指出了"秘惜为藏"的弊端，云："彼猝不知世变靡常，聚必有散。一旦三灾横起，流烂灭没，无论藏者，且累著作姓名，一并抹煞，是藏有加于亡。"②徐𤊶并乐于借书予人，十分赞同其好友陈贞铉所言："书亦何可不借人也！贤哲著述，以俟知者。其人以借书来，是与书相知也。与书相知者，则亦与吾相知也。何可不借……至则少坐供茶毕，然后设几持帙，恣所观览，随其抄誊。"③到了民国时期，在福建藏书家中这种乐于共享的精神更是普遍存在，藏书家之间的互动交流得到了进一步加深。如：沈祖牟思想开朗明达，从未秘藏不宣，不肯示人，而是近轹手假，远则邮借，许多文化界名家都到过他的"绿筠书屋"观赏借阅其所藏。

---

① （宋）周辉：《清波杂志》卷四，中华书局，1985年，第29页。
② （明）徐𤊶：《笔精》卷七《文事·藏书》，福建人民出版社，1997年，第237页。
③ 同上，《借书》，第242页。

如有"南京才子"之称的卢冀野,曾任中央音乐学院院长,在福建永安工作时,与沈祖牟相识,对沈祖牟插架满屋的藏书极为欣赏。沈祖牟得知卢冀野对元曲杂剧有研究,就把这方面的收藏,慷慨割爱赠予他[①]。柳亚子得知沈祖牟富藏福建地方文献与闽人著述,并对福建历史研究颇深,遂来信请他帮忙收集南明史料,特别是郑成功事迹。沈祖牟便将自己珍藏的有关材料及照片邮寄赠予柳亚子[②]。

为了校勘、著述,志趣相投的藏书家从展示藏书、鉴定藏书,到互相借抄、借用所藏典籍,藏书家之间交流沟通也突破了闽省地域。如:林葆恒在编《词综补遗》时,词社同仁襄助者甚多,多把自己所藏珍善本慷慨借予林葆恒。林葆恒在《词综补遗·例言》中写道:"叶遐厂先生以所辑《清词钞》全稿见示,又以所藏各家词集相假……此外,如汪鹣庵、冒鹤亭、傅沅叔、吴眉孙、李拔可、袁文薮、关颖人、赵叔雍、龙榆生、陆维昭、郭啸麓、吕贞白、袁师南诸君,或以藏书相假,或以抄词见示,乃得渐臻完备。"[③]再如:郭则沄组织北京古学院,致力于搜购刊印有价值而罕见的古书。其在刊印《敬跻堂丛书》时,曾向词社同人傅增湘借得顾炎武著《菰中随笔》传抄本,向龙榆生借得沈曾植著《〈元朝秘史〉补注》手稿,使这些罕见的孤本、手稿得以流传[④]。

三、开启私藏捐公风气

藏书既如房屋、田地、庄园具有实体性特征,但它是精神文化的载体,价值高于其他的物质实体。尤其在科举取士制度下,"万般皆下品,惟有读书高",已被士大夫们奉为圭臬,故而藏书家普遍持有"遗金满籝,不如一经"的藏书心态。这种心态下,藏书家把藏书视为自己的私有财产,希望图书能够传之子

---

① 沈孟璎、沈丹昆:《诗人·藏书家·古籍研究家——我们的父亲沈祖牟》,福州市委员会文史资料委员会:《福州文史资料选辑》,第 21 辑,2002 年,第 475 页。

② 同上。

③ 林葆恒编,张璋整理:《词综补遗·例言》,上海古籍出版社,2005 年。

④ 郭久祺:《郭则沄传略》,北京市政协文史资料委员会:《北京文史资料》第 57 辑,1998年,第 144 页。

孙，子子孙孙，世代永保。如明代藏书家吕坤藏书印章刻："吕氏典籍，传家读书，子孙共守。不许损失借卖，违者茔祠除名。"[1] 但是，子孙鲜有永葆之例。考察我国悠久的私人藏书历史，不难发现，一般都是几代收集，然后蔚然成大观。而一旦社会变迁，家道中落，藏书散布于市井，又为另外的藏书家所得。如此周而复始，辗转流传，始终也脱不了从个人到个人的窠臼。此类的例子，并非少见，如：福建师范大学图书馆藏《归群词丛》抄本，是清代太谷学派唯一传世的词集，原为民国时期福州著名藏书家林葆恒（号讱庵）所藏。该抄卷端钤有"讱庵经眼"和"讱庵老人六十以后力聚之书子孙保之"白文印章两方。扉页上有林葆恒朱笔所题"辛巳二月十七日阅"八字。林葆恒所题的"辛巳"年，即1941年。林葆恒在得到此抄后，视为稀见图书，故于藏书印上嘱"子孙保之"。然而在短短几年的抗战后期，该抄即又散出，20世纪50年代之初，即归藏福建师范学院图书馆（今福建师范大学图书馆）。若当时没能归藏福建师范学院图书馆，该抄或早成广陵散绝了。

　　民国时期，福建藏书家对于藏书的最终归宿普遍抱达观开放的态度。他们多以捐献、寄存的方式将藏书转归图书馆，掀起了一股"私藏归公"的热潮。在福建，首开私家藏书捐公风气的是闽县螺洲藏书家陈宝琛。1929年，私立福建法政专科学校扩充为福建学院，院藏图书不过千册。时任院长何公敢发动热心公益的社会名流和藏书家捐书。当时在京的陈宝琛听闻后，令其子陈懋复将螺洲沧趣楼珍藏的书籍1万余册捐献图书馆。后学校新馆落成，陈宝琛为题"乌山图书馆"馆名。在陈宝琛的带动下，林长民捐"双栝庐"藏书八千余册，林子有捐"棣华山馆"藏书七、八千册，刘鸿寿捐"景寿轩"藏书四千余册。这些藏书家的慷慨捐赠，使得乌山图书馆的藏书从原来的数百册猛增至5万余册，满足了学生及普通群众的阅读需求。1932年，陈宝琛又嘱其子陈懋复向私立福建协和大学捐赠了3万余册的私家藏书。再如，出生于藏书世家的郭可光，认为"藏乎己不如公诸世，且能善为保护弗散"[2]。于是

---

[1]　刘尚恒：《闲章释义》，百花文艺出版社，2007年，第153页。

[2]　郭可光辑：《竹间续话》，海风出版社，2001年，第87页。

"将二十年来所孜孜之搜罗乡贤著述数百部，悉归省立图书馆"①。今福建省图书馆藏书中钤有郭可光藏书印记的有：稿本《古周易二经十传阐注解》一卷、抄本《群经冠服图考》五卷、《闽志杂录》不分卷、明刻本《楚辞述注》十卷、《曹始能集》八卷、《井观琐言》三卷等等。与出生藏书世家郭可光不同的是，左海林石庐的"宝岱阁"，其藏书多为自己节衣缩食、辛勤搜罗而来的。但也并未以藏书不易而吝惜所藏，而是乐于公诸同好。曾将所藏金石书籍详加考订，撰成《石庐金石书志》，以飨金石爱好者。后来，所刻书籍停刊，求索者络绎不绝，于是便将全志版片慷慨赠予福建省立图书馆，由图书馆继续出版印行。中华人民共和国成立后，他考虑到"拙藏有关祖国学术需要，悉容自私巾笥？"② 为免身后藏书四散，"故决完整归公，克获永保"③，遂将家藏的自汉至宋的百余面铜镜，以及所有关于金石方面的古籍善本，全部以廉价让售给中国科学院考古研究所。

历代典籍依靠历代的藏书家一代代传承下来，至民国时期已是私家藏书事业尾声。民国时期的福建藏书家通过捐赠或寄存等其他方式，将私藏变为公藏，完成了福建古代藏书楼渐渐地向福建近代图书馆的嬗变。

第三节　藏书家的藏书活动及其藏书聚散

如上所述，民国时期已是私家藏书事业的尾声与余波了。但在民国短短的 38 年间，根据笔者所知见的有文献记载其主要藏书活动在民国时期的福建藏书家即有：陈衍、郑孝胥、董执谊、王寿昌、高向瀛、吴增、龚植、刘训瑺、苏大山、林志烜、林葆恒、李迪琡、萨嘉曦、林尔嘉、林长民、李宣龚、宋学连、张琴、张培挺、陈琼、萨嘉榘、林之夏、林葆炘、林焕章、杨树庄、王景岐、梁鸿志、郭则沄、邓萃英、叶于沅、陈延香、何遂、何公敢、陈绍宽、陈群、陈文涛、林家溱、陈懋复、林钧、刘骋业、洪业、康爵、林语堂、廖元善、严叔夏、郑

① 郭可光辑：《竹间续话》，海风出版社，2001 年，第 87 页。
② 林钧：《箧书剩影录·自序》，闽侯林钧宝岱阁油印本，1962 年。
③ 同上。

振铎、黄曾樾、林节、郭可光、王真、陈盛明、沈祖牟、林宗泽、刘明、陈常贤等 55 人。现将其藏书活动与藏书聚散，一一缕述如下：

1. 陈衍

陈衍（1856—1937），字叔尹，号石遗，晚年自署石遗老人，侯官人。陈用宾之子。自幼随祖父读书写字诵诗，对国学经典，广有涉猎。初在科场，并不如意，屡试屡败，未能中第。直至光绪八年（1882），才乡试中举，与林纾同榜。十二年（1886），赴台湾，入巡抚刘铭传幕僚。不久，辞回福州。后与陈宝琛、郑孝胥等人，共同标榜"同光体"诗歌，成为"同光体"闽派的主要代表人物。十四年（1888），到上海，在沈瑜庆家教书。后受聘于湖南学政张亨嘉，任总校。二十一年（1895），进京会试不第。时值甲午战败，清廷派李鸿章为全权代表赴日求和签署《马关条约》，举国哗然。陈衍起草并与林纾等人联名上书都察院，反对割让辽东半岛、台湾等领土。后由林旭举荐，到上海任《求是报》主笔。主张中国应设立洋文报馆，介绍西方工农商学等情况。二十四年（1898），陈衍赴武昌，被两湖总督张之洞聘为《官报》局总纂。时值变法呼声甚高，陈衍作《戊戌变法榷议》，提出自己的变法主张。同年，应经济特科试，又不中。戊戌变法失败后，《官报》停办，陈衍自行筹办《商务报》，以研究实业为主。三十三年（1907），又随张之洞进京，任学部审定科主事，兼任京师大学堂经学教习。辛亥革命后，到南北各大学讲学。曾在梁启超主办的《庸言》半月刊上连载《诗话》，数十万言的长文，旁征博引，轰动一时。1915 年，与沈瑜庆一起受聘为《福建通志》局正、副总纂。因当时沈瑜庆仍留居上海，一切皆由副总纂陈衍负责主持编纂《［民国］福建通志》，历经 5 年，全志完稿，凡五十一总卷六百一十分卷，成就了历代福建省志中最为完备的一部。1922 年，任厦门大学国文系教授。

陈衍晚年寓居苏州，与章炳麟、金天翮一起倡办国学会。1931 年，任无锡国学专修学校教授。1937 年 6 月，回故里福州。同年，病逝，葬于福州西门外文笔山。

陈衍工诗及古文辞，其诗歌理论是对"同光体"较为系统的总结与发展，具有集大成的意义。他的诗作用笔曲折，骨力清健，多抒发闲适情趣，涵咏山水妙旨，遣词造句，颇具新意，于"同光体"中自成一家。其著述甚富，除了主持编纂《［民国］福建通志》《［民国］闽侯县志》之外，著有《石遗室诗话》《石遗室文集》等；辑有《宋诗精华录》《辽诗纪事》《金诗纪事》《元诗纪事》《近代诗抄》等等。

陈衍好藏书，在任京师大学堂、厦门大学、无锡国学专修学校教授期间，极力收藏书籍。特别是在任《福建通志》局总纂期间，收集了大量的福建地方文献史料，以利于修志。他的故居在福州鼓楼区文儒坊三官堂 15 号（现改为大光里 4 号），园宅构式布局全由他自己设计。住宅为木构建筑，坐北朝南，四周围以封火墙。内分四区：入门为第一区，原系清初所建五间排木构平房。第二区原为空地，后辟为小园，名"匹园"；在园西北隅建一座三楹双层楼阁，曰"皆山楼"，由郑孝胥题匾，林纾绘"匹园图"，陈衍自撰《匹园记》，评叙园中景物；楼上藏书，名"花光阁"，有陈宝琛手书联曰："移花分竹刚三径，听雨看山又一楼"；楼下为卧室、书房。第三区正中原有一座"闻雨楼"，是陈衍会客之所。第四区名"直园"，呈长方形，园南建一座三楹楼房。楼北盛种花果，有径可通文儒坊。楼后为厨房、小餐厅，系主人用餐之处。1992 年，福州市人民政府将其故居作为文物保护单位挂牌保护。陈衍的藏书，后成批捐赠给乌山图书馆，今归福建省图书馆。

2. 郑孝胥

郑孝胥（1860—1938），字苏戡、苏庵，号太夷，别号海藏、海藏楼主人等，晚号夜起翁、夜起庵主，闽县人。郑氏为世代宦族，诗礼传家。郑孝胥幼承家学，课读甚严。光绪八年（1882），中福建省正科乡试解元。十一年（1885），赴天津入李鸿章幕。十五年（1889），考取内阁中书。同年秋，改官江苏试用同知。十七年（1891），东渡日本，任清政府驻日使馆书记官。次年（1892），升日筑领事，再调神户和大阪总领事。二十年（1894），中日甲午战争爆发后回国，又任张之洞自强军监司。二十四年（1898），历任总理各国事务衙门章京、京汉铁路南段总办兼汉口铁路学堂校长等。二十九年（1903）起，又历任广西边务督办、安徽广东按察使。宣统三年（1911），擢湖南布政使等。辛亥革命之后，郑孝胥以遗老自居，先有楼在上海，题"海藏楼"。寓居于此，常与遗老辈相唱和。1923 年，奉溥仪之命入北京。次年（1924），受任总理内务府大臣。1928 年，赴日本，筹划溥仪复辟活动。后来为求复辟而依附日本。1931 年的"九一八"事变后，负责起草伪满洲国国歌与建国宣言。1932 年，出任伪满洲国的国务总理大臣兼陆军大臣和文教部总长，成了汉奸。1935 年，死于长春。

郑孝胥工诗、擅书法，能度曲填词，擅长校勘古籍、鉴别文物，且好藏书。楷书取径欧阳询及苏轼，得力于北魏碑，所作苍劲朴茂。与陈宝琛、陈衍等，同为诗坛"同光体"倡导者之一。为诗意度简穆，韵味淡远，造语生峭，清言见骨。光绪三十年（1904），在上海筑'海藏楼'藏书，其中古籍、碑帖居多。在天津随侍溥仪时，常到大罗天、文美斋、静文斋等店搜罗古董旧书。其任职伪满洲国时，有诗忆及沪上"海藏楼"的生活，云："庭除得柳廿三株，两架残书便有余。回首海藏五千卷，何年还我旧楼居。"① 于此可见，其"海藏楼"确有不少的藏书。其藏书印有"夜起庵主""海藏主人"等。

3. 董执谊

董执谊（1863—1942），字藻翔，号藕根居士，长乐人，寄籍侯官。出生书香门第，自幼聪颖好学。光绪二十三年（1879），乡试中举。其父董炳章历任上杭学教谕、台湾淡水厅学教谕，主讲淡水厅明志书院，著有《经义解纷》《屈蠖斋集》。董执谊自小随父定居福州南后街，在清末曾先后任省咨议局议员协理育婴堂及种棉局职务。辞归后，专心治学，诗文、联语、书法俱佳。吴曾祺《董执谊六十寿序》谓其："为人博闻强记，好举吾乡先生遗闻逸事，娓娓不倦。"②

董执谊尤好藏书，醉心于福建乡邦文献。陈培锟《董执谊家传》说："平居无事则购书千百卷，高可隐人，终日埋首其中，不问外事。"③ 何振岱谓其："于乡邦文献，搜罗富有。数百年间，兴废沿革之由，周知无遗。"④ 家有藏书楼"藕根斋"，藏书颇富。还在南后街开设"味芸庐"书坊，"主要收购古书籍善本、

---

① 郑孝胥著，黄珅、杨晓波校点：《海藏楼诗集·杂诗》，上海古籍出版社，2003 年，第 396 页。
② 转引自徐吾行：《关于〈闽都别记〉之版本、刊行和编纂者及其年代等问题初探》，郭天沅主编：《文献史料研究丛刊》第一辑，福建省地图出版社，1988 年，第 121 页。
③ 同上。
④ 何振岱：《执谊同年七十正寿序言》，《福建文史》2007 年第 4 期。

手抄本，陈列出售家藏不惬意书籍。因其社会活动颇多，无法兼顾生意，两年后便告停业"①。董执谊对于乡邦文献不仅不遗余力地广搜博购，而且还亲自整理刊行了一批珍贵典籍。明代王应山的《闽都记》记载了闽中郡县沿革、湖山胜迹、名士诗词、乡邦轶闻，有着十分重要的地方史料价值，但是存世罕见，版本难求。董执谊不惜重金，辗转购得道光十一年（1831）陈寿祺作《序》的《闽都记》雕版，经其全面勘订补版、刊行，终使这一部濒临绝版的珍贵文献得以流传。此外，还手辑刊行了《漱芳轩合纂四书体注》《近人荣哀文件汇订》《赌棋山庄八十寿言》《陈修园公余医录四种合刻》等乡贤著作。其中又以刊行《闽都别记双峰梦》（一名《闽都别记》）影响尤为巨大。该书最早以抄本形式在福州文人中传抄，分藏于多处。董执谊搜集了各种互有差异的手抄本，加以全面整理订正、点校、补充、润饰，成为定本。宣统三年（1911）年刊成油印本25套，多分赠师友。民国十六年（1927），又刊行石印本600部。面世后，"不十日而空，盖乡之士女，遍喜读之"②。《闽都别记》整理刊行意义之大，正如董执谊在初版的《跋》文中所言："其书合于正史及别史记载者各十之三，野说居其四焉。以福州方言叙闽中佚事，且引俚谚俗腔，复详于名胜古迹。文词典故，多沿袭小说家者言，虽属稗官，未始非吾闽文献之卮助，博弈犹贤，不可废也。"③此书后又经福州万国出版社及福建人民出版社多次重印，流传广泛。董执谊整理出版此书，可谓慧眼识珠，功不可没。

董执谊藏书、刻书之余，亦不废著述。曾协助陈衍、何振岱编纂《[民国]福建通志》《福州西湖志》，分修《长乐县志》等。此外，还著有《闽故别录》《榕城名胜古今考略》《藕根斋摭拾》等。

4. 王寿昌

王寿昌（1864—1926），字子仁，号晓斋，闽县人。其父王羹梅为道光举人，官广东知府。王寿昌幼承家学，爱读古书，喜好文学，擅诗文书画。毕业

---

① 鼓楼区地方志编纂委员会编：《鼓楼区志》（上册），方志出版社，2001年，第107页。

② 林枫、郭柏苍、郭可光辑撰：《榕城考古略·竹间十日话·竹间续话》，海风出版社，2001年，第86页。

③ （清）里人何求：《闽都别记》，福建人民出版社，1987年，第1—2页。

于马尾船政前学堂制造班。光绪十一年（1885），以优异成绩被选送法国巴黎大学，攻读法律兼修法文。十七年（1891），毕业回国。面对朝政日非，内外交困，虽有专才，壮志难酬，遂回到马尾船政学堂教授法文。随后历任湖北交涉使、汉阳兵工厂总办等职务。入民国后，又担任福建省交涉司司长。在任三年，为权势者排挤，复返马尾船政局任法文教习。

王寿昌不但精通法律、法语，而且嗜旧学。"能诗文，工书法，古文喜司马迁、昌黎韩氏，所作则排奡盘折似王半山；淡逸静远，又似晋江叟。书法具赵、董两文敏体，夺近贤快雨之垒。喜杜诗，所作五言，引古证今，钩攫名理，虽嗣宗《咏怀》，子昂《感遇》，不是过也。"① 被誉为"诗书画三绝"。民国初回到福州后，业余时间以文会友，广交学者，经常邀请陈衍、郑孝胥、高凤岐、何振岱、林纾等文友，来到其居住的"光福山房"聚会。或吟诗作画，或谈古论今，或抚琴抒怀，或举行笔会等。"光福山房"成了当时福州地方名流、文人墨客的聚会之所。

王寿昌在法国留学期间，就阅读了大量西方文学名著。在马尾船政学堂任法文教习时，常与林纾、魏翰等交游唱和。在此期间，为林纾口译法国名著《茶花女遗事》。林纾在该书中的《小引》说道："晓斋主人归自巴黎，与冷红生谈巴黎小说均出自名手。生请述之。主人因道，仲马父子文字于巴黎最知名，《茶花女马克格尼尔遗事》尤为小仲马极笔。暇辄述以授冷红生。冷红生涉笔记之。"② 林纾《茶花女遗事》译书成功问世后，轰动一时，洛阳纸贵，同乡严复写诗赞誉道："可怜一卷《茶花女》，断尽支那荡子肠"③，也由此促成了林纾以不懂外文而成就"林译小说"的巨大翻译事业。此外，王寿昌自译有一册法国博乐克原著的《计学浅训》，光绪三十四年（1908）上海商务印书馆铅印发行。王寿昌还有《晓斋遗稿》传世，该《遗稿》记录了他个人的各种见闻，以及与严复、林纾、高梦旦兄弟、郑孝胥、陈宝琛、李拔可、陈衍、何振岱等人交往

① 王真：《晓斋主人小传》，见萧乾等编：《新笔记大观》，上海书店出版社，1996年，第338页。

② ［法］小仲马著，林纾译：《巴黎茶花女遗事》，商务印书馆，1981年，第1页。

③ 汪征鲁、方宝川、马勇主编：《严复全集》第八卷《甲辰出都呈同里诸公》，福建教育出版社，2014年，第17页。

的诗文，具有珍贵的文献史料价值。

王寿昌亦好藏书，早年即开始收藏典籍，每至一地总以广购为念。其友何振岱在《晓斋遗稿序》中写道："王君晓斋，幼承家学，好读古书。既游海外归，常思有以自见于世。尝一出榆关，复返汉阳兵工厂，非其志也。公余广购书籍，冥心纵览，所得弥深，人莫之测。"① 王寿昌非常重视子女的教育，聘郑无辩、何梅生为其子女授课。"儿女成行，不能遗金籝，则购书数万卷，延名师教以诗词书画。"② 就任福建交涉司司长时，其子女居台江崇楼就学于郑无辩、何梅生，王寿昌即"置书万卷实焉"③。其收藏图书之本意，亦仅"愿使子弟辈得以时时浏览，勿忘所谓旧学而已耳"④。

王寿昌生前藏书曾两次遭厄，一次遭夏口火劫，一次遭汉阳兵燹，散佚殆尽。其女王真在《晓斋遗稿·跋》中总结道："先君少负笈欧洲，中岁宦游四方，独于旧学未曾少忘。足迹所至，搜求古籍，倾囊不稍惜。间虽一遭夏口火劫，继经汉阳兵燹，所藏荡然。即平日所做诗文，亦散佚殆尽。壬子（1912）里居，又复稍事购置。"⑤ 王寿昌的藏书，多存于仙塔街祖屋"光福山房"中。藏书阁中多有严复、郑孝胥、陈衍、何振岱、李拔可、陈宝琛、郁达夫等人的大量诗稿和历代名人字画。

有女：王真，亦为藏书家（详见以下介绍）。

5. 吴增

吴增（1868—1945），字桂生，自号养和居士，又号古丰州人，南安人。幼时家贫，15岁时辍学为艺徒。后得到南安名进士傅国英提携传授，学益进。光绪二十八年（1902），乡试中举。三十年（1904），登进士第，选翰林院庶吉士。散馆，授内阁中书。在京目睹朝政腐败，内外交困，心灰意冷，毅然归里。旋

① 何振岱：《何振岱集》，福建人民出版社，2009年，第25—26页。
② 欧阳英修，陈衍纂：《[民国]闽侯县志》卷七十二《文苑》下，民国十九年（1930）刻本，第22页。
③ 林葆恒辑，张璋整理：《词综补遗》卷四十（第2册），上海古籍出版社，2005年，第1504页。
④ 王寿昌：《晓斋遗稿·晓斋随笔》，民国二十五年（1936）石印本。
⑤ 同上。

应友人之约，南渡菲律宾。又以言论讥讽朝廷，被勒令回国。辛亥革命时，被泉州人士推举为保安会会长。

民国成立后，吴增悠然隐退，从事家乡文化教育事业。认为救国救民，须振兴教育，培养人才。曾担任清源书院山长。1922 年，受华侨吴记霍之聘，在泉州创办嘉福职业学校。1930 年，任泉州昭昧国学校长。同时，先后担任泉州中学董事长和泉州公立学堂、培元学校、福建省立中学等校教员，为社会培养了大批的人才。抗日战争中，又不顾耄耋之年，任福建侨民紧急救济会委员，为抗战奔走呼号。

吴增擅诗文，常赴莈社雅集，与苏大山等名士诗酒唱和。其平生著述甚富，有《泉俗激刺编》一卷、《番薯杂咏》一卷等传世；另有《养和精舍文稿》《食和精舍诗草》《毛诗订诂》等未刊稿，毁于"文革"。

吴增爱好藏书，收集颇多，家中建有"养和精舍"藏书室。[①] 深读之余，以诗酒自娱，搜罗周秦彝器，汉唐碑帖，古椠图书，摩挲其间。其女婿陈盛明创办泉州地方文献图书馆时，他慨然出借"养和精舍"珍贵藏书，予以支持。吴增逝后，其子整理有《养和精舍善本书目》，惜于"文革"初被抄毁。

6. 高向瀛

高向瀛（1868—1946），字孝奋，又字颖生，号郁离。侯官人。高明远之孙。光绪年间，曾官京师。民国六年（1917），重建"环翠楼"。"手置书籍，坐卧其中。"[②] 民国时期，福建社会动荡不安，此时高家已是万方多难。他自叙道："余家中落负债……余埋名市隐，饥饱无常，绝俗楼，居抑郁。"[③] 高氏到了"老树荒池散遗籍，补亡殊愧读书孙"[④] 的境地，后"环翠楼"的万卷藏书，散佚无存。

7. 龚植

龚植（1869—1943），字樵生，号亦楼，晋江人。龚显曾第四子。光绪二十二年（1896），迁居厦门鼓浪屿。工书画、篆刻，所画菊花、紫藤为世所

① 鲤城区地方志编纂委员会编：《鲤城区志》，中国社会科学出版社，1999 年，第 935 页。
② 高向瀛：《郁离岁纪》，1962 年抄本，第 58 页上。
③ 同上，第 1 页下。
④ 高向瀛：《还粹楼集诗》卷三《即席赋赠》，民国二十六年（1937）刻本，第 12 页上。

珍爱。绘画在厦门、港澳及东南亚享有名声。书法刚劲有力，闽南诸名山大刹多有其题刻。其中鼓浪屿日光岩"嵌石亭"三个字，即其手笔。抗战期间，闭门不出，以刻印卖画为生。著有《耒如耦别馆诗存》《亦楼印存》等。

龚植嗜好藏书，藏书处为"亦园"。他在《忆亦园二十首》中说："最多个里是藏书，庋架堆橱七万余。除却仙人阆苑秘，此间试问有谁知。"[①]后因战乱、家道衰落等原因，藏书流落殆尽，"彝鼎图书尽化烟"[②]。1920年，厦门图书馆创建之初，周殿薰向厦门富户劝募经费，后"购置新著新译图书三千余册，泉州龚氏祖遗古版（包括宋、元、明、清珍版）二千余册"[③]。1928年至1929年，龚植所刻的《亦楼印存》，钤有一枚"四万卷楼"印章，边款是："余家藏书七万卷，宋元明善本四万余。二十年来兵火虫蚀，毁散迨尽。先代心血，每思泪下，刊作此石，聊志感伤。"[④]龚氏藏书在清末民国初时"毁散迨尽"，的确令人感慨万分。1947年，龚氏后人向厦门图书馆赠送龚植的著作和手稿。

今厦门图书馆藏有龚植的部分珍贵藏书，如：《注陆宣公奏议》十五卷（元至正十四年〔1354〕刘氏翠严精舍刻本）、《甘泉献纳编》三卷（明嘉靖十三年〔1534〕史际刻本）、《崧庵集》六卷（清《四库全书》底本）、《云溪集》十二卷（清《四库全书》底本）、《大隐集》十卷（清《四库全书》底本）等等。有的藏书还有龚植题签，落款："亦园旧藏书，龚樵生珍护。"泉州图书馆也藏有一些龚植的藏书。其藏书印主要有："龚植之藏书印""亦楼所藏金石书画碑迹之印""亦楼藏书之章""亦楼藏书""龚樵生藏书印""樵生所藏""亦楼珍藏""薇花馆主""樵生所印""龚植长寿"等。

8. 刘训瑺

刘训瑺（1869—1950），字玉轩，闽清人。少年聪颖好学，深得文泉书院山长李骏斌赏识。光绪十三年（1887），举秀才。继又毕业于福建法政专门学校。民国成立后，投身于教育事业。曾任闽清县"劝学所"总董、县教育局局长，

---

① 龚植：《耒如耦别馆诗存》卷二，1981年抄本，第12页上。
② 同上，第13页上。
③ 赵德馨：《黄奕住传》，湖南人民出版社，1998年，第277页。
④ 龚植：《亦楼印存》，1929年钤印本。

同时兼任文泉中学董事长、校董及代理校长等职。任内置校产，建校舍，增设备，为办好文泉中学倾注了心血。

刘训瑺著述颇丰，先后刊行《抒怀吟草》《抒怀续草》《玭琅书楼文钞》《玭琅书楼杂录》等10多种诗文集。此外，还编纂有《[民国]闽清县志》及《闽清金石志》。

刘训瑺好藏书，家有"玭琅书楼"，收藏古今书籍数千册。以传布为己任，具有使一家之书为众人所用之观念，倡导藏书的开放流通。1943年，将"玭琅书楼"对外开放阅览，更名"玉轩图书馆"。后又汇入同乡刘子崧、刘我辉创办的抗日救亡阅览室藏书，藏书达2万多册。该图书馆于1950年停办，图书移藏坂东文化站和中学图书馆。[①]

9. 苏大山

苏大山（1869—1957），原名有洲，字君藻，又字苏浦，泉州人。少时聪颖，善属文，逾冠游泮，名噪文坛。性耽典坟，搜罗宏富，所藏不啻万卷，读书其中。故学益博，为文益茂，诗亦弥工。清末科举废除后，曾入同盟会，先后在汕头、厦门主舆论，笔政纵横。旋任厦门教育会会长，创办崇实学校。后与林志烜历游燕赵齐鲁吴越及台澎。1916年，足归家乡，杜门谢客，专心著述。1919年，厦门鼓浪屿菽庄主人林尔嘉好客，喜文士，延之以主吟社，日与诸君名流唱和凡十三年。1932年，归舟载书回泉，倡组温陵祓社，萃郡中名宿为侣，唱和往来。1945年，任晋江文献委员会主任。中华人民共和国成立后，曾任泉州市人民代表、政协委员。

苏大山著述颇多，1928年刊行《红兰馆诗钞》，集60岁以前存诗979首，为其诗歌代表作。其余著作有《红兰馆文钞》《晋江私乘》《清人万首绝句》《温陵碎事》《鹿礁随笔》《东国杂事诗》《温陵诗征》《温陵文征》《红兰馆小丛书》等，大都于"文革"期间散佚，残稿现存于泉州市图书馆。

苏大山酷爱古籍图书，一生致力于保存福建地方文献。在抗日战争期间，曾组织过晋江县文献委员会，又与同邑藏书家陈盛明、吴增等合力创建泉州地方文献图书馆。组织编写《晋江大事记》，编印《晋江文献丛刊》。尤致力于购置、

---

① 张天主编，闽清县地方志编纂委员会编：《闽清县志》，群众出版社，1993年，第762页。

抄录、征集泉州地方文献及黄宗汉、陈棨仁、许祖涝等藏书家身后流散的书籍，拥有大量古籍、善本，家中建有"红兰馆"藏书室。[①] 曾编有《红兰馆藏书目》一册，书目依收藏时间登记，从1929年到1932年；体例按照书名、卷数（册数）、版本等信息著录。总共著录有12944卷。苏大山去世后，家人遵其遗嘱，将其藏书全部捐献给泉州图书馆。其藏书印有"红兰馆""红兰馆藏书""红兰馆藏书章"等。

10. 林志烜

林志烜（1872—1943），字仲枢，号晚知，闽县人。林春溥曾孙。光绪三十年（1904），登进士第，选翰林院庶吉士。散馆，授翰林院编修，叙国史馆纂修。早年居北京，喜书画，曾与画友们在北京结宣南画社，以画山水出名。又与苏大山历游燕赵齐鲁吴越及台澎。晚年寓居上海，靠卖画为生。

林志烜嗜好收藏，家中收有许多古代名人的书、画等，颇有特色。藏书章有朱文"仲枢"，白文"志烜私印"。

11. 林葆恒

林葆恒（1872—1951），字子有，号讱盦，闽县人。林绍年之子。幼承家教，聪颖敏慧，谙于书史，勤于词学。光绪十九年（1893），乡试中举。后被清政府选送美国哥伦比亚大学留学。毕业后，经学部考验，赐文科进士出身，授翰林院编修。光绪至宣统年间，曾任直隶候补道、直隶总督衙门幕僚，兼直隶提法使。辛亥革命后，去职。入民国，曾任驻菲律宾副领事、驻泗水领事。回国后，不复仕。1917年，与通惠公司总裁孙多森创办实业，并兼任河南新乡通丰面粉厂、山东烟台精盐厂经理。晚年流寓津沪，创立"津沽词社""须社""沤社""瓶社"，一时推为词坛祭酒。夏敬观《忍古楼词话》称其词作"清声逸响，饶有韵味"[②]，为八闽词坛之后劲。

其父林绍年在光绪年间，历任贵州按察使、云南巡抚、广西巡抚等职，家有藏书楼名"棣华山馆"，藏书甚富。林葆恒除了继承其父林绍年"棣华山馆"藏书，终其一生，又钟情于历代词籍的搜集。钱仲联称其"家藏清代词家别集

---

① 鲤城区地方志编纂委员会编：《鲤城区志》，中国社会科学出版社，1999年，第935页。

② 张璋等编纂：《历代词话续编》（上册），大象出版社，2005年，第375页。

与总集，几无遗逸"①，藏书家黄裳亦誉其为重要的"词籍收藏家"②，林葆恒也自言"藏词数千卷"③。

林葆恒是一位典型的"著述型"藏书家。他认为藏书必须供读书为用，要充分利用藏书撰写各种专著。据其所藏，他辑有《闽词征》六卷，陈衍《闽词征·序》云：林葆恒编辑《闽词征》的宗旨所在，"世有诋闽人填词音韵不叶者，吾将执斯集以辟之。"④该书辑录自五代宋初至晚清闽籍词人二百五十多家，麾天网罗，颇为繁复。较于叶申芗之《闽词钞》更加完备，其保存闽人词作文献，功不可没。此外，还辑录有《词综补遗》（原名《补国朝词综补》），意在续补丁绍仪《国朝词综补》。该书收词达七千三百余首，其中根据其自家所藏各词选录，得词近三千首，余则赖其他藏书家，"或以藏书相假，或以抄词见示，乃得渐臻完备"⑤。该书三年成初稿，又两年增补，历经五年，辛苦非凡。正如郭则沄在该书的《序》中所言：叕盦词丈，七旬高龄，星抄露写，烟墨不废，"课功之锐，淬力之婟，可谓至矣。"⑥除了以上的两部词选外，林葆恒还撰有《瀼溪渔唱》，编纂有《集宋四家词联》《叕盦填词图》《叕盦先生重游泮水唱和诗录》《闽县林侍郎奏稿》《凤池林氏族谱》等。

林葆恒一生钟情于词，创立词社，搜罗词集，编纂词选。《闽词征》《词综补遗》两部词选，皆网罗浩博，卷帙繁多，所依据文献也大多出自所藏。福建师范大学图书馆藏《归群词丛》抄本，是清代太谷学派唯一传世的词集，连太谷学派弟子后人均未知见，原即为林葆恒所收藏，可见其藏词之富了。

林葆恒藏书的来源，一方面继承了其父林绍年"棣华山馆"藏书；另一方面则是靠自己搜罗购买而来，以词家选集为多，而这批词家选集大多为南陵徐乃昌"积学斋"旧藏。现代藏书家黄裳先生早年致力于词家选集的收藏，曾在

---

① 钱仲联：《光宣词坛点将录》，见夏承焘主编：《词学》第3辑，华东师范大学出版社，1985年，第247页。

② 黄裳：《来燕榭文存》，生活·读书·新知三联书店，2009年，第96页。

③ 林葆恒编，张璋整理：《词综补遗》，上海古籍出版社，2005年，第5页。

④ 林葆恒辑：《闽词征》，福建人民出版社，2014年，第429页。

⑤ 林葆恒编，张璋整理：《词综补遗·例言》，上海古籍出版社，2005年，第6页。

⑥ 同上，第3页。

上海的来青阁书庄购得林葆恒旧藏《春华阁词》二卷，在其《来燕榭读书记》中曾写道："闽县林子有葆恒藏词甚富，徐积余曾以诗余数十箱归之。林氏所藏大抵积学斋故物也。"① 此外，在购得《倚声初集》后，也同样在《来燕榭读书记》中记曰："南陵徐氏藏诗余最富，年来余收得不少，皆明刻善本及清刻零种。后嘱书友更为余致之，久而无所得，亦淡忘之矣。一日过来青阁，见架上有旧本诗余数种，即得其康熙刻《古今词汇》三编，见有积余藏印。即询书出谁氏，估人告积余生前以词集二十余箱售之林子有，即词卷前钤印之切盦。"② 凡林葆恒购自徐乃昌的书籍上，多钤印两人印章"积学斋徐乃昌藏书"朱方印、"切盦经眼"白方印，可知林葆恒确实藏有许多徐乃昌的旧物。

1929 年，福州乌山图书馆创办之初，在《民国日报》的副刊《图书馆学刊》上发表了《图书寄赠及寄藏简章》，向社会公开征集图书，接收社会各界的图书捐赠和寄存。林葆恒与其兄弟林葆炘积极响应，将其父所藏"棣华山馆"藏书八、九千册，捐献给乌山图书馆。③ 林葆炘有《诗》记此事，云："万卷家存有赐书，邺城坐拥愿终虚。生儿只解佉庐字，付与乌山讲舍储。"④ 这批藏书在20 世纪 50 年代初，随乌山图书馆的藏书一并归入福建省立图书馆。今福建省图书馆善本库藏钤有"棣华山馆所藏"藏书印的善本书有：明崇祯年间刻本《梁书》五十六卷、《陈书》三十六卷，清康熙年间刻本《古今韵略》五卷，抄本《操风琐录》四卷、《呭呭录》四卷等。

林葆恒去世后不久，子孙不能守，藏书渐渐散出，"1955 年前后林氏书散，流入书肆中的最先是一批清初刻的词总集和单刻词集，然后依时代先后陆续散出"⑤。著名学者施蛰存曾于秀洲书社购得林葆恒旧藏清初刻《幽兰草》、康熙刻《罗裙草》等精本。黄裳于上海来青阁书庄所获更多，在其《来燕榭读书记》中多有购得林葆恒旧藏的记载，其书名可考者就有：康熙年间刻本《词汇

① 黄裳：《来燕榭读书记·春华阁词》（下册），辽宁教育出版社，2001 年，第 253 页。

② 同上，《倚声初集》，第 305 页。

③ 《乌山图书馆概况》，《私立福建学院 20 周年纪念册·本校经历之四》，私立福建学院，1931 年，第 3 页。

④ 同上。

⑤ 黄裳：《榆下杂说·晚读书记·拙政园》，上海古籍出版社，1992 年，第 147 页。

初二三编》、顺治年间刻本《倚声初集》、清初刻本《留松阁十六家诗余》、乾隆年间刻《春华阁词》、乾隆年间刻《沙河逸老小稿》《瑶华集》《记红集》《词洁》等。黄裳不仅在书肆搜购了林葆恒的诸多旧藏，在打听到林氏家中尚有未出的藏书时，就亲自跑到其家中洽购。其在《来燕榭读书记》中曾这样记载："至零种小词，皆诸估弃而不顾者，尚两大橱。余请李蔬畦作缘，得去其家遍观，选取数十种归。其中不乏精善之本。"① 此外，福建师范大学图书馆亦有林葆恒旧藏，如《归群词丛》抄本四卷，是清代太谷学派唯一传世的词集，卷端钤有："切盦经眼"和"切盦老人六十以后力聚之书子孙保之"白文印章两方，扉页上有林葆恒用朱笔所题的"辛巳二月十七日阅"八字。②

林葆恒的藏书印有"棣华山馆所藏""切盦经眼""切盦老人六十以后力聚之书子孙保之"等。

12. 李迪瑚

李迪瑚（1874—1952），字葆珊，一字宝笙，号匏僧，闲云居士，浦城人。光绪年间拔贡。光绪三十年（1904），考入日本早稻田大学，攻读法律与经济，并于此后在加入了同盟会。三十三年（1907）归国后，创浦城公立两等小学堂并任监督。次年（1908），就任浦城县劝学所总董、浦城商务分会总理。辛亥革命后，任军政府闽省都督府财政部会计科科长。1914 年，回乡后历任浦城县劝学所所长、商务公断处处长、县商会会长。1919 年，当选省参议院候补议员，后又历任福建省公署咨议、闽北镇守使咨议、福建陆军警备司令部咨议、福建第五区烟草局局长。热心于地方公益事业。晚年为避难择居上海花园坊前后十数年，直至上海沦于日寇之手，方回归乡梓，直至终年。

李迪瑚才艺出众，能诗善文。编著有《酌海楼琴言》《酌海楼琴谱》《酌海楼诗存》《酌海楼印谱》《读史论略》《训俗诗歌》《玄秘寻机》等，又精于古琴及金石篆刻，古琴随闽派古琴创始人祝桐君学艺。他收集整理的《酌海楼琴谱》今存于浦城图书馆。晚年好中医，喜爱收集草药自制秘方，尝抄写《宝善堂秘方》《宝善堂传家良方后录》两卷。

---

①　黄裳:《来燕榭读书记·春华阁词》（下册），辽宁教育出版社，2001 年，第 253 页。
②　方宝川:《鲜为人知的太谷学派遗书——〈归群词丛〉》,《文献》1989 年第 4 期。

李迪瑚出身浦城望族，家族资产颇丰，故有财力收购书籍，兴建藏书楼。李迪瑚四子李斯彰曾回忆当年酌海楼的规模建制：

> "酌海楼"坐落在谭处弄（解放前为工农青妇联合会驻地，后为公安局宿舍），建于清末（1904年以前），完善于民国初年，是他一生心血之结晶。楼分两层，长约十六米，宽约十二米，首尾建耳房。西北向辟宽大之天井，内置巨缸两口，蓄水养鱼，幽兰、棕竹，点缀其间。东向开百叶窗，面对花园。园中植芭蕉、方竹、斑竹、奇花异卉等，相间布局。同时置钟口大缸八只，金鱼悠游其中，雅朴沁心。室内靠墙设楠木、花桐木书箱，一字排列，书箱镌阴文或浮刻多种字体之书目，书箱大小按书册而定，但又浑然一体，契合有致，其书箱本身即为精美之艺术品。图书则按部用樟木或桐木制成夹板，用绢绶系之。沿天井向为半落地明窗，沿窗设楠木几座，室中有大会议桌，为练笔赠字所用，西首为供佛之几桌，东首为书案。琴室在东耳房，西侧耳房为他的起居室。二楼亦沿墙放古籍，书架排列在楼厅。二楼西侧耳房存放墨拓，卷轴、画册、地理图册、手抄本书籍以及从日本购回为数颇多之"科技图书"，二楼东边耳房存放医农技艺之书。①

李迪瑚曾任公职，是政界名人，又好文艺，也是文化界名人，其交游广泛，购置图书的渠道也是多方面的。留学日本时，除大批购进科技图书外，还重金买进一些国内散失之书籍。由于与中华书局、商务印书馆出版发行诸公熟识，故凡属两书局所发行之图书均有购进。李迪瑚于福州、上海两地广结藏书人士，彼此间探索书目，委托代购也是一大藏书来源。此外，独自穿梭于书坊书摊，访书、淘书、购书也是爱书者的一大乐趣。经过多方的搜集购置，"酌海楼藏书"达四万余册。

李迪瑚对于"酌海楼"藏书的管理十分严谨，他提出"藏书"旨在为子孙后代，定下藏书不出楼之规定。因此 他在世时，为防散失，无论谁都仅能在

---

① 詹秉辑：《李葆珊先生及其"酌海楼"》，福建省浦城县委员会文史工作组：《浦城文史资料》第5辑，1985年，第40页。

楼内阅读。"酊海楼"的藏书，抗战期间，在日寇飞机轰炸浦城时，家人外避，损失部分。及解放初，保管不善，又遭部分损失。① 漳州福建第二师范学院成立之时，曾用5000元向漳州市政府购买了"酊海楼"的部分古籍。而后福建省委宣传部委派当时的福建师范学院黄寿祺教授带队到浦城县考察"酊海楼"藏书，决定将"酊海楼"藏书移交浦城县文化馆收藏（现浦城县图书馆），开展抢救古籍的计划。黄寿祺教授曾将调查情况写成报告说："李先生之藏书甚丰，各种志书尤为丰富，从收藏的一些书籍来看是很科学的，他是位高明的藏书家。"②

13. 萨嘉曦

萨嘉曦（1874—1959），字多禧，号寄农，又号寄庐居士。闽县人。其父萨承钰，光绪元年（1875）举人，受到李鸿章器重，入海军界，任天津水师学堂教习。历任山东武城、邹平等县知县，平度知州加知府衔，授通议大夫、中宪大夫。曾将其先世著述，如：萨玉衡的《白华楼诗钞》《白华楼焚余稿》，萨大文、萨大年《荔影堂诗钞》刊梓行世。子四：嘉曦、嘉榘、嘉征、嘉燮。

萨嘉曦师从吴曾祺，为国学生。光绪二十九年（1903），入河南巡抚幕府。曾任河南候补知县，钦加同知升衔，赏戴翎。后辞官归里，不问世事，勤于研读，肆力于文。所著有《寄庐文稿》一卷、《白华楼诗抄附录》一卷、《楹联类聚》四卷、《一砚斋楹语》二卷等。

萨嘉曦与弟萨嘉榘承父志，家刻木板古籍近20种，以《敦孝堂丛刻》或《一砚斋》名之。所刊多先人著述，如萨玉衡《白华楼诗钞》、萨察伦《珠光集》、萨龙田《湘南吟草》、萨大年《荔影堂诗钞》、萨大滋《望云精舍诗抄》等，还有其岳曾祖杨维屏的《云悦山房偶存稿》六卷、《红楼梦戏咏》一卷。

萨嘉曦的藏书，多为官时所搜集。书籍的搜集选择，颇称讲究。自云："余以为藏书之道，须择吾性之所近者先焉，则所求者约而易精而为益也。"③ 他批判富家子弟家储万卷而目不识丁，寒士节衣缩食购得一书而束之高阁的做法。

---

① 詹秉辑：《李葆珊先生及其"酊海楼"》，福建省浦城县委员会文史工作组：《浦城文史资料》第5辑，1985年，第42页。
② 同上。
③ 萨嘉曦：《寄庐文稿·一砚斋藏书目录序》，稿本。

认为"苟今日得一书，尽一书读之，明日又得一书，则又尽一书读之，日复一日，吾所得不既多矣乎。"① 光绪三十二年（1906），葺"一砚斋"精室三楹以藏书，与嘉榘兄弟读书其中。萨嘉曦曾编有《一砚斋藏书目录》，今未见，疑已佚。今从其《一砚斋藏书目录序》所载中可见其藏书经历之一斑。自叙云："余先世藏书无多，后经过先大父手置若干种；余宦游南北，又购集若干种；近并庋之'一砚斋'中。暇时手录《书目》一通，置之案头，以便检阅，且免散失之虞。闲有书为友人，投赠者并志其姓名，以示不谖。若谓所藏之书，皆尽入吾腹，余实不敢以自欺者欺人。努力读之，是则余之所深愿望也。"② 他辞官归里后，不问世事。《寄庐居士墓志》载："（嘉曦）杜门不出，家颇有藏书，暇辄发箧读之。"③

萨嘉曦对待藏书遗传子孙之事，则比较开明。"至于弟子之能读与否，他日所有者，或十倍于吾今日之所藏，或并旧之所藏，悉举而弃之，非吾今日之所敢知也。听之可也。凡物有聚有散，今及其聚也，吾但求吾心，无负此书而已。"④ 萨嘉曦藏书今多不见，恐早已散佚，只有一些残存于福建省图书馆、福建师范大学图书馆。其藏书印有："萨嘉曦印""一砚斋印""寄庐""一砚斋藏书印"等。

14. 林尔嘉

林尔嘉（1875—1951），原姓陈，名石子，龙溪人。振威将军陈胜元的长孙。六岁时过继给台湾林维源为子，取名尔嘉，字菽庄、叔臧、眉寿，号尊生，晚年自号百忍老人。其父林维源，继承祖业，发扬光大，业产越发兴旺发达，为台湾富贾。清光绪年间，因参与台湾地方建设，屡捐巨款，授内阁中书、内阁侍读、迁太常寺少卿、团练大臣。在台北板桥建造"林家花园"，富丽堂皇，名闻遐迩。

林尔嘉从小接受私塾教育，勤奋攻读，遍览经史，通晓诗赋，并习英文、

---

① 萨嘉曦:《寄庐文稿·一砚斋藏书目录序》，稿本。
② 同上。
③ 同上，《寄庐居士墓志》，稿本。
④ 萨嘉曦:《寄庐文稿·一砚斋藏书目录序》，稿本。

日文，学识广博。《马关条约》割台后，林尔嘉父子始终不渝地保持中华民族气节，拒绝加入日本国籍，不屑作"大日本"的"臣民"，遂举家内渡，迁回原籍龙溪，旋定居鼓浪屿。1913 年，他在鼓浪屿兴建"菽庄花园"。园中有一胜景题名"小板桥"，寄托他对台湾故土和先人的深挚怀念。每逢中秋佳节，菽庄花园高朋满座，尽是鸿儒硕学，骚人墨客，放歌吟咏，乐在其中。林尔嘉居厦期间，先后担任了厦门保商局总办兼商务总会总理、农工部头等顾问、厦门市政会会长、福建省行政讨论会会长等职。1915 年，袁世凯复辟称帝，北京有"筹安会"，各省有"劝进会"。福建省的权贵们举荐林尔嘉为福建的代表，请他晋京呈奉拥袁为帝的"劝进表"，坚不从命。直至抗日战争胜利后，即返回板桥故园，安度晚年。

林尔嘉是民国年间在闽台两地负有声望的人物之一。在菽庄花园中，建有"顽石山房"，为其藏书与治学之处。林尔嘉父子都喜欢收藏古董、金石和图书。举家从台湾内渡时，就带回不少文物图书。单就图书而言，顽石山房的藏书起码有万余册。1957 年 3 月 27 日，菽庄夫人高瑞珠将剩下的图书无偿捐献给厦门市图书馆。经过接收的清点造册，共有 700 多种，7820 册，其中大部分是线装书，包括中、外文资料，内容涉及各学科门类。赠书中还有清代文学家、书法家吕世宜的《爱吾庐书课》《经传子史集览》以及书法真迹《汉古镜记》《火神庙记》《吕母墓志》等手稿多件。这些都是道光、咸丰年间的文物，十分珍贵。①

林尔嘉既嗜好藏书，也时常耗资出版自己及他人的著作。如出版《菽庄丛书》六种，包括吕世宜遗稿《古今文字通释》十四卷、陈棨仁《闽中金石略》十五卷、沈琇莹《寄傲山房词稿》十四卷、林尔嘉《顽石山房笔记》四卷、沈琇莹《壶天吟》六卷、江煦《鹭江名胜诗钞》。林尔嘉还创立"菽庄吟社"，与流寓游宦、骚人墨客相往来，饮酒赋诗，征集诗稿。1940 年，林尔嘉将"菽庄吟社"的甲等诗作编成诗集，又出版了另一种丛书，名《菽庄丛刻》八种：《虞美人诗》《黄牡丹诗》《七夕四咏》《闽七夕四咏》《帆影词》《三九雅集诗》《鹭

---

① 江林煊、洪雅文：《林尔嘉的藏书、刊书及诗作》，厦门市鼓浪屿区委员会编：《鼓浪屿文史资料》第 1 辑，1995 年，第 56 页。

江泛月赋》《小兰亭三修禊序》。此外，林尔嘉又将"菽庄吟社"同好及社会名流祝贺他寿辰或结婚纪念的诗词结集出版，如：《四十寿言》《四十有八寿诗》《五十寿言》《银婚帐词》《菽庄梦中得句倡和集》等书。

林尔嘉著作颇丰，一生共写了 300 多首诗，几十副对联。1973 年，其子林刚毅等将他的诗作编成《菽庄诗稿》(又称《林菽庄先生诗稿》)在台北排印出版。

15. 林长民

林长民（1876—1925），幼名则泽，字宗孟，自称苣冬子。晚年所居门前有双栝树，故自号双栝庐主人，闽侯人。父林孝恂，字伯颖，前清翰林，历官浙江金华、仁和、石门等州县。较早接受西方政法思想，重视子女教育。林长民幼承庭训，喜读政治法律之书。1902 年，赴日本早稻田大学留学，攻读政治法律。1909 年回国，执教于官立福建法政学堂。是年，福建省谘议局成立，被聘为秘书长，并兼任官立福建法政学堂教务长。后因与学堂监督郑友其不合，被免职。随即斥资创设私立福建法政学堂（福建师范大学前身校之一），自任校长。

辛亥革命时，以福建省代表参加独立各省临时会议。民国元年（1912），临时参议院成立，任秘书长，参与草拟《中华民国临时约法》。1913 年，被推为众议院议员，后任秘书长。袁世凯就任民国正式大总统后。任北京政府国务院参事。1917 年 7 月，出任段祺瑞内阁司法总长，11 月辞职。1918 年，第一次世界大战结束，国民政府外交总长陆征祥奉派出席"巴黎和会"。当时的总统徐世昌为此特设外交委员会，特聘林长民为委员会委员兼事务主任。

1919 年 5 月 2 日，当得知"巴黎和会"袒护日本，将原德国在中国山东的一切权益转让给日本时，林长民在《晨报》发表《外交警报敬告国民》的新闻。疾呼："胶州亡矣！山东亡矣！国不国矣！""国亡无日，愿合四万万民众誓死图之。"向民众揭露了国民政府这一卖国行径。一经发表，顿时激起千层浪。5 月 4 日下午，以北京大学为主的北京 12 所学校的三千多名爱国学生举行示威游行，五四运动由此爆发。当时的总统徐世昌怀疑林长民就是学生运动的幕后主使，将他召到总统府严加训斥。事实上，林长民也正是"火烧赵家楼"的真正点火人。

1920 年春，林长民携带 16 岁的女儿林徽因到欧洲考察。10 月，回国与蔡元培、王宠惠等联合上书，向政府建议恢复国会，完成宪法。他们的建议得到了当时总统黎元洪的采纳，并被选为宪法起草委员会委员，直接参加了制宪工作。

1925 年，张作霖依靠日本政府的支援，兵分四路进攻北京，意欲自任总统。11 月，奉军将领郭松龄向全国发表《反奉通电》，并将原奉军第三方面军改称为东北国民军。郭松龄起兵后，托人游说林长民出关。林长民感念郭松龄知遇之恩，于 11 月 30 日晚乘郭松龄专车秘密离京，途中受到奉军王永清部的袭击，下车躲避时，被流弹击中身亡，终年仅 49 岁。

林长民素能诗文，书法亦佳。父子二人，官辙所至，广收书帙，故所藏殊富。[①] 其藏书处，名"双栝庐"，中有不少珍贵的版本。如：抄本《秋江集注》，堪称孤本。1925 年，林长民去世后，其弟林天民将藏于北平"双栝庐"书籍运回福州。其家属仰体遗意，以所藏"双栝庐"图书万有余册，捐赠给由林长民创办的私立福建学院乌山图书馆，成为馆中最有价值最有历史之部分。[②]

16. 李宣龚

李宣龚（1876—1952），字拔可，号观槿、墨巢，闽县人。李宗祎子。光绪二十年（1894），乡试中举。早年为汉口铁路局掌书记，又任湖南桃源知县，后捐湖北知府，官至江苏候补知府。入民国后，供职于上海商务印书馆多年，曾任商务印书馆总经理并兼发行所所长。寓居上海三十余年，直至去世。

李宣龚好收藏，所藏清代及民国初人士的诗文集与书画精品达千余种，藏书室名"硕果亭""观槿斋"。其中诗文集居半，尤为珍贵的有：翁方纲稿本五言诗《多师集》八卷、稿本《诸贞壮诗抄》七卷及《诗稿》、"戊戌六君子"之一林旭的稿本《晚翠轩集》及所有藏书，还收藏有费念慈旧藏黄椒升遗书《闽中书画录》抄本三种等。所藏书法、名画中，亦不少是其父李宗祎遗藏。林纾曾道："年家子李生观槿，其先代藏画甚富，霉侵蠹蚀者不计其数。"[③] 李宣龚所

①　《乌山图书馆概况》，见《私立福建学院 20 周年纪念册·本校经历之四》，私立福建学院，1931 年，第 2 页。

②　郭公木：《林长民传略》，见卞孝萱、唐文权编：《民国人物碑传集》，团结出版社，1995 年，第 90 页。

③　林纾著、李家骥整理：《林纾诗文选》，商务印书馆，1993 年，第 66 页。

藏字画墨迹尤为大观，积聚有数百件墨迹精品，有伊秉绶、林畏庐、溥心畲之作。其中尤以伊秉绶墨迹最为宏富，被公认为海内外收藏伊秉绶作品之魁。因其收藏伊秉绶（号墨卿）墨迹颇多，故又名其室为"墨巢"。此外，《天籁阁旧藏宋人画册》亦尤为珍贵。

李宣龚重师友之情谊，曾出资为师友刻书，所刻有：诸宗元的《大至阁集》、林旭的《晚翠轩集》末附林旭夫人沈鹊应《崦楼遗稿》、林亮奇的《寒碧诗》、杨钟羲的《历代五言古诗评选》和《圣遗先生诗》、冒广生的《后山诗笺注》等书。

李宣龚工诗善书法，其诗名于时，与何振岱同被誉为"同光体"闽派的殿军。"诗言志"则是李宣龚的诗学主张，诗作内容多为交游、唱和、时事、民生与山水等。诗风则前期"艰涩凄苦"，后期"工于嗟叹"。所著有《硕果亭诗集》正续编两卷、《墨巢词》等，还编辑有《墨庵集锦》两册。

1939 年，叶景葵、张元济、陈陶遗、顾廷龙等在上海发起创办了合众图书馆，陈叔通、李宣龚等人共襄其事。1941 年 8 月，成立合众图书馆董事会，由发起人会选聘陈叔通、李宣龚为合众图书馆董事，李宣龚为合众图书馆的股东之一。合众图书馆创建之初，李宣龚将"所藏经史子集各类书籍千余种及师友简札、书画、卷轴等一并捐入合众图书馆"[①]。"所捐书中，明版古籍有 29 部，如明崇祯刊本《资治通鉴纲目前编》二十五卷《正编》五十九卷《续编》二十七卷 121 册、明万历刊本《十三经注疏》十三种三百三十五卷 119 册等；'集部'典籍过半，'集部'中清末民初诗文集又过半，其中福建人的著述或有关福建地方文献共有 164 部。内有：翁方纲稿本无言诗《多诗集》八卷、稿本《诸贞壮诗钞》七卷及《诗稿》、林旭稿本《晚翠轩乙集》、陈书手抄沈鹊应的《孟雅词》一卷、费念慈旧藏黄椒升遗书《闽中书画录》抄本 3 种等。所捐师友手札有《林晚翠京卿遗墨》2 册、《杨文敬公遗墨》1 册、《陈石遗先生手札》1 册、《林畏庐先生手札》2 册，以及《福建乡贤遗翰》《师友手札》《朋旧手札》各数册。还有与友朋题咏唱和的辑录，如《双辛夷楼填词图卷》《花影吹笙室填词图卷》

---

① 周退密、宋路霞：《上海近代藏书纪事诗》，华东师范大学出版社，1993 年，第 32 页。

《还梍轩图咏》《硕果亭修禊图》《九日题襟图》《昙花图》《寿墨宦图咏》"[①]。20世纪50年代初，合众私立图书馆捐献给上海市人民政府。1953年，合众图书馆更名为上海市历史文献图书馆。1957年后，与其他三个图书馆合并为上海图书馆。李宣龚捐献的藏书，现存于上海图书馆。该馆为其编有油印本的《闽县李氏硕果亭藏书目录》1册。

李氏后人除了捐赠外，还将部分古籍出售。1953年，李家后人因家境窘困，欲将家藏图书出售，其中多为明版本书籍。如明永乐年间刻本《历代名臣奏议》、崇祯年间刻本《闽书》等。时任福建师范学院图书馆副馆长金云铭到其家中翻检古书时，意外地发现了全国十分罕见的元至大年间刻的《宣和博古图录》。这部书当时已虫蛀、霉变得无法翻阅，他拿回请人小心地用水化开重新裱好，现珍藏于福建师范大学图书馆古籍善本库。民国著名学者、藏书家沈祖牟亦收藏了部分李宣龚的旧藏。沈祖牟去世后，其家人将他数十箱藏书及所著，捐赠给福建省立图书馆，其所藏的部分李氏旧藏书也就归藏福建省图书馆了。

17. 宋学连

宋学连，生卒年不详，号耕书，莆田人。年十六，尝赴省城福州神道学校就读二年，成为基督教会之一名牧师。有才学，善讲道。性嗜书，喜善本，倾囊求售，归家庋之，富藏万册，恣意浏览。且惜书如命，皆手自编辑，放置工整，有条不紊，不许家人随意取阅。

18. 张琴

张琴（1876—1952），字治如，号桐云轩主人、石匏老人，莆田人。出生贫民之家，累世单寒，存君一脉。父嘉文，始读书，以贫弃去，颇精医药星卜之术，以体赢多疾，专心学道，惟妻林氏从事农圃以养家。张琴幼慧，知勤学，常助母为卖菜佣。暇则专志笃学，秋风破屋，孤灯明灭，诵读不辍。修学立行，敦品自守，谦逊恭让，孝行清修。弱冠有声郡庠，为莆阳三才子之一。光绪二十八年（1902），乡试中举。次年（1903），应聘在涵江崇实中学堂任教。三十年（1904），登进士第，选翰林院庶吉士。在莆田有"末科进士"之称。散馆，授翰林院编修。三十二年（1906），任兴郡中学堂监督（校长），并亲自授课改文，

---

① 林宁：《李宣龚研究》，福建师范大学硕士论文，2007年，第39页。

莆田诸多精英才俊，出其门下。

民国成立后，张琴投身共和，被推举为国民党参议。1913年，当选中华民国国会议员，并作为宪法起草委员会委员赴广州出席国会非常会议。反袁救国，积极拥戴孙中山。1926年，从军北伐，任杜起云师长秘书。疏于应酬，军政宴饮，借故不就。1930年，辞归故里，专事著述，兴办教育。

张琴学问渊博，才情横溢，勤于撰述，著作等身。诗文造诣很高，还工于四体书，又是山水画家，也精通内典。其书画、诗文、篆刻，艺称"三绝"。存世著作主要有：《桐云轩画集》《桐云轩诗文集》《大学通义》《中庸通义》《莆田县志稿》《六书考源》《帝国共和主义论》《南山志》等。

张琴思想开明，热心于家乡文化教育事业。发起创办了官立兴郡中学（莆田一中前身），并兼任监督（校长）。1933年，他联合吴台、林葆翰、郑仰樵创办"私立莆阳图书馆"，把在京多年搜集的典籍、先贤名著，以及碑帖、书画等善本一一列出，供人阅读。馆内分为善本室、集古室、抱残室、寄藏室四部分。后因抗战爆发，奉命将藏书疏散，战火中损失严重，因难以为继而夭折。1934年，他与涵江商会会长陈杰人等创办莆田国医专科学校，并任校长，兼授医学史。

张琴喜积书，藏书达万余卷，行有余力，一再驻足厂甸书摊，多方搜集书画、名帖及古籍善本。遇奇书秘籍，不惜重金求售，有时几缺饘粥之费，亦心甘情愿。及归隐林下，又在旧屋之华源祠后侧辟"寄赏园"。

张琴藏书散出后，大多数归藏福建省图书馆，莆田市图书馆、福建师范大学图书馆亦藏有部分张琴旧藏。福建省图书馆藏主要有：明刻本、抄本约百数十种。如：明刊本《宋史新编》《白榆诗文集》《栟榈集》《瀛舟笔乘》《剖匏存稿》《天马山房集》《䌹斋集》，抄本《兴安风雅》《莆舆纪胜》《荔隐山房集》《皆山集》等，都是珍善本。张琴的藏书印有"张琴""石匏""张治如""张治如金石书画藏印""张治如藏书印""桐云轩""张治如印""治如秘籍""莆阳张氏"等等。

19. 张培挺

张培挺（1876—1956），字如香，闽侯人。清光绪二十九（1903），乡试中举。清末废除科举后，留学日本学习法政。民国时期，曾任福建省政府参议、财政厅科长、秘书。中华人民共和国成立后，就聘为福建省文史馆馆员。与林宗泽、林葆炘、萨伯森交游甚密，曾加入福州说诗社，从陈石遗先生学诗。

张培挺喜读书藏书，庋藏颇多。1937 年，将家中所藏，捐赠私立福建协和大学图书馆，计 115 种，1921 册①，现悉数归藏福建师范大学图书馆。其中包括：清嘉庆刊本《皇清经解》361 册、清嘉庆刊本《佩文韵府》、清光绪年间刊本《硃批谕旨》112 册等大部头的古籍。

20. 陈琼

陈琼（约 1877—1944），字鸣琅，闽县人。好藏书，建有藏书楼名"培香楼"，据其孙陈扶春说"培香楼"几间房的两面墙全是书橱，藏书有上万卷，收有林则徐、曹学佺等人的旧藏。子陈文涛，亦为藏书家（详见以下介绍）。

21. 萨嘉榘

萨嘉榘（1877—1961），字多溁，号逸樵，国学生，闽县人。萨嘉曦弟。陆军部主事，军资司行走，景陆工程处监修官，曾游学日本。1953 年，被聘为福建省文史馆馆员。

萨嘉榘幼年随父宦游，授读经史时多用坊刻本，字多讹，书要抄校过才能读。因此，萨嘉榘知抄本之不易。"六十乡居，见人间孤本者录之。晨抄暝写，自忘腕脱，积数十册编其书目曰：《积积室抄本》。"②他在《积积室书目序》中表达了他的藏书志向："余珍惜文献，遇有闽人著述，则庋藏之而已。"③可见他特别注重搜集闽人著述。

萨嘉榘晚年，又继续抄书若干种。后编成《积积室钞本续目》，并自《序》云："《积积室抄本目》成编后，复续抄若干种，名曰《积积室钞本续目》。吉金乐石，凤好难觏，断简残篇，闲情聊遣。既蕴藏而无意，亦贡献之初心，尚望

---

① 福建师范大学图书馆采编部编：《财产部造册》，1948 年。
② 萨嘉榘编：《积积室钞本目·附续目》，1952 年油印本。
③ 萨嘉榘：《积积室文存·积积室书目序》，抄本。

博雅君子，有以惠教也。搜遗未辍，手写宁劳，濡墨以识之。"①

从《积积室抄本目》与《积积室钞本续目》中可见，积积室抄本共有152册，《续目》52册，其中多为旧抄本、未刊本、家藏本等。大多数为借抄各藏书家藏本。萨嘉榘所抄之本，亦喜目录之学，中多稀见书目秘籍，如《云左山房书籍目录》《陈朴园藏书目录》《大通楼赠图书馆善本书目》等。这些都是萨嘉榘"自写自藏而自喜之，然非敢自私也，但愿公之于世耳"②。虽然萨嘉榘有公之同好之心，惜抄本已多佚不存。萨伯森在《识适室剩墨》言："逸樵族叔，亦喜收藏古籍，或假善本手抄，名其斋曰'积积室'，惜亦佚矣。"③ 今萨氏后人还有收藏一些其抄本。其藏书印有：白方"积积室藏书"、白方"嘉榘之印"、朱方"旧闻雨斋"、朱方"积积室"、朱方"萨逸樵手抄书""樵叟"等。有子萨兆寅，任福建省图书馆馆长20余年。

22. 林之夏

林之夏（1878—1947），字凉生，又字亮生，号玉箫山馆主人，闽县人。早岁曾随林纾学古文，1900年后，入福州英华书院学习。转入福建武备学堂学习。1907年毕业后，任江宁第九镇参谋。1908年，参加兴中会。后加入同盟会，1909年，与同盟会会员柳亚子等人发起组织南社。辛亥革命时，参与南京新军起义，时任联军副总参谋长。孙中山就任中华民国临时大总统，以林之夏光复江宁有功，任命为中央第一师师长、军政部部长，授予陆军中将加上将衔。福建军政府成立时，林之夏被任为参谋部及军务部部长。后参加讨袁护国战争。南北议和后，功成不居，辞职回乡。1925年，回到福州，著述卖文。1932年，应蒋介石之聘，赴南京纂修国民革命军战史，不久即回。1935年，又应福建省政府主席陈仪之聘，任福建省政府参议。1940年，蒋介石聘其为军事委员会中将参议，赴重庆纂修抗战简史，事毕回闽。抗战期间，南京汪伪政权曾诱以要职，福州两度沦陷时，日伪当局也同样威迫利诱，林之夏均不为所动，并且一再号召乡人从戎卫国。抗战胜利后，目睹国民党政权更加腐败，心甚不满，再

---

① 萨嘉榘：《积积室文存·积积室书目序》，抄本。
② 同上。
③ 萨伯森：《识适室剩墨》卷六《爽翁剩墨》，福建人民出版社，2003年，第562页。

辞回乡，病逝福州。著有《玉箫山馆诗集》等。

林之夏好收藏书籍与古瓷。1932 年，林之夏与胞弟林知渊，均受任福建省政府委员、参议。兄弟念及慈母半生辛劳，遂于祖居东侧旧有基地依山起盖新楼，取名"春晖草堂"，意谓报答母亲养育之恩。主楼之后，又有东、西二楼。东楼为藏书之所，题为"玉箫山馆"，收藏古今中外图书数万册。楼联为"广搜古今珍藏本，快读中外未见书"。

林之夏生平好学，工于诗，擅书法。西楼为小佛堂，供林母拜佛拈香。堂上层层叠叠供奉观音佛像盈千尊，蔚为大观。宅后有园傍山，以鹅卵石铺路，东有鱼池涌泉、悬崖陡壁。壁上摩崖石刻"跞埕"两字，乃林之夏手书。

中华人民共和国成立后，林之夏的"春晖草堂"改为闽侯县城门公社（乡政府）办公所。林之夏身后留下的大批古瓷均毁于"文化大革命"，大部分书籍与其所著诗稿等也难以幸免，部分藏书由其妻陈贞慧捐赠给福建省图书馆。其中多方志类的古籍，如《［光绪］周庄镇志》《［嘉定］赤城志》等，颇为罕见。捐赠的书中都有陈贞慧毛笔书写："福建省立图书馆公用，先外子林之夏遗书，陈贞慧捐赠。"1991 年 10 月，福州市人民政府授予"玉箫山馆"为"福州市名人故居"牌匾。1997 年春，故居修缮一新，现为村委会驻所。

23. 林葆炘

林葆炘（1879—1946），字谦轩，闽县人。林葆恒弟。1929 年，曾与其兄林葆恒积极响应乌山图书馆的向社会公开征集图书的公告，将其父所藏"棣华山馆"藏书八、九千册，捐献给乌山图书馆。[①]林葆炘有《诗》记此事，云："万卷家存有赐书，邺城坐拥愿终虚。生儿只解佉庐字，付与乌山讲舍储。"[②]

24. 林焕章

林焕章（1881—1942），字右箴，又号万铭，连江人。毕业于福建省高等

---

① 《乌山图书馆概况》，《私立福建学院 20 周年纪念册·本校经历之四》，私立福建学院，1931 年第 3 页。

② 同上。

警官学堂，先后担任罗源、永泰、归化、福清等县知事或县长，省水警第一署署长，厦门市公安局局长。1935年，转任甘宁青监察使署秘书。1942年，任福建省银行监理。

林焕章爱好山水、古玩、诗文、字画，与福州藏书家萨嘉曦过从甚密。亦好藏书，"家中之'双鉴庐'，曾珍藏古籍八大橱，历代名人字画百余幅，珍贵信札近百封，古玩数十作。所藏珍品于日寇入侵时，毁窃殆尽"。[1] 林焕章曾出资翻印董应举《崇相集》及陈第《五岳游草》数百本，今尚有传本藏于福建省图书馆、福建师范大学图书馆及厦门市图书馆。

25. 杨树庄

杨树庄（1882—1934），字幼京，侯官人。光绪二十九年（1903），毕业于广东黄埔水师学堂。辛亥革命时，海军归附，杨树庄任"湖鹰"鱼雷艇艇长。1913年，授中校，升上校。后历任"永翔""楚观""通济""应瑞"舰舰长。1923年，升任练习舰队司令兼闽江要塞司令。次年（1924），以功晋升海军中将，历任海军闽厦警备司令、海军副总司令、海军中将、胜威将军。北洋段祺瑞政府期间，任海军总司令。1927年，蒋介石南京国民政府期间，任国民政府委员、海军总司令兼福建省政府主席、军事委员会常务委员、海军特别党部主任委员。1929年，任海军部部长。1932年，以多病难胜繁务为由，辞去海军部部长一职，由陈绍宽继任，自此专任福建省政府主席。这期间，还担任过私立福建学院校董会主席。后闲居上海，静心养病。

杨树庄家有"耕心斋"，藏书颇多。去世后，将所有藏书寄存于乌山图书馆。计有影印《道藏》全部一千一百二十册，"经、史、子、集"名著四千余册。[2] 其中颇多善本，如：明刻本《四书说剩》六卷。20世纪50年代初，寄存于乌山图书馆的《道藏》，又被其家人取回运往上海出售。[3] 其藏书印有"杨氏耕心斋藏书"。

---

① 林方庸、倪孔铮：《林焕章事略》，《连江文史资料》第6辑，1988年，第99页。

② 《乌山图书馆最近一年来工作概况》，《私立福建学院档案全宗》，福建省档案馆，案卷号：74—1—49。

③ 《乌山图书馆托管过程情况报告》，《私立福建学院档案全宗》，福建省档案馆，案卷号：74—1—59。

26. 王景岐

王景岐（1882—1941），初名庆骥，字石孙，亦作石荪，号流星，别号椒园，闽侯人。早年就学于武昌方言学堂法文班。光绪二十六年（1900），赴法国巴黎政治大学研习政治，兼驻法使馆翻译。宣统二年（1910），又入英国牛津大学，专攻国际法。民国元年（1912）回国，历任北京政府农林部编纂、外交部主事、宪法研究会调查员、外交部佥事兼华洋诉讼会委员、秘书处秘书、中俄蒙恰克图会议参赞、外交部参事、驻意大利使馆二秘、出席巴黎和会中国代表团参事、外交部和约研究会会员、司法部法权讨论会会员、中德通商条约谈判代表任北京政府外交部秘书、中国公使委员会委员等职。1921 年，任驻比利时全权公使，后兼中国国民党驻法国总支部长、执行部部长等。1932 年，应聘为国联会议会员。1936 年，派任驻瑞典兼挪威全权公使。

其父王福昌为船政学堂第二届毕业生，曾赴法学习硝药。王景岐为闽侯另一藏书家王寿昌之侄。王寿昌遗著《晓斋遗稿》有其《跋》云："余叔晓斋先生。"[①]

王景岐富藏书，历游各国，搜访不息，注重实用性，"所藏西文法律及国际公法图书颇多"[②]。1932 年，将藏于北京的一部分藏书寄存北平图书馆（今中国国家图书馆），"计中西文书籍共二千零三十九册，内多英法德俄文著作"[③]。

27. 梁鸿志

梁鸿志（1882—1946），字仲毅，后改字众异，长乐人。自幼诵读经史，为人狂傲。就学于京师大学堂。毕业后任山东登莱高胶道尹公署任科长、北洋临时执政府秘书长。1938 年，抗日战争爆发后，南京成立伪中华民国维新政府，任行政院长兼交通部长。破坏抗日战线，从事卖国活动。1940 年，汪精卫在南京成立伪中华民国国民政府，梁鸿志任监察院长。1944 年 11 月，汪精卫死于日本，梁鸿志继陈公博为伪立法院长。抗战胜利后被捕，以叛国罪判死刑。1946 年被处决。

---

① 王寿昌：《晓斋遗稿跋》，民国廿五年（1936）石印本。

② 杨宝华、韩德昌编：《中国省市图书馆概况（1919—1949）》，书目文献出版社，1985 年，第 32 页。

③ 同上。

梁鸿志出身于官宦世家，其曾祖父梁章钜是清代福建著名的藏书家。其外祖父林寿图，亦富藏书，建有藏书楼"欧斋"。在这种家学渊源的熏陶之下，梁鸿志也嗜好收藏古籍、字画。伦明在《辛亥以来藏书纪事诗》载："长乐梁众异鸿志，善诗，喜藏弄。"① 梁鸿志主要是在其从政期间，大量的搜购古玩秘籍。"案牍之余，惟秘密搜求古玩。尤于宋元版本，古今名人手迹及珍籍抄本，收藏最富，琳琅满室，摩挲为乐。"②

其藏书室名"爱居阁"，又称"三十三宋斋"。"爱居阁"建于段祺瑞下野、梁鸿志遭通缉被迫退隐的这段时间。所撰《爱居阁记》记载了建阁始末，云：

> 岁庚申，钩党事作，所居籍入官，家人亦逃至沽上。余避仇蛰处，楼居仅二室，方广不盈一丈。外以庋书籍，位笔砚，其内则寝处焉。妻孥不相恤，姻旧不相闻，酒食文字之交，一时都尽。余既不与世接，辄读书咏歌，以永朝夕。感于鲁语"海多大风，爱居避灾"之说，辄取以颜吾室。③

其后梁鸿志虽又辗转多地，仍以"爱居阁"名其室。又其藏有宋代名人苏东坡、辛弃疾等价值连城的书画墨宝大册三十三幅，故其斋名又称"三十三宋斋"。

梁鸿志的藏书，一部分是祖上遗留下来的，这些多以名人字画墨宝为主。据时任杭州《东南日报》记者黄萍荪先生回忆其采访梁鸿志时，曾在梁宅见到四壁挂满书画，"只见居中尽是其曾祖父梁章钜所遗中堂、楹帖，两侧有金农墨梅、任渭长人物及梁山舟诗幅"④。对于其祖上所藏后散佚之物，梁鸿志也是不惜重金购买入藏。其曾祖父梁章钜曾藏《宦迹图》数十幅，梁鸿志十六七岁

① 伦明等撰，杨琥点校：《辛亥以来藏书纪事诗》（外二种），北京燕山出版社，1999年，第134页。

② 高拜石：《古春风楼琐记》第七集《梁鸿志其人与伏法经过》，台湾新生报社，1979年，第9页。

③ 梁鸿志：《爱居阁记》，《青鹤》1936年第17期。

④ 黄萍荪：《梁鸿志二三事》，华东七省市政协文史工作协作会议编：《汪伪群奸祸国纪实》，中国文史出版社，1993年，第146页。

时，曾在其昆弟家中得见。二十余年后，求阅，已散出不可得。后梁鸿志于书肆中见残册四幅，卖者知此画为梁氏旧物，售价甚高，梁当即重金买下，其后陆续又寻得一幅。[①] 梁鸿志为此特作《先退庵公宦迹图残册后记》一篇志之，可见其搜罗先人旧藏之心之切。

梁鸿志先后在北洋临时执政府、中华民国维新政府、伪中华民国国民政府中担任要职。此时的南京、上海等地战祸不断，许多藏书家的藏书毁于兵火。江浙藏书家为生活所迫，也纷纷出售历代收藏的珍籍古本，大量的古籍涌入上海的旧书市场。拥有丰厚俸禄的梁鸿志凭借近水楼台先得月的优势，在旧书市场搜罗了不少的名人字画、珍本古籍。此外，身居要职的梁鸿志凭借其在伪政府中的权势地位，也趁机劫掠了沦陷区的不少文物典籍。如 1939 年夏，时任南京维持会长的梁鸿志取走江苏省立国学图书馆朝天宫故宫地库密室字画古籍 601 册，字画 61 件。[②]

抗战胜利，梁鸿志被捕入狱前，"家人拟分散庋藏，梁不许，说：如我幸而无事，仍当为我有，如难逃一死，也当以完璧奉之国家，何忍见其因迁移而致散佚？"[③] 及身陷囹圄，所藏书籍、字画尽失，下落不明。郑振铎在调查战时文物损失时，对于梁鸿志藏书的散佚也发出这样的疑问："窦乐安路住宅内藏有梁逆影印之《明实录》若干部，还有'丛书'及其他图籍不少。等到去接收时，只存有破烂不全之书数百本。其余的东西到那里去了？听说，有人搬运走了十余卡车。究竟是谁运去的？毕勋路的梁逆住宅内，所藏古物图书尤为珍贵。其中有宋人尺牍'三十三通'，尤为国之瑰宝。梁逆尝榜其书室曰'三十三宋斋'。内辛稼轩的《天牍一通》，更是我们所憧憬着的东西。这些文物现在还在那里么？"[④] 梁鸿志的这批藏书最终下落不明。

梁鸿志旧学根底深厚，擅诗文，其著有《爱居阁诗》十一卷。在狱中，初

① 梁鸿志：《先退庵公宦迹图残册后记》，《古今》1942 年第 7 期。

② 《江苏省立国学图书馆善本损失清册》，江苏省档案馆：1006—乙—926，转引自孟国祥：《南京文化的劫难 1937—1945》，南京出版社 2007 年，第 97—99 页。

③ 高拜石：《梁鸿志其人与伏法经过》，见高拜石：《古春风楼琐记》第七集，台湾新生报社，1979 年，第 24 页。

④ 郑振铎：《敌伪的文物那里去了》，见《郑振铎文集》，线装书局，2009 年，第 58 页。

成《入狱集》，被判处死刑后又成《待死集》各一卷。钱萼孙评其诗曰："导源正宗，别裁伪体。究性情之极致，通唐宋于一杭。渊骞其姿，雄秀在骨。"① 梁鸿志还经常在当时的刊物《青鹤》上连续发表《爱居阁脞谈》。伦明在《辛亥以来藏书纪事诗》中称梁鸿志诗："吴虎才人擅五噫，简明倘是慕相如。绛云故物天家宝，梦寐追寻两《汉书》。"最后两句说的便是伦明对梁鸿志发表于《青鹤》的《赵文敏藏宋本两汉书始末》一文中遍征群籍，考察《汉书》流传始末而赞叹有加。梁鸿志本为书香门第士人，却一念之差，卖国求荣，投敌做贼，令人唏嘘，遗臭万年！

28. 郭则沄

郭则沄（1882—1946），字蛰云，又字养云、号啸麓，别号子厂，晚年自号遁圃老迂、龙顾山人。侯官人。郭曾炘子。光绪二十八年（1902），乡试中举。二十九年（1903），登进士第，选翰林院庶吉士。散馆，任武英殿协修。不久，又任编书处协修，参与纂修《各国政艺通考》。三十三年（1907），引见于勤政殿，觐谒光绪帝。后由学部派往日本早稻田大学留学。徐世昌任东三省总督，电聘则沄入幕，返国被聘为二等秘书官，为徐掌管机密文电，兼治奏草。宣统二年（1910），署理浙江提学使。辛亥革命后，寓上海。民国元年（1912），至北京，谒徐世昌，任秘书省秘书。1918年，徐世昌出任总统。郭则沄由铨选局局长兼代国务院秘书长。五四运动爆发后，代表国府至北大学生联合会转达国府接受曹汝霖辞职讯息。1922年，徐世昌被迫去职。自此郭则沄枯淡宦情，悠游林下，隐居天津、北京家中。抗战期间，北京沦陷，拒任伪职。

郭则沄"自少喜弄笔砚，读书过目辄成诵。年十三遍涉经史，谙练典故，以文学知名"②。许钟璐所撰《侯官郭公墓表》称郭则沄："公博学能文，虽颠沛忧危之际，未尝朝夕废文字。"③1922年，辞去官职后，"在天津，结冰社、须社、

---

① 钱萼孙：《爱居阁诗注序》，《同声月刊》1944年第10期。

② 孙宣：《龙顾山人传》，载郭则沄：《龙顾山房诗文集》，民国十四年（1925）年侯官郭氏遁圃刻本。

③ 许钟璐：《清故诰授光禄大夫头品顶戴赏戴花翎署浙江提学使司提学使侯官郭公墓表》，载卞孝萱，唐文权编：《辛亥人物碑传集》，团结出版社，1991年，第784页。

偁社。在旧都，结钵社、律社。与一时硕彦耆儒商量旧学，皆推公为祭酒。"①
成了民国京津文坛核心人物之一，延续发展了侯官郭氏家族的家风、家学、家声，对民国旧体诗坛、词坛，尤其是天津地区的文学发展，贡献卓特。

郭则沄著述宏富，且多自行刊刻。其中"郭氏蛰园刻本"为在北京时所刊，"郭氏栖楼刻本"为定居天津时所刊。著述大部分保存至今，主要有：《旧德述闻》《遁圃詹言》《竹轩摭录》《庚子诗鉴》《南屋述闻》《十朝诗乘》《清词玉屑》《龙顾山房诗集》《龙顾山房诗续集》《龙顾山房诗余》《龙顾山房诗余续集》《龙顾山房骈体文钞》等，此外，还续写了《红楼真梦》，在《红楼梦》的续作中，别具一格。

郭则沄热衷于典籍收藏，亦以京津两地为多，闲暇时多流连于琉璃厂或旧书摊。曾自有诗云："蒹棚零落藕塘宽，斜日寻书就冷摊。"②因财力有限，且族中贫困者多，故时将买书之钱用以救济亲朋，致书不能购，常引以为憾。亦有诗曰："习懒喜无题户帖，馈贫移得买书钱。自注：都下有以宋板柳文及樊川集求售，议价已谐，以戚族待助者多，移以济急，不果买。"③闲时独自游走于书肆冷摊之间，忙时则委托旧书店人员代为觅书并给予报酬。据当时在北京琉璃厂恒古堂古书店当学徒的萧新祺先生回忆，侯官郭啸麓先生经常开列书目委托他到琉璃厂书店帮忙搜购古籍。④

郭则沄在京有藏书室名"龙顾山房"，亦称"蛰云簃""枕石楼""寒碧簃"。逝世后，在京部分藏书为北京隆福寺修绠堂孙助廉所购得⑤，其余藏书 1.1 万册悉为北京大学图书馆所接收。⑥今北京大学图书馆仍藏有其稿本《家乘述闻》三卷、《家世述闻》六卷等。

---

① 许钟璐：《清故诰授光禄大夫头品顶戴赏戴花翎署浙江提学使司提学使侯官郭公墓表》，载卞孝萱，唐文权编：《辛亥人物碑传集》，团结出版社，1991 年，第 784 页。

② 郭则沄：《龙顾山房诗赘集》之《同家人十刹海芦棚小饮》，1956 年铅印本。

③ 郭则沄：《龙顾山房诗集》卷十《栖楼除夕》，民国六年（1917）年侯官郭氏刻本。

④ 萧新祺：《书林生涯五十年》，载河北省出版史志编：《河北出版史志资料选辑》第五辑，1990 年第 1 期，第 132 页。

⑤ 沈津：《中国大陆古籍存藏概况绪论》，载《书韵悠悠一脉香——沈津书目文献论集》，广西师范大学出版社，2006 年，第 390 页。

⑥ 庄守经主编：《纪念建馆九十周年北京大学图书馆藏文献调查评估报告集》，北京大学图书馆 1992 年，第 417 页。

29. 邓萃英

邓萃英（1885—1972），字芝园，闽侯人。早年就学于全闽师范学堂，毕业后留学日本东京高等师范学校。与林觉民等人过从甚密，并一起参加同盟会，曾担任东京同盟会福建支部长。日本东京高等师范学校毕业后，又到美国哥伦比亚师范学院深造。辛亥革命后，回闽执教，任福州师范学校校长。1920年，任北平师范大学校长。又任北洋政府教育部参事。1921年，厦门大学创立，聘邓萃英为首任校长。因不愿放弃北洋政府教育部参事的职位，不久即辞职。之后又担任河南大学校长。后赴台湾，仍从事教育工作，被推崇为"当代儒宗"和"新闻学"的代表人物。1972年在台北病逝。

邓萃英出身于书香世家，自言"先曾祖考三登公，先曾祖考炽昌公，先考耀枢公，均以谨厚儒素称于乡"[①]。其父邓旺波，字耀枢，号梅洲，喜藏书，其藏书室名"淳厚斋"，多藏图书、字画、金石、图章等。邓萃英继承父藏，由于常年在外任职，家传藏书均存于闽侯老家。"文化大革命"中，全被"红卫兵"抄家搬走焚毁。[②]邓萃英去台湾后，北京家中的部分藏书委托次子邓建中，捐献给北京师范大学图书馆。其中有：《古今图书集成》一套，共808册，分装于12只小箱中。另一部为《二十四史》，为《四部备要》本，分装于15只小箱中，箱上都刻有书名，现藏于北京师范大学图书馆古籍部。[③]

邓萃英的藏书室名为"知不足斋"，藏书印有"萃英藏书章"。

30. 叶于沅

叶于沅（1887—1932后），原名于銮，字可立，闽县人。叶于沅为叶大焯孙，叶在琦子。宣统元年（1909），叶于沅曾两度向国学保存会捐书，第一次捐赠包括《邵武府志》《新会县志》《岳麓书院志》《鹦鹉洲志》《曲江县志》等地方志共677册[④]；第二次捐赠《唐太宗泰山摩崖拓本全套》《钦江县正议大夫碑拓

---

① 邓萃英：《芝园六十自述》，见《学府丛刊》编辑组编：《学府丛刊》，北京师范大学出版社，1985年，第309页。

② 王长英、黄兆郸：《福建藏书家传略》，福建教育出版社，2007年，第314页。

③ 同上。

④ 《国粹学报·捐书题名》，1909年第53期。

本》《苏东坡像拓本》《伊秉绶墨迹拓本》等书画拓本多册。[①]民国期间，寓居北京，藏书颇多，在北京建有"琴趣楼"，以庋藏图籍。1932 年，他将在京所藏的"琴趣楼"藏书，全部寄存于北平图书馆（今中国国家图书馆），计中文图书 378 种 3495 册、法文图书 67 册。1935 年 5 月，北平图书馆馆编有《叶氏琴趣楼寄存本馆图书分类目录》一册。

31. 陈延香

陈延香（1887—1960），又名树坛，字澄怀，晚年号慧香居士，同安县人。其父陈仲信为清末秀才，长年任乡间塾师。陈延香从小受过严格儒学教育。清宣统二年（1910），在灌口加入中国同盟会，受派遣回同安，组织青年自治研究会，任副会长。辛亥革命中，与陈仲赫等人发动青年自治会会员，打出同安革命军旗号，与庄尊贤率领的灌口革命军里应外合光复同安县城，成为辛亥革命同安光复会领导人之一。1913 年，被推选为福建省议会议员。1915 年，李厚基解散省议会，他因反对袁世凯称帝被通缉。袁世凯死后，他复任议员至1926 年。这期间，他所提议案、质询书及往来文牍编成《延香建言录》。

陈延香致力于兴办家乡的教育事业。1912 年，以其家"坦园"为校址，募捐创办同安阳翟学校，自任校长及教员。1920 年，任集美学校总务主任兼女子小学校长，并受托参与筹建厦门大学，3 次出洋募捐。1924 年，创办阳翟学校中学部，称"同安公立初级中学"（现同安一中前身），由陈嘉庚、陈延谦等任校董，自任校长兼国文教师。

陈延香爱好藏书，并重视图书文物为教育服务。1924 年，陈延香筹资创办阳翟图书馆。创办之时。他就捐书一千多部以供学校师生借阅。至 1934 年，该图书馆藏书量达到 17000 余册。所藏书以古籍线装书为最多，外国图书只占少数。[②]1945—1947 年间，他自任图书馆主任，购进不少珍贵古籍、图书、青铜器、陶瓷文物及整套古钱币标本，供学校教研之用。20 世纪 50 年代初，几万册的古籍线装书及民国出版的《万有文库》等，移存同安县立图书馆。也有大批古籍和历史教学标本赠予同安一中。其中现藏于同安县图书馆的原阳翟图

---

①　《国粹学报·捐书题名》，第 55 期。

②　洪文章、陈树硕编著：《同安文化艺术志》，厦门大学出版社，1996 年，第 201 页。

书馆藏书，如：稿本《来青阁存删四六》《镜潭文稿》，刻本《重编太师诚意伯刘文成集》《保婴撮要》等，都堪称善本，属难得之书。

32. 何遂

何遂（1888—1968），字叙甫、叙圃，号绘园，祖籍福清，生于侯官。光绪三十年（1904），考入福建武备学堂。结识了林觉民、方声洞等革命党人之后，开始参加反清活动。三十三年（1907），由方声涛主盟，加入中国同盟会。又考入河北保定陆军随营军官学堂（后改称陆军大学）。辛亥武昌起义时，被推为燕晋联军大都督。1917年，孙中山在广东组织护法军政府，何遂南下参加，任靖闽军司令。奉命回闽策划打倒北洋军阀福建督军李厚基。因密谋炸死李厚基事泄，避入日本领事馆，后再次东渡日本。1919年，回国。北伐战争时期，赋闲于杭州。1928年，应李济深的邀请，到广州任李的总参议。同年5月，担任黄埔军官学校的代理校长。不久辞职，到西安任十七路军总参议。"西安事变"时，何遂从民族大义出发，爱国抗日，拥护中国共产党的国共合作主张，建立抗日民族统一战线。1937年，中共中央代表团到达南京，时任国民政府立法院军事委员会委员长的何遂，结识了周恩来、叶剑英、博古和李克农等中共领导人。中华人民共和国成立后，何遂任华东军政委员会委员、司法部部长、政法委员会副主任，是第一、二、三届全国人大代表、全国人大法案委员会委员。

何遂旧学根底深厚，善书画，好吟咏。"不屑屑以兵家自限，旁通六艺，兼能敏捷。"[①]同邑林葆恒言其："少习军备，长统军队，而不废咏歌。儒将风流，畅衷自喜，亦近时不多得之将才也。"[②]商衍鎏亦评价其："倜傥多才，文事武备、诗词书画无不精"[③]。

何遂喜欢收藏书画、文物，其藏室名"绘园"。其中尤以藏甲骨、瓦当之美富而著名。自编有：《绘园藏瓦文钞》《古瓦当文存》《说瓦》等关于瓦当的著作。藏有甲骨一百多片，胡厚宣编著《甲骨续存》时，收录了何氏所藏甲骨27

---

① 何遂：《叙圃词·林庚白序》，1948年铅印本，第2页。

② 林葆恒：《词综补遗》第2册卷三十四，书目文献出版社，1992年，第1250页。

③ 何遂：《叙圃词·商衍鎏序》，1948年，第1页。

片；郭沫若《卜辞通纂》"别录部"，亦列入何氏所藏甲骨 16 片。后来这批甲骨全部捐赠给了北平图书馆（今国家图书馆）。1928 年，广州市市立博物院举办文物展览会，何遂应邀将所藏参展，其中"绘园"展品有：《唐陵石画拓本》十八件、《新郑出土陶铜彝器全形拓本》三十件、《秦汉瓦当》四十三件、《荒古至汉唐陶器》十七件、《汉唐宋俑》七件、《汉铜器》十四件、《古币》十五件、《殷墟甲骨贝币骨环首镞》九函，多为珍稀文物。①

何氏"绘园"古物最终大部分流入公藏机构，其中一部分是通过变卖。1933 年，何遂为义军募款，准备变卖"绘园"藏品以筹饷。蔡元培、傅斯年闻讯后，邀叶恭绰为之磋商鉴定，终以三万四千元购得何遂部分私藏，计二千余件，中有钜鹿瓷器，历代铜器佛像及南北朝之石刻雕塑，皆是何氏积二十年之精力，由豫陕古玩商中辗转而得者。②另外大部分则是无偿捐赠。1931 年与1932 年，何遂曾两次将所藏瓦当、金石古物寄存于北平图书馆。1933 年，适逢其母大寿，何遂便以纪念其母寿诞名义，将所寄存的古物全部赠予北平图书馆。主要包括六项：（1）金石瓦当类 600 余种；（2）殷墟龟甲骨 125 片；（3）铜器类：铜鼓一面，汉唐铜镜一百三十面，匈奴饰章一面；（4）石刻类：汉奠基石螭头一个，唐刻心经一方；（5）匋器类：瓦当、瓦罐 250 余件；（6）唐木造像一座。③并于民国二十四年（1835）四月双方签订"闽县何氏赠予古物契约"。此外，还向江苏省立国学图书馆捐赠自己的稿本《古瓦当文杂录》一册、《说瓦》一册、清江褚瑨稿本《吟笙馆诗存》一册；④另有瓦当 85 片。⑤何遂还曾参加公益性的赈灾筹款义展活动。民国十一年（1922）六月中旬，何叙甫将自己所藏的金石、古物、房产及湖社同人作品，在上海湖社总部续行展览，共售出画款一万余元，

① 李伟铭：《图像与历史：20 世纪中国美术论稿》，中国人民大学出版社，2005 年，第315 页。

② 曾昭燏：《国立中央博物院筹备处概况》，见李淑萍、宋伯胤选注：《博物馆历史文选》，陕西人民出版社，2000 年，第 191 页。

③ 李致忠主编：《中国国家图书馆馆史资料长编（上，1909—2008）》，国家图书馆出版社，2009 年，第 245 页。

④《善本库入藏图书登记》，《江苏省立国学图书馆馆刊》1936 年第 9 年刊，第 5 页。

⑤《致何叙甫先生函》，《江苏省立国学图书馆馆刊》1936 年第 9 年刊，第 28 页。

所得之款全部捐出用来赈济灾民。①

除上述有关瓦当的著述外，何遂还著有《叙圃词》一卷，林庚白称："其词于平易之中宜存其真，以性情之人宜有性情之词，此其所以迥殊凡响欤"②。

33. 何公敢

何公敢（1888—1977），名崧龄，字公敢，笔名炳炎、一卒，侯官人。清光绪末年，就读于东京弘文中学、弘文学院。宣统三年（1911），在日本东京参加中国同盟会。旋归国参加辛亥革命。后再赴日本，入东京帝国大学经济学系。1920年，毕业回国。曾任上海商务印书馆编辑、厦门大学教授兼总务处主任、福建省教育厅厅长，国民革命军总司令部总政治部宣传处处长。1927年，任福建省政府委员、秘书长兼福建盐运使。1931年，任福建省财政厅厅长，福建省财政特派员。还曾两度担任私立福建学院院长。1933年，十九路军的"福建事变"时，任中华共和国人民革命政府闽海省省长。1934年，"闽变"失败，他一度流亡到日本，1941年，加入中国民主政团同盟。先后任中国民主同盟中央委员，民盟重庆市支部、南京市支部主委等职。中华人民共和国成立后，历任全国政协委员、福建省司法厅厅长、省民盟副主委。

何公敢早年在上海，曾著有《公债》，翻译《财政学》，还编有《英汉字典》。1929年，在担任私立福建学院院长期间，发起创办了乌山图书馆。将自家收藏的数十箱日文图书，悉数捐赠给乌山图书馆，使广大学子收益。

34. 陈绍宽

陈绍宽（1889—1969），字厚甫，闽县人。光绪三十四年（1908），毕业于南京江南水师学堂。历任海军兵舰二副、大副、舰长。1919年2月，作为海军代表，陈绍宽参加了中国代表团海军专门委员会，出席巴黎和会。1922年，第一次直奉战争期间，陈绍宽因为帮助直系有功而升任海军总司令部参谋长。1927年，北伐军逼近长江边，陈绍宽率领舰队开赴安庆一带，临阵倒戈，参加北伐，归附国民革命军。1928年12月，南京国民政府设立海军署，陈绍宽任署长，晋升为海军中将，负责海军工作。1930年，代理海军部长。1932年，

---

① 吕鹏：《湖北研究》，文化艺术出版社，2010年，第123页。
② 何遂：《叙圃词·林庚白序》，1948年铅印本，第2页。

晋升为海军上将，出任海军部长。并为国民政府国防委员会委员、国民党中央执行委员。

抗日战争时期，任军政部海军署署长、海军总司令等职，主持海军备战事宜。1938 年，海军部改组为海军司令部，陈绍宽被任命为海军总司令。1945年 5 月，陈绍宽赴美国参加联合国大会，参与制订"联合国宪章"。8 月 15 日，日本宣布投降后，陈绍宽以海军总司令的身份任受降官，代表中国海军在东京湾美舰"密苏里"号上出席盟军对日受降仪式，继以中国海军代表身份，在南京出席中国战区对日受降仪式。解放战争时期，拒绝参与内战，被蒋介石撤职，回到故里福州。福州解放前夕，拒绝蒋介石电召，通电拥护中国共产党。中华人民共和国成立后，历任华东军政委员会委员、全国人民代表大会代表、福建省副省长等职。著有《民权与海军之建设》等。

陈绍宽一生俭朴，好学不倦，家中藏书颇多。晚年将所藏图书全部赠送福建省图书馆。计二百六十二种，二百七十三部，五千一百九十三册。[①] 为表彰陈绍宽对福建省图书馆的贡献，福建省图书馆特藏部为之编印《厚甫书目》一册。其中如：明崇祯三年（1630）刻本《资治通鉴》、清康熙年间刻五色套印本《古文渊鉴》、清雍正十二年（1734）关中义兴堂刻本《古风喈凰》、清乾隆年间刻本《御批历代通鉴辑览》等版本精良，均成为福建省图书馆的善本馆藏。

35. 陈群

陈群（1890—1945），字人鹤，又号中之，原籍长汀，出生于闽侯。早年毕业于私立福建法政专门学校。后东渡日本，入明治大学、东洋大学，分获法学士、文学士学位，并参加孙中山领导的中华革命党。归国后，受到孙中山先生赏识，担任总统府秘书。北伐战争开始后，任国民革命军东路总指挥部政治部主任。1927 年，任上海警备司令部军法处处长。后任国民政府宣传部驻沪办事处主任、国民革命军第二十六路军政治部主任。1931 年，任南京警察厅厅长。1932 年，任南京国民政府内政部政务次长。不久，随孙科去职。抗战爆发后，1938 年，梁鸿志在南京成立日伪"维新政府"，陈群出任伪行政院内政部长。又任北平伪中华民国政府联合委员会委员。1940 年 3 月，汪精卫在南京成

---

① 　福建省图书馆特藏部编印：《厚甫书目·前言》，1982 年。

立伪国民政府，陈群历任"内政部长""宪政实施委员会常务委员""中日文化协会常务理事""中央政治委员会内政专门委员会主任委员"，多次参与签订出卖中国主权的条约和协定。1943 年，任汪伪"中央国民政府委员""国史编纂委员会主任委员""中央警校校长""江苏省长"兼"江苏省保安司令部司令""物资调查委员会委员长"。1944 年，任汪伪"考试院院长"兼"江苏省党部主任委员"。1945 年，日本宣布投降，陈群自感末日来临，罪大难赎，留下遗书数纸，服毒自杀。

陈群喜搜藏图书。在南京建有"泽存书库"，位于南京市颐和路 2 号，即原南京图书馆古籍部旧址，建筑面积计三千五百四十平方米，内包括一座小型三层住宅楼，共有十二个书库。关于书库建设经费的来源及书库的基本情况，时任江苏省银行行长李文滨是这样描述的：

> 维新政府结束时，内政部余额甚多（约三四百万元），陈群请示日人如何处理。原田熊吉示陈可将余款用于办理慈善、文化等事业。陈在梁催促下将款装箱，派我漏夜将交代清册送往审计院。王修拟具公文，复梁"经已审核"，如是手续即了。之后，陈拟从余款中抽出五十余万元在颐和路 10 号建一书馆，由陈蜀寿介绍蔡松记承包建筑，以陈炎生名义向南京市政府买入地皮。一面收购各种图书计一百万册以上，其中宋版颇多，地志各省都有。①

由此可见，当时陈群挪用了维新政府内政部余款用于私人藏书库的建设。书库建成后，征名于汪精卫。汪精卫以陈群为纪念其父母亲而建，于是"取《礼记》'父没而不能读父之书，手泽存焉尔之语，为名之曰'泽存书库'"②。

从该藏书楼的命名寓意"父没而不能读父之书，手泽存焉"可知，泽存

---

① 李文滨：《陈群其人》，福建省委员会文史资料编辑委员会：《福建文史资料》第十四辑，1986 年，第 190—191 页。

② 汪精卫：《重刊随山馆诗简编后序》，《古今》半月刊，1943 年第 27—28 期合刊。

书库最早一批藏书是陈群祖上流传下来的。陈群在《自剖书》中也说到泽存书库"为我个人纪念父母之意"①。和其他藏书家一样，友朋的赠书也是泽存书库的来源之一。赠书之友朋，主要以汪伪政权中的同僚周佛海等人，还有闽中人士李拔可、林菽庄等。除了个人捐赠之外，集体捐赠也有不少。陈群任汪伪江苏省省长、内政部长期间，汪伪政府内部各个部门都会投其所好，赠送不少价格不菲的古籍善本。泽存书库中也包含不少友人寄存的书籍。如汪精卫藏书颇多，藏书处名"双照楼"，曾将五千册藏书寄存于陈群泽存书库中。②捐赠及寄存虽然在藏书中所占比重不大，但是书籍品质较高，是善本库的主要来源之一。

泽存书库藏书的最主要来源还是陈群所购。陈群早年并不致力于藏书，其藏书主要是祖上流传下来的。真正大规模的购书，是其在担任汪伪江苏省省长、内政部长期间，利用职务之便与丰厚的俸禄，大肆搜罗而快速累积起来的。同时，能在短时间内积累四、五十万册的藏书，与当时上海、南京繁荣的旧书业也有很大的关系。1941 年，太平洋战争爆发后，南北书业市场有了显著的变化。北方旧书业因美国、法国等国家在北京创办的大学、汉学研究所的经费断绝停止购书及其他公立单位经费紧张减少购书而变得萧条不振。相反，处于沦陷区的上海、南京旧书业却是一片欣欣向荣景象。时逢战乱，江南诸多藏书家或迫于生计变卖藏书、或子孙不孝鬻书享乐、或遭兵匪劫掠，大量古籍流散在外，买卖旧书的人越来越多，古玩旧书店生意红火。韩振刚《抗战期间的上海古书业》，回忆抗战时期上海旧书业时说道：这时候买线装古籍的大致有三类人："一是汉奸官僚；二是日伪机关；三是做生意发财的资本家、暴发户。"③陈群就属于第一类人。又说：

"汉奸陈群任伪内政部长期间筑泽存书库，大量买书，什么书都要，凡送去书单，基本上照单全留，价格倒也不甚计较。但每次都是付部分书款，欠一部分书款，下次送书仍旧如此。他不讲版本、内容如何，只要价不贵都要。因此，

---

① 汪精卫：《重刊随山馆诗简编后序》，《古今》半月刊，1943 年第 27—28 期合刊。

② 王河主编：《中国历代藏书家辞典》，同济大学出版社，1991 年，第 199—200 页。

③ 俞子林主编：《百年书业》，上海书店出版社，2008 年，第 391 页。

书店往往把当时的滞销书都给他送去。有的书店则将东北收来的高丽版给他送去，以幢计价，也有的人将不易出售的烂明版送去。陈逆买书虽多，但少精品。因此，北京的许多书店都到南京、上海给陈群送书。"①

陈群购书虽标准较低，大肆搜罗、照单全收，但陈群并非价高不买、精品也非不多。纪庸在《白门买书记》中曾记述一桩购书旧事，当时一旧书店"出嘉靖《唐诗纪事》，行款疏落，字作松雪体，纸白如雪，索二百两十金，余（纪庸）以价昂却之，后闻归陈人鹤先生。"纪庸叹之为书林豪客，称其"不惜高值，故所藏独多"。②

实际上，陈群所藏还是有大量的珍善本。黄裳在抗战胜利后查访泽存书库时就亲见其诸多善本。《关于泽存书库》称："宋本有：一、《隋书》（建本，残），二、《范文正公集》（残），三、苏集，四、《龙田水心二先生文粹》，五、《黄帝内经素问》（杨守敬跋）。元本有：一、《唐文粹》（全），二、《群书钩玄》，三、《荀子》，四、《李太白诗》，五、《续宋中兴编年资治通鉴》，六、《歠藻文章百段锦》，七、《中和集》，八、《困学纪闻》，九、《汉书艺文志考证》等"③。此外，泽存书库中还有一些稀见的外国刻本，如日本刻本、高丽刻本等，其中也不乏善本。这是泽存书库所藏的一大特色。

陈群一部分藏书依靠其丰厚的俸禄大肆收购而来，此外，"陈群大部分藏书的来源，是战争期间各公私藏家、文献机构等等，不及疏散后方或无力保存而散落的图书档案，由各地方伪组织接收后转送内政部，他一概照收"④。1938 年 4 月 27 日，南京督办任援道向南京国学图书馆所要古籍，该馆遵照"'督办面谕，将汲古阁十三经注疏一部，计 154 册；九朝东华录一部，计 160 册；宏简录一部，计 64 册，共三部，谨一一检齐'送交。这批善本后存上海玉佛寺泽存第三书库⑤。"通过劫掠而来的还包括"天一阁""八千卷楼""海日楼""抱经楼""海源阁""越缦堂""传朴堂"等知名藏书家的珍

---

① 俞子林主编：《百年书业》，上海书店出版社，2008 年，第 391 页。

② 范用编：《买书琐记》，生活·读书·新知三联书店，2012 年，第 168 页。

③ 黄裳：《黄裳文集·锦帆卷》，上海书店出版社，1998 年，第 185 页。

④ 苏精：《近代藏书三十家·陈群泽存书库》，中华书局，2009 年，第 175 页。

⑤ 孟国祥：《南京文化的劫难 1937—1945》，南京出版社，2007 年，第 84 页。

本古籍。

据江庆柏先生统计"南京图书馆现藏该书库当年所编书目有:《泽存书库来书登记簿》,稿本8册;《泽存书库目录》,抄本25册;《泽存书库善本书目》,稿本2册;《泽存书库善本书目》,抄本2册;《泽存书库抄目》,抄本,存87页;《泽存书库善本书目(善本)》,稿本2册;另有《泽存书库书目次编》,民国铝印本1册;《南京泽存书库善本目录》,稿本第一编、第二编,专类目录、杂志目录,民国铝印本,2册等。①这些目录中包含善本目录、登记目录、复本目录、专类目录、杂志目录,组成了一个完整的书目体系,较为全面地反映了当年泽存书库的藏书盛况。一个藏书库在短时间内编出如此之多的目录,在藏书史上也属罕见。

抗战胜利后,自杀之前的陈群在留下遗书《我只愿在地下受总理责——陈群自剖书》说:"南京泽存书库存建筑物及书籍70万册,早已决定归为南京公有……至上海泽存第二库,两年前已要与沪上文化界说明,作为上海市地方所公有。"②随后,"泽存书库"先由国民党教育部上海接收委员会接收,再转交给由重庆迁回南京的国立中央图书馆,成为该馆的北城阅览室。陈群在上海的藏书就达十七万多册,"当时经上海图书馆,分别移赠重庆罗斯福图书馆(解放后改名重庆图书馆)和上海各大学"③。1949年,南京解放前夕,国立中央图书馆送了大批的图书去台湾,主要以馆藏的善本古籍为主,而"其中包括南京泽存书库典藏的善本古籍四千二百五十一部,计四万一千三百二十一册"。④泽存书库的善本古籍就此被运往台湾,这批古籍后来也成为台湾"中央图书馆"的主要馆藏。南京解放后,国立中央图书馆其余未被运走的善本古籍及一般中、外文图书,全部由人民政府接管,其中属于泽存书库的藏书达358688册⑤,占人民政府接管国立中央图书馆总数的近三分

① 江庆柏:《近代江苏藏书研究》,安徽文艺出版社,2000年,第382页。
② 侯月森主编:《百年老书信·遗书卷》,改革出版社,1998年,第166页。
③ 梅可华:《南京泽存书库的来龙去脉》,南京市鼓楼区政协文史资料委员会编:《鼓楼文史》第一辑,1988年,第87页。
④ 同上,第88页。
⑤ 南京市鼓楼区地方志编纂委员会编:《鼓楼区志》(下),中华书局,2006年,第1049页。

之一，足见其藏书量极为可观。现这批图书均藏于南京图书馆，为南京图书馆丰富的馆藏奠定了一定的基础。

陈群的藏书印有"来生恐在蠹鱼中"。

36. 陈文涛

陈文涛（1890—1950），字涛起，室名培香楼，自号培香楼主人，福州人。陈琉之子。清末孝廉，曾任教于私立协和大学，供职于福建省建设厅编纂志书。生平好学不倦，博览群籍，于闽省社会之兴替，文化之盛衰，舆地风俗，掌故轶闻多有考证，旁及金石，考古诸学，办多有阐述。是20世纪30年代前后，福州文化名人之一。

陈文涛喜好藏书，在继承其父陈琉"培香楼"藏书的基础上，家藏日丰，目颇多善本。如：《续问奇类林》等，均为字见之孤本。郭白阳称："吾友陈文涛，醉士也，皆嗜书而善读者也。文涛通物理，著述多。"①著有《福建近代民生地理志》《闽话》《闽事考略》《福建宋代人文特征》《笔记杂说》《培香楼杂著》《读书札记》《实用伦理学》《先秦目然概论》《培香楼主人辛巳仲夏读书偶摘》等。

20世纪50年代末，培香楼里的陈琉旧藏，以三个儿子的名分进行财产分割。长房的孙辈陈扶春见弟二人继承了陈文涛作为长子余下的大部分份额。见弟俩随即将这份旧藏捐献给了国家博物馆，得到了国家数万元的奖励。北京方面派出了专家组专程来福州挑选并运回这批古籍。而余下的大部分被人挑到南门孔子庙前的空地上，化为了灰烬。而早先捐藏乌山图书馆的陈文涛手稿，并入福建省图书馆特藏部后，躲过了那场劫难。

37. 林家溱

林家溱（1891—1965），字汾贻，侯官人。林则徐玄孙。早年留学日本。毕业回国后，于1937年供职福建省政府。中华人民共和国成立后，为福建省文史馆馆员。著有《福州坊巷志》等。②

林家溱幼承庭训，又受教于林纾，嗜好读书，藏书。家藏有数十箱珍贵古

---

① 郑可光：《竹间续话》卷四，海风出版社，2001年，第84—85页。

② 唐希：《福州文化藏说·第一山房与培香楼轶事》，海风出版社，2004年，第203页。

籍，其中有清代藏书家李馥、李彦彬、郑方坤、林佶等人之旧藏。最为珍贵的是，他收藏有先人林则徐著作手稿及旧藏。藏书斋曰"宝宋斋"。郭可光《竹间续话》云："吾友林汾贻嗜书成癖。二十年前曾于文儒坊口开设'宝宋斋'，盖亦如杨雪浚'群玉斋'之以搜访善本秘籍为旨者，故精于目录学。一时收藏之士咸叹弗如。"①

林家溓对藏书极其珍爱，家中曾请有专门修补古籍的工人。他与沈祖牟、郭可光、郑丽生等人为至交，经常在一起读书、切磋、借阅、抄录图书。郑丽生云："余友中富积书而又究心邦献者，有林汾贻。近十余年来，各闲居无事，居比邻，得晨夕过从，谈文艺，探掌故，君时出秘籍相示，则多为未见之书也。"②1936 年 3 月 29 日，沈祖牟邀请郁达夫到家中做客，请林家溓与陈几士来作陪。他们四人都酷爱藏书，郁达夫知其家多藏书，还在日记中写道："林汾贻氏，为文忠公后裔，收藏亦富，当改日去伊家一看藏书。"③

林家溓的藏书后星散四方。据其后人说，晚年时，曾将部分藏书赠送给郑丽生。因两人曾是邻居，交往更为密切。郑丽生去世后，藏书被其后人卖给一出版社。有些送给在其家补了几十年书的佣人。林家溓去世时，因家中忙乱，有些藏书还被外人偷偷拿走。还有的藏书在"文化大革命"中被"红卫兵"抄家搜走后而丢失。今只有少部分藏书归藏于福建省图书馆。福建省图书馆藏钤有其藏书印"曾藏林汾贻处"的有：明刻本《书经集传》六卷、旧抄本《殿本二十四史备补》一卷、旧抄本《编年纪事》一卷、旧抄本《兰亭考》一卷等。

38. 陈懋复

陈懋复（1892—1951），字泽来，号几士，闽县人。陈宝琛次子。早年留学日本，曾加入同盟会。回国后，任华南储蓄银行董事及延福泉汽车股份公司董事。1940 至 1945 年，任厦门市立图书馆馆长。

陈懋复幼承家学，亦好诗书，尤喜收藏古人墨迹画册。陈宝琛晚年寓居京津，将螺洲家中藏书交予陈懋复保管。同乡何振岱曾向陈懋复借书数种，后题诗一首

---

①　郭可光：《竹间续话》，海风出版社，2001 年，第 81 页。

②　林家溓：《观稼轩笔记跋》，抄本。

③　郁达夫：《屐痕处处·闽游日记》，湖南文艺出版社，1996 年，第 212 页。

赠之云："崛起一宗必有翼，宗翼相须如户阈。庋书分部更旁征，以此爬梳见络脉。兹楼所庋殊灿然，甲乙装厨各昭析。如车依衡骖骈靷，海纵冥茫蠡可测。借人著诚自古然，偶尔遴观无秘惜。"① 除了对陈几士家藏丰赡表示赞叹外，同时还对陈几士不秘惜所藏，慷慨借阅的行为极为钦佩。郁达夫任职福州时，常与福州藏书家往来，还曾得到陈懋复赠书，其在《日记》中亦曾写道：1936 年 3 月 29 日，"中午在祖牟家吃午饭，祖牟住屋，系文肃公故宅，宫巷廿二号。同席者，有福州藏书家陈几士氏、林汾贻氏。陈系太傅之子，示以文诚公所藏郑善夫手写诗稿，稀世奇珍，眼福真真不浅。另有明代人所画《闽中十景》画稿一帙，亦属名贵之至。并蒙赠以李畏吾《岭云轩琐记》一部，为贯通儒释道之佳著。姚慕亭在江西刻后，久已不传，此系活字排本，后且附有《续选》四卷，较姚本更多一倍矣。"②

陈懋复热心于乡梓教育，在天津随侍其父时，多次为私立福建协和大学图书馆代购京津散出的世家藏书。福建省档案馆藏当时的私立福建协和大学校长林景润与陈懋复的来往信函多封，均谈及购书事宜。如林景润《复陈几士》信云：

> 前日会面，蒙报及贵友家藏书，拟全部让售事宜。聆闻之下，不胜欢悦。敝校年来对国学研究特加注意，凡关祖国文化之材料，莫不竭力搜罗征集，汇为参考之用。贵友家宝藏必有不少珍贵版籍，既拟出让，即请先生全权代表敝校与之接洽。事关文化，必愿乐成也。③

又如林景润《函复费神购书由》曰：

> 购书事许多费神，极感。《九通》书籍全部已收到，《畿辅丛考》方来一部分，大概不久亦可运到。本次所得一部分，系敝校数年来搜寻而

① 何振岱：《何振岱集·螺江望北楼书楼借得书数种题赠几士》，福建人民出版社，2009 年，第 248 页。

② 郁达夫：《屐痕处处·闽游日记》，湖南文艺出版社，1996 年，第 212 页。

③ 《陈弢庵太傅赠书讬陈几士代购图书》，《福建协和大学档案全宗》，福建省档案馆，案卷号：5—1—9。

未得之书籍，今购到甚幸。板本既佳，价目又廉，非兄台之识见与毅力，何以得此。①

陈宝琛晚年寓居京津，1929 年捐书私立福建学院与 1932 年捐书私立福建协和大学。均由陈懋复代为经办。郁达夫在《日记》中所提到的珍贵《闽中十景》画稿一帙，今亦归藏于福建师范大学图书馆善本库。此外，陈懋复本人亦曾向国立北平图书馆②、国学保存会③、中华图书馆协会④等机构捐赠图书。残存的一些珍本、珍贵字画、文物等，在"文革"期间，亦被红卫兵抄家时焚毁。

陈懋复的藏书印有"懋复之印""懋复私印""几士之印""陈几士""几士印记"等。

39. 林钧

林钧（1892—1972），字亚杰，号石庐，又自署"左海林石庐"，福州人。青年时代，曾参加辛亥革命，担任革命军侦探队队长，后出任江西督军府秘书。抗日战争时期，任抗敌后援会秘书。民国时期，先后创办《笑谈录》《华报》《建国日报》，并兼任建国日报社长。抗战胜利后，先后在福建省财政厅、福州市政府任职。1949 年后，闲居家中，闭门不出，自作书画，以精研金石为乐。

林钧自幼嗜书好藏，然少时家贫，家中无祖藏书籍可以继承，只能通过自己的努力，积案盈橱。又财力匮乏，不但不能多方罗致，更无力购买善本，所以当时往往只能买一些便宜的普通书籍，来满足自己的藏书癖好。尝自云：

> 予生也晚，家复困穷。既无力骈罗万卷，更何曾坐拥百城。第以嗜书成癖，阅市借人，劳而不倦。先母杨太夫人悯予瓻借弥艰，乃节啬家用，

---

① 《函复费神购书由》，《福建协和大学档案全宗》，福建省档案馆，案卷号：5—1—9。

② 国立北平图书馆编：《国立北平图书馆馆务报告·赠书人名录》（民国二十三年七月至二十四年六月），北京国立北平图书馆，第 13 页。

③ 《国学保存会报告第五十一号·捐书题名》，载《国粹学报》第七十一期。

④ 《中华图书馆协会会报》卷八《本会图书馆受赠图书志谢》，第四期，第 19 页。

资予购置。每值休假，走访于冷摊僻肆，以贱值收得史籍、诸子笔记说部之书。①

如此购买，书癖日长，虽未能得珍贵版本，但也积累了不少普通书籍。自言："期年之后，缥囊缃帙，积案盈橱。"②民国五年（1916）以后，他出任江西督军府秘书，俸禄颇丰，才真正开始大批量的购藏版本价值较高的古籍。于是不惜倾囊搜访图籍，抄录藏家秘本。自云："丙辰（1916）以后，俸入少丰，益勤收购，典衣缩食，曾弗顾恤。搜访遍及宇内，传抄几尽藏家。"③随着搜罗渐多，其声名日显，足不出户，而四方书贾登门送书者络绎不绝。曾自记："己未（1919）于役燕京，道出浙苏齐鲁，舟车所经，勤加搜访，所得益宏。而四方书贾知余所好，纷投靡已。穷年兀兀，不以为疲。"④民国十年（1921），林钧从北京返沪，途经江苏江阴时，听闻缪氏"艺风堂"藏书散出，为上海古书流通处书贾所得，于是冒雨趋购。"肆主居奇，索价甚苛，曲尽措筹，以重金收得金石书及四部善本二百五十余种"⑤，"其中稿抄之本十有五、六，朱黄殷驳，多经勘校"⑥。王謇在《续补藏书纪事诗》中对林钧购得"艺风堂"旧藏一事亦有记载，云："林石庐耽癖翠墨，搜罗极富。又多藏金石书，大都为缪艺风故物，以三千金得之于缪氏后人。"⑦购得缪荃孙的旧藏之后，则极大地扩充和提高了他的藏书规模和质量。除了缪氏"艺风堂"旧藏外，其他名家旧藏亦辗转为林钧所得者，亦所在多有。如：卢文弨"抱经堂"、吴骞"拜经楼"、顾广圻"思适斋"、陈介祺"簠斋"、莫友芝"影山草堂"、梁章钜"黄楼"、杨浚"冠悔堂"、冯缙"陶舫"、龚易图"大通楼"等。据其自编《书目》记载，其中有：宋元本、域外本及稿本不少，清本尤多。包括明稿本《字学津梁》、南宋建阳刊本《新

---

① 林钧:《箧书剩影录自序》，1962 年闽侯林钧宝岱阁油印本。
② 同上。
③ 同上。
④ 林钧:《石庐金石书志自序》，1962 年闽侯林钧宝岱阁印本。
⑤ 林钧:《箧书剩影录自序》，1962 年闽侯林钧宝岱阁油印本。
⑥ 林钧:《石庐金石书志自序》，1962 年闽侯林钧宝岱阁印本。
⑦ 伦明等撰，杨琥点校:《辛亥以来藏书纪事诗》，北京燕山出版社，2008 年，第 210 页。

刊李学士新注孙尚书内简尺牍》、宋景炎刊本《指南录》、宋淳熙刊本《盐铁论》、日本翻元精刻本《注解伤寒论》等十分珍稀的版本古籍。

　　林钧酷嗜金石，故其所藏又以金石书籍最为宏富。早年家贫，无力购买，尝叹道："有力者不尽好古，好古者又拙于力，无力而好古鲜有不自苦如余者。"① 后"所入少丰，百计购求，先后得四部数万卷，金石拓本二万余通，而四部之中尤以金石著作为余性之所近，故所积特多"②。萨士武称："石庐以金石类之批校本为珍也。"③ 马衡亦言："方今海内藏金石书者，以闽侯林石庐为最富。"④ 随着所收的金石书越来越多，海内同好求索目录者颇多，因感苦乏以应，又觉不该自矜秘籍，于是"董理藏书，以金石一门专辑一目。新椠、旧刻以及名家孤传之稿，共有九百六十九种，都四千二百三十三卷，仿四库提要并参各家藏书志之例，辑成《金石书志》一编，凡二十有二卷"⑤。分为："分地、断代、录文、存目、图谱、石经、记载、考证、释例、字书、法帖、杂著"十二类。《石庐金石书志》刊行后，风行颇广，并得到罗振玉、康有为以及国内金石界人士的肯定和推崇。康有为评曰："网罗既富，断制亦严，自是传作。"⑥ 顾廷龙称赞："所著《石庐金石书志》，传诵已久，海内论金石簿录者，咸以渊海南鍼相推重。"⑦ 顾颉刚更云："凡欲涉猎古今金石书而省识其内容者，仍必取资于石庐《书志》无疑也。"⑧

　　除了富藏金石书志外，林钧还热衷于收藏古镜。尝自言："余性耽金石，家贫无力致钟鼎彝器，而小品吉金时亦偶获，唯于古镜者之独笃。"⑨ 壮年时，游历各地，见辄收购。客居江西数载，所收尤多。后逢战乱，散失逾半，所剩仅

---

①　林钧：《石庐金石书志自序》，1962 年闽侯林钧宝岱阁印本。

②　同上。

③　林钧：《箧书剩影录·萨士武序》，1962 年闽侯林钧宝岱阁油印本。

④　顾燮光辑：《顾氏金石舆地丛书·马衡序》，会稽顾氏金佳石好楼民国十八年（1929）石排印本。

⑤　林钧：《箧书剩影录自序》，1962 年闽侯林钧宝岱阁油印本。

⑥　林钧：《石庐金石书志·康有为序》，1962 年闽侯林钧宝岱阁印本。

⑦　林钧：《箧书剩影录·顾廷龙序》，1962 年闽侯林钧宝岱阁油印本。

⑧　同上，《箧书剩影录·顾颉刚序》。

⑨　林钧：《石庐藏镜目序》，石庐金石丛刊本。

百数十品。民国十八年（1929），他将所藏古镜整理刊行，名为《石庐藏镜目》。其中存："汉四十三种，附汉后者一十四种，新莽二种，六朝三种，唐一十七种，附唐后者五种，前蜀一种，宋一种，附宋后者三十六种，金一种，附金后者二种，明三种，梵文一种，日本三种；其中有文字者凡九十三，但具彤纹者凡四十，综得一百三十有三镜。"①

为保护藏书，林钧在福州购宅辟室藏书，以"宝岱阁"颜其藏书处，亦称"三万金石文字室""石庐""释篆轩"。民国二十六年（1937），时任职于商务印书馆的同乡李宣龚，与他商议将"宝岱阁"所藏未刊稿本择优汇编成丛书，由涵芬楼影印出版。林钧选定了《毛公鼎考释》《闽中金石略》《高丽碑录文》《南北朝存石目》《话兰室后金石纪存》《百礨斋古砖录》《玉雨堂碑目》《式训堂碑目》《续泉志》《汉石经室金石跋尾》《冠悔堂金石跋》等十六种金石之书，共106卷，题名《宝岱阁金石丛刊甲集》。因金石书籍影印费用较高且销路不广，李宣龚往返于福州与上海之间进行协商，行将定议。适逢"九一八"事变，抗战爆发，涵芬楼毁于兵火，于是刊印之事作罢，"传古宿愿，顿成泡影"②。

常言"藏书难，守书更难"，在时局动荡、战乱频仍的民国时期，个人的生命安全尚无法保证，保护藏书更是一件难事。特别是抗日战争时期，各地文物惨遭破坏，藏书大家毕生之积累，或焚于战火、或劫往扶桑、或爇以供爨、或镕作纸浆、或裁供包裹，鲜有保全不令散失者。林钧的"宝岱阁"藏书，曾经两度大火，但所幸均未受到很大的损失。其间亦有日本东京图书馆许以重金欲购所藏，海内藏家索求让予的，林钧均未应允。晚年检点藏书，"有当年运往闽清失落者，有于移居时紊乱缺帙者，有蠹蚀残蠹者，有同好借阅传抄未及收回者，综计约达数十部"③，可见其散佚并不多，基本上完整保存了下来。所以，顾颉刚感叹道："东邻肆虐，荼毒吾华，旧家藏书散失者何限，寒舍亦且亡三万册，而石庐之书则以卫护周至，迄无大损。其瘁心力于所藏，不使灭没于

① 林钧：《石庐藏镜目序》，石庐金石丛刊本，林璧跋。
② 林钧：《箧书剩影录·自序》，1962年闽侯林钧宝岱阁油印本。
③ 同上。

战火之中，是余之所不如也。"①20 世纪 50 年代初，因林钧早年所刻《石庐金石书志》已告停刊，海内同人多有请书者，无以应求，于是将全志版片慷慨捐赠予福建省立图书馆，由该馆继续出版印行。其后，中国科学院考古研究所多次发函欲征求石庐所藏。1957 年，时任国家文化部副部长郑振铎登门拜访，检视所藏，"亦认为宇内独一之专类藏书，精而且富"②。林钧考虑到"拙藏有关祖国学术需要，奚容自私巾笥"③ 及"儿辈致力科学，对于考古向无问津，果予一旦身先朝露，所藏势亦沦替，焉得长护"④，"故决完整归公，克获永保"⑤。遂将家藏的自汉至宋的百余面铜镜，以及所有关于金石方面的古籍善本，全部以廉价让售给中国科学院考古研究所。对于林钧此义举，顾颉刚赞道："举数十年辛勤劳动之成果，使之各得所归，永为人民之财产，大可以无憾矣！"⑥ 顾廷龙亦感叹道："第念图书聚散，今昔同感。先生以数十稔积累之勤，获保全于沧桑劫火之余。一旦捐箧归公，护持有方，邺侯万轴，图府永镇，此不独庆文物之得所，抑且为先生作颂祷。"⑦

　　林钧是典型的学者型藏书家，藏书为了著书，所藏均服务于学术研究之用。曾自言藏书："无世守之念，祇以余年述作，有资参检，所以几度不思出让，以是为娱，将终老焉。"⑧ 所以，林钧的著述，甚为宏富，见诸记载者就达三十五种：《石庐金石书志》二十二卷、《石庐金石书续志目录》十卷、《石庐藏镜目》一卷、《石庐古镜图录》四卷、《石庐题画记》六卷、《石庐杂文剩稿》四卷、《石庐印草》二卷、《石庐印存》十二卷、《石庐友朋书问》十卷、《石庐校碑琐话》五卷、《清代金石书著述考》八卷、《箧书剩影录》二卷、《八闽金石著作名家考略》二卷、《八闽方志存目》二卷、《福建麻沙版本漫录》二卷、《宝岱阁金石跋尾甲编》八卷、《镜文集录初编》四卷、《金石书汇目》二十四卷、《宋代金石书存佚考》

---

①　林钧：《箧书剩影录·自序》，1962 年闽侯林钧宝岱阁油印本，《箧书剩影录·顾颉刚序》。

②　同上，《箧书剩影录·自序》。

③　同上。

④　同上。

⑤　同上。

⑥　同上，《箧书剩影录·顾颉刚序》。

⑦　同上，《箧书剩影录·顾廷龙序》。

⑧　同上，《箧书剩影录·自序》。

一卷、《辛亥革命前后杂忆》四卷、《乐山小榭盆山琐语》四卷、《校碑精舍传古识余》三卷、《宝岱阁送瘟神诗句印草》一卷、《宝岱阁文物书画编年录》八卷、《泰山秦刻墨影》一卷、《泰山秦刻考》一卷、《透光镜述异》一卷、《记琅琊台秦刻石东面释文》一卷、《西汉前唐北宋三木刻文字》三卷、《南昌大安寺铁香炉考》二卷、《闽中古物集粹》一卷、《三山古迹小志》三卷、《鼓山题名石刻录》六卷、《三万金石文字室文物琐记》十卷、《释篆轩吉金经眼录》一卷等等。

林钧的藏书印有"石庐""亚杰""林亚杰珍藏印"等。

40. 刘骋业

刘骋业（1893—1975），字已宜，号勉已，侯官人。刘鸿寿第三子。早年日本早稻田大学毕业，法国巴黎政治经济科硕士，法科博士，后任私立福建学院经济系主任。"1930年8月，他将自己在游学法德时所收集的有关英、德、法文社会科学，尤其政治学、国法学、经济学等名著数十箱、约1700余册，价值万余元，全部寄存于乌山图书馆，使西文书籍部，大为生色。"[①]

41. 洪业

洪业（1893—1980），字鹿芩，号煨莲。侯官人。1915年，毕业于福州鹤龄英华书院。因成绩优异，被选派赴美留学。1917年，毕业于美国俄亥俄州韦斯良大学，获文学士。1919年，毕业于美国哥伦比亚大学，获文学硕士。1920年，毕业于美国哥伦比亚大学协和神学院，获神学士。后攻读历史学博士未果。1923年回国。先后担任燕京大学历史系教授、系主任、教务长、图书馆馆长、哈佛燕京学社引得编辑处主任、研究院历史学部主任和研究生导师。1941年冬，太平洋战争爆发后，燕京大学被日军封闭，和邓之诚一起被捕入狱半年。出狱后，坚决拒绝与日伪合作，至抗战胜利后燕京大学复校，才重新回校工作。1946年春，赴美讲学，后定居美国。1948到1968年，兼任哈佛大学东亚语文系研究员。1980年12月22日，在美国去世。

民国十七年（1928），洪业在担任燕京大学图书馆馆长期间，大力整顿和发展图书馆，使燕京大学图书馆藏书在短时间内从20万册猛增至60万册，形

---

① 福州私立福建学院编：《乌山图书馆概况》，《私立福建学院20周年纪念册·本校经历之四》，1931年，第3页。

成了适合文、理、法各专业的藏书体系。洪业一生在图书、文化方面最大的贡献是工具书的编纂。在主持哈佛燕京学社引得编纂出版期间，编纂出版了经、史、子、集各种《引得》64 种 81 册，为学者查阅各类文史文献史料提供了极大方便。

洪业又是杰出的国际著名史学家与教育家。对于中国近现代史学研究、对外学术交流等，做出了不可磨灭的历史贡献。主要论著有：《引得说》[①]《勺园图录考》[②]《清画传辑佚三种》[③]《考利玛窦之世界地图》[④]《礼记引得序》[⑤]《春秋经传引得序》[⑥]《〈蒙古秘史〉源流考》[⑦]《破斧》[⑧]《洪业论学集》[⑨] 等。

洪业私人藏书三万册余，其中不少罕见的中外图书。晚年寓居美国时，仍然关心祖国的文化教育事业，立下遗嘱将全部藏书捐赠中央民族学院图书馆，并以珍藏手校明初蜀藩刻本《史通》四册与明万历间张之象刻本《史通》四册（清道光末唐翰题校）捐赠北京图书馆（现国家图书馆）。

42. 康爵

康爵（1894—1943），字修其，号耕冰，莆田人。自幼聪颖好学，手不释卷。毕业于上海春申大学。稍长便游学于北京、上海、苏州、杭州等地，结识蔡元培、黄炎培、傅斯年等著名学者。后曾执教上海南海中学、莆田哲理中学。返乡后，曾出任律师。后在其藏书楼"耕冰寄庐"的基础上，和几位同学创办"涵江图书馆"，自任馆长。在馆内设有阅览室，供读者借阅，收藏图书逾万册，多为福建地方文献及抄稿本。1934 年，他被选为中华图书馆协会会员。

康爵好藏书，一生不遗余力搜集和挖掘福建地方文献。为访求地方文献，

---

① 燕京大学引得编纂处，1930 年。

② 北平哈佛燕京学社，1933 年。

③ 同上。

④ 《禹贡》第五卷第三、四合期，1936 年。

⑤ 《史学年报》第二卷第三期，1936 年。

⑥ 《引得特刊》第 12 号，1937 年。

⑦ 《哈佛亚洲学志》第十四卷第三、四期合刊，1951 年。

⑧ （台湾）《清华学报》第一卷第一期，1956 年。

⑨ 中华书局，1981 年。

不辞辛苦，耗费重金，足迹遍及长江、黄河南北各省市。所搜集到的莆邑乡贤著作 196 部、870 本，涉及作家 143 人，其中 17 部为《四库全书》所未录。其所收之书，堪称珍稀本的有郑樵的《鬼料窍》、陈昂的《白云集》、林达的《自考集》、周如磐的《淡志斋集》、肖远村的《莆阳乐府》、廖必琦的《荔庄诗抄》等，均极为珍贵。藏书中还有 60 种为抄本，其中有清初余飏的《莆变记事》、陈鸿的《莆变小乘》等。还有一些地方稗史，如《荔城见闻录》《读莆阳比事》《宋元明清大事记》等。均为研究莆田历史弥足珍贵的史料。如清末、民初莆田名士江春霖、张琴等人的著作、字画也收藏不少。康爵的一生为福建地方文献保存与流传，做出了重大的贡献。

康爵也是属于学者型的藏书家，注重藏书为用的功能。基于丰富的福建地方文献收藏，其毕生潜心于研究志书和目录学。康爵一生，治学严谨，勤于笔耕，志在乡贤，编著宏富。主要有：《各家书目摘抄》《涵芬楼书目补遗》《古今方志总目》《现存莆人著作书目提要》《莆风清籁集补遗》《莆阳经籍存本》《莆田文献选辑》《莆田大事记》《乡故随钞》《耕冰寄庐漫录》《乡故随钞》《乡贤宦绩录》《乡贤友声集》《闽川名士传》《莆田书家录》《莆石漫录》《莆田艺文志》《莆田诗话》《辛亥莆人革命事略》《方简肃公文集》等等。其中《古今方志总目》一书，最为宏巨，是他遍访史学名家，网罗现存地方志几千部，历经 4 年之久编纂而成。此书手稿达 20 余册，全书起于宋迄于近现代，内容包括古今志书2000 余部。

康爵藏书理念开放，热心于开展图书馆事业。在创办涵江图书馆并担任馆长期间，涵江图书馆成为当时国内为数不多的地方私立图书馆之一。1944 年春，莆田县民众教育馆举办一次"乡贤书画艺文展览"，其中乡贤部分，多为"涵江图书馆"中康爵所搜罗的藏本。展览前康爵还为各部书籍撰写提要，以便参观者对该书有概括的了解，这些提要引起了史学界的重视，现收录于《莆田文史资料》第 6 辑。

康爵的藏书除了在参加"乡贤书画艺文展览"后散失了一部分，其余的藏书多捐献给福建省图书馆，保存较为完整。其藏书印有"康修其藏书记""耕冰寄庐"等。现福建省图书馆善本库藏钤有其藏书印的有：明刻本《毛诗多识编》七卷、《考工记述注》二卷、《古今人物论》三十六卷、《两广疏略》二卷、

《考亭渊源录》二十四卷、《露书》十四卷、《翰苑新书》二十三卷、《老子道德经荟解》二卷、《楚辞述注》十卷、《杜诗钞述注》十六卷、《见素集》二十八卷、《古文会编》六卷、《莆阳文献》八十八卷；旧抄本《余子说史》十卷、《荔枝谱》一卷、《宙合编》八卷、《钓矶文集》十卷；福建师范大学图书馆亦藏有不少根据康爵抄本传抄的珍稀福建地方文献史料，如：余飏的《莆变记事》、陈鸿的《莆变小乘》等等。

43. 林语堂

林语堂（1895—1976），原名乐和，字或堂，改名玉堂、语堂，笔名宰予、岂青、萨天师等，龙溪人。1904年，林语堂在教会办的一所乡村小学读书，接受了西洋文化的启蒙教育。1916年，毕业于上海圣约翰大学。1919年，赴美国哈佛大学留学。1921年，获美国哈佛大学文学硕士学位。后又赴德国莱比锡大学，获语言学博士。回国后在北京大学、清华大学、北京师范大学等任教授，北京女子师范大学教授、教务长、英文系主任。1926年，林语堂任厦门大学教授、文学系主任兼国学秘书。1930年，任中央研究室国际出版物交换处处长，外国语编辑。1932年起，开始创办《论语》《人世间》《宇宙风》等刊物，提倡幽默文学，为论语派代表。1945年，赴新加坡筹建南洋大学，任校长。曾任联合国教科文组织美术与文学主任、国际笔会副会长等职。1966年，定居台北。1967年，任香港中文大学教授。

林语堂是中国近现代著名作家、学者、翻译家、语言学家。一生著述宏富，有中文著作80多种，英文著作50余种，另有500余篇文章，作品风靡世界，主要有《剪拂集》《京华烟云》《语堂文集》《语堂随笔》《无所不谈和集》《吾国吾民》(《中国人》)《大荒集》等，译著有《卖花女》《新的文评》《女子与知识》等；所编《当代汉英语典》，在国际文学界影响极大，1940年和1950年，先后两度获诺贝尔文学奖提名。

林语堂嗜书成癖，酷爱读书与搜集图书。他在留学期间，先后辗转三所大学，大量阅读大学馆藏图书。在美国哈佛大学，只要有空就跑到图书馆去读书。在博览群书的同时，林语堂也收藏了数千册中外图书、图片等。他离开上海前往美国定居时，就将十余箱书刊寄存于上海商务印书馆里。定居美国后，又购置了大量书籍。1966年，林语堂回台湾居住，便将图书分别装在二十几只大木箱中运往台湾。林语堂将书斋取名为"有不为斋"，认为读书是人生的最大乐趣，书斋两边都是落地书架，每天他就在书斋里读书、写作。

1982年11月3日，台北市为了纪念林语堂，将他在台北的故居辟为"林语堂先生纪念图书馆"。林语堂夫人捐献了丈夫生前的数千册藏书、作品及手稿等遗物。如今该馆内有图书5000多册，近60种的林语堂著作。

44. 廖元善

廖元善（1896—1956），字德元，号擎宇，又号今雨，永定人。1909年，考入福建高等学堂。由于家庭贫困，无力继续升学，1912年，肄业。回到老家私塾教书。后经友人劝导，1914年，考入日本法政大学经济系。1918年，毕业回国。1919至1922年间，任国民政府国务院参事上行走。后离开政界转而从事教育。曾执教于格致中学、福州农业学校、集美高商学校、私立福建学院、福建省立师范专科学校、私立福建协和大学、福建师范学院等。1956年春，因心脏病突发逝世。

廖元善在北京期间，与钱玄同、黎锦熙等人共同研究语言文字音韵和语法修辞。从教后，曾担任《语言学》《文字学》《音韵学》《训诂学》《诗经》《荀子》《中国语法与修辞》《中国语文概论》《历代文选》等课程的讲授。著作有《尔雅图说》《音韵学》《诗经音韵》《中国语法》《字学互读》等，均未正式出版，稿亦未见。福建师范大学图书馆藏有其《杂文》一册及论文《中国古琴考——七弦琴》[①]《毛诗省借字之研究》[②]等。

廖元善嗜好藏书，好收藏古籍字画。早年薪资微薄，多用来补贴家用，虽有心但无力购买。晚年任教于私立福建协和大学，后又为福建师范学院教授，收入渐丰，便开始大量收藏古籍、字画。其藏书室名为"还读庐"。20世纪50年代初期，廖元善将所藏的大部分藏书无偿捐赠给福建师范学院图书馆（今福建师范大学图书馆）。今福建师范大学图书馆藏廖元善捐献的古籍有两百余

---

① 《福建文化》，第3卷第1期，1947年。
② 《协大艺文》，第18、19期合刊本，1946年。

种，仅善本就达 60 种。其中不乏徐𤊹、谢肇淛、林佶、郑杰等闽人名家故物。^①如：徐𤊹藏明正德十五年（1520）刊本《［正德］福州府志》、谢肇淛藏明万历三十四年（1606）刊本《纲鉴世史类编》、郑杰旧藏明万历三十八年（1610）刊本《续问奇类林》等。

廖元善的藏书印有"廖元善印""廖德元印""廖元善""元善""擎宇""今雨珍藏""今雨""今雨入目""还读庐藏""今雨过眼""廖氏还读庐珍藏记""雨楼珍藏""还读庐藏书印"等。

45. 严叔夏

严叔夏（1897—1962），名琥，别名普贤，字叔夏，以字行。侯官人。是我国近代著名启蒙思想家、翻译家、教育家严复第三子。毕业于江西私立心远大学国文系。少年时，随父严复寓居北京，幼承庭训，又从桐城名家学古文，从江西名诗人学诗词，从一位苏格兰人学英文。在书法、绘画和篆刻等方面，亦造诣甚高。博学多才，名闻于时。主要从事文化教育事业。民国时期，任教于私立福州中学、私立福建学院、私立福建协和大学。1950 年，任私立福建协和大学校务委员会主任委员。1951 年 1 月，私立福建协和大学与私立华南女子文理学院决定两校合并请求福建省政府接办，定名为福州大学（今福建师范大学）。两校校务委员会合并，成立两校合并筹备委员会，由严叔夏、王世静分任正、副主任委员。福州大学（今福建师范大学）正式成立后，严叔夏任福州大学校务委员会副主任、教务长。1952 年 1 月，被选为民盟福建省委常委、民盟福州市委主委、福建省人民代表大会代表、福州市人民代表大会代表，并担任福建省政协学习委员会主任。同年，调任福州市副市长，分管文教卫生工作。任职期间，兢兢业业，勤政为民，对福州市的文教事业发展做出了很大的贡献。特别重视发展工人农民业余教育，亲自审读扫盲课本。1957 年，被错划为右派。

严叔夏文史功底深厚，"中西文学修养俱深，诗亦深稳有风格"^②。著有《纪批李义山诗之商榷》《纪批李义山诗之商榷（续）》《纪批李义山诗之商榷后（并

---

① 陈旭东：《福建师大图书馆藏廖元善先生捐赠古籍书目》，《文献信息论坛》2006 年第 2期，第 59 页。

② 陈聪：《兼于阁诗话·严叔夏》，上海古籍出版社，1985 年，第 247 页。

序）》以及旧体诗甚多。他还是福州著名的佛教居士。20 世纪 30 年代中期，经常应邀到鼓山涌泉寺、怡山西禅寺、芝山开元寺等处讲经，深受欢迎。生平研究佛教经典甚力，故多藏佛教典籍。其余所藏之碑帖书籍，亦不在少数。惜大多毁于战火，惟佛经寄存于亲友宅中，幸得保全。①1948 年，严叔夏将所珍藏的佛经六橱全部赠予私立福建协和大学图书馆。计共一千四百三十二册，分：华严、方等、法华、涅槃、大小乘论释及各宗派撰述等六部。②

46. 郑振铎

郑振铎（1898—1958），字警民，笔名西谛，长乐人。毕业于北京铁路管理学校。曾参与五四运动，为学生代表，并与瞿秋白等人创办《新社会》旬刊，宣传反帝、反封建思想。1927 年，蒋介石发动"四·一二"反革命政变后，他与胡愈之等人致信国民党当局，强烈抗议屠杀革命群众，为此险遭逮捕。5 月，乘船到英、法等国避难和游学。在法、英等国家图书馆里，遍读有关中国古代小说、戏曲、变文等书籍。1931 年秋回国，任燕京大学和清华大学两校中文系教授。1949 年后，历任全国文联福利部部长、全国文协研究部长、人民政协文教组长、中央文化部文物局长、民间文学研究室副主任、中国科学院考古研究所所长、文化部副部长。全国政协委员、全国文联全委、主席团委员、全国文协常委、中国作家协会理事。

郑振铎自幼喜欢读书，尝自言："余素喜治流略之学，童稚时，即手录《汉书·艺文志》及《隋书·经籍志》，时自省览。后得《八史经籍志》，乃大喜，类贫儿暴富。"③在经过将近四十年收集后，所藏中文线装书和外文书共达一万七千二百二十四部，计九万四千四百四十一册。④其藏书之富，不亚于当时一所一般的大学图书馆。

郑振铎聚书来源广泛，主要有自购、朋友赠送、抄录、交换等几种途径，而其中又以购买为藏书的最主要来源。曾自言："予于书笃好之数十年。数十年

---

① 《严叔夏教授赠佛经六橱》，《协大校刊》第 30 卷第 3 期，1948 年。

② 同上。

③ 陈福康：《郑振铎年谱》，书目文献出版社，1988 年，第 12 页。

④ 陈福康：《回忆郑振铎——纪念郑振铎诞生 90 周年和逝世 30 周年》，学林出版社，1988 年，第 122 页。

来，几无日不阅肆。每阅肆，必挟所嗜者以归，以是插架者遂日积以富。"① 郑振铎所光顾的书店，遍布全国各地，其中尤以上海、北京二地收书最为频繁。其《西谛书跋》中所载者北京书店就有"会文斋""来薰阁""修绠堂""富晋书社""藻玉堂""聚丰书店""通学斋""大雅堂"等；上海的书店则有"修文堂""来青阁""秀洲书店""树人书店""上海书林""来薰阁""博古斋""中国书店"等。这些书店中又以"来青阁"及"中国书店"，为郑振铎最经常光顾的地方。如自言："惟结习未除，偶三数日辄至古书肆中闲坐，尤以中国、来青二处踪迹为密。"②

抗日战争时期，上海沦陷，江南各大藏书家的藏书纷纷散出集中于此求售，中国历代藏书家辛苦积累起来的文化典籍，面临着沦落异域的浩劫。在空前的灾难面前，心忧文献流落异邦的学者文人，组成"文献保存同志会"，承担起抢救祖国珍贵文献的重任。郑振铎便是"文献保存同志会"的一员，是搜购行动的关键人物。郑振铎认为："民族文献、国家典籍为子子孙孙元气之所系，为千百世祖先精灵之所寄。若在我辈之时，目睹其沦失，而不为一援手，后人其将如何怨怅乎？"③ 有鉴于此，郑振铎殚精竭虑地投入到抢救文献的工作中去，而且也取得了重大的成果。抢救工作开展仅一年，就搜购到包括宋元明刊、未刊稿本和抄校本在内的甲类善本共二千零五十余部，另外包括普通明刊和清刊精本的乙类善本也有一千余部，一共是三千余部。他在《求书日录》中深情说道："假如有人问我：你这许多年躲避在上海究竟做了些什么事？我可以不含糊的回答他说：为了抢救并保存若干民族的文献。这文献工作，没有人来做，我只好来做，而且做来并不含糊。"④ 的的确确，如果没有郑振铎之辈的有志之士，四方奔走抢救文献，那么今天的我们可能面对的会是更多的文归海外，史在他邦的尴尬处境。

郑振铎藏书的类型十分广泛，包括历代诗文别集及总集、词、曲与小说、

---

① 郑振铎撰，吴晓玲整理：《西谛书跋·纫秋山馆书目一卷》，文物出版社，1998 年，第 78 页。

② 同上，《精选点板昆调十部集乐府先声三卷》第 367 页。

③ 顾力仁、阮静玲：《国家图书馆古籍搜购与郑振铎》，《国家图书馆馆刊》2010 年第 2 期，第 129 页。

④ 郑振铎：《西谛书话》，生活·读书·新知三联书店，1998 年，第 405—406 页。

书目、版画、宝卷、诸宫调、弹词、词和各种政治史料等。他在《劫中得书记·序》中谈到其收书的原则时说:"大抵余之收书,不尚古本、善本,唯以应用与稀见为主。孤罕之本,虽零缣断简亦收之。通行刊本,反多不取。于诸藏家不甚经意之剧曲、小说、与夫宝卷、弹词,则余所得独多。"[①] 可见其收书原则,的确独辟蹊径,不与众同。"弃宋、元本与毛抄、黄跋不顾,而独有取于不登大雅之物。往往以足致一宋、元本之资力而致一明刊版画书;以足取一黄跋、毛抄之资力而取一清刊本曲子;以足购一白绵纸、黑口明本书之资力而购一明末竹纸本之通俗书。"[②] 所以其藏书以戏曲、小说、宝卷、弹词、版画等通俗文艺图籍最具特色。郑振铎所收通俗文艺图书之多且精,为海内收藏通俗文艺图籍的专家罕能相匹。

郑振铎是一位典型的学者型藏书家,其藏书主要是为了学术研究服务。他在《劫中得书记·新序》中说:

> 我不是一个藏书家,我从来没有想到为藏书而藏书。我之所以收藏一些古书,完全是为了自己的研究方便和手头应用所需。有时,连类而及,未免旁骛;也有时,兴之所及,便热衷于某一类的书的搜集。总之,是为了自己当时的和将来的研究工作和研究计划所需的。[③]

对于藏书只徒列架增辉,附庸风雅者,他曾如是斥道:"集书不为己用而但琐琐计其值,则与市估之聚货藏金何异乎!"[④] 所谓藏书渐多,濡染既深,便发而为文,郑振铎也是如此。

郑振铎学术渊博,著述宏富,主要著有:《插图本中国文学史》《中国文学论集》《西谛书话》《西谛题跋》《佝偻集》《取火者的逮捕》等,主编出版《鲁迅全集》《民主周刊》,译著《民俗学概论》《民俗学浅说》《近百年古城古墓发

---

① 郑振铎:《西谛书话》,生活·读书·新知三联书店 1998 年,第 207 页。
② 郑振铎撰,吴晓玲整理:《西谛书跋·纫秋山馆书目一卷》,文物出版社,1998 年,第 79 页。
③ 郑振铎:《西谛书话》,生活·读书·新知三联书店,1998 年,第 203—204 页。
④ 郑振铎撰,吴晓玲整理:《西谛书跋·纫秋山馆书目一卷》,文物出版社,1998 年,第 79 页。

掘史》等等。仅就其所藏图书整理编撰过的书籍目录就达三十多种，主要如：《文学研究会丛书目录》《关于俄国文学研究的重要书籍介绍》《唐人文集目录》《宋人文集目录》《明人文集目录》《清代文集目录》《长乐郑氏纫秋山馆行箧书目》《长乐郑氏所藏版画书目录》《纫秋山馆书目》等等。

1958 年 10 月 18 日，郑振铎在出访途中因飞机失事而卒。由于事出突然，他生前也未留下任何遗书，其家属根据其生前经常挂在口头的"我的这些书将来都是国家的"这句话，便把他的全部藏书都捐给了国家，入藏他生前最关心的北京图书馆（今国家图书馆）。

郑振铎一生爱书、购书、读书、又著书，苏精先生在《近代藏书三十家·郑振铎玄览堂》中以"文学的健将，狂热的书痴及文献的卫士"，来概括郑振铎的一生，最是恰当。其藏书印有"长乐郑振铎西谛藏书""狂胪文献耗中年""不薄今人爱古人"等。

47. 黄曾樾

黄曾樾（1898—1966），字荫亭，一字荫庭，号慈竹居主人。永安人。黄曾樾六岁入私塾，奠定了深厚的古文功底。1912 年，考取马江海军学校前学堂。1920 年，赴法国留学，先后就读朗西大学数理系、里昂工业专科学校土木工程专业，得工程师学位。因好文学，又读里昂工业专科学校文学系，获博士学位。回国后，应聘于北京女子师范大学，教授法国文学。1927 年，返回福建，先后任职于政府机关的交涉署科长、建设厅科长等职。1946 年，出任抗战胜利后的福州市政府第一任市长。中华人民共和国成立后，任福建师范学院中文系教授，潜心尽力于教学与科研工作。

黄曾樾的一生，虽然曾宦海浮沉，但书生本色始终不改。嗜书如命，致力于古籍收藏。他酷爱中华传统文化遗产，有收藏考证古籍和古砚、印章之癖；每有所获，欣喜异常，且必叙记作序。其中辑入他的《慈竹居集》者即有二三十篇的文章。如：《得河马负图砚记》《高盖禅院和钟拓本》等，征引凿凿；如《素心兰室印蜕序》等，辞意俱瞻。[1] 黄曾樾惜书、爱书，对于书籍收藏保

① 萨本珪：《一位博学、清廉的船政学生黄曾樾》，朱华主编：《船政文化研究》第三辑，海潮摄影艺术出版社，2006 年，第 320 页。

存倾注了大量的心血。《纪念黄曾樾教授诞辰 110 周年研讨会资料汇编》有连天雄《黄曾樾惜书护书二三事》一文云："黄曾樾生前致力于搜集古籍善本，尤致力于闽省文献，如闽省古文以朱梅崖、高雨农为正宗，朱有集行世，高则仅抄本藏于家中。黄曾樾就到处借抄，曾于何振岱处得百篇，后又搜得数十篇。当时正处于抗战，黄冒着敌机轰炸危险，散尽诸物，仅怀中藏高氏遗稿，大有'人在书在'之想。"[①]高雨农即清代嘉庆、道光年间福建著名古文学家高澍然，其文集为《抑快轩文集》，仅有此抄行世。有赖于黄曾樾的保护，留存至今，现藏福建师范大学图书馆。1938 年，黄曾樾将多年收藏的数万卷图书装箱寄存美国驻华使馆。太平洋战争爆发，美使馆撤离南京，所寄存的书画也渺无影踪。他的《慈竹居诗稿》中有《闻南京藏书尽亡》一诗，写到藏书尽失之事时云："有好皆为累，耽书结习深。琳琅三万轴，灰烬一生心。世事终鱼烂，神州岂陆沉。楚弓人得意，莫使付焰蟫。"[②]虽然辛苦积累的数万卷藏书尽失，但还是表达了愿楚弓楚得，遗失的藏书但愿有个好归宿的豁达胸怀。

黄曾樾古文功底深厚，工诗善文，曾追随陈衍学诗，是"说诗社"的翘楚，陈衍的得意门生之一。著述甚多，主要有：《埃及钩沉》《石遗先生谈艺录》《陈左海先生书牍》《陈石遗诗注》《永觉和尚广录探微》《慈竹居集》《慈竹居诗稿》《老子、孔子、墨子哲学的比较》《外国文学讲稿》《读〈尺木堂集〉》《傅立叶传》《最后一课的商榷》《李商隐诗补注》《顾亭林诗集补注》《张之洞广雅堂诗注》等等。此外，未刊者如《左海珠艺》若干卷，与其所藏书画，皆散佚无存矣。

48. 林节

林节（1899—1959），原名维恭，字子敬，号坚木，别署壶雅楼主人，莆田人。节幼聪慧，酷爱绘画，钟情莆阳山水，旁及诗书，为同邑名士张琴入室弟子。与李霞、郭梁、陈子奋、张锵、吴适、黄愧群等友善，常在一起谈诗论画，切磋技艺，并组织"龙珠画苑"。20 世纪 50 年代，曾任职于福建省博物馆，参与鉴定古书画工作。生平尤好收藏诗话，有藏书室名"壶雅楼"，搜罗古代名家书画甚多，卒后多散失。

---

① 刘学洙《旧月清辉·"常恐丹心付逝波"》，贵州人民出版社，2010 年，第 243 页。
② 同上，第 240 页。

49. 郭可光

郭可光（1901—1956），号白阳，侯官人。为福州郭氏远公支下第22世。其父郭则寿（1883—1943）为郭柏苍曾孙。幼承庭训，笃学好古。早年毕业福建法政学堂，毕业后留学比利时。回国后，曾任福建省政府建设厅科员等。

郭可光笃学好古，于故纸堆中苦读，独耽于故乡文献而从事撰著。著述甚多，主要有：《潇碧橱琐录》四卷、《闽藏书家考略》二卷、《全闽诗话》八卷、《卧虎阁诗》一卷、《福建艺文续志》二卷，另辑有《竹间续话》《鼓山览胜集》等。

郭可光好藏书，尤致力于搜罗闽籍乡贤著述。与民国福州藏书家沈祖牟、林家溱、陈文涛等人交往密切，并互借所藏，传抄、阅览所收的图书。林家溱称其：

> 白阳好聚书，尤好抄书。于乡先进著述，恒重价罗致，见可喜者则按日录之不少怠。丁丑（1937），与余同供职闽省府，府图书馆储有本省省、府、县志十数橱，人多以土苴视之，白阳则津津焉致力其中。迄今馆中借书卡片，白阳之名尚灿然也。则白阳聚书、读书、抄书，若是其劳且勤，宜乎著述有成。是篇搜辑宏富，蔚然大观。[①]

其好友郑丽生、黄曾樾也都对郭可光有过很高的评价。郑丽生云："余友人中，富积书而又究心邦献者，有林君汾贻、郭君白阳、沈君祖牟。"[②] 黄曾樾云：

> 吾友郭白阳殆庶几乎。君奕世簪缨，袭履华胄，顾弱不好弄，独耽文史。先世富藏书，君昕夕寝馈其中，夙以淹雅称于乡党，复濡染于巨人。长德多识，前言往行，凡乡邦人物轶事，遗闻胜迹，名区物产，技艺风俗，语言琐屑，畸零可供献征资考镜者，无不博访勤搜，援据精覈，洪纤毕载，

---

① 郭可光：《竹间续话·林家溱序》，海风出版社，2001年。
② 林家溱：《观稼轩笔记·郑丽生跋》，抄本。

成《潇碧橱琐录》四卷示余，督为序。①

郭白阳藏书室为"莫等闲斋"。其藏书印有："郭氏珍藏""郭氏白阳藏书""潇碧橱""郭白阳"阴文方印、"闽郭白阳藏书"阳文方印、"郭白阳"阳文方印等。他用来抄录图书的是专门印制的白阳书室稿纸，稿纸上印有"白阳抄本"四字，书法工整。其所藏珍本有：明谢肇淛《小草斋钞本》、明王应山纂《八闽通志》、并收藏有稿本《冠悔堂书目》二册。郭白阳还收藏前辈画扇，其中有 20 幅为《福建艺术传》中所未录者。郭白阳对于自己的藏书还曾提到：

> 曩同董执谊先生及林汾贻、沈祖年二君，欲举诸家所藏孤抄罕本，印为《闽海丛书》。乃中日战事起，不果行。然而访遗缮写未少倦也。至抗战结束，执谊先生已早归道山，继而祖年亦割胃疗，死于沪江闻矣。悲夫！余怅时世之非，环境之劣，乃将二十年来所孜孜之搜罗乡贤著述数百部，悉归省立图书馆。盖藏乎己不如公诸世，且能善为保护弗散也。②

他出于十分可贵的"藏乎己不如公诸世"的藏书理念，将自己珍爱的图书捐献给福建省图书馆，实为后人所景仰。今福建省图书馆藏有其藏书印的珍善本主要有：稿本《古周易二经十传阐注解》一卷、清抄本《群经冠服图考》五卷、明刻本《楚辞述注》十卷、明刻本《曹能始集》二卷、明刻本《井观琐言》三卷等等。

50. 王真

王真（1904—1971），字道真，号耐轩，自署道真室主人。闽县人。王寿昌之女。幼年师从郑容、陈衍、何振岱等闽中名儒，诗词书画古琴，无所不精。毕业于北京培华女校。王真与其妹王闲皆嗜读，王寿昌《书真闲二女》诗云："吾家真与闲，赋性颇奇特。从不理针线，而乃耽文墨。偶论及婚嫁，愤怒形于色。谓父既爱女，驱遣何太急。嫁女未成才，无异手自贼。请观古及今，男女讵相

---

① 郭可光：《潇碧橱琐录·序》，抄本。
② 郭可光：《竹间续话》卷四，海风出版社，2001 年，第 87 页。

敌。"① 王真亦好藏书，藏书处曰"光福山房"。其师陈衍在《石遗室诗话续编》中，曾提及她家中藏书的情况："道真室中，有书万卷，两旁壁立，几欲连屋。"② 可见其藏书之富。

王真著有：《道真室集》《道真室集稿》《福州说诗社始末简记》《二十年同怀回忆录》；曾参加陈衍主编的《［民国］闽侯县志》的撰写，还留下一些绘画作品等。

"文化大革命"期间，"光福山房"惨遭厄运，横匾被砸，大量书籍、名人字画被抄、被毁。其中有好几箱文稿和王真日记也不知去向。"文革"结束后，曾退回一部分，但已面目全非了。③1981 年，王家残存的部分藏书为福建省图书馆收藏。

王真的藏书印有"王真藏书""耐轩藏书""道真藏书"，另有闲章一方"人因贪读老，家为买书贫"。

51. 陈盛明

陈盛明（1905—1985），又名明诚，泉州人。民国十三年（1924），毕业于福建省立甲种农业学校，中国民主同盟盟员。曾任政协泉州市第四、第五届委员，民盟泉州市委顾问、泉州历史研究会副会长、顾问。

陈盛明出生于"书香门第"，其父陈起吾，嗜好藏书，所藏颇多。陈盛明在其父熏陶下，也爱好藏书。20 世纪 30 年代，他在其父亲藏书的基础上，加上自己历年购置的新书，用他父亲名字的一字，办了个"起斋图书馆"，藏书达三、四千册，其中不乏珍本。如：《名山藏》《闽书》《正气堂集》《籀经堂类稿》等等。后来，又利用在新闻界工作之便，积累剪报资料三、四千件，其中大多数是有关闽南历史与现状的资料，涉及政治、经济、文化、华侨、外事等。

陈盛明热心于家乡文化事业建设，1944 年，积极参与筹建晋江县文献委员会，被推为总干事。他以自家的藏书为基础，在吴增、苏大山等乡贤的支持下，

---

① 王寿昌：《晓斋遗稿》，民国二十五年（1936）石印本。
② 陈衍著，郑朝宗、石文英校点：《石遗室诗话》，人民文学出版社，2004 年，第 722 页。
③ 王宜椿：《王寿昌与"光福山房"》，《福州文史资料》第二十五辑，2007 年，第 207 页。

借出"养和精舍""红兰馆"等珍藏图书，建立泉州地方文献图书馆，并通过购买、抄写、募捐、征集，不断丰富文献资料。此外，还编印《晋江文献丛刊》第一辑，组织编写《晋江大事记》，举办晋江文物展览会。[①]

1945 年，抗日战争胜利，时任国民党第六战区外事处处长的陈盛明弟弟陈盛智，接收了一批日寇的日文图书、古玩、艺术品以及官邸家私。陈盛明建议将这批资料文物连同自家收藏的图书资料，奉献于社会，得到了陈盛智的赞同。陈盛明又以"起斋图书馆"的图书资料为基础，创办一个以搜集、整理和研究东南亚、东南海疆和台湾省学术资料为内容的海疆学术资料馆。1945 年冬，成立海疆学术资料馆筹备处。此时正从海外募到一笔"现代文化教育基金"的张圣才，得知海疆学术资料馆筹备处的意向，与"现代文化教育基金"宗旨不谋而合，于是，决定用"基金"作为该资料馆的经费。不久，筹备处迁往厦门虎园路 21 号，取名厦门私立海疆学术资料馆，自任馆长。该馆主要收藏东南沿海诸省（包括台湾、福建、浙江、广东等省）省情、海外侨情，以及有关海洋科学的各种资料，为开展学术研究提供方便条件。[②] 除了设阅览室外，还先后举办万帧图片展览、福建文献展览、佛国图片展览，编印《厦门私立海疆学术资料丛书》。由于经费不稳定，个人力量单薄有限，董事会决定将资料馆并入厦门大学"南洋研究馆"，以期得到更好地保存和利用。在征得厦门大学王亚南校长同意及上级主管部门批准后，于 1950 年 9 月，把"私立海疆学术资料馆"并入厦门大学"南洋研究馆"作为附属的"海疆资料室"，陈盛明为资料室主任。归并时，共有中、日、英、阿拉伯文图书杂志近三万册，其中有一部分珍贵的古籍孤本。1966 年，陈盛明退休回家，仍专力抢救、研究、整理泉州历史文献。除了主持编纂《泉州地方文献联合书目》外，还主持《泉州市政协文史资料》的出版工作，同时撰写回忆录及泉州地方史研究论文十多篇，成果丰硕。

① 福建省泉州市鲤城区文化局文化馆编印：《泉州市鲤城区群众文化志》，1995 年，第 146 页。

② 陈永安：《海疆学术资料馆始末》，厦门市委员会文史资料委员会编：《厦门文史资料》第十七辑，1990 年，第 172 页。

52. 沈祖牟

沈祖牟（1909—1947），字丹来，号崄斋，又号绿筠山馆主人，笔名萧萧、绿匀、宗某等。侯官人。出生于福州沈氏名门世家，其高祖沈葆桢，清代两江总督，福建船政大臣。其父沈觐平，亦为学者与藏书家。沈祖牟幼承庭训，中学时就读于福州英华书院，后入上海南洋公学、上海圣约翰大学、上海光华大学等新式学堂。

沈祖牟既擅长古文，又擅长新诗，为新月派诗人。因父亲早逝，沈祖牟只得弃文从商，长期任职于颐中英美烟草公司。沈祖牟喜欢收藏，其所藏古籍有上万卷，还有现代版图书等，均庋于"饮翠楼"即"宝相楼"中。尤嗜搜集福建地方文献及乡贤著述，并网罗古籍善本，抄写孤本等。在福州时，他最常去的地方就是南后街书肆，在旧书摊、书店淘书。常与福州藏书家郭白阳、林汾贻等人交往，切磋藏书经验，或是互相借阅、抄录图书。

沈祖牟藏书理念开放，藏书不为一家之蓄，从未秘藏不宣、不肯示人，而是近辄手假，远则邮借。著名学者卢冀野在福建永安工作时，与沈祖牟相识，对沈祖牟的插架满屋的藏书极为欣赏，曾有诗一首咏其乡邦文献收藏之富，曰："七闽文献拾残余，未让吴门士礼居。自出校雠家法眼，知君插架有奇书"。[①]可见沈祖牟的藏书影响之大。当沈祖牟得知卢冀野对元曲杂剧有很深的研究，"就把自己这方面的收藏，慷慨割爱赠予他。"[②]当柳亚子得知沈祖牟富藏福建乡邦文献，并有很深研究时，就来信请他帮忙收集南明史料，特别是郑成功事迹。沈祖牟便将"自己珍藏的有关材料及照片邮寄赠予他。"[③]沈祖牟收藏的图书主要是为了研究和著述之用，平日闲暇之时，他常对自己收藏的图书资料进行分类、编目、修补，并自制卡片，对史料进行考订、编撰，使藏书发挥更大的学术参考作用。

沈祖牟勤于著述，成果丰富。所著有《福建文献述概》《谢钞考》《李卓吾

---

①　卢前：《卢前诗词曲选》，中华书局 2005 年，第 90 页。

②　沈孟璎、沈丹昆：《诗人·藏书家·古籍研究家——我们的父亲沈祖牟》，《福州文史资料选辑》第二十一辑《文化篇》，第 475 页。

③　同上。

文考》等，还辑录了《清代乡会试硃卷齿汇存》《崟斋丛书》《闽中文献录》等。1956 年 6 月，其遗孀张瑞美有意捐藏，当时福建师范学院图书馆希望与福建省图书馆共同接受这批图书，但张瑞美不愿图书分散，属意全部捐赠福建省图书馆。经福建省文化局派员协调，这批以闽人著述和地方文献为主，稿抄本居多的图书共 1476 种、4586 册，全部由福建省图书馆接受，同时同意福建师范学院图书馆可以借抄其需要的书籍。

沈祖牟是福建近代一位学者、诗人、藏书家，为搜集、整理与究福建乡邦文献做出了重大贡献。其藏书印有"沈氏祖牟藏书""崟斋所藏""福州沈氏崟斋藏书""曾经沈祖牟读""祖牟手校"等。

53. 林宗泽

林宗泽（？—1937），字雪舟，号平治，闽县人。清末曾任浙江候补知府。民国后，任福建印花研究局秘书。后来供职于福建通志局，任《［民国］福建通志》分纂。

林宗泽嗜藏好学，"少时家稍裕，与平湖陈铤角逐于南后街书肆间。不吝重价收购经籍，均以目录家称于时"[1]。任《［民国］福建通志》分纂时，"尝率抄胥赴江浙旧家抄缮孤本，因所藏以志局抄本及乡哲遗著为多"[2]。利用职务之便与分纂任务的需要，在文化昌盛的江浙一带寻访、搜集、抄录志稿所需文献，所以他所藏多为抄本，且以福建乡贤的著述为多。萨士武评价闽中藏书家时称："最足倾心者二人，林平治宗泽、林石庐均平。平治以地方文献之罕传抄刻本为富，石庐以金石类之批校本为珍也。"[3] 林家溱《观稼轩笔记》载："沈祖牟云：平治楼所藏抄本内有平治手辑《汲古阁书影》一书，系辑汲古阁刊本书数十百种。每种各附刊本一叶，详其刊行年月及其书之内容，书厚尺寸，当时搜集殊苦心也。"[4]

林平治的藏书楼为"寒碧楼"。"寒碧楼，在仙塔街，是雪舟住宅之楼，藏

---

① 郭可光辑撰：《竹间续话》，海风出版社，2001 年，第 80 页。
② 同上。
③ 林钧：《箧书剩影录·萨士武序》，1962 年闽侯林钧宝岱阁油印本。
④ 林家溱：《观稼轩笔记》，抄本，第 49 页。

书颇富，且多罕见之抄本。"① 其友萨伯森亦称："雪舟家有'寒碧楼'，藏书颇富，而抄本尤罕见。"②

林宗泽"中岁家道渐贫，书亦渐弃"③。1937 年，林宗泽去世后，藏书多为其子贱价售出。萨伯森云："其子以贱值零售，士武弟欲为福建省图书馆收购，晚矣"④。后来萨士武也回忆道："平治楼藏书身后散出，余曾奔走号呼，力谋保存于图书馆中，未获如愿。虽在溽暑，犹就架上录其书目盈帙，旋于乱时失去，至今耿耿心怀。自后屡陆续收集所散书，亦仅什之三四，已不复旧观矣。"⑤ 其中志书多为沈文吉所购。郭白阳云："时沈文吉逖长省府图书馆，悉购志书以藏。"⑥

林宗泽能诗，"喜表章他人之诗，而懒于自作，有作皆绝去点尘"⑦。曾参加清末讬社及民国初年的福州说诗社活动。著有《平治诗草》《平治联语》，辑有《福州讬社诗录》。

林宗泽的藏印有"平治领略""雪舟领略"。

54. 刘明

刘明，生卒年不详，字东明，连江人。据钱钟书与陈衍的对谈录《石语》中载："琴南（林纾）反致书余（即陈衍）弟子刘东明云：'汝师诗学自是专门名家，而于古文全然门外汉，足下有志古文，舍老夫安归'云云，大可嗤笑。"⑧ 可知刘明当为陈衍弟子。刘明藏书甚多，家有藏书楼曰"东明楼"。所藏颇多善本，如：明正德十五年（1520）刻本《[正德]福州府志》、明万历年间刊本《人物志》三卷一册、明崇祯年间刊本《欧阳公文选》三卷、明崇祯十五年（1642）

① 萨伯森：《福州西湖宛在堂诗龛记》，《文史资料选编》第三卷《文化编》，福建人民出版社，2001 年，第 171 页。

② 萨伯森：《识适室剩墨·爽翁剩墨》，福建人民出版社，2003 年，第 713 页。

③ 郭可光：《闽藏书家考略》卷二，郭氏白阳书室抄本，第 25 页。

④ 萨伯森：《识适室剩墨》·爽翁剩墨，福建人民出版社，2003 年，第 713 页。

⑤ 林钧：《箧书剩影录·萨士武序》，1962 年闽侯林钧宝岱阁油印本。

⑥ 郭可光：《竹间续话》卷四，海风出版社，2001 年，第 80 页。

⑦ 陈衍著，郑朝宗、石文英校点：《石遗室诗话》卷三十，人民文学出版社，2004 年，第 495 页。

⑧ 钱锺书：《石语》，中国社会科学出版社，1996 年，第 8 页。

昭质堂刊本《樊川文集》二十二卷等，俱为精善本。此外，他还将所自己藏许友的《米友堂集》手写本影印行世，并请陈衍题跋。

刘明的藏书印有"刘东明""晋安刘氏东明楼印记""晋安刘东明楼""曾存刘东明处""东明楼""刘氏东明""晋安刘明印记""晋安刘明一石砚室记""东明游峨眉后拾得"等。福建师范大学图书馆所藏廖元善捐赠的古籍中，多钤有刘东明藏书印记[①]，可知刘氏藏书散出后，多为廖元善所得，后又多归藏福建师范大学图书馆。福建省图书馆藏本中，如：清道光六年（1826）福州何肫迈抄本《杜集评点》一卷、明嘉靖年间刻本《类编草堂诗余》四卷等，亦钤印刘明藏书印记[②]。此外，中山大学图书馆亦藏有刘明旧藏清抄本《宋元诗钞》一册，书中钤有"东明楼"及"刘东明"朱印[③]。

55. 陈常贤

陈常贤，生卒年不详，字伯双，闽县人。家有藏书颇多。1933 年，他将自己收藏的《汉魏丛书》《惜荫轩丛书》及单行本古籍，共一千三百余册捐赠给乌山图书馆。[④]

---

① 陈旭东：《福建师范大学图书馆藏廖元善先生捐赠古籍书目》，《文献信息论坛》2006 年第 2 期。

② 福建省图书馆古籍部编：《福建省图书馆善本书目》（第一辑）。

③ 中山大学图书馆编：《中山大学图书馆古籍善本书录》，1980 年，第 220 页。

④ 《乌山图书馆最近一年来工作概况》，《私立福建学院档案全宗》，福建省档案馆，案卷号：74—1—49。

余论：福建近代图书馆事业的崛起

近代中国在经历鸦片战争后，西学东渐，国门洞开，各种思潮风起云涌。封建士大夫如梦初醒，认识到学习西方先进技术、先进思想的重要性。进而开始探索、了解西方知识，寻求富民强国的良策。在学习西方的过程中，洋务派、维新派等不同阵营的开明之士形成了一个共识，即把兴办教育、建立学堂、开发民智作为社会改良的首要内容，而"兴办新式教育、启迪民众的主要内容之一又是建立新型的、西方式的公共藏书楼。"① 在这种时代的社会背景下，一些有识之士极力鼓吹西方先进的公共藏书理念，致使西方藏书理念逐步深入人心。西方图书馆思想被引入中国，"第一个放眼看世界"的林则徐当是较早介绍西方图书馆的中国人。在其辑译的《四洲志》中，对欧美各国的图书馆作了介绍：丹麦，"国都设立书馆一所，贮书四十万部。此外，尚有大书馆二千五百所"；俄罗斯，"又书院一所，内藏中国与俄罗斯之书二千有八百册，于是文教亦盛"；美国纽约州"书馆万有一百三十二所"。② 特别值得注意的是，林则徐等介绍各国各地区的图书馆情况，虽然基本上都是三言两语，且具体数字并不一定准确，如说美国纽约州"书馆万有一百三十二所"，显然是不可能的，但充分说明了美国各州普遍设立图书馆的情形。事实上，晚清时期，维新人士鼓吹向西方图书馆学习，在中国遍设图书馆，这种图书馆观念实肇于此。此外，戊戌变法以后，一些维新派人士及开明士绅，亦积极宣传介绍西方先进的公共藏书理念。王韬在《征设香海藏书楼序》中说："夫藏书于私家，固不如藏书于公所。私家

---

① 任继愈主编：《中国藏书楼》，辽宁人民出版社，2000年，第1553页。

② （清）王锡祺辑：《小方壶斋舆地丛钞再补编·四洲志》，清光绪二十三年（1897）上海著易堂印本，第42—46页。

之书积自一人，公所之书积自众人。私家之书辛苦积于一人，而其子孙或不能守，每叹聚之艰而散之易，惟能萃于公，则日见其多而无虞其散矣。"①此时受公共藏书理念影响的藏书家也纷纷对"重藏轻用""秘而不宣"的传统藏书风气给予严厉的批判。张謇在《古越藏书楼记》中称："世之号藏书者夥矣，要之缫缫。其贤者或仅著为簿录，以飨天下；下此者，则深键扃，得一善本，沾沾自喜，秘不使人知。其始也，以私其子孙，而终不能以再世。"②所以，他积极倡导藏书家要向西方人学习，以私藏归公，"使各得一、二贤杰，举私家所藏书公诸其乡，犹是民也，何必不泰西若"③。到了民国时期，在一大批受过西方图书馆学教育又回国服务的留学人士的带动下，"新图书馆运动"在各地勃然兴起，开始积极学习并实践西方图书馆的办馆模式，其影响广泛，最终促成了传统封闭式藏书楼向近代化的开放型图书馆的根本转变。在 20 世纪初的十年间，全国范围内的公共图书及高等学校图书馆普遍建立起来。在这种背景下，福建古代藏书事业也开始分化、演变，过渡成新兴的图书馆事业。

戊戌变法后，随着西方教育方式和教学思想影响的扩大，废除科举制度的呼声日趋高涨，对传统教育制度的批判也愈演愈烈，清政府被迫实行新政。光绪二十九年（1903），清政府公布了《奏定学堂章程》，史称"癸卯学制"。"癸卯学制"对学校系统、课程设置、学校管理等都做了具体的规定。该学制以"中学为体，西学为用"为指导思想，以尊孔读经为宗旨。其中《大学堂章程》中明确规定："大学堂当附设图书馆一所，广罗中外古今各种图书，以资考证。"④

实际上，早在"癸卯学制"中《大学堂章程》规定："大学堂当附设图书馆一所"颁布之前，光绪二十二年（1898），谪居在家的陈宝琛所创办的福州东文学堂，其图书室藏书就有"福州东文学堂图书印"。该规定发布之后，光绪二十九年（1903）十月，陈宝琛把福州东文学堂改办为全闽师范学堂时，就将原福州东文学堂图书室所庋藏的图书，悉数归入全闽师范学堂图书室，其藏书

---

① （清）王韬：《弢园文录外编》卷八，上海书店出版社，2002 年，第 184 页。

② 李希泌、张淑华编：《中国古代藏书与近代图书馆史料》，中华书局，1982 年，第 111 页。

③ 同上。

④ 邹华享、施金炎，《中国近现代图书馆事业大事记》，湖南人民出版社，1988 年，第 7—8 页。

钤有"全闽师范学堂图书印"为记。光绪三十一年（1905），清廷废科举。此时作为清代福州四大书院之一的致用书院改为全闽师范学堂简易科，部分图书归入全闽师范学堂图书室。光绪三十二年（1906），福建提学使司在鳌峰校士馆内附设图书馆，集中收藏了福州正谊、鳌峰、致用、凤池四大书院的旧存书籍，增购杂志、报纸及时务新书，以供展览。诸此，当为近代福建创设图书馆之滥觞。

在近代西方公共藏书思想的影响下，福建的一些藏书家及社会热心人士在清末就开始了建设公共藏书楼、阅报书社、书报所的实践。如福州一些热心人士创办福州阅书报社，收藏各种报刊和说部丛书，供群众阅览。福州"说报社"附设藏书楼，藏书 4 万余册，为社会征集所得，供群众阅览。此外，陈宝琛还在家乡创办"螺洲阅报社"，光绪二十五年（1899），设立鼓浪屿阅报所。光绪三十四年（1908），浦城在尊经阁基础上建立阅书报所等。这些阅书报所虽然规模小、藏书少，存在时间短，但已具有公共图书馆的雏形了。

清宣统二年（1910），清政府又颁布《京师图书馆及各省图书馆通行章程》，指出"图书馆之设，所以保存国粹，造就通才，以备硕学专家研究学艺，学生人士检阅考证之用。以广征博采，供人浏览为宗旨。"[①]并对全国设立各级公共图书馆作了明确规定："京师及各省省治，应先设图书馆一所。各府、厅、州、县治，应各依筹备年限以次设立。"[②]随后，罗振玉还提出了建设图书馆的具体办法。新政的颁布，在地方官员的积极配合下，掀起了公共图书馆尤其是省级公共图书馆的创办高潮。光绪三十年（1904），由梁焕奎等人募捐、湖南巡抚赵尔巽准令于古定王台创办了湖南图书馆兼教育博物馆。1912 年，湖南图书馆改名"省立湖南图书馆"。成了中国近代第一家以"图书馆"命名的省级图书馆。

宣统三年（1911）2 月，福州鳌峰校士馆附设图书馆迁入越山书院旧址，成立独立的机构，定名"福建图书馆"，成为独立的全省性公共图书馆，隶属福建提学使司学务公所。"福建图书馆"的创办，标志着福建省公共图书馆的正式诞生。民国元年（1912），因馆址偏僻，不便公众阅览，再迁东街闽省教

---

① 《学部官报》，第 113 期，1909 年。

② 同上。

育总会会址。1913 年，又移至正谊书院旧址。1914 年，改馆名为"福建省立第一图书馆"。1915 年，又改馆名为"福建公立第一图书馆"。据 1918 年 3 月民国政府教育部调查，"福建公立第一图书馆藏书"：汉文 2550 种，500238 卷，26480 本，按经、史、子、集编定。每季度阅书人数 5000 余人，阅书证券不取资，书目缮于木板列悬壁上。年经费 2100 元。20 世纪 20 年代初，由于福建军阀混战，图书馆馆舍驻兵，藏书遭劫。后馆舍又充作省教育厅厅址，馆务停办，结束了图书馆雏形建设时期。1928 年 IO 月，省教育厅筹划在原址复办图书馆。1929 年元旦，恢复开馆，定名"福建公立图书馆"。同年 8 月，易名"福建省立图书馆"。由此走向比较规范、正常的发展阶段。1938 年，抗日战争全面爆发后，福建省立图书馆内迁闽北沙县。1945 年，抗战胜利，回迁福州旧址。1949 年 8 月 29 日，由福建省军事管治委员会文教部正式接管福建省立图书馆，清点全馆图书，馆藏总量为 106455 册。1951 年，更名为"福建省人民图书馆"。1952 年，清末福州藏书大家龚易图的后人将其"大通楼"的珍藏古籍 1428 种、10240 册捐赠给"福建省人民图书馆"，同时，又接收合并了乌山图书馆 8.3 万余册的图书，馆藏总量达 210350 册。1953 年，"福建省人民图书馆"正式更名为"福建省图书馆"。

福建省图书馆的藏书，自清光绪三十二年（1906）合并了福州鳌峰、正谊、致用、凤池四大书院部分藏书后，又陆续汇入了福州藏书楼、福州阅书报社藏书，螺洲陈宝琛部分藏书，崇安潘氏、福州郭氏藏书，龚氏大通楼藏书，惠安陈念庭和孙经世藏书，莆田康爵耕冰寄庐藏书，左海林石庐金石书版本，沈祖牟崇斋藏书，以及乌山图书馆藏书等等，再经过百余年来历代同仁的藏书建设，已成为福建省最大的图书馆。

随之，福建省立图书馆的创立与建设的同时，福建各县、镇一级图书馆也纷纷成立。据 1916 年国民政府教育部调查的"各省图书馆一览表"①及"各省通俗图书馆调查表"②统计，福建有省级图书馆 1 所，公立通俗图书馆 21 所。这

---

① 李希泌、张淑华编：《中国古代藏书与近代图书馆史料（春秋至五四前后）》，中华书局，1982 年，第 254 页。

② 同上，第 257 页。

一时期福建省公共图书馆在数量上仅次于湖北、奉天、河南、山东四个地区，排在全国的前列。

在福建省公共图书馆的建立与发展的同时，近代福建三所藏书丰富且独具特色的高校图书馆亦陆续成立与建设，有力地推进了近代福建图书馆事业的发展。

1916 年，福建协和大学草创之初，校舍只是租用仓前山观音井旧俄商茶行，人员少，规模小，设备简陋，各科实验室多借用英华书院的，图书馆只小屋一间，藏书仅数百册，多为首任校长庄才伟所捐赠。1931 年，学校向国民政府教育部注册立案成功后，在图书馆建设方面投入了大量的资金，购买文献资料，进一步改善馆舍条件。1932 年，前清太傅陈宝琛先生向该校图书馆捐赠其私家藏书，计 2000 余种、31230 册。其中不少书籍钤有"三山陈氏居敬堂图书""陈氏赐书楼珍藏印"等藏书章，部分书籍用特制书箱典藏，不乏元明清旧椠、抄稿本等佳本秘籍，缥缃琳琅，使馆藏珍稀古籍，蔚为大观。1934 年，林景润校长派遣图书馆金云铭先生赴华中、华北地区考察图书馆事业。同时，增加购书经费，用于馆藏建设，对福建地方文献与闽人著述的网罗搜辑，更是不遗余力。同年，图书馆藏书达近 70000 册，中文杂志 200 余种，英文定期杂志 70 余种。1938 年，抗日战争全面爆发后，福建协大内迁闽北邵武。1940 年，邵武校区新建了"高智楼"用作图书馆和教室。并设有普通书库，善本书库，中文杂志与西文杂志等书库，馆藏图书近 10 万册。1941 年 12 月，残存于福州校区的图书仪器数百箱，分载木船 20 艘，费时两个月，于 1942 年 2 月下旬运抵邵武校区。福州校区的藏书运抵邵武后，全校的藏书总量达 13 万余册。其中中文图书 73000 余册，西文图书 24000 余册，中文杂志 18000 余册，西文杂志 15000 余册。福建协大图书馆成了战时东南地区非常著名的一个高校图书馆。1945 年 8 月，抗战胜利后，学校迁回福州，图书馆的所有藏书和杂志分装了六百多只大木箱，雇船运回福州。1948 年春，图书馆又陆续争取收到了美国国会图书馆、美国图书社、英国驻华大使馆文化委员会等单位的多批赠书，进一步丰富了馆藏，尤其是西文书刊的收藏。是年底，馆藏书刊总量即突破了 14 万册。1951 年 1 月，私立福建协和大学停办，与私立华南女子文理学院合并，由福建省人民政府接办，定名为福州大学。1953 年，福州大学更名福建师范学院，1792 年，福建师范学院又更名福建师范大学。原私立福建协和大学图书馆的藏书，全部归入现福建师范大学图书馆。

1921年4月，厦门大学建校时就设有图书室，同年9月改名图书馆，直辖于校长。1922年3月，裘开明为图书馆主任，开始实行图书采分编、流通的规范管理，并成立选购图书协理馆务的图书委员会。1924年夏，厦大图书馆藏书3万余册，西文杂志400余种，中文杂志百余种，报纸四十余种。1925年，成为中华图书馆协会机关会员。1935年，图书馆藏书达66800余册。抗日战争全面爆发后，1937年12月，图书馆随学校内迁闽西长汀县。因日本侵略军的进占，存留厦门原校的报纸全部被毁，不少图书也遭破坏，损失惨重。抗战胜利后，1946年7月，又随学校从长汀全部迁回厦门。1949年，藏书达13多万册。馆藏建设，比较注重福建地方文献、古籍珍本、外文书的收藏。

1911年，私立福建法政学堂正式成立。1929年，改办为私立福建学院，创立福建学院图书馆。最初馆址在"奉直东会馆"内的"浮翠楼"。后"奉直东会馆"被刘和鼎所部争回，图书馆迁回白水井的"愿学堂"。不久，在校外运动场位于第一院、第二院之间的一块操场空地另建图书馆。福建学院图书馆创办之始，陈宝琛即令其子陈懋复向该馆赠送其"沧趣楼"藏书1万余册。在陈宝琛的倡导下，林长民的"双栝庐"、林子有的"棣华山馆"、刘鸿寿的"景寿轩"、杨树庄的"耕心斋"以及陈常贤、林楚秋、何公敢、刘勉已、林植夫、刘爱其、庄哲生等私家藏书亦陆续捐赠。此外，北京晨报社、商务印书馆、太平洋书店、一六图书馆、福建健报社等，也捐赠了不少书刊。后来学院又在图书馆旁边建楼屋一座，作为阅览厅。图书馆同时对校内外读者开放服务，既是福建学院的图书馆，又是私立公共图书馆。1931年2月，图书馆新馆落成，因地处乌山之麓，由陈宝琛命名为"乌山图书馆"。同年5月，成立图书馆第一届董事会，郭公木、郭荩民二人作为学院代表为当然董事，又由捐款捐书人中推举何公敢、林天民（林长民之弟）、刘雅扶、陈几士（陈宝琛之子）、林谦宣等五人为董事。由董事会推举何公敢为馆长，郭公木、陈几士为常务董事，具体工作则由图书馆主任萨兆寅实际负责。1933年9月，董事会改组，推举林知渊、刘爱其、何公敢、陈几士、林谦宣、林天民、郭公木、郭荩民等为第二届董事，推举林知渊为董事长，陈几士为馆长。抗战爆发后，推举时任福建学院院长的林仲易为馆长。不久，萨兆寅主任辞职他就。此后，乌山图书馆归学院直接管理。[①] 乌山图书馆开馆 3 年，藏书即达 7 万余册。馆藏多有私家之捐赠，其中不少为珍善本与稀见本，弥足珍贵。1951 年，私立福建学院停办。乌山图书馆藏书，除部分移交厦门大学、福州大学（今福建师范大学）外，其余图书连同馆舍、工作人员均由福建省立图书馆接收管理。

实际上从 20 世纪 20 年代末开始，中国近代图书馆事业就进入了比较规范的发展时期。1929 年，国民政府教育部通令全国将"通俗教育馆"改为"民众教育馆"，以之为教育民众、提高民智的中心机构。此后，各省市的通俗教育馆纷纷改称民众教育馆、或民众教育图书馆。1932 年 2 月，再颁布《民众教育馆暂行规程》。1935 年 2 月，又颁布《修正民众教育馆暂行规程》。在规程颁布之后，福建省政府积极响应南京国民政府的号召，大力扩办或筹办民众教育馆。据统计：1929 年到 1935 年，福建省新建民众教育图书馆、书报所达 25 所。[②] 1935 年，福建省已拥有各类图书馆 92 所，其中公立 69 所，私立 23 所；总藏书达 757356 册，工作人员约 210 人，日均读者 4902 人次。一些机关、团体、学校图书室和一些私人所办图书馆尚未统计在内。因此，在 1937 年抗日战争全面爆发之前，福建省图书馆事业发展是比较快的，尤其是民众教育图书馆发展迅猛。抗日战争全面爆发后至 20 世纪 40 年代末，由于社会变革，时局动荡，有令难行。各地、各部门对图书馆投入很少，经费缺乏，致使一些图书馆时兴时废，或无以为继，朝不保夕，或有名无实，公共图书馆情况尤其严重。[③]

总而言之，福建公共图书馆及学校图书馆的兴起对福建的私家藏书事业产生了重大的影响。

首先，近代图书馆的出现削弱了私家藏书存在的价值。此前的图书多数在官僚、士子及社会上层人士之间流通，且多持"秘惜所藏"的保守观念，普通的民众缺乏接触图书的途径。如《乌山图书馆公开阅览宣言》所称："考吾国自昔简籍，舍官府所收，皆归于私家之庋藏。响学之士，欲窥无从。迨明讲学之

---

① 参见萨兆寅：《乌山图书馆简史》，《福建文史资料》第十六辑。
② 许晚成：《全国图书馆调查录》，龙文书店，1935 年，第 311—324 页。
③ 福建省文史研究馆编：《福建图书馆事业志》，方志出版社，2006 年，第 15 页。

风盛行，而大都通邑，始有书院之储藏图籍，以供学者研读。然受益者亦限于少数人，以语均等读书机会，普及民众教育，尚未逮也。"[①] 近代公共图书馆的出现，则打破了典籍流传的阶级限制。与古代私家藏书的私密、保守完全不同的是，近代公共图书馆具有开放性和共享性，面对的是人民大众。普通民众不用耗费毕生精力苦心搜罗，亦能"拥书万卷"。典籍的随手可得，无疑会挫损藏书家藏书的积极性，而那些以为学问、为著述而藏书的学者文人也会因为图书馆的便利而削弱藏书的兴趣。如郑振铎所说的："过去，图书文献散在私家，奇书异本，每每视为珍秘，不轻际人。访书之举，便成为学士大夫们的经常工作。王渔洋常到慈仁寺诸书店，盛伯希、傅沅叔诸君，几无日不坐在琉璃厂古书肆里。今非昔比，大大小小的公共图书馆，研究机关、学校、专业部门的图书馆，访书之勤，不下于从前的学者们。非自己购书不可的艰辛的日子，已经一去不复返了。今天从事于科学研究者们，是完全可以依靠于各式各样图书馆而进行工作的了。"[②]

其次，随着西方公共藏书理念的深入人心，以及西方图书馆办馆模式的广泛实践，许多的藏书家也越来越感到秘而不宣的封建藏书模式，已经不再适合社会发展的需求了。随着其藏书理念的根本性转变，于是将自家的藏书或捐赠、或寄存、或贱售给予各类图书馆，或将藏书楼对外开放阅览。私家藏书的归公成了近代图书馆最初、也是最有价值的馆藏，而传统藏书楼原有的珍藏，在图书馆新的藏书体制和藏书环境之下，也能得到更为妥善、科学、有效的管理以及保护、传承与利用。

---

① 《图书馆学周刊》，福建民国日报社、福州乌石山高中出版，1931 年第 27 期。
② 郑振铎：《西谛书话·新序》，生活·读书·新知三联书店，1998 年，第 204—205 页。

附录：福建历代藏书家、藏书章、
藏书楼、藏书目一览表

（以藏书家姓名拼音顺序排列）

姓名	藏书章	藏书楼	藏书目	书目存佚
艾逢节				
蔡鼎臣				
蔡容				
蔡仕舢	又经蔡貌邨手			
蔡献臣				
蔡襄				
曹学佺		石仓园		
陈邦衡				
陈宝琛	陈氏赐书楼珍藏印、闽县陈氏赐书楼藏善本图书、闽县陈宝琛捐藏、闽县陈宝琛藏、三山陈氏居敬堂图书、还读楼藏书记	赐书楼、还读楼、沧趣楼、北望楼、晞楼	《陈氏书库藏书目录》不分卷、《闽县螺陈氏赐书楼书目》一卷	存
陈宝璐				
陈长方				
陈常贤				
陈承裘		居敬堂		
陈椿		尺璧斋		
陈椿龄	莆田陈椿龄读			

姓名	藏书章	藏书楼	藏书目	书目存佚
陈次升				
陈登				
陈第		世善堂	《世善堂藏书目录》二卷	存
陈国仕	璧堂、天白阁藏、南安陈氏家藏、南安天白阁陈璧堂藏	天白阁		
陈嘉言		书隐堂		
陈金城		怡怡堂		
陈衎				
陈克绥	陈克绥修林卧云轩藏书	卧云轩		
陈觊				
陈亮		储玉		
陈懋复	懋复之印、懋复私印、几士之印、陈几士、几士印记			
陈梦雷		松鹤山房、闲止书房		
陈榮仁	戟门、榮仁小印、读我书斋藏书、铁香获观、绮绰堂藏书、陈戟门手校本	读我书斋（又名绮绰堂）	《读我书斋藏书目录》（又名《绮绰堂书目》）不分卷	存"经、史"部分
陈迁				
陈铅				
陈谦				
陈乔枞				
陈峤				
陈庆镛	陈庆镛颂南、季子庆镛	籀经堂		
陈琼		培香楼		

续表

姓名	藏书章	藏书楼	藏书目	书目存佚
陈群	来生恐在蠹鱼中	泽存书库	《泽存书库目录》《泽存书库书目次编》《南京泽存书库善本目录》	存
陈汝楫				
陈若霖	三山陈氏居敬堂藏书印	居敬堂、赐书轩		
陈上陛				
陈绍宽			《厚甫书目》	存
陈圣鎔				
陈盛举		杭川阁		
陈盛明		起斋图书馆		
陈寿祺	陈寿祺所存、琅嬛福地、左海、闽县陈氏藏书、隐屏山人、苇仁	小琅嬛馆	《陈朴园藏书目录》一卷	存
陈书				
陈叔刚				
陈树杓				
陈思敬				
陈泰		杭川阁	《杭川图书目录》	佚
陈炜				
陈文涛		培香楼		
陈暹				
陈琇莹				
陈旭		双阳书斋		
陈学田	曾在陈学田处			
陈延香		阳翟图书馆		
陈衍		花光阁		
陈永书				
陈用宾				
陈元善	建阳陈氏			

姓名	藏书章	藏书楼	藏书目	书目存佚
陈元钟	陈元钟字孝受			
陈云章		清远楼		
陈真晟				
陈征芝	带经堂陈氏藏书印、带经草堂、闽中韬庵氏家藏、兰邻、闽中韬庵陈氏珍藏	带经堂	《带经堂书目》五卷	存
池浴云				
戴成芬	闽戴成芬芷农图籍、戴芷农藏书画印、芷农经眼、芷农读过、芷农私籍、乌山小隐、芷农、成芬私印、闽戴成芬			
戴一俊				
邓萃英	萃英藏书章	知不足斋		
邓原岳				
邓缵皇				
丁日造				
丁铸				
丁自申		希郏堂		
董执谊				
杜彦士	彦士			
方秉白				
方采				
方淙				
方阜鸣				
方渐		富文阁		
方峻		白杜方氏万卷楼		
方楷				

续表

姓名	藏书章	藏书楼	藏书目	书目存佚
方略		万卷楼	《万卷楼书目》一卷	佚
方其义				
方峤		浩然堂		
方审权				
方崧卿		丛书堂		
方万		斗车楼、一经堂		
方于宝		三余斋		
方矗				
方子容		万卷楼		
冯玠				
冯缙		陶舫		
冯向荣		沧一堂		
傅诚				
傅楫				
高楝		玩宇楼		
高大捷				
高濲				
高鸿湘	高印鸿湘、蓁山氏、臣高鸿湘、字在京、臣在京、蓁山借读			
高均	高氏惟一			
高明远		环翠楼		
高南霍				
高向瀛		环翠楼		
高彦生				
龚景瀚	龚景瀚印、海峰	澹静斋		
龚显曾	晋江龚氏校藏本、温陵龚咏樵藏本、显曾珍藏、咏樵经眼	薇花吟馆	《薇花吟馆书目》四卷	佚

姓名	藏书章	藏书楼	藏书目	书目存佚
龚易图	大通楼藏书印、龚少文收藏书画记、易图、乌石山房、闽县龚易图收藏书画金石文字、龚蔼人收藏书画印	大通楼、乌石山房	《乌石山房藏书简明目录》五卷、《大通楼藏书目录》五卷	存
龚植	龚植之藏书印、亦楼所藏金石书画碑迹之印、亦楼藏书之章、亦楼藏书、龚樵生藏书印、樵生所藏、亦楼珍藏、薇花馆主、樵生所印、龚植长寿	薇花吟馆	《薇花吟馆书目》十五卷	佚
郭柏苍	闽中郭柏苍藏书、蒹秋、蒹秋图书、蒹秋藏书、榕城郭蒹秋藏书、红雨山房、天工图画楼、玉尺山房、怀璞斋、棣华轩、湖山过客、臣郭柏苍、闽中郭蒹秋艺文金石记	沁泉山馆、补蕉山馆、三峰草庐 秋翠院、红雨山房、葭拊草堂、鄂跗草堂	《家藏书目》二卷、《听雨斋藏书目录》不分卷	《家藏书目》佚、《听雨斋藏书目录》存
郭柏荫	远堂、天开图画楼			
郭篯龄	吉雨山房、篯龄、子寿			
郭可光	郭氏珍藏、郭氏白阳藏书、潇碧橱、郭白阳、闽郭白阳藏书、郭白阳			
郭良翰		万卷书堂		
郭龙光				
郭名昌				
郭尚先	郭氏尚先	芳坚馆		
郭天中	圣仆藏书印、郭子、郭俊之印、字圣仆			

续表

姓名	藏书章	藏书楼	藏书目	书目存佚
郭则沄		龙顾山房（亦称"蛰云簃""枕石楼""寒碧簃"）		
郭曾炘	郭曾炘印			
何长载				
何长诏				
何公敢				
何光禧				
何广㥄	古闽何氏丁戊山馆曾藏	丁戊山馆		
何其渔				
何乔远		自誓斋、寡过斋、天听阁、耻躬堂		
何秋涛		一镫精舍		
何遂		绘园		
何蔚然		饮和楼、宝唐楼	《饮和楼藏书目》《宝唐楼藏书目》	佚
何轩举				
何应举	述善、述善珍赏、述善珍藏、晋安何氏珍藏、晋安何氏珍存、苍璧斋述、应举真赏	苍璧斋		
何则贤	曾经何则贤丹墨、何曰道甫、惕园弟子、静学书屋珍藏、何则贤印	静学书屋	《蓝水书目》	佚
何治运	冶南何氏瑞室图书	瑞室		
洪业				
洪英				
胡安国				
胡氏			《荷池书屋纯书目》	佚
黄伯思				

续表

姓名	藏书章	藏书楼	藏书目	书目存佚
黄方子				
黄凤翔		止庵		
黄壶石				
黄绩				
黄景云		寓斋		
黄居中		千顷斋	《千顷斋藏书目录》六卷	存
黄懋祺		适自适居		
黄谋烈		梅石山房		
黄任	香草斋黄氏印、莘田氏、黄任之印、十砚轩图书	十砚轩、香草斋		
黄汝铭				
黄世发	黄氏善书之印、黄氏余圃藏书、黄世发印、一字弱中、耦宾、弱中手写不贪为宝、黄亦堂珍藏			
黄雯	闇塘藏书			
黄晞				
黄贻楫		梅石山房(又名"招鸥别馆")		
黄虞稷	黄虞稷印、俞邰、晋江黄氏父子藏书印、温陵黄俞邰氏藏书印、朝爽阁藏书记、温陵黄氏藏书、不缩道人黄虞稷印、千顷堂图书、虞稷	千顷堂	《千顷堂书目》三十二卷	存
黄虞世		凌沧楼		
黄曾樾	荫亭、慈竹居主人			
黄仲元				

续表

姓名	藏书章	藏书楼	藏书目	书目存佚
黄仲昭		俱乐亭		
黄梓庠	黄印梓庠、味经精舍、黄氏梓庠号澹盦居士	味经精舍		
黄宗汉	一六渊海	一六渊海		
黄宗彝	古闽黄肖岩书籍印、肖岩具眼、闽南黄煰肖岩图籍、东冶黄生、肖岩图书、左鼓右旗山人、侯官黄宗彝印、黄东冶黄生、黄讽后人肖岩图籍	红雨山房		
蒋玢	闽中蒋氏三世藏书、蒋绚臣曾经秘藏、蒋绚臣藏书、闽中蒋氏藏书、闽中蒋绚臣家藏、蒋玢之印、绚臣、臣玢、蒋绚臣曾经校藏、绚臣氏			
蒋思源		小玲珑阁		
蒋易		思勉斋		
康爵	康修其藏书记、耕冰寄庐	耕冰寄庐		
柯辂	柯辂之印、淳庵、南皋草堂	南皋草堂		
柯维骐		修史堂		
蓝涟	蓝涟之印、侯官蓝氏藏书、曾经蓝氏家藏、公漪氏			
李丑父				
李春熙				
李大瑛		井上草堂		
李迪珊		酌海楼		

续表

姓名	藏书章	藏书楼	藏书目	书目存佚
李东				
李馥	曾在李鹿山处、过眼云烟、鹿山李馥、信天居士、居业堂、不贪珍宝、生事不自谋、舍书百不欲、书魔惑、官贫心甚安、见客惟求转借书、居业堂李鹿山珍藏	居业堂		
李纲		拙轩		
李光地				
李光缙				
李夔				
李懋桧				
李默				
李瑞和				
李氏		藏六堂	《藏六堂书目》一卷	佚
李廷钰	秋柯草堂藏书	秋柯草堂		
李宣龚		硕果亭、观槿斋	《闽县李氏硕果亭藏书目录》	存
李彦彬		榕亭		
李彦章	宝楷轩、兰卿书画、小鹿山人、兰卿手稿	榕园、吉祥馆		
李枝青	李枝青印	读骚山房	《读骚山房书目》一卷	佚
李重煌		半航楼		
李宗言	李宗言金石经籍图章、向称守之	双辛夷楼		
李宗祎		双辛夷楼		
李作梅	李作梅、闽山李作梅藏书图章、闽中李作梅藏书图章	双辛夷楼		
力钧				

续表

姓名	藏书章	藏书楼	藏书目	书目存佚
梁鸿志		爱居阁、三十三宋斋		
梁上国				
梁运昌	苍葭馆图书记、长乐梁运昌印	苍葭馆		
梁章钜	茝林珍藏、茝林真赏、茝林审定、梁氏茝林、茝林曾观、吴中方伯、退庵居士、古瓦砚斋、梁章钜鉴赏印、退庵难进易退学者、提兵岭后筹海江东、闽中、二十举乡三十登第四十还朝五十出守六十开府七十归田	黄楼、东园、亦东园、北东园		
廖莹中		悦生堂		
廖元善	廖元善印、廖德元印、廖元善、元善、擎宇、今雨珍藏、今雨、今雨入目、还读庐藏、今雨过眼、廖氏还读庐珍藏记、雨楼珍藏、还读庐藏书印	还读庐		
林葆恒	棣华山馆所藏、讱盦经眼、讱盦老人六十以后力聚之书子孙保之	棣华山馆		
林葆炘		棣华山馆		
林昌彝	续墨缘书屋章、闽县林氏续墨缘书屋搜藏记、曾在林洛如处、伯云藏书之章、厚价收书不以贫、辛卯年被毁后手购金石书画、饮云楼	续墨缘书屋		

续表

姓名	藏书章	藏书楼	藏书目	书目存佚
林春溥	林春溥印、观我道人、鉴塘、春溥鉴塘、林印春溥、讷溪、林春溥字立源、竹柏山房藏本、竹柏山房、重宴琼林	竹柏山房		
林春元			《述古堂书目》二卷	佚
林鼎				
林侗		荔水庄、蒹葭草堂		
林尔嘉		顽石山房		
林芳春				
林古度	茂之、林氏古度			
林光世				
林洪				
林鸿	林鸿之印			
林鸿年	勿村、勿村又号艮谷、侯官林勿村鉴藏之印、曾藏林勿村处、曾在林勿村处、侯官林勿村鉴藏	松风仙馆		
林焕章		双鉴庐		
林佶	林佶、吉人、长林、林佶之印、鹿原、鹿原林氏藏书、鹿原学者、鹿原林氏所藏、吉人之辞、朴学斋	朴学斋		
林家溁	曾藏林汾贻处			
林节		壶雅楼		
林钧	石庐、亚杰、林亚杰珍藏印	宝岱阁	《籝书剩影录》二卷、《石庐金石书志》二十二卷	存
林茂春	臣茂春印、邑园			
林懋和				
林梅				

续表

姓名	藏书章	藏书楼	藏书目	书目存佚
林铭几		枕烟阁		
林披				
林琼蕤				
林泉				
林绍年	棣华山馆所藏	棣华山馆	《棣华山馆书目》	佚
林伸				
林寿图	颖叔珍藏、臣林寿图、寿图之印、欧斋、颖叔	欧斋		
林树梅	林瘦云艺文金石记、林啸云书画记、静远斋藏书印			
林霆				
林轩开	轩开鉴识、蓼怀、文蚼、轩开、文蚼一字芸洲、蓼怀珍赏	拾穗山房		
林一桂	林一桂印、林印一桂、一桂私印、钝邨、钝邨藏书、后为钝邨林氏所得			
林雍				
林语堂		有不为斋		
林在峨				
林在华				
林则徐	少穆曾观、少穆审定、林少穆珍藏印、宠辱皆忘、肯使细故胸中留、读书东观视草西台、管领江淮河汉、吴越秦楚齐梁使者、词臣开府、河东节帅江左中丞、历官十四省统兵四十万、滇黔总制、从吾所好、总制荆湘、曾归真愚	七十二峰楼	《云左山房藏书目》一卷	存

姓名	藏书章	藏书楼	藏书目	书目存佚
林长民		双括庐		
林兆珂				
林振棨		小谟觞		
林晟	侯官林如玉鉴藏			
林正青	正青、洙云、正青之印、林洙云氏、瓣香堂			
林之夏		春晖草堂		
林知				
林志	闽缶斋林志尚默家藏			
林志烜	仲枢、志烜私印			
林志政		贻远		
林宗泽	平冶领略、雪舟领略	平冶楼、寒碧楼		
刘骋业				
刘国柱		墨庄书屋		
刘鸿寿		景屏轩		
刘家镇	龙山刘氏掫均尻珍藏本印记	掫均尻	《五朝切韵萃编》《皇朝华韵合声谱编》《切韵指南阐说》《五音字韵汇篇》《掫均尻小学书经眼录》等	佚
刘克永				
刘克庄				
刘麟				
刘履丁				
刘弥邵				
刘明	刘东明、晋安刘氏东明楼印记、晋安刘东明、曾存刘东明处、东明楼、刘氏东明、晋安刘明印记、晋安刘明一石砚室记、东明游峨眉后拾得	东明楼		

续表

姓名	藏书章	藏书楼	藏书目	书目存佚
刘玶				
刘齐昂			《三山刘氏书目》一卷	存
刘齐衔				
刘尚文		续梅花百咏斋		
刘氏				
刘学箕				
刘训瑺		玟琅书楼		
刘永松	刘氏小墨庄藏、曾经刘筼川读、闽山刘氏珍藏、侯官刘筼川艺文金石记、三山墨庄刘氏珍、侯官刘筼川观、筼川藏书、臣刘永松	小墨庄、得过草堂		
刘允恭		桂堂		
刘仲吉				
刘僎				
陆廙				
罗博文				
吕夏卿				
马森		钟邱园		
孟超然	臣超然印、瓶庵	学古退斋		
孟传德				
南安翁者				
潘德舆	曾在潘德舆家、海山仙馆主人	海山仙馆		
彭甫				
邱秉文		东楼		

续表

姓名	藏书章	藏书楼	藏书目	书目存佚
丘有岩		木末亭		
萨嘉榘	积积室藏书、嘉榘之印、旧闻雨斋、积积室、萨逸樵手抄书、樵叟	积积室	《积积室抄本目》	存
萨嘉曦	萨嘉曦印、一砚斋印、寄庐、一砚斋藏书印	一砚斋	《一砚斋藏书目录》	佚
萨龙光				
萨玉衡	玉衡			
邵捷春				
邵清				
沈觐平				
沈暹				
沈祖牟	沈氏祖牟藏书、崇斋所藏、福州沈氏崇斋藏书、曾经沈祖牟读、祖牟手校	饮翠楼（又称宝相楼）		
施邦镇				
施鸿		澂景堂		
石起宗				
释大圭				
宋慈		自牧		
宋捷登				
宋咸		霄峰精舍		
宋学连				
苏大山	红兰馆、红兰馆藏书、红兰馆藏书章	红兰馆	《红兰馆藏书目》一卷	存
苏竦				

续表

姓名	藏书章	藏书楼	藏书目	书目存佚
苏颂				
苏廷玉		洗心退		
苏象先				
苏之琨				
孙褵		寄隐堂		
孙经世		集古堂	《集古堂藏书目录》	存
孙翼谋	看云馆藏书、看云馆珍藏金石书画印、看云馆珍藏	看云馆		
涂伯案				
涂庆澜				
王存				
王大经	陆亭藏书、陆亭翰墨、闽中王氏珍藏、王大经少名日拱号陆亭、大经少名日拱、陆亭曾阅之书、臣王大经、闽中王氏珍藏			
王道征	闽三山王道征叔兰书印、三山王氏叔子道征印、三山王氏叔子收藏印、悦斋	红蕉山馆		
王捷南				
王景				
王景岐				
王若				
王慎中				
王寿昌		光福山馆		

续表

姓名	藏书章	藏书楼	藏书目	书目存佚
王孙恭				
王锡龄				
王应钟		道山精舍		
王颙				
王真	王真藏书、耐轩藏书、道真藏书			
王之麟				
魏大名				
魏杰		静修书屋		
魏齐贤		富学堂		
魏颖				
吴琯		西爽堂		
吴海		闻过斋		
吴鲁		正气研斋		
吴秘			《家藏书目》二卷	佚
吴任臣	仁和吴任臣印、志伊父、吴印任臣、志伊			
吴寿坤		读我书室		
吴叔告		叔告书楼		
吴惟英		墨响斋		
吴霞		颜巷		
吴与			《吴氏书目》	佚
吴增		养和精舍	《养和精舍善本书目》	佚
吴种	晋江吴种少阮氏藏	研经精舍		
萧京		拙勤轩		

姓名	藏书章	藏书楼	藏书目	书目存佚
萧梦松	闽中蓼亭梦松图史之章、萧蓼亭四世家藏图籍、晋安萧蓼亭手定书籍、以身守之罔敢失堕、传之名山传之其人、溅之不清挠之不浊、偃息琴书之侧、兰陵世家、萧印梦松、静君、兰话堂、兰话堂书画印、萧斋、蓼矶真赏、萧蓼亭印、萧氏梦松、萧蓼亭、萧梦松印、萧静君藏书印、杜门谢客，斋居一室，气味深美，山华野草，微风动摇，以此终日、天地奇文名贤遗泽蓼亭藏之珍若圭璧爱日轩中以朝以夕传诸后人其永无斁、茶社未忘铜井约草堂比似玉山灵家藏四世以身守谁得吾书视此铭、名山草堂萧然独居门无车马坐有图书、沈酣枕籍不知其余俯仰今昔乐且晏如萧蓼亭铭	名山草堂		
萧震				
谢琏	谢琏之印、小字征云、鹪鹩山房			
谢道承	侯官谢古梅道承藏书、道承图书、春草堂图籍真赏、闽中谢又绍鉴藏经籍图史之章、又绍鉴藏、又绍氏、道承之印	一枝山房（又名鹪鹩山房）		

姓名	藏书章	藏书楼	藏书目	书目存佚
谢洪		经史阁		
谢浚		东山草堂		
谢天驹				
谢天枢				
谢颖实				
谢章铤	赌棋山庄校本、枚如手校、枚如读过、章铤印、赌棋山庄、章铤、江田生、诗酸词辣文章苦、文史臣铤	赌棋山庄螯顶书库	《赌棋山庄藏书》一卷、《校点书》一卷、《藏手抄本》一卷、《乐此不疲随笔》	存
谢兆申		玉树轩		
谢肇淛	晋安谢氏家藏图书	小草斋		
熊宗立		种德堂、中和堂		
徐𤊻	绿玉山房、闽中徐惟起藏书、晋安徐兴公家藏书、宛羽楼、汗竹巢、徐𤊻之印、鳌峰清啸、徐氏兴公等	红雨楼、绿玉斋、宛羽楼、清晖阁	《红雨楼书目》四卷、《徐氏家藏书目》七卷	存
徐棭	徐棭之印、徐棭私印、少坡、子瞻	红雨楼		
徐大鉴		万卷书楼		
徐经		书画船屋		
徐居敬				
徐明叔		五经藏		
徐时作		菜堂		
徐㷆		芝书堂		
徐熥	徐熥私印、惟和、徐熥真赏、徐熥藏书	红雨楼、绿玉斋、南损楼		
徐谼				
徐延寿		鳌峰书舍		

姓名	藏书章	藏书楼	藏书目	书目存佚
徐黄		万卷楼		
徐喆甫		务前万卷楼		
徐祖庚				
许邦光		榕轩		
许东程				
许均	许均之印、许均、叔子、雪村			
许友		米友堂、玉琴书屋		
许贞幹	味青斋、味青斋藏书、味青斋主人、味青斋珍藏书画印、东冶许氏、青灯有味忆儿时、丁卯后人	味青斋	《味青斋藏书画目录》不分卷	存
许祖涝		聊中隐斋		
薛元鼎				
严叔夏				
杨纮				
杨徽之				
杨浚	侯官杨浚、臣杨浚印、健公、雪沧父、内史之章、同治元年购、雪沧获观、臣浚读碑、雪沧手校、闽杨浚雪沧冠悔堂藏本、侯官杨雪沧藏、福州冠悔堂杨氏图书、杨浚私印、紫薇舍人、雪沧所藏善本、雪沧所得、温陵杨雪沧珍存、杨浚审定、侯官杨氏雪沧抄本、陈恭甫藏杨雪沧得	冠悔堂	《冠悔堂书目》四卷	存

姓名	藏书章	藏书楼	藏书目	书目存佚
杨庆琛	绛雪山房	绛雪山房		
杨瞿崃				
杨荣	方直刚正、忠孝流芳、关西后裔、建安杨荣、杨氏勉仁			
杨仕敬				
杨树庄	杨氏耕心斋藏书	耕心斋		
杨亿				
杨用霖	古闽杨用霖珍藏记、用霖之印、用霖读本、洵若、侯官杨洵若艺文书画印、闻香小舍藏、惟庚寅吾以降、长勿相忘、杨用霖印	闻香小舍、循陔书室		
杨兆璜				
叶大焯		补拙斋	《补拙斋藏书书目》一卷	存
叶大庄		陶江书屋		
叶茶				
叶封侯				
叶观国		绿筠书屋、双榕书屋		
叶观海				
叶申蔼		荫余轩书楼		
叶廷珪				
叶文载				
叶向高				
叶仪昌		芝石山房		
叶于沉		琴趣楼		
叶在琦				

续表

姓名	藏书章	藏书楼	藏书目	书目存佚
叶滋森	闽叶与端藏书	池上草堂		
叶滋棠	古闽叶氏莆南珍藏、叶印滋棠、莆南			
伊秉绶	墨卿鉴赏、伊秉绶印、墨卿、秋水园东邻叟、都官、氏姓曰伊、伊汀州、广陵太守之章、伊氏秋水园藏书	留春草堂、白鱼山房、秋水园、春及草堂、寒玉斋		
伊朝栋				
伊为皋				
余崇龟				
余怀				
余良弼				
余潜士	永阳耕邨余潜士购而读之	务本堂	《务本堂书目》	佚
余仁仲		万卷堂		
余日华		撷英阁		
余深		环玉馆		
余天民		浴海书屋		
余象斗		三台馆、双峰堂		
曾旼				
曾晁夫				
詹胜甫		涌翠亭		
詹体仁				
詹天麟		万卷书楼		
张登瀛	曾在榕城张洲山处、登瀛藏书	芸经书坊		
张哿				
张汉杰		万卷楼		
张亨嘉				
张见独				
张茂				

续表

姓名	藏书章	藏书楼	藏书目	书目存佚
张盘				
张培挺				
张琴	张琴、张治如金石书画藏印、张治如藏书印、桐云轩、张治如印、治如秘籍、莆阳张氏	桐云轩		
张绅				
张绳武		听雨楼		
张式				
张祥云	温陵张氏藏书、鞠园藏书		《鞠园藏书目》二卷	存
张燮	在处有神物护持	万石山房、群玉楼、霏云居、藏真馆、万石室	《群玉楼藏书目》	佚
张星徽		塞翁亭		
张远	张远之印、超然、张远字超然	无闷堂		
章甫				
章综		美荫		
赵希直				
赵谊				
赵在翰	侯官赵氏小积石山房艺文之章赵在翰印、在翰、在翰私印、赵印在翰、臣在翰、小积石山房、小积石山房艺文之章	小积石山房		
赵在田	赵在田印、天水后人			
郑方城				
郑方坤	荔乡、方坤图书、郑氏、青毡我家旧物、几生修得到梅花、郑方坤印、脉望、荔乡郑氏、抄诗听小胥	却扫斋		

续表

姓名	藏书章	藏书楼	藏书目	书目存佚
郑耕老				
郑怀魁		葵圃		
郑黄灿				
郑际唐	侯官郑氏云门珍藏之印、云门、际唐之印	传砚斋		
郑杰	郑氏注韩居珍藏记、侯官郑氏藏书、昌英珍秘、注韩居士、郑杰之印、长勿相忘、郑赤之印、书带草堂、郑杰、昌英、人杰、一名人杰字昌英、名余曰杰、注韩真赏、珍藏宝玩	注韩居	《注韩居书目》四卷	存
郑开禧	开禧曾读	擅亭馆		
郑可复				
郑良士		郑氏书堂		
郑起				
郑侨				
郑樵			《群书会记》二十六卷、《夹漈书目》一卷	佚
郑汝霖	永泰郑汝霖、八闽汝霖、汝霖私印、米袖、永泰郑汝霖学石颠、汝霖珍秘、臣霖、铁侯藏本、焜甫	万鉴堂、铁倚楼		
郑善述				
郑杓		衍极堂		
郑天锦	郑天锦印、木石居士、芥舟	旧雨轩		
郑廷泣		书带草堂、万花楼		

姓名	藏书章	藏书楼	藏书目	书目存佚
郑王臣				
郑文英		巢经楼、尚友斋		
郑孝胥	夜起庵主、海藏主人	海藏楼、夜起庵		
郑寅			《郑氏书目》七卷	佚
郑元麟				
郑振铎	长乐郑振铎西谛藏书、狂胪文献耗中年、不薄今人爱古人	西谛藏书室	《长乐郑氏纫秋山馆书目》不分卷、《纫秋山馆书目》一卷、《纫秋山馆行箧书目》不分卷	存
郑志				
郑重	建安郑山公重藏书			
周宣				
周玄		宜秋堂		
周瑛		续骚亭		
周莹				
朱芳徽				
朱钦则		万卷楼		
朱天球				
朱锡谷	怡山馆藏书印、侯官朱氏藏书			
朱熹		寒泉精舍		
朱霞		曲庐		
朱元飞		归乐堂		
朱倬				
祝昌泰		留香书室		
祝凤喈		与古斋、十二琴楼		
祝穆		藏书阁		
邹圣脉	梧冈书屋	芸香楼		

参考文献

一、古籍

（一）地方志

1.（宋）祝穆编，祝洙补订：《方舆胜览》，上海古籍出版社，1991 年。

2.（宋）乐史：《太平寰宇记》，中华书局，2000 年。

3.（宋）梁克家：《［淳熙］三山志》，海风出版社，2000 年。

4.（宋）王象之撰，李勇先校点：《舆地纪胜》，四川大学出版社，2005 年。

5.（明）黄仲昭：《八闽通志》，福建人民出版社，1990 年。

6.（明）王应山：《闽大记》，抄本。

7.（明）何乔远：《闽书》，福建人民出版社，1994 年。

8.（清）孙尔准修，陈寿祺纂；程祖洛等续修：《重纂福建通志》，清同治十年（1871）正谊书院刻本。

9. 李厚基修，陈衍等纂；郑贞文续修，魏应麒续纂：《［民国］福建通志》，民国二十七年（1938）刻本。

10.（明）叶溥修、张孟敬纂：《［正德］福州府志》，明正德十五年（1520）刻本。

11.（清）徐景熹，鲁曾煜等纂：《［乾隆］福州府志》，清乾隆十九年（1754）刻本。

12. 欧阳英修，陈衍纂：《［民国］闽侯县志》，民国二十二年（1933）刻本。

13.（清）朱景星修，郑祖庚纂：《［光绪］闽县乡土志》，清光绪三十二年（1906）铅印本。

14.（清）胡之桢修，郑祖庚纂：《［光绪］侯官乡土志》，清光绪三十二年（1906）铅印本。

15.（清）周凯修，凌翰、林昆黄等纂：《［道光］厦门志》，清道光十九年（1839）玉屏书院刻本。

16. 林学增修，吴锡璜等纂：《［民国］同安县志》，民国十八年（1929）铅印本。

17. 左树燮修，刘敬纂：《［民国］金门县志》，抄本。

18. 钱江修，范毓桂纂；吴海清续修，张书简续纂：《［民国］建宁县志》，民国八年（1919）铅印本。

19. 詹宣猷等修，蔡振坚等纂：《［民国］建瓯县志》，民国十八年（1929）铅印本。

20. 刘超然等修，郑丰稔等纂：《［民国］崇安县新志》，民国三十一年（1942）铅印本。

21.（清）吕渭英修，翁昭泰纂：《［光绪］续修浦城县志》，清光绪二十六（1900）年南浦书院刻本。

22. 黄体震修，李熙等纂：《［民国］政和县志》，民国八年（1919）铅印本。

23. 吴栻等修，蔡建贤纂：《［民国］南平县志》，民国十七年（1928）铅印本。

24. 潘先龙修，刘敬等纂：《［民国］顺昌县志》，民国二十五年（1936）铅印本。

25. 万文衡修，罗应辰纂；姚有则续纂：《［民国］建阳县志》，民国十八年（1929）铅印本。

26.（明）冯继科修，朱凌纂：《［嘉靖］建阳县志》，一九六二年上海古籍书店影印本。

27. 王深、徐兆丰修，张景祁等纂：《［光绪］重纂邵武府志》，清光绪二十四年（1898）刻本。

28.（清）李麟瑞修，纽承藩续修；何秋涛续纂：《［光绪］重纂光泽县志》，清光绪二十三年（1897）增刻本。

29.（清）卢凤芩修，林春溥等纂：《［道光］新修罗源县志》，清道光十一年（1831）刻本。

30. 曹刚等修，邱景雍纂：《[民国]连江县志》，民国二十二年（1933）铅印本。

31. （清）辛竟可修，林咸吉等纂：《[乾隆]古田县志》，清乾隆十六年（1751）刻本。

32. 黄澄渊修，余钟英等纂：《[民国]古田县志》，民国三十一年（1942）铅印本。

33. （清）胡启植修，叶和侃等纂：《[乾隆]仙游县志》，民国十九年（1930）铅印本。

34. 董秉清修，王绍沂等纂：《[民国]永泰县志》，民国十一年（1922）铅印本。

35. 杨宗彩修，刘讯瑞等纂：《[民国]闽清县志》，民国十年（1921）铅印本。

36. 孟昭涵修，李驹等纂：《[民国]长乐县志》，民国六年（1917）铅印本。

37. （清）怀荫布修，黄任、郭赓式纂：《[乾隆]泉州府志》，清同治九年（1870）刻本。

38. （清）胡之锃修，周学曾等纂：《[道光]晋江县志》，抄本。

39. （清）娄云纂修：《[道光]惠安县续志》，民国二十五年（1936）铅印本。

40. 郑翘松等纂：《[民国]永春县志》，民国十九年（1930）中华书局铅印本。

41. （清）庄成修，沈钟等纂：《[乾隆]安溪县志》，抄本。

42. 方清芳修，王光张等纂：《[民国]德化县志》，民国二十九年（1940）铅印本。

43. 苏镜潭纂修：《[民国]南安县志》，民国年间泉州泉山书社铅印本。

44. 沈定均续修，吴联勋等增纂：《[光绪]漳州府志》，清光绪三年（1877）芝山书院刻本。

45. （清）吴宜燮修，黄惠等纂：《[乾隆]龙溪县志》，清光绪五年（1879）补刻本。

46. （清）陈汝咸修，林登虎等纂；施锡卫再续纂修：《[光绪]漳浦县志》《续志》《再续志》，民国十七年（1928）石印本。

47. 陈荫祖修，吴名世纂：《[民国]诏安县志》，民国三十一年（1942）诏安青年印务公司铅印本。

48. 马和鸣等修，杜翰生等纂：《［民国］龙岩县志》，民国九年（1920）上海商务印书馆印本。

49. 王集吾修，邓光瀛等纂：《［民国］连城县志》，民国二十八年（1939）维新书局铅印本。

50. 黄恺元邓修，邓光瀛等纂：《［民国］长汀县志》，民国三十年（1941）铅印本。

51. 张汉等修，丘复等纂：《［民国］上杭县志》，民国二十八年（1939）上杭启文书局铅印本。

52. 徐元龙修，张超南等纂：《［民国］永定县志》，1949年连城文化印刷所石印本。

53. 王维梁等修，廖立元等纂：《［民国］明溪县志》，民国三十二年（1943）铅印本。

54. 黎彩彰等修，黎景曾等纂：《［民国］宁化县志》，民国十五年（1926）铅印本。

55. 梁伯荫修，罗克涵纂：《［民国］沙县志》，民国十七年（1928）铅印本。

56. 卢兴邦等修，洪清芳等纂：《［民国］尤溪县志》，民国十六年（1927）铅印本。

57. 钱江修，范毓桂纂；吴海清续修，张书简续纂：《［民国］建宁县志》，民国八年（1919）铅印本。

58. 陈石等修，郑丰稔等纂：《［民国］泰宁县志》，民国三十一年（1942）永安现代印书局铅印本。

（二）诗文集等

1.（宋）楼钥：《攻媿集》，清乾隆四十五年（1780）刻道光二十七年（1847）重修光绪十九年（1893）补刻闽刻武英殿聚珍版书本。

2.（宋）王安石：《临川先生文集》，明嘉靖三十九年（1560）何迁刻本。

3.（宋）刘克庄：《后村先生大全集》，《四部丛刊初编》本。

4.（宋）汪藻：《浮溪集》，清乾隆四十二年（1777）刻道光二十七年（1847）修闽刻武英殿聚珍版全书本。

5.（宋）陈长方：《唯室集》，《四库珍本》，商务印书馆 1986 年影印本。

6.（宋）李新：《跨鳌集》，《四库珍本》，商务印书馆 1986 年影印本。

7.（宋）袁氏：《枫窗小牍》，影印《文渊阁四库全书》本。

8.（宋）王禹偁：《小畜集》，影印《文渊阁四库全书》本。

9.（宋）黄裳：《演山集》，影印《文渊阁四库全书》本。

10.（宋）杨时：《杨龟山先生集》，清康熙四十六年（1707）刻本。

11.（宋）李纲：《梁溪集》，清道光刊本。

12.（宋）朱松：《韦斋集》，清雍正七年（1729）考亭书院重刻本。

13.（宋）郑樵：《夹漈遗稿》，影印《文渊阁四库全书》本。

14.（宋）杨万里：《诚斋集》，清抄本。

15.（宋）韩元吉：《南涧甲乙稿》，影印《文渊阁四库全书》本。

16.（宋）魏了翁：《鹤山集》，影印《文渊阁四库全书》本。

17.（宋）刘学箕：《方是闲居士小稿》，清抄本。

18.（宋）方大琮：《宋宝章阁直学士忠惠铁庵方公文集》，清抄本。

19.（宋）黄仲元：《黄仲元四如先生文稿》，明嘉靖二十一年（1542）黄文炳刻本。

20.（宋）李俊甫：《莆阳比事》，清抄本。

21.（宋）陈襄：《古灵集》，清乾隆抄本。

22.（宋）林光世：《水村易镜》，清同治十二年（1873）粤东书局刻本。

23.（宋）王称：《东都事略》，清光绪九年（1883）淮南书局刻本。

24.（宋）孙觌：《鸿庆居士文集》，清光绪二十一年（1895）武进盛氏朱印《常州先哲遗书》本。

25.（宋）苏颂撰，苏象先编：《丞相魏公谭训》，清道光十年（1830）同安苏廷玉刻本。

26.（宋）叶适：《水心文集》，清嘉庆十九年（1814）刻本。

27.（宋）陆游：《渭南文集》，清光绪五年（1879）益阳丁氏养云书屋木活字印本。

28.（宋）洪迈：《容斋随笔》，明崇祯三年（1630）马元调刻清康熙三十九年（1700）重修本。

29.（宋）陈景沂：《全芳备祖前集》，清抄本。

30.（宋）方勺撰：《泊宅编》，清同治八年（1869）永康胡氏退补斋刻本。

31.（宋）叶梦得：《石林燕语》，明正德元年（1506）杨宗文刻本。

32.（宋）周辉：《清波杂志》，清长塘鲍氏知不足斋刻本。

33.（宋）李心传：《建炎以来系年要录》，中华书局，1988年。

34.（宋）周密撰，吴企明点校：《癸辛杂识》，中华书局，1997年。

35.（宋）周密：《齐东野语》，中华书局，1983年。

36.（宋）郑樵：《通志略》，上海古籍出版社，1990年。

37.（宋）黄伯思：《东观余论》，中华书局，1991年。

38.（宋）陈骙、佚名撰，张富祥点校：《南宋馆阁录·续录》，中华书局，1998年。

39.（宋）程俱撰，张富详校正：《麟台故事校证》，中华书局，2000年。

40.（宋）朱熹撰，朱杰人、严佐之、刘永翔主编：《朱子全书·晦庵先生朱文公文集》，上海古籍出版社，2002年。

41.（宋）朱熹撰，朱杰人、严佐之、刘永翔主编：《朱子全书·朱子语类》，上海古籍出版社，2002年。

42.（宋）张邦基撰，孔凡礼点校：《墨庄漫录》，中华书局，2002年。

43.（宋）叶廷珪撰，李之亮校点：《海录碎事》，中华书局，2002年。

44.（宋）胡寅：《致堂胡先生斐然集》，清经鉏堂抄本。

45.（元）范德机：《范德机诗集》，影印《文渊阁四库全书》本。

46.（元）黄仲元：《四如集》，影印《文渊阁四库全书》本。

47.（元）释大圭：《梦观集》，影印《文渊阁四库全书》本。

48.（元）吴海撰：《闻过斋集》，影印《文渊阁四库全书》本。

50.（元）陆友：《研北杂志》，《丛书集成初编》本，中华书局，1991年。

51.（明）郑岳辑：《莆阳文献》，明万历三十四年（1616）黄起龙校刻本。

52.（明）谢肇淛撰，郭熙途校点：《五杂俎》，辽宁教育出版社，2001年。

53.（明）谢肇淛撰，福建省文史研究馆编：《谢肇淛集》，江苏古籍出版社，2003年。

54.（明）徐𤊽：《笔精》，福建师范大学图书馆1956年抄本。

55.（明）余继登撰，顾思点校：《典故纪闻》，中华书局，1981年。

56.（明）杨士奇：《东里续集》，影印《文渊阁四库全书》本。

57.（明）焦竑撰，顾思点校：《玉堂丛语》，中华书局，1981年。

58.（明）胡应麟：《少室山房笔丛》，上海书店出版社，2001年。

59.（明）李光缙撰，福建省文史研究馆编：《景璧集》，江苏广陵古籍刻印社，1996年。

60.（明）陈衎撰，福建省文史研究馆编：《大江草堂》二集，江苏广陵古籍刻印社，1996年。

61.（清）洪亮吉著，陈迩冬校点，郭绍虞主编：《北江诗话》，人民文学出版社，1983年。

62.（清）周亮工撰，来新夏校点：《闽小纪》，福建人民出版社，1985年。

63.（清）张远：《无闷堂诗集》，抄本。

64.（清）林佶：《朴学斋稿》，清道光五年（1825）荔水庄刻本。

65.（清）李馥：《居业堂诗稿》，清雍正年间清稿本。

66.（清）柯辂：《淳庵诗文集》，清嘉庆十四年（1809）邵武樵川学舍木活字印本。

67.（清）郑方坤：《却扫斋诗集》，清乾隆年间刻本。

68.（清）郑方坤：《本朝名家诗钞小传》，清光绪十二年（1886）刻本。

69.（清）郑方坤：《蔗尾诗集》，清乾隆年间刻本。

70.（清）徐经：《雅歌堂全集》，清光绪二年（1876）潭阳徐氏刻本。

71.（清）叶观国：《绿筠书屋诗钞》，清乾隆五十七年（1792）刻本。

72.（清）叶大庄：《写经斋初稿》《续稿》《小玲珑阁词》，清光绪年间刻本。

73.（清）孟超然：《亦园亭全集》，清嘉庆二十年（1815）刻本。

74.（清）陈寿祺：《左海文集》，清嘉庆、道光年间刻陈绍墉补刻本。

75.（清）朱仕琇：《梅崖居士文集》，清乾隆四十七年（1782）刻本。

76.（清）郑廷沆：《书带草堂诗钞》，清嘉庆刻本。

77.（清）郑杰：《注韩居遗书》，清光绪十八年（1892）林昌彝墨缘书屋刻本。

78.（清）王士禛：《香祖笔记》，清宣统三年（1911）石印本。

79.（清）林轩开：《拾穗山房诗存》，稿本。

80.（清）林轩开：《拾穗山房诗存》，清拾穗山房抄本。

81.（清）萨玉衡：《白华楼诗钞》，清嘉庆十八年（1813）刻本。

82.（清）吴赞韶：《种瑶草斋诗影》，民国二十三年（1934）吴衡如刻本。

83.（清）林则徐：《云左山房诗钞》，清光绪十二年（1886）侯官林氏刻本。

84.（清）谭献：《复堂日记》，清光绪十三年（1887）刻本。

85.（清）梁章钜：《退庵随笔》，清道光十六年（1836）李廷锡陕西刻本。

86.（清）梁章钜：《藤花吟馆诗钞》，清道光五年（1825）刻本。

87.（清）梁章钜：《师友集》，清道光二十五年（1845）刻本。

88.（清）李彦章：《榕园诗钞》，清道光二十年（1840）刻本。

89.（清）李彦章：《出山小草》，清道光二十年（1840）刻本。

90.（清）林振棨：《小漠觞诗存》，民国十九年（1930）铅印本。

91.（清）魏杰撰：《逸园诗钞》，清咸丰七年（1857）至同治五年（1866）刻本。

92.（清）余潜士：《耕邨姑留稿》，清咸丰二年（1852）务本堂刻本。

93.（清）何则贤：《蓝水书塾文草》，民国六年（1917）油印本。

94.（清）林寿图：《黄鹄山人诗初钞》，清光绪八年（1882）刻本。

95.（清）郑际唐：《须庵诗集》，抄本。

96.（清）陈庚焕：《惕园外稿》，清道光年间木活字印本。

97.（清）陈庚焕：《惕园初稿》，清道光年间木活字印本。

98.（清）王道征：《兰修庵避暑钞》四卷，清道光二十二年（1842）刻本。

99.（清）邱炜菱：《五百石洞天挥麈》十二卷，清光绪二十五年（1899）闽漳邱氏粤垣刻本。

100.（清）何长载：《第五居士集》四卷，清光绪二十三年（1899）光泽何氏刻本。

101.（清）朱锡谷：《怡山馆诗钞》四卷，清道光年间刻本。

102.（清）杨庆琛：《绛雪山房诗钞》，清道光二十八年（1848）至同治三年（1864）刻本。

103.（清）高向瀛：《郁离岁纪》，1962年抄本。

104.（清）高向瀛：《还粹楼集》，民国二十六年（1937）刻本。

105.（清）林树梅:《啸云文钞》，清道光二十四年（1844）刻本。

106.（清）林树梅:《说剑轩余事》，民国年间福州沈祖牟抄本。

107.（清）郭柏苍:《葭柎草堂集》，清光绪十二年（1886）刻本。

108.（清）谢章铤:《赌棋山庄所著书》，清光绪年间刻本。

109.（清）杨浚:《冠悔堂全集》，清光绪年间刻本。

110.（清）杨浚:《冠悔堂稿》，稿本。

111.（清）杨浚:《冠悔堂集》，稿本。

112.（清）吴寿坤:《读我书室诗存》，民国十九年（1930）铅印本。

113.（清）龚易图:《乌石山房诗存》，清光绪年间龚氏双骖园刻本。

114.（清）龚易图:《乌石山房诗稿》，清光绪五年（1879）龚氏刻本。

115.（清）龚易图:《龚氏四世循良传》，清光绪年间刻本。

116.（清）龚显曾:《亦园脞牍》，清光绪四年（1878）木活字印本。

117.（清）陈荣仁:《藤花吟馆诗钞》，清道光五年（1825）刻本。

118.（清）陈荣仁、龚显曾辑:《温陵诗纪》，清光绪元年（1875）龚氏亦园木活字印本。

119.（清）许祖涝:《聊中隐斋遗稿》，清光绪四年（1878）龚氏刻木活字印本。

120.（清）涂庆澜:《荔隐山房集》，清光绪、宣统年间涂氏荔隐山房刻本。

121.（清）涂庆澜:《国朝莆阳诗辑》，清光绪二十七年（1901）莆田荔隐山房刻本。

122.（清）刘存仁:《屺云楼集》，清咸丰三年（1853）刻本。

123.（清）郭柏苍:《竹间十日话》，清光绪十二年（1886）郭氏刻本。

124.（清）陈宝琛:《沧趣楼文存》，1959年福建省图书馆油印本。

125.（清）王寿昌:《晓斋遗稿》，民国二十五年（1936）石印本。

126.（清）郭曾嘉编:《面城精舍书谈稿》，民国三十二年（1943）石印本。

127.（清）叶德辉:《藏书十约》，古典文学出版社，1957年。

128.（清）叶德辉撰；李庆西标校:《叶德辉书话》，浙江人民出版社，1998年。

129.（清）陈国仕辑录:《丰州集稿》，南安县志编纂委员会1992年印本。

130. 郑孝胥著，黄珅、杨晓波校点：《海藏楼诗集》，上海古籍出版社，2003 年。

（三）书目

1.（宋）陈振孙撰，徐小蛮、顾美华点校：《直斋书录解题》，上海古籍出版社，1987 年。

2.（宋）晁公武撰，孙猛校证：《郡斋读书志校证》，上海古籍出版社，1990 年。

3.（宋）尤袤：《遂初堂书目》，中华书局，1985 年。

4.（明）陈第：《世善堂藏书目录》，上海古籍出版社，2002 年。

5.（明）徐㶿：《红雨楼藏书目》，古典文学出版社，1957 年。

6.（清）黄虞稷：《千顷堂书目》，北京图书馆出版社，2003 年。

7.（清）郑杰：《注韩居书目》，民国二十八年（1939）福州沈氏峾斋抄本。

8.（清）陈征芝：《带经堂笔记》，平冶楼抄本。

9.（清）陈征芝藏、陈树杓编：《带经堂书目》，民国年间顺德邓实风雨楼铅印本。

10.（清）林则徐藏、林聪彝编：《云左山房书目》，抄本。

11.（清）陈寿祺藏、陈乔纵编：《陈朴园藏书目录》，抄本。

12.（清）郭氏：《听雨斋藏书目录》，抄本。

13.（清）谢章铤：《赌棋山庄藏书目录》，稿本。

14.（清）杨浚：《冠悔堂书目》，清光绪年间杨氏冠悔堂稿本。

15.（清）叶大焯：《补拙斋藏书目录》，民国七年（1918）福建修志局抄本。

16.（清）陈棨仁：《读我书斋书目》，清同治年间抄本。

17.（清）龚易图、杨希闵：《乌石山房简明目录》，民国十四年（1925）龚纶重校抄油印本。

18.（清）陈宝琛：《闽县螺洲陈氏赐书楼书目》，民国三十六年（1947）福州萨嘉榘积积室抄本。

19.（清）刘氏：《三山刘氏书目》，抄本。

20.（清）丁丙辑：《善本书室藏书志》，清光绪二十七年（1901）钱唐丁氏刻本。

21.（清）丁申：《武林藏书录》，古典文学出版社，1957 年。

（四）年谱、族谱

1.（清）陈斗初：《一斋公年谱》，《北京图书馆藏珍本年谱丛刊》影印清道光二十九年（1849）刻本，北京图书馆出版社，1999 年。

2.（清）李清植：《文贞公（李光地）年谱》，清道光九年（1829）李维迪刻本。

3.（清）龚式谷：《显考海峰府君（龚景翰）行述》，清道光刻本。

4.（清）梁云铣等：《九山梁四府君（梁上国）行述》，清嘉庆二十年（1815）梁氏刻本。

5.（清）陈景亮：《望坡府君（陈若霖）年谱》，清光绪刻本。

6.（清）陈宝琛：《陈承裘行述》，清光绪陈氏铁石轩抄本。

7.（清）陈乔枞：《先考恭甫府君（陈寿祺）行略》，清道光十四年（1834）刻本。

8.（清）林懋勋：《显考鉴塘府君（林春溥）行状》，清同治元年（1862）刻本。

9.（清）梁章钜：《退庵自订年谱》，清同治十一年（1872）梁恭辰补刻本。

10.（清）郭尚英：《兰石怡兄（郭尚先）行状》，清道光十三年（1833）刻本。

11.（清）龚易图：《（龚易图）自订年谱》，清光绪闽县龚氏刻本。

12.（清）李宜麟：《显考兰卿府君（李彦章）行状》，清道光刻本。

13.（清）林衍：《先曾祖戟门公（林振棨）入祀乡先贤祠事略》，民国十年（1921）侯官林氏铅印本。

14.（清）林聪彝：《林文忠公（则徐）年谱草稿》，清同治稿本。

15.（清）苏廷玉：《显考鳌石府君（苏廷玉）自记年谱》，清咸丰二年（1852）刻本。

16.（清）郭则沄等：《先文安公（郭曾炘）行述》，民国刻本。

17.（清）叶在琦等：《（叶大焯）行述》，清光绪刻本。

18.（清）叶大焯：《（福建福州）三山叶氏祠录》，清光绪十六年（1890）叶氏刻本。

19.（清）龚葆琛：《（福建福州）通贤龚氏支谱》，清光绪九年（1883）刻本。

20.（清）萨国霖：《（福建福州）雁门萨氏族谱》，清道光三年（1823）萨氏刻本。

21.（清）郭柏苍：《（福建）福州郭氏支谱》，清光绪十八年（1892）刻本。

22.（清）苏缵辄：《（福建晋江）燕支苏氏族谱》，清咸丰九年（1859）抄本。

23.（清）李宗言：《（福建）福州李氏支谱》，清光绪二十三年（1897）刻本。

24.（清）陈若霖：《（福建福州）螺江陈氏家谱》，清嘉庆二十五年（1820）刻道光元年（1821）补刻本。

二、近现代著作

1.陈衍著，郑朝宗、石文英校点：《石遗室诗话》，人民文学出版社，2004年。

2.陈衍：《石遗室文集》，民国元年（1912）福州陈氏朱印本。

3.林家溱：《观稼轩笔记》，抄本。

4.林葆恒：《闽词征》，民国二十年（1931）刻本。

5.林葆恒辑，张璋整理：《词综补遗》，上海古籍出版社，2005年。

6.顾燮光辑：《顾氏金石舆地丛书》，民国十八年（1929）石印本。

7.郭可光：《闽藏书家考略》，郭氏白阳书室抄本。

8.郭可光：《竹间续话》，稿本。

9.林钧：《篋书剩影录》，1962年闽侯林钧宝岱阁油印本。

10.林钧：《石庐金石书志》，1962闽侯林钧宝岱阁油印本。

12.郑振铎：《西谛书话》，三联书店1983年。

13.郑振铎撰；吴晓玲整理：《西谛书跋》，文物出版社，1998年。

14.郑振铎：《郑振铎文集》，线装书局，2009年。

15.陈福康：《回忆郑振铎——纪念郑振铎诞生90周年和逝世30周年》，学林出版社，1988年。

16.陈福康：《郑振铎年谱》，书目文献出版社，1988年。

17.吴晗：《江浙藏书家史略》，中华书局，1981年。

18.顾志新：《浙江藏书家藏书楼》，浙江人民出版社，1987年。

19.谢国桢：《江浙访书记》，北京三联书店，1986年。

20.钱锺书：《石语》，中国社会科学出版社，1996年。

21. 陈声聪:《兼于阁诗话》,上海古籍出版社,1985 年。

22. 雷梦水:《书林琐记》,《人民日报》出版社,1988 年。

23. 俞子林:《百年书业》,上海书店出版社,2008 年。

24. 刘学洙:《旧月清辉》,贵州人民出版社,2010 年。

25. 黄裳:《榆下杂说》,上海古籍出版社,1992 年。

26. 黄裳:《黄裳文集》,上海书店出版社,1998 年。

27. 黄裳:《来燕榭读书记》,辽宁教育出版社,2001 年。

28. 钱存训:《中国科学技术史》,科学出版社,1990 年。

29. 陈登原:《古今典籍聚散考》,上海书店,1983 年。

30. 王謇:《续补藏书纪事诗》,书目文献出版社,1987 年。

31. 伦明:《辛亥以来藏书纪事诗》,上海古籍出版社,1990 年。

32. 任继愈主编:《中国藏书楼》,辽宁人民出版社,2000 年。

33. 郑伟章、李万健:《中国著名藏书家传略》,书目文献出版社,1986 年。

34. 郑伟章:《文献家通考》(清——现代),中华书局,1999 年。

35. 杨立诚、金步瀛:《中国藏书家考略》,上海古籍出版社,1987 年。

36. 李玉安、陈传芝:《中国藏书家辞典》,湖北教育出版社,1989 年。

37. 梁战、郭群一:《历代藏书家辞典》,陕西人民出版社,1991 年。

38. 王河:《中国历代藏书家辞典》,同济大学出版社,1991 年。

39. 焦树安:《中国藏书史话》,商务印书馆,1997 年。

40. 周少川:《藏书与文化——古代私家藏书文化研究》,北京师范大学出版社,1999 年。

41. 李雪梅:《中国近代藏书文化》,现代出版社,1999 年。

42. 范凤书:《中国私家藏书史》,大象出版社,2001 年。

43. 黄建国、高跃新:《中国古代藏书楼研究》,中华书局,1997 年。

44. 林申清:《明清著名藏书家·藏书印》,北京图书馆出版社,2000 年。

45. 徐雄良:《中国藏书文化研究》,宁波出版社,2003 年。

46. 苏精:《近代藏书三十家》,中华书局,2009 年。

47. 徐雁、王燕均:《中国历史藏书论著读本》,四川大学出版社,1990 年。

48. 许碚生:《古代藏书史话》,中华书局,1982 年。

49. 刘渝生:《中国藏书起源史》,江西人民出版社,1994 年。

50. 谢灼华、傅璇琮:《中国藏书通史》,宁波出版社,2001 年。

51. 潘月美:《宋代藏书家考》,台湾学海出版社,1980 年。

52. 叶瑞宝:《苏州藏书史》,江苏古籍出版社,2001 年。

53. 江庆柏:《近代江苏藏书研究》,安徽文艺出版社,2000 年。

54. 冯惠民、李万健等:《明代书目题跋丛刊》,书目文献出版社,1994 年。

55. 李希泌:《中国古代藏书与近代图书馆史料》,中华书局,1982 年。

56. 福建师范大学图书馆古籍组:《福建地方文献及闽人著述综录》,福建师范大学图书馆 1986 年铅印本。

57. 福建省地方志编纂委员会编:《福建省志·教育志》,方志出版社,1998 年。

58. 福建省地方志编纂委员会编:《福建省志·文化艺术志》,福建人民出版社,2008 年。

59. 福州市鼓楼区地方志编纂委员会编:《鼓楼区志》,方志出版社,2001 年。

60. 福建省文史研究馆编:《福建图书馆事业志》,方志出版社,2006 年。

61. 泉州市鲤城区文化局文化馆编印:《泉州市鲤城区群众文化志》,1995 年。

62. 泉州市鲤城区地方志编纂委员会编:《鲤城区志》,中国社会科学出版社,1999 年。

63. 洪文章、陈树硕:《同安文化艺术志》,厦门大学出版社,1996 年。

64. 杨宝华、韩德昌:《中国省市图书馆概况(1919—1949)》,书目文献出版社,1985 年。

65. 邹华享、施金炎:《中国近现代图书馆事业大事记》,湖南人民出版社,1988 年。

66. 李致忠主编:《中国国家图书馆馆史资料长编 1909—2008》,国家图书馆出版社,2009 年。

67. 福建省文史资料编辑委员会编:《福建文史资料》第 14 辑,1986 年。

68. 福建省文史资料编辑委员会编:《福建文史资料》第 20 辑,1988 年。

69. 福州市文史资料委员会编:《福州文史资料选辑》第 21 辑,2002 年。

70. 福州市政协文史资料委员会编:《福州文史资料》第 25 辑,2007 年。

71. 福建省政协文史资料委员会编：《文史资料选编》第 3 卷，福建人民出版社，2001 年。

72. 厦门市鼓浪屿区委员会编：《鼓浪屿文史资料》第 1 辑，1995 年。

73. 厦门市文史资料委员会编：《厦门文史资料》第 17 辑，1990 年。

74. 连江县文史资料编辑室：《连江文史资料》第 6 辑，1988 年。

75. 浦城县文史工作组：《浦城文史资料》第 5 辑，1985 年。

76. 南京市鼓楼区政协文史资料委员会编：《鼓楼文史》第 1 辑，1988 年。

77. 华东七省市政协文史工作协作会议编：《汪伪群奸祸国纪实》，中国文史出版社，1993 年。

78. 朱维幹：《福建史稿》，福建教育出版社，1985 年。

79. 王耀华：《福建文化概览》，福建人民出版社，1994 年。

80. 刘德城、周羡颖：《福建名人词典》，福建人民出版社，1995 年。

81. 何绵山：《闽文化概论》，北京大学出版社，1996 年。

82. 陈庆元：《福建文学发展史》，福建教育出版社，1996 年。

83. 徐晓望等：《福建思想文化史纲》，福建教育出版社，1996 年。

84. 谢水顺、李珽：《福建古代刻书》，福建人民出版社，1997 年。

85. 林公武、黄国盛：《近现代福州名人》，福建人民出版社，1999 年。

86. 方彦寿：《建阳刻书史》，中国社会科学出版社，2003 年。

87. 方彦寿：《福建古书之最》，中国社会出版社，2004 年。

88. 朱华：《船政文化研究》第 3 辑，海潮摄影艺术出版社，2006 年。

89. 卢美松：《福州名园史影》，福建美术出版社，2007 年。

90. 萨伯森：《识适室剩墨》，福建人民出版社，2003 年。

91. 张璋等：《历代词话续编》，大象出版社，2005 年。

92. 范用：《买书琐记》，生活·读书·新知三联书店，2005 年。

93. 林夕主编，煮雨山房辑：《中国著名藏书家书目汇刊》，商务印书馆，2005 年。

94. 孟国祥：《南京文化的劫难 1937—1945》，南京出版社，2007 年。

95. 卞孝萱、唐文权：《民国人物碑传集》，团结出版社，1995 年。

96. 侯书森：《百年老书信》，改革出版社，1998 年。

97. 王余光：《藏书四记》，湖北辞书出版社，1998 年。

98. 萧乾等：《新笔记大观》，上海书店出版社，1996 年。

99. 王长英、黄兆郑：《福建藏书家传略》，福建教育出版社，2007 年。

100. 尤小平：《福建藏书楼》，海峡文艺出版社，2008 年。

101. 陈枚香：《莆阳书话》，鹭江出版社，2015 年。

三、期刊、论文

1. 《善本库入藏图书登记》，《江苏省立国学图书馆馆刊》1936 年第 9 年刊。

2. 《致何叙甫先生函》，《江苏省立国学图书馆馆刊》1936 年第 9 年刊。

3. 梁鸿志：《爱居阁记》，《青鹤》1936 年第 17 期。

4. 梁鸿志：《先退庵公宦迹图残册后记》，《古今》1942 年第 7 期。

5. 汪精卫：《重刊随山馆诗简编后序》，《古今》1943 年第 27—28 期合刊。

6. 钱萼孙：《爱居阁诗注序》，《同声》1944 年第 10 期。

7. 《严叔夏教授赠佛经六橱》，《协大校刊》1948 年第 30 卷第 3 期。

8. 倪波：《论郑樵》，《福建省图书馆学会通讯》1981 第 2 期。

9. 范凤书等：《福建藏书家资料选编》，《福建省图书馆学会通讯》1983 年第 2 期—1984 年第 4 期。

10. 肖东发：《建阳余氏刻本知见录》，《福建图书馆学会通讯》1983 年第 2 期。

11. 张燕飞：《郑樵的分类学思想及其影响》，《福建省图书馆学会通讯》1984 第 5 期。

12. 陈少川：《郑樵藏书建设思想浅析》，《福建省图书馆学会通讯》1984 第 2 期。

13. 侯真平：《七位福建古代著述家藏书家生卒年考》，《福建省图书馆学会通讯》1985 年第 1 期。

14. 林枥：《名垂书林的张祥云》，《福建省图书馆学会通讯》1987 年第 1 期。

15. 方建新：《宋代私家藏书补录（上、下）》，《文献》1988 年第 1、2 期。

16. 林砺：《藏书家苏颂摭谈》，《福建图书馆理论与实践》1988 年第 4 期。

17. 吴平：《〈带经堂书目〉介绍》，《福建图书馆理论与实践》1988 年第 4 期。

18. 刘汉忠：《宋代私家藏书拾遗》，《四川图书馆学报》1989 年第 3 期。

19. 方宝川：《鲜为人知的太古学派遗书——〈归群词丛〉》，《文献》1989年第4期。

20. 林平：《宋代私人藏书家补遗》，《四川图书馆学报》1990年第1期。

21. 刘汉忠：《〈宋代私人藏书家补遗〉补》，《四川图书馆学报》1990年第4期。

22. 尤小平：《福建藏书家资料选编补遗》，《福建图书馆理论与实践》1990年第4期。

23. 黄兆郸：《郑杰与"注韩居"》，《福建图书馆理论与实践》1990年第1期。

24. 方彦寿：《闽北刘氏等十四位刻书家生平考略》，《文献》1991年第1期。

25. 郑锋：《福建藏书家资料选编再拾遗》，《福建图书馆理论与实践》1992年第4期。

26. 许兆恺：《泉州藏书家简介》，《福建图书馆理论与实践》1992年第3期。

27. 王命爽、黄兆郸：《陈宝琛与"沧趣楼"藏书》，《福建图书馆理论与实践》1993年第2期。

28. 黄兆郸：《叶大庄与"玉屏山庄"藏书》，《福建图书馆理论与实践》1993年第3期。

29. 林仁贞：《陈寿祺与"小琅嬛馆"藏书》，《福建图书馆理论与实践》1993年第4期。

30. 林建南：《宋朝我省藏书家第一人：诗人杨徽之》，《福建图书馆理论与实践》1994年第3期。

31. 王培聚：《为何历代对郑樵褒贬不一》，《福建图书馆理论与实践》1994年第3期。

32. 刘尚恒：《清俸买来手自校，黄金散尽为收书——论我国古代私家藏书的聚集》，《四川图书馆学报》1994年第1期。

33. 高熔、张善珠：《清朝收集徐𤇍遗书第一人——林佶》，《福建图书馆理论与实践》1994年第1期。

34. 高熔、张美珍：《李馥及其藏书》，《福建图书馆理论与实践》1994年第3期。

35. 丁宏宣：《清初著名目录学家黄虞稷》，《福建图书馆理论与实践》1994

年第 3 期。

36. 王长英：《福建藏书家资料选编小补》，《福建图书馆理论与实践》1996
年第 2 期。

37. 陈豪：《宋明时期莆田刻书业初探》，《福建图书馆理论与实践》1996 年
第 1 期。

38. 王长英：《笔著千秋文，橱藏万卷典——清代著名著述家藏书家梁章
钜》，《福建师范大学学报》1996 年第 1 期。

39. 方建新、金达胜：《元代私家藏书考析》，《文献》1996 年第 4 期。

40. 王培聚：《〈通志·校雠略〉的创见及特色》，《福建图书馆理论与实践》
1997 年第 2 期。

41. 刘祖陛：《两宋时期福建文化成就述略》，《福建文史》1998 年第 2 期。

42. 蒋维锬：《郑樵为修史耗尽生命》，《炎黄纵横》1998 年第 3 期。

43. 王长英：《博学多才的藏书家苏颂》，《福建乡土季刊》1998 年第 1 期。

44. 时永乐：《郑樵对图谱文献与“亡书之学”的贡献》，《文献》2000 年第
3 期。

45. 陈枚香：《宋代莆田私人藏书及其原因探析》，《福建图书馆理论与实践》
2000 年第 3 期。

46. 方宝川：《李馥及其〈居业堂诗稿〉考论》，《福建师范大学学报》2000
年第 3 期。

47. 王新田：《浅析中国古代藏书家的特点》，《图书馆杂志》2000 年第 9 期。

48. 谢灼华：《清代私家藏书的发展》，《图书情报知识》2000 年第 1 期。

49. 陈庆元：《谢章铤的学术思想及传世稿本》，《福建师范大学学报》2001
年第 1 期。

50. 陈福季：《中国历代私人藏书家的历史功过》，《河北科技图苑》2001 第
1 期。

51. 陆建志：《〈通志·艺文略〉分类体系浅议》，《福建图书馆理论与实践》
2001 年第 4 期。

52. 卢珊珊：《宋代福建科举兴盛原因初探》，《福建史志》2001 年第 3 期。

53. 林拓：《两宋时期福建文化地域格局的多元化发展态势》，《中国历史地

理论丛》2001 年第 3 期。

54. 林祖泉：《郑樵〈通志〉对文献学的贡献》，《福建史志》2002 年第 5 期。

55. 刘德城：《福建私人藏书述略》，《福建图书馆理论与实践》2002 年第 1 期。

56. 蔡庆发：《略论宋代兴化军文化教育》，《莆田学院学报》2002 年第 6 期。

57. 徐晓望：《论宋代福建经济文化的历史地位》，《东南学术》2002 年第 2 期。

58. 郑衡泌：《福建历代藏书家籍贯地的地理分布》，《福建地理》2003 年第 2 期。

59. 谢彦卯：《论清代私人藏书》，《西安联合大学学报》2003 年第 1 期。

60. 王国强：《中国古代藏书的文化意蕴》，《图书与情报》2003 年第 3 期。

61. 周少川：《藏书与文化——中国古代私家藏书文化研究刍议》，《安徽大学学报》2003 年第 2 期。

62. 牛红亮：《黄居中父子与〈千顷堂书目〉》，《图书与情报》2003 年第 6 期。

63. 胡春年：《〈千顷堂书目〉及其学术价值》，《河南图书馆学刊》2004 年第 2 期。

64. 来新夏：《清代笔记作家梁章钜》，《福建论坛》2004 年第 9 期。

65. 柳申林：《古代藏书家在承传民族文化典籍上的贡献》，《华中师范大学学报》2004 年第 1 期。

66. 陈旭东《福建师大图书馆藏廖元善先生捐赠古籍书目》，《文献信息论坛》2006 年第 2 期。

67. 何振岱：《执谊同年七十正寿序言》，《福建文史》，2007 年第 4 期。

68. 顾力仁、阮静玲：《国家图书馆古籍搜购与郑振铎》，《国家图书馆馆刊》2010 年第 2 期。

69. 吴志跃：《探寻"坊七巷"：陈衍·故居·印章》，《文化月刊》2011 年第 5 期。

70. 陈红秋：《兵火虫蚀书散去　诗书画印慰平生——龚植藏书源流与特色》，《河南图书馆学刊》2014 年第 9 期。

后　记

　　虽不敢说是"十年磨一剑",但参与本书撰写的所有作者也的的确确、断断续续经历了 10 余年的时间。当我终于敲上了全书稿的最后一个句号时,回味全书的编撰缘由及其过程,不禁浮想联翩。透过流年的纱幔,过往的足迹,深深浅浅,依稀又在眼前。这是一段令我终生难忘的童年憧憬、青年梦想、中年学术运作与实践的人生经历。

　　我自小喜欢读书,也读了一些书,算是一位读书人吧。很多人以为我出身书香门第,家里一定藏书盈室,其实不然。"文革"之前,我读小学三年级。当时家里除了自己的课本之外,好像只有一些小人书与电影画报。后来,大哥又从其做工的工厂中捡回了一些"破四旧"收来拟溶作纸浆的旧书刊,主要是破旧的中外小说与唐诗宋词的选注本等。我总是憧憬着家里会有更多的书。

　　恢复高考后的第二年,即 1978 年,我考入了福建师范大学历史系。入学后不久,听说学校图书馆的藏书在全国是很有名气的。当时,图书馆对学生开架阅览的只是一间常用书室,估计书量最多不过 5 万册。但对我而言,已经是非常壮观了。渐渐地,常用书室的书开始不够我的阅读挑选了,我学会了填写索书单从大书库的一扇小窗递进,然后期待着图书馆的老师喊叫我的姓名和所要借的书。每当我如愿以偿时,常不禁自问这大书库里究竟藏有多少的书啊? 天底下的事不知是否真有个定数,或纯属巧合,毕业后的我,竟然被分配到一直向往的校图书馆工作。当我作为本馆的工作人员第一次穿过那扇小门踏进大书库时,见到数百个书架整齐有序地摆着,百余万册的图书"一条龙"次第排开,库内虽十分静寂,但气势则着实恢宏,真有一种置身书城、书山、书海的震撼感。由于所学专业与所从事工作的缘故,我也开始了有计划地购藏图书。然而,参加工作之初,工资甚低,就藏书而言,其艰辛可知,然也总梦想着有朝一日能成为一个藏书家。因此，对历代的藏书大家，始终高山仰止，心向往之。

2000 年，我开始在福建师大中文系招收古典文献学的硕士研究生。2004年又在福建师大历史系招收图书馆学的硕士研究生。在指导学生论文选题之时，那种潜藏我心中多年的对历代藏书家仰慕之情与研究兴趣，时不时地撩拨着我的思绪。于是我让 2004 级的历史系图书馆学硕士生李晓花，中文系古典文献学的硕士生张美莺、方挺，依次选定《宋代福建私家藏书考论》《明代福建私家藏书研究》《清代福建私家藏书研究》作为其各自的论文选题。我则与他们一一讨论，开列参考书刊目录，并为其拟定论文纲目。三年后，他们均以优秀的成绩通过了硕士论文的答辩。2010 年，我又开始指导图书馆学硕士生陈闽东完成了《民国福州私家藏书研究》的硕士论文。

2012 年 12 月，我在这 4 篇研究福建历代私家藏书系列硕士学位论文的基础上，先做了架构上的调整，以专著的形式申报教育部人文社科规划项目，并有幸在 2013 年得到了立项资助。随之我又指导了作为课题组成员的方挺、李晓花、张美莺、陈闽东、肖书铭等，采用历史文献学与田野调查相结合，并辅以统计史学等研究方法，尽最大可能钩稽遗逸，网罗丛残，将福建古代地方史志、闽人别集、书目序跋、笔记杂著等中有关福建历代私家藏书的第一手文献资料竭泽而渔，并通过对福建著名藏书楼遗址的田野调查，以调查结果与文献记载相印证。以福建历代私家藏书的发展史为经，藏书家的藏书活动为纬，经纬交织。基于中华传统文化这一历史大背景，紧扣福建历代私家藏书兴衰的原因，藏书家的生平事迹与群体特征，私家藏书的区域特性、藏书特色、文化内涵及其历史贡献等主题，从考辨史料入手，归纳抽绎结论，以达到全面、系统、深入地研究福建历代私家藏书的目的。具体则由我负责制定全书的总体规划与章节架构，并撰写"绪论""第一章""余论"以及第二至第六章的第一节与部分章节的改写；由李晓花、张美莺、方挺、陈闽东等在各自硕士学位论文的基础上，分别提供了第二、四、五、六章的初稿；由肖书铭撰写第三章的初稿；方挺又参与了全书初稿的整合、图片的搜集以及附录的编排；最后再由我作了全书的统稿与定稿。

全书的初稿，实际上在规定结项的 2015 年即已完成。然而，由于我校闽台区域研究中心研究任务需要，我于 2014 年主持承担了教育部人文社科重点研究基地项目"钓鱼岛——台湾附属岛屿史实考释"。随后，2015 年又主持承担了国家社科基金项目"明清琉球史料的整理与研究"，2016 年主持承担了国家社科基金重大项目"日本藏涉闽涉台历史档案的收集、整理与研究"等研究工作，其间还主编出版了十卷本《严复全集》、大型古籍整理出版工程《台湾文献汇刊续编》《琉球文献史料汇编》以及《国学经典导读》《闽人要籍评鉴》等著作。因此，本书由我负责的最后统稿与定稿一直被耽搁，直至今年的 8 月份，才最终得以完稿。

全书告竣付梓之际，谨允许我代表本书的所有作者向教育部人文社科规划办公室、国家图书馆出版社及本书的责任编辑南江涛先生，致以衷心之谢忱！如果没有他们的鼎力相助，本书的出版是断不可能的。由于我们学识浅陋，疏漏讹误，在所难免。敬祈方家识者，不吝赐教，补益斧正。

方宝川

2018 年 8 月